Kostenmanagement und Controlling

von

Prof. Dr. Johannes N. Stelling

3., unveränderte Auflage

Oldenbourg Verlag München

Bibliografische Information der Deutschen Nationalbibliothek

Die Deutsche Nationalbibliothek verzeichnet diese Publikation in der Deutschen
Nationalbibliografie; detaillierte bibliografische Daten sind im Internet über
<http://dnb.d-nb.de> abrufbar.

© 2009 Oldenbourg Wissenschaftsverlag GmbH
Rosenheimer Straße 145, D-81671 München
Telefon: (089) 4 50 51-0
oldenbourg.de

Lektorat: Wirtschafts- und Sozialwissenschaften, wiso@oldenbourg.de
Herstellung: Anna Grosser
Coverentwurf: Kochan & Partner, München
Gedruckt auf säure- und chlorfreiem Papier
Gesamtherstellung: Druckhaus „Thomas Müntzer" GmbH, Bad Langensalza

ISBN 978-3-486-58780-7

Vorwort zur zweiten Auflage

Dieses Buch wendet sich in erster Linie an Studierende der Wirtschaftswissenschaften und an Hörer anderer Fakultäten, die sich problemorientiert einen fundierten Überblick über wichtige Systeme und Verfahren des Kosten- und Erfolgsmanagements sowie des Controllings verschaffen wollen. Dabei hat die vorliegende Schrift nicht unbedingt den Charakter eines klassischen Lehrbuches. Anhand von Abhandlungen und Fallstudien zu einzelnen Themengebieten des Controllings und des Kostenmanagements wird ein Umriss der in der Praxis vorkommenden Instrumente und ihrer Anwendungsmöglichkeiten gegeben. Sowohl instrumentenspezifische Artikel wie zum Projektcontrolling oder zu Transferpreisen in Profit Center Organisationen werden behandelt als auch Branchenlösungen wie beispielsweise im Konsumgüterhandel oder im öffentlichen Personennahverkehr.

Grundkenntnisse in der Kosten- und Erfolgsrechnung, die Systeme der Kostenrechnung sowie ein Basisverständnis über vorhandene Controlling-Begriffe werden in den ersten Abhandlungen besprochen. In den darauf folgenden Beiträgen und Fallstudien werden neuere Ansätze des Kostenmanagements diskutiert sowie Anwendungen des Controllings auf spezielle Fragestellungen dargestellt. Die Beiträge sind thematisch in sich schlüssig und legen jeweils die zum Verständnis benötigten theoretischen Grundlagen, so dass die zielgerichtete Erarbeitung der speziellen Fragestellungen erleichtert wird. Des Weiteren soll mit den Beiträgen auch ein möglichst geschlossener Überblick über die klassischen und modernen Controlling-Instrumente, wie etwa Budgetierung und Kennzahlensysteme, bzw. Benchmarking und Balanced Scorecards gegeben werden. Damit richtet sich das Buch an Studierende des Grund- und Hauptstudiums an Universitäten, Fachhochschulen oder anderer Bildungseinrichtungen sowie interessierte Praktiker.

In der zweiten Auflage wurden einige Korrekturen vorgenommen sowie ein Stichwortverzeichnis eingeführt. Frau Kerstin Zaspel danke ich für die kritische Durchsicht. Herrn Dipl.-Volksw. Martin M. Weigert vom R. Oldenbourg Verlag danke ich für die wiederum außerordentlich gute Zusammenarbeit im Rahmen der Erstellung der zweiten Auflage dieses Buches.

Johannes N. Stelling

Inhaltsverzeichnis

1. Kostenmanagement und Controlling als Managementfunktionen

1.1. Kennzeichnung des Managements

Wenn davon ausgegangen wird, dass es sich bei jedem Betrieb um ein äußerst komplexes sozio-technisches System handelt, also ein System, das als solches präzise und detailliert nicht vollständig beschrieben werden kann, dann ist es für den Zweck der Erkenntnisgewinnung notwendig, dieses System in Teilsysteme zu zerlegen. Eine derartige Zerlegung eines Systems in Teilsysteme wird als Systemdifferenzierung bezeichnet. Die entsprechenden Teilsysteme entstehen dadurch, dass zusätzlich zu den konstituierenden Eigenschaften des Gesamtsystems weitere Merkmale in die Betrachtung einbezogen werden, in denen sich die Teilsysteme unterscheiden. Der Zweck der Systemdifferenzierung besteht darin, Teilsysteme eines Ausgangssystems zu schaffen, die aufgrund eines höheren Grades an Konkretisierung einen geringeren Grad an Komplexität aufweisen als das zugrunde gelegte Gesamtsystem.

Es wird zunächst eine sehr grobe Differenzierung des Unternehmens vorgenommen, und zwar die in sein Führungssystem (Management) und sein Ausführungssystem. Die Gesamtheit der Entscheidungsprozesse (einschließlich der sie ergänzenden Kontrollprozesse) und die Gesamtheit der Entscheidungsträger (einschließlich der Kontrollverantwortlichen) bilden ein Teil- oder Subsystem des Betriebes, das als Führungssystem des Betriebes bezeichnet wird. Dieses Führungssystem wird heute auch mit dem Begriff Management gleichgesetzt. Damit beinhaltet das Management in funktionaler Hinsicht die Prozesse der Unternehmensleitung sowie der Planung, der Organisation und der Kontrolle und in institutionaler Hinsicht die Gesamtheit der Personen, die mit der Wahrnehmung dieser Aufgaben betraut sind.

Management bzw. Führung kann in zweifacher Weise betrachtet werden. Zum einen werden institutional unter diesem Begriff alle Instanzen gefasst, die Entscheidungs- und Anordnungskompetenz besitzen. Bezüglich der Unternehmenshierarchie lässt sich das Management dann in die Teilebenen Top-, Middle- und Lower-Management aufspalten. Funktional betrachtet beinhaltet Management alle Funktionen, die zur zielgerichteten Gestaltung und Steuerung des Unternehmens gehören (*Ulrich*). Damit wird ersichtlich, dass Führung einerseits über die Gestaltung von zweckgerechten Systemen, andererseits über die Steuerung der Prozesse in diesen Systemen die Erreichung der Zielelemente des Zielsystems bezwecken soll. Zur Steuerung dieser Prozesse werden im Führungssystem singuläre Imperative erzeugt, die als Entscheidungen die Grundlage einer zielsystemgerechten Führung darstellen und Freiheitsgrade in der Ausführung der getroffenen Entscheidungen aufweisen.

Die Funktionen der Führung sind einteilbar in personenbezogene und sachbezogene Funktionen des Managements. Zur verhaltenswissenschaftlich orientierten personenbezogenen Führung oder auch Führung im engeren Sinn werden Motivation, Kommunikation und Führungsstil gezählt. Als sachbezogene Funktionen des Managements können die Planung und Kontrolle sowie die Organisation angesehen werden. Die Nennungen der Funktionen sind nicht einheitlich und zwingend; man zählt z.B. neben den genannten Funktionen noch Koordination, Berichtswesen und Budgetierung zu den Managementfunktionen. Da aufgrund von Interdependenzen zwischen diesen Funktionen eine Isolierung als eigenständige Funktion des Managements und damit auch die klare Abgrenzung dieser Funktionen schwierig ist, sollen hier die Funktionen Planung und Kontrolle als die wesentlichen Funktionen des dargestellten funktionalen sachbezogenen Führungsbegriffs verwendet werden.

Die Zielsystemorientierung des Managements kommt in der Bedeutung des betrieblichen Zielsystems als Entscheidungsmaßstab für betriebliche Führungsentscheidungen zum Ausdruck. Führungsprozesse grenzen sich von güterlichen und geldlichen Realisationsprozessen in der Leistungserstellung und -verwertung des Ausführungssystems insofern ab, dass letztere nur rein exekutiven Charakter haben. Damit wird deutlich, dass der Begriff Management über die reine personenbezogene Menschenführung hinausgeht, da nicht nur die im Betrieb vorhandenen Menschen, sondern der gesamte Betrieb als zielgerichtetes offenes soziotechnisches System Objekt des Managements ist.

Zur möglichst konfliktfreien und zieladäquaten Bewältigung der Problemlösung muss eine Einflussnahme auf die an der Problemlösung beteiligten Systeme erfolgen. Das bedeutet, dass Führung ein Phänomen ist, das in arbeitsteiligen Systemen auftritt. Betrachtet man die zeitlichen Phasen des Führungsprozesses als Prozess der Problemlösung durch fremden Willen, so kann man die Prozesse der Willensbildung und der Willenssicherung unterscheiden (*Rühli*). Der Prozess der Willensbildung umfasst die Funktion der Planung und der Entscheidung; damit werden Planziele formuliert, die Grundlage der Willenssicherung sind. Im Prozess der Willenssicherung kommt es dann zur Anordnung und zur Kontrolle der Beiträge im Hinblick auf die Zielerreichung. Das Management geht dabei im Prozess der Willensbildung von den Ausgangszielen des Zielsystems aus. Sie bestimmen das Ergebnis des Willensbildungsprozesses und werden so in Planziele für die Willenssicherung transformiert. Besonders bei Führungsentscheidungen auf nachgelagerte Führungsprozesse wird klar, dass unter Anordnung zwar die Vorgabe eines Planzieles, aber dennoch eine Abstraktheit bei der Erreichung gegeben ist.

1.2. Das Planungssystem

1.2.1. Planung als Führungsfunktion

Entscheidungen können auf verschiedene Weise getroffen werden. Durch die Substitution von intuitivem, spontanem, improvisiertem Entscheiden durch eine systematische Planung im Prozess der Willensbildung wird eine bessere Erreichung der Ziele bezweckt. Planung dient somit der Führung als ein konstitutives, zentrales Element des Führungssystems. Bei der Definition der Planung ist eine Betrachtung der Merkmale der Planung hilfreich (*Wild*):

- Planung ist wie der gesamte Willensbildungsprozess zukunftsbezogen
- Planung kann als rationales, zielgerichtetes Denken und systematisch-methodisches Vorgehen bezüglich eines Entscheidungsprozesses angesehen werden
- Planung schafft Gestaltungsvorschläge in Bezug auf die zielsystemgerechte Beherrschung zukünftiger Realisationsprozesse
- Planung ist durch die Verwendung von Informationen ein informationeller Prozess
- Planung ist ein repetetiver, mehrstufiger, in Teilprozesse zerlegbarer Prozess

Planung ist somit ein geistiger, zukunftsbezogener Prozess der Problemlösung, der durch systematisches, methodisches Vorgehen gekennzeichnet ist. Damit geschieht Planung zeitlich immer vor der Realisation. Über die Dimensionierung der Planung im Willensbildungsprozess der Führung gibt es unterschiedliche Interpretationen. So sieht *Hahn* den gesamten Willensbildungsprozess einschließlich der Entscheidung als Planung im weiten Sinn an, räumt aber auch engere Definitionen ein, die nur die Phase der Entscheidungsvorbereitung als Planung im engeren Sinn bzw. Planaufstellung ansehen.

Die Hauptfunktion der Planung ist die Unterstützung des Managements im Hinblick auf die Erreichung vorgegebener Ziele. Diese Hauptfunktion lässt sich unterteilen in die Zielbestimmungs-, Steuerungs-, Koordinations-, Motivations- sowie Informationsfunktion (*Frese*). Anhand dieser Funktionen kann die Bestimmung der Stellung des Planungssystems im System Betrieb verdeutlicht werden. Darüber hinaus können auch die Beziehungen zu anderen Teilsystemen deutlich gemacht werden.

Durch die Konkretisierung von Zielen in der Planung erfolgt eine generelle Bestimmung der zukünftig anzustrebenden Zustände. Ohne Ziele ist eine managementorientierte Planung unmöglich, sie geben den Bezugspunkt planerischer Tätigkeiten an. Es wird in diesem Zusammenhang auch von Zielplanung gesprochen. Darunter ist aber nicht zu verstehen, dass erst im Prozess der Planung Ziele formuliert werden. Vielmehr werden entweder die globalen Oberziele des Zielsystems inhaltlich konkretisiert oder es werden im Rahmen der Planung aus den Oberzielen operable Unterziele zur Vorgabe bzw. Steuerung der Realisationsprozesse generiert. Außer den Zielen sind die Maßnahmen und die Ressourcen, mit denen die Ziele erreicht werden sollen, Objekte der Planung.

In der Steuerungsfunktion kommt der imperative Charakter der Planung zum Ausdruck. Ihre Planergebnisse sind als erwünschte Zustände Grundlage der zielsystemgerechten Steuerung der betrieblichen Prozesse des Ausführungssystems. Durch die Entscheidung für einen Plan werden die Planergebnisse zu den gestaltenden Faktoren des Willenssicherungsprozesses. Sie dienen damit der personenbezogenen Führung bzw. Anordnung. Allerdings kann dieser Prozess vollständig nur mit der Durchführung der Kontrolle abgeschlossen werden, so dass hier das Planungssystem seine Beziehung zum Kontrollsystem aufzeigt. Die Kontrolle ist somit unabdingbarer Bestandteil des Führungsprozesses; ihr Fehlen macht ihn nutzlos, da erst mit der Kontrolle eine Aussage über das tatsächlich Erreichte getroffen werden kann. Insofern gilt diese Aussage über die Nutzlosigkeit des Führungsprozesses auch in Bezug auf die Planung allein, die Steuerungsfunktion ist ohne die Kontrolle nicht möglich, die Planung dann sinnlos (*Wild*).

Die Koordinationsfunktion ist unter verschiedenen Sichtweisen zu sehen. Einerseits wird mit der Koordinierung der Planung bezweckt, die einzelnen Entscheidungen und damit Planungsaktivitäten bei Vorhandensein einzelner, interdependenter Teilplanungen auf übergeordnete Oberziele auszurichten und abzustimmen. Dabei kann es sich um eine horizontale Koordination von Teilplänen handeln, die isoliert für sachlich zusammengehörige Handlungskomplexe durchgeführt werden. Ein horizontaler Koordinationsbedarf besteht insbesondere dann, wenn Interdependenzen in Form von Ressourcen- und Marktinterdependenzen oder Interdependenzen aufgrund interner Leistungsverpflechtungen bestehen. Eine zweite Erscheinungsform ist die vertikale Koordination in mehrstufigen Planungssystemen. Ihr Bedarf wird somit mit der Ausgestaltung des Planungssystems in funktionaler und institutionaler Sicht festgelegt. *Wild* spricht hier von der Notwendigkeit der Integration der Teilpläne zu einem Planungssystem.

Die Motivationsfunktion hat auf die Führung insofern einen wichtigen Einfluss, weil die Vorgabe von Planwerten und die damit verbundene Aufforderung zum Handeln verhaltensbeeinflussende Wirkung hat (*Frese*). Damit berührt die Motivationsfunktion im Grunde die personenbezogenen Aspekte der Führungsfunktion. Um negative Verhaltenswirkungen zu vermeiden und positive zu fördern, muss die Planung eine Leistungsanreizfunktion für die Planausführenden enthalten. Diese Leistungsanreize sind an den Zielen des Betriebes ausgerichtet und transformieren sie über die Adaption durch den Planausführenden zu seinen Zielen. Damit sollen Zielkonflikte zwischen den Unternehmenszielen und den Zielen der Mitglieder des Unternehmens beseitigt werden. Die Motivationsfunktion schlägt sich sachbezogen auch insbesondere auf die Gestaltung von Budgets im Rahmen der Planung nieder. So wird bei der Formulierung von Budgets auf die verhaltensbeeinflussende Wirkung von Vorgaben eingegangen.

In der Informationsfunktion kommt der Bezug der Planung zum Informationsversorgungssystem zum Ausdruck. Als informationsverarbeitender Prozess ist die Planung auf die Versorgung mit Informationen angewiesen. Ohne diesen Input an Informationen ist Planung im Sinne eines systematischen und methodischen Prozesses nicht möglich.

Zur Bestimmung des Einsatzes und der Möglichkeiten der Planung ist auf die Methodik der Vorgehensweise der Planung einzugehen. Die Planung dient der Komplexitätsreduktion bei der Lösung von Entscheidungsproblemen (*Hahn*). Diese in der Regel in der Realität vorliegende Komplexität betrieblicher Entscheidungsprobleme führt zur Verwendung von Modellen in der Planung als vereinfachte Abbildung der Realität. Dabei wird das reale Entscheidungsproblem in ein Entscheidungsmodell transformiert, dessen Lösung bestimmt dann die Entscheidung bzw. den Plan. Durch die Komplexitätsreduktion der Planung wird der Abbau von Unsicherheit bezweckt. Denn Planung ist als zukunftsbezogener Prozess nie frei von Unsicherheiten. Komplexität der Entscheidungsprobleme und die Unsicherheit bestimmen demnach auch die generellen Grenzen der Unternehmensplanung.

Aufgrund der systematischen und methodischen Vorgehensweise der Planung sind Einflüsse auf die zukünftige Realität, die nicht nach systematischen oder methodischen Regeln wirken, auch nicht in der Planung erfassbar und stellen somit eine modelltheoretisch bedingte Begrenzung der Planung dar. Andererseits gilt für die Planung selbst, dass bei einem hohen gewünschten Grad an Unsicherheitsreduktion der Umfang der im Planungsmodell abzubildenden Planungsfaktoren ebenfalls hoch ist. Weiterhin verlangen komplexere Entscheidungsprobleme ohnehin aus ihrer Struktur heraus auch komplexere Entscheidungsmodelle zu ihrer Beschreibung und damit einen hohen Detaillierungsgrad. Somit kommt es zu dem Konflikt, dass die Planung als Instrument zur Komplexitätsreduktion und damit zur Komplexitätsbewältigung ihrerseits selbst Komplexität erzeugt.

1.2.2. Planungsstufen

Durch die Bildung von mehrstufigen Planungssystemen wird eine bessere Anpassung an verschiedene Problemfelder der Planung und eine sukzessive Komplexitätsreduktion in der Planung bezweckt. Eine Möglichkeit zur Gliederung der Planung ist die zeitliche Differenzierung der Planung in lang-, mittel- und kurzfristige Planung. Diese Differenzierung führt erstens zu dem Problem der exakten Bestimmung der Planungshorizonte und zweitens zu der Schwierigkeit lang-, mittel- und kurzfristige Ziele präzise voneinander zu trennen. Der Nachteil ist, dass sich nicht die Planungsperioden an den Zielen, sondern die Ziele sich nach den Planungsperioden ausrichten müssen. Somit ist in mehrstufigen Planungssystemen die Differenzierung der Planung nach anderen Prinzipien, in strategische, taktische und operative Planung vorherrschend.

Sachlich \ Zeitlich	langfristig	mittelfristig	kurzfristig
Unternehmen	Strategische Planung		
Bereiche bzw. Projekte		Taktische Planung	
Details (Stellen, Produkte, etc.)			Operative Planung

Abb. 1: Planungsstufen

Als Prinzip zur Differenzierung der Planung kann der Grad der angestrebten Systemveränderung herangezogen werden. Anhand dieses Abgrenzungskriteriums können drei Planungssubsysteme beschrieben werden. Die strategische Planung betrifft immer das gesamte Unternehmen, während sich die taktische Planung auf Teile oder Bereiche, die operative Planung sogar nur auf noch kleinere organisatorische Einheiten des Unternehmens bezieht. Die strategische Planung obliegt aufgrund der Gültigkeit für das gesamte Unternehmen der obersten Unternehmensführung. Aufgrund des ganzheitlichen Charakters ist die strategische Planung meist langfristig angelegt, was aber nicht zwingend sein muss. Der Komplexitätsgrad der strategischen Planung ist durch die ganzheitliche Betrachtung sehr hoch, der Detaillierungsgrad aufgrund der fehlenden Fokussierung auf kleinere organisatorische Einheiten sehr niedrig. Die strategische Planung dient der Aufgabe, durch die Schaffung von Erfolgspotenzialen die nachhaltige Sicherung des Unternehmens und Erreichung aller Unternehmensziele zu gewährleisten. Durch die Festlegung von Unternehmensstrategien werden die wesentlichen Parameter für die weitere Unternehmensentwicklung festgelegt und ein Rahmen für die taktische und operative Planung geschaffen. Dieser grundlegende Charakter der strategischen Planung für die gesamte Unternehmensentwicklung führt dazu, dass die Häufigkeit der Durchführung der strategischen Planung gering ist. Andererseits ist auch die Revidierbarkeit eines einmal eingeschlagenen strategischen Verhaltens sehr gering. Sind strategische Pläne erst einmal in der Ausführung, so ist eine Abkehr nicht ohne weiteres möglich, bzw. nur mit einem sehr hohen Ressourceneinsatz bzw. Ressourcenverlust verbunden.

Durch die Vorgabe eines Bezugsrahmens für die untergeordneten Planungsstufen leitet sich aus der strategischen Planung die taktische Planung ab. Sie umfasst ebenfalls das gesamte Unternehmen, ist aber nach den obersten operativen organisatorischen Einheiten, wie z.B. objektbezogen in Geschäftsbereiche, Zweigwerke oder Tochtergesellschaften unterteilt. Aufgabe der taktischen Planung ist es, konkretere operationale Ziele für das gesamte Unternehmen und die vorliegenden Teilbereiche funktionsbezogen festzulegen und damit insbesondere die Ressourcen und Maßnahmen zur Zielerreichung zu bestimmen. Die taktische Planung hat aufgrund der sachlichen Konkretisierung einen kürzeren Planungshorizont zur Bewältigung ihrer Aufgaben. Die inhaltliche Konkretisierung der taktischen Pläne, die kürzere zeitliche Reichweite und die Betrachtung organisatorischer Teilbereiche sind Instrumente zur Komplexitätsreduktion und Unsicherheitsbewältigung. Die taktische Planung ist nicht mehr nur der obersten Führungsebene zuzuordnen, sie ist delegierbar. Taktische Pläne können sich auch isoliert auf einzelne Funktionen beziehen. Als Beispiel für taktische Pläne ist die mittelfristige Finanz- und Investitionsplanung des gesamten Unternehmens und seiner organisatorischen Teilbereiche, wie etwa Profit Center oder anderer Geschäftsbereiche zu nennen. Dennoch ist die taktische Planung noch nicht frei von Lücken. Die taktische Planung fungiert somit in diesem System hierarchisch aufgebauter Planungsstufen auch als Bindeglied mit vertikal ko-ordinierender Wirkung zwischen strategischer und operativer Planung.

Gegenstand der operativen Planung sind kurzfristige Objekte, die sich aus den in dem Unter-nehmen ablaufenden Transformationsprozessen und zwischen dem Unternehmen und ihrer Umwelt ablaufenden Transaktionsprozessen ergeben (*Pfohl*). Die operative Planung stellt als detaillierteste, kurzfristige Planung mit dem geringsten Komplexitätsgrad den Kern des Pla-nungssystems dar. Die operative Planung ist die Planung der erfolgreichen Nutzung der Er-folgspotenziale, sie ist also ablauforientiert. Der Grad der angestrebten Systemveränderung ist gering, damit ihre Revidierbarkeit sehr hoch. Die operative Planung ist somit auf untere Füh-rungsebenen delegierbar. Durch die starke Komplexitätsreduktion und der hohen Häufigkeit operativer Planungen ist teilweise auch ein Planungsvorgehen in programmierter, standardi-sierter Form möglich. Operative Pläne beziehen sich oft nur auf bestimmte Funktionen oder kleinere organisatorische Teilbereiche, so dass das Ergebnis der operativen Planung eine Menge von Teilplänen sein kann. Diese Teilpläne müssen sowohl untereinander (horizontal), hierarchisch institutional (vertikal), als auch mit der taktischen und strategischen Planung koordiniert werden, um dem Anspruch eines widerspruchsfreien Planungssystems gerecht zu werden.

1.3. Das Kontrollsystem

Kontrolle bezweckt die Erreichung der in der vorangegangenen Funktion Planung festgeleg-ten Ziele. Die Vorgehensweise der Kontrolle zur Bewältigung dieser Aufgabe und damit kon-stitutives Merkmal ist der Vergleich als informationeller Prozess. Kontrolle ist der Vergleich zweier Ausprägungen eines an sich identischen Objektes, wobei sich die Ausprägungen durch qualitativ differierende Realitätsebenen unterscheiden (*Maune*). Es lassen sich funktional drei Merkmale der Kontrolle feststellen, an denen eine Kennzeichnung der Kontrolle erfolgen kann:

- Kontrollprozess: Kennzeichnung der Verrichtungen, die ablaufen
- Kontrollobjekte: Objekte der Beobachtung in ihren als Soll- und Ist-Größen angesehe-nen Vergleichsbestandteilen
- Kontrollarten: nach der Zwecksetzung der Kontrolle unterscheidbare Kontrollen

Im Kontrollprozess sind alle Verrichtungen enthalten, die zur Durchführung einer Kontrolle notwendig sind. Danach sind die Ausprägungen der Kontrollobjekte als Ist-Größen und gege-benenfalls auch als Soll-Größen zu ermitteln. Als zweiter Schritt geschieht der eigentliche Vergleich der ermittelten Werte, dem eine Analyse der Abweichungen folgt. In diesem tradi-tionellen Kontrollverständnis ist die Kontrolle somit dem Planungs- und Realisationsprozess nachgelagert. Diese Form der Kontrolle ist als ex-post-Kontrolle mit dem Nachteil der ver-gangenheitsorientierten Sicht behaftet, die Kontrollinformationen werden in Bezug auf die Steuerung des Unternehmens zu spät ermittelt, als dass sie noch Handlungsbedarf zu Anpas-sungsentscheidungen signalisieren. Dabei kann sich der Nachteil dieser auch als Feedback-Kontrolle bezeichneten Kontrolle sowohl in der zu späten Ermittlung von Ist-Größen als auch in der fehlenden Möglichkeit zu überprüfen, ob die Soll-Größen überhaupt noch gültig sind, begründen. Aus entscheidungslogischer Sicht sind daher ex-ante-Kontrollen vorzuziehen, die Kontrollinformationen vor der vollständigen Realisierung des Planes bereitstellen.

Nach den möglichen Kontrollobjekten Ergebnisse, Art und Weise der Ergebniserstellung, Mitarbeiter und Systeme ist zunächst eine Einteilung der Kontrollarten in die Formen Ergebniskontrolle, Verfahrenskontrolle, Verhaltenskontrolle und Systemkontrolle möglich (*Brühl*). Von diesen Kontrollarten sind entscheidungslogisch besonders die Ergebniskontrollen interessant. Verfahrenskontrollen und Verhaltenskontrollen sind in der Regel mitarbeiterbezogen. Im Rahmen der Systemkontrolle erfolgt eine Überprüfung der Teilsysteme des Betriebes auf ihre Eignung, die ihnen jeweils auferlegten Funktionen auf einem beabsichtigten qualitativen Niveau überhaupt durchführen zu können. Die Ausprägungen der Kontrollobjekte bestimmen die informationstheoretische Verwendbarkeit der Kontrollergebnisse. Sie bilden zusammen mit der Zwecksetzung als ex-post- bzw. ex-ante-Kontrolle das Gerüst zur Unterscheidung von grundlegenden ergebnisorientierten Kontrollarten.

Kontrollgröße Vorgabegröße	Ist-Größe	Wird-Größe	Soll-Größe
Ist-Größe	Betriebs- u. Zeitvergleich		
Wird-Größe	Prämissenkontrolle	Prognosekonsistenzkontrolle	
Soll-Größe	Realisations- bzw. Ergebniskontrolle	Planfortschrittskontrolle	Zielkonsistenzkontrolle

Abb. 2.: Kontrollarten

Der Soll-Ist-Vergleich wird auch als Ergebniskontrolle bezeichnet, der Soll-Wird-Vergleich dagegen als Fortschrittskontrolle. Dabei wird der Soll-Ist-Vergleich als Endergebniskontrolle auf den Zeitpunkt des Endes eines Handlungs- bzw. Ausführungsprozesses bezogen. Aufgrund ihrer Eigenschaft als Endergebniskontrolle sind Anpassungsmaßnahmen in Bezug auf den untersuchten Realisationsprozess nicht mehr möglich. Der Soll-Wird-Vergleich als Fortschrittskontrolle kann aber auch bei Vorliegen eines in Teile zerlegbaren, diskontinuierlichen Ausführungsprozesses als Teilergebniskontrolle angesehen werden. Aus dieser Sicht ist die Fortschrittskontrolle ein Soll-Ist-Vergleich, der Ist-Größen als Kontrollobjekt benutzt, die aufgrund der Planung der Soll-Größen nicht die endgültigen angestrebten Ziele sind, sondern davor liegen. Insofern kann man Fortschrittskontrollen in bezug auf ihre Zwecksetzung in eine begleitende Kontrolle und in eine vorausschauende Kontrolle zwecks Aufdeckung und Abwehr potenzieller Soll-Ist-Abweichungen nach Abschluss der Realisationsprozesse unterscheiden.

Die Prämissenkontrolle als Wird-Ist-Vergleich überprüft während der Planrealisation, inwieweit die ursprünglich dem Plan zugrunde gelegten Annahmen und Erwartungen dem aktuellen Kenntnisstand noch genügen oder ob eine Revidierung der alten Pläne notwendig ist. Diese Prämissen beziehen sich auf Unternehmens- oder Umweltzustände bzw. deren Entwicklungen, von denen angenommen wird, dass sie die Planrealisation positiv oder negativ beeinflussen. Während die Größen der Endergebniskontrolle und der Fortschrittskontrolle als Kontrollobjekt in der Regel Ausführungsprozesse in Soll-, Wird- und Ist-Ausprägungen sind, untersucht die Prämissenkontrolle Abweichungen bei den Planungsgrundlagen, also die ehemals gesetzten Prämissen auf ihre aktuellen Ausprägungen. Somit wirkt die Prämissenkontrolle auf einer anderen Ebene, da sie nicht die Handlungsprozesse zum Kontrollobjekt hat.

1.4. Kostenrechnung und Kostenmanagement

Das betriebliche Rechnungswesen ist als Teilsystem der Unternehmensrechnung zunächst auch ein quantitatives Modell des Wirtschaftsgeschehens innerhalb des Betriebes sowie zwischen dem Betrieb und seiner Umwelt, aber es ist darüber hinaus dadurch gekennzeichnet, dass alle Vorgänge in Geld gemessen werden. Damit kann das betriebliche Rechnungswesen verstanden werden als ein monetäres Modell des Wirtschaftsgeschehens.

Die Aufgaben des betrieblichen Rechnungswesens lassen sich in zwei Gruppen einteilen. Das Rechnungswesen eines Unternehmens ist ein Informationssystem; in ihm werden wirtschaftliche Sachverhalte abgebildet. Diese Abbildung erfolgt aber nicht um ihrer selbst willen, sondern weil die betreffenden Informationen benötigt werden. Die Träger des entsprechenden Informationsbedarfes werden als die Adressaten des betrieblichen Rechnungswesens bezeichnet. Diese Adressaten können unterschieden werden in solche, die dem Betrieb angehören (Manager), und in solche, die Element der Umwelt des Betriebes sind. Nach diesen beiden Adressatenkreisen können die Aufgaben des betrieblichen Rechnungswesens in Aufgaben der Informationsversorgung unternehmensexterner Adressaten und in Aufgaben der Informationsversorgung unternehmensinterner Adressaten unterschieden werden. Entsprechend wird von unternehmensexternen Aufgaben und unternehmensinternen Aufgaben des betrieblichen Rechnungswesens gesprochen. Die zugehörigen Teilsysteme des betrieblichen Rechnungswesens tragen ihren Aufgaben gemäß die Bezeichnung externes betriebliches Rechnungswesen (Buchhaltung und Jahresabschluss) und internes betriebliches Rechnungswesen (Kosten- und Erfolgsrechnung).

Zu den unternehmensexternen Aufgaben des betrieblichen Rechnungswesens zählen vor allem Dokumentationsaufgaben, bestehend in erster Linie in Aufgaben der Rechenschaftslegung des Betriebes gegenüber Dritten wie z. B. dem Staat als Steuergläubiger, den Kapitalgebern, den Lieferanten und Abnehmern sowie der interessierten Öffentlichkeit. Die unternehmensinternen Aufgaben des betrieblichen Rechnungswesens ergeben sich aus der Notwendigkeit der Deckung des Informationsbedarfs in allen betrieblichen Entscheidungs- oder Planungs- und Kontrollprozessen. Damit ist die Kosten- und Erfolgsrechnung dem internen betrieblichen Rechnungswesen zuzuordnen.

Mit der Kosten- und Erfolgsrechnung können unterschiedliche Zwecksetzungen verfolgt werden. Schlagwortartig wird oft von der Kalkulation und der Kontrolle gesprochen. Genauer können diese Zwecksetzungen differenziert werden in

- die Abbildung des Unternehmensprozesses in Kosten und Erfolgsgrößen,
- die Planung und Steuerung des Unternehmensprozesses auf der Grundlage von Kosten- und Erfolgsinformationen sowie
- die kosten- und erfolgsmäßige Kontrolle des Unternehmensprozesses.

Die Abbildung des realisierten Unternehmensprozesses verlangt die Ermittlung der tatsächlich angefallenen Kosten. Die tatsächlich angefallenen Kosten werden als Istkosten bezeichnet. In der Kostenrechnung können einmal die faktisch entstandenen Kosten einer Periode (periodische Kostenrechnung) oder einer Ausbringungsmengeneinheit (Kalkulation) bestimmt werden. Des Weiteren kann man die Feststellung der realisierten Kosten anderer Sachverhalte (z.B. Fertigungsverfahren, Werbemaßnahmen) durch die Kostenrechnung vornehmen. Solche Feststellungen werden gewöhnlich in angegliederten Sonderrechnungen durchgeführt.

Die Ermittlung der für die Ausbringungsgüter (Kostenträger) angefallenen Kosten und der entstandenen Stückkosten (Selbstkosten) sowie die Überwachung und Steuerung des Unternehmensprozesses verlangt eine spezifische Verteilung der erfassten Kosten. Die Kostenverteilung ist eine Zuordnung der erfassten Kosten auf Bezugsobjekte nach unterschiedlichen Prinzipien. Bezugsobjekte der Kostenverteilung sind Kostenstellen als Orte der Kostenentstehung und Kostenträger als kostenverursachende Größen. Für die Ermittlung der realisierten Stückkosten werden die zur Hervorbringung einer Einheit eines Ausbringungsgutes entstandenen Kosten festgestellt. Die stückbezogene Kostenrechnung baut auf der periodenbezogenen Kostenrechnung auf.

Planung und Steuerung sind die zielbezogene Festlegung von wirtschaftlichen Tatbeständen durch Verarbeitung von Informationen über realisierbare Handlungsmöglichkeiten. Bezogen auf die Kostenrechnung bedeutet dies, dass mit Hilfe von Informationen über Kosten wirtschaftlicher Maßnahmen eine zielgerichtete Bereitstellung und Verwendung wirtschaftlicher Güter vorgenommen werden soll. Häufig können nicht alle für die Planung und Steuerung bedeutsamen Tatbestände durch Kostengrößen (und Erfolgsgrößen) erfasst und abgebildet werden, so dass neben Kosteninformationen weitere Informationen notwendig sind. Die Gestaltung wirtschaftlicher Sachverhalte mittels Informationen aus der Kostenrechnung setzt deshalb voraus, dass als Gestaltungsziele Größen gewählt werden, welche durch die Kostenrechnung erfassbar und abbildbar sind. Eine Planung und Steuerung des Wirtschaftsgeschehens eines Unternehmens mit Hilfe der Kostenrechnung kann in bezug auf die Zielgrößen Kosten, Erlöse und den kalkulatorischen Erfolg als Differenz von Erlösen und Kosten vorgenommen werden.

Sofern mit Hilfe der Kostenrechnung auch ein Bezug zu anderen Zielvorstellungen herstellbar ist, kann eine Planung und Steuerung auch in Ausrichtung auf diese Zielvorstellungen getroffen werden. Dabei ist z.B. an die Zielvorstellung der Erhaltung des Unternehmenspotenzials (Substanz- bzw. Kapitalerhaltung) zu denken. Weiterhin sind Kosten für eine Vielzahl betrieblicher Gestaltungs- und Entscheidungsprobleme von Bedeutung, da sie häufig wesentliches Element der betrieblichen Zielvorstellungen sind.

Die Kontrolle des Unternehmensprozesses baut ebenso wie die Planung und Steuerung des Unternehmensprozesses auf bereits festgestellten Kosten auf und nimmt deren Auswertung vor. Unter der Kontrolle versteht man wie schon erwähnt die Durchführung eines Vergleichs. Im Rahmen der Kostenrechnung geht es bei der Kontrolle um den Vergleich von Kostengrößen. Dabei werden allgemein drei verschiedene Arten des Kostenvergleichs unterschieden:

- Zeitvergleich
- Soll-Ist-Vergleich
- Betriebsvergleich

Die Wirksamkeit der Kostenkontrolle hängt von verschiedenen Größen ab. So sind dafür u. a. die Genauigkeit der Kostenerfassung, die Aufgliederung des gesamten Abrechnungsbereiches Unternehmen in Kostenstellen und die Art der Verteilung der erfassten Kosten auf Kostenstellen und Kostenträger maßgebend. Ferner wird die Effizienz auch von den Kontrollzeitspannen bestimmt. Je länger der Zeitraum ist, für den eine Kontrolle vorgenommen werden soll, um so weniger ist eine kurzfristige Steuerung durchführbar. Daher können durch Wechsel in den wirtschaftlichen Gegebenheiten bedingte ungünstige Kostenentwicklungen nicht frühzeitig erkannt und durch gestaltende Eingriffe (Kostenmanagement) behoben werden. Daraus resultiert die allgemein erhobene Forderung nach kurzen Abrechnungszeiträumen bzw. kurzfristigen Abschlüssen der Kostenrechnung.

Weitere Rechnungsziele der Kostenrechnung können in den Hilfsfunktionen für die externe Rechnungslegung liegen. Dazu gehört die Bewertung von fertigen und unfertigen Erzeugnissen sowie selbsterstellter Anlagen, Maschinen etc. zum Zwecke der Bilanzierung. Dieses Rechnungsziel beinhaltet im Wesentlichen die Ermittlung der handelsrechtlichen und steuerrechtlichen Herstellungskosten, wie sie vom Gesetzgeber jeweils definiert sind. Dabei ergibt sich das Problem, dass die gesetzlichen Grundlagen nicht mit den für die Kostenrechnung gültigen Normen über die Kostenverteilung auf die Ausbringungsgüter übereinstimmen müssen.

Unter Kostenmanagement wird die Beeinflussung und Gestaltung von Unternehmensstrukturen, Prozessen und Produkten unter Kostenaspekten und unter Zuhilfenahme der Informationen aus den Kostenrechnungssystemen verstanden.

1.5. Das Controlling

Historisch gesehen ist das Controlling zuerst für privatwirtschaftliche Unternehmen entwickelt worden. Dabei haben sich frühe Controllingkonzeptionen zunächst in Industrieunternehmen und Verkehrsbetrieben der Vereinigten Staaten von Amerika etabliert. Es gibt ältere Synonyme wie Controllership und Comptroller, die in ihrer etymologischen Bedeutung die Entwicklung des Controllings aus dem Rechnungswesen verdeutlichen. So kann der aus dem Französischen stammende Begriff Comptroller als so genanntes Kofferwort angesehen werden. Ein Kofferwort ist eine neue Worterfindung, die zwei Worte und deren anhängende Konzepte in einem verknüpft. So verschmelzen die französischen Worte compte (Rechnung) bzw. compter (rechnen, zählen) und contrôleur (Kontrolleur, Prüfer) bzw. contrôler (überprüfen) zum Rechnungsüberprüfer (Comptroller, Controller).

In der theoretischen Diskussion zum Controlling-Begriff lassen sich rechnungswesen-, informationssystem- und koordinationsorientierte Konzepte unterscheiden.

Rechnungswesenorientierte Konzeptionen begründen sich aus dem betrieblichen Rechnungswesen, das auch als Ursprung des Controllings angesehen werden kann. Im betrieblichen Rechnungswesen werden monetäre Abbildungen des Wirtschaftsgeschehens erzeugt. Bei den rechnungswesenorientierten Ansätzen geht es im Wesentlichen um die zukunftsorientierte Ausrichtung des betrieblichen Rechnungswesens durch das Controlling. Diese Erweiterung des betrieblichen Rechnungswesens, dass ursprünglich durch vergangenheitsorientierte Rechnungssysteme wie die Buchhaltung und Istkostenrechnung geprägt war, soll im Hinblick auf planerische, kontrollierende und informationelle Prozesse einen Beitrag zur zukunftsorientierten Unternehmensführung leisten. Es wird auf allen Teilbereichen der monetären Unternehmensplanung die Möglichkeit gegeben, ein auf Plan- und Istgrößen basierendes, gesamtunternehmensbezogenes Rechnungswesen einzusetzen (*Schmidt*). Damit wird eine Form der Leistungsmessung und -beurteilung möglich, die im Rahmen der Unternehmensführung zur Steuerung von Aktivitäten benutzt werden kann. Darüber hinaus hat das Controlling eine Beratungs- und Unterstützungsfunktion, indem es zur Lösung von Entscheidungsproblemen der Unternehmensführung beiträgt und die Bereitstellung der aus dem betrieblichen Rechnungswesen gewonnenen Informationen gewährleistet. Rechnungswesenorientierte Konzeptionen stellen demnach das betriebliche Rechnungswesen in den Mittelpunkt der Systembildung, indem sie ein zentralisiertes Rechnungswesen mit gesamtunternehmensbezogenen Planungs- und Kontrollrechnungen zum Inhalt haben. Objekte der Gestaltung sind besonders Kosten- und Erfolgsrechnungen auf Ist- und Planbasis.

In erster Linie füllen diese Konzeptionen durch die Erweiterung des betrieblichen Rechnungswesens eine Informationsversorgungsfunktion aus. Die Beschaffung der Informationen orientiert sich an den herkömmlichen Möglichkeiten der Informationsbeschaffung wie z.B. der Buchhaltung. Somit werden Informationen bereitgestellt, von denen nicht bekannt ist, ob sie auch die Informationen darstellen, die vom Management zur Unternehmensführung gefordert werden. Des Weiteren gibt es keinen explizit herausgestellten Bezug der Informationen zum betrieblichen Zielsystem. Unter Beachtung der Koordination (Abstimmung) als konstitutives Gestaltungsmerkmal des Controllings kann festgestellt werden, dass die Koordinationsfunktion im Hinblick auf das Führungssystem bei den rechnungswesenorientierten Ansätzen nicht ausgeprägt vorhanden ist. Es findet weder eine systembildende Koordination aller Teilsysteme des Managements statt, noch zeigen die Ansätze Lösungsprinzipien zur systemkoppelnden Koordination (Kommunikation) auf.

Die informationssystemorientierten Ansätze beinhalten die Erweiterung auf das gesamte, aus Informationsversorgungssystem und Informationsverwendungssystem bestehende Informationssystem. Konzeptionelle Merkmale der informationssystemorientierten Ansätze sind die Institutionalisierung zentraler Informationsabteilungen und der vermehrte Einsatz der automatischen Datenverarbeitung. Einerseits tragen diese Ansätze damit dem steigenden Koordinationsbedarf von differenzierter werdenden Führungsaufgaben in dynamischeren und komplexeren Unternehmensumwelten Rechnung (*Weber*). Andererseits unterstützt die Entwicklung der elektronischen Datenverarbeitung die technische Durchführbarkeit solcher Konzeptionen. Durch die laufende Abstimmung von Informationsnachfrage und -angebot soll gewährleistet werden, dass die betriebliche Informationsversorgung nicht nur Informationen bereitstellt, die für vergangene Planungssituationen durchaus relevant waren, aber nicht als Informationsgrundlage neuer, andersartiger Planungsprobleme genutzt werden können.

Die Koordinationsaufgabe wird im Hinblick auf die Abstimmung zwischen Informationsnachfrage und Informationsangebot definiert. Ihnen fehlt allerdings eine konsequente Zielausrichtung von Informationsnachfrage und -angebot durch die fehlende explizite Ausrichtung am betrieblichen Zielsystem. Da sich die Koordination nur auf das Informationssystem bezieht, kann auch bei den informationssystemorientierten Konzeptionen nicht von einer Controllingkonzeption gesprochen werden, die als ausreichend für die Koordination des gesamten Managements bezeichnet werden kann.

Horváth stellt in seinem systemtheoretisch orientierten Ansatz die Koordination als die zentrale Aufgabe des Controllingsystems dar. Dabei wird der Koordinationsbegriff als systembildende und systemkoppelnde Koordination verstanden. Die Konzeption konzentriert sich auf die Koordination der Informationsverwendungs- und Informationsversorgungssysteme. *Schmidt* bezieht die Controllingfunktion auf das gesamte Führungssystem, wobei auch das Zielsystem einbezogen wird. Durch die gesamtheitliche Ausrichtung der Koordinationsfunktion auf alle Subsysteme des Führungssystems wird das Controlling als zielerreichungsorientierte Führungskoordination bezeichnet. Auch in diesem Ansatz ist eine Betonung der Koordination in den Bereichen der Informationsversorgung und Informationsverwendung zu sehen. Controlling als führungsunterstützende Funktion wirkt somit über die zielbezogene Lenkung von Führungsinformationsprozessen auf die zielsystemorientierte Beeinflussung der gesamten Unternehmensprozesse ein. *Küpper* betont ebenfalls die Koordinationsfunktion als konstitutives Merkmal des Controllings.

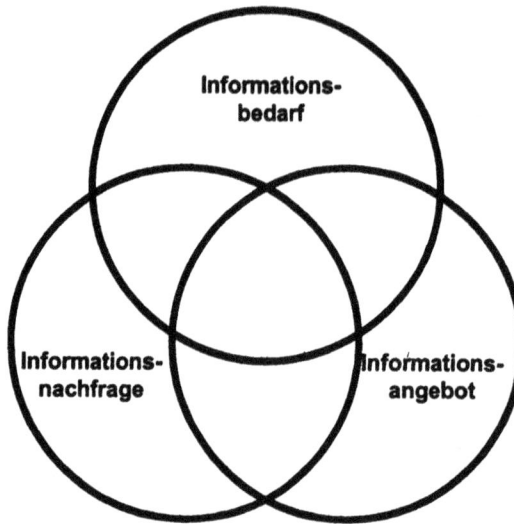

Abb. 3: Koordinationsaufgabe des Controllings

Die Koordination des Führungssystems als wesentliches Gestaltungsmerkmal einer manage-mentorientierten Controllingkonzeption spaltet sich somit in die systembildende und system-koppelnde Koordination auf. Im Rahmen der systembildenden Koordination steht die Schaf-fung und Vernetzung von Ziel-, Planungs-, Kontroll- und Informationsversorgungssystemen im Vordergrund. Da im Führungssystem informationelle Prozesse zwischen den Subsystemen ablaufen, geht es bei einer systemkoppelnden Koordination des Führungssystems als zweiten Teil der Koordinationsaufgabe des Controllings insbesondere um die Reaktionsfähigkeit und Flexibilität der Subsysteme über die Herstellung und Veränderung von Informationskanälen. Information und die damit verbundene Kommunikation sind demnach wesentliche weitere Elemente einer Controllingkonzeption. Controlling ist die zielsystemorientierte systembilden-de und systemkoppelnde Koordination von Informationsversorgung und Informationsverwen-dung im Unternehmen. Im Mittelpunkt der Controllingaufgabe steht die Versorgung aller Pla-nungs- und Kontrollsysteme mit entscheidungsrelevanten Informationen auf dem Wege der Koordination des umfassenden Informationssystems und des gesamten betrieblichen Pla-nungs- und Kontrollsystems.

Literatur

Ackoff, R.: Unternehmensplanung, München, 1972
Albach, H.: Die Koordination der Planung in Großunternehmen, in: Zeitschrift für Betriebs-wirtschaft, 36. Jg., 1966, S. 790-804
Arbeitskreis "Integrierte Unternehmungsplanung" der Schmalenbach-Gesellschaft - Deutsche Gesellschaft für Betriebswirtschaft e.V.: Grenzen der Planung - Herausforderung an das Ma-nagement, in: Zeitschrift für betriebswirtschaftliche Forschung, 43. Jg., 1991, S. 811-829
Berthel, J.: Betriebliche Informationssysteme, Stuttgart, 1975
Berthel, J.: Informationen und Vorgänge ihrer Bearbeitung in der Unternehmung, Berlin, 1967
Bircher, B.: Langfristige Unternehmungsplanung, Bern, 1976
Bretzke, W.: Zur Terminologie einer Theorie der Prüfung, in: Betriebswirtschaftliche For-schung und Praxis, 24. Jg., 1972, S. 253-265

Bronner, R.: Grenzen der Planung und Planungszwänge, in: Handwörterbuch der Planung, hrsg. v. N. Szyperski mit Unterstützung von U. Winand, Stuttgart, 1989, Sp. 590-598

Brühl, R.: Controlling als Aufgabe der Unternehmensführung, Gießen, 1992

Denk, R. / Stöber, K.: Moderne Kosten- und Leistungsrechnung, 2. Aufl., Wien, 1979

Deyhle, A.: Management- & Controlling Brevier Band 2: Ziele sind Zahlen, 2. Aufl., Gauting, 1982

Frese, E.: Kontrolle und Unternehmungsführung, Wiesbaden, 1968

Frese, E.: Unternehmungsführung, Landsberg am Lech, 1986

Grochla, E.: Unternehmungsorganisation, Reinbek bei Hamburg, 1972

Haberstock, L.: Grundzüge der Kosten- und Erfolgsrechnung, 3. Aufl., München 1982

Haberstock, L.: Kostenrechnung I. - Einführung -, ab 8. Aufl., Wiesbaden 1987

Haberstock, L.: Kostenrechnung II. (Grenz-)Plankostenrechnung, 4. Aufl., Wiesbaden 1982

Hahn, D.: PuK Controllingkonzepte, Planung und Kontrolle, Planungs- und Kontrollsysteme, Planungs- und Kontrollrechnung, 6. Aufl., Wiesbaden, 2001

Horváth, P.: Controlling, 7. Aufl., Wiesbaden, 1998

Kieser, A. / Kubicek, H.: Organisation, 2. Aufl., Berlin, 1983

Kilger, W.: Flexible Plankostenrechnung und Deckungsbeitragsrechnung, 9. Aufl., Wiesbaden, 1988

Koch, H.: Integrierte Unternehmensplanung, Wiesbaden, 1982

Köhler, R.: Die Kontrolle strategischer Probleme als betriebswirtschaftliches Problem, in: Zeitschrift für Betriebswirtschaft, 46. Jg., 1976, S. 301-318

Kosiol, E.: Die Unternehmung als wirtschaftliches Aktionszentrum, Reinbek bei Hamburg, 1972

Kreikebaum, H.: Strategische Unternehmensplanung, 3. Aufl., Stuttgart, 1989

Küpper, H.: Controlling, Stuttgart, 1995

Küpper, H.: Konzeption des Controlling aus betriebswirtschaftlicher Sicht, in: 8. Saarbrücker Arbeitstagung 1987 Rechnungswesen und EDV, hrsg. v. A. Scheer, Heidelberg, 1987, S. 82-116

Küpper, H.: Koordination und Interdependenz als Bausteine einer konzeptionellen und theoretischen Fundierung des Controlling, in: Betriebswirtschaftliche Steuerungs- und Kontrollprobleme, hrsg. v. W. Lücke, Wiesbaden, 1988, S. 163-183

Macharzina, K.: Die Bedeutung verhaltenstheoretischer Aussagen für kosten- und leistungsorientierte Planungs- und Kontrollrechnungen, in: Planung und Kontrolle, hrsg. v. H. Steinmann, München, 1981, S. 453-477

Maune, R.: Planungskontrolle, Frankfurt am Main, 1980

Ohland, L.: Strategische Kontrolle, Frankfurt am Main, 1988

Pfohl, H.: Planung und Kontrolle, Stuttgart, 1981

Rühli, E.: Unternehmungsführung und Unternehmungspolitik 1, Bern, 1973

Rühli, E.: Unternehmungsführung und Unternehmungspolitik 2, Bern, 1978

Rühli, E.: Unternehmungsführung und Unternehmungspolitik 3, Bern, 1993

Schmalenbach, E.: Kostenrechnung und Preispolitik, 8. Aufl., Köln und Opladen, 1963

Schmidt, A.: Das Controlling als Instrument zur Koordination der Unternehmungsführung, Frankfurt am Main, 1986

Schreyögg, G.: Zum Verhältnis von Planung und Kontrolle, in: Wirtschaftswissenschaftliches Studium, 23. Jg., 1994, S. 345-351

Schweitzer, M. / Küpper, H.: Systeme der Kosten und Erlösrechnung, 6. Aufl., München 1995

Serfling, K.: Controlling, 2. Aufl., Stuttgart, 1992

Staehle, W.: Management, 6. Aufl., München, 1991

Steinmann, H. / Schreyögg, G.: Management, 2. Aufl., Wiesbaden, 1991

Steinmann, H. / Schreyögg, G.: Strategische Kontrolle - Empirische Ergebnisse und theoretische Konzeptionen -, Nürnberg, 1984

Stomberg, R.: Organisation der Kontrolle, Hamburg, 1969

Tuominen, R.: Die Koordination in den Unternehmungen, in: Betriebswirtschaftliche For-schung in internationaler Sicht, hrsg. v. H. Kloidt, Berlin, 1969, S. 207-223

Ulrich, H. / Fluri, E.: Management, 6. Aufl., Bern, 1992

Ulrich, H.: Die Unternehmung als produktives soziales System, 2. Aufl., Bern, 1970

Ulrich, H.: Unternehmungspolitik, 2. Aufl., Bern, 1987

Vormbaum, H. / Rautenberg, H.: Kostenrechnung III für Studium und Praxis Plankostenrech-nung, Baden-Baden, Bad Homburg von der Höhe, 1985

Weber, J.: Controlling, Informations- und Kommunikationsmanagement - Grundsätzliche begriffliche und konzeptionelle Überlegungen, in: Betriebswirtschaftliche Forschung und Praxis, 45. Jg., 1993, S. 628-649

Weber, J.: Die Koordinationssicht des Controlling, in: Controlling, hrsg. v. K. Spremann u. E. Zur, Wiesbaden, 1992, S. 169-183

Welge, M. / Al-Laham, A.: Planung, Wiesbaden, 1992

Wild, J.: Grundlagen der Unternehmungsplanung, Reinbek bei Hamburg, 1974

Winand, U.: Erfolgspotentialplanung, in: Handwörterbuch der Planung, hrsg. v. N. Szyperski mit Unterstützung von U. Winand, Stuttgart, 1989, Sp. 440-452

Ziegenbein, K.: Controlling, 4. Aufl., Ludwigshafen, 1992

2. Die traditionelle Kosten- und Erfolgsrechnung auf Vollkostenbasis

2.1. Kosten und Erlöse

Die Abgrenzungen der Grundbegriffe des Rechnungswesens fußen zwangsläufig auf der in der betriebswirtschaftlichen Theorie und Praxis vorherrschenden Lehre. Bevor auf der Basis dieses Begriffsgerüstes ein weiteres Vordringen in Vorgehensweise, Verfahren und Probleme der betrieblichen Kostenrechnung erfolgt, erscheint es aber angebracht, sich mit einigen Aspekten vom Wesen der Kosten und Erlöse zu befassen.

Der produktions- und kostentheoretische Kostenbegriff

Die Produktionstheorie hat innerhalb der betriebswirtschaftlichen Theorie die Aufgabe, funktionale Beziehungen zwischen Faktoreinsatz und Faktorertrag aufzudecken und modellhaft darzustellen. Die Kostentheorie dagegen ist bemüht, aufbauend auf den Erkenntnissen der Produktionstheorie, Beziehungen zwischen Faktoreinsatz und Kosten des Faktoreinsatzes aufzuzeigen.

In einer ersten sehr einfachen Betrachtung stellt sich eine solche Beziehung zwischen Faktoreinsatz und Kosten des Faktoreinsatzes in der Form dar, dass sich die Kosten (K) als das Produkt aus der eingesetzten Faktormenge (m) und dem Preis (p) für eine Einheit des eingesetzten Faktors ergeben. In dieser Darstellung wird davon ausgegangen, dass nur ein einziger Faktor eingesetzt wird, um die betrieblichen Leistungen zu erstellen. Dieser Fall wird in der betrieblichen Praxis regelmäßig nicht vorliegen. Es werden stattdessen im Allgemeinen eine Mehrzahl verschiedener Faktoren i (i=1,2,...,n) im Produktionsprozess kombinativ eingesetzt. Die zuvor angegebene Beziehung gilt dann für jede einzelne eingesetzte Faktorart und die Kosten des gesamten Faktoreinsatzes ergeben sich damit als die Summe der Kosten der einzelnen verschiedenen Faktoreinsätze.

$$K = m_1 \cdot p_1 + m_2 \cdot p_2 + ... + m_n \cdot p_n$$

Der pagatorische Kostenbegriff

Der produktions- und kostentheoretische Ansatz berücksichtigt bei der Bestimmung der Kosten nur solche Bestandteile, die sich eindeutig als das Produkt aus einer Faktoreinsatzmenge (m) und dem Preis (p) pro Einheit des betreffenden Faktors darstellen lassen. Dabei wird in diesem formalen Ansatz jedoch inhaltlich nichts über die zweite Komponente der Kosten, den anzusetzenden Preis des jeweiligen eingesetzten Faktors, ausgesagt.

Es erscheint nahe liegend, für diesen Preis denjenigen Geldbetrag anzusetzen, den der Betrieb für die Beschaffung einer Einheit des betreffenden Faktors bezahlt hat. Dieser wird dementsprechend als Beschaffungspreis bezeichnet. Wenn somit Kosten als das Produkt aus Faktoreinsatzmenge und Beschaffungspreis verstanden werden, dann besteht in der Regel eine Verknüpfung zwischen Kosten und Ausgaben. Diese Ausgabenbezogenheit ist das bestimmende Merkmal eines Kostenbegriffes, der als pagatorischer (ital.: pagare = zahlen) bezeichnet wird. Allerdings werden bei Verwendung des pagatorischen Kostenbegriffs nur solche Ausgaben berücksichtigt, die gleichzeitig einen Aufwand darstellen. Diese aufwandsgleichen Ausgaben werden auch als nicht kompensierte Ausgaben bezeichnet. Ihnen stehen die rein finanzwirt-

schaftlichen Ausgaben gegenüber, z.B. die Ausgabe für die Tilgung eines Kredites, die ja
durch den vorangegangenen Zufluss von liquiden Mitteln kompensiert wird. Wenn entsprechend dem pagatorischen Kostenbegriff Kosten jedoch ausgabenbezogen definiert werden,
dann gibt es zwangsläufig Faktoreinsätze in der betrieblichen Leistungserstellung und Leistungsverwertung, die nicht zu Kosten führen, da diese Einsätze nicht mit Ausgaben (und damit auch nicht mit Aufwand) für die Beschaffung der entsprechenden Faktoren verbunden
sind. Beispielhaft ist hier zu denken an Zinsen für das eingesetzte Eigenkapital, Lohn für die
Tätigkeit des Unternehmers im eigenen Betrieb und Miete für dem Betrieb gehörende
Grundstücke und Gebäude.

Der wertmäßige Kostenbegriff

An die Stelle des pagatorischen Kostenbegriffs ist heute in Theorie und Praxis vorherrschend
der wertmäßige Kostenbegriff getreten. Entsprechend diesem Kostenbegriff werden Kosten
definiert als der bewertete Verzehr von Gütern in Form von Sach- und Dienstleistungen, der
zum Zwecke der Erstellung und Verwertung der betrieblichen Leistungen erforderlich ist.

Die Interpretation von Kosten in diesem Sinne wird von zwei Erwägungen bestimmt:

- Von der Zweckabhängigkeit des Kostenbegriffs; damit ist gemeint, dass der Kostenbegriff so weit zu fassen ist, dass er möglichst vielen kostenrechnerischen Zwecken
gerecht wird.
- Von dem Bezug zu den realen Güterbewegungen im Betrieb; das betriebliche Geschehen ist über die Phasen Beschaffung, Produktion, Absatz und die dabei auftretenden
Güter und Geldströme mit dem gesamtwirtschaftlichen Geschehen verknüpft; zur Bestimmung der Kosten wird auf die Güterströme abgestellt.

Der wertmäßige Kostenbegriff, wie er oben definiert wurde, ist durch drei Merkmale gekennzeichnet:

1. Es muss ein Verzehr von Gütern in Form von Sach- oder Dienstleistungen vorliegen;
   je nach Art des Gutes handelt es sich um den Verbrauch (z.B. bei Rohstoffen) oder um
   den Gebrauch eines Gutes (z.B. bei Maschinen). Wie schon erwähnt, wird mit diesem
   Merkmal auf die realen Güterbewegungen abgestellt. Man spricht dabei auch von internem Güterverzehr, um deutlich zu machen, dass es hier nur unmittelbar um das Geschehen im Betrieb selbst und nicht um die Beziehungen nach außen geht.
2. Der unter 1. angesprochene Güterverzehr muss sich auf die betriebliche Leistungserstellung beziehen: Kostenwirksam ist also nur der Teil an verzehrten Sach- oder
   Dienstleistungen, der in einer Mittel-Zweck-Beziehung zum eigentlichen Betriebszweck, d.h. zur Produktion und zum Absatz irgendwelcher Wirtschaftsgüter steht. Ein
   nicht leistungsbezogener Verzehr liegt demnach vor, wenn z.B. ein Kursverlust bei
   spekulativ gehaltenen Aktien auftritt.
3. Der leistungsbezogene Güterverzehr muss letztlich bewertet werden (sog. Wertkomponente oder Wertgerüst), um Kosten vergleichbar zu machen und damit die Möglichkeit zum Entscheiden herzustellen. Prinzipiell ist die wertmäßige Bestimmung der
   Kosten nicht gleichzusetzen mit dem Ansatz irgendwelcher Marktpreise. Der Kostenwert wird von den Vertretern dieses Kostenbegriffs vielmehr im Rückgriff auf eine individuelle Nutzeneinschätzung gesehen, d.h. er ist abhängig von den jeweiligen Präferenzen eines Entscheidungssubjektes. Dabei stehen mehrere Möglichkeiten zur Verfügung:

- Anschaffungspreise als tatsächlich gezahlte bzw. als durchschnittlich angesetzte Preise
- Tagespreise als Preise am Verbrauchs- oder Umsatztag bzw. Wiederbeschaffungspreise
- Festpreise als standardisierte und über einen längeren Zeitraum als konstant angesetzte Preise

Die Merkmale 1. und 2. werden auch als die Mengenkomponente oder das Mengengerüst des wertmäßigen Kostenbegriffs bezeichnet. Die damit vorgegebene inhaltliche Bestimmung der Kosten ist insbesondere wichtig und zugleich eine schwierige kostenrechnerische Vorarbeit hinsichtlich ihrer Trennung vom Aufwand, der in der Finanzbuchhaltung im Rahmen der Gewinn- und Verlustermittlung ebenfalls die Erfassung eines Werteverzehrs darstellt, sich aber auf alle im Unternehmen ge- und verbrauchten Sach- und Dienstleistungen bezieht.

In der nachfolgenden Grafik wird die Abgrenzung der Grundbegriffe des Rechnungswesens wiedergegeben. Die Entwicklung der Grafik wurde von *Schmalenbach* begründet (so genannte Schmalenbach-Treppe). Dabei gelten folgende Definitionen:

- Auszahlung: Abfluss liquider Mittel (Bargeld und Sichtguthaben) innerhalb eines Zeitraumes.
- Einzahlung: Zufluss liquider Mittel (Bargeld und Sichtguthaben) innerhalb eines Zeitraumes.
- Ausgabe: Wert aller dem Betrieb zugegangenen Güter in Form von Sach- und Dienstleistungen innerhalb eines Zeitraumes (= Beschaffungswert)
- Einnahme: Wert aller von Betrieb verwerteten Güter in Form von Sach- und Dienstleistungen innerhalb eines Zeitraumes (= Umsatz).
- Aufwand: Wert aller verzehrten Güter in Form von Sach- und Dienstleistungen innerhalb eines Zeitraumes, der aufgrund gesetzlicher Bestimmungen und bewertungsrechtlicher Konventionen in der Finanzbuchhaltung verrechnet wird.
- Ertrag: Wert aller erbrachten Güter in Form von Sach- und Dienstleistungen innerhalb eines Zeitraumes, der aufgrund gesetzlicher Bestimmungen und bewertungsrechtlicher Konventionen in der Finanzbuchhaltung verrechnet wird.
- Kosten: Wert des Verzehrs an Gütern in Form von Sach- und Dienstleistungen zum Zwecke der betrieblichen Leistungserstellung und -verwertung innerhalb eines Zeitraumes.
- Erlös/Leistung: Wert der aufgrund der betrieblichen Leistungserstellung und -verwertung entstandenen Güter in Form von Sach- und Dienstleistungen innerhalb eines Zeitraumes.

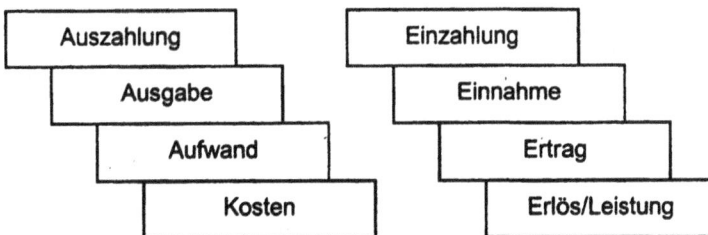

Abb. 1: Schmalenbach-Treppe

Beim neutralen Aufwand handelt es sich um Aufwand, der in die Kostenrechnung keinen Eingang findet, weil dieser Aufwand mit dem eigentlichen Betriebszweck nichts zu tun hat (betriebsfremder Aufwand), beispielsweise die regelmäßig anfallenden Zuschüsse zum Betriebskindergarten. Betriebsfremde Aufwendungen, die nicht regelmäßig anfallen (z.B. gelegentliche steuerlich abzugsfähige Spenden), zählen zu den außerordentlichen Aufwendungen.

Der außerordentliche Aufwand ist zwar betrieblich bedingt, ist aber so unregelmäßig und/oder nach seiner Art bzw. Höhe so außergewöhnlich, dass er in der Kostenrechnung nicht angesetzt wird. Außerordentliche Aufwendungen, „die außerhalb der gewöhnlichen Geschäftstätigkeit anfallen" (§ 277 IV HGB), betrieblich oder betriebsfremd sein können und die selten und / oder in ungewöhnlicher Höhe auftreten, werden deshalb nicht im ordentlichen Betriebsergebnis berücksichtigt. Beispiele: Außerordentliche Aufwendungen für Stilllegung und Umstrukturierung von Betriebsteilen, Schäden wegen Betrug und Unterschlagung, Aufwendungen für ungewöhnlich hohe Abfindungszahlungen an Mitarbeiter, Aufwendungen für ungewöhnlich hohe Schadensfälle.

Periodenfremde Aufwendungen können betrieblich oder betriebsfremd sein. Ihre Verursachung liegt in einer anderen als der Abrechnungsperiode. Dennoch sind sie in der Abrechnungsperiode zu verrechnen. Beispiele: Gewerbesteuernachzahlungen, Aufwendungen zur Beseitigung früher entstandener Schäden, für die keine Rückstellungen gebildet wurden, Aufwendungen für solche Schäden, für die zu geringe Rückstellungen gebildet wurden.

Die in der Kostenrechnung als Grundkosten verrechneten Kostenarten sind deckungsgleich mit den in der Finanzbuchhaltung erfassten und aus dem eigentlichen Betriebszweck resultierenden Aufwendungen (Zweckaufwand), wie z.B. Material- und Lohnkosten.

Darüber hinaus werden in die Kostenrechnung Wertansätze für einen Güter- und Dienstleistungsverzehr mit einbezogen, die in der Finanzbuchhaltung aufgrund handelsrechtlicher Bewertungsvorschriften gar nicht bzw. in anderer Höhe erfasst werden, die sog. kalkulatorischen Kosten. Insofern können die kalkulatorischen Kosten noch zusätzlich differenziert werden in

- Zusatzkosten als kalkulatorische Kosten ohne Aufwandsverrechnung in der Finanzbuchhaltung.
- Anderskosten als kalkulatorische Kosten, die zwar auch in der Finanzbuchhaltung als Aufwand erfasst werden, dort aber in anderer Höhe.

Der absatztheoretische Erlösbegriff

In einer einfachen absatztheoretischen Betrachtung ergibt sich in Analogie zur produktionstheoretischen Definition des Kostenbegriffs der Erlös (E) als das Produkt aus der Menge der verkauften Leistungen (m) und dem erzielten Preis (p) für eine Einheit der abgesetzten Leistungen. Hierbei wird davon ausgegangen, dass nur eine Leistungsart verkauft wird. Existieren aber mehrere unterschiedliche Leistungsarten, so ergibt sich der Erlös als die Summe der Erlöse der einzelnen verschiedenen Leistungsarten.

$$E = m_1 \bullet p_1 + m_2 \bullet p_2 + ... + m_n \bullet p_n$$

Der absatztheoretische Erlösbegriff weist einige Nachteile auf. So muss ein Mengengerüst vorhanden sein; Erlöse, bei denen kein Mengengerüst vorhanden ist (wie z.B. Erlöse aus Grundgebühren) können mit ihm nicht erfasst werden. Weiterhin muss als zweite Voraussetzung ein Preis feststellbar sein. Diese Voraussetzung verbietet den Ansatz von selbsterstellten

Eigenleistungen zu Opportunitätserlösen (eingesparte Kosten). Als dritte Voraussetzung wird festgehalten, dass ein Produkt vorliegen muss. Das bedeutet, dass z.B. Subventionen nicht als Erlöse erfasst werden könnten. Daraus lässt sich der Schluss ziehen, dass dieser Erlösbegriff zu eng gefasst ist.

Der pagatorische Erlösbegriff

In den betriebswirtschaftlichen Erlösbestimmungen lassen sich Versionen finden, für die kennzeichnend ist, dass Erlöse grundsätzlich von den einem Betrieb zufließenden Einnahmen abgeleitet werden. In diesem Sinne werden mitunter sämtliche baren und kreditorischen Einnahmen, die aus der Veräußerung irgendwelcher Sach- oder Dienstleistungen (einschließlich der Veräußerung von Grundstücken, Wertpapieren oder ausgedienter Betriebsmittel) resultieren, als Erlös bezeichnet. Dieser rein finanzwirtschaftlich ausgerichtete Begriff, der auch erfolgsunwirksame Einnahmen enthält, kann demnach nicht Gegenbegriff der Kosten innerhalb einer Erfolgsrechnung des Unternehmens sein. Ihm fehlt die Leistungsbezogenheit. Eine engere Begriffsfassung ist die Definition des Erlöses als Entgelt für die an den Markt abgegebenen, vom Betrieb erstellten Leistungen (im Sinne des wertmäßigen Umsatzes der Periode). Dieser Begriff ist zwar ebenfalls finanzwirtschaftlich orientiert, doch kann er auch als Begriff der Erfolgsrechnung eine Rolle spielen, insbesondere dann, wenn die Erfolgsrechnung nach dem Umsatzkostenverfahren aufgebaut wird, wenn man also bei der periodischen Gegenüberstellung von Kosten und Erlösen jeweils auf die effektiv abgesetzte Produktionsmenge abstellt. Man gelangt zu diesem Terminus, indem man von den Einnahmen der Periode sowohl die grundsätzlich nicht erfolgswirksamen (rein finanzwirtschaftlichen) Einnahmen als auch die neutralen Erträge in Abzug bringt und um die so genannten Unterbewertungen korrigiert. Ein Nachteil des pagatorischen Erlösbegriffs ist aber, dass nur die Erlöse der Leistungen erfasst werden, für die aufgrund ihrer Verwertung am Markt tatsächlich Geld in den Betrieb geflossen ist.

Der wertmäßige Erlösbegriff

Mit wertmäßigen Erlösen ist die ebenfalls auf produzierte Sach- und Dienstleistungen abstellende Definition des Erlöses als bewertete leistungsbedingte Güterentstehung gemeint. Sie legt Erlöse in ihrer Wertkomponente nicht wie der pagatorische Erlösbegriff auf Einnahmen fest. Vielmehr schreibt sie keinen speziellen Wertansatz vor, sondern ist wie der wertmäßige Kostenbegriff durch völlige Offenheit bezüglich der Wertkomponente gekennzeichnet. Damit schließt sie auch die Möglichkeit einer Bewertung spezieller Eigenleistungen mit ersparten Kosten ein, wie sie in Form des Rechnens mit Opportunitätserlösen notwendig ist. Wenn man die bewerteten Bestandserhöhungen von Halb- und Fertigerzeugnissen sowie die bewerteten Eigenleistungen neben den Verkaufserlösen als kalkulatorische Erlöse herausstellt, spricht man ebenfalls den wertmäßigen Erlösbegriff an. Innerhalb einer kalkulatorischen Erfolgsrechnung die noch nicht abgesetzten Leistungen mit zu erwartenden Marktpreisen zu bewerten, stünde zwar nicht im Einklang mit dem für die externe Rechnungslegung maßgeblichen Realisationsprinzip. Dieses Bewertungskonzept kann aber durchaus für die innerbetriebliche Erlös- und Erfolgsrechnung geeignet sein, vor allem dann, wenn diese Teilgebiete des internen Rechnungswesens in erster Linie der Kontrolle ehemals getroffener Programmplanungsentscheidungen dienen sollen. Im Hinblick auf diese praktisch sehr bedeutsame Aufgabe mag es durchaus sinnvoll sein, die auf Lager produzierten Leistungen mit jenen Preisen zu bewerten, von denen man annimmt, dass man sie beim Verkauf in den künftigen Abrechnungsperioden erzielen kann. Solche kalkulatorischen Leistungen, die im externen Rechnungswesen mit den Herstellungskosten bewertet werden, wären dann entsprechend der Terminologie des internen Rechnungswesens Anderserlöse. Weiterhin wäre auch der Ansatz von Zusatzerlösen möglich. Zusatzerlöse sind dadurch gekennzeichnet, dass ihnen überhaupt keine Erträge gegenüberstehen. Als Beispiel sind selbsterstellte Patente zu nennen, die im Unternehmen eingesetzt werden, im externen Rechnungswesen aber nicht erfasst werden.

Teilweise wird in Literatur und Praxis der Begriff der Leistungen synonym zum Erlösbegriff verwendet. Leistungen stellen aber in dem hier unterstelltem Verständnis nur die Menge der erbrachten Produkte dar.

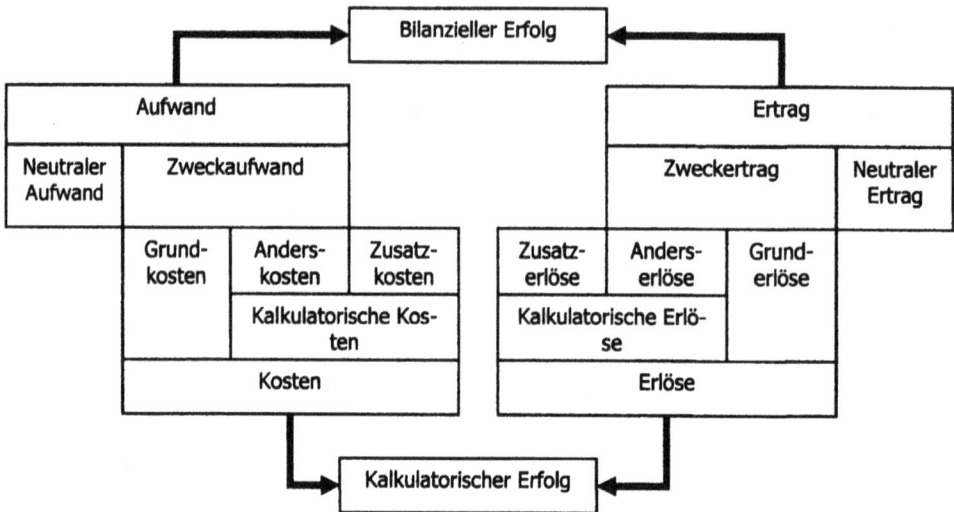

Abb. 2: Bilanzieller und kalkulatorischer Erfolg

Zurechnungsprinzipien

Die Verteilung von Kosten kann nach verschiedenen Prinzipien erfolgen. Bei den Kostenverteilungsprinzipien können zwei Gruppen unterschieden werden, die Zurechnungs- und die Anlastungsprinzipien.

Das Verursachungsprinzip als älteste Form von Zurechnungsprinzipien unterstellt einen Kausalprozess zwischen dem Bezugsobjekt als Ursache und den zuzurechnenden Kosten als Wirkung. Wird diese Auffassung auf Leistungen bezogen, so erfordert dies einen Ursache-Wirkungs-Zusammenhang zwischen Leistungen und Kosten, der in der Realität nicht bzw. nicht immer in der gleichen Art gegeben sein muss. So kann nicht davon ausgegangen werden, dass die Ursache der Leistungsentstehung zeitlich vor dem Kostenanfall steht, gleiche Ursachen auch immer die gleiche Wirkung nach sich ziehen und die Leistungen als alleinige Ursache der Kostenentstehung anzusehen sind.

Die Anwendung des Proportionalitätsprinzips als mathematische Darstellung des Verursachungsprinzips erfordert bei Kosten, die nicht in einer eindeutigen quantitativen Beziehung zu bestimmten Bezugsobjekten stehen, die Existenz von Maßgrößen, die sowohl zu den Kosten als auch zu den Bezugsobjekten in einem eindeutigen oder angenäherten proportionalen Verhältnis stehen. Sowohl Verbundenheiten in der Leistungserstellung als auch der Werteverzehr, der durch die Erstellung der Leistungsbereitschaft verursacht wird, erschweren die Suche nach solchen Maßgrößen.

Finalität als dreiphasiger Prozess der Zwecksetzung, Selektion der Mittel und Realisation erscheint geeignet, wirtschaftliche Handlungen zu beschreiben, da hier aus der Antizipation des Zwecks ein Bewusstsein des Entscheidenden erzeugt wird, dass über die Auswahl der einzusetzenden Mittel bzw. Produktionsfaktoren die Realisation des Zwecks über den anschließenden Kausalprozess erfolgt. Damit wird von der Ursache-Wirkungs-Beziehung zwischen Leistungen und Kosten ausgegangen und auf den Einsatz von Produktionsfaktorkombinationen als Ursache abgestellt. Der kausale Realisationsprozess führt dann zu einer doppelten Wirkung, nämlich zum Verzehr von Produktionsfaktoren sowie der Entstehung von Leistungen. Die Darstellung dieser Wirkungen auf monetärer Ebene führt zu Kosten als Werteverzehr und zu Erlösen als Wertentstehung. Das Veranlassungsprinzip wird auch als Verursachungsprinzip im weiteren Sinn aufgefasst.

Die Kosten, die einem Bezugsobjekt unter Anwendung des Veranlassungsprinzips zweifelsfrei zugerechnet werden können, sind als Einzelkosten des Bezugsobjekts zu betrachten, sind sie nicht zurechenbar, gelten sie als Gemeinkosten.

Anlastungsprinzipien gehen nicht von vorhandenen oder vermuteten Beziehungen zwischen Kosten und Bezugsobjekten aus, sondern gelten als subjektiv willentliche, zweckgerichtete Verteilung von Kosten. Das einfache Zusammenführen von Kosten und Bezugsobjekten durch Division wird auch als Durchschnittsprinzip bezeichnet. Eine Verwendung des Durchschnittskostenprinzips ist daher für Entscheidungssituationen, die auf Grundlage von Kosteninformationen für die betrachteten Bezugsobjekte erfolgen soll, nicht möglich. Ebenso ist das überwiegend für preispolitische Zwecke genutzte Tragfähigkeitsprinzip nicht als Grundlage einer wirklichkeitsentsprechenden Kostenrechnung geeignet. Hier werden Kosten den Kostenträgern umso mehr zugerechnet, je höher die Erlösträchtigkeit der einzelnen Kostenträger ist. Dieses Vorgehen führt dann oft zu dem Gesamtbild, dass kein Kostenträger Verlust ausweist, entbehrt aber jeglicher Realität.

Die Zurechenbarkeit von Erlösen auf Bezugsobjekte als Einzelerlöse wird im Wesentlichen von der Existenz von Erlösverbundenheiten begrenzt. Tritt zwischen Erlösen und den Bezugsobjekten ein sachlogischer Zusammenhang auf, der es nicht zulässt, die Erlöse zweifelsfrei einem Bezugsobjekt zuzurechnen, handelt es sich um Gemeinerlöse des betreffenden Bezugsobjekts. Dabei unterscheidet sich die Klassifizierung von Gemeinerlösen von den Gemeinkosten insofern, dass sie nicht bestehen bleiben sondern wegfallen können, sobald ein Bestandteil der Verbundenheit wegfällt. *Männel* nennt als generelle Ursachenkomplexe für Erlösverbundenheiten:

- Angebotsverbundenheiten
- Nachfrageverbundenheiten
- Verbundenheiten aufgrund von Preisdifferenzierung

2.2. Die Kostenrechnungssysteme

Um die verschiedenartigen Aufgaben der Kosten- und Erfolgsrechnung erfüllen zu können, sind Angaben darüber notwendig, welche Kosten bzw. Erlöse in welcher Weise erfasst und weiterverrechnet werden sollen. Das Ergebnis einer systematischen Festlegung solcher Erfassungs- und Weiterverarbeitungsvorschriften für die Kosten wird kurz als Kostenrechnungssystem bezeichnet. Sie können stets durch zwei Merkmale beschrieben werden:

- Zeitbezug der Kosten
- Sachumfang der Kosten

Nach dem Zeitbezug der Kosten werden vergangenheitsbezogene oder Istkosten, gegenwartsorientierte oder Normalkosten und zukunftsbezogene oder Plankosten unterschieden. Dementsprechend werden die zugehörigen Kostenrechnungen als Istkostenrechnung, Normalkostenrechnung und Plankostenrechnung bezeichnet. Istkosten sind die tatsächlichen Kosten vergangener Perioden, während Normalkosten aus Durchschnittskosten vergangener Perioden gebildet werden. Plankosten haben aufgrund ihrer möglichst völligen Lösung von vergangenen Perioden Zukunftscharakter. Allerdings ist der Übergang zwischen diesen Kosten nicht eindeutig, da auch schon in der Istkostenrechnung manche Kostenarten Durchschnittscharakter (z.B. verrechnete kalkulatorische Wagnisse) oder Plancharakter (z.B. planmäßige Abschreibungen bei unbekannter Nutzungsdauer der Abschreibungsobjekte) haben.

Nach dem Sachumfang der Kosten wird unterschieden, ob alle oder nur Teile der in einer Abrechnungsperiode angefallenen Kosten auf die Produkteinheiten zugerechnet werden. Die zugehörigen Kostenrechnungen werden Vollkostenrechnung und Teilkostenrechnung genannt. Das Merkmal der Vollkostenrechnung besteht darin, dass sämtliche Kosten einer Periode erfasst und den einzelnen Leistungen des Unternehmens zugerechnet werden. Demgegenüber zeichnen sich Teilkostenrechnungen dadurch aus, dass zwar auch alle Kosten einer Periode erfasst werden, aber nicht alle, sondern diese Kosten nur teilweise auf Produkteinheiten weiterverrechnet werden. Bei diesem Teil handelt es sich um die für den jeweiligen Zweck, der mit der Kostenrechnung verfolgt wird, relevanten Kosten. Die Bezeichnung Teilkostenrechnung darf aber nicht zu der Annahme verleiten, dass eine solche Kostenrechnung zu einer Reduktion der insgesamt in einer Abrechnungsperiode zu berücksichtigenden Kosten führt oder führen könnte. Es werden lediglich aus der Weiterverrechnung der Kosten diejenigen herausgelassen, die für den jeweils verfolgten Kostenrechnungszweck nicht relevant sind. Um die Vorteile beider Vorgehensweisen auszunutzen und gleichzeitig die mit ihnen jeweils verbundenen Nachteile zu vermeiden, ist vorgeschlagen worden, die Kostenrechnung als kombinierte Voll- und Teilkostenrechnung durchzuführen.

Zeitbezug / Sachumfang	Istkosten	Normalkosten	Plankosten
Vollkosten	Traditionelle Kostenrechnung	Rechnung mit durchschnittlichen Kosten	Starre Plankostenrechnung Flexible Plankostenrechnung auf Vollkostenbasis Prozesskostenrechnung
Teilkosten	Direct Costing Mehrstufige Fixkostendeckungsrechnung Relative Einzelkosten- und Deckungsbeitragsrechnung		Flexible Plankostenrechnung auf Teilkostenbasis (Grenzplankostenrechnung)

Abb. 3: Kostenrechnungssysteme nach den Kriterien
Zeitbezug und Sachumfang der verrechneten Kosten

Die Bewältigung der in der Kostenrechnung gestellten Aufgabe erfolgt in der Regel in drei Stufen:

- Kostenartenrechnung
- Kostenstellenrechnung
- Kostenträgerrechnung

Zunächst werden in der Kostenartenrechnung die gesamten Kosten der Abrechnungsperiode nach Menge und Wert erfasst, und zwar aufgeschlüsselt nach verschiedenen Gesichtspunkten.

Darauf aufbauend werden die Kosten in der Kostenstellenrechnung Betriebsbereichen zugeordnet, in denen diese Kosten entstanden sind und die kostenrechnerisch selbständig abgerechnet werden (Kostenstellen). Die Erfassung der Kosten am Ort ihrer Entstehung ist aus zwei Gründen notwendig:

- Zum einen sind die Kosten nur dort sinnvoll zu kontrollieren und zu beeinflussen.
- Zum anderen ist der Weg über die Kostenstellen für eine genaue Verrechnung der Kosten auf die betrieblichen Leistungen (Kostenträger) notwendig.

Diese Aussage gilt nicht für alle Kosten. Man kann Kosten danach einteilen, ob sie den Kostenträgern direkt zurechenbar sind (Kostenträger-Einzelkosten) oder nicht (Kostenträger-Gemeinkosten). Die Gemeinkosten werden den Kostenträgern über die Kostenstellen entsprechend der jeweiligen Inanspruchnahme der Kostenstellen zugerechnet. Die Kostenträgerrechnung als letzte Stufe der Kostenverrechnung ermittelt dann die Kosten der erstellten Leistungen pro Einheit (Kalkulation oder Kostenträgerstückrechnung) und die Kosten in der Abrechnungsperiode (Kostenträgerzeitrechnung).

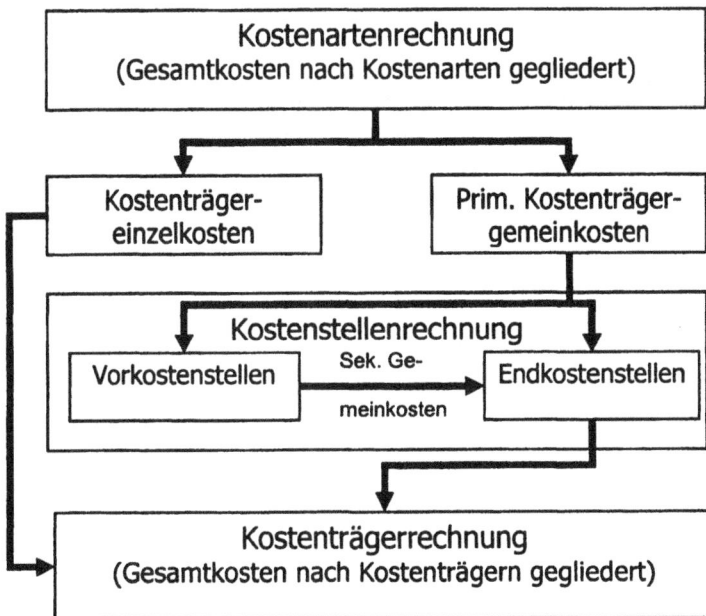

Abb. 4: Die Verrechnung der Kosten von der Kostenarten-
über die Kostenstellen- in die Kostenträgerrechnung

Kurz gesagt kommt es zu folgenden Fragestellungen in den Stufen der Kostenrechnung:

- Kostenartenrechnung - Welche Kosten sind in welcher Höhe angefallen?
- Kostenstellenrechnung - Wo sind die Kosten angefallen?
- Kostenträgerrechnung - Wofür sind die Kosten angefallen?

2.3. Die Kostenartenrechnung

Die Kostenartenrechnung dient der systematischen und lückenlosen Erfassung und Einteilung aller Kosten, die bei der Erstellung und Verwertung der betrieblichen Leistungen (Kostenträger) anfallen. Unter einer Kostenart ist demnach der unter einem gleichen Merkmal subsumierte leistungsbezogene und bewertete Verzehr von Gütern und Dienstleistungen zu verstehen. Die gesamten Kosten eines Betriebes werden nach verschiedenen Kriterien aufgegliedert, von denen die Gebräuchlichsten dargestellt sind. Es ist jedoch zu beachten, dass sich jede Kostengröße jedem Einteilungskriterium zuordnen lässt.

Kostenarten nach den verzehrten Produktionsfaktoren:
- Werkstoffkosten, Materialkosten
- Personalkosten
- Betriebsmittelkosten
- Fremdleistungskosten

Kostenarten nach der Art der Kostenerfassung:
- Aufwandsgleiche Kosten
- Kalkulatorische Kosten

Kostenarten nach der Herkunft:
- Primäre Kosten (z.B. Stromkosten bei Fremdbezug)
- Sekundäre Kosten (z.B. Stromkosten bei Eigenfertigung)

Kostenarten nach der Verrechnung auf die Kostenträger:
- Kostenträgereinzelkosten
- Kostenträgergemeinkosten

Kostenarten nach dem Verhalten bei Beschäftigungsschwankungen:
- Beschäftigungsabhängige (variable) Kosten
- Beschäftigungsunabhängige (fixe) Kosten

Kostenarten nach der betrieblichen Funktion:
- Beschaffungskosten
- Fertigungskosten
- Verwaltungskosten
- Vertriebskosten

Der Zusammenhang zwischen Einzel- und Gemeinkosten einerseits und variablen und fixen Kosten andererseits lässt sich für Mehrproduktunternehmen wie folgt darstellen:

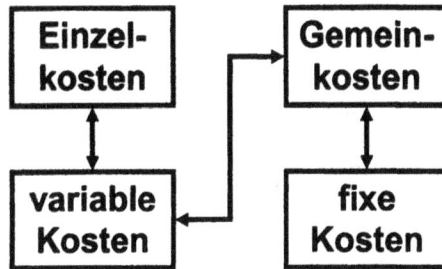

Abb. 5: Vergleich von Kostenarten

Allgemein lassen sich die wichtigsten Kostenarten in vier große Gruppen unterteilen:

- Material- bzw. Werkstoffkosten; hierunter fallen die bewerteten Verbrauchsmengen an Roh-, Hilfs- und Betriebsstoffen, bezogene Fertigteile und Handelswaren.
- Personalkosten; dazu zählen Löhne, Gehälter, gesetzliche und freiwillige Sozialkosten.
- Fremdleistungskosten; hierunter lassen sich weit gefasst die Kosten für alle von außen bezogenen Leistungen wie Transport-, Werbungs-, Rechtsberatungs-, Mietkosten sowie öffentliche Abgaben zusammenfassen.
- kalkulatorische Kosten; unter dem Oberbegriff der kalkulatorischen Kosten werden solche Kosten zusammengefasst, denen a) in der Finanzbuchhaltung kein Aufwand gegenübersteht (Zusatzkosten); hierunter können z.B. die kalkulatorische Miete, der kalkulatorische Unternehmerlohn und kalkulatorische Wagnisse fallen, b) in der Finanzbuchhaltung Aufwand in anderer Höhe gegenübersteht (Anderskosten); hierunter fallen in der Regel kalkulatorische Abschreibungen und kalkulatorische Zinsen.

Die Erfassung der Kosten eines Betriebes während einer Abrechnungsperiode erfolgt unter Zuhilfenahme der Daten aus der Finanzbuchhaltung, insbesondere der Lohn- und Gehalts- sowie der Material- und Anlagenabrechnung. Die Zusammenarbeit zwischen Finanzbuchhaltung und Kostenrechnung findet ihre Grenze dort, wo

- die Zwecke der Kostenrechnung eine weitere Kostenaufschlüsselung der durch die Finanzbuchhaltung erfassten Kostenarten erfordern, z.B. Trennung von fixen und variablen Kosten;
- die Finanzbuchhaltung bestimmte Kosten gar nicht oder in anderer Höhe erfasst (kalkulatorische Kosten);
- das Egalisierungsbestreben der Kostenrechnung zu einer anderen periodenmäßigen Verteilung der Kosten zwingt; damit ist eine möglichst gleichmäßige Verteilung der Kosten über die Perioden gemeint (Periodisierung). Eine solche Vorgehensweise lässt sich kostentheoretisch aus dem Verursachungsprinzip ableiten und wird praktisch von der Überlegung her einleuchtend, dass ein (tatsächlich) auftretender stossweiser Anfall der Kosten bei Verrechnung in der entsprechenden Abrechnungsperiode die Kostenrechnung dem Einfluss von Zufallsschwankungen aussetzen und ihre Aussagefähigkeit damit beeinträchtigen würde. So werden z.B. Urlaubslöhne, die nur einmal im Jahr anfallen, gleichmäßig auf die zwölf Monate des Jahres verteilt.

Im Rahmen der Entwicklung der kalkulatorischen Kostenarten haben sich folgende verschiedene Kostenarten herausgebildet:

Kalkulatorische Abschreibungen

Zweck der Bildung kalkulatorischer Abschreibungen ist die Ermittlung des verursachungsgerechten Werteverzehrs mit dem Ziel der Substanzerhaltung des Unternehmens. Die Unterschiede zu den bilanziellen Abschreibungen können sich dabei auf die drei Determinanten Abschreibungsbasis (Ausgangswert), Potenzialbindung und Abschreibungsmethode beziehen.

Die Abschreibungsbasis ist bei der bilanziellen Abschreibung der Anschaffungsbetrag. Im Falle steigender Preise reicht eine bilanzielle Abschreibung aber nicht aus, um eine spätere Ersatzbeschaffung vollständig aus den Abschreibungsgegenwerten zu ermöglichen. Deshalb kann man zum Zweck der Selbsterhaltung der betrieblichen Leistungsbereitschaft kalkulatorisch von prognostizierten Wiederbeschaffungswerten abschreiben.

Dabei versteht man unter dem Wiederbeschaffungswert den Anschaffungswert eines Produktionsfaktors zum Ersatzzeitpunkt. Im Gegensatz zur Kostenrechnung darf im Jahresabschluss der Finanzbuchhaltung nur mit den tatsächlichen Anschaffungskosten gearbeitet werden (Prinzip der nominellen Kapitalerhaltung). Da diese somit vergangenheitsorientiert sind, werden sie auch als historische Anschaffungskosten bezeichnet. Dadurch ist es in der Bilanz nicht möglich, den Effekt inflatorische Prozesse auf die aktuelle Vermögenslage des Unternehmens darzustellen. Werden die aktuellen Wiederbeschaffungswerte für einen in der Vergangenheit beschafften Vermögensgegenstand zum Gegenwartszeitpunkt betrachtet, spricht man von Tageswerten. Wiederbeschaffungswerte werden in der Kostenrechnung insbesondere bei Abschreibungen für langlebige Wirtschaftsgüter und bei Materialverbräuchen herangezogen. Während bei den Abschreibungen die Prognose des Wiederbeschaffungswertes zum oft weit in der Zukunft liegenden Ersatzzeitpunkt das zentrale Problem darstellt, kann man bei den Materialverbräuchen aufgrund der kurzen Wiederbeschaffungsintervalle auf Tageswerte zurückgreifen. Tageswerte sind in der Regel einfach auf den Beschaffungsmärkten zu ermitteln.

Im Falle steigender Preise reicht wie erwähnt die bilanzielle Abschreibung in der Kalkulation nicht aus, um eine spätere Ersatzbeschaffung vollständig aus den Abschreibungsgegenwerten zu finanzieren. Deshalb sollte man kalkulatorisch prognostizierte Wiederbeschaffungswerte abschreiben. Neben den Preissteigerungsaspekten können auch Überlegungen bezüglich zukünftiger technologischer Erfordernisse (z.B. Erhaltung der Wettbewerbsfähigkeit) bei der Ermittlung des Wiederbeschaffungswertes eine Rolle spielen. So wird z.B. der Preis für Personal Computer einer Generation sogar eher fallen als steigen, man würde aber nicht die gleichen Geräte wiederbeschaffen (identische Wiederbeschaffung), sondern die der neuesten Generation (leistungsäquivalente Wiederbeschaffung).

Da der Ersatzzeitpunkt für die Höhe des Wiederbeschaffungswertes von zentraler Bedeutung ist, sollte dieser zuerst festgelegt werden. Es könnten sich zur Bestimmung des Ersatzzeitpunkts folgende Fragen als hilfreich erweisen: Ist die tatsächliche Nutzungsdauer gleich der gesetzlichen Nutzungsdauer? Wenn dies nicht der Fall ist: Gibt es innerbetriebliche Festlegungen zum Ersatzzeitpunkt? Wenn dies auch nicht zutrifft: Prognose der technischen Nutzungsdauer inklusive Kostenschätzungen der Reparatur- und Instandhaltungskosten und Prognose der ökonomischen Nutzungsdauer durch Kostenvergleich der im Alter steigenden Kosten der alten Anlage mit den Kosten einer neuen Anlage.

Ist der Ersatzzeitpunkt festgelegt, benötigt man eine Preissteigerungsrate. Verschiedene Ansätze, von der Verwendung der allgemeinen Inflationsrate bis zur Benutzung von Branchenindexreihen für spezielle Wirtschaftsgüter sind hier möglich. Letztendlich sind dies alles vergangenheitsorientierte Werte, die keinen Anspruch auf Gültigkeit für die Zukunft haben können. Bei gleicher Preissteigerungsrate pro Jahr errechnet sich der Wiederbeschaffungswert als Endwert:

Wiederbeschaffungswert = Anschaffungswert • (1 + Preissteigerungsrate)^{Nutzungsdauer}

Wird auf eine leistungsäquivalente Wiederbeschaffung Wert gelegt, kommt zur Preissteigerungsrate noch die prognostizierte, durch den technischen Fortschritt bedingte Verteuerungsrate hinzu.

Die Potenzialbindung bezeichnet in der Regel die zeitliche Nutzungsdauer des Produktionsfaktors. Während in der bilanziellen Betrachtung die Nutzungsdauern in der Regel gesetzlich vorgeschrieben sind (AfA-Tabellen), versucht man in der Kostenrechnung, über den Ansatz der tatsächlichen Nutzungsdauer eine periodengerechte Zuordnung des Gebrauchs zu ermöglichen. Hierbei spielt die technische Nutzungsdauer eine Rolle, die oft durch eine entsprechende Instandhaltungspolitik verändert werden kann. Daneben bestimmt die ökonomische Nutzungsdauer den Zeitpunkt, zu dem aus finanziellen Kalkülen eine Ersatzinvestition sinnvoller wäre. Oft liegt in der Praxis die ökonomische Nutzungsgrenze zeitlich vor der technischen da die Kosten der alten Anlage durch einen oft stark steigenden Aufwand an Reparatur und Instandhaltung im Zeitablauf steigen. Alternativ zur Nutzungsdauer kann im Fall der Leistungsabschreibung die Potenzialbindung auch als Leistungspotenzial angegeben werden. So könnte z.B. das Leistungspotenzial eines Lastkraftwagens mit 1.000.000 Kilometern angegeben werden, die Abschreibungen der jeweiligen Perioden ergäben sich dann über die tatsächlich gefahrenen Kilometer pro Periode.

Bei den Abschreibungsmethoden werden Methoden der Zeitwertabschreibung und die Leistungsabschreibung unterschieden. Methoden der Zeitwertabschreibung sind die:

- lineare Abschreibung
- degressive Abschreibung
- progressive Abschreibung

Die lineare Abschreibung unterstellt einen gleichmäßigen Werteverzehr. Durch Division der Abschreibungsbasis durch die Nutzungsdauer erhält man pro Periode gleich bleibende Abschreibungsbeträge. Im Rahmen der degressiven Abschreibung ist die geometrisch-degressive Methode verbreitet, bei der man mit einem gleich bleibenden Prozentsatz vom jeweiligen Restbuchwert aus der Vorperiode abschreibt. Damit werden die Abschreibungsbeträge mit zunehmendem Alter immer kleiner. Die arithmetisch-degressive Abschreibung ist steuerlich nicht mehr zulässig und hat auch in der Kostenrechnung keine große Bedeutung. Deshalb wird auf eine Darstellung verzichtet. Die steuerlich ebenfalls unzulässige progressive Abschreibung unterstellt einen im Zeitablauf steigenden Werteverzehr und ist damit das Pendant zur degressiven Abschreibung. Es wird aber nur wenige Fälle eines im Zeitablauf steigenden Werteverzehrs in der Praxis geben.

Etwaige Liquidationserlöse am Ende der Nutzungsdauer müssen von der Abschreibungsbasis abgezogen werden, da sie ja am Nutzungsende realisiert werden. Die folgende Abbildung zeigt beispielsweise die Vorgehensweise der linearen und geometrisch-degressiven Abschreibung.

Jahr	Lineare Abschreibung (€) 20% von der Abschreibungsbasis		Degressive Abschreibung (€) 30% vom Restbuchwert	
	Abschreibung	Restbuchwert	Abschreibung	Restbuchwert
1.	40.000,-	160.000,-	60.000,-	140.000,-
2.	40.000,-	120.000,-	42.000,-	98.000,-
3.	40.000,-	80.000,-	29.400,-	68.600,-
4.	40.000,-	40.000,-	20.580,-	48.020,-
5.	40.000,-	0,-	14.406,-	33.614,-
Abschreibungsbasis	200.000,- €			
Liquidationserlös	0,- €			
Nutzungsdauer	5 Jahre			

Abb. 6: Abschreibungsvarianten

Bei der Leistungsabschreibung wird die Abschreibungsbasis durch das (geschätzte) Leistungspotenzial geteilt. Man erhält den Abschreibungssatz pro Leistungseinheit. Wird dieser mit der tatsächlichen Leistungsinanspruchnahme der Periode multipliziert, ergibt sich die jeweilige Abschreibung der Periode. Ist z.B. das Leistungspotenzial eines Lastkraftwagens mit 1.000.000 Kilometern angegeben und liegt die Abschreibungsbasis (Wiederbeschaffungswert) bei 250.000,- €, ergibt sich ein Abschreibungssatz von 0,25 €/Kilometer. Bei einer Monatsfahrleistung von 15.000 Kilometern liegt die Leistungsabschreibung des Monats dann bei 3.750,- €. Die Leistungsabschreibung benötigt somit die Aufnahme der tatsächlichen Leistungsinanspruchnahme in jeder Periode, was zu einem höheren Erfassungsaufwand führt.

Kalkulatorische Zinsen

Hier kommt es in der Kostenrechnung zu der Berücksichtigung alternativer Einsatzmöglichkeiten des im Betrieb gebundenen betriebsnotwendigen Kapitals (Eigen- und Fremdkapital). Das eingesetzte Kapital verursacht einen Werteverzehr, da man z.B. alternativ auf dem Kapitalmarkt Zinsen erzielen könnte. Dieser Nutzenentgang der besten nicht realisierten Alternative wird auch als Opportunitätskosten bezeichnet. Bei der Ermittlung kalkulatorischer Zinsen treten Fragen bezüglich des betriebsnotwendigen Kapitals, des kalkulatorischen Zinssatzes und der Berechnungsmethoden auf.

Das betriebsnotwendige Kapital ergibt sich aus der Betrachtung der Aktivpositionen der Bilanz, da die Passivseite nur Auskunft über die Kapitalherkunft, nicht aber Auskunft über den Verbleib im Unternehmen (Kapitalverwendung) gibt. Vom Gesamtvermögen müssen aber nicht betriebsnotwendige Vermögensteile abgezogen werden, da sie nicht leistungsbezogen sind. Teilweise wird auch noch der Ansatz des so genannten Abzugskapitals vorgeschlagen, das aus tatsächlich den Betrieb unverzinst zur Verfügung stehendem Kapital (z.B. zinslose Kredite) besteht. Damit ergibt sich das betriebsnotwendige Vermögen folgendermaßen:

Gesamtvermögen
- nicht betriebsnotwendiges Vermögen
= betriebsnotwendiges Vermögen
- Abzugskapital
= betriebsnotwendiges Kapital

Allerdings fließen mit dem Ansatz des Abzugskapitals wieder Aspekte der Finanzierung in die Berechnung der kalkulatorischen Zinsen ein, was unter kostenrechnerischen Gesichtspunkten ungünstig ist. So darf die Höhe der Zinskosten nicht davon abhängen, auf welche Art ein Produktionsfaktor finanziert wurde. Ansonsten könnte es zu dem Fehler kommen, dass z.B. einem Bereichsleiter Zinskosten für eine kreditfinanzierte Maschine angelastet werden, ein anderer Bereichsleiter für eine gleiche Maschine aber keine oder geringere Zinskosten zu tragen hat, nur weil diese Maschine günstiger finanziert wurde. Die kalkulatorischen Kosten sollen den Werteverzehr durch die Nutzung abbilden und nicht unterschiedlichen Finanzierungsarten wiedergeben. Kalkulatorische Zinsen sind dabei Anderskosten, da sich das betriebsnotwendige Kapital aus Eigen- und Fremdkapital zusammensetzt.

Bezüglich der kalkulatorischen Zinssätze werden unterschiedliche Konzepte vertreten:

- Kapitalmarktzins langfristiger, risikoloser Anleihen
- Kapitalmarktzins für das Eigenkapital, durchschnittlicher Fremdkapitalzins für das Fremdkapital
- Höherer Zinssatz für das langfristig gebundene Anlagevermögen als für das kurzfristig gebundene Umlaufvermögen
- Zinssatz der teuersten Kapitalquelle

Es lassen sich zwei Berechnungsmethoden nennen, die Restwertverzinsung und die Durchschnittswertverzinsung. Bei der Restwertverzinsung wird der Zinssatz auf die Restbuchwerte der Perioden bezogen. Das bedeutet, dass bei zunehmender Veralterung des abnutzbaren Anlagevermögens die kalkulatorischen Zinsen im Zeitablauf abnehmen. Übersteigen allerdings die Investitionen die Abschreibungen, dann steigen auch die kalkulatorischen Zinsen. Im Rahmen der Durchschnittswertverzinsung wird während der Nutzungsdauer eines Produktionsfaktors von einem gleich bleibendem Ausgangswert (z.B. halber Ausgangswert bei linearer Abschreibung) ausgegangen. Die kalkulatorischen Zinsen bleiben dann von Periode zu Periode konstant.

Kalkulatorischer Unternehmerlohn

Berücksichtigung des Verbrauchs an unternehmerischer Arbeitsleistung bei fehlender Bezahlung, der kostenrechnerisch für die Arbeitsleistung des Unternehmers in seinem Betrieb entsprechend einer vergleichbaren bezahlten Tätigkeit anzusetzen ist (Zusatzkosten). Da hier keine tatsächliche Gehaltszahlung auf der Basis eines Arbeitsvertrages vorliegt, darf der Unternehmerlohn nicht in der Finanzbuchhaltung verrechnet werden, sondern ist dort Gewinnbestandteil. Der kalkulatorische Unternehmerlohn ist aufgrund seiner Anwendbarkeit nur in Einzelunternehmen und Personengesellschaften von untergeordneter Bedeutung.

Kalkulatorische Miete

Berücksichtigung des Nutzenentganges durch Gebrauch von eigenen Grundstücken und Gebäuden, wenn ein Einzelunternehmer oder Personengesellschafter diese zur Verfügung stellt (Zusatzkosten).

Kalkulatorische Wagniskosten

Selbstversicherung mit der langfristigen Absicht des Ausgleichs von tatsächlichen Nutzenentgängen für spezielle Einzelrisiken (Zusatzkosten). Der Nutzenentgang, der durch die Opportunitätskosten ausgedrückt wird, lässt sich auch bei kalkulatorischen Wagniskosten wie z.B. die des Kreditausfallrisikos in Kreditinstituten über die entfallenden Erlöse festmachen. Das bedeutet, dass der opportune Werteverzehr, der als kalkulatorische Kosten angesetzt wird, aus nicht entstandenen, aber im Alternativfall durchaus entstehenden Erlösen besteht. Typische Einzelwagnisse sind:

- Beschaffungswagnis (z. B. Kerosinpreise bei Airlines)
- Beständewagnis (z.B. Schwund, Verderb, Diebstahl)
- Anlagenwagnis (z.B. Nutzungsdauerschätzfehler)
- Ausschusswagnis (z.B. Nacharbeit, Recycling)
- Gewährleistungswagnis (z.B. Garantieleistungen)
- Forschungs- und Entwicklungswagnis
- Vertriebswagnis (z.B. Forderungsausfälle)
- Kursänderungswagnis
- Kreditausfallwagnis
- Besicherungswagnis

Dem Normalisierungsstreben der Kostenrechnung kommen besonders die Methoden zugute, die den Ansatz gleich hoher Kosten pro Periode fördern. So werden z. B. in anlageintensiven Unternehmen die kalkulatorischen Anlagenkosten gebildet, indem linear abgeschrieben wird, auf Basis der Durchschnittswertverzinsung die Kapitalkosten ermittelt werden und für das Anlagenwagnis (Gefahr der Fehleinschätzung der Nutzungsdauer) ein Wagnissatz auf die Abschreibungen berücksichtigt wird, z. B.:

Abschreibung = (Wiederbeschaffungswert – Liquidationserlös) / Nutzungsdauer
Zinsen = Zinssatz • (Anschaffungskosten + Liquidationserlös) / 2
Anlagenwagniskosten = Wagnissatz • Abschreibung

Der Bildung von kalkulatorischen Kosten wird in der Praxis viel Aufmerksamkeit geschenkt. So empfehlen etliche Verbände wie der Bundesverband der Deutschen Industrie (BDI), der Fachverband Pressen, Ziehen, Stanzen oder die Wirtschaftsvereinigung Eisen- und Stahlindustrie (ARBEST) überwiegend den Ansatz von Wiederbeschaffungswerten, der linearen Abschreibungsmethode und der kalkulatorischen Verzinsung. Während die Praxis überwiegend linear abschreibt, kommen bei der Frage des Ansatzes kalkulatorischer Zinsen unterschiedliche Zinssätze zur Anwendung. Wagniskosten werden insbesondere für Gewährleistungs-, Bestände-, Produktions-, Kursänderungs- und Forderungsausfallwagnisse bestimmt (*Währisch*).

Exkurs: Probleme bei der Bestimmung wertmäßiger Kosten

Es stellt sich allerdings die Frage, ob das traditionelle Ableiten der Kosten aus dem Aufwand des externen Rechnungswesens unter Abspaltung des neutralen Aufwandes und Bildung kalkulatorischer Kostenarten ausreicht, alle Werteverzehre, insbesondere die aus Erlösschmälerungen abgeleiteten Opportunitätskosten zu erfassen. Diese Erörterung soll an zwei Beispielen verdeutlicht werden, zum einen an den kalkulatorischen Wagniskosten des Kreditausfallrisikos in Kreditinstituten und zum anderen im Ansatz von Qualitätskosten im Rahmen der Konzeptionen von Qualitätskostenrechnungen.

Wagniskosten

Bei kalkulatorischen Zinsen und kalkulatorischer Mieten wird das Prinzip der Opportunitätskostenbestimmung über die entgangenen Erlöse verfolgt. Doch insbesondere für kalkulatorische Wagnisse ergeben sich Möglichkeiten des Ansatzes entgangener Erlöse als Kosten. In dem außerordentlichen Aufwand der Kreditinstitute sind u. a. Abschreibungen und Wertberichtigungen auf Forderungen aus dem Kreditgeschäft enthalten. Dabei lassen sich als Wirkung der ursächlichen Zahlungsunfähigkeit des Kunden zwei verschiedene Einzelrisiken voneinander unterscheiden:

- Ursache: Kunde wird zahlungsunfähig
- Ausfallrisikowirkung: Kredit fällt aus
- Besicherungsrisikowirkung: mangelhafte Besicherung

Das Ausfallrisiko kann auch als Mengenkomponente dieser Wagniskosten angesehen werden, die Erfolgsminderungen des Besicherungsrisikos stellen dagegen die Wertkomponenten dar. Zur Ermittlung der kalkulatorischen Wagniskosten sind somit die mengenmäßige Höhe der Ausfallwahrscheinlichkeit als auch die Bewertung der Erfolgseinbuße zu quantifizieren. Dazu werden zuerst die kalkulationsrelevanten Geschäftsfelder definiert. Durch diese Aufteilung und die weitere Analyse der geschäftsfeldspezifischen Bonitätsprobleme lassen sich geschäftsfeldspezifische Ausfallwahrscheinlichkeiten (Krisenquoten) bestimmen. Nach der Bestimmung des Kreditvolumens des entsprechenden Geschäftsfeldes ergibt das Produkt von Kreditvolumen und Krisenquote das potenzielle Ausfallvolumen. Nimmt man noch die Besicherungsquote als Differenz des Quotienten aus Einzelwertberichtigungen und potenziellem Ausfallvolumen zu Eins hinzu, erhält man die Ausfallrate unter Berücksichtigung der Absicherung in den einzelnen Geschäftsfeldern. Damit kann man jetzt geschäftsfeldspezifisch die kalkulatorischen Wagniskosten des Kreditengagements festlegen (*Schierenbeck*).

Durch solche Vorgehensweisen wird außerordentlicher Aufwand neu definiert als der Teil, der wirklich außerordentlich ist, und damit im neutralen Ergebnis verbleibt. Der kalkulierte Teil findet jetzt über die Bewertung zu entgangenen Erlösen Eingang in die Kostenrechnung der Kreditinstitute bzw. Kalkulation der Finanzdienstleistungen. Damit wird die Durchbrechung des Schmalenbach-Balkens deutlich. Aufgrund der unsauberen Abgrenzung im externen Rechnungswesen verstecken sich kalkulatorische Kosten im neutralen Aufwand. Insofern ist schon die Definition der Wagniskosten als Zusatzkosten zweifelhaft; da im Rechnungskreis des externen Rechnungswesens ein Ansatz vorhanden ist. Es bleibt festzuhalten, dass es mit wertmäßigen Kosten- und Erlösbegriffen aber theoretisch unbedenklich ist, entgangene Erlöse, die im Rahmen des externen Rechnungswesens den Charakter des Aufwandes tragen, als kalkulatorische Kosten zu erfassen.

Der Opportunitätskostencharakter muss dabei allerdings vorhanden sein. Die Alternative, „dass der Kunde zahlungsunfähig wird", ist keine echte Alternative, da diese Möglichkeit nicht im Einflussbereich des Unternehmens liegt. Insofern wäre die Annahme als Opportunitätskosten in Frage gestellt. Da allerdings das Besicherungsrisiko durchaus von dem Unternehmen durch geeignete Sicherungsmaßnahmen beeinflusst werden kann, ist dieser Kostenart auch der Charakter als Opportunitätskosten zuzusprechen.

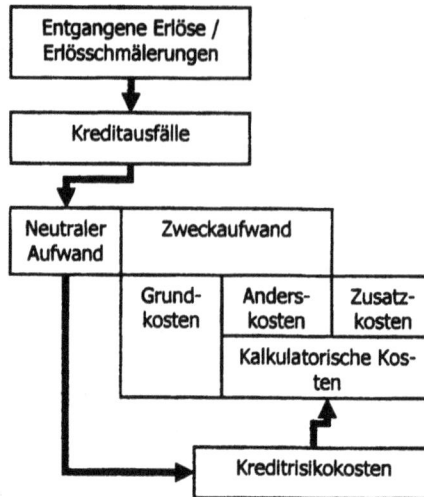

Abb. 7: Kalkulatorische Wagniskosten des Kreditausfallrisikos

Der Weg des Nutzenentganges, der sich ausgehend von Erlösschmälerungen bzw. entgangenen Erlösen über den neutralen Aufwand bis hin zu den kalkulatorischen Kosten zieht, wird in der Abbildung 7 nochmals verdeutlicht.

Qualitätskosten

Als Qualitätskosten können Werteverzehre zur Schaffung von Qualität und Werteverzehre als Folgen nicht eingehaltener Qualitätsanforderungen angesehen werden. Unter den ersten Fall, den „Kosten der Qualität", werden die Werteverzehre zur Schaffung neuer Qualitätsniveaus und die Kosten der Qualitätssicherung gefasst. Der zweite Fall stellt Opportunitätskosten eines nicht erreichten Qualitätsniveaus dar. Diese „Kosten der Nicht-Qualität" setzen sich aus allen Werteverzehren zusammen, die durch Abweichungen von den Qualitätszielen des Unternehmens zustande kommen. Dabei kann es sich z.B. um folgende Werteverzehre handeln:

- Interne Fehlerkosten (Nacharbeit)
- Externe Fehlerkosten (Beschwerdebearbeitung, Garantieleistungen, Regress)
- Erlösschmälerungen (Preisnachlässe aufgrund von Qualitätsmängeln)
- Sonstiger qualitätsbedingter Aufwand (z.B. Prozesskosten)

Aus den bisher dargelegten Ausführungen geht zwar hervor, dass entgangene Erlöse im Rahmen einer wertmäßigen Konzeption als Kosten angesetzt werden können, es gibt aber keine entsprechende kalkulatorische Kostenart, die Qualitätskosten, die sich im neutralen Aufwand bzw. in Erlösschmälerungen verstecken, berücksichtigen. Zur Quantifizierung dieser Kosten wird der Vorschlag gemacht, die qualitätsrelevanten Kosten, die schon Eingang in die traditionelle Kostenrechnung gefunden haben, als Qualitätsgrundkosten zu definieren und zusätzlich durch den Ansatz von Qualitätszusatzkosten, die sich ihrerseits aus Teilen des neutralen Aufwandes und der Erlösschmälerungen zusammensetzen, zu den gesamten Qualitätskosten zu gelangen. Die Qualitätskosten eines Unternehmens sind die Differenz zwischen den tatsächlich vorhandenen und jenen Kosten, Aufwendungen und Erlösen, die entstehen würden, wenn keine die Qualität beeinträchtigenden Fehler bei der Leistungserstellung und -verwertung vorkämen oder vorkommen können.

Insofern erscheint der Ansatz dieser unterschiedlichen Rechengrößen als Qualitätskosten nicht problematisch, es ist allerdings nicht ersichtlich, warum es für eine Partialkostenrechnung eine zusätzliche Kostenerfassung geben soll, wenn dieser Schritt durchaus ohne Widersprüche in der Kostenartenrechnung der bisherigen Kostenrechnung vollzogen werden kann. Die Kosten der Nicht-Qualität setzen sich nur aus Teilen zusammen, die ihren Ursprung in entgangenen Erlösen, Erlösschmälerungen, neutralem Aufwand, aber auch im Zweckaufwand und damit in den Grund- bzw. Anderskosten haben können. Daran erkennt man, dass es zur Bildung dieser Qualitätskostenarten nicht ausreicht, die Kostenartenrechnung an der Finanzbuchhaltung auszurichten und den Zweckaufwand um kalkulatorische Ansätze zu ergänzen. Die Zusammenhänge zwischen den Grundgrößen des Rechnungswesens und den Qualitätskosten sind in der Abbildung 8 dargestellt.

Gerade am Beispiel der Ermittlung der Qualitätskosten wird ersichtlich, dass die traditionelle Ableitung der Kosten aus dem Aufwand des externen Rechnungswesens den Anforderungen moderner managementorientierter Kostenrechnungssysteme nicht mehr gewachsen ist. Zwar wurde für das Opportunitätskostenprinzip auch in der theoretischen Fundierung neuerer Entwicklungen der Kostenrechnung seine Gültigkeit unterstrichen, die Definition und Quantifizierung kalkulatorischer Kostenarten erfordert jedoch eine differenziertere Kostenerfassung als die einseitige Ausrichtung an Aufwandsgrößen.

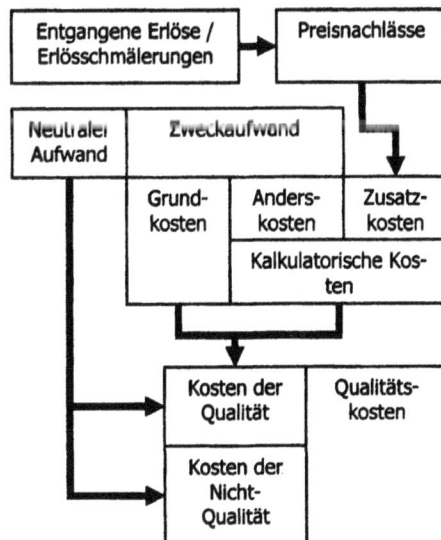

Abb. 8: Ermittlung von Qualitätskosten

2.4. Die Kostenstellenrechnung

Es wurde bereits gesagt, dass sich die Kostenrechnung in einem dreistufigen Prozess durchführen lässt:

- Kostenartenrechnung; sie beantwortet die Frage, welche Kosten in welcher Höhe angefallen sind,

- Kostenstellenrechnung; sie beantwortet die Frage, wo welche Kosten in welcher Höhe angefallen sind,
- Kostenträgerrechnung; sie beantwortet die Frage, wofür welche Kosten in welcher Höhe angefallen sind.

Nachdem in der Kostenartenrechnung die gesamten Kosten des Betriebes nach verschiedenen Kostenarten unterteilt und erfasst worden sind, erfolgt in der Kostenstellenrechnung eine Zuordnung der Kostenträgergemeinkosten zu den Orten ihrer Entstehung. Eine solche Vorgehensweise ist aus zwei Gründen notwendig:

- die Kontrolle der Wirtschaftlichkeit (Kostenkontrolle) ist nur sinnvoll möglich, wenn sie in den Stellen durchgeführt wird, wo die Kosten zu verantworten und zu beeinflussen sind;
- die Genauigkeit der Kalkulation der betrieblichen Leistungen ist hinsichtlich der Gruppe der Kostenträgergemeinkosten nur über die Kostenstellenrechnung im notwendigen Maße erreichbar, da sich die Kostenträgergemeinkosten nicht direkt den Kostenträgern zurechnen lassen.

Unter einer Kostenstelle wird ein kostenrechnerisch selbständig abgerechneter betrieblicher Teilbereich verstanden. Die Bildung von Kostenstellen innerhalb des Betriebes lässt sich unter Beachtung von drei - sich zum Teil widersprechenden - Grundsätzen vollziehen:

- Die Kostenstelle soll ein selbständiger Verantwortungsbereich und möglichst eine räumliche Einheit sein.
- Es müssen sich (möglichst) genaue Maßgrößen der Kostenverursachung (= Schlüsselgrößen oder Bezugsgrößen) finden lassen.
- Die Erfassung und Buchung der Kosten soll einfach und genau sein.

Da sich diese drei Grundsätze zum Teil widersprechen, ergibt sich ein Optimumproblem. Wie differenziert im konkreten Fall die Einteilung des Betriebes in Kostenstellen vorzunehmen ist, hängt von einer Reihe betriebsindividueller Faktoren ab, so z.B. von

- Betriebsgröße und Branche, Produktionsprogramm und -verfahren,
- organisatorischer Gliederung, angestrebter Kalkulationsgenauigkeit sowie
- angestrebter Kostenkontrollmöglichkeit.

Es wird unterschieden zwischen Vor- und Endkostenstellen sowie Hilfs- und Hauptkostenstellen. Dabei wird die Unterteilung in Vor- und Endkostenstellen nach abrechnungstechnischen Aspekten, die Einteilung in Hilfs- und Hauptkostenstellen nach leistungstechnischen Gesichtspunkten vorgenommen. Im Folgenden werden die Begriffe Vor- und Endkostenstellen verwendet.

Die Durchführung der Kostenstellenrechnung ist grundsätzlich auf zweierlei Weise möglich. Zum einen lässt sie sich in Kontoform vornehmen, eine Methode, die mit zunehmendem EDV-Einsatz der Standard ist. Legt man z.B. den Gemeinschaftskontenrahmen der Industrie zugrunde, so erfolgt die Abwicklung in der Kontenklasse 5.

Die zweite Möglichkeit ist die Durchführung in tabellarischer Form mittels des Betriebsabrechnungsbogens (BAB). In diesem Sinne ist der BAB nichts weiter als ein abrechnungstechnisches Instrument, um die folgenden drei Arbeitsschritte durchzuführen:

- Die Verteilung der primären Kostenträgergemeinkosten
- Die innerbetriebliche Leistungsverrechnung
- Die Bildung von Kalkulationssätzen

Die Kosten sind im BAB nach folgendem Muster gegliedert: In einer Vorspalte werden senkrecht die verschiedenen Gemeinkostenarten aufgeführt, um sie dann entsprechend der Inanspruchnahme auf die waagerecht in der Kopfzeile angeordneten Kostenstellen aufzuteilen. Hier sei nochmals darauf hingewiesen, dass im BAB nur die Gemeinkosten verrechnet werden. Die (Kostenträger-)Einzelkosten sind den Kostenträgern direkt zurechenbar. Soweit auch Einzelkosten den verschiedenen Kostenstellen zugeordnet werden, geschieht das nur, um Kalkulationssätze zu bilden. Die im BAB vorgenommene Unterteilung in Vor- und Endkostenstellen, also nach ihrer Verrechnung, erfolgt zur Durchführung der innerbetrieblichen Leistungsverrechnung (ibL).

Kostenstelle Kostenart	Vorkostenstellen	Endkostenstellen
Primäre Gemeinkosten	1. Verteilung der primären Gemeinkosten nach dem Verursachungsprinzip ▬▬▬	Primäre Gemeinkosten
Sekundäre Gemeinkosten	2. Durchführung der innerbetrieblichen Leistungsverrechnung (ibL)	Sekundäre Gemeinkosten
	3. Bildung von Kalkulationssätzen für die Endkostenstellen	

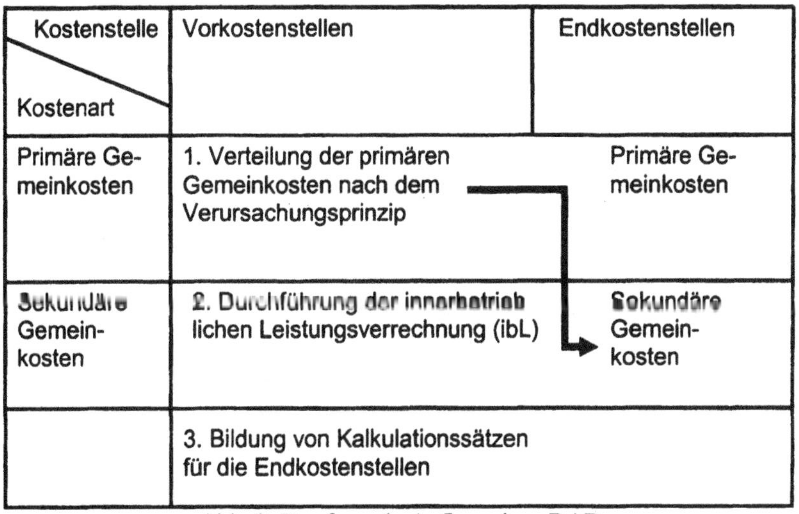

Abb. 9: Der formale Aufbau eines BAB

Die Verteilung der primären Kostenträgergemeinkosten

Ergebnis der horizontalen und vertikalen Zerlegung des Unternehmens im Rahmen der Kostenstellenrechnung ist ein System von Abrechnungsbezirken, dessen unterste Einheiten Kostenstellen bilden. Die Art der Gliederung und damit die Ausprägung dieses Systems von Abrechnungsbezirken hängt ab von den Rechnungszwecken, welche das Unternehmen zu erreichen sucht, und von dem Kostenrechnungssystem, welches angewendet wird.

Liegt die Gliederung der Abrechnungsbezirke und damit die Abgrenzung der Kostenstellen fest, so sind für jede Kostenstelle die in einer Periode entstehenden Kosten zu bestimmen. Dies ist die Hauptaufgabe der Kostenstellenrechnung. Dabei müssen in der Kostenstellenrechnung nur noch Kosten als primäre Kostenträgergemeinkosten berücksichtigt werden, die nicht als Kostenträgereinzelkosten den Kostenträgern oder Produktgruppen direkt zugerechnet werden. Man wird bestrebt sein, möglichst viele dieser Kostenträgergemeinkosten als Kostenstelleneinzelkosten zu erfassen. Die Homomorphie und die Genauigkeit der Kostenstellenrechnung sind umso größer, je mehr Kostenarten nach den Orten ihrer Entstehung getrennt ermittelt werden können. Diese Form der Verteilung der primären Gemeinkosten wird als direkte Messung bezeichnet.

Dennoch wird es in der Regel notwendig sein, Kosten auf die Kostenstellen nach Bezugsgrößen oder Schlüsselgrößen zu verteilen. Hierbei kann es sich um Kostenstelleneinzelkosten handeln, die z.B. aus Vereinfachungsgründen nicht für jede Kostenstelle getrennt erfasst worden sind. Ferner wird in bestimmten Kostenrechnungssystemen auch eine Verteilung von Kostenstellengemeinkosten auf Kostenstellen vorgenommen.

Für die Verteilung der primären Kostenträgergemeinkosten auf Vor- und Endkostenstellen müssen geeignete Bezugs- oder Maßgrößen herangezogen werden. Die Anzahl dieser Kostenschlüssel hängt davon ab, nach welchem Prinzip der Kostenverteilung sich das Unternehmen richtet. Meist ist man bestrebt, proportionale Schlüssel zu finden, mit denen eine möglichst verursachungsgerechte Zurechnung der Kosten erreicht werden kann.

Als Beispiel soll die Verteilung von Heizungskosten betrachtet werden. Man kann von der Hypothese ausgehen, dass die Höhe der benötigten Heizleistungen und ihre Kosten von der jeweiligen Raumgröße der Kostenstellen proportional abhängig sind. Daher bildet die Zahl am Kubikmetern jeder Kostenstelle die Bezugsgröße und damit den Schlüssel für eine Schlüsselung der Heizungskosten. Sofern die unterstellte Kostenhypothese der Realität entspricht, ist die Verteilung entsprechend dem Schlüssel „Rauminhalt" verursachungsgemäß. Es könnte aber sein, dass zusätzliche Größen wie die von Maschinen und Menschen erzeugte Eigenwärme oder die Außentemperatur die benötigte Heizmenge beeinflussen, des Weiteren könnte auch eine nichtproportionale Beziehung zwischen Heizleistung und Heizungskosten vorliegen. In diesen Fällen sind weder die alleinige Verwendung des Rauminhalts als Kostenschlüssel noch eine proportionale Kostenverteilung verursachungsgerecht. Aus Vereinfachungsgründen wird man bestrebt sein, lediglich eine Bezugsgröße als Schlüssel zu verwenden. Wenn mehrere Kosteneinflussgrößen wirksam sind, wählt man häufig nur die wichtigste Kosteneinflussgröße. Jedoch gibt in diesen Fällen ein kombinierter Schlüssel, in dem der Einfluss mehrerer Bestimmungsgrößen der Kosten zum Ausdruck kommt, die realen Gegebenheiten genauer wieder.

Die Verteilung der Kosten nach Bezugsgrößen oder Schlüsseln stellt eine Form der indirekten Messung dar. Besteht zwischen der zu messenden Kostenhöhe einer Kostenstelle und der Bezugsgröße eine gesetzmäßige Beziehung, so kann man die Ausprägung der Bezugsgröße messen und aus der Kostenfunktion die Höhe der Kosten ableiten. Eine indirekte Messung dieser Art setzt aber voraus, dass man die Kostenfunktion kennt und sie verhältnismäßig gut bestätigt ist. Besonders bei Fixkosten wird es unmöglich sein, solche proportionalen Beziehungen festzustellen.

Als Bezugsgrößen der Kostenverteilung können sowohl Mengen- als auch Wertschlüssel verwendet werden. Die folgenden Schlüssel können als die am häufigsten gebrauchten Kostenschlüssel bezeichnet werden.

1. Mengenschlüssel:	2. Wertschlüssel:
Zählgrößen,	Kostengrößen,
Zeitgrößen,	Einstandsgrößen,
Raumgrößen,	Absatzgrößen,
Gewichtsgrößen,	Bestandsgrößen,
technische Maßgrößen.	Verrechnungspreise.

Die innerbetriebliche Leistungsverrechnung

In jedem Betrieb werden Leistungen erstellt, die während des betrieblichen Produktionsprozesses wieder ge- oder verbraucht werden (=innerbetriebliche Leistungen). Soweit sie mehrjährig nutzbar sind (z.B. selbsterstellte Anlagen), wird ihr Verzehr pro Periode kostenmäßig in Höhe ihrer kalkulatorischen Abschreibungen und Zinsen erfasst. Leistungen, die in der Periode ihrer Erstellung sofort wieder verbraucht werden, sind dagegen in dieser Periode zwischen den leistenden und empfangenden Kostenstellen sofort zu verrechnen. Dieser Vorgang wird als innerbetriebliche Leistungsverrechnung (ibL) bezeichnet. Ein Beispiel für gegenseitige Leistungsbeziehungen gibt die Abbildung 10.

Bezogen auf die Durchführung der Kostenstellenrechnung im BAB bedeutet dies, dass die (Kostenträger-)Gemeinkosten der Vorkostenstellen auf diejenigen Vor- und Endkostenstellen zu verteilen sind, die Leistungen empfangen haben. Dabei werden die so verteilten (Kostenträger-)Gemeinkosten sekundäre (Kostenträger-)Gemeinkosten genannt. Die Schwierigkeit in der Vornahme der ibL liegt dabei in der Tatsache begründet, dass in der Regel die Vorkostenstellen auch untereinander Leistungen austauschen. Daraus folgt, dass der exakte Verrechnungssatz einer Vorkostenstelle (der Verrechnungssatz ist der Preis pro Mengeneinheit der Leistungsabgabe einer Vorkostenstelle, mit dessen Hilfe die Kosten dieser Vorkostenstelle auf die Endkostenstellen entsprechend der Leistungsinanspruchnahme verteilt werden) nicht zu ermitteln ist ohne die Kenntnis der Kostenbelastung, die aus dem Empfang von Leistungen anderer Vorkostenstellen herrührt.

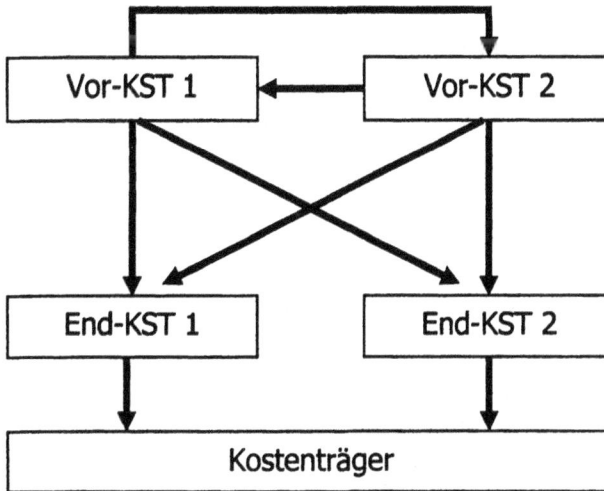

Vor-KST 1	←	Vor-KST 2
End-KST 1		End-KST 2
Kostenträger		

Abb. 10: Beispiel für gegenseitige Leistungsbeziehungen von Kostenstellen (KST)

Zur Durchführung der ibL werden hier drei Verfahren vorgestellt, die sich in ihrer Genauigkeit bei der Verrechnung dieses wechselseitigen Leistungsaustausches unterscheiden:

- Anbauverfahren
- Stufenleiterverfahren
- Gleichungsverfahren

Nur das Gleichungsverfahren ermittelt mit Hilfe eines Systems linearer Gleichungen die exakten Verrechnungssätze, da auch alle Leistungsverflechtungen zwischen den Vorkostenstellen berücksichtigt werden. Bei dem Anbauverfahren werden die Kosten der Vorkostenstellen sofort auf die Endkostenstellen verrechnet, Leistungsbeziehungen zwischen Vorkostenstellen werden ignoriert. Das Stufenleiterverfahren ist schon etwas genauer, da hier die Vorkostenstellen in eine Reihenfolge gebracht werden, und die Kosten einer Vorkostenstelle sowohl auf Endkostenstellen als auch auf die noch nicht abgerechneten Vorkostenstellen verrechnet werden. Somit können maximal 50% der möglichen Leistungsbeziehungen zwischen Vorkostenstellen berücksichtigt werden. Kann man die Reihenfolge so geschickt wählen, dass immer die betragsmäßig unbedeutenden Vorkostenstellenbeziehungen wegfallen, so liefert das Stufenleiterverfahren einigermaßen exakte Werte. Die Gleichungen zur Ermittlung des Verrechnungssatzes für eine Vorkostenstelle lauten bei den einzelnen Verfahren folgendermaßen:

Anbauverfahren

        Summe der primären (Kostenträger-)Gemeinkosten der Vorkostenstelle

=

        Summe der von der Vorkostenstelle abgegebenen Leistungen an Endkostenstellen

•   gesuchter Verrechnungssatz der Vorkostenstelle

Stufenleiterverfahren

        Summe der primären (Kostenträger-)Gemeinkosten der Vorkostenstelle

+   Summe der dieser Vorkostenstelle zurechenbaren sekundären (Kostenträger-) Gemeinkosten von bereits abgerechneten Vorkostenstellen[1]

=

        Summe der von der Vorkostenstelle abgegebenen Leistungen an noch nicht abgerechnete Vorkostenstellen und Endkostenstellen

•   gesuchter Verrechnungssatz der Vorkostenstelle

Gleichungsverfahren

        Summe der primären (Kostenträger-)Gemeinkosten der Vorkostenstelle

+   Summe der sekundären (Kostenträger-)Gemeinkosten für alle von den Vorkostenstellen empfangenen Leistungen[2]

=

        Summe der von den Vorkostenstellen abgegebenen Leistungen an Vor- und Endkostenstellen

•   gesuchter Verrechnungssatz der Vorkostenstelle

Die Ermittlung von Kalkulationssätzen

Die folgenden Ausführungen beziehen sich ausschließlich auf die Kalkulation mit Hilfe des Zuschlagskalkulationsverfahrens, das als eines von mehreren Verfahren zur Ermittlung der Stückselbstkosten dargestellt wird. Werden andere Verfahren zur Kalkulation angewendet, ist die Berechnung von Kalkulationszuschlägen nicht erforderlich.

---

[1]   Diese Position ergibt sich aus: von abgerechneten Vorkostenstellen empfangene Leistungen • Verrechnungssätze dieser Vorkostenstellen.

[2]   Diese Position ergibt sich aus: von anderen Vorkostenstellen empfangene Leistungen • gesuchter Verrechnungssatz dieser Vorkostenstellen.

Nach Durchführung der innerbetrieblichen Leistungsverrechnung sind alle Endkostenstellen mit primären und sekundären Gemeinkosten belastet. Um nun zu einer Kalkulation zu gelangen, müssen die im BAB ermittelten Gemeinkosten auf die einzelnen Kostenträger nach dem Verursachungsprinzip verteilt werden. Das Hauptproblem ist hierbei die verursachungsgerechte Verteilung der Gemeinkosten und damit das Herausfinden der richtigen Bezugsgrößen pro Kostenstelle. Das Verhältnis zwischen den Gemeinkosten einer Kostenstelle und der Bezugsgröße nennt man Kostenstellenrechnungssatz oder Kalkulationssatz.

Den am Ende der Periode ermittelten tatsächlichen Kalkulationssatz nennt man Ist-Gemeinkostenzuschlagssatz, da er dazu benutzt wird, die entstandenen Gemeinkosten den Kostenträgern zuzurechnen. Das Problem der Auswahl geeigneter Bezugsgrößen lässt sich an einem einfachen Beispiel verdeutlichen: Als Beispiel sei ein Unternehmen genannt, das lediglich zwei Produkte herstellt: hochwertige Holzschrauben und farbig lackierte Stahlnägel. Der Produktionsprozess sähe so aus:

- Lieferung von zwei verschiedenartigen Stahlstiften.
- Beide Stifte werden im gleichen Raum gelagert.
- Anschließend gelangen beide Stiftarten in die Fräserei, erst dann werden in die Stifte für die Holzschrauben die Gewinde geschnitten bzw. gedreht, während die Stifte für die Nägel in einer anderen Abteilung geschnitten werden und anschließend eine Lackierung erhalten. Die Abteilung Qualitätskontrolle prüft beide Produkte, die im Anschluss daran in Recyclingpapier verpackt werden.

Die Kosten für die Dreherei lassen sich als Einzelkosten direkt den Holzschrauben zurechnen; gleiches gilt für die Stahlnägel bezüglich des Schneidens und Lackierens. Doch in den Abteilungen Lager, Fräsen, Qualitätskontrolle und Verpackung lassen sich die Kosten nicht direkt erfassen, sondern sie müssen als Gemeinkosten auf die beiden Produkte (Kostenträger) umgelegt werden. Dabei ergibt sich das Problem, welchen Anteil der Gemeinkosten die einzelnen Produkte jeweils zu tragen haben. Es müssen also Schlüssel bzw. Bezugsgrößen gefunden werden, die eine möglichst verursachungsgerechte Kostenzurechnung gestatten. Eine solche Bezugsgröße könnte für das Lager z.B. das Gewicht oder die Länge der beiden Stahlstift-Arten (mengenmäßige Bezugsgröße) oder aber ihr unterschiedlicher Einkaufspreis (wertmäßige Bezugsgröße) sein. Außerdem kann es sich um mehrere Bezugsgrößen handeln, etwa in der Abteilung Verpackung: hier können Volumen und Gewicht mit verschiedenen Gewichtungen zusammen berücksichtigt werden.

Gemeinkostenschlüssel

- Mengenschlüssel im weiten Sinn: Raumgrößen, Zeitgrößen, technische Maßgrößen, Gewichtsgrößen.
- Mengenschlüssel im engen Sinn: Anzahlen, Leistungsmengen.
- Wertschlüssel: Bestandswerte, Einstandswerte, Kostenwerte, Umsatzwerte.

2.5. Die Kostenträgerstückrechnung

Aufgaben der Kostenträgerstückrechnung

Die Kostenträgerstückrechnung setzt sich mit der Frage auseinander, wofür welche Kosten angefallen sind, d.h. für welche Kostenträger die in der Kostenartenrechnung erfassten und in der Kostenstellenrechnung ihrem Entstehungsort zugerechneten Kosten entstanden sind. Als Kostenträger lassen sich dabei die folgenden Leistungen unterscheiden:

- Marktbestimmte Leistungen, die entweder bereits am Markt abgesetzte oder auf Lager genommene Leistungen sein können.
- Innerbetriebliche Leistungen, die entweder aktivierbar oder nicht aktivierbar (ibL) sind.

Es gibt zwei Erscheinungsformen der Kostenträgerrechnung:

- Die Kostenträgerstückrechnung.
- Die Kostenträgerzeitrechnung.

Die Kostenträgerzeitrechnung liefert wesentliche Grundlagen für die kurzfristige (monatliche, vierteljährliche) Erfolgsrechnung. Sie bildet den logischen und chronologischen Abschluss im System jeder Kostenrechnung. Dabei versteht man unter kurzfristiger Erfolgsrechnung die Zusammenfassung von Kostenträgerzeitrechnung und Abrechnung der betrieblichen Leistungen in Form der Gegenüberstellung der bewerteten betrieblichen Leistungen und ihren Kosten zur Ermittlung des Betriebsergebnisses.

Bei der Kostenträgerstückrechnung (auch Kalkulation genannt) fragt man nach der Höhe der Kosten für die Einheit eines Erzeugnisses (z.B. 1 km Glasfaserkabel vom Typ A, 1 kg Margarine, 1 Hektoliter Bier). Bei der Kostenträgerzeitrechnung liegt demgegenüber eine Periodenbetrachtung vor. Man fragt also nach der Höhe der Kosten für alle Erzeugnisse (einer bestimmten Art) innerhalb eines bestimmten Zeitraumes (z.B. alle produzierten km Glasfaserkabel vom Typ A im Monat Februar).

Die Aufgaben der Kostenträgerstückrechnung bestehen hauptsächlich in der Bereitstellung von dispositivem Zahlenmaterial für:

- Die Preispolitik des Unternehmens
- Die Bewertung der Lagerbestände sowie der aktivierbaren Eigenleistungen
- Die Wirtschaftlichkeitskontrolle (Soll-Ist-Vergleich)
- Die Produktions-, Absatz- und Erfolgsplanung (z.B. optimale Produktionsverfahrenswahl, optimale Zusammensetzung des Produktionssortiments usw.)

Die wesentlichsten und auch gebräuchlichsten Kalkulationsverfahren lassen sich zwei Gruppen zuordnen, den Divisionsverfahren und den Zuschlagsverfahren. Dazu kommen spezielle Kalkulationsverfahren z.B. für Kuppelprodukte und besondere Fertigungsstrukturen.

Kalkulationsverfahren:

Divisionskalkulationen:
- Divisionskalkulation im engen Sinn: einstufig, zweistufig, mehrstufig
- Äquivalenzziffernkalkulation: einstufig, zweistufig, mehrstufig

Zuschlagskalkulation:
- Summarische Zuschlagskalkulation: kumulative und elektive Betriebszuschlagskalkulation
- Differenzierende Zuschlagskalkulation: kumulative und elektive Kostenstellenzuschlagskalkulation

Kuppelkalkulation
- Restwertkalkulation
- Verteilungskalkulation

Die einstufige Divisionskalkulation

Bei der einstufigen Divisionskalkulation werden in der Istkostenrechnung die Selbstkosten je Leistungseinheit (Stückkosten) ermittelt, indem man die Summe der während einer Abrechnungsperiode angefallenen Kosten durch die Zahl der hergestellten Leistungseinheiten dividiert.

Zum Beispiel erfolge in einem Unternehmen, die ein homogenes Massenprodukt erzeugt, die Kalkulation mit Hilfe der einstufigen Divisionskalkulation. Die gesamte Ausbringungsmenge einer Abrechnungsperiode betrage 1.500 t. Zur Herstellung dieser Gütermenge sind insgesamt 2.000 t eines Rohstoffes eingesetzt worden. Ferner sind für die Erzeugung Transportkosten sowie Betriebskosten entstanden. Die Summe der Kosten beläuft sich auf 1.690.380,- €. Somit betragen die Selbstkosten je Leistungseinheit (Tonne) 1.690.380,- € : 1.500 t = 1.126,92 €/t.

Festzuhalten ist, dass die Gesamtkosten des Betriebs ohne Differenzierung in Einzel- und Gemeinkosten durch die Menge der hergestellten oder abgesetzten Produkte dividiert werden. Die Durchführung einer Kostenstellenrechnung ist hier aus Kalkulationsgründen nicht erforderlich; man wird aber aus Kostenkontrollgründen nicht darauf verzichten.

Folgende Voraussetzungen sind an die Anwendbarkeit der einstufigen Divisionskalkulation gebunden:

- Einproduktunternehmen; Massenfertigung, homogene Kostenverursachung, d.h. alle Kosten der Unternehmung verhalten sich proportional zur produzierten Stückzahl.
- Keine Lagerbestandsveränderungen bei unfertigen Erzeugnissen, einschließlich Roh-, Hilfs- und Betriebsstoffe.
- Keine Lagerbestandsveränderungen bei fertigen Erzeugnissen.

Die zweistufige Divisionskalkulation

Wird die dritte Voraussetzung aufgehoben, lässt man Unterschiede zwischen Produktions- und Absatzmengen zu. Die Selbstkosten je Leistungseinheit müssen dann als zusammengesetzte Summe zweier Divisionen ermittelt werden. Man bezieht die Kosten der Herstellung (Herstellkosten) auf die produzierte Menge an Leistungseinheiten, während die Verwaltungs- und Vertriebskosten auf die abgesetzte Menge an Leistungseinheiten bezogen werden.

Selbstkosten =

   Herstellkosten / produzierte Menge
+ **Verwaltungs- und Vertriebskosten / abgesetzte Menge**

Fertige Erzeugnisse, die auf Lager liegen, werden dann zu Herstellkosten bewertet. Probleme treten aber in der Zuordnung der Lagerkosten auf, sie könnten Teil der Verwaltungs- und Vertriebskosten sein.

Die mehrstufige Divisionskalkulation

Erfolgt die Herstellung eines homogenen Produkts mehrstufig, lassen sich die Kosten je Leistungseinheit nur dann mit der einstufigen Divisionskalkulation bestimmen, wenn auf jeder Stufe dieselbe Produktmenge erzeugt wird. Weichen die Erzeugungsmengen der Produktionsstufen voneinander ab, muss die Kalkulation als mehrstufige Divisionskalkulation durchgeführt werden. Zwischen den Produktionsstufen bilden sich dann Zwischenlager von unterschiedlicher Höhe. Die unterschiedlichen Ausbringungsmengen der Produktionsstufen sind in der Kalkulation zu berücksichtigen. Dies ist in zwei Formen möglich. Man kann zum einen sukzessiv für jede Produktionsstufe die Kosten je Leistungseinheit bestimmen und auf der jeweils folgenden Stufe nur die Kosten weiterverrechnen, welche für die wiedereingesetzten Zwischenproduktmengen angefallen sind. Zum anderen kann man gesondert für jede Produktionsstufe die Kosten je Leistungseinheit ermitteln. Diese Einheitskosten je Produktionsstufe müssen mit Hilfe von Produktionskoeffizienten auf Endprodukteinheiten umgerechnet werden. Die Summe der umgerechneten Kosten je Produktionsstufe ist gleich den Selbstkosten für eine Endprodukteinheit.

Als Beispiel für die mehrstufige Divisionskalkulation kann die Veredelungsrechnung bei Ausgliederung der Materialeinzelkosten genannt werden.

Selbstkosten =

   Materialeinzelkosten / eingesetzte Menge
+ **Fertigungskosten 1 / Teilleistung 1**
+ **Fertigungskosten 2 / Teilleistung 2**
+ **Fertigungskosten 3 / Teilleistung 3**
+ **Fertigungskosten n / Teilleistung n**
+ **Verwaltungs- und Vertriebskosten / abgesetzte Menge**

Die Veredelungsrechnung ist auch für Sortenproduktion geeignet, wenn sich nur die Materialeinzelkosten der einzelnen Produkte unterscheiden (z.B. Baumwolle und Seide).

Die einstufige Äquivalenzziffernkalkulation

Die Äquivalenzziffernkalkulation kann als spezielle Form der Divisionskalkulation bei Mehrproduktfertigung angesehen werden. Dieses Kalkulationsverfahren basiert auf der Annahme, dass die Kosten der Erzeugung verschiedener Produkte in einem proportionalen Verhältnis zueinander stehen. Es ist daher anwendbar, sofern die verschiedenen Leistungsarten einen hohen Grad innerer Verwandtschaft in ihrer Kostengestaltung aufweisen. Vielfach sind diese Bedingungen bei der Herstellung weniger Sorten wie etwa bei der Bierherstellung, in Blechwalzwerken, Ziegeleien, Webereien und dergleichen erfüllt.

Das wichtigste Problem der Äquivalenzziffernrechnung bildet die Bestimmung der Äquivalenzziffern. Es müssen Bezugsgrößen gefunden werden, zu denen sich die zu verteilenden Kosten der Produkte proportional verhalten. Nach diesen Bezugsgrößen lassen sich die Äquivalenzziffern festlegen. Beispielsweise kann es sein, dass die Kosten aller Sorten proportional zur Einsatzmenge eines Rohstoffes oder proportional zur Fertigungszeit verlaufen. Voraussetzung der einstufigen Äquivalenzziffernrechnung ist, dass keine Lagerbestandsveränderungen an fertigen und unfertigen Erzeugnissen existieren.

Die Vorgehensweise vollzieht sich in vier Schritten. Als Beispiel wird von folgenden Zahlen einer Brauerei ausgegangen:

Gesamtkosten: 480.000,- €

1. Ermittlung der Äquivalenzziffern aufgrund des Stammwürzegehalts; dabei gilt die Biersorte Pils als Einheitsprodukt:

Kosten-träger	produzierte Menge in hl	Stammwürze in %	Äquivalenzziffer
Pils	2.300	12	1
Light	1.000	9	0,75
Drive	1.800	9	0,75
Bock	1.600	15	1,25

2. Umrechnung der tatsächlichen Produktionsmenge auf die Einheitssorte:

$1 \cdot 2.300 + 0,75 \cdot 1.000 + 0,75 \cdot 1.800 + 1,25 \cdot 1.600 = 6.400$ (Recheneinheiten)

3. Ermittlung der Kosten der Einheitssorte Pils:

$480.000 / 6.400 = 75$ €/hl

4. Rückrechnung auf die einzelnen Sorten:

Pils $1,00 \cdot 75 = 75,00$ €/hl
Light $0,75 \cdot 75 = 56,25$ €/hl
Drive $0,75 \cdot 75 = 56,25$ €/hl
Bock $1,25 \cdot 75 = 93,75$ €/hl

Probe : $2.300 \cdot 75 + 1.000 \cdot 56,25 + 1.800 \cdot 56,25 + 1.600 \cdot 93,75 = 480.000$

Die mehrstufige Äquivalenzziffernkalkulation

Die Erfassung unterschiedlicher Kostenverursachung aufgrund von Abweichungen zwischen Produktions- und Absatzmengen sowie aufgrund von nicht synchroner (mehrstufiger) Produktion können mit der mehrstufigen Äquivalenzziffernrechnung berücksichtigt werden. Dabei werden Äquivalenzziffern für die einzelnen Bereiche (Kostenstellen) entwickelt und die dort anfallenden Kosten separat kalkuliert. Man kann generell jede Form der Divisionskalkulation durch Äquivalenzziffern in mehrstufige Äquivalenzziffernkalkulationen abwandeln. Die Qualität der Rechnung hängt jedoch immer von der Qualität der Äquivalenzziffern als Maßstab der Kostenverursachung ab.

Die Zuschlagskalkulationen

In Unternehmen mit heterogenem Produktionsprogramm lassen sich in aller Regel die relativ einfachen Kalkulationsverfahren der Divisionskalkulation nicht anwenden, da sie nicht in der Lage sind, die angefallenen Kosten den Kostenträgern anzulasten, durch die sie verursacht wurden. Insbesondere bei Serien- und Einzelfertigung, bei heterogener Kostenstruktur in den einzelnen Fertigungsstufen und laufenden Lagerbestandsveränderungen bei unfertigen und fertigen Erzeugnissen finden daher Verfahren der Zuschlagskalkulation Anwendung.

Ausgehend von der Trennung in (Kostenträger-)Einzel- und (Kostenträger-)Gemeinkosten können die Einzelkosten den betrieblichen Leistungen direkt zugerechnet werden. Die (Kostenträger-)Gemeinkosten lassen sich dagegen nur mit Hilfe von Kalkulationssätzen zurechnen. Voraussetzung für die meisten Verfahren der Zuschlagskalkulation ist die Verwendung des BAB, in dem die Kalkulationssätze errechnet werden. Grundsätzlich werden zwei Varianten unterschieden, die summarische und die differenzierende Zuschlagskalkulation. Das Grundschema einer differenzierenden Zuschlagskalkulation ergibt sich wie folgt:

Materialeinzelkosten
+ Materialgemeinkosten
= Materialkosten

Fertigungseinzelkosten (Fertigungslohn)
+ Fertigungsgemeinkosten
+ Sondereinzelkosten der Fertigung
= Fertigungskosten

Materialkosten
+ Fertigungskosten
= Herstellkosten

Herstellkosten
+ Verwaltungsgemeinkosten
+ Vertriebsgemeinkosten
+ Sondereinzelkosten des Vertriebs
= Selbstkosten

In Betrieben der Einzel- und Serienfertigung mit mehrstufigem Produktionsprozess gelangt wegen der heterogenen Kostenverursachung und der laufenden Bestandsänderungen bei unfertigen und fertigen Erzeugnissen die Zuschlagskalkulation zur Anwendung. Die Zuschlagskalkulation erfordert eine Trennung der Kosten in Einzel- und Gemeinkosten. Die Einzelkosten werden den Kostenträgern direkt zugerechnet. Die Gemeinkosten werden indirekt zugerechnet; das geschieht durch die Auswahl geeigneter Maßgrößen der Kostenverursachung (Bezugsgrößen) und durch die Ermittlung von Zuschlagssätzen (Kalkulationssätzen). Dabei muss zwischen der unabhängigen Variable „Bezugsgröße" und der abhängigen Variable „Gemeinkosten" Proportionalität bestehen und somit gelten:

$$\frac{\Delta \text{ Gemeinkosten}}{\Delta \text{ Bezugsgröße}} = \text{konstant}$$

Durch Verwendung von Kalkulationssätzen der Form:

$$\text{Kalkulationssatz} = \frac{\textbf{Gemeinkosten}}{\textbf{Bezugsgröße}}$$

ist es möglich, den Einfluss eines einzelnen Kostenträgers auf die Höhe der Gemeinkosten zu messen und die vom einzelnen Kostenträger verursachten Kosten unter Berücksichtigung der Kostenträgereinzelkosten sowie der in Anspruch genommenen Bezugsgrößeneinheiten wie folgt zu bestimmen:

Selbstkosten = Einzelkosten + Kalkulationssatz • Bezugsgrößeneinheiten

Der Auswahl der Bezugsgrößen kommt große Bedeutung zu, weil:

- Mit der Differenziertheit des Bezugsgrößensystems der Genauigkeitsgrad der Kalkulation zunimmt.
- Mengenschlüssel wegen ihrer Unempfindlichkeit gegenüber Preisschwankungen größere Konstanz im Zeitablauf aufweisen als Wertschlüssel.
- Im Fertigungsbereich mit zunehmender Mechanisierung und Automatisierung die Eignung der Einzelkosten als Schlüsselgröße zugunsten von Mengenschlüssel (z.B. Maschinenstunden) abnimmt.
- Sich Fehler der Kostenerfassung umso stärker auswirken, je größer der Zuschlag (Gemeinkosten) im Verhältnis zur Basis (Bezugsgröße) ist.

Formen der Zuschlagskalkulation

In Abhängigkeit von der geforderten Kalkulationsgenauigkeit, der Organisation des betrieblichen Rechnungswesens und den Produktionsbedingungen können folgende Ausformungen der Zuschlagskalkulationen zur Anwendung gelangen:

1. Summarische Zuschlagskalkulationen (Betriebszuschlagskalkulationen)

Für die Betriebszuschlagskalkulationen ist charakteristisch, dass für ihre Anwendung lediglich die Trennung der Kosten in Kostenträgereinzel- und Kostenträgergemeinkosten, nicht jedoch das Vorhandensein einer Kostenstellenrechnung notwendig ist.

a) kumulative Betriebszuschlagskalkulation

Bei der kumulativen Betriebszuschlagskalkulation wird lediglich ein Zuschlagssatz für die Summe der Gemeinkosten ermittelt, indem die Gemeinkostensumme ohne weitere Differenzierung lediglich einer Bezugsgröße, in der Regel der Summe der Einzelkosten oder bestimmten Einzelkostenarten, gegenübergestellt wird.

Kalkulationssatz = Σ Gemeinkosten / Bezugsgröße

b) elektive Betriebszuschlagskalkulation

Eine Verfeinerung erfährt die Betriebszuschlagskalkulation in der Form der elektiven Betriebszuschlagskalkulation durch eine erste Aufteilung der Gemeinkosten z.B. in Material-, Fertigungs-, Verwaltungs- und Vertriebsgemeinkosten. Das bedeutet einen ersten Schritt in Richtung Kostenstellenrechnung. Die Gemeinkosten werden in den gebildeten Bereichen summarisch als Gesamtzuschlag auf die Kostenträger verrechnet. So werden in der Regel die Materialgemeinkosten auf die Materialeinzelkosten, die Summe der Fertigungsgemeinkosten auf den Fertigungslohn und die Verwaltungs- und Vertriebsgemeinkosten auf die Herstellkosten der Produktions- bzw. Absatzleistung bezogen. Eine Differenzierung der Fertigungsgemeinkosten nach Kostenstellen muss wegen des Fehlens einer Kostenstellenrechnung unterbleiben.

Beide Ausformungen der Betriebszuschlagskalkulation werden in der Regel einer auf dem Verursachungsprinzip basierenden Kostenrechnung nicht gerecht. Proportionalität zwischen einer Bezugsgröße und allen oder großen Teilen der Gemeinkosten ist in der Realität kaum gegeben.

2. Differenzierende Zuschlagskalkulationen (Kostenstellenzuschlagskalkulationen)

Die differenzierenden Zuschlagskalkulation setzt das Vorhandensein einer Kostenstellenrechnung voraus. Dadurch ergibt sich die Möglichkeit, für die einzelnen Kostenstellen eigene Gemeinkostenzuschlagssätze zu ermitteln, was zu einer erhöhten Kalkulationsgenauigkeit führt.

a) kumulative Kostenstellenzuschlagskalkulation

In der kumulativen Kostenstellenzuschlagskalkulation werden die Gemeinkosten denjenigen Kostenstellen zugeordnet, in denen sie angefallen sind. Zur Verrechnung der Gemeinkosten auf die Kostenträger wird je Kostenstelle ein Gesamtzuschlag (kumulative Rechnung) gebildet, was für jede Kostenstelle die Ermittlung einer geeigneten Bezugsgröße erfordert. Differenzierte Kosten- und Bezugsgrößenanalysen in den einzelnen Kostenstellen werden nicht durchgeführt.

Werden die Fertigungsgemeinkosten in den einzelnen Kostenstellen wertmäßig auf der Grundlage des Einzellohns geschlüsselt, so spricht man von „elektiver Lohnzuschlagskalkulation". Für Kostenstellen mit geringer Handarbeitsintensität und hohem Automatisierungsgrad wird man jedoch von der Lohnzuschlagskalkulation abgehen und einen Gesamtzuschlag auf der Basis eines Mengenschlüssels ermitteln (z.B. Verrechnungssatz je Maschinenstunde).

b) elektive Kostenstellenzuschlagskalkulation

Die größte Kalkulationsgenauigkeit erreicht man bei mehrstufigen Produktionsprozessen mit heterogener Kostenverursachung in den einzelnen Kostenstellen durch Anwendung der so genannten Bezugsgrößenkalkulation (elektive Kostenstellenzuschlagskalkulation). Der Tatsache, dass sich nicht alle Kosten einer Kostenstelle proportional zu nur einer Bezugsgröße verhalten, wird dadurch Rechnung getragen, dass in einer Kostenstelle mehrere Bezugsgrößen und demnach mehrere Zuschlags- bzw. Verrechnungssätze für die Weiterverrechnung ganz bestimmter Kostenarten oder Gruppen von Kostenarten gebildet werden.

Mit zunehmender Differenziertheit der Bezugsgrößenhierarchie verkomplizieren sich die Betriebsabrechnung und die Kalkulation der Kostenträger; ihren besonderen Wert erhält die Bezugsgrößenkalkulation aber durch ihre erhöhte Aussagekraft und ihre Verwendbarkeit für Entscheidungsrechnungen. Differenzierte Ausgestaltung und intensive Anwendung der Bezugsgrößenkalkulation führen konsequenterweise zur Teilkostenrechnung mit variablen Kosten.

Die Kuppelkalkulationen

Kuppelproduktion liegt vor, wenn aus einem Produktionsprozess zwangsläufig mehrere marktfähige Produkte unterschiedlicher Art resultieren. Die Kuppelproduktion stellt somit einen besonderen Fall der verbundenen Produktion dar. Die Kosten des Kuppelprozesses sind demzufolge nicht auf die einzelnen Produktsorten verursachungsgerecht zurechenbar, da es nur eine Ursache gibt, die zum Entstehen aller Leistungen führt. Nur die Folgekosten, die für eine Produktart entstehen, können dieser zugerechnet werden. Es haben sich Kalkulationsverfahren entwickelt, die mehr oder weniger willkürlich auf der Basis des Durchschnitts- oder Tragfähigkeitsprinzips versuchen, die Herstell- bzw. Selbstkosten der Kuppelprodukte auszuweisen.

Die Restwertmethode

Die Restwertmethode unterscheidet zwischen einem Hauptprodukt und den weiteren Produkten, die als Nebenprodukte definiert werden. Die Nebenprodukte entlasten das Hauptprodukt, indem sie anteilige Kosten des Kuppelprozesses in Höhe ihrer Erlöse minus den zurechenbaren Folgekosten zu tragen haben. Die verbleibenden Restkosten des Kuppelprozesses werden auf die Produktionsmenge des Hauptproduktes verteilt.

Beispiel zur Restwertmethode:
Herstellkosten des Kuppelprozesses: 1.000.000,- €
Erlöse – Folgekosten der Nebenprodukte: 400.000,- €
Restkosten: 600.000,- €
Produktionsmenge des Hauptproduktes: 2.000 Einheiten
Stückherstellkosten des Hauptproduktes: 300,- €

Übersteigt jedoch die Summe der Erlöse minus den zurechenbaren Folgekosten der Nebenprodukte die gesamten Herstellkosten des Kuppelprozesses, wären die Stückherstellkosten des Hauptproduktes negativ, womit die kostentheoretische Fragwürdigkeit dieses Verfahren deutlich wird.

Die Verteilungsmethode

Die Verteilungsmethode arbeitet nach der Vorgehensweise der Äquivalenzziffernkalkulation, nur dass als Grundlage der Äquivalenzziffern- bzw. Schlüsselbildung keine Kostenverursachungsmaßstäbe, sondern technische oder absatzorientierte Größen Eingang finden. Bei der Verwendung technischer Größen wie Produktionsmengen, Gewichte, Volumen etc. werden die Kosten nach dem Durchschnittsprinzip verteilt. Verwendet man dagegen absatzorientierte Größen wie Absatzpreise, Deckungsbeiträge etc., kommt es zu einer Verteilung der Kosten nach dem Tragfähigkeitsprinzip. So wird z.B. bei Verwendung von Absatzpreisen (Verteilungsmethode als Marktwertmethode) den Kuppelprodukten die meisten Kosten zugerechnet, die auch die höchsten Absatzpreise erzielen und damit vermeintlich auch die meisten Kosten zu tragen haben.

Bsp.: Kosten des Kuppelprozesses: 100.000,- €

Produkt	Menge	Absatzpreis (€)	Schlüssel	Rechen-einheiten	Stück-kosten (€)	Kosten pro Sorte (€)
A	400	1.000	1	400	200,-	80.000,-
B	250	400	0,4	100	80,-	20.000,-
				500	200,-	100.000,-

Natürlich haben auch diese Verfahren wird einer wirklichkeitsgetreuen Kostenzurechnung wenig gemeinsam; aber immerhin werden bei der Verteilungsmethode Stückkosten für alle Produkte ausgewiesen, was für Zwecke der Herstellungskostenermittlung und Bestandsbewertung im Rahmen des handels- und steuerrechtlichen Jahresabschlusses von Relevanz ist.

Exkurs: Herstellkosten und Herstellungskosten

Der Begriff der Herstellkosten ist in der Kostenrechnung eindeutig definiert als alle auf eine Kostenträgereinheit bezogenen Material- und Fertigungskosten. Demgegenüber stellt der begriff der Herstellungskosten einen bilanziellen Wertbegriff dar, der zum Zwecke der Bestandsbewertung im Jahresabschluss benötigt wird. Da es sich dabei um einen Begriff aus dem externen Rechnungswesen handelt, wäre die Bezeichnung „Herstellungsaufwand" zutreffender. Der Gesetzgeber lässt bei der Bestimmung der Herstellungskosten neben Ansatzpflichten und Ansatzverboten auch Ansatzwahlrechts zu, so dass die Herstellungskosten eines Kostenträgers kleiner, größer oder gleich den Herstellkosten sein können. Die nachfolgende Tabelle gibt die Möglichkeiten der Bildung von Herstellungskosten handelsrechtlich (Handelsgesetzbuch, § 255 Abs. 2 und 3 HGB), steuerrechtlich (Einkommensteuerrichtlinie, Rl 33 EStR), nach internationalen Bilanzregeln (International Accounting Standards, IAS) und nach US-amerikanischen Rechnungslegungsgrundsätzen (United States General Accepted Accounting Principles, US-GAAP) wieder.

Herstellungs-kosten	HGB	EStR	IAS/IFRS	US-GAAP
Material- und Fertigungsein-zelkosten	Aktivierungs-pflicht	Aktivierungs-pflicht	Aktivierungs-pflicht	Aktivierungs-pflicht
Material- und Fertigungsge-meinkosten	Aktivierungs-wahlrecht	Aktivierungs-pflicht	Aktivierungs-pflicht	Aktivierungs-pflicht
Fremdkapital-zinsen	Aktivierungs-wahlrecht	Aktivierungs-wahlrecht	Aktivierungs-wahlrecht	Aktivierungs-pflicht
Sozialkosten	Aktivierungs-wahlrecht	Aktivierungs-wahlrecht	Aktivierungs-verbot	Aktivierungs-verbot
Allgemeine Verwaltungs-kosten	Aktivierungs-wahlrecht	Aktivierungs-wahlrecht	Aktivierungs-pflicht, wenn herstellungsbe-zogen, sonst Verbot	Aktivierungs-verbot
Vertriebskosten	Aktivierungs-verbot	Aktivierungs-verbot	Aktivierungs-verbot	Aktivierungs-verbot

Abb. 11: Herstellungskosten

2.6. Die kurzfristige Erfolgsrechnung

Im Rahmen des Jahresabschlusses (Bilanz, Gewinn- und Verlustrechnung und Anhang) wird der Erfolg eines Unternehmens erstens für einen verhältnismäßig langen Zeitabschnitt (ein Geschäftsjahr) und zweitens in sehr undifferenzierter Weise ermittelt. Damit man diesen pauschalen Jahreserfolg berechnen kann, braucht man Zahlen der Finanzbuchhaltung, insbesondere Aufwendungen und Erträge, sowie eine Inventur. Um das laufende Betriebsgeschehen eines Unternehmens wirkungsvoll und rational steuern zu können, ist diese Form der Erfolgsermittlung ungeeignet. Man braucht eine Erfolgsrechnung, die sich erstens auf kürzere Zeitabschnitte (Quartale, Monate oder sogar Wochen) bezieht und die außerdem die Quellen des Erfolges differenziert sichtbar macht. Dies ist die Aufgabe der kurzfristigen Erfolgsrechnung. Um diese durchführen zu können, benötigt man

- Zahlen der Betriebsbuchhaltung, insbesondere Kosten und Leistungen bzw. Erlöse,
- eine rechnerische Bestandsfortschreibung als Inventur-Ersatz, denn Kosten und zeitlicher Arbeitsaufwand für eine Inventur sind so hoch, dass man es sich meist nicht leisten kann, quartalsweise, monatlich oder gar wöchentlich eine exakte Bestandsaufnahme zu machen.

Es gibt zwei methodische Grundformen der kurzfristigen Erfolgsrechnung, die als Gesamtkosten- bzw. als Umsatzkostenverfahren bezeichnet werden.

Das Gesamtkostenverfahren auf Vollkostenbasis

Kennzeichnend für das Gesamtkostenverfahren (GKV) ist, wie der Name sagt, die Gegenüberstellung der gesamten Kosten und Erlöse, korrigiert um die Bestandsveränderungen. Das Betriebsergebnis wird somit folgendermaßen ermittelt:

Umsatzerlöse
+ Bestandszunahmen an fertigen und unfertigen Erzeugnissen
- Bestandsabnahmen an fertigen und unfertigen Erzeugnissen
- Gesamtkosten (nach Kostenarten gegliedert)
= Betriebserfolg

Beim Gesamtkostenverfahren werden die nach Kostenarten erfassten Gesamtkosten einer Periode dem Periodenumsatz gegenübergestellt. Zusätzlich müssen die Bestandsveränderungen an Halb- und Fertigerzeugnissen berücksichtigt werden. Prinzipiell kann das Gesamtkostenverfahren als Vor- oder Nachrechnung sowie mit Voll- oder Teilkosten durchgeführt werden. Meist wird bei diesem Verfahren mit Vollkosten gerechnet. Ferner lässt es sich als Absatzerfolgsrechnung oder als Ausbringungserfolgsrechnung aufbauen.

Im Falle einer Gestaltung als Absatzerfolgsrechnung bilden die abgesetzten Produkte die Bezugsgröße für die Abgrenzung der zu erfassenden Kosten und Erlöse. Die Veränderungen der Bestände an Erzeugnissen werden zu Herstellkosten bewertet. Sofern die Marktpreise dieser Produkte unter den Herstellkosten liegen, werden die niedrigeren Marktpreise dieser Produkte als Wertansätze der Bestandsänderungen gewählt. Der Betriebserfolg ergibt sich auf dem Betriebsergebniskonto aus der Gegenüberstellung der in der Periode entstandenen, nach Kostenarten gegliederten Gesamtkosten und den Herstellkosten von Bestandsminderungen auf der Sollseite sowie der Periodenerlöse und der zu Herstellkosten bewerteten Bestandsmehrungen auf der Habenseite. Der wesentliche Vorteil des Gesamtkostenverfahrens liegt in seinem rechnerisch einfachem Aufbau. Dieses Verfahren lässt sich ohne Schwierigkeiten in das System der doppelten Buchführung einbauen, indem man z.B. im Gemeinschaftskontenrahmen industrieller Verbände (GKR) die Kostenarten von Klasse 4 sowie die Erlöse und die Bestandsveränderungen von den Klassen 7 bzw. 8 auf das Betriebsergebniskonto in Klasse 9 bucht.

Da beim Gesamtkostenverfahren die Gesamtkosten einer Abrechnungsperiode nicht auf Kostenträger verteilt werden, liefert es keine Informationen für die Kosten- und die Erfolgsanalyse der einzelnen Produktarten oder Produktgruppen. Man kann nicht erkennen, in welchem Umfang die verschiedenen Produkte zur Erzielung des Periodenerfolgs beitragen. Deshalb ist die Aussagefähigkeit des Gesamtkostenverfahrens bei Mehrproduktfertigung gering.

Ein weiterer Nachteil besteht in der Notwendigkeit, die Bestände an Erzeugnissen zu erfassen, um die Bestandsänderungen feststellen zu können. Bei mehrstufiger Mehrproduktfertigung kann die Erfassung der Bestände sehr aufwendig sein, insbesondere wenn eine körperliche Inventur vorgenommen wird. Dabei können Erfassungsfehler auftreten, weil Fertigungsprozesse nicht unterbrochen werden. Die Bedeutung dieser Fehler ist in der kurzfristigen Erfolgsrechnung wesentlich größer als in der Jahreserfolgsrechnung. Für eine Bewertung der Bestandsänderungen zu Herstellkosten müssen die Herstellkosten je Produkteinheit bekannt sein. Demnach kann beim Gesamtkostenverfahren im Fall von Bestandsänderungen auf eine Verteilung der Kosten auf Kostenträger nicht verzichtet werden, obwohl die Periodenkosten lediglich nach Kostenarten gegliedert werden.

Das Umsatzkostenverfahren auf Vollkostenbasis

Das Umsatzkostenverfahren (UKV) beschreibt entsprechend seinem Namen eine andere Vorgehensweise zur Ermittlung des kurzfristigen Erfolgs. Hierbei werden den Erlösen die Kosten der umgesetzten Produkte gegenübergestellt. Ein bedeutender Vorteil des Umsatzkostenverfahrens gegenüber dem Gesamtkostenverfahren liegt in seinem kostenträgerorientierten Aufbau. Werden im Gesamtkostenverfahren die Erlöse und Bestandsveränderungen nach Produktarten (Kostenträgern) und die Kosten nach Kostenarten gegliedert, so werden im Umsatzkostenverfahren sowohl die Erlöse als auch die Kosten nach Kostenträgern gruppiert einander gegenübergestellt, so dass der Erfolgsbeitrag jeder Kostenträgerart als Erfolgsquelle sichtbar wird.

Das Umsatzkostenverfahren lässt sich auf Vollkostenbasis und auf Teilkostenbasis (d.h. Aufteilung der Kosten in fixe und variable Bestandteile) durchführen. Auf Vollkostenbasis wird das Betriebsergebnis nach dem Umsatzkostenverfahren folgendermaßen ermittelt:

Umsatzerlöse (nach Produkten gegliedert)
- volle Selbstkosten der umgesetzten Produkte
= Betriebserfolg

Das Umsatzkostenverfahren stellt stets eine Absatzerfolgsrechnung dar. Der Betriebserfolg wird nach diesem Verfahren als Differenz zwischen den Erlösen und den Selbstkosten der umgesetzten Produkte ermittelt. Im Gegensatz zum Gesamtkostenverfahren müssen beim Umsatzkostenverfahren für alle abgesetzten Produkte, und nicht nur für Bestandsänderungen, die Kosten je Produkteinheit bestimmt werden. Demnach gehen hier die Ergebnisse der Kostenträgerstückrechnung in vollem Umfang in die Kostenträgerzeitrechnung ein. Das Umsatzkostenverfahren kann ebenfalls als Vor- oder Nachrechnung angewendet werden. Die Höhe der einzusetzenden Kosten je Produkteinheit ist davon abhängig, ob der Rechnung Voll- oder Teilkosten zugrunde gelegt werden. Bei einer Vollkostenrechnung sind in der Erfolgsrechnung die abgesetzten Produkte mit ihrem Selbstkosten anzusetzen, die neben den Herstellkosten auch Verwaltungs- und Vertriebskosten umfassen.

Das Umsatzkostenverfahren macht keine Erfassung der Bestände an Halb- und Fertigerzeugnissen erforderlich. Die Absatzmengen der Produkte und ihre Stückerlöse lassen sich ohne Schwierigkeiten feststellen. Liegen die auf die einzelnen Produktarten bzw. Produktgruppen zuzurechnenden Stück- bzw. Gruppenkosten vor, kann man den Periodenerfolg schnell ermitteln. Das Umsatzkostenverfahren eignet sich demnach für eine sehr schnelle Erfolgsermittlung. Gegenüber dem Gesamtkostenverfahren weist es einen weiteren Vorteil dadurch auf, dass sich nicht nur ein globaler Periodenerfolg, sondern Erfolgsgrößen für die einzelnen Produktarten bzw. Produktgruppen ergeben. Damit werden Informationen für Entscheidungen über das Produktionsprogramm und eine produktorientierte Erfolgsanalyse zur Verfügung gestellt. Die Verwendbarkeit dieser Informationen für Entscheidungsprobleme ist jedoch nicht unabhängig davon, ob die Erfolgsrechnung mit Voll- oder Teilkosten durchgeführt wird. Bei der Verwendung voller Selbstkosten gibt man z.B. bei einer Produktion auf Lager in einer Periode anteilige Fixkosten auf das Lager, was ein Verstoß gegen das Verursachungsprinzip ist. Letztendlich wäre ein Verfahren der kurzfristigen Erfolgsrechnung wünschenswert, was unter Trennung der variablen und fixen Kosten den Beitrag (Deckungsbeitrag) einzelner Produkte oder Produktarten zum Unternehmenserfolg darstellen könnte.

Umsatzerlöse (nach Produkten gegliedert)
- variable Selbstkosten der umgesetzten Produkte
= Deckungsbeitrag
- Fixkosten der Periode
Betriebserfolg

Die Ermittlung von Deckungsbeiträgen und der Aufbau teilkostenorientierter Verfahren sind aber in Kostenrechnungssystemen auf Vollkostenbasis nicht möglich. Durch die Verwendung der unterschiedlichen Systeme der kurzfristigen Erfolgsrechnung kann es bei Lagerbestandsveränderungen zu unterschiedlichen Gewinnausweisen kommen, weil in den Systemen der Vollkostenrechnung in der Bewertung Lagerbestände anteilige fixe Herstellkosten enthalten sind, wie folgendes Beispiel zeigt:

Fallbeispiel: Erfolgsermittlung in Systemen der Voll- und Teilkostenrechnung		
(Bestandsänderungen werden zu vollen Herstellkosten bewertet)		
Ausgangsdaten		
Produkt	A	
Verkaufspreis	600 €	
Produktionsmenge	500 Stück	
variable Herstellkosten	100.000 €	
fixe Fertigungskosten		80.000 €
fixe Verwaltungskosten		50.000 €
fixe Vertriebskosten		20.000 €
Gesamtkosten		250.000 €
variable Stückherstellkosten	200,00 €	
volle Stückherstellkosten	360,00 €	
volle Stückselbstkosten	500,00 €	

Fall 1: Produktions- = Absatzmenge =   500 Stück

in €	GKV/VK	UKV/VK	UKV/TK
Verkaufserlöse	300.000	300.000	300.000
Bestandsveränderungen (zu Herstellkosten)	0		
Gesamterlöse	300.000		
Volle Selbstkosten		250.000	
Variable Selbstkosten (= var. Herstellkosten)			100.000
Volle Herstellkosten	180.000		
Deckungsbeitrag			200.000
Verwaltungskosten	50.000		
Vertriebskosten	20.000		
Fixkosten			150.000
Betriebsergebnis	**50.000**	**50.000**	**50.000**

Fall 2: Produktions- > Absatzmenge =   400 Stück

in €	GKV/VK	UKV/VK	UKV/TK
Verkaufserlöse	240.000	240.000	240.000
Bestandsveränderungen (zu Herstellkosten)	36.000		
Gesamterlöse	276.000		
Volle Selbstkosten		200.000	
Variable Selbstkosten (= var. Herstellkosten)			80.000
Volle Herstellkosten	180.000		
Deckungsbeitrag			160.000
Verwaltungskosten	50.000		
Vertriebskosten	20.000		
Fixkosten			150.000
Betriebsergebnis	**26.000**	**40.000**	**10.000**

Fall 3: Produktions- < Absatzmenge =   600 Stück

in €	GKV/VK	UKV/VK	UKV/TK
Verkaufserlöse	360.000	360.000	360.000
Bestandsveränderungen (zu Herstellkosten)	-36.000		
Gesamterlöse	324.000		
Volle Selbstkosten		300.000	
Variable Selbstkosten (= var. Herstellkosten)			120.000
Volle Herstellkosten	180.000		
Deckungsbeitrag			240.000
Verwaltungskosten	50.000		
Vertriebskosten	20.000		
Fixkosten			150.000
Betriebsergebnis	**74.000**	**60.000**	**90.000**

Der Unterschied ergibt sich aus der willkürlichen Zuschlüsselung fixer (Perioden-) Herstellkosten in Systemen der Vollkostenrechnung auf die Bestandsänderungen, bzw. vollen Selbstkosten.

2.7. Rechnungsbeispiele zur Vollkostenrechnung

1. Bilanzielle und kalkulatorische Abschreibungen

Eine Maschine mit einem Anschaffungswert von 200.000,- € wird bilanziell im ersten Jahr mit 50% des Anschaffungswertes und während der Restnutzungsdauer von 4 Jahren linear voll abgeschrieben. Tatsächlich liegt ein gleichmäßiger Gebrauch während der Nutzungsdauer vor. In der Kostenrechnung geht man außerdem von einem um 10% höheren Wiederbeschaffungswert aus. Berechnet werden sollen die bilanziellen und kalkulatorischen Abschreibungen.

Jahr	bilanziell	kalkulatorisch
1	100.000,--	44.000,--
2	25.000,--	44.000,--
3	25.000,--	44.000,--
4	25.000,--	44.000,--
5	25.000,--	44.000,--

2. Kalkulatorische Abschreibungen

Eine Maschine mit dem Anschaffungswert von 200.000,- € wird kalkulatorisch über die erwartete Nutzungsdauer von 8 Jahren linear abgeschrieben. Nach Ablauf des 5. Jahres wird festgestellt, dass die Maschine 2 Jahre länger wirtschaftlich sinnvoll nutzbar ist als ursprünglich angenommen. Es sollen auf Grundlage der genannten Informationen drei Lösungsmöglichkeiten entwickelt werden, um die Abschreibungen der veränderten Sachlage anzugleichen. Abschreibungsmethode und Anschaffungswert werden als Ausgangsbasis beibehalten.

Bisherige Abschreibung: 5 • 25.000,- €/p.a.; Restbuchwert = 75.000,- €

- Erste Möglichkeit: Verteilung des Restwertes auf die Restnutzungsdauer: 75.000,- € / 5 = 15.000,- €/p.a.; Abschreibungssumme = 200.000,- € . Fehler der Vergangenheit wird durch neuen Fehler für die Zukunft kompensiert. Keine verursachungsgerechte Abschreibung in der 6. - 10. Periode.
- Zweite Möglichkeit: Ignorieren: 25.000,- €/p.a. beibehalten, Abschreibungssumme = 250.000,- €. Fehler der Vergangenheit wird beibehalten. Keine verursachungsgerechte Abschreibung in der 6. - 10. Periode.
- Dritte Möglichkeit: Ansatz des richtigen Abschreibungsbetrags: 200.000,- € / 10 = 20.000,- €/p.a.; Abschreibungssumme = 125.000,- € + 100.000,- € = 225.000,- €, Abschreibungen werden wenigstens für die 6. - 10. Periode fehlerfrei angesetzt. Verursachungsgerechte Abschreibung in der 6. - 10. Periode.

3. Kalkulatorische Wagniskosten

Bei der Fertigung von Sahnetörtchen ist die Wahrscheinlichkeit, dass ein Törtchen am Ende des Herstellungsprozesses die Qualitätskontrolle nicht übersteht, gleich 0,2%. Die Herstellkosten eines Sahnetörtchens betragen 0,48 €. Es wurden 2 Mio. Sahnetörtchen produziert. Wie hoch sind die Wagniskosten für dieses Produktionsrisiko?

Wagnissatz (w) = 0,2%   Wagniskosten = w • 2.000.000 • 0,48 € = 1920,- €

4. Kalkulatorische Wagniskosten

Der Abschreibungsverlust einer Periode, der sich durch falsch eingeschätzte Nutzungsdauern ergibt, soll über die Kostenart „kalkulatorisches Anlagenwagnis" berücksichtigt werden. Dazu soll der Wagnissatz aus den Daten der fünf Vorjahre ermittelt werden.

Jahr	Abschreibungs- verluste in €	Abschreibungs- gewinne in €	Abschreibungen in €
Jahr 1	180.000	30.000	3.252.000
Jahr 2	60.000	45.000	3.800.000
Jahr 3	130.000	60.000	3.200.000
Jahr 4	90.000	30.000	3.400.000
Jahr 5	70.000	20.000	2.890.000
Summe	530.000	185.000	16.542.000

Zu ermitteln ist das kalkulatorische Anlagenwagnis in % der kalkulatorischen Abschreibungen für das aktuelle Jahr.

$$= \frac{\Sigma \text{ Abschreibungsverluste} - \Sigma \text{ Abschreibungsgewinne}}{\Sigma \text{ kalk. Abschreibungen}}$$

$$= \frac{530.000 - 185.000}{16.542.000}$$

$$= \quad 2,08560029017 \cong 2,09\ \%$$

5. Kalkulatorische Kostenarten

Die Rübeland Rübenverarbeitung GmbH hat eine neue Rübenhäckselanlage beschafft. Als kalkulatorische Anlagenkosten sollen Abschreibungen, Zinsen und Anlagenwagniskosten ermittelt werden. Das Anlagenwagnis ergibt sich aus der Gefahr, die Nutzungsdauer der Anlagen falsch einzuschätzen und damit falsche Abschreibungsbeträge in den einzelnen Perioden zu verrechnen. Zur Bestimmung der Kosten wird von folgenden Informationen ausgegangen:

Anschaffungspreis incl. Nebenkosten (€): _____ 4.000.000,-
Teuerungsrate incl. technischen. Fortschritt (p. a.): _____ 2,5%
Nutzungsdauer: _____10 Jahre
Liquidationserlös (€): _____ 200.000,-
Durchschnittlicher Fremdkapitalzins: _____ 8%
Kapitalmarktzins 10-jähriger risikoloser Anleihen: _____5%
Eigenkapitalquote des Unternehmens: _____40%
Abschreibungsverluste der letzten Jahre (€): _____ 600.000,-
Abschreibungsgewinne der letzten Jahre (€): _____ 250.000,-
Kumulierte Abschreibungen der letzten Jahre (€): _____ 19.404.850,-

Die Anlage wird völlig gleichmäßig genutzt; ein Zeitverschleiß wird nicht angenommen. Berechnet werden sollen unter Verwendung aller Informationen die kalkulatorischen Anlagenkosten pro Jahr nach den Methoden, die zum Ansatz gleich hoher Kosten pro Periode führen.

Wiederbeschaffungswert
= Anschaffungswert • $(1 + \text{Preissteigerungsrate})^{\text{Nutzungsdauer}}$
= $4.000.000,- • (1+0,025)^{10} = 5.120.338,18$ €
Abschreibung
= (Wiederbeschaffungswert – Liquidationserlös) / Nutzungsdauer
= $(5.120.338,18 - 200.000) / 10 = 492.033,82$ €
Durchschnittlich gebundenes Kapital
= (Anschaffungskosten + Liquidationserlös) / 2
= $(4.000.000 + 200.000) / 2 = 2.100.000,-$ €
Zinssatz
= Kapitalmarktzins • Eigenkapitalquote + Fremdkapitalzins • Fremdkapitalquote
= $5\% • 0,4 + 8\% • 0,6 = 6,8\%$
Zinsen
= Zinssatz • (Anschaffungskosten + Liquidationserlös) / 2
= $6,8\% • 2.100.000 = 142.800,-$ €
Wagniskostensatz
= (Abschreibungsverluste – Abschreibungsgewinne) / kumulierte Abschreibungen
= $(600.000 - 250.000) / 19.404.850 = 1,80367279\%$
Anlagenwagniskosten
= Wagnissatz • Abschreibung
= $1,80367279\% • 492.033,82 = 8.874,68$ €
Gesamte Anlagenkosten
= Abschreibungen + Zinsen + Anlagenwagniskosten
= $492.033,82 + 142.800 + 8.874,68 = 643.708,50$ €

6. Kostenstellenrechnung – Verteilung primärer Gemeinkosten

Aus der Kostenartenrechnung sind folgende Zahlen bekannt:

Kostenart	€	Betrag	Methode	Verteilung
Hilfsstoffe	€	40.000,-	ES (d)	0:2:8:5:1:0
Betriebsstoffe	€	30.000,-	ES (d)	0:1:5:6:2:0
Gehälter	€	60.000,-	Lohn (d)	2:1:2:3:2:2
Sozialaufwand	€	24.000,-	indirekt	wie Gehälter
Energiekosten	€	30.000,-	kWh (d)	200:500:2500:1800:360:400
Miete	€	12.000,-	qm (ind.)	250:50:180:200:85:80
Abschreibungen	€	24.000,-	Inv. (d)	1:2:3:3:0,5:0,5
Porto/Telekom	€	8.000,-	Abr. (d)	2:1:1:2:2:4
Allg. Verwaltung	€	13.000,-	S (ind.)	1:1:2:2:2:2

Es sind folgende Kostenstellen definiert:
Material,
Arbeitsvorbereitung,
Fertigung TK-Pizza,
Fertigung TK-Pasta,
Verwaltung,
Vertrieb.

Abkürzungen:
ES	= Entnahmescheine	d	= direkte Erfassung
ind.	= indirekte Erfassung	Inv.	= Inventar
Abr.	= Abrechnungen	S	= Schlüssel (Erfahrung)

Zu verteilen sind die Kosten nach den angegebenen Verteilungsgrundlagen auf die Kostenstellen.

Gemeinkosten	Summe	Material	Arbeits-vorberei-tung	TK-Pizza	TK-Pasta	Verw.	Vertrieb
Hilfsstoffe	40.000	0	5.000	20.000	12.500	2.500	0
Betriebsstoffe	30.000	0	2.142,86	10.714,3	12.857,1	4.285,71	0
Gehälter	60.000	10.000	5.000	10.000	15.000	10.000	10.000
Sozialaufwand	24.000	4.000	2.000	4.000	6.000	4.000	4.000
Energiekosten	30.000	1041,67	2.604,17	13.020,8	9.375	1.875	2.083,33
Miete	12.000	3.550,30	710,06	2.556,21	2.840,24	1.207,1	1.136,09
Abschreibung	24.000	2.400	4.800	7.200	7.200	1.200	1.200
Porto/Telekom	8.000	1.333,33	666,67	666,67	1.333,33	1.333,33	2.666,67
Allg. Verwal-tung	13.000	1.300	1.300	2.600	2.600	2.600	2.600

7. Innerbetriebliche Leistungsverrechnung

Es liegen folgende Daten aus der Kostenstellenrechnung vor:
Primäre Gemeinkosten der Vorkostenstellen:
Gebäude: 28.300,- €
Reparatur: 8.200,- €
Energie: 2.800,- €

Die Kostenstelle Gebäude liefert an Kostenstelle:

Reparatur	100	(Bezugsgröße: qm)
Energie	80	
Material	460	
Fertigung I	1020	
Fertigung II	1470	
Verwaltung	280	
Vertrieb	250	

Die Kostenstelle Reparatur liefert an Kostenstelle:

Energie	22	(Bezugsgröße: Std.)
Material	60	
Fertigung I	128	
Fertigung II	166	
Verwaltung	67	
Vertrieb	62	

Die Kostenstelle Energie liefert an Kostenstelle:

Gebäude	1860	(Bezugsgröße: kWh)
Reparatur	850	
Material	1270	
Fertigung I	11300	
Fertigung II	6200	
Verwaltung	1190	
Vertrieb	1050	

a) Berechnung der Verrechnungssätze nach dem Anbauverfahren

Gebäude: qm = 460 + 1020 + 1470 + 280 + 250 = 3480 qm
$$q(G) = 28.300,- € / 3480 \text{ qm} = 8,13 €/qm$$
Reparatur: Std. = 60 + 128 + 166 + 67 + 62 = 483 Std.
$$q(R) = 8.200,- € / 483 \text{ Std.} = 16,98 €/\text{Std.}$$
Energie: kWh = 1270 + 11300 + 6200 + 1190 + 1050 = 21010 kWh
$$q(E) = 2.800,- € / 21010 \text{ kWh} = 0,13 €/kWh$$

b) Berechnung der Verrechnungssätze nach dem Stufenleiterverfahren (Reihenfolge: Gebäude, Reparatur, Energie) (Fett gedruckt sind die Änderungen gegenüber dem Anbauverfahren.)

Gebäude: qm = **100 + 80** + 460 + 1020 + 1470 + 280 + 250 = 3660 qm
$$q(G) = 28.300,- € / 3660 \text{ qm} = 7,73 €/qm$$
Reparatur: Std. = **22** + 60 + 128 + 166 + 67 + 62 = 505 Std.
$$q(R) = (8.200,- € + \mathbf{100 * 7,73\ €}) / 505 \text{ Std.} = 17,77 €/\text{Std.}$$
Energie: kWh = 1270 + 11300 + 6200 + 1190 + 1050 = 21010 kWh
$$q(E) = (2.800,- € + \mathbf{80 * 7,73\ €} + \mathbf{22 * 17,77\ €})$$
$$/ 21010 \text{ kWh} = 0,18 €/kWh$$

c) Verrechnungssätze Gleichungsverfahren

Gleichungssystem:

Gebäude :	28.300 +		1.860 q(E)	=	3.660 q(G)
Reparatur :	8.200 +	100 q(G) +	850 q(E)	=	505 q(R)
Energie :	2.800 +	80 q(G) +	22 q(R)	=	23.720 q(E)

Gebäude:	7,81 €/qm	q(G) = Verrechnungssatz für Gebäude
Reparatur:	18,05 €/Std.	q(R) = Verrechnungssatz für Reparatur
Energie:	0,16 €/kWh	q(E) = Verrechnungssatz für Energie

8. Divisionskalkulation

Ein Industriebetrieb hat während einer Abrechnungsperiode 450 Stück seiner Erzeugnisse abgesetzt. Er erzielte dabei einen Umsatz von 100,- €/Stück. Die Erzeugnisse durchlaufen drei Fertigungsstufen und werden nach jeder Fertigungsstufe auf ein Zwischenlager genommen. Die Bestände der Zwischenlager haben sich wie folgt entwickelt:

Lager nach Fertigungsstufe 1:
Anfangsbestand: 100 Stück
Endbestand: 180 Stück
Lager nach Fertigungsstufe 2:
Anfangsbestand: 100 Stück
Endbestand: 100 Stück
Lager nach Fertigungsstufe 3:
Anfangsbestand: 200 Stück
Endbestand: 150 Stück

Das Erzeugnis verursacht bei seiner Herstellung Materialstückkosten von 16,- €. Außer den Materialkosten sind in den einzelnen Kostenstellen folgende Kosten angefallen:

Kostenstelle 1	€ 5.280
Kostenstelle 2	€ 5.400
Kostenstelle 3	€ 6.000
Verwaltungs- und Vertriebskosten	€ 3.375

Zu ermitteln sind mit Hilfe der Divisionskalkulation:
a) die Stückherstellkosten der unfertigen Erzeugnisse nach Fertigungsstufe 1,
b) die Stückherstellkosten der unfertigen Erzeugnisse nach Fertigungsstufe 2,
c) die Stückherstellkosten der Fertigerzeugnisse,
d) die Stückselbstkosten,
e) den Wert der Lagerbestandsänderungen im Zwischenlager nach Fertigungsstufe 1,
f) den Wert der Lagerbestandsänderungen im Zwischenlager nach Fertigungsstufe 2,
g) den Wert der Lagerbestandsänderungen im Endlager,
h) den Stückgewinn und den Periodengewinn.

a) $k_{hFI} = 16,- € + 5.280 / 480 = 27,- €$
b) $k_{hFII} = 27,- € + 5.400 / 400 = 40,50 €$
c) $k_h = 40,50 € + 6.000 / 400 = 55,50 €$
d) $k_s = 55,50 € + 3.375 / 450 = 63,- €$
e) + 80 Stück • 27,- € = + 2.160,- €
f) keine Lagerbestandsveränderung
g) - 50 Stück • 55,50 € = - 2.775,- €
h) Stückgewinn = Umsatz - Selbstkosten: 100,- €/Stück - 63,- €/Stück
     = 37,- €/Stück
   Periodengewinn = Stückgewinn • abgesetzte Menge
     = 37,- €/Stück • 450 Stück = 16.650,- €

9. Äquivalenzziffernkalkulation

Eine Brauerei stellt innerhalb einer Periode fünf Biersorten her, für die folgende Daten ermittelt wurden:

Sorte	Äquivalenzziffer	produzierte Mengen (hl)
Export	0,6	1200
Lager	0,8	800
Pils	1,0	1000
Hefeweizen hell	1,0	1400
Doppelbock dunkel	1,4	600
Summe		5000

Die gesamten Herstellkosten der Periode belaufen sich auf

Materialkosten	112.000,- €
Fertigungslöhne	220.000,- €
Sonstige Fertigungsgemeinkosten	220.230,- €
Summe Herstellkosten	552.230,- €

Zu ermitteln sind mit Hilfe der einstufigen Äquivalenzziffernkalkulation die Herstellkosten pro hl und pro Sorte.

Sorte	Herstellkosten pro hl	Herstellkosten pro Sorte
A	72,03 €	86.436 €
B	96,04 €	76.832 €
C	120,05 €	120.050 €
D	120,05 €	168.070 €
E	168,07 €	100.842 €

10. Zuschlagskalkulation, progressiv

Es sind folgende Informationen gegeben:

Fertigungsmaterial:	900.000,- €
Fertigungslohn Stelle 1:	500.000,- €
Fertigungslohn Stelle 2:	200.000,- €
Sondereinzelkosten der Fertigung	50.000,- €
Materialgemeinkosten:	360.000,- €
Fertigungsgemeinkosten Stelle 1:	850.000,- €
Fertigungsgemeinkosten Stelle 2:	500.000,- €
Verwaltungsgemeinkosten:	840.000,- €
Vertriebsgemeinkosten:	420.000,- €

a) Zu ermitteln sind die Gemeinkostenzuschlagssätze unter Verwendung folgender Bezugsgrößen.

Kostenart	Bezugsgröße	Zuschlagssatz in %
Materialgemeinkosten:	Fertigungsmaterial	40%
Fertigungsgemeinkosten 1:	Fertigungslohn 1	170%
Fertigungsgemeinkosten 2:	Fertigungslohn 2	250%
Verwaltungsgemeinkosten:	Herstellkosten*	25%
Vertriebsgemeinkosten:	Herstellkosten*	12,5%

* Herstellkosten = Materialkosten + Fertigungskosten = 3.360.000,-- €

b) Zu kalkulieren sind die Selbstkosten eines Auftrages, für den 1000,- € Fertigungsmaterial, 200,- € Fertigungslöhne pro Fertigungsstelle und 50,- € Sondereinzelkosten der Fertigung angefallen sind. Der Verkaufspreis von Produkt A liegt bei 4.000,-- €. Es wird 2% Skonto gewährt. Wie hoch ist der Gewinn des Auftrages?

Fertigungsmaterial	1.000,00 €
Materialgemeinkosten	400,00 €
Fertigungslohn 1	200,00 €
Fertigungsgemeinkosten 1	340,00 €
Fertigungslohn 2	200,00 €
Fertigungsgemeinkosten 2	500,00 €
SEK der Fertigung	50,00 €
Herstellkosten	2.690,00 €
Verwaltungsgemeinkosten	672,50 €
Vertriebsgemeinkosten	336,25 €
Selbstkosten	3.698,75 €

Verkaufspreis	4.000,00 €
- Skonto	80,00 €
Netto-Verkaufspreis	3.920,00 €
- Selbstkosten	3.698,75 €
Gewinn	221,25 €

11. Zuschlagskalkulation, retrograd

Der Einzelhandelsdiscounter „Knoldi" hat folgendes Problem. Der Artikel „Heringstorte Käpt'n Rotbart" kann nur zu einem Brutto-Verkaufspreis von 14,98 €/Stück verkauft werden. Der Einstandspreis, der als Materialeinzelkosten relevant ist, muss noch durch Verhandlungen mit dem Hersteller „Fish&Food GmbH" vereinbart werden. Wie hoch ist unter Beachtung folgender Informationen der Einstandspreis zu kalkulieren, den man maximal an den Lieferanten zahlen kann?

Umsatzsteuer:	7%
Gewinnspanne:	30% vom Netto-Verkaufspreis
Direkt zurechenbare Handlungskosten:	1 €/Stück
Materialgemeinkostenzuschlag:	60% auf Einstandspreis

	Brutto-Verkaufspreis	14,98 €
-	Umsatzsteuer	0,98 €
=	Netto-Verkaufspreis	14,00 €
-	Gewinn	4,20 €
=	Selbstkosten	9,80 €

	Handlungskosten	1,00 €
=	Selbstkosten - Handlungskosten	8,80 €
-	Materialgemeinkosten	3,30 €
=	maximaler Einstandspreis	5,50 €

Literatur

Adam, D.: Entscheidungsorientierte Kostenbewertung, Wiesbaden, 1970

Denk, R. / Stöber, K.: Moderne Kosten- und Leistungsrechnung, 2. Aufl., Wien, 1979

Haberstock, L.: Grundzüge der Kosten- und Erfolgsrechnung, 3. Aufl., München 1982

Haberstock, L.: Kostenrechnung I. - Einführung -, 8. Aufl., Wiesbaden 1987

Hahner, A.: Qualitätskostenrechnung als Informationssystem zur Qualitätslenkung, München, Wien, 1981

Kilger, W.: Flexible Plankostenrechnung und Deckungsbeitragsrechnung, 9. Aufl., Wiesbaden, 1988

Koch, H.: Zur Diskussion über den Kostenbegriff, in: Zeitschrift für handelswissenschaftliche Forschung, 10. neuer Jg., 1958, S. 355-399

Kosiol, E.: Kritische Analyse der Wesensmerkmale des Kostenbegriffes, in: Betriebsökonomisierung durch Kostenanalyse, Absatzrationalisierung und Nachwuchserziehung, Festschrift für R. Seyffert, hrsg. v. E. Kosiol u. F. Schlieper, Köln - Opladen, 1958, S. 7-36

Männel, W.: Zur Gestaltung der Erlösrechnung, in: Entwicklungslinien der Kosten- und Erlösrechnung, hrsg. v. K. Chmielewicz, Stuttgart, 1983, S. 119-150

Münstermann, H.: Bedeutung der Opportunitätskosten für unternehmerische Entscheidungen, in: Zeitschrift für Betriebswirtschaft, 36. Jg., 1. Ergänzungsheft 1966, S. 18-36

Schierenbeck, H.: Ertragsorientiertes Bankmanagement, Controlling in Kreditinstituten, 3. Aufl. Wiesbaden 1991

Schmalenbach, E.: Die Selbstkostenrechnung I, in: Zeitschrift für handelswissenschaftliche Forschung, 13. Jg., 1919, S. 257-299 u. 321-356

Schmalenbach, E.: Kostenrechnung und Preispolitik, 8. Aufl. Köln, Opladen 1963

Schweitzer, M. / Küpper, H.: Systeme der Kosten und Erlösrechnung, 6. Aufl., München 1995

Vormbaum, H. / Rautenberg, H.: Kostenrechnung III für Studium und Praxis Plankostenrechnung, Baden-Baden, Bad Homburg von der Höhe, 1985

Währisch, M.: Der Ansatz kalkulatorischer Kostenarten in der industriellen Praxis, in: Zeitschrift für betriebswirtschaftliche Forschung, Jg. 52, 2000, S. 678-694

Wildemann, H.: Kosten- und Leistungsbeurteilung von Qualitätssicherungssystemen, in: Zeitschrift für Betriebswirtschaft, 62. Jg. 1992, S. 761-782

3. Teilkostenrechnungen (Direct Costing) und Anwendungen

3.1. Das Direct Costing

Grundlegend für die Systeme der Teilkostenrechnung ist die Trennung der Gesamtkosten in variable und fixe Kosten. Die Veränderlichkeit der Kostenhöhe bei Variation einer Kosteneinflussgröße (Beschäftigung) bildet das Merkmal zur Unterscheidung von fixen und variablen Kosten *(Kilger)*.

Kostenauflösung im Rahmen der Kostenartenrechnung

Die Auflösung der Kosten bildet das zentrale Problem der Kostenartenrechnung. Durch die Kostenauflösung sollen die Kosten nach ihrem Verhalten in Abhängigkeit von der Beschäftigung in verschiedene Kostenkategorien aufgeteilt werden. Da die Einzelkosten proportionale Kosten darstellen, ergibt sich das Problem der Kostenauflösung im Wesentlichen bei den Gemeinkosten. Ihre Zerlegung wird gewöhnlich für jede Kostenart einer Kostenstelle vorgenommen. Ist dies unzweckmäßig oder nicht möglich, nimmt man die Auflösung des gesamten Kostenbetrages einer Kostenart bzw. in extremen Fällen die Auflösung der Gesamtkosten eines Betriebes vor. An Verfahren für die Kostenauflösung gibt es:

- Buchtechnische Verfahren
- Mathematische Verfahren
- Planmäßige Verfahren

Beim buchtechnischen Verfahren stellt man das Verhalten jeder einzelnen Kostenart in Abhängigkeit von der Beschäftigung durch Beobachtung fest. Die Beurteilung, ob fixe oder proportionale Kosten vorliegen, basiert auf ermittelten und bereinigten Istkostenbeträgen vergangener Perioden und den für sie festgestellten Beschäftigungsgraden. Der Zuordnung zu den beiden Kostenkategorien durch Experten liegen häufig Erfahrungen der Vergangenheit zugrunde. Dabei werden zunächst die eindeutig fixen Kosten und die eindeutig variablen Kosten zugeordnet. Sofern Mischkosten auftreten, erfolgt entweder eine Zuteilung zu einer der beiden Kostenkategorien oder es wird eine Aufteilung vorgenommen.

Durch Verwendung statistischer Methoden wird eine Präzisierung des buchtechnischen Verfahrens erreicht. Dabei werden insbesondere Streupunktdiagramme und Trendberechnungen herangezogen. Beim Streupunktdiagramm werden in einem Koordinatensystem die Kostenhöhe sowie die zugehörigen Beschäftigungsgrade aller Beobachtungen eingetragen. Dabei bildet man auf der Abszisse des Beschäftigungsgrad und auf der Ordinate den jeweiligen Kostenbetrag ab. Durch das Streupunktdiagramm wird nach dem Augenmaß eine Linie gezogen, wobei die Streuung möglichst gut ausgeglichen werden soll. Der Abstand der Geraden im Schnittpunkt mit der Ordinate zeigt die Höhe der fixen Kosten an, während die Steigung der Geraden die Höhe der proportionalen Kosten angibt. Die Fehlerhaftigkeit dieser Methode kann durch exakte Verfahren, wie z.B. die Methode der kleinsten Quadrate (lineare Regressionsanalyse), vermieden werden.

Mathematisch lässt sich eine Kostenauflösung als proportionaler Satz bestimmen. Dabei werden die variablen Kosten (Grenzkosten) als Differenzenquotient aus dem Kostenzuwachs einer Produktionsschicht und dem Produktionszuwachs dieser Schicht bestimmt. Sind beispielsweise zwei Istbeschäftigungen $x_1 = 90$, $x_2 = 100$, mit den Kosten $K_1 = 51.000,- €$ und $K_2 = 55.000,- €$ gegeben, berechnen sich die variablen Stückkosten:

$$k_{var} = (55.000 - 51.000) / (100 - 90) = 400,- €$$

Die Fixkosten betragen somit $K_{fix} = 15.000,- €$ (z.B. $55.000,- € - 400,- € • 100$)
Die Kostenfunktion lautet: $K = 15.000 + 400x$

Bei der planmäßigen Kostenauflösung setzt man Plankosten als Grundlage der Auflösung an. Man setzt die Plankosten einerseits als proportionale Kosten an, von denen erwartet wird, dass sie sich im gleichen Verhältnis wie die Beschäftigung ändern. Als (absolut) fixe Kosten werden andererseits diejenigen Plankosten eingestuft, deren Entstehung ganz oder zum Teil auch dann gerechtfertigt ist, wenn die Beschäftigung der betreffenden Kostenstelle gegen Null strebt, aber die geplante Betriebsbereitschaft oder Kapazität dieser Stelle unverändert bleiben soll. Der Kostenansatz hängt hier maßgeblich von der Fristigkeit der Betrachtung ab. Je kürzer der Betrachtungszeitraum der Kostenplanung ist, umso mehr Kosten sind als fix einzustufen.

Kostenstellenrechnung auf der Basis von variablen Kosten

Auf die gebildeten Kostenstellen werden die Kostenträgergemeinkosten zugerechnet, die in jeder Kostenstelle entstehen. Die Kostenträgereinzelkosten sind den Kostenträgern direkt zurechenbar, so dass sie in der Regel den Kostenstellen nicht zugerechnet werden. Die Kostenträgergemeinkosten werden nach Möglichkeit als Kostenstelleneinzelkosten am Ort ihrer Entstehung erfasst und durch Kostenauflösung in ihre fixen und variablen Bestandteile zerlegt. Charakteristisch für das Direct Costing ist, dass auf die Kostenträger lediglich der variable Kostenbestandteil verrechnet wird. Das geschieht entsprechend über die Berechnung von Zuschlagssätzen der Kostenstellen. Damit dient die Kostenstellenrechnung der Verteilung der variablen Kostenträgergemeinkosten auf die Kostenträger. Sie bildet zugleich die Basis für die Bestandsbewertung zu variablen Kosten.

Der Aufbau des Betriebsabrechnungsbogens (BAB) für das Direct Costing hängt von der Art des Ausweises der fixen Kosten und von der Ausgestaltung der anschließenden Erfolgsrechnung ab. Einmal können die fixen Kosten global für jede Kostenart in einer Vorspalte ausgewiesen werden. Unter den einzelnen Kostenstellen werden dann nur die variablen Kosten aufgeführt. Üblich ist jedoch der kostenstellenweise Ausweis der fixen Kosten für jede Kostenart. Es werden in jeder Kostenstelle die gesamten, d.h. die variablen und die fixen Kosten ausgewiesen.

Die Kalkulation auf der Basis von variablen Kosten

Die Kalkulation stellt im Rahmen des Direct Costing die Höhe der variablen Kosten fest, die auf eine Kostenträgereinheit entfallen. Zur Bestimmung der variablen Stückkosten sind grundsätzlich alle Verfahren der Kalkulation verwendbar. Der formale Aufbau der Kalkulationsverfahren ändert sich durch die Rechnung nur mit variablen Kosten nicht. Es ergeben sich nur inhaltlich Unterschiede, weil im Direct Costing keine Fixkostenproportionalisierung vorgenommen wird.

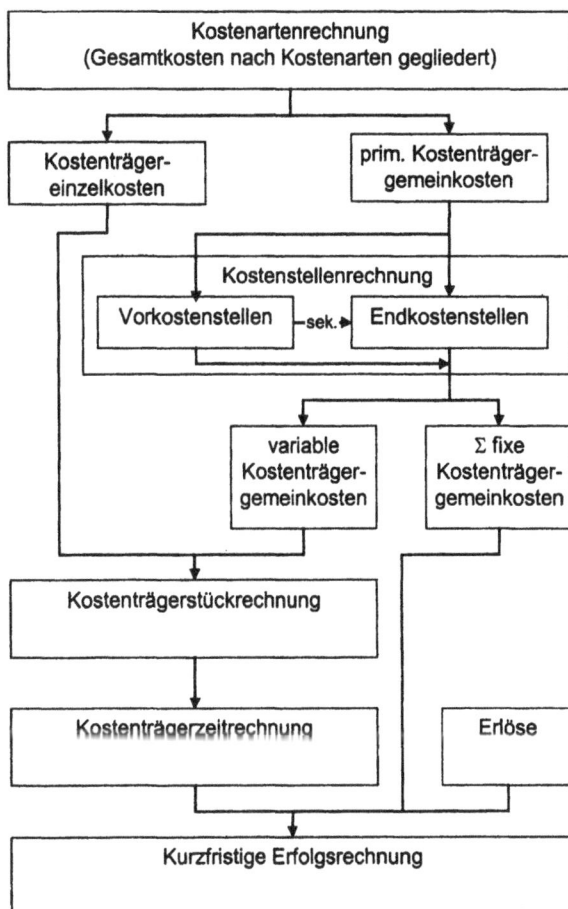

Abb. 1: Die Kostenverrechnung in Systemen der Teilkostenrechnung
auf Grundlage von variablen Kosten

Die Ermittlung des Betriebsergebnisses beim Direct Costing

Ausgangspunkt der Rechnungen des einstufigen Direct Costing sind die Periodenerlöse eines Unternehmens, die sich als Produkte aus Absatzmengen und Stückpreisen ergeben. Von den Erlösen werden die variablen Kosten - als Summe oder differenziert nach Kostenarten - abgezogen. Diese variablen Kosten, die sich aus den proportionalen (Kostenträger-)Einzelkosten und den proportionalen (Kostenträger-)Gemeinkosten zusammensetzen, sind zuvor in einer auf Teilkostenbasis durchgeführten Kostenträgerrechnung ermittelt worden. Die Differenz zwischen dem Erlös und variablen Kosten bezeichnet man als Deckungsbeitrag; er trägt zur Deckung der Fixkosten und zur Gewinnerzielung bei. In Mehrproduktunternehmen ist es üblich, die Deckungsbeiträge nicht global, sondern getrennt nach Produkten auszuweisen.

Bis zu diesem Punkt sind die Fixkosten nicht in die Rechnungen des Direct Costing eingegangen. Sie tauchen erst in der Betriebserfolgsrechnung auf, wo vom Deckungsbeitrag die fixen Kosten abgezogen werden. Als Resultat erhält man den positiven oder negativen Betriebserfolg (Unternehmensgewinn). Als Beispiel dient die folgende Abbildung, die die Erfolgsrechnung von zwei Erzeugnisgruppen mit je zwei Erzeugnissen nach dem Direct Costing zum Inhalt hat.

Erzeugnisgruppe	Pizza		Pasta	
Erzeugnisart	Pizza Salami	Pizza Spinat	Lasagne	Canneloni
Preis	1,75 €	2,50 €	3,90 €	2,60 €
var. Selbstkosten	0,60 €	1,20 €	2,40 €	2,40 €
Erzeugnis-deckungsbeitrag	1,15 €	1,30 €	1,50 €	0,20 €
Absatzmenge	200.000	100.000	80.000	50.000
Erlöse	350.000,00 €	250.000,00 €	312.000,00 €	130.000,00 €
var. Selbstkosten des Absatzes	120.000,00 €	120.000,00 €	192.000,00 €	120.000,00 €
Erzeugnisart-deckungsbeitrag	230.000,00 €	130.000,00 €	120.000,00 €	10.000,00 €
Unternehmens-deckungsbeitrag	490.000,00 €			
Unternehmens-fixkosten	420.000,00 €			
Gewinn/Verlust	70.000,00 €			

Abb. 2: Vorgehensweise beim einstufigen Direct Costing

Anwendungsmöglichkeiten des Direct Costing

Mit Hilfe des einstufigen Direct Costing lassen sich eine Reihe von Entscheidungssituationen bewältigen, in denen die Anwendung der Vollkostenrechnung aus den bereits geschilderten Gründen nicht zweckmäßig ist. Einige dieser Situationen sollen hier skizziert werden, um einen Überblick über wichtige Einsatzbereiche in der Praxis zu geben.

- Annahme oder Ablehnung eines zu einem bestimmten Preis angebotenen Einzelauftrags. In einer Unterbeschäftigungslage ist das einzige Kriterium für die Annahme des Auftrags ein positiver Deckungsbeitrag; denn es ist immer noch besser, einen Teil der Fixkosten durch die Hereinnahme zu decken, als auf die Fixkostendeckung völlig zu verzichten (was bei einer Ablehnung zwangsläufig passieren würde). In einer Vollbeschäftigungssituation ist das Kriterium für die Annahme des Auftrags die Veränderung des Gesamtdeckungsbeitrags eines Unternehmens, die durch den Wegfall des Deckungsbeitrags des verdrängten Auftrags und das Hinzukommen des Deckungsbeitrags des neu hereingenommenen Auftrags entsteht. In ähnlicher Weise lassen sich Entscheidungen über die Beibehaltung oder Eliminierung eines von mehreren Produkten und über die sofortige Einstellung oder befristete Aufrechterhaltung der gesamten Produktion aus dem einstufigen Direct Costing ableiten.
- Ermittlung von Preisuntergrenzen für den Absatz. Bei gegebenem Produktionsprogramm lassen sich für die verschiedenen Produkte kostenorientierte Preisuntergrenzen mit Hilfe des Direct Costing leicht ermitteln. Der Stückpreis eines bestimmten Produktes darf nicht kleiner als die variablen Stückkosten werden; anders ausgedrückt: der Stückdeckungsbeitrag muss positiv sein. Es darf nicht verkannt werden, dass eine Ausrichtung der Preispolitik an den teilkostenorientierten Preisuntergrenzen langfristig

nicht möglich ist, weil ein Unternehmen ohne Deckung der gesamten Fixkosten auf Dauer nicht überleben kann. Kurzfristig, z.B. für Kampfpreisaktionen, kann eine Orientierung an den teilkostenorientierten Preisuntergrenzen jedoch durchaus sinnvoll sein.

- Bestimmung von Förderungspräferenzen innerhalb des Produktionsprogramms. Die Ermittlung des Deckungsbeitrags, den eine Produktart zur Deckung der Gesamtfixkosten eines Unternehmens beisteuert, lässt sich nutzen, um anhand der Deckungsbeiträge eine Reihenfolge über die Förderungswürdigkeit der verschiedenen Produktarten aufzustellen. So kann man sich z.B. vorstellen, dass der Werbeetat dieser Reihenfolge entsprechend aufgeteilt wird. Das kann sinnvoller sein, als diesen Etat nach den Anteilen der Produktarten am Gesamtumsatz aufzuteilen. Bei der Orientierung am Umsatz liefe man Gefahr, Produktarten mit gleich hohen Umsätzen gleichermaßen zu fördern, auch wenn ihre Beiträge zur Deckung der Gesamtfixkosten unterschiedlich sind.

3.2. Die Break-Even-Analyse

Von besonderem Interesse ist die Information, bei welcher Menge ein Unternehmen eine Deckung der Gesamtkosten oder diese zusätzlich eines bestimmten Mindestgewinns erreicht. Eine solche Untersuchung wird als Gewinnschwellenanalyse oder Break-Even-Analyse bezeichnet. Zweck dieser Untersuchung ist in der ursprünglichen Fragestellung die Bestimmung der Absatzmenge oder des Erlöses (Umsatzes), von dem ab die Gesamtkosten gerade gedeckt sind oder ein Mindestgewinn realisiert wird. Bei Einproduktfertigung lässt sich die Gewinnschwelle durch eine Gegenüberstellung der Gesamtkosten und Erlöse bestimmen. Bei konstant variablen Stückkosten und einem konstanten Nettostückerlös (Preis) ergibt sich unter Verwendung folgender Symbole:

K Gesamtkosten
K_{fix} Fixkosten
k_{var} variable Stückkosten
E Nettoerlöse
p Preis pro Stück
x Absatzmenge
x_{bep} Gewinnschwelle (Break-Even-Punkt)

funktional für Kosten und Erlöse

$K = K_{fix} + k_{var} \cdot x$ sowie $E = p \cdot x$ Die Gewinnschwelle (der Break-Even-Punkt) wird durch Gleichsetzung der Funktionen und Auflösung nach x bestimmt:

$$E = K$$
$$p \cdot x = K_{fix} + k_{var} \cdot x$$
$$x_{bep} = K_{fix} / (p - k_{var}) = K_{fix} / db$$

Die Gewinnschwelle wird also ermittelt, indem die fixen Kosten durch den Stückdeckungsbeitrag ($db = p - k_{var}$) dividiert werden. Diese einfache Form lässt sich in einigen Variationen durchführen, z.B.:

- Berücksichtigung von Mindestgewinnen,

- Untersuchung der Änderungen der Gewinnschwelle, wenn Inputvariable sich ändern,
- Untersuchung der Wirkungen von Lagerbestandsänderungen,
- Berücksichtigung des Risikos, insbesondere bei den Nettoerlösen.

Zu einer weiteren bedeutsamen Erweiterung der Break-Even-Analyse zählt die Entwicklung zur Gewinnschwellenanalyse für Mehrproduktunternehmen.

Fallbeispiel 1: Break-Even-Analyse

Zur Verdeutlichung der Spielarten der Break-Even-Analyse für den Einproduktfall werden folgende Berechnungen an nachstehendem Fallbeispiel vorgenommen:

- Grundmodell (Break-Even-Punkt (BEP))
- Geforderter Mindestgewinn
- Cash Punkt
- Deckungsmengen
- Mindestgewinn und Gewinnsteuern
- Mindest-Umsatzrentabilität
- Erhöhung der Fixkosten
- Kompensation der Fixkostenerhöhung durch Preiserhöhung
- Einfacher Verfahrensvergleich
- Verfahrenvergleich mit Mindestgewinn
- Kostengleichheit zweier Anlagen
- Sicherheitskoeffizienten (Margin of Safety)
- Chance-Risiko-Relationen
- Möglichkeiten bei Mehrproduktfertigung

Daten		
Fixkosten	16000 €	
var. Selbstkosten	12 €/Stück	
Verkaufspreis	20 €/Stück	

Grundmodell		
Break-Even-Menge	**2000** Stück	=16000/(20-12)
Stück-Deckungsbeitrag (DB)	8 €/Stück	=20-12
Anteilige Fixkosten im BEP	8 €/Stück	=16000/2000
Volle Stückkosten im BEP	20 €/Stück	=12+8

Geforderter Mindestgewinn		
Mindestgewinn	4000 €	
Break-Even-Menge	**2500** Stück	=(16000+4000)/(20-12)

Cash orientierte Break-Even-Menge		
Auszahlungswirksame Fixkosten	11000 €	
Auszahlungswirksame var. Kosten	9 €/Stück	
Cash Point (Out-of-pocket-point)	**1000** Stück	=11000/(20-9)

Berechnung von Deckungsmengen

Deckungsblöcke nach Rang:

Fixe Personalkosten (1)	6000 €	
Fixe Zinsen und Abschreibungen (2)	2000 €	
Fixe Sachanlagekosten (3)	3000 €	
Restliche Fixkosten (4)	5000 €	
Vorzugsdividende (5)	6000 €	
Normale Dividende (6)	5000 €	
Mitarbeitergewinnbeteiligung (7)	4000 €	
Selbstfinanzierung (8)	Rest	
Deckungsmenge (1)	**750** Stück	=6000/(20-12) od. 6000/8
Deckungsmenge (2)	**1000** Stück	=(6000+2000)/8
Deckungsmenge (3)	**1375** Stück	=11000/8
Deckungsmenge (4)	**2000** Stück	=16000/8
Deckungsmenge (5)	**2750** Stück	=22000/8
Deckungsmenge (6)	**3375** Stück	=27000/8
Deckungsmenge (7)	**3875** Stück	=31000/8

Berücksichtigung von Gewinnsteuern und Mindest-gewinn

Körperschaftsteuer-Satz	40%	
Soli.-Zuschlag auf KöSt (5%)	2%	=0,4*0,05
Gewerbesteuer-Satz	14%	
Gewinnsteuer-Satz	56%	=40%+2%+13%
1-Gewinnsteuer-Satz	44%	=100%-56%
Mindestgewinn nach Steuern	4000 €	
Geforderter Deckungsblock	25091 €	=16000+1/44%*4000
Break-Even-Menge	**3137** Stück	=25091/8

Berücksichtigung einer Mindest-Umsatzrentabilität

Mindest-Umsatzrentabilität (UR)	20%	
Gewinn pro Stück	4 €	=20% von 20
Break-Even-Menge bei 20% UR	**4000** Stück	=16000/(8-4)

Erhöhung des Deckungsblockes

Zusätzliche Fixkosten durch Wer-bung	5000 €	
Alte Fixkosten	16000 €	
Mindestgewinn (ohne Steuern)	4000 €	
Geforderter Deckungsblock	25000 €	=5000+16000+4000
Alte Break-Even-Menge	2500 Stück	
Neue Break-Even-Menge	**3125** Stück	=25000/8
Zusätzlicher Notwendiger Absatz	625 Stück	=3125-2500

Kompensation der Werbungsfixkosten durch Verkaufspreiserhöhung

Geforderter Deckungsblock	25000 €	=5000+16000+4000
Alte Break-Even-Menge	2500 Stück	
Soll-Stück-Deckungsbeitrag	10 €/Stück	=25000/2500
+ Var. Selbstkosten	12 €/Stück	
= Neuer Verkaufspreis	22 €/Stück	= 10+12
Preiserhöhung	**10%**	

Einfacher Verfahrensvergleich

Möglich ist der Ersatz durch eine neue Anlage mit den Daten:

Fixkosten	36000 €	
var. Selbstkosten	5 €/Stück	
Verkaufspreis	20 €/Stück	
Grundmodell		
Break-Even-Menge	**2400** Stück	=36000/(20-5)
Stück-DB	15 €/Stück	=20-5
Anteilige Fixkosten im BEP	15 €/Stück	=36000/2400
Volle Stückkosten im BEP	20 €/Stück	=5+15

Ab einer Menge von 2400 Stück ist das neue Verfahren in der Gewinnzone

Verfahrensvergleich mit Mindest-gewinn

Mindestgewinn (ohne Steuern)	9600 €	
Break-Even-Menge alte Anlage	**3200** Stück	=(16000+9600)/8
Break-Even-Menge neue Anlage	**3040** Stück	=(36000+9600)/15

Kostengleichheit der alten und neuen Anlage		
Kosten der alten Anlage	=	Kosten der neuen Anlage
$16000 + 12x$	=	$36000 + 5x$
	$x =$	$20000/7$
Kritische Menge	**2857,1**	Stück

Absatzrisiko nach Sicherheitskoeffizienten (margin of safety [mos])		
Erwarteter Absatz	4200	Stück
mos im Grundmodell	**52,4%**	=(4200-2000)/4200
mos mit Mindestgewinn	**40,5%**	
mos bei Deckungsblock (1)	**82,1%**	
mos bei Deckungsblock (2)	**76,2%**	
mos bei Deckungsblock (3)	**67,3%**	
mos bei Deckungsblock (4)	**52,4%**	
mos bei Deckungsblock (5)	**34,5%**	
mos bei Deckungsblock (6)	**19,6%**	
mos bei Deckungsblock (7)	**7,7%**	
mos bei Cash point	**76,2%**	
mos bei Steuern u. Mindestgewinn	**25,3%**	
mos bei Mindest-Umsatzrentabilität	**4,8%**	

Chance-Risiko-Relation bei Kapazitätsbeschränkung (Gleichverteilung)		
Verhältnis von Gewinn- und Verlustzone		
Produktionskapazität	6000	Stück
Gewinnzonenanteil im Grundmodell	**66,7%**	=(6000-2000)/6000
Gewinnzonenanteil Deckungsblock (7)	**35,4%**	=(6000-3875)/6000
Gewinnzonenanteil bei Mindest-UR	**33,3%**	=(6000-4000)/6000

Möglichkeiten der Break-Even-Analyse bei Mehrproduktfertigung:

- Verteilung der Fixkosten nach dem Verhältnis der Stück-DB (Tragfähigkeitsprinzip) und Berechnung einzelner Break-Even-Analysen.
- Inputindex, z.B. bei Schweinefleisch. Man rechnet nicht mit einzelnen Fleischsorten und Preisen, sondern mit dem Durchschnittspreis pro kg Schweinehäfte als Beschäftigung.
- Outputindex, z.B. bei T-Shirts. Man rechnet nicht mit den einzelnen T-Shirts, sondern mit (fiktiven) Produktpäckchen mit immer gleichen Mengen der einzelnen T-Shirts.
- Umsatzorientiert: Man berechnet den Deckungsbeitrag in % vom Umsatz und entscheidet sich für die optimistische oder pessimistische Variante. Bei der optimistischen Variante werden zuerst die Produkte mit der höchsten Deckungsbeitragsquote angesetzt, dann abfallend kumulativ. Bei der pessimistischen Variante fängt man beim Produkt mit der niedrigsten Deckungsbeitragsquote an zu kumulieren.

3.3. Die Engpassrechnung

Bei der Entscheidung über das Produktions- und Absatzprogramm in Unternehmen können die Kapazitäten (z.B. Lager-, Kapital-, Fertigungskapazitäten) und auch die Absatzmengen begrenzt sein. Diese Beschränkungen lassen sich bei kurzfristigen Problemen vielfach nicht ändern. Wird in diesem Fall als Entscheidungskriterium die Maximierung des Gewinns verfolgt, so beeinflussen lediglich die variablen Erlöse und die variablen Kosten die Zielerreichung. Daher führt bei gegebenen Einsatz- und Absatzpreisen die Maximierung des Deckungsbeitrags zum höchsten Gewinn. Ist der Handlungsspielraum lediglich durch die Absatzmenge beschränkt, ist die zu maximierende Größe der Gesamtdeckungsbeitrag der Periode über alle Produkte. Zur Maximierung des Gesamtdeckungsbeitrags müssen von allen Produkten mit positivem Stückdeckungsbeitrag die Höchstmengen produziert und abgesetzt werden. Größe zur Berechnung der Rangfolge der Produkte ist daher der Deckungsbeitrag der einzelnen Produktart. Liegt dagegen z.B. ein Fertigungsengpass vor, richtet sich die Bestimmung des optimalen Produktionsprogramms nach dem Umfang der Nutzung des Engpasses durch jedes Produkt. Deshalb sind für alle Produkte relative Deckungsbeiträge je Engpasseinheit (z.B. je Minute) zu bilden. Entsprechend der Rangfolge der relativen Deckungsbeiträge kann jetzt eine optimale Zusammensetzung des Produktionsprogramms ermittelt werden. Als Beispiel für in Anspruch genommene Engpasseinheiten sind z.B. Bearbeitungszeiten (in Minuten) zu nennen, die die Produkte jeweils bei einer als Engpass ermittelten Maschine benötigen

Zusammenfassend lassen sich also folgende Zielgrößen aufstellen:

- Kein Engpass: Stückdeckungsbeiträge
- Engpass bei der Absatzmenge (außerbetrieblich): Gesamtdeckungsbeitrag der Periode
- Engpass in der Fertigung (innerbetrieblich): relative Stückdeckungsbeiträge

Fallbeispiel 2: Engpassrechnung

Es sind folgende Informationen für den nächsten Planmonat bekannt:

Produkte	Planmengen (in Stück)	Belastung der Anlage (in min.)	Absatzpreis (€)	var. Kosten (€)
A	300	20	3.000	1.000
B	400	5	1.300	1.200
C	80	30	1.800	900
D	70	30	2.300	1.100

a) Berechnung der Stück-Deckungsbeiträge, Perioden-Deckungsbeiträge und Gesamt-Deckungsbeitrag der Periode

Produkte	Stück-DB (€)	Monats-DB (€)
A	2.000	600.000
B	100	40.000
C	900	72.000
D	1.200	84.000
Gesamt		796.000

b) Die Produktionsanlage hat eine Totalkapazität von 160 Std./Monat. Prüfung, ob ein Engpass vorliegt und Berechnung des gewinnmaximalen Produktions- und Absatzprogramms.

Produkte	Belastung der Anlage (in min.)	Planmengen (in Stück)	Kapazität (in min.)	rel. DB (in €/min)	Rang	Auslastung (in min.)	Menge (in Stück)	Monats-DB (€)
A	20	300	6.000	100	1	6.000	300	600.000
B	5	400	2.000	20	4	0	0	0
C	30	80	2.400	30	3	1.500	50	45.000
D	30	70	2.100	40	2	2.100	70	84.000
Gesamt			12.500			9.600		729.000
Max. Kapazit.			9.600					
Engpass			2.900					

c) Ein Kunde hätte gern sofort 100 Stück des Produktes X, dass eine Engpassbelastung von 15 Minuten aufweist. Die variablen Stückkosten betragen 530,- €. Wie hoch muss der Absatzpreis für ein Stück X mindestens sein, dass keine Gewinneinbußen in dem Monat auftreten?

Produkt X	Stück	Min	Belastung
Enpassbelastung	100	15	1.500

Verdrängtes Produkt	Stück	Min	Belastung	DB (€)
C	50	30	1.500	45.000

Kalkulation X	Stück	Auftrag
Variable Kosten	530	53.000
Verdrängter DB	450	45.000
Mindestpreis	980	98.000
DB von X	450	

Produkte	DB (€)
A	600.000
X	45.000
D	84.000
Gesamt	729.000

Ebenso kann die Deckungsbeitragrechnung bei Make or Buy Entscheidungen eingesetzt werden. Dabei kommt es darauf an, ob die variablen Herstellkosten bei Eigenfertigung günstiger sind als der Einstandspreis bei Fremdbezug.

Fallbeispiel 3: Make or Buy

Es liegen folgende Informationen vor: Kapazität der Fräse (Engpass):   24000 Min

Produkt (Name)	Max. Absatz (Stück)	Verkaufspreis (€/Stück)	Einkaufspreis (€/Stück)	var. Herstell- kosten (€/Stück)	Fräszeiten (Min/Stück)
A	300	20	21	23	10
B	600	30	20	10	6
C	800	30	20	25	17
D	900	28	29	22	12
E	400	35	30	20	30
F	300	33	28	14	6
G	700	25	23	22	20

Ermittlung des gewinnoptimalen Produktions-, Einkaufs- und Absatzprogramms: A wird weder produziert noch fremd bezogen.

Produkt (Name)	Einsparung bei Eigenfertigung	Einsparung pro Engpasseinheit	Rangfolge
B	10	1,6667	2
C	-5	-0,2941	6
D	7	0,5833	3
E	10	0,3333	4
F	14	2,3333	1
G	1	0,0500	5

Rangbezogene Kapazitätsbelegung bei:			24.000 (Min)	
Produkt (Name)	Mengen (Stück)	Belegung (Min)	Kum. Belegung (Min)	Entscheidung
F	300	1.800	1.800	Eigenfertigung
B	600	3.600	5.400	Eigenfertigung
D	900	10.800	16.200	Eigenfertigung
E	260	7.800	24.000	Eigenfertigung
E	140	4.200	28.200	Fremdbezug
G	700	14.000	42.200	Fremdbezug
C	800	13.600	55.800	Fremdbezug

Produkt	DB (€/St.)	DB (€/Monat)
F	19	5.700
B	20	12.000
D	6	5.400
E	15	3.900
E	5	700
G	2	1.400
C	10	8.000
		37.100

3.4. Die mehrstufige Fixkostendeckungsrechnung

Beim einfachen Direct Costing werden die Fixkosten als einheitlicher Block von der Summe aller Deckungsbeiträge abgezogen. Die Ausgliederung der fixen Kosten aus der Kostenstellen- und Kostenträgerrechnung erfolgt im Wesentlichen, um die entscheidungstechnische Verwertbarkeit der in der Kostenrechnung gewonnenen Informationen für kurzfristige Problemstellungen zu verbessern. Eine auf der Basis variabler Kosten durchgeführte Kostenstellen- und Kostenträgerrechnung kann jedoch keine relevanten Informationen für mittel- und langfristige Entscheidungen liefern. Solche Entscheidungen auf der Grundlage von Deckungsbeiträgen zu treffen ist unsinnig. So kann es in Mehrproduktunternehmen durchaus passieren, dass eine Erzeugnisart mit einem positiven Deckungsbeitrag (die damit förderungswürdig erscheint) einen negativen Beitrag zum Betriebsergebnis leistet, weil sie gleichzeitig Verursacher von Fixkosten ist, die ihren positiven Deckungsbeitrag überschreiten. Die Förderung dieser Erzeugnisart ist zwar kurzfristig sinnvoll, langfristig sollte jedoch eher an eine Einstellung der Produktion und einen Abbau der Kapazitäten gedacht werden. Dadurch würde sich das Betriebsergebnis um die Differenz zwischen den Fixkosten der Erzeugnisart und ihrem Deckungsbeitrag verbessern. Das einstufige Direct Costing kann wegen der globalen Behandlung der Fixkosten keine solchen Informationen für langfristige produktspezifische Dispositionen liefern. Es verleitet sogar zu Fehlentscheidungen, denn es legt, wenn der Fixkostenblock nicht von der Summe der Deckungsbeiträge gedeckt wird (das Betriebsergebnis also negativ ist), langfristig eine Schließung der Gesamtunternehmen nahe, obwohl die Herausnahme eines oder weniger Erzeugnisse bereits ausreichen würde, um zu einem positiven Betriebsergebnis zu gelangen. Weil eine veranlassungsgerechte Aufteilung und Zergliederung der Fixkosten bis zu einem bestimmten Grad fraglos möglich ist, verschenkt das einstufige Direct Costing vorhandenes Potenzial zur Gewinnung von Informationen für mittel- und langfristige Entscheidungen (insbesondere für die Festlegung der Preisforderungen und Programmgestaltung).

Die mehrstufige Fixkostendeckungsrechnung ist gekennzeichnet durch eine möglichst weitgehende Aufspaltung des gesamten Fixkostenblockes in verschiedene Fixkostenblöcke, die verursachungsgemäß, soweit das möglich ist, aus den Deckungsbeiträgen der einzelnen Erzeugnisse oder Erzeugnisgruppen gedeckt werden sollen. Nur der nicht zurechenbare Fixkostenrest - Fixkosten des gesamten Unternehmens, die in keinem Zusammenhang mit irgendeinem Erzeugnis oder einer Erzeugnisgruppe anfallen - muss dann von den noch nicht verteilten Deckungsbeiträgen sämtlicher Erzeugnisse getragen werden. Erst diese stufenweise Verteilung der Deckungsbeiträge vermittelt einen wirklichen Eindruck von dem Grad der Fixkostendeckung durch die einzelnen Erzeugnisarten und Erzeugnisgruppen: Ob sie neben den durch sie verursachten Fixkosten auch noch zur Deckung der allgemeinen Fixkosten des Unternehmens und darüber hinaus zur Erzielung eines Gewinnes beitragen, oder ob sie kaum die von ihnen verursachten Fixkosten tragen können und die Deckung der allgemeinen Fixkosten des Unternehmens aus den Deckungsbeiträgen anderer Erzeugnisse erfolgen muss *(Agthe)*.

In dem schon beim Direct Costing verwendeten Beispiel würde sich unter Beachtung der Erzeugnisartfixkosten, Erzeugnisgruppenfixkosten und der nicht aufteilbaren Unternehmensfixkosten das in der folgenden Darstellung skizzierte Bild ergeben. Man erkennt nun, dass das Erzeugnis Canneloni einen negativen Deckungsbeitrag 2 erbringt. Da der Deckungsbeitrag 1 noch positiv ist, kann das Produkt seine variablen Selbstkosten tragen. Die auf diese Erzeugnisart zurechenbaren Erzeugnisartfixkosten reichen aber schon aus, um den Deckungsbeitrag 1 mehr als aufzuzehren. Der negative Deckungsbeitrag 2 des Erzeugnisses Canneloni lässt sogar den gesamten Deckungsbeitrag 3 der Erzeugnisgruppe Pasta in den negativen Bereich abrutschen, da das Erzeugnis Lasagne nicht allein die Erzeugnisgruppenfixkosten tragen und die Verluste des Erzeugnisses Canneloni kompensieren kann.

Die Möglichkeiten zur Analyse solcher Strukturen sind nur mit der mehrstufigen Fixkostendeckungsrechnung möglich, da beim Direct Costing diese Informationen durch die Verrechnung der Fixkosten als ein Block in der kurzfristigen Erfolgsrechnung verloren gehen.

Erzeugnisgruppe	Pizza		Pasta	
Erzeugnisart	Pizza Salami	Pizza Spinat	Lasagne	Canneloni
Preis	1,75 €	2,50 €	3,90 €	2,60 €
var. Selbstkosten	0,60 €	1,20 €	2,40 €	2,40 €
Erzeugnis-deckungsbeitrag	1,15 €	1,30 €	1,50 €	0,20 €
Absatzmenge	200.000	100.000	80.000	50.000
Erlöse	350.000,00 €	250.000,00 €	312.000,00 €	130.000,00 €
var. Selbstkosten des Absatzes	120.000,00 €	120.000,00 €	192.000,00 €	120.000,00 €
Deckungsbeitrag 1	230.000,00 €	130.000,00 €	120.000,00 €	10.000,00 €
Erzeugnisart-fixkosten	25.000,00 €	0,00 €	30.000,00 €	50.000,00 €
Deckungsbeitrag 2	205.000,00 €	130.000,00 €	90.000,00 €	-40.000,00 €
Erzeugnisgruppen-deckungsbeitrag	335.000,00 €		50.000,00 €	
Erzeugnisgruppen-fixkosten	100.000,00 €		60.000,00 €	
Deckungsbeitrag 3	235.000,00 €		-10.000,00 €	
Unternehmens-deckungsbeitrag	225.000,00 €			
Unternehmens-fixkosten	155.000,00 €			
Gewinn/Verlust	70.000,00 €			

Abb. 3:Vorgehensweise des mehrstufigen Direct Costing

Die mehrstufige Fixkostendeckungsrechnung ist dadurch charakterisiert, dass sie von einem gegliederten Fixkostenblock ausgeht und seine stufenweise Verrechnung der gebildeten Fixkostenanteile von jeweils verbleibenden (Rest-)Deckungsbeitrag vornimmt. Bei einer Zurechnung nach Produkten bilden Produktarten, Produktgruppen und das gesamte Produktionsprogramm die möglichen Bezugsobjekte. Demnach ist zwischen Produktartenfixkosten, Produktgruppenfixkosten und Fixkosten des gesamten Produktionsprogramms zu unterscheiden. Bei den Abrechnungsbezirken kann in den gesamten Betrieb, Bereiche und evtl. auch Kostenstellen unterschieden werden. Möglich ist weiterhin eine weitergehende Unterteilung durch Berücksichtigung zusätzlicher Merkmale wie Abbaufähigkeit der Fixkosten und Ausgabenwirksamkeit der Fixkosten.

3.5. Die relative Einzelkosten- und Deckungsbeitragsrechnung

Die Zurechnung von Kosten und Erlösen als Einzelkosten und Einzelerlöse

Die Einwände, die gegen das Direct Costing und die mehrstufige Fixkostendeckungsrechnung zu erheben sind, entfallen in der von *Riebel* entwickelten Kostenrechnungsmethode des Rechnens mit relativen Einzelkosten und Deckungsbeiträgen, oft kurz als Deckungsbeitragsrechnung bezeichnet, obwohl sie, wie erwähnt, nicht die einzige Methode des Rechnens mit Deckungsbeiträgen ist. Dieses Verfahren knüpft nicht an die Unterscheidung beschäftigungsunabhängiger und beschäftigungsabhängiger Kosten an, sondern an die Trennung der Kosten in Einzelkosten und Gemeinkosten. Einem Objekt sind ausschließlich diejenigen Kosten zuzurechnen, die - in der Darstellungsweise von *Riebel*, der das Identitätsprinzip zugrunde legt - durch die jeweilige Entscheidung die dieses Objekt zusätzlich, und damit im Zeitpunkt der Entscheidung noch beeinflussbar sind, ausgelöst werden. Kosten sind nach dem Kostenbegriff von *Riebel* Ausgaben bzw. Auszahlungen, weshalb im Folgenden häufig auch von Ausgaben gesprochen wird. Der Grundgedanke wird überdies auf die Erlöse übertragen. Diese werden dementsprechend nach Einzel- und Gemeinerlösen unterteilt, und einem Objekt sind ausschließlich solche Erlöse (nach *Riebel* also Einnahmen) zurechenbar, die durch die Entscheidung für dieses Objekt zusätzlich ausgelöst werden. Objekte können einzelne Kostenträger, aber auch Leistungskomplexe, die Tätigkeiten einer Kostenstelle, die Geschäftsbeziehungen mit einer Kundengruppe, die Betriebsbereitschaft in einer Periode oder die Gesamtheit der erstellten oder verwerteten Leistungen in einer Periode sein.

Riebel geht von folgender Überlegung aus. Da die echten Gemeinkosten auch bei Anwendung bester Erfassungsmethoden den Untersuchungsobjekten, in bezug auf die sie Gemeinkosten sind, nicht zugerechnet werden können, weil es keine theoretisch zu begründende Möglichkeit gibt, muss jeglicher Versuch der Zurechnung unterbleiben. *Riebel* zieht damit aus der Definition der Einzel- und Gemeinkosten grundsätzlich die Folgerung, die in der traditionellen Vollkostenrechnung nicht gezogen wird, dass es keinen Sinn habe, nach einem korrekten Schlüssel zu suchen, weil es diesen nicht geben kann. Jede Kostenrechnung, die mit einer Schlüsselung der Gemeinkosten arbeitet, muss im Ansatz falsch sein. Deshalb ist stattdessen dafür Sorge zu tragen, dass alle Kosten nur als Einzelkosten erfasst werden. Entsprechendes gilt für die Erlöse.

Die Forderung, alle Erlöse und alle Kosten nur als Einzelerlöse und Einzelkosten zu erfassen, ist nicht unerfüllbar. Denn diese Begriffe sind relativ. Sie gewinnen ihren Sinn erst aus der Zuordnung zu einzelnen Objekten. Zum Beispiel liegt bei dem Verkauf eines Küchengerätes mit Zubehör Erlösverbundenheit vor; der Erlös ist daher bezogen auf die einzelnen Teile Gemeinerlös, hinsichtlich der Gesamtheit der Teile aber Einzelerlös. Oder es können Kostenträger-Gemeinkosten Einzelkosten einer Produktgruppe, Kostenstellen-Gemeinkosten Einzelkosten einer Gruppe von Kostenstellen wie einer Abteilung oder eines Werkes sein; Gemeinkosten eines Werkes aber sind in bezug auf den gesamten Betrieb Einzelkosten. Aus einem Vertrag mit fester zweijähriger Laufzeit sich ergebende vierteljährlich zu leistende Ausgaben sind Gemeinkosten jeden Jahres, aber Einzelkosten der Gesamtheit beider Jahre. Es ist offensichtlich, dass grundsätzlich alle Kosten in bezug auf wenigstens ein Zurechnungsobjekt Einzelkosten sein müssen, und sei es im Grenzfall, dass dieses Zurechnungsobjekt der gesamte Leistungserstellungs- und Leistungsverwertungsprozess des Betriebes in der Totalperiode ist. Vergleichbares lässt sich für die Erlöse feststellen. Die Erfassung aller Erlöse und Kosten als Einzelerlöse und -kosten ist somit zu verwirklichen, setzt aber voraus, geeignete Zurechnungsmöglichkeiten vorzusehen. Es ist, wie auch die vorstehenden Beispiele zeigen, zwischen sach- und zeitbezogener Zurechnung zu unterscheiden. Für die sachbezogene Zurechnung aller Erlöse und Kosten als Einzelerlöse und -kosten lassen sich Hierarchien der Bezugsobjekte (Bezugsobjekt-, Dispositions-, Zurechnungshierarchien) aufbauen. Demgegenüber ist für die zeitbezogene Zurechnung als Einzelerlöse und -kosten zunächst danach zu unterscheiden, ob sich die Einnahmen oder Ausgaben auf genau anzugebende (geschlossene) Perioden oder auf nicht von vornherein festliegende (offene) Perioden beziehen; Beispiele sind Mieteinnahmen sowie Ausgaben für in der Periode eingesetzte Rohstoffe und Mieteinnahmen sowie Ausgaben für Anlagen andererseits. Nur im ersten Fall ist eine Zurechnung als Einzelerlöse oder Einzelkosten zu bestimmten Perioden möglich. Bezüglich der Ausgaben aus vertraglich wiederkehrenden Ausgabenverpflichtungen wie Mietausgaben und von anderen zeitraumbezogenen Bereitschaftskosten sind für die Zurechnung zu einzelnen Rechnungsperioden die Länge der Bindungs- und Nutzungsdauer (die geringer, gleich oder größer als die Periodenlänge sein kann) sowie die zeitliche Lage dieser Bindungs- und Nutzungsdauer im Verhältnis zu der Rechnungsperiode (genau deckend, innerhalb, oder überlappend) entscheidend. Entsprechendes gilt hinsichtlich der Erlöse aus vertraglich wiederkehrenden Einnahmeansprüchen.

Bei den Kosten ist überdies die Unterscheidung zwischen Leistungskosten und Bereitschaftskosten bedeutsam. Leistungskosten hängen unmittelbar vom realisierten Leistungsprogramm ab und können sich gleichsam automatisch mit Art, Menge und/oder Preis der Leistungen, Leistungsbündel und Leistungsproportionen sowie den Bedingungen des Beschaffungs-, Produktions- und Absatzprozesses proportional oder nicht proportional ändern. Bereitschaftskosten sind demgegenüber solche Kosten, die auf Grund erwartungsbedingter Beschaffungs- und Bereitstellungsentscheidungen entstehen und disponiert werden, um die Voraussetzungen für Leistungserstellung und -verwertung zu schaffen. Während die Leistungskosten stets das Ergebnis leistungs- oder leistungsprogrammbezogener Zurechnung darstellen, sind die Bereitschaftskosten zeitraumbezogen, wobei im einzelnen zum Beispiel hinsichtlich der Lage des Zeitraums gegenüber der Rechnungsperiode, der zeitlichen Disponierbarkeit oder der Speicherbarkeit des Nutzungspotenzials unterschiedliche Gegebenheiten vorliegen können.

Grundrechnungen

Grundlage aller Auswertungsrechnungen sind die Grundrechnungen der Potenziale, Erlöse und Kosten. Sie stellen Datensammlungen dar, in denen laufend alle Geld- und Mengengrößen erfasst und festgehalten werden, von denen anzunehmen ist, sie könnten für Auswertungsrechnungen bedeutsam sein. Da die Auswertungen nicht von vornherein im Einzelnen feststehen, sind die Grundrechnungen zum einen zweckneutral anzulegen und zum anderen so zu gestalten, dass möglichst viele Merkmale der erfassten Größen aufgezeichnet werden.

Die Grundrechnung der Potenziale bezieht sich auf die im Betrieb zur Verfügung stehenden Einsatzpotenziale in einem weiten Sinne, also nicht nur auf Betriebsmittel-Potenzialfaktoren, sondern zum Beispiel auch auf Gütervorräte, Nutzungsrechte aus Arbeitsverträgen, Abnahmeverträge mit zugesagten Mindestabnahmemengen und Kreditlimits (sachliche, personelle und finanzielle Nutzungsmöglichkeiten). In ihr sind in Form von Mengenrechnungen - als Planungs- oder Istgrößen - die bereitgestellten Potenziale festzuhalten, aber etwa auch Angaben über Laufzeiten, Kündigungs- oder Abrufintervalle. Außerdem sind potentielle oder effektive Engpässe zu kennzeichnen. Die Grundrechnung der Potenziale soll vor allem Unterlagen für die Bereitstellungs- und Einsatzplanung, in erster Linie bei Engpässen, und zur Ermittlung engpassbezogener Deckungsbeiträge liefern.

Demgegenüber werden in den Grundrechnungen der Kosten und Erlöse Werte ausgewiesen, und zwar können auch diese wiederum Plan- und Istwerte sein. Gemeinsam ist beiden Grundrechnungen, dass es sich um möglichst zweckneutrale, systematische Sammlungen der jeweiligen zugehörigen Elemente handelt. In die Grundrechnung der Erlöse sind die direkt erfassten oder geplanten Erlöse und die Erlösminderungen und -berichtigungen aufzunehmen. Sie sind nach Erlöskategorien (zum Beispiel nach leistungsmengenabhängigen und kalenderzeitproportionalen Erlösen oder nach den Preisbestandteilen wie Bereitstellungspreisen und Verbrauchspreisen) und nach interessierenden Untersuchungsobjekten (zum Beispiel Leistungsarten, Absatzorganen und Kunden) zu gliedern (vieldimensionale Umsatzstatistik).

Häufig werden Erlöse nicht für in einer kurzen Zeitspanne abzuwickelnde Aufträge anfallen. Die so genannte Realisationsspanne vom Vertragsabschluß bis zur endgültigen Erfüllung aller Pflichten der Partner kann sich dann über mehrere Rechnungsperioden erstrecken. In diesen Fällen ist es notwendig, die Erlöse als Einzelperioden-Gemeinerlöse anzusehen und in einer periodenübergreifenden Zeitablaufrechnung festzuhalten. Die Grundrechnung der Kosten entspricht der Bereitschaftsrechnung. In ihr werden die direkt für die interessierenden Objekte erfassten oder geplanten Kosten gesammelt, gegliedert nach Kostenkategorien, die insbesondere nach dem Verhalten gegenüber Einflussfaktoren, ihrer Disponierbarkeit und ihrer Kontrollierbarkeit unterschieden sind.

Ausgaben, die einer Periode nicht eindeutig zurechenbar sind, weil sie für die Leistungen oder die Betriebsbereitschaft der betrachteten und weiterer Perioden anfallen, werden wiederum in Zeitablaufrechnungen aufgenommen. Bei den Ausgaben aus Verträgen mit fester Bindungsdauer ist zu beachten, dass nur die Summe der Vertragszahlungen als Einzelkosten zurechenbar ist, und zwar ausschließlich der Zeitspanne der Vertragslaufzeit als Ganzes. Hinsichtlich kürzerer Zeitintervalle oder einzelner Nutzungsvorgänge stellen sich die Zahlungen als Gemeinkosten dar. Für Verträge mit periodisch wiederkehrenden Kündigungsfristen gilt, dass die Zahlungen für Vertragsintervalle zwischen potenziellen Vertragsablaufterminen bezogen auf diese Intervalle Perioden-Einzelkosten sind, in bezug auf darunter liegende Zeitintervalle aber Perioden-Gemeinkosten.

In der Zeitablaufrechnung sind die wichtigsten Abhängigkeiten festzuhalten (Bindungsdauer, Zahlungsrhythmus, Kündigungsfristen und ähnliches). Bei der Beschaffung der Betriebsmittel-Potenzialfaktoren besteht in der Regel Ungewissheit, wie groß die technische und wirtschaftliche Nutzungsdauer sein wird. Diese ist erst bei Aussonderung des Potenzialfaktors im Nachhinein bekannt. Deshalb sind, wie schon angedeutet, in diesem Zusammenhang anfallenden Ausgaben als Ausgaben offener Perioden zu erfassen.

Deckungsbeiträge

In der entscheidungsorientierten relativen Deckungsbeitragsrechnung ergeben sich die Deckungsbeiträge, indem aufgrund bestimmter Entscheidungen und Maßnahmen sich verändernde relevante Kosten und Erlöse einander gegenübergestellt werden. Deckungsbeitrag ist die durch eine bestimmte Entscheidung und ihre Realisation ausgelöste Erfolgsänderung gegenüber der (Unterlassens-)Alternative. Im Unterschied zum Direct Costing ist als Deckungsbeitrag also nicht Erlös einer Leistungseinheit abzüglich der variablen Kosten dieser Leistungseinheit definiert. Vielmehr ist, in der Sache abweichend und im übrigen auch allgemeiner, Deckungsbeitrag hier der einem sachlich und zeitlich abgegrenztem Untersuchungs- oder Entscheidungsobjekt eindeutig zurechenbare (Einzel-)Erlös abzüglich der ihm eindeutig zurechenbaren (Einzel-)Kosten. Die einzelnen Deckungsbeiträge sind objekt- und periodenbezogene oder überperiodisch fortlaufende Ausschnitte aus der sachlichen und zeitlichen Totalrechnung des Unternehmens, wobei die Erlöse, Kosten und Deckungsbeiträge der einzelnen

Untersuchungsobjekte nur soweit isoliert werden, als dies dem ganzheitlichen Charakter der
Erfolgsbildung nicht widerspricht.

Auch ein Deckungsbeitrag darf niemals auf einzelne Ausschnitte der beteiligten Gesamtheit
aufgeteilt, also zugeschlüsselt werden. Wohl aber dient jeder Deckungsbeitrag dazu, zusammen mit weiteren Deckungsbeiträgen derselben Zurechnungsebene variable und fixe gemeinsame Kosten zu tragen und zum Gewinn beizusteuern. Da die differenzierte, relative Deckungsbeitragsrechnung in einer schrittweisen Betrachtung die Zurechnungen ausgehend von
speziellen zu allgemeineren Objekten führt, gilt dies für jede Zurechnungsebene.

Die Ermittlung von Deckungsbeiträgen erfolgt grundsätzlich in Sonderrechnung. Denn nur
von den jeweiligen Fragestellungen her kann entschieden werden, welche Untersuchungsobjekte - etwa Leistungsarten, Kundengruppen oder Perioden - zugrundezulegen und wie sie im
Einzelnen abzugrenzen sind.

Für genauere Analysen des Ergebnisses eines Untersuchungsobjektes, etwa für Zwecke der
Programmplanung, ist es zweckmäßig, die Deckungsbeitragsrechnung dadurch auszubauen,
dass engpassbezogene Deckungsbeiträge errechnet werden. Als engpassbezogener Deckungsbeitrag wird der auf die Maßeinheit eines in Anspruch genommenen tatsächlichen oder potenziellen Engpasses bezogene Deckungsbeitrag eines Untersuchungsobjektes bezeichnet. Die
engpassbezogenen Deckungsbeiträge geben an, wie ergiebig der jeweilige Engpass durch das
betrachtete Untersuchungsobjekt genutzt wird. Ein Beispiel ist der Deckungsbeitrag einer
Leistung, bezogen auf die zeitliche Inanspruchnahme des Engpassfaktors innerhalb des Pro-
duktionsmittelbestandes durch die Erstellung dieser Leistung.

Beurteilung der Einzelkosten- und Deckungsbeitragsrechnung

Zusammenfassend seien folgende Grundsätze zum Rechnen mit relativen Einzelkosten und
Deckungsbeiträgen nochmals hervorgehoben.

- Alle Kosten sind als Einzelkosten, alle Erlöse als Einzelerlöse zu erfassen. Um dies zu
  ermöglichen, sind die Untersuchungsobjekte in geeigneter Weise zu unterteilen und zu
  gliedern.
- Den zweckneutralen Grundrechnungen stehen die zweckorientierten Auswertungsrechnungen gegenüber, die in der Regel das Ermitteln von Deckungsbeiträgen umfassen und zum Beispiel durchlaufend als Periodenrechnungen, aber etwa auch fallweise (Sonderrechnungen) zur Vorbereitung bestimmter Entscheidungen erstellt werden können.
- Der Überschuss der einem Untersuchungsobjekt eindeutig zuzurechnenden Erlöse ü-
  ber die ihm eindeutig zuzurechnenden Kosten wird als Deckungsbeitrag dieses Untersuchungsobjektes aufgefasst.
- Gemeinkosten stellen Deckungsbedarf für die Untersuchungsobjekte niedrigerer Ebenen in der sachbezogenen Zurechnungshierarchie oder kürzerer Perioden in der zeit-
  bezogenen Betrachtung dar.
- In der von spezielleren zu allgemeineren Untersuchungsobjekten gestuften Folge von
  Deckungsbeiträgen wird ein immer größerer Teil der gesamten Erlöse und Kosten als
  Einzelerlöse und -kosten verrechnet.

Die grundsätzliche Vorgehensweise der Deckungsbeitragsrechnung als einer gestuften Erfolgsrechnung lässt sich übersichtlich dem Schema der Periodenerfolgsrechnung entnehmen.

Die folgende Aufstellung zeigt ein einfaches Schema für einen Betrieb mit zwei Leistungsarten, die je eigene und gemeinsame Fertigungsstellen durchlaufen, dargestellt.

Einzelerlöse der Produkte der Leistungsart A	Einzelerlöse der Produkte der Leistungsart B
- Rabatte und Erlösschmälerungen	- Rabatte und Erlösschmälerungen
= Nettoerlöse der Produkte der Leistungsart A	= Nettoerlöse der Produkte der Leistungsart B
- Einzelkosten der Produkte der Leistungsart A	- Einzelkosten der Produkte der Leistungsart B
= Deckungsbeitrag IA	= Deckungsbeitrag IB
- Periodeneinzelkosten der Fertigungsstellen der Leistungsart A	- Periodeneinzelkosten der Fertigungsstellen der Leistungsart B
= Deckungsbeitrag IIA	= Deckungsbeitrag IIB

= Zusammengefasster Deckungsbeitrag II der Leistungsarten A und B
- Periodeneinzelkosten gemeinsam genutzter Fertigungs- und Vertriebsstellen, etc.

= Deckungsbeitrag III (verfügbarer Beitrag zur Deckung von Periodengemeinkosten und zum Gewinn)

Abb. 4: Die Deckungsbeitragsrechnung nach *Riebel*

Der Vorteil der Deckungsbeitragsrechnung gegenüber der traditionellen Vollkostenrechnung ist deutlich. Durch die Schlüsselung der Gemeinkosten in der Vollkostenrechnung drängt sich bei der Auswertung der Selbstkosten als Ergebnis der Kalkulation stets die Vorstellung auf, dass die einzelne Leistungseinheit die Gesamtheit dieser Kosten veranlasst habe. Dies kann zu fehlerhaften Entscheidungen führen, da diese Größen wegen der in den Selbstkosten enthaltenen, mittels Schlüsseln zugerechneten Gemeinkosten nur fiktive Größen sein können. Solche Irreführungen werden bei dem Rechnen mit relativen Einzelkosten und Deckungsbeiträgen vermieden.

Demgegenüber wird jedoch auf eine Reihe von Gefahren und Schwierigkeiten bei dem Anwenden von Deckungsbeitragsrechnungen hingewiesen. *Riebel* unterscheidet zwischen systemimmanenten Gefahren, die durch Prämissen und Prinzipien der theoretischen Grundtypen induziert werden, und anwendungsbedingten Gefahren, die bei der Implementierung in der Praxis durch vereinfachende Abweichungen oder durch Zugeständnisse an traditionelle Vorstellungen der Vollkostenrechnung zusätzlich ausgelöst werden oder die durch falsche Auswertung und Interpretation der Ergebnisse richtiger Differenzkosten- und Deckungsbeitragsrechnungen entstehen können.

Tatsächlich sind die Schwierigkeiten des Anwendens oft sehr groß. Dies gilt besonders, wenn die Verbundenheiten der Kosten und Erlöse vielschichtig, gleichzeitig unter Umständen aber im Einzelfall nicht klar erkennbar sind und daher insgesamt nicht leicht quantifiziert werden können. Besondere Anwendungsprobleme ergeben sich auch, wenn in den Auswertungsrechnungen engpassbezogene Deckungsbeiträge benötigt werden, jedoch mehrere wechselnde Engpässe vorliegen. Zugeständnisse an traditionelle Vorstellungen der Vollkostenrechnungen liegen in der Praxis etwa nahe, wenn den einzelnen betrieblichen Absatzleistungen nur vergleichsweise wenige Kosten unmittelbar zugerechnet werden können oder wenn das Arbeiten mit unechten Gemeinkosten anstatt mit Einzelkosten wesentlich weniger aufwendig ist.

Literatur

Agthe, K.: Stufenweise Fixkostendeckungsrechnung im System des Direct Costing, in: Zeitschrift für Betriebswirtschaft, 19. Jg. 1959, S. 407ff

Coenenberg, A.: Kostenrechnung und Kostenanalyse, Landsberg am Lech, 1992

Denk, R. / Stöber, K.: Moderne Kosten- und Leistungsrechnung, 2. Aufl., Wien, 1979

Haberstock, L.: Grundzüge der Kosten- und Erfolgsrechnung, 3. Aufl., München 1982

Haberstock, L.: Kostenrechnung II. (Grenz-)Plankostenrechnung, 4. Aufl., Wiesbaden 1982

Kilger, W.: Flexible Plankostenrechnung und Deckungsbeitragsrechnung, 9. Aufl., Wiesbaden, 1988

Riebel, P.: Einzelkosten- und Deckungsbeitragsrechnung, 6. Aufl., Wiesbaden, 1990

Schweitzer, M. / Küpper, H.: Systeme der Kosten und Erlösrechnung, 6. Aufl., München 1995

Schweitzer, M. / Trossmann, E.: Break-even-Analysen, Stuttgart, 1986

4. Steuerung der Wirtschaftlichkeit durch die Plankostenrechnung

4.1. Die Aufgaben der Plankostenrechnung

In den vorherigen Beiträgen erfolgte eine Darstellung der verschiedenen Istkostenrechnungssysteme auf Voll- und Teilkostenbasis. Diese Systeme sind durch eine kostenträgerorientierte Sichtweise gekennzeichnet. Stand bei der Vollkostenrechnung die Kalkulation, also die Berechnung der Stückkosten, im Vordergrund, so ging es bei der Teilkostenrechnung um die Gewinnung von entscheidungsrelevanten Daten für kurzfristige Dispositionen der Unternehmensführung.

Die im folgenden vorgestellte Plankostenrechnung, deren Hauptziel die Kostenkontrolle ist, weist eine mehr kostenstellenorientierte Sichtweise auf. Das hängt damit zusammen, dass Kosten nur dort kontrollierbar sind, wo sie entstehen, nämlich in den Kostenstellen. Dort wird ein Soll-Ist-Vergleich durchgeführt, d.h. den tatsächlichen Kosten werden die geplanten Kosten (und nicht etwa aus der Vergangenheit übernommene Durchschnittswerte wie bei der Normalkostenrechnung) gegenübergestellt. Anhand der festgestellten Über- oder Unterdeckungen lassen sich Maßnahmen zur Optimierung des Betriebsablaufes unter Kostengesichtspunkten ableiten.

Neben der primären Aufgabe der Kostenkontrolle erfüllt die Plankostenrechnung auch die Anforderungen, die an ein Kostenrechnungssystem in Hinsicht auf die Kalkulation und Erfolgsermittlung gestellt werden. Mit ihrer Hilfe können Angebotskalkulationen ebenso wie beispielsweise eine in die Zukunft gerichtete Erfolgsermittlung vorgenommen werden.

Plankostenrechnungen können sowohl als Vollkosten- als auch als Teilkostenrechnungssysteme ausgeprägt sein.

Die Hauptformen der Plankostenrechnung lassen sich wie folgt darstellen:

- starre Plankostenrechnung (immer auf Vollkostenbasis)
- flexible Plankostenrechnung auf Vollkostenbasis
- flexible Plankostenrechnung auf Grenzkostenbasis (Grenzplankostenrechnung)

Plankosten sind Kosten, bei denen die Mengen und Preise der für eine Ausbringung (Beschäftigung) benötigten Produktionsfaktoren geplante Größen sind. Ihre Festlegung erfolgt im Voraus unter Loslösung von Vergangenheitswerten aufgrund betriebswirtschaftlicher und technischer Aspekte auf der Basis eines angestrebten Betriebsablaufes.

Sollkosten sind die planmäßigen Kostenvorgaben für die jeweilige Istbeschäftigung (einer Kostenstelle). Sie ergeben sich durch Umrechnung der Plankosten auf die Istbeschäftigung. Die Sollkosten sind gleich den Plankosten, wenn die nachträglich festgestellte Istbeschäftigung gleich der im Voraus festgelegten Planbeschäftigung ist.

Als Standardkosten (standard costs) werden die auf eine Kostenträgereinheit bezogenen Plankosten bezeichnet, insbesondere die geplanten Herstellkosten pro Leistungseinheit (Standard • Geldbewertung = Standardkosten). Dabei werden die Standards ingenieurmäßig festgelegt.

Budgetkosten sind pro Kostenstelle für einen bestimmten Zeitraum geplante Kosten. Bei Budgetkosten im engeren Sinn ist eine Leistungsmessung wie bei den Standardkosten nicht oder nur schwer möglich. Man muss sich bei der Kostenplanung mit Schätzungen begnügen.

Die Planungsperiode ist in der Regel ein Jahr. Für alle Kostenstellen wird die Planbeschäftigung festgelegt, die durch Bezugsgrößen ausgedrückt wird. Er werden die benötigten Produktionsfaktoren, die Planpreise und die Planmengen festgelegt. Man plant dabei die Einzelkosten pro Kostenträger und die Gemeinkosten pro Kostenstelle. Schwierig ist die Bezugsgrößenfindung bei den Gemeinkosten. Als Ergebnis erhält man für jede Kostenstelle einen oder mehrere Gemeinkostenpläne, aus denen die Sollkosten und die Plankalkulationssätze entnommen werden können. Mit den geplanten Einzelkosten, den Plankalkulationssätzen für die Gemeinkosten und den entsprechenden Bezugsgrößen pro Leistungseinheit lassen sich die Plankalkulationen erstellen.

Als Bezugsgröße wird ein Maßstab der Kostenverursachung angesehen, zu dem die verursachten Kosten einer Kostenstelle ganz oder teilweise in einer proportionalen oder wenigstens bekannten funktionalen Abhängigkeit stehen.

Die Kostenkontrolle erfolgt in der Plankostenrechnung in der Regel monatlich (Abrechnungsperiode). Die Istkosten werden erfasst und stets kostenstellenweise kontrolliert. Man vergleicht für jede Kostenart die Sollkosten mit den über Preisabweichungsermittlungen bereinigten Istkosten. Das Ergebnis sind die Verbrauchsabweichungen als Maßstab der Wirtschaftlichkeit. Man kann aber noch andere Abweichungen wie z.B. Beschäftigungs- oder Intensitätsabweichungen ermitteln.

Legende:

$K_{IKR}^{(i)}$ = Istkosten der Istkostenrechnung

$K_{PKR}^{(i)}$ = Istkosten der Plankostenrechnung

$d^{(p)}$ = Steigungsmaß der Sollkostenfunktion (Grenzplankalkulationssatz)

$h^{(p)}$ = Steigungsmaß der Funktion verrechneter Plankosten (Plankalkulationssatz)

$B^{(i)}$ = Ist-Beschäftigung

$B^{(p)}$ = Plan-Beschäftigung

$K^{(s)}$ = Sollkosten

$K^{(verr)}$ = verrechnete Plankosten

$K_{fix}^{(p)}$ = fixe Plankosten

k_{var} = variable Kosten

ΔG = Gesamtabweichung

ΔP = Preisabweichung

ΔB = Beschäftigungsabweichung

ΔV = globale Verbrauchsabweichung

$\Delta Verr$ = Verrechnungsabweichung

4.2. Die starre Plankostenrechnung

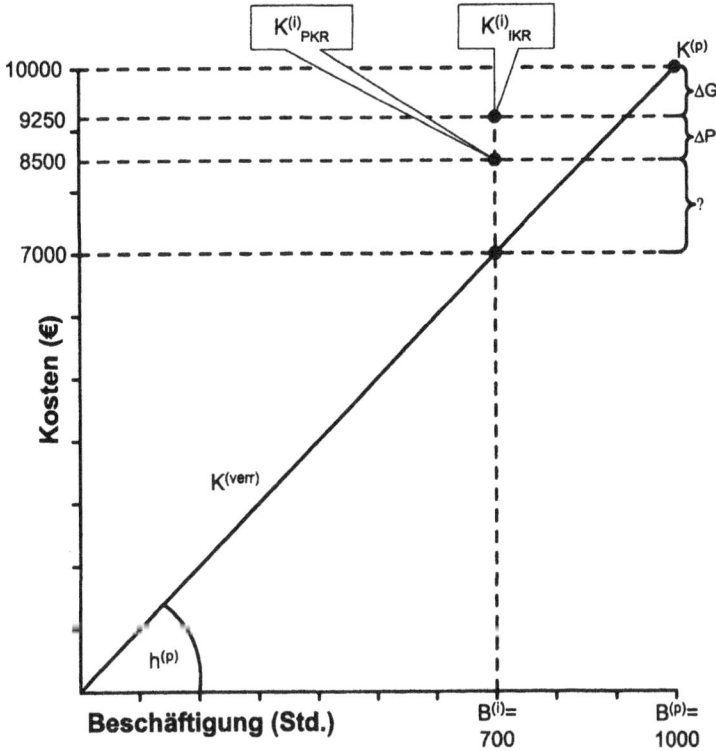

Abb. 1: Kostenverlauf bei starrer Plankostenrechnung

Die starre Plankostenrechnung ist immer eine Rechnung auf Vollkostenbasis. Die Plankosten werden nur für einen Beschäftigungsgrad ermittelt. Da Beschäftigungsschwankungen somit keine Auswirkungen auf die Plankosten haben, braucht keine Unterscheidung in fixe und variable Kosten vorgenommen werden. Es erfolgt keine periodische Umrechnung der Plankosten auf die Istbeschäftigung, des Weiteren wird von einer Starrheit aller anderen Einflussgrößen ausgegangen. Dies ist zum Zweck der Kostenkontrolle ungünstig. Für die Kalkulation dividiert man die Plankosten durch die Planbeschäftigung und erhält den Plankalkulationssatz der Kostenstelle ($h^{(p)}$). Mit der jeweiligen Istbeschäftigung multipliziert ergibt dann der Kalkulationssatz die jeweils auf die Kostenträgermenge verrechnete Kostensumme, die man „verrechnete Plankosten" nennt. Der Vorteil der starren Plankostenrechnung ist ihre schnelle und einfache Handhabung. Gegenüber der Istkostenrechnung und Normalkostenrechnung bietet sie schon durch die Tatsache der Kostenplanung einen besseren Einblick in den Betriebsprozess.

Als Nachteil können die fehlenden Anpassungen der Plankosten an die wechselnden Istbeschäftigungen gesehen werden. Sie beeinträchtigen die Aussagefähigkeit der Kostenkontrolle erheblich. Sinnvolle Kostenkontrollen sind nur dann möglich, wenn die Istbeschäftigung etwa gleich der Planbeschäftigung ist. Weiterhin beeinträchtigt die fehlende Aufteilung in fixe und variable Kosten die Güte der Kalkulationsergebnisse. Es werden nur wenig Kosteninformationen bereitgestellt, die zur Entscheidungsfindung betrieblicher Entscheidungsprozesse herangezogen werden können.

4.3. Die flexible Plankostenrechnung auf Vollkostenbasis

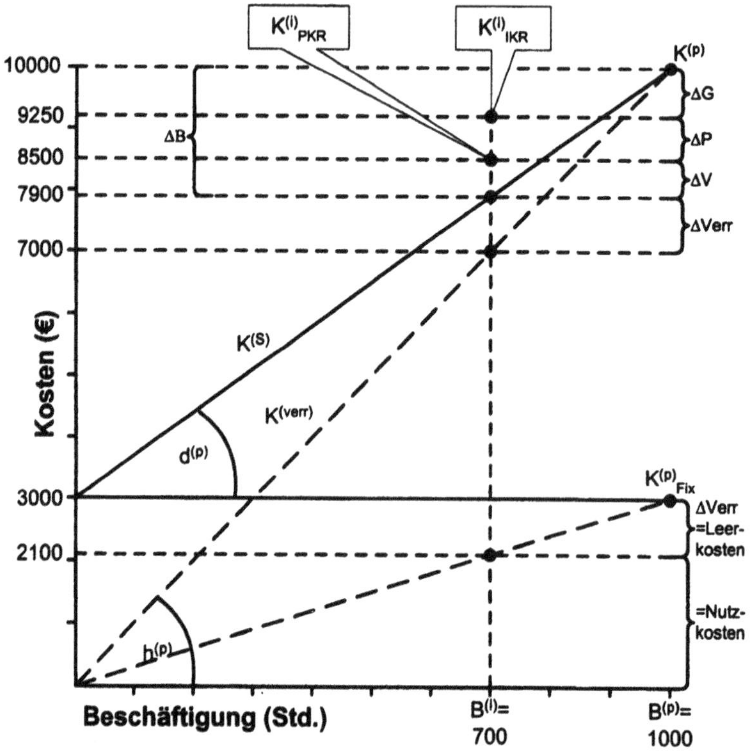

Abb. 2: Kostenverlauf bei flexibler Plankostenrechnung als Vollkostenrechnung

In der flexiblen Plankostenrechnung ermittelt man, nach Kostenarten differenziert, für jede Kostenstelle nicht nur die Plankosten für einen Beschäftigungsgrad, sondern auch die Sollkosten für alle anderen Beschäftigungsgrade. Es wird eine flexible Anpassung der Kostenvorgaben an die jeweilige Istbeschäftigung einer Abrechnungsperiode ermöglicht. Eine Aufteilung der Kosten in fixe und variable Bestandteile ist sowohl bei der flexiblen Plankostenrechnung auf Vollkostenbasis als auch bei der Grenzplankostenrechnung erforderlich, denn sonst ließe sich die Kostenfunktion (der Sollkostenverlauf) nicht ermitteln.

In der flexiblen Plankostenrechnung auf Vollkostenbasis rechnet man in der Kostenstellenrechnung mit anderen Kosten als in der Kostenträgerrechnung. In der Kostenstellenrechnung werden zum Zweck der Kostenkontrolle die Plankosten in fixe und variable Bestandteile aufgespalten. In der Kostenträgerrechnung wird zum Zweck der Kalkulation weiterhin mit verrechneten (vollen) Plankosten wie in der starren Plankostenrechnung gearbeitet.

Der Vorteil der flexiblen Plankostenrechnung auf Vollkostenbasis liegt in der leistungsfähigeren Kostenkontrolle. Dagegen löst sie das Fixkostenproblem nicht und muss sich in der Kalkulation und für die Bereitstellung von Zahlenmaterial für dispositive Zwecke der Kritik der Vollkostenrechnungssysteme aussetzen lassen.

Dabei kann unterschieden werden, ob es sich um eine einfach flexible, mehrfach flexible oder voll flexible Plankostenrechnung handelt. Die einfach flexible Plankostenrechnung berücksichtigt flexibel nur einen Kostenbestimmungsfaktor, während die mehrfach flexible Plankostenrechnung ein System von mehreren, flexibel gehaltenen Kostenbestimmungsfaktoren beinhaltet. In dem Idealfall der voll flexiblen Plankostenrechnung werden alle Kostenbestimmungsfaktoren in die Plankostenrechnung einbezogen; dieser Fall ist aber in der Praxis unrealistisch, so dass eine voll flexible Plankostenrechnung nur theoretisch möglich ist.

4.4. Die Grenzplankostenrechnung

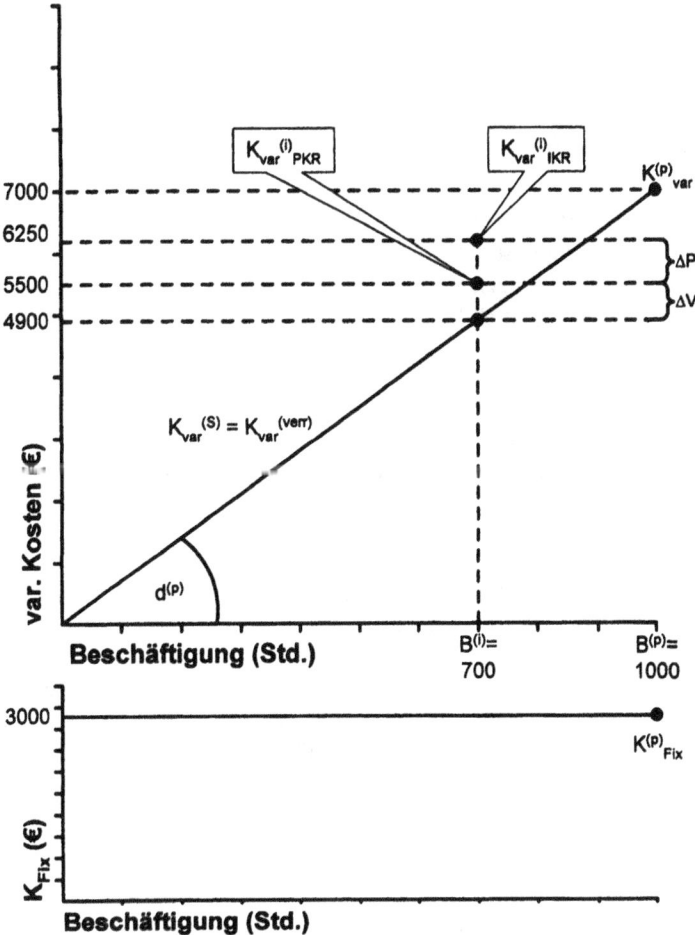

Abb. 3: Kostenverlauf bei der Grenzplankostenrechnung

Die flexible Plankostenrechnung auf Teil(Grenz-)kostenbasis, auch Grenzplankostenrechnung genannt, arbeitet in der Kostenstellenrechnung wie die flexible Plankostenrechnung auf Vollkostenbasis. In der Kostenträgerrechnung wird dagegen mit Plankalkulationssätzen gearbeitet, die nur die variablen Plankosten pro Einheit der Bezugsgröße enthalten. Die Fixkosten bucht man en bloc in das Betriebsergebnis. Damit stimmen die berücksichtigten Plankosten, wenn man den Fixkostenblock hinzunimmt, mit den vollen Sollkosten überein. Die auf die Kostenträger verrechneten Plankosten enthalten jedoch keine Fixkosten, und daher stimmen die (variablen) Sollkosten und die verrechneten (variablen) Plankosten überein. Die Verrechnungsabweichung als Differenz zwischen den Sollkosten und den verrechneten Plankosten ist damit bei der Grenzplankostenrechnung immer Null.

Die Grenzplankostenrechnung beseitigt alle angesprochenen Mängel der vorher besprochenen Systeme und übernimmt deren Fortschritte. Damit kann sie als das System bezeichnet werden, das die Aufgaben der Kostenrechnung am besten löst. Als Nachteile der Grenzplankostenrechnung wäre allenfalls zu nennen, dass sie für die Bewertung der Bestände in Handels- und Steuerbilanz keine Hilfestellung leistet, da hier eine Vollkostenkalkulation vorliegen muss. Auch bei der Kalkulation öffentlicher Aufträge nach den Leitsätzen für die Preisermittlung aufgrund von Selbstkosten (LSP) ist diese Kritik angebracht. Weiterhin wird die Gefahr falscher Preispolitik aufgrund variabler Selbstkosten genannt. Diese Gefahr ist aber in Käufermärkten, wo Preise am Markt und nicht über die Kalkulation ermittelt werden, als gering einzuschätzen.

4.5. Planung der Kosten

Die Planung der Kosten wird in folgenden Hauptschritten durchgeführt:
- Festlegung der Planpreise für die Produktionsfaktoren
- Festlegung der Planmengen an Produktionsfaktoren
- Plankostenermittlung durch Multiplikation der Planpreise mit den Planmengen

Das Ergebnis der Kostenplanung sind:
- Sollkosten als Grundlage für die Kostenkontrolle
- Plankalkulationssätze als Grundlage für die Ermittlung der geplanten Stückkosten
- relevante (Plan-)Kosten als Grundlage für dispositive Zwecke

Die Planung der Faktorpreise

Plankosten sind Planmengen • Planpreise. Also muss man neben den Faktorverbrauchsmengen auch die Faktorpreise planen. Dabei gibt es drei relevante Aspekte:

- In welcher Höhe und für welchen Zeitraum sollen die Planpreise festgelegt werden?
- Welche Komponenten sollen die Planpreise beinhalten?
- Welche Produktionsfaktoren können und sollen in ein Planpreissystem einbezogen werden?

Die Frage, ob die Planpreise kurz-, mittel- oder langfristige Preiserwartungen wiedergeben sollen, hängt davon ab, welche Aufgabe der Kostenrechnung man als Wichtigste ansieht.

Für die Kostenkontrolle werden Planpreise als feste Verrechnungsgrößen benötigt, um Marktpreisschwankungen zu neutralisieren. Soll- und Istmengen werden mit Planpreisen bewertet, somit kann sich die Kostenkontrolle auf die Mengenabweichungen als Maßstab der innerbetrieblichen Wirtschaftlichkeit konzentrieren. Es ist zu beachten, dass sich die „Istkosten der Plankostenrechnung (PKR)" von den Istkosten der Istkostenrechnung (IKR) unterscheiden:

- Istkosten (IKR) =   Istmengen   • Istpreise
- Istkosten (PKR) =   Istmengen   • Planpreise
- Sollkosten (PKR) =   Sollmengen   • Planpreise
- Plankosten (PKR) =   Planmengen   • Planpreise

Man versucht, Planpreise vorzugeben, die der mittel- und langfristigen Preisentwicklung entsprechen, weil sonst Fehlschlüsse über die tatsächliche Höhe von Mehr- oder Minderkosten bei der Beurteilung der bewerteten Mengenabweichungen auftreten können.

Für die Plankalkulationen sind kurzfristige Planpreise geeigneter. Wird die Plankalkulation für die jährliche Erfolgsplanung verwendet, wird man Planpreise ansetzen, die dem Durchschnitt der für die Planperiode (1 Jahr) erwarteten Istpreise entsprechen. Im Extremfall für kurzfristige Vorkalkulationen wird man sogar Tagespreise ansetzen.

Als Ergebnis bleibt somit festzuhalten, dass man in der Regel Planpreise mit einem zeitlichen Horizont von einem Jahr ansetzen wird. Sie werden zu Beginn jeder Planungsperiode überprüft und gegebenenfalls revidiert.

Bei der Bestimmung der Komponenten der Planpreise geht es um die Frage, welche außer- und innerbetrieblichen Beschaffungsnebenkosten neben dem Rechnungspreis in den Planpreis mit einbezogen werden *(Haberstock)*.

Mögliche Beispiele für unterschiedliche Preisansätze sind:

a) bei Rohstoffen:

	EINKAUFSPREIS (Rechnungspreis - Rabatte)
+	Beschaffungsnebenkosten (Transport, Versicherungen etc.)
=	EINSTANDSPREIS
+	Materialgemeinkosten der Kostenstellen (Einkauf, Wareneingang etc.)
=	VERBRAUCHSPREIS (Lager-Abgabepreis)

Der Einkaufspreis ist schlecht geeignet, da die außerbetrieblichen Beschaffungsnebenkosten dann als gesonderter Zuschlag zu planen sind. Der Verbrauchspreis führt zu einer Vermengung von Preisabweichungen und Materialgemeinkosten, so dass eine Kostenkontrolle des Eingangs-Lagerbereichs sehr schwer wird. Somit wäre hier der Einstandspreis am besten geeignet.

b) bei Arbeitsleistungen:

	TARIFLOHN (pro Arbeitszeiteinheit)
+	gesetzliche Sozialabgaben (Rentenversicherung, Krankenversicherung etc.)
+	gesetzliche Soziallohnrate (z.B. Urlaubslöhne)
=	TARIFLOHN MIT GESETZLICHEN SOZIALKOSTEN
+	primäre freiwillige Sozialkosten (z.B. Pensionszusagen)
+	sekundäre freiwillige Sozialkosten (z.B. Kantinenzuschüsse)
=	GESAMTE PERSONALKOSTEN (pro Arbeitszeiteinheit)

Die gesamten Personalkosten sind wie die Verbrauchspreise ungeeignet. Der Tariflohn mit gesetzlichen Sozialkosten führt zu einer schlechten Abstimmung mit der Lohn- und Gehaltsbuchhaltung, so dass der Tariflohn vorzuziehen ist.

Bei der Bestimmung, welche Produktionsfaktoren in das Planpreissystem einbezogen werden sollen, werden solche nicht berücksichtigt, die kein klar bestimmbares Mengengerüst aufweisen. Außerdem werden betragsmäßig unbedeutende Produktionsfaktoren („Peanuts") nicht berücksichtigt. Bei Faktoren ohne Mengengerüst ist zu beachten, dass hier besondere Kostenarten vorliegen, bei denen die Preisschwankungen im Soll-Ist-Vergleich nicht isoliert werden können.

Die Einzelkostenplanung

Die Einzelkosten sind in der Regel voll variabel und somit den Kostenträgern direkt zurechenbar. Man braucht hier keine Kostenstellenrechnung. Die auf die Kostenträgereinheit bezogenen Faktorverbrauchsmengen sind die Standards. Es geht in der Einzelkostenplanung in erster Linie um die Festlegung dieser Standards, die nach Multiplikation mit den zugehörigen Planpreisen zu den entsprechenden Plankostenbeträgen führen. Es gibt aufgrund vielfältiger produkt-, betriebs- und branchenindividueller Besonderheiten in der Kostenplanung besondere Anforderungen an den Kostenplaner.

Grundsätzliche Methoden der Einzelkostenplanung:

- Festlegung durch technische Studien und Berechnungen aufgrund der Fertigungsunterlagen z.B. aus Stücklisten. Der Vorteil ist, dass man ohne Vergangenheitswerte plant.
- Ermittlung aufgrund von Schätzungen der Kostenplaner, Meister, Vorarbeiter oder Abteilungsleiter. Erfahrene Kostenplaner schätzen in der Regel gut, aber es ist kein echtes Planungsverfahren.
- Festlegung aufgrund von Probeläufen und Musteranfertigungen. Diese Methode liefert exakte Messungen, ist aber in der Regel sehr aufwendig.
- Ableitung aus statistischen Vergangenheitswerten. Nachteil ist hier, dass Plankosten, die aus Vergangenheitswerten gebildet werden, immer die Gefahr der Übernahme früherer Unwirtschaftlichkeiten in sich bergen. Trotzdem ist diese Methode sehr verbreitet, sie ist insbesondere als Ergänzungsverfahren geeignet.
- Ableitung aus externen Richtzahlen. Diese Möglichkeit ist aufgrund betriebsindividueller Besonderheiten nur zur Überprüfung der eigenen Planungsansätze, nicht aber als alleinige Grundlage der Kostenplanung zu verwenden.

Die Gemeinkostenplanung

Bei der Kostenplanung ist zwischen der Planung der Einzel- und der Gemeinkosten zu unterscheiden. Die Gemeinkostenplanung vollzieht sich in folgenden Schritten:

- Es muss eine in mehrere Abrechnungsperioden unterteilte Planungsperiode bestimmt werden.
- Eine sinnvolle Einteilung der Kostenstellen ist vorzunehmen.
- Für die Verrechnung der Gemeinkosten müssen geeignete Bezugsgrößen ermittelt werden.
- Der Planbeschäftigungsgrad muss bestimmt werden.
- Für die beschäftigungsabhängige Gemeinkostenplanung ist jede Kostenart kostenstellenweise in ihre fixen und variablen Bestandteile zu zerlegen. Als Instrumente der Kostenauflösung sind die bekannten Verfahren der buchtechnischen, statistischen, mathematischen und planmäßigen Methoden zu nennen.

Bezugsgrößen sollten folgende Eigenschaften aufweisen:

- Sie sollen ein Maßstab der Kostenstellen-Leistung sein, zu dem die variablen Kosten ganz oder teilweise in einem proportionalen Verhältnis stehen (Definition der Bezugsgröße).

- Sie sollen in einer möglichst direkten Beziehung zu den Kostenträgern stehen, damit eine verursachungsgerechte Kalkulation gewährleistet ist.
- Sie sollen sich schnell und ohne großen Aufwand ermitteln lassen.
- Sie sollen klar und eindeutig darstellbar und damit leicht verständlich sein.

Aus den (beiden ersten) Eigenschaften lässt sich die typische Doppelfunktion der Bezugsgrößen erkennen. Bezugsgrößen sollten gleichzeitig:

- Kostenverursachungsmaßstab für die Kostenstellenrechnung zum Zwecke der Kostenkontrolle sein.
- Kostenverursachungsmaßstab für die Kostenträgerrechnung zum Zwecke der Kalkulation sein.

Bezugsgrößen besitzen:

- Kalkulationsfunktion; sie sind die Grundlage für die Bildung von Zuschlagssätzen und damit für die Weiterverrechnung von Kostenstellenkosten auf die Kostenträger.
- Planungs- und Kontrollfunktion; sie dienen der Ermittlung der Planbeschäftigung und der Plankosten einer Kostenstelle sowie der Messung des Istbeschäftigungsgrades und damit der Bestimmung der Sollkosten.

Im Rahmen der Betrachtung von Bezugsgrößen werden Kostenstellen mit homogener und heterogener Kostenverursachung unterschieden. Homogene Kostenverursachung liegt vor, wenn sich alle variablen Kosten einer Kostenstelle proportional zu einer Bezugsgröße verhalten. Auch wenn mehrere Bezugsgrößen in einer Kostenstelle existieren, zu denen sich alle variablen Kosten proportional verhalten, liegt homogene Kostenverursachung vor, nach dem Gesetz der Austauschbarkeit der Bezugsgrößen ist es unerheblich, welche man verwendet. Wenn sich nicht alle variablen Kosten einer Kostenstelle proportional zu einer Bezugsgröße verhalten, liegt heterogene Kostenverursachung vor. Dann ist die Verwendung von mehreren Bezugsgrößen in der betreffenden Kostenstelle erforderlich.

Nach der Bestimmung der Bezugsgrößen muss die Höhe der Bezugsgrößen festgelegt werden (Planbeschäftigung). Dadurch wird es möglich, die gesamten geplanten Kosten einer Kostenstelle zu ermitteln. Es gibt zwei Verfahren, die Kapazitätsplanung und die Engpassplanung.

Bei der Kapazitätsplanung wird die Höhe der Planbeschäftigung aufgrund kostenstellenindividueller konstanter Kapazitäten bestimmt. Die Kapazitäten können beschäftigungsabhängige Normal-, Optimal- oder Maximalkapazitäten sein. Als Vorteile werden genannt, dass sie meist leicht und genau zu ermitteln sind und stabile und damit vergleichbare Plankalkulationssätze zur Verfügung stellen.

Die planmäßige Höhe der Beschäftigung bei der Engpassplanung wird aufgrund der erwarteten zukünftigen Durchschnittsbeschäftigung, die man unter Berücksichtigung aller Engpässe für möglich hält, festgelegt. Damit wird der kurzfristige Charakter der Kostenrechnung besonders betont und auf tatsächlich bestehende oder mögliche Engpässe eingegangen. In der Plankostenrechnung auf Vollkostenbasis sprechen diese Gründe für die Engpassplanung, aber am besten ist die Einführung einer Grenzplankostenrechnung, da dort die meisten Kontroversen zwischen Kapazitäts- und Engpassplanung gegenstandslos werden.

4.6. Die Formen der Kostenkontrolle

Man unterscheidet drei grundsätzliche Möglichkeiten zur Durchführung der Kostenkontrolle:

- Zeitvergleich
- Betriebsvergleich
- Soll-Ist-Vergleich

Beim Zeitvergleich werden die Istkosten einer Abrechnungsperiode mit den Istkosten einer früheren Periode oder mit dem Durchschnitt der Istkosten aus mehreren früheren Perioden verglichen. Dies ist keine wirksame Kontrolle der Kostenwirtschaftlichkeit, da kein Maßstab der Wirtschaftlichkeit vorhanden ist. Die Methode fördert aber das Kostenbewusstsein der Verantwortlichen und kann bei größeren Abweichungen unter Umständen auch Unwirtschaftlichkeiten aufdecken.

Beim Betriebsvergleich werden die Istkosten des eigenen Betriebes mit denen eines anderen Betriebes oder mit Durchschnittswerten der Branche verglichen. Oft ist aber keine Vergleichbarkeit zwischen den Betrieben gegeben, auch fehlt der Maßstab der Wirtschaftlichkeit. Man kann nur sagen, ob der eigene Betrieb besser oder schlechter liegt, nicht aber, ob man gut oder schlecht wirtschaftet.

Im Soll-Ist-Vergleich werden die Istkosten mit den Sollkosten verglichen, die aufgrund ihres Vorgabecharakters als Maßstab der Wirtschaftlichkeit geeignet sind. Es werden praktisch zwei Varianten verwendet:

- Geschlossener Soll-Ist-Vergleich: Es wird für jede Kostenstelle die Gesamtdifferenz zwischen Ist- und Sollkosten ermittelt, nach Kostenarten differenziert und nach Abweichungsursachen analysiert.
- Standard-Kennziffern-Vergleich (partieller Soll-Ist-Vergleich): Es werden die von Fall zu Fall bedeutsamen Kostenarten herausgegriffen und mit den entsprechenden Standardkosten (pro Ausbringungs- bzw. Bezugsgrößeneinheit) verglichen. Man beschränkt den Vergleich häufig auf die mengenmäßigen Größen, es handelt sich dann um eine Gegenüberstellung von Ist- und Plan-Produktionskoeffizienten. Z.B. vergleicht man die Rohstoffvorgabe pro Stück mit der tatsächlich verbrauchten Rohstoffmenge pro Stück.

Der Standard-Kennziffern-Vergleich hat den Vorteil, dass der von Fall zu Fall gezielt durchgeführt werden kann, schneller und weniger aufwendig ist. Allerdings erfolgt keine systematische Kontrolle aller Kostenarten bzw. Produktionskoeffizienten.

Ziel der Kostenkontrolle ist es, innerbetriebliche Unwirtschaftlichkeiten in den Kostenstellen aufzudecken und ihre Ursachen zu analysieren. Ausgangspunkt dazu ist der Soll-Ist-Vergleich zwischen geplanten Vorgabekosten und tatsächlich entstandenen Istkosten. Vorgabekosten und Istkosten sind in ihrer Höhe vom Zusammenwirken der Kostenbestimmungsfaktoren abhängig (z.B. Beschäftigung, Fertigungsintensität, Fertigungsprogramm etc.). In der Höhe der Vorgabekosten spiegeln sich die planmäßigen Auswirkungen der Kostenbestimmungsfaktoren, in der Höhe der Istkosten die tatsächlichen Auswirkungen der Kostenbestimmungsfaktoren wider.

Um erkennen zu können, welche Ursachen zur Entstehung der Gesamtabweichung zwischen Vorgabe- und Istkosten geführt haben, ist es erforderlich, Teilabweichungen zu ermitteln, die nur noch auf jeweils einen Kostenbestimmungsfaktor zurückzuführen sind. Dabei ist nicht jede Teilabweichung als Ergebnis innerbetrieblicher Unwirtschaftlichkeiten zu interpretieren. Teilabweichungen, die auf die Kostenbestimmungsfaktoren Faktorpreise und Beschäftigung zurückgehen, haben ihre Ursachen eventuell im kostenstellenexternen Bereich und müssen daher vor der eigentlichen Kostenkontrolle von der Gesamtabweichung abgespalten werden.

- Abspaltung der Preisabweichung: Man spaltet von der Gesamtabweichung die Preisabweichung ab, indem man die Istverbrauchsmengen mit Planpreisen bewertet und damit den Planverbrauchsmengen vergleichbar macht, die ja ebenfalls mit Planpreisen bewertet sind.
- Abspaltung der Beschäftigungsabweichung: Die Istkosten sind entstanden für die Istbeschäftigung, während die Plankosten für die Planbeschäftigung gelten. Man muss also die Plankosten aus Gründen der Vergleichbarkeit auf die Istbeschäftigung umrechnen und erhält die Sollkosten. Auf innerbetriebliche Unwirtschaftlichkeiten ist diese Differenz nicht zurückzuführen, denn die Sollkosten sind wie die Plankosten nur bei wirtschaftlichem Verhalten erreichbar.
- Globale Verbrauchsabweichung: Der Rest der Gesamtabweichung, der nach Abspaltung der ersten beiden Teilabweichungen verbleibt, ist die globale Verbrauchsabweichung. Sie stellt das eigentliche Untersuchungsfeld der Kostenkontrolle dar, deren Gegenstand die Analyse der Faktormengenabweichungen ist. Die Ursachen der Mengenabweichung können grundsätzlich bei allen Kostenbestimmungsfaktoren (außer Faktorpreisen und Beschäftigung) liegen. Deshalb kann die globale Verbrauchsabweichung nicht als Maßstab der innerbetrieblichen Unwirtschaftlichkeit angesehen werden; sie muss in weitere, so genannte Spezialabweichungen zerlegt werden.
- Die Spezialabweichungen sind z.B. Intensitäts- Serien-, Mischungs- und Verfahrensabweichungen, die immer nur auf einen Kostenbestimmungsfaktor zurückzuführen sind. Eine Analyse hat die Ursachen für ihr Zustandekommen aufzudecken, wobei es sich auch um Unwirtschaftlichkeiten handeln kann.
- Restabweichung: nach Abspaltung der Spezialabweichungen kann ein Rest verbleiben, den man häufig nicht weiter zerlegen kann oder will. Diese Größe enthält die Auswirkungen der nicht weiter analysierten und der nicht geplanten oder planbaren Kostenbestimmungsfaktoren. So beinhaltet die Restabweichung u. a. von niemandem zu verantwortende Kostenbeträge und auch solche, die bei einem voll-flexiblem System (Berücksichtigung aller Kostenbestimmungsfaktoren) einem Kostenstellenleiter anzulasten wären.

Ein besonderes Problem der Abweichungsanalyse liegt vor, wenn mehrere Einflussgrößen multiplikativ miteinander verknüpft sind und sie sich zudem gleichzeitig ändern. In diesen Fällen kommt es zu Abweichungen höherer Ordnung, die bei Veränderung nur einer Einflussgröße nicht aufgetreten wären. Die Simultanitätsbedingung zum Entstehen von Abweichungen höherer Ordnung lässt damit auch keine willkürfreie Zuordnung dieser Abweichungen auf betriebliche Verantwortungsträger zu. Es gibt zwar Zurechnungsmethoden, diese sind jedoch meistens willkürlich und nicht verursachungsgerecht.

Die Entwicklung von Verfahren zur Kostenkontrolle hat insbesondere zur kumulativen, alternativen und zur differenziert-kumulativen Methode geführt. Gerade die in der Praxis verbreitete kumulative Methode liefert nicht immer eindeutige Ergebnisse, so dass sich gerade bei betragsmäßig großen Abweichungen die Gefahr zeigt, dass die Informationen der Kostenrechnung in ihrer Plausibilität angezweifelt werden können. Dabei sind diese Gefahren durch den Übergang zur differenziert-kumulativen Abweichungsanalyse zu umgehen.

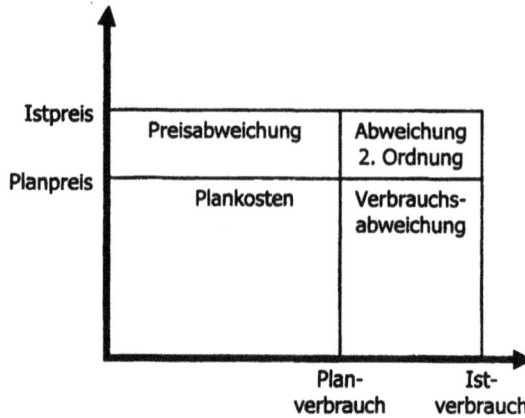

Abb. 4: Abweichungsüberschneidung $\Delta P \Delta V$ zwischen Preisabweichungen ΔP und
Verbrauchsabweichung ΔV

Die kumulative Abweichungsanalyse: In der kumulativen Abweichungsanalyse muss zuerst eine Reihenfolgeregelung vorgenommen werden. Zuerst wird meistens die Preisabweichung abgespalten, da sie extern bedingt ist. Die kumulative Abweichungsanalyse ermittelt ausgehend von den Istkosten die Abweichungen nacheinander. Dieses Vorgehen hat zur Folge, dass in den Abweichungen die Abweichungen höherer Ordnung anteilig mit verrechnet sind, so dass sich keine überschneidungsfreien Abweichungen ergeben. Nur die zuletzt abgespaltete Abweichung wäre eine reine Abweichung, da alle Abweichungen höherer Ordnungen bereits mit den vorhergehenden Abweichungen abgespalten worden sind. Die Teilabweichungen ergeben zwar in der Summe die Gesamtabweichung, trotzdem sind die Werte aufgrund der Abweichungsüberschneidungen bzw. des Nichtausweises der Abweichungen höherer Ordnungen verfälscht. Die daraus ableitbare Regel, zuerst alle unwichtigeren Abweichungen abzuspalten, um dann zum Schluss relevante, überschneidungsfrei Abweichungen zu erhalten, scheitert in der Regel an der Unvollständigkeit der Kostenplanung, da unbekannte Einflussgrößen sich in der Restabweichung widerspiegeln.

Die alternative Abweichungsanalyse: Die alternative Abweichungsanalyse ermittelt ausgehend entweder von den Istkosten oder von den Plankosten die Teilabweichungen, indem immer nur eine einzelne interessierende Einflussgröße variiert wird, alle anderen bleiben im Ist bzw. Plan. Dieses Verfahren leidet an dem großen Nachteil, dass die Summe der Teilabweichungen aufgrund von Mehrfach- bzw. Nichtverrechnungen der Abweichungen höherer Ordnungen in den Teilabweichungen nicht der Gesamtabweichung zwischen Ist- und Plankosten entspricht. Insofern ist sie aufgrund der daraus folgenden Akzeptanzprobleme nicht diskutabel.

Die differenziert-kumulative Abweichungsanalyse: Als adäquate Methode der Abweichungsanalyse bei flexibler Kostenplanung kommt die differenziert-kumulative Abweichungsanalyse in Betracht. Ihr Merkmal ist es, die Abweichungen der jeweiligen Ordnungen differenziert auszuweisen. Es werden keine Abweichungen höherer Ordnungen in Abweichungen niederer Ordnungen teilverrechnet. Damit ist diese Methode am ehesten für eine verursachungsgerechte Abweichungsanalyse geeignet.

Zur Verdeutlichung der Methoden ist ein kleines Beispiel angebracht. Für eine Fahrt von Berlin nach Bremen sollen die Benzinkosten geplant und kontrolliert werden. Die Strecke beträgt

400 Kilometer und der Verbrauch des Fahrzeugs liegt bei 10 l/100km. Der Planpreis wird mit 1,60 €/l festgelegt. Es ergibt sich ein Planverbrauch von 40 Litern, der multipliziert mit dem Planpreis Plankosten in Höhe von 64,- € ergibt. Die Istkosten betragen 85,- €, bei einem Istpreis von 1,70 €/l und einem Istverbrauch von 50 l Benzin. Es ergibt sich also eine Abweichung von 21,- €.

1. Kumulative Abweichungsanalyse

$\Delta P =$	Istpreis •	Istverbrauch -	Planpreis •	Istverbrauch	
$\Delta P =$	1,70 •	50	- 1,60 •	50	= 5 €
$\Delta V =$	Planpreis•	Istverbrauch -	Planpreis •	Planverbrauch	
$\Delta V =$	1,60 •	50	- 1,60 •	40	= 16 €
Summe					= 21 €

2. Alternative Abweichungsanalyse

$\Delta P =$	Istpreis •	Istverbrauch -	Planpreis •	Istverbrauch	
$\Delta P =$	1,70 •	50	- 1,60 •	50	= 5 €
$\Delta V =$	Istpreis •	Istverbrauch -	Istpreis •	Planverbrauch	
$\Delta V =$	1,70 •	50	- 1,70 •	40	= 17 €
Summe					= 22 €

3. Differenziert-kumulative Abweichungsanalyse

$\Delta P =$	Preisdifferenz •	Planverbrauch	
$\Delta P =$	0,10 •	40	= 4,- €
$\Delta V =$	Planpreis •	Verbrauchsdifferenz	
$\Delta V =$	1,60 •	10	= 16,-€
$\Delta 2 =$	Preisdifferenz •	Verbrauchsdifferenz	
$\Delta 2 =$	0,10 •	10	= 1,- €
Summe			= 21 €

Die differenziert-kumulative Abweichungsanalyse liefert die exakte Preisabweichung von 4,- € und die exakte Verbrauchsabweichung von 16,- €. Die Abweichung 2. Ordnung ($\Delta 2$), die entstanden ist, weil sich Benzinpreis und Verbrauch gleichzeitig erhöht haben, beträgt 1,- € und wird nur bei der differenziert-kumulativen Methode separat ausgewiesen. Wie man sieht, steckt bei der kumulativen Abweichungsanalyse die Abweichung 2. Ordnung mit in der zuerst abgespaltenen Preisabweichung. Die alternative Methode verrechnet die Abweichung 2. Ordnung doppelt; deshalb ist die Summe um 1,- € zu hoch.

Fallbeispiel:

In einer Maschinenkostenstelle, in der die flexible Plankostenrechnung auf Vollkostenbasis Anwendung findet, waren 58.000,- € Kosten geplant. Es existieren weitere Informationen:

Plan-Fixkosten:	50.000,- €	Ist-Fixkosten:	50.000,- €
Planbeschäftigung:	100.000 Minuten	Istbeschäftigung:	80.000 Minuten
Planpreis:	0,04 €/g	Istpreis:	0,05 €/g
Planverbrauchsmenge:	2,0 g/ Minute	Istverbrauchsmenge:	2,3 g/ Minute

a) Analyse der Gesamtabweichung ΔG im Hinblick auf die Preis-, Beschäftigungs-, und
Verbrauchsabweichung nach der kumulativen Methode (Reihenfolge: ΔP, ΔV, ΔB),

	Fixkosten +	Preis	• Verbrauch	• Besch.	= Kosten
Istkosten	50.000	0,05	2,3	80.000	59.200
Istkosten$_{pkr}$	50.000	0,04	2,3	80.000	57.360
Sollkosten	50.000	0,04	2,0	80.000	56.400
Plankosten	50.000	0,04	2,0	100.000	58.000

ΔP	59.200	- 57.360 =	1.840
ΔV	57.360	- 56.400 =	960
ΔB	56.400	- 58.000 =	-1.600
ΔG			1.200

b) Analyse der Gesamtabweichung im Hinblick auf die Preis-, Beschäftigungs-, und
Verbrauchsabweichung und Abweichungen höherer Ordnungen (ΔPΔV, ΔPΔB, ΔVΔB,
ΔPΔVΔB) nach der differenziert-kumulativen Methode.

Differenz p	0,05	- 0,04 =	0,01
Differenz v	2,3	- 2,0 =	0,3
Differenz B	80.000	- 100.000 =	-20.000

	Preis	• Verbrauch	• Besch.	= Abweichung
ΔP	0,01	2,0	100.000	2.000
ΔV	0,04	0,3	100.000	1.200
ΔB	0,04	2,0	-20000	-1.600
ΔPΔV	0,01	0,3	100.000	300
ΔPΔB	0,01	2,0	-20000	-400
ΔVΔB	0,04	0,3	-20000	-240
ΔPΔVΔB	0,01	0,3	-20000	-60
ΔG				1.200

Literatur

Coenenberg, A.: Kostenrechnung und Kostenanalyse, Landsberg am Lech, 1992
Freidank, C.: Kostenrechnung, 2. Auflage, München, Wien 1988
Haberstock, L.: Kostenrechnung II. (Grenz-)Plankostenrechnung, 4. Aufl., Wiesbaden 1982
Kilger, W.: Flexible Plankostenrechnung und Deckungsbeitragsrechnung, 9. Aufl., Wiesbaden, 1988
Schweitzer, M. / Küpper, H.: Systeme der Kosten und Erlösrechnung, 6. Aufl., München 1995
Vormbaum, H. / Rautenberg, H.: Kostenrechnung III für Studium und Praxis Plankostenrechnung, Baden-Baden, Bad Homburg von der Höhe, 1985

5. Die flexible Kostenkontrolle und Abweichungsanalyse variabler Materialkosten

5.1. Die Kostenplanung als Grundlage der Kostenkontrolle

Die Abweichungsanalyse stellt ein wichtiges Instrument des Kostenmanagements dar, mit dem Schwachstellen insbesondere in industriellen Fertigungskostenstellen und Prozessrealisationen wirksam bekämpft werden können. Allerdings stellt dieses Instrument auch hohe Anforderungen an die möglichst genaue Ermittlung der einzelnen Abweichungen, da sie Kernstück der Ursachenforschung in der Kostendurchsprache sind.

In flexiblen Systemen der Plankostenrechnung werden die Einflussgrößen auf die Kosten variabel berücksichtigt. Der Grad der Flexibilität flexibler Plankostenrechnungssysteme hängt von der Anzahl der im System berücksichtigten Kostenbestimmungsfaktoren ab. So kann man z.B. von einer dreifachflexiblen Plankostenrechnung sprechen, wenn drei Kostenbestimmungsfaktoren flexibel geplant und damit auch kontrolliert werden können. Als bedeutende Form der flexiblen Plankostenrechnung hat sich insbesondere die teilkostenorientierte Grenzplankostenrechnung etabliert.

Die Planung der Kosten findet für jede Kostenart meist pro Kostenstelle statt. Die Kostenplanung erfolgt in der flexiblen Plankostenrechnung über die Festlegung von Bezugsgrößen, die als Maßstab der Kostenverursachung eine Aussage über die Veränderung der Kostenhöhe bei Variation des betreffenden Kostenbestimmungsfaktors zulassen sollen. Das bedeutet, dass ihre quantitative Ausprägung zur Kostenhöhe möglichst in einem proportionalen oder anderem bekannten Verhältnis stehen soll. Die Kostenplanung beinhaltet die Planung der Beschäftigung, die als Ergebnis des geplanten Produktionsfaktoreinsatzes einer Kostenstelle das Maß der Ausbringung dieser Kostenstelle darstellt.

Das Ergebnis der Kostenplanung sind die Plankosten $K^{(p)}$ einer Kostenart, die sich z. B. aus der dreifach-flexiblen Kostenfunktion in Abhängigkeit von dem Planpreis $p^{(p)}$, dem geplanten Verbrauch pro Bezugsgrößeneinheit $v^{(p)}$ und der Planbeschäftigung $x^{(p)}$ ergeben:

$$K^{(p)} = p^{(p)} \cdot v^{(p)} \cdot x^{(p)}, \text{ bzw. } K^{(p)} = k^{(p)} \cdot x^{(p)}$$

Das Produkt aus Planpreis $p^{(p)}$ und geplantem Verbrauch pro Beschäftigungseinheit $v^{(p)}$ ist in diesem Fall der variable Kostensatz $k^{(p)}$ pro Beschäftigungseinheit.

5.2. Die Zwecksetzung der Kostenkontrolle

Zwecksetzungen der Kostenkontrolle sind die Ermittlung von Abweichungen, die Bestimmung der Ursachen dieser Abweichungen und die Zuweisung auf Verantwortungsträger. Da Materialkosten in der industriellen Fertigung oft einen betragsmäßig großen Block an variablen Kosten ausmachen, stehen gerade sie im Mittelpunkt der Kontrollen. Die Kostenkontrolle wird dabei neben den Problemen der Ermittlung der Istwerte zusätzlich dadurch erschwert, dass nur solche Einflussgrößen auch kontrolliert werden können, die auch Objekte der Planung gewesen sind. Nicht geplante, damit unbekannte Ursachen bleiben vorerst unerkannt. Globale Abweichungen sind die Preis-, Beschäftigungs- und die globale Verbrauchsabweichung. Die Preisabweichung ΔP gibt die Unterschiede zum Planpreis und den tatsächlich er-

mittelten Preisen an. Sie ist demzufolge in der Regel extern bedingt. Die Beschäftigungsabweichung ΔB stellt in Systemen der flexiblen Plankostenrechnung die Umrechnung der Plankosten auf die Istbeschäftigung bzw. die Ermittlung der Sollkosten dar. Somit verbleibt zur
eigentlichen Kostenkontrolle die globale Verbrauchsabweichung ΔV, weil man hier eine Dif-
ferenzierungsmöglichkeit in Spezialabweichungen vermutet, die auf intern bedingte Einflussgrößen des Mehrverbrauches zurückführbar sind. Die Gründe für ihr Auftreten können dann
in unwirtschaftlichen Prozessrealisationen liegen. Zudem kann sich in der Praxis noch eine
Restabweichung ergeben, die auf nicht geplante bzw. unkontrollierbare Kostenbestimmungsfaktoren zurückgeführt werden kann.

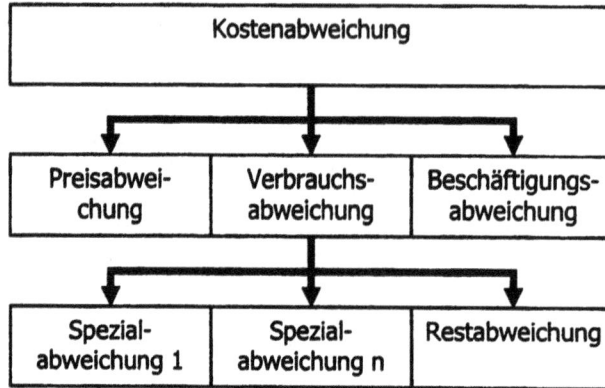

Abb. 1: Systematik der Abweichungsanalyse

Ein besonderes Problem der Abweichungsanalyse liegt vor, wenn mehrere Einflussgrößen
multiplikativ miteinander verknüpft sind und sie sich zudem gleichzeitig ändern. In diesen
Fällen kommt es zu Abweichungen höherer Ordnung, die bei Veränderung nur einer Einflussgröße nicht aufgetreten wären. Die Simultanitätsbedingung zum Entstehen von Abweichungen höherer Ordnung lässt damit auch keine willkürfreie Zuordnung dieser Abweichungen auf
betriebliche Verantwortungsträger zu. Die Anzahl der Abweichungen Δ bestimmen sich nach
der Anzahl der multiplikativ verknüpften Kostenbestimmungsfaktoren N nach der Formel:
Anzahl $\Delta = 2^N - 1$

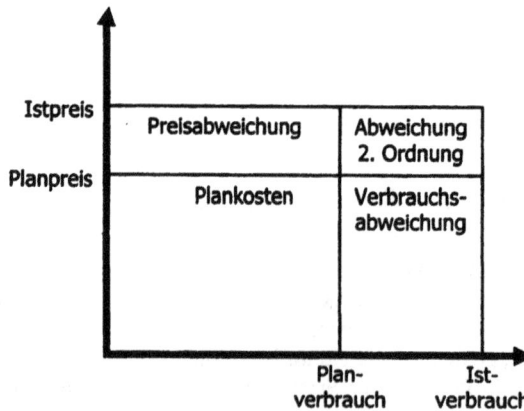

Abb. 2: Abweichung 2. Ordnung zwischen Preisabweichungen ΔP und Verbrauchsabweichung ΔV

Es gibt zwar Zurechnungsmethoden, wie z.B. die symmetrische Methode, die jeder Abweichung den gleichen Anteil an Abweichungen höherer Ordnungen zuordnet oder die proportionale Methode, die die Abweichungen höherer Ordnungen im proportionalen Verhältnis der Größe der Abweichungen erster Ordnung auf diese aufteilt, diese sind jedoch willkürlich und damit nicht verursachungsgerecht.

Die Entwicklung von Verfahren zur Kostenkontrolle hat insbesondere zur kumulativen, alternativen und zur differenziert-kumulativen Methode geführt. Gerade die in der Praxis verbreitete kumulative Methode liefert nicht immer eindeutige Ergebnisse, so dass sich gerade bei betragsmäßig großen Abweichungen die Gefahr zeigt, dass die Informationen der Kostenrechnung in ihrer Plausibilität angezweifelt werden können. Dabei sind diese Probleme durch den Übergang zur differenziert-kumulativen Abweichungsanalyse zu umgehen.

5.3. Kostenbestimmungsfaktoren

Die geplanten Kostenbestimmungsfaktoren müssen sowohl in ihrer Plan- als auch in der Istausprägung bestimmt werden können. Ausgehend von den errechneten Verbrauchsfunktionen und der Festlegung der Beschäftigung können die Plankosten ermittelt werden. Als Beispiel dient die Kontrolle der Materialkosten eines Rüttelgutes (z.B. Käse, Schinken für Tiefkühlprodukte), wie es etwa in der Lebensmittelindustrie über einen Rüttler auf den Kostenträger aufgebracht wird. In dem Beispiel sind die Werte in der Tabelle 1 angegeben.

Daten Kostenbestimmungsfaktor		Plan (p)	Ist (i)	Einheit
Rüttelgutgewicht	rg	2,00	2,20	kg/l
Rüttlergeschwindigkeit	rv	4,00	4,50	l/min
Rüttelgutpreis	p	9,00	10,00	€/kg
Beschäftigung (pro Schicht)	x	1.000,00	1.200,00	min
Verbrauch pro Einheit x	v	8,00	9,90	kg/min
Kosten	K	72.000	118.800	€
Kostenabw. (K(i) - K(p))			**46.800**	**€**

Tabelle 1: Plan und Istwerte

5.4. Die Verfahren der Abweichungsanalyse

5.4.1. Die kumulative Abweichungsanalyse

In der kumulativen Abweichungsanalyse muss zuerst eine Reihenfolgeregelung vorgenommen werden, da hier nacheinander die Abweichungen berechnet werden, indem nach jeder Berechnung ein weitere Kostenbestimmungsfaktor in den Plan gesetzt wird (kumulativ). Meistens spaltet man zuerst die Preisabweichung ab, da sie extern bedingt ist oder der beschaffenden, aber nicht der verbrauchenden Stelle zuzuordnen ist. Außerdem sind die zuerst abgespaltenen Abweichungen bei der kumulativen Variante nicht exakt, wie im Folgenden zu sehen ist; auch aus diesem Grund bietet sich die Preisabweichung als erste Abweichung an.

Kumulative Abweichungsanalyse, ausgehend von Istkosten							
Preisabw. (ΔP)	$p^{(i)}$	$\cdot v^{(i)}$	$\cdot x^{(i)}$	$- p^{(p)}$	$\cdot v^{(i)}$	$\cdot x^{(i)}$	
	10,00	9,90	1200	9,00	9,90	1200	11.880,00 €
Besch.-abw. (ΔB)	$p^{(p)}$	$\cdot v^{(i)}$	$\cdot x^{(i)}$	$- p^{(p)}$	$\cdot v^{(i)}$	$\cdot x^{(p)}$	
	9,00	9,90	1200	9,00	9,90	1000	17.820,00 €
Verbrauchsabw. (ΔV)	$p^{(p)}$	$\cdot v^{(i)}$	$\cdot x^{(p)}$	$- p^{(p)}$	$\cdot v^{(p)}$	$\cdot x^{(p)}$	
	9,00	9,90	1000	9,00	8,00	1000	17.100,00 €
Summe (= Gesamtabweichung)							**46.800,00 €**

Tabelle 2: kumulative Abweichungsanalyse

Die kumulative Abweichungsanalyse ermittelt ausgehend von den Istkosten die Abweichungen nacheinander. Dieses Vorgehen hat zur Folge, dass in den Abweichungen die Abweichungen höherer Ordnung anteilig mit verrechnet sind, so dass sich keine überschneidungsfreien Abweichungen ergeben. Nur die zuletzt abgespaltete Abweichung wäre eine reine Abweichung, da alle Abweichungen höherer Ordnungen bereits mit den vorhergehenden Abweichungen abgespalten worden sind. Die Teilabweichungen ergeben zwar in der Summe die Gesamtabweichung, trotzdem sind die Werte aufgrund der Abweichungsüberschneidungen bzw. des Nichtausweises der Abweichungen höherer Ordnungen verfälscht. Die daraus ableitbare Regel, zuerst alle unwichtigeren Abweichungen abzuspalten, um dann zum Schluss überschneidungsfreie Abweichungen zu erhalten, scheitert an der Unvollständigkeit der Kostenplanung, da sich unbekannte Einflussgrößen in der Restabweichung widerspiegeln.

5.4.2. Die alternative Abweichungsanalyse

Die alternative Abweichungsanalyse ermittelt ausgehend entweder von den Istkosten oder von den Plankosten die Teilabweichungen, indem immer nur eine einzelne interessierende Einflussgröße variiert wird, alle anderen bleiben im Ist bzw. Plan. Dieses Verfahren leidet an dem großen Nachteil, dass die Summe der Teilabweichungen aufgrund von Mehrfachverrechnungen der Abweichungen höherer Ordnungen in den Teilabweichungen nicht der Gesamtabweichung zwischen Ist- und Plankosten entspricht. Insofern ist sie aufgrund der daraus folgenden Akzeptanzprobleme nicht diskutabel. Wird bei der alternativen Abweichungsanalyse von den Istkosten ausgegangen, ergibt sich folgendes Bild:

Alternative Abweichungsanalyse, ausgehend von Istkosten							
Preisabw. (ΔP)	$p^{(i)}$	$\cdot v^{(i)}$	$\cdot x^{(i)}$	$- p^{(p)}$	$\cdot v^{(i)}$	$\cdot x^{(i)}$	
	10,00	9,90	1200	9,00	9,90	1200	11.880,00 €
Verbrauchsabw. (ΔV)	$p^{(i)}$	$\cdot v^{(i)}$	$\cdot x^{(i)}$	$- p^{(i)}$	$\cdot v^{(p)}$	$\cdot x^{(i)}$	
	10,00	9,90	1200	10,00	8,00	1200	22.800,00 €
Besch.-abw. (ΔB)	$p^{(i)}$	$\cdot v^{(i)}$	$\cdot x^{(i)}$	$- p^{(i)}$	$\cdot v^{(i)}$	$\cdot x^{(p)}$	
	10,00	9,90	1200	10,00	9,90	1000	19.800,00 €
Summe							**54.480,00 €**

Tabelle 3: alternative Abweichungsanalyse I

Die Werte sind aufgrund der Mehrfachverrechnung von Abweichungen höherer Ordnung größer als die Gesamtabweichung und damit unbrauchbar, weil diese Nichtübereinstimmung der Summen in der Kostendurchsprache zu Irritationen und Zweifeln seitens der Kostenverantwortlichen führt. Bei der entgegen gesetzten Vorgehensweise, von den Plankosten auszugehen, werden mit negativem Vorzeichen immerhin genau die überschneidungsfreien Teilabweichungen berechnet.

Alternative Abweichungsanalyse, ausgehend von Plankosten	
Preisabw. (ΔP)	$p^{(p)} \cdot v^{(p)} \cdot x^{(p)} - p^{(i)} \cdot v^{(p)} \cdot x^{(p)}$
	9,00 8,00 1000 10,00 8,00 1000 -8.000,00 €
Verbrauchsabw. (ΔV)	$p^{(p)} \cdot v^{(p)} \cdot x^{(p)} - p^{(p)} \cdot v^{(i)} \cdot x^{(p)}$
	9,00 8,00 1000 9,00 9,90 1000 -17.100,00 €
Besch.-abw. (ΔB)	$p^{(p)} \cdot v^{(p)} \cdot x^{(p)} - p^{(p)} \cdot v^{(p)} \cdot x^{(i)}$
	9,00 8,00 1000 9,00 8,00 1200 -14.400,00 €
Summe	-39.500,00 €
+ fehlende Abweichungen höherer Ordnungen	-7.300,00 €
= Gesamtabweichung	**46.800,00 €**

Tabelle 4: alternative Abweichungsanalyse II

Da die Abweichungen höherer Ordnung ohnehin nicht zum Gegenstand des Interesses der Abweichungsanalyse gehören, böte sich hier die Ergänzung der alternativen Methode um den Betrag aller Abweichungen höherer Ordnungen in einem Block an, um dem Prinzip der Vollständigkeit nachzukommen.

5.4.3. Die differenziert-kumulative Abweichungsanalyse

Als adäquate Methode der Abweichungsanalyse bei flexibler Kostenplanung kommt die differenziert-kumulative Abweichungsanalyse in Betracht. Ihr Merkmal ist es, die Abweichungen der jeweiligen Ordnungen differenziert auszuweisen. Es werden keine Abweichungen höherer Ordnungen in Abweichungen niederer Ordnungen verrechnet. Damit ist diese Methode am ehesten für eine verursachungsgerechte Abweichungsanalyse geeignet.

Die differenziert-kumulative Abweichungsanalyse kann je nach der gesetzten Zwecksetzung in zwei Richtungen eingesetzt werden; entweder als Überprüfung der Planung oder als Untersuchung des tatsächlich realisierten Leistungsangebotes. Der erste Fall ist dann vorzuziehen, wenn die Planung auch weiterhin als für die Zukunft gültig anzusehen ist. Es wird also untersucht, warum es zu Abweichungen gegenüber dem Plan gekommen ist.

Die Plankostenfunktion enthält wie oben erwähnt den Planpreis $p^{(p)}$, den Planverbrauch pro Einheit $v^{(p)}$ und die Planbeschäftigung $x^{(p)}$.

Wird bei der differenziert-kumulativen Abweichungsanalyse von der Sicht des Plans ausgegangen, können die Istausprägungen auch durch die Planausprägungen und die Differenzen (δ) ersetzt werden. Unter der Differenz δ versteht man das Subtraktionsergebnis zwischen dem Kostenbestimmungsfaktor: Ist minus Plan.

$$\Delta K = K^{(i)} - K^{(p)}$$
$$\Delta K = p^{(i)} \cdot v^{(i)} \cdot x^{(i)} - p^{(p)} \cdot v^{(p)} \cdot x^{(p)}$$

Es gilt weiterhin:

$$p^{(i)} = p^{(p)} - \delta p$$
$$v^{(i)} = v^{(p)} - \delta v$$
$$x^{(i)} = x^{(p)} - \delta x$$

Einsetzung in die Grundgleichung und Umformung:

$$\Delta K = p^{(i)} \cdot v^{(i)} \cdot x^{(i)} - p^{(p)} \cdot v^{(p)} \cdot x^{(p)}$$
$$\Delta K = (p^{(p)} + \delta p) \cdot (v^{(p)} + \delta v) \cdot (x^{(p)} + \delta x) - p^{(p)} \cdot v^{(p)} \cdot x^{(p)}$$

ergeben sich die folgenden sieben Abweichungen:

Preisabweichung ΔP	$= \delta p \cdot v^{(p)} \cdot x^{(p)}$
Verbrauchsabweichung ΔV	$= p^{(p)} \cdot \delta v \cdot x^{(p)}$
Beschäftigungsabweichung ΔB	$= p^{(p)} \cdot v^{(p)} \cdot \delta x$
Abw. 2. Ordnung ($\Delta K_{p,x}$)	$= \delta p \cdot v^{(p)} \cdot \delta x$
Abw. 2. Ordnung ($\Delta K_{v,x}$)	$= p^{(p)} \cdot \delta v \cdot \delta x$
Abw. 2. Ordnung ($\Delta K_{p,v}$)	$= \delta p \cdot \delta v \cdot x^{(p)}$
Abw. 3. Ordnung ($\Delta K_{p,v,x}$)	$= \delta p \cdot \delta v \cdot \delta x$

Nachfolgend werden die exakten Abweichungen ausgehend von den Plankosten ermittelt.

Diff.-kum. Abweichungsanalyse, dreifach-flexibel				
Preisabweichung (ΔP)	δp	$\cdot v^{(p)}$	$\cdot x^{(p)}$	
	1,00	8,00	1000	8.000,00 €
Verbrauchsabw. (ΔV)	$p^{(p)}$	$\cdot \delta v$	$\cdot x^{(p)}$	
	9,00	1,90	1000	17.100,00 €
Beschäftigungsabw. (ΔB)	$p^{(p)}$	$\cdot v^{(p)}$	$\cdot \delta x$	
	9,00	8,00	200	14.400,00 €
Abw. 2. Ordnung ($\Delta K_{p,x}$)	δp	$\cdot v^{(p)}$	$\cdot \delta x$	
	1,00	8,00	200	1.600,00 €
Abw. 2. Ordnung ($\Delta K_{v,x}$)	$p^{(p)}$	$\cdot \delta v$	$\cdot \delta x$	
	9,00	1,90	200	3.420,00 €
Abw. 2. Ordnung ($\Delta K_{p,v}$)	δp	$\cdot \delta v$	$\cdot x^{(p)}$	
	1,00	1,90	1000	1.900,00 €
Abw. 3. Ordnung ($\Delta K_{p,v,x}$)	δp	$\cdot \delta v$	$\cdot \delta x$	
	1,00	1,90	200	380,00 €
Summe (= Gesamtabweichung)				**46.800,00 €**

Tabelle 5: differenziert-kumulative Abweichungsanalyse

Die mit der differenziert-kumulativen Abweichungsanalyse berechnete Preisabweichung kann wie jede Preisabweichung nicht dem Kostenstellenverantwortlichen, sondern höchstens dem Einkauf zur Erklärung zugeleitet werden. Diese Preisabweichung ist jetzt allerdings überschneidungsfrei, so dass eine Exkulpation der verantwortlichen beschaffenden Stellen zu Lasten der verbrauchenden Stellen nicht mehr möglich ist. Die globale Verbrauchsabweichung kann hingegen vollständig als Grundlage der Kostendurchsprache der verbrauchenden Stellen dienen, da sie ja ihrerseits auch überschneidungsfrei ist. Die Gründe, die zur Verbrauchsabweichung führen, können jedoch unterschiedlich sein. Deshalb kann ein Informationsbedarf bestehen, die Verbrauchsabweichung noch genauer zu untersuchen. Dies kann bei Kenntnis der Veränderungen der verbrauchsbedingenden Kostenbestimmungsfaktoren über die Ermittlung von Spezialabweichungen geschehen.

5.4.4. Spezialabweichungen

Die Verbrauchsabweichung stellt den Ausgangspunkt der Ermittlung von Spezialabweichungen dar. Die in dem Beispiel angenommenen beiden abweichenden Faktoren des Verbrauchs, das gestiegene Gewicht des Rüttelgutes (z.B. andere Sorte) und die Erhöhung der Rüttlergeschwindigkeit, sind multiplikativ miteinander verknüpft. Das bedeutet, es kommt zu Mehrverbrauch, weil

- sich das Gewicht des Rüttelgutes erhöht hat,
- sich die Rüttlergeschwindigkeit erhöht hat,
- auch während der erhöhten Geschwindigkeit schwereres Rüttelgut gerüttelt wurde.

Somit wird es zu zwei Spezialabweichungen und einer Verbrauchsabweichung zweiter Ordnung kommen, wie die folgenden Ausführungen zeigen. Zur Ermittlung der Spezialabweichungen wird jeweils immer nur der zu untersuchende Faktor in seiner Istausprägung berücksichtigt.

Spezialabweichungen können je nach Betrieb und den dort auftretenden Prozessen auf sehr unterschiedliche Kostenbestimmungsfaktoren zurückzuführen sein. Sie sind Teile der Verbrauchsabweichung, die die Gründe des Mehrverbrauchs genauer lokalisieren sollen. Solche Spezialabweichungen können nur dann ermittelt werden, wenn die Kostenbestimmungsfaktoren bekannt, quantifizierbar und damit auch planbar werden. Auch hier gilt, dass alles, was nicht geplant wird, auch nicht kontrolliert werden kann, da ja der Vorgabewert fehlt.

Typische Spezialabweichungen sind:

- Mischungsverhältnisabweichung
- Seriengrößeabweichung
- Intensitätsabweichung
- Ausbeutegradabweichung
- Geschwindigkeitsabweichung
- Gewichtsabweichung
- Maschinenbelegungsabweichung
- Bedienverhältnisabweichung
- Arbeitszeitabweichungen

Die Lohnsatzabweichung ist hingegen eine Erscheinungsform der Preisabweichung.

Ermittlung der Spezialabweichungen aus der Verbrauchsabw.

Verbrauch pro Einheit x	=	geschwindigkeitsbed. • gewichtsbed. Verbrauch			
v	=	rv	•	rg	
Verbrauchsdifferenzen	=	δrv	+ δrg +	δrv,rg	
rv	=	l/min$^{(i)}$ 4,50	• kg/l$^{(p)}$ 2,00		kg/min 9,00
δrv	=	rv 9,00	- v$^{(p)}$ 8,00		kg/min 1,00
rg	=	l/min$^{(p)}$ 4,00	• kg/l$^{(i)}$ 2,20		kg/min 8,80
δrg	=	rg 8,80	- v$^{(p)}$ 8,00		kg/min 0,80
δrv,rg	=	δv 1,90	- (δrv 1,00	+ δrg 0,80)	kg/min 0,10
Spezialabweichung Geschwindigkeit	=	p$^{(p)}$ 9,00	• δrv 1,00	• x$^{(p)}$ 1.000,00	9.000,00 €
Spezialabweichung Gewicht	=	p$^{(p)}$ 9,00	• δrg 0,80	• x$^{(p)}$ 1.000,00	7.200,00 €
Spezialabweichung höherer Ordnung	=	p$^{(p)}$ 9,00	• δrv,rg 0,10	• x$^{(p)}$ 1.000,00	900,00 €
Summe (= Verbrauchsabweichung (ΔV))					**17.100,00 €**

Tabelle 6: Spezialabweichungen

Die ursprüngliche Kostenfunktion: $K^{(p)} = p^{(p)} \cdot v^{(p)} \cdot x^{(p)}$ könnte aufgrund der multiplikativen Verknüpfung zwischen dem Rüttelgutgewicht $rg^{(p)}$ und der Rüttelgutgeschwindigkeit $rv^{(p)}$ auch als vierfach variable Kostenfunktion $K^{(p)} = p^{(p)} \cdot rg^{(p)} \cdot rv^{(p)} \cdot x^{(p)}$ dargestellt werden. In der differenziert-kumulativen Abweichungsanalyse ergäben sich dann sofort insgesamt 2^4-1 = 15 Teilabweichungen. Allerdings existiert dann keine globale Verbrauchsabweichung mehr, so dass dieses Vorgehen unzweckmäßig sein könnte. Es ergäben sich für diese vierfach-flexible Kostenfunktion die folgenden 15 Abweichungen:

Preisabweichung ΔP	$= \delta p \cdot rg^{(p)} \cdot rv^{(p)} \cdot x^{(p)}$
Beschäftigungsabweichung ΔB	$= p^{(p)} rg^{(p)} \cdot rv^{(p)} \cdot \delta x$
Gewichtsverbrauchsabweichung ΔRG	$= p^{(p)} \cdot \delta rg \cdot rv^{(p)} \cdot x^{(p)}$
Geschwindigkeitsverbrauchsabweichung ΔRV	$= p^{(p)} \cdot rg^{(p)} \cdot \delta rv \cdot x^{(p)}$
Abw. 2. Ordnung ($\Delta K_{p,x}$)	$= \delta p \cdot rg^{(p)} \cdot rv^{(p)} \cdot \delta x$
Abw. 2. Ordnung ($\Delta K_{p,rg}$)	$= \delta p \cdot \delta rg \cdot rv^{(p)} \cdot x^{(p)}$
Abw. 2. Ordnung ($\Delta K_{p,rv}$)	$= \delta p \cdot \delta rv \cdot rg^{(p)} \cdot x^{(p)}$
Abw. 2. Ordnung ($\Delta K_{x,rg}$)	$= \delta x \cdot \delta rg \cdot p^{(p)} \cdot rv^{(p)}$
Abw. 2. Ordnung ($\Delta K_{x,rv}$)	$= \delta x \cdot \delta rv \cdot p^{(p)} \cdot rg^{(p)}$

Abw. 2. Ordnung ($\Delta K_{rg,rv}$) $= \delta rg \cdot \delta rv \cdot p^{(p)} \cdot x^{(p)}$

Abw. 3. Ordnung ($\Delta K_{p,x,rg}$) $= \delta p \cdot \delta x \cdot \delta rg \cdot rv^{(p)}$

Abw. 3. Ordnung ($\Delta K_{p,x,rv}$) $= \delta p \cdot \delta x \cdot \delta rv \cdot rg^{(p)}$

Abw. 3. Ordnung ($\Delta K_{p,rg,rv}$) $= \delta p \cdot \delta rg \cdot \delta rv \cdot x^{(p)}$

Abw. 3. Ordnung ($\Delta K_{x,rg,rv}$) $= \delta x \cdot \delta rg \cdot \delta rv \cdot p^{(p)}$

Abw. 4. Ordnung ($\Delta K_{p,x,rg,rv}$) $= \delta p \cdot \delta x \cdot \delta rg \cdot \delta rv$

Diff.-kum. Abweichungsanalyse, vierfach-flexibel	
Preisabweichung ΔP	8.000,00 €
Beschäftigungsabweichung ΔB	14.400,00 €
Gewichtsverbrauchsabweichung ΔRG	7.200,00 €
Geschwindigkeitsverbrauchsabweichung ΔRV	9.000,00 €
Abw. 2. Ordnung ($\Delta K_{p,x}$)	1.600,00 €
Abw. 2. Ordnung ($\Delta K_{p,rg}$)	800,00 €
Abw. 2. Ordnung ($\Delta K_{p,rv}$)	1.000,00 €
Abw. 2. Ordnung ($\Delta K_{x,rg}$)	1.440,00 €
Abw. 2. Ordnung ($\Delta K_{x,rv}$)	1.800,00 €
Abw. 2. Ordnung ($\Delta K_{rg,rv}$)	900,00 €
Abw. 3. Ordnung ($\Delta K_{p,x,rg}$)	160,00 €
Abw. 3. Ordnung ($\Delta K_{p,x,rv}$)	200,00 €
Abw. 3. Ordnung ($\Delta K_{p,rg,rv}$)	100,00 €
Abw. 3. Ordnung ($\Delta K_{x,rg,rv}$)	180,00 €
Abw. 4. Ordnung ($\Delta K_{p,x,rg,rv}$)	20,00 €
Summe (= Gesamtabweichung)	46.800,00 €

Tabelle 7: Differenziert-kumulative Analyse mit 15 Abweichungen

Im Beispiel kann die gesamte Abweichung durch einzelne Teilabweichungen erklärt werden. In der Praxis wird aber in der Regel ein Teil verbleiben, der nicht erklärt werden kann. Diese als Restabweichung bezeichnete Teilabweichung geht auf die Kostenbestimmungsfaktoren zurück, die nicht geplant werden konnten, und sich somit der Kontrolle entziehen. Sie als das Ausmaß der Unwirtschaftlichkeit zu bezeichnen, wäre verfehlt, da die Gründe für das Entstehen von Restabweichung durchaus ökonomisch begründet sein können, sie sind nur nicht als Kostenbestimmungsfaktoren im System der flexiblen Plankostenrechnung enthalten. Andererseits können auch unwirtschaftliche Ursachen zum Entstehen der Restabweichung führen. Insofern ist der Ausweis der Restabweichung für das Kostenmanagement interessant, weil hier ein Ausgangspunkt weiterführender Kontrollarten gefunden werden kann. So kann ein Vergleich der Abweichungen verschiedener Schichten als Ansatzpunkt zur technischen oder personellen Schwachstellenanalyse genutzt werden.

Da die Verbrauchsabweichung nach der differenziert-kumulativen Methode immer überschneidungsfrei ist, fällt sie gänzlich in den Zuständigkeitsbereich der materialverbrauchenden Stellen. Insofern ist sie sogar bei fehlender Kenntnis der Faktoren, die zur Ermittlung von

Spezialabweichungen benötigt werden, nützlich. Sie gibt dem Controller ein Instrument in die Hand, insbesondere bei Informationsvorsprüngen der Kostenverantwortlichen gegenüber dem Controller, den „schwarzen Peter" der Erklärungspflicht dem Kostenverantwortlichen zuzuschieben. Ein Herausreden des Kostenverantwortlichen, die Abweichungen seien etwa nicht exakt berechnet, nicht frei von Preiseinflüssen etc. sind jedenfalls mit der Einführung der differenziert-kumulativen Abweichungsanalyse ausgeräumt. Abschließend wird in der letzten Übersicht dargestellt, wie die differenziert-kumulative Abweichungsanalyse im Rahmen der Materialkostenkontrolle als Berichtsformblatt in das Berichtswesen übernommen werden könnte. Dabei werden nur die relevanten absoluten und relativen Abweichungen dargestellt, um in dieser pragmatischen Sicht das Bild nicht zu überfrachten.

Berichtsformblatt

			Plan	Ist	Δ	%
Rüttelgutgewicht	rg	kg/l	2,00	2,20	0,20	10,00
Rüttlergeschwindigkeit	rv	l/min	4,00	4,50	0,50	12,50
Rüttelgutpreis	p	€/kg	9,00	10,00	1,00	11,11
Beschäftigung	x	min	1.000,00	1.200,00	200,00	20,00
Verbrauch pro Einheit	v	kg/min	8,00	9,90	1,90	23,75

			Plan (€)	Ist (€)	Δ	%
Kosten		p • v • x	72.000,00	118.800,00	46.800,00	65,00

Abweichungsanalyse	€
Preisabweichung	8.000,00
Verbrauchsabweichung	17.100,00
Beschäftigungsabweichung	14.400,00
Σ	39.500,00
Abweichungen höherer Ordnungen	7.300,00
ΣΣ	46.800,00

Spezialabweichung Verbrauch	€
Geschwindigkeit	9.000,00
Gewicht	7.200,00
Abw. 2.Ordnung	900,00
Σ	17.100,00

Tabelle 8: Berichtsformblatt

Es ist wichtiger, überschneidungsfrei Preis-, Beschäftigungs- und Verbrauchsabweichungen zu ermitteln und diese von den Kostenverantwortlichen aufgrund ihres Wissensstandes erklären zu lassen, als mit der Fortführung ungenauer Methoden der Kostenrechnung bzw. dem Controller die Argumentationsbasis der mathematischen Korrektheit zu rauben.

Das Fallbeispiel wurde so gewählt, dass alle Kostenbestimmungsfaktoren im Ist größer sind als im Plan. Das hat zur Folge, dass zwar die Preis- und die Verbrauchsabweichungen Mehrkosten darstellen, die Beschäftigungsabweichung hier aber für eine größere Produktionsmenge steht. Somit ist auch klar, dass die Sollkosten, also die für die Istbeschäftigung relevante Vorgabe, größer sind als die Plankosten. Im Beispiel betragen die Sollkosten:

$$K^{(s)} = p^{(p)} \cdot rg^{(p)} \cdot rv^{(p)} \cdot x^{(i)}$$
$$K^{(s)} = 9,00 \cdot 2,00 \cdot 4,00 \cdot 1.200 = 86.400,- €$$

In einem einfachen Soll-Ist-Vergleich würde man also nur die Abweichung zwischen den Istkosten und den Sollkosten ermitteln:

$$\Delta = K^{(i)} - K^{(s)} = 118.800 - 86.400 = 32.400,- €$$

Die Differenz zur Kostenabweichung von 46.800,- € beträgt 14.400,- € und ist die Beschäftigungsabweichung, wie sie auch in der differenziert-kumulativen Analyse ausgewiesen wird. Die Beschäftigungsabweichung ist hier als Differenz zwischen Plankosten und Sollkosten zu verstehen und nicht wie teilweise in der Literatur, als Verrechnungsabweichung. Die Verrechnungsabweichung (= Leerkosten) ist die Differenz aus nicht verrechneten fixen Plankosten in der Plankalkulation bei Systemen der Vollkostenrechnung.

Die Abweichung in Höhe von 32.400,- € beinhaltet alle Mehrkosten, die durch die nicht planmäßige Prozessrealisation aufgetreten sind. Die Gründe dafür liefert exakt nur die differenziert-kumulative Abweichungsanalyse.

Interessant ist auch der Fall, wenn die Beschäftigungsabweichung negativ ist, also die Istbeschäftigung unter der Planbeschäftigung liegt. Sind die Istpreise und Istverbräuche dann auch höher als im Plan, kommt es zu dem Phänomen, dass alle Abweichungen höherer Ordnungen, bei denen die Beschäftigung einen Einfluss hat, auch negativ werden. Das führt wiederum dazu, dass bei der kumulativen Abweichungsanalyse die Preis- und Verbrauchsabweichung durch die negativen Abweichungen höherer Ordnungen zum Teil kompensiert werden; also betragsmäßig nicht so hoch ausgewiesen werden, wie sie tatsächlich sind. Insofern bietet sich für diesen praxisnahen Fall auch die differenziert-kumulative Abweichungsanalyse an.

Literatur

Brühl, R: Methoden der Kostenkontrollrechnung, Diskussionspapier 169, hrsg. v. d. Wirtschaftswissenschaftlichen Dokumentation, Technische Universität Berlin, Berlin, 1993
Haberstock, W.: Kostenrechnung II (Grenz-)Plankostenrechnung, 7. Auflage, Hamburg 1990
Kilger, W: Flexible Plankostenrechnung und Deckungsbeitragsrechnung, 9. Aufl., Wiesbaden, 1988
Kloock, J. / Bommes, W.: Methoden der Kostenabweichungsanalyse, in: Kostenrechnungspraxis, 3/1982, S. 225237
Vormbaum, H. / Rautenberg, H.: Kostenrechnung III für Studium und Praxis Plankostenrechnung, Baden-Baden, Bad Homburg von der Höhe, 1985
Wilms, S.: Abweichungsanalysemethoden der Kostenkontrolle, Bergisch-Gladbach 1988

6. Gestaltungsmöglichkeiten eines Fixkostenmanagements

6.1. Fixkostenmanagement

Die Analyse der Fixkosten steht in der traditionellen Kostenkontrolle nicht unbedingt im Mittelpunkt der Betrachtung, da Fixkosten als wenig beeinflussbar angesehen werden und eine Betonung der variablen Kosten insbesondere bei der Entwicklung der Grenzplankostenrechnung vorgenommen wurde. Die Vernachlässigung der Kontrolle fixer Kosten ist insofern unbefriedigend, als dass immerhin ein großer Teil der Kosten bedingt durch die Vorhaltung einer hohen Leistungsbereitschaft fixen Charakter hat. Außerdem sind auch fixe Kosten beeinflussbar, ihr fixer Charakter entspringt schließlich primär nur dem kurzfristigen, operativen Zeithorizont der Kostenrechnung. Fix heißt aber nicht, dass sie unweigerlich fest sind. Insofern kommt dem Kostenmanagement hier die Aufgabe zu, über den Informationsrahmen der Kostenrechnung hinaus Verfahren zu entwickeln, die in der Lage sind, die Fixkostenabbaupotentiale wirkungsvoll zu identifizieren. Des Weiteren sollte insbesondere in Unternehmen mit hohem Fixkostenanteil auch das Interesse an einem prophylaktischen Einsatz des Fixkostenmanagements vorhanden sein, um nicht erst zu bemerken, dass die Fixkosten zu hoch und zu starr sind, wenn die Unternehmenskrise schon in vollem Gange ist.

6.2. Die Struktur von Fixkosten

6.2.1. Grundlagen

Fixkosten werden verursacht durch die Entscheidungen über den Aufbau von Kapazitäten zur Erstellung einer bestimmten Leistungsbereitschaft, die aufgrund unumgänglicher oder gewollter Unteilbarkeiten der Potenziale einer bestimmten zeitlichen Bindung unterliegen, bzw. für eine bestimmte Periode im Voraus festgelegt werden. Fixkosten werden zum Teil auch als Bereitschaftskosten bezeichnet, weil sie der Werteverzehr sind, der durch Entscheidungen über die Aufrechterhaltung oder Erweiterung einer bestimmten Betriebsbereitschaft verursacht wird.

Die Charakterisierung als Fixkosten bedeutet in einer engen Begriffsauslegung, dass diese Kosten nicht auf Änderungen der Beschäftigung einer Kostenstelle oder eines Bereiches reagieren. Sie sind somit in ihrer Existenz von anderen Kostenbestimmungsfaktoren als der Beschäftigung abhängig. Oft wird davon ausgegangen, dass Fixkosten zeitabhängige Kosten seien, sie also lediglich vom Faktor Zeit bestimmt werden. Die Gründe für das Auftreten von Fixkosten können aber mannigfaltig sein; so sind z.B. bei Personalkosten die arbeitsvertraglichen Konstellationen die fixkostenverursachenden Faktoren. Sie können von Vertrag zu Vertrag unterschiedlich sein, was sich dann in divergierenden Kündigungsfristen widerspiegelt. Zur wirkungsvollen Fixkostenanalyse ist es daher notwendig, die einzelnen Fixkosten genauer nach verschiedenen Kriterien zu unterteilen. Diese Differenzierung ist deshalb umständlich, weil sich unterschiedliche Fixkostenarten nicht mit mathematischen Kostenfunktionen beschreiben lassen wie etwa die variablen Kosten. Sondern es muss je nach angestrebter Analysegenauigkeit eine Prüfung bis auf die Ebene einzelner Fixkostenbeträge vorgenommen werden.

6.2.2. Fixkostenarten

Zum Aufbau eines wirkungsvollen Fixkostenmanagements ist es unerlässlich, die Fixkosten einer genauen Analyse zu unterziehen und betriebswirtschaftlich relevante Fixkostenarten voneinander abzugrenzen.

Eine klassische Unterteilung der Fixkosten ist dabei die Bildung von Fixkostenschichten im Rahmen der mehrstufigen Fixkostendeckungsrechnung. Hier werden verschiedene Zurechnungsobjekte definiert, auf die dann die jeweiligen Fixkosten einwandfrei zugerechnet werden sollen.

Die mehrstufige Fixkostendeckungsrechnung ist charakterisiert durch eine möglichst genaue Trennung des gesamten Fixkostenblockes in verschiedene Fixkostenschichten, die verursachungsgemäß, soweit das möglich ist, aus den Deckungsbeiträgen der einzelnen Erzeugnisse oder Erzeugnisgruppen gedeckt werden sollen. Nur der nicht zurechenbare Fixkostenrest - Fixkosten des gesamten Unternehmens, die in keinem Zusammenhang mit irgendeinem Erzeugnis oder einer Erzeugnisgruppe anfallen - muss dann von den noch nicht verteilten Deckungsbeiträgen sämtlicher Erzeugnisse getragen werden. Erst diese stufenweise Verteilung der Deckungsbeiträge vermittelt einen wirklichen Eindruck von dem Grad der Fixkostendeckung durch die einzelnen Erzeugnisarten und Erzeugnisgruppen.

Die mehrstufige Fixkostendeckungsrechnung ist dadurch charakterisiert, dass sie von einem gegliederten Fixkostenblock ausgeht und eine stufenweise Verrechnung der gebildeten Fixkostenanteile vom jeweils verbleibenden Deckungsbeitrag vornimmt. Die Gliederung des gesamten Fixkostenblocks in einzelne Anteile bestimmt sich nach deren Zurechenbarkeit auf Bezugsobjekte. Als Bezugsobjekte sind dabei insbesondere Produkt- und Abrechnungsbezirke zu berücksichtigen.

Bei einer Zurechnung nach Produkten bilden Produktarten, Produktgruppen und das gesamte Produktionsprogramm die möglichen Bezugsobjekte. Demnach ist zwischen Produktartenfixkosten, Produktgruppenfixkosten und Fixkosten des gesamten Produktionsprogrammes zu unterscheiden. Bei den Abrechnungsbezirken kann in den gesamten Betrieb, Bereiche und evtl. auch Kostenstellen unterschieden werden. Gebräuchlich ist die Unterteilung in:

- Produktartenfixkosten
- Produktgruppenfixkosten
- Kostenstellenfixkosten
- Bereichsfixkosten
- Unternehmensfixkosten

Als Beispiel für Produktartfixkosten sind Abschreibungen von Spezialmaschinen zu nennen, die nur zur Erstellung einer einzigen Produktart verwendet werden. Produktgruppenfixkosten sind z. B. entweder auch die Kosten der Fertigungsanlagen der jeweiligen Produktgruppen oder bei räumlicher Trennung oft auch die Kosten für die Gebäude, Fertigungsstätten etc. Ein klassisches Beispiel für Bereichsfixkosten sind die Fixkosten von Profit Centern, die diesen Bereichen eindeutig zuzurechnen sind. Kosten der allgemeinen Verwaltung oder des Vorstands sind dagegen typische Unternehmensfixkosten, die nicht aufteilbar sind.

Des Weiteren ist es wichtig, die Fixkosten im Hinblick auf ihre Zahlungswirksamkeit zu unterscheiden in:

- pagatorische Fixkosten
- kalkulatorische Fixkosten

Pagatorische Fixkosten wie z.B. Mieten, Leasingraten und Gehälter sind in der Periode unmittelbar zahlungswirksam und zählen deshalb zu den primären Untersuchungsobjekten, wenn es insbesondere auch um den Abbau von Liquiditätsproblemen geht. Kalkulatorische Fixkosten wie Abschreibungen und Zinsen sind dagegen oft längerfristiger Natur.

Eng damit verbunden ist die Unterscheidung der Fixkosten nach ihrer zeitlichen Bindungsdauer. Hier können unterschiedliche Fristigkeitsgrade angesetzt werden. So könnte man z.B. unterscheiden in:

- Monatsfixkosten (z.B. Zeitschriftenabonnement)
- Quartalsfixkosten (z.B. Gehälter)
- Jahresfixkosten (z.B. Mieten, Leasingraten, Gehälter)
- Mehrjahresfixkosten (z.B. Abschreibungen, langfristige Pachten)

Eine anschließende Frage setzt sich mit dem Zukunftsbezug fixer Kosten auseinander. Dabei kann unterschieden werden, ob die Fixkosten im Rahmen ihres zeitlichen Horizontes irreversibel für die Zukunft vordisponiert sind wie z. B. im Rahmen eines Mietvertrages oder ob sie doch noch beeinflussbar sind. Gerade die so genannten Vorleistungskosten, die z.B. für Forschung und Entwicklung anfallen, sind durchaus noch zu beeinflussen. Allerdings läuft man hier Gefahr, durch einen zu hohen Fixkostenabbau die entsprechenden Aktivitäten zu sehr zu beschneiden und damit auch eine Reduzierung im Aufbau zukünftiger Erfolgspotenziale hinnehmen zu müssen.

Im Rahmen der Analyse der zeitlichen Bindung müssen allerdings verschiedene Termine unterschieden werden. So sind zuerst Angaben zum Beginn und zum Ende der Bindungsdauer interessant. Daneben werden Angaben über mögliche Entscheidungsvorläufe (z.B. Kündigungstermine) und die Zeitpunkte der Zahlungen benötigt. Die Art der zeitlichen Bindung kann dabei sehr unterschiedlich gelagert sein. Man kann hier

- ökonomisch
- vertraglich
- technisch-organisatorisch
- psychologisch-gesellschaftlich

determinierte Bindungen voneinander abgrenzen.

Ökonomische Faktoren betreffen die Überlegungen zur Dimensionierung der zukünftigen Leistungsbereitschaft des Unternehmens. Hier sind insbesondere auch Aspekte der Unabhängigkeit durch Schaffung eigener Leistungsbereitschaft zu würdigen. So zählen hierzu beispielsweise die Mieten, Abschreibungen, Wartungskosten usw., die zur Aufrechterhaltung einer gewünschten Mindestbetriebsbereitschaft notwendig sind.

Vertragliche Bindungen lassen sich aus gesetzlichen, gesamt- oder einzelvertraglichen Regelungen ableiten. Diese Bindungen kommen somit insbesondere bei Personalfixkosten, aber auch bei Gebäuden und anderen Miet- oder auch Leasingobjekten als Merkmal in Betracht.

Im Rahmen der technisch-organisatorischen Bindungen geht es um die Frage, wieweit die aus ökonomischen Überlegungen abgeleiteten Fixkostenreduzierungen auch umgesetzt werden können. Hier ist z.B. interessant, ob die Fixkosten etwa einer Kostenstelle insgesamt fix sind oder ob sie sprungfixen Charakter haben. So könnte beispielsweise dann nämlich eine Kapazitätsreduktion erfolgen, wenn sich das Fixkostenpotenzial einer Kostenstelle aus z.B. fünf gleichartigen Maschinen zusammensetzt. Es muss nicht die gesamte Kapazität der Kostenstelle heruntergefahren werden, da die einzelnen Fixkostenpotenziale teilbar sind. Auch sind hier die Untersuchungen anzusiedeln, ob fixkostenverursachende Kapazitäten eventuell auszulagern wären.

Psychologisch-gesellschaftliche Gründe für eine Bindung der Fixkosten liegen vor, wenn es z.B. bei dem Abbau von fixen Personalkosten zu sozialen Vorbehalten kommt. Es darf nicht vergessen werden, dass gerade in den indirekten bzw. fertigungsfremden Bereichen ein großer Teil der Fixkosten durch Personalkosten repräsentiert wird, und ein Abbau dieser Fixkosten doch meist mit Personalfreisetzung verbunden ist.

Schließlich sind die Fixkosten nach der Art der beschafften Produktionsfaktoren zu trennen. Hier bestimmt der Rechnungszweck die Gliederungstiefe. Beispielhaft könnte man die Fixkosten in die vier Gruppen:

- Personalfixkosten (z.B. Gehälter)
- Sachanlagefixkosten (z.B. Abschreibungen, Zinsen)
- Fremdleistungsfixkosten (z.B. Wartungsverträge, Dauerwerbung)
- sonstige Fixkosten

unterteilen. Diese Einteilung hängt aber sehr von der Unternehmensgröße, der Branche und der angestrebten Analysegenauigkeit ab. So wird man in Dienstleistungsunternehmen vielleicht den Block der Personalfixkosten noch weiter aufspalten, während in Industriebetrieben gerade in den automatisierten Bereichen eine genauere Differenzierung der Sachanlagefixkosten geboten ist.

6.3. Fixkostenanalyse
6.3.1. Systematik

Es liegt nahe, als Kontrollobjekt der Fixkostenanalyse die tatsächliche Nutzung der errichteten Kapazität zu überprüfen. Da es hier nicht um die Analyse tatsächlicher Kostenabweichungen geht, wird diese Art der Fixkostenkontrolle als Auslastungsanalyse bezeichnet. Werden wie bei der Kontrolle der variablen Kosten die Plan- den Istausprägungen der Fixkosten im Rahmen eines Soll-Ist-Vergleichs gegenübergestellt, handelt es sich um eine Analyse realer Kostenabweichungen, die auch bei den Fixkosten vorkommen können. Als weiteres Kontrollobjekt im Rahmen der Fixkostenkontrolle kann die Untersuchung der zeitlichen Struktur der verschiedenen Fixkostenarten angesehen werden. Durch die Berücksichtigung der zeitlichen Struktur fixkostenverursachender Potenziale gehen in die Kostenrechnung Daten ein, die über den eigentlichen kurzfristigen Rechnungshorizont hinausgehen. Damit leistet die Kostenrechnung einen Beitrag zur Versorgung des Managements mit Information zur Entscheidungsfindung taktischer bzw. längerfristiger Entscheidungen.

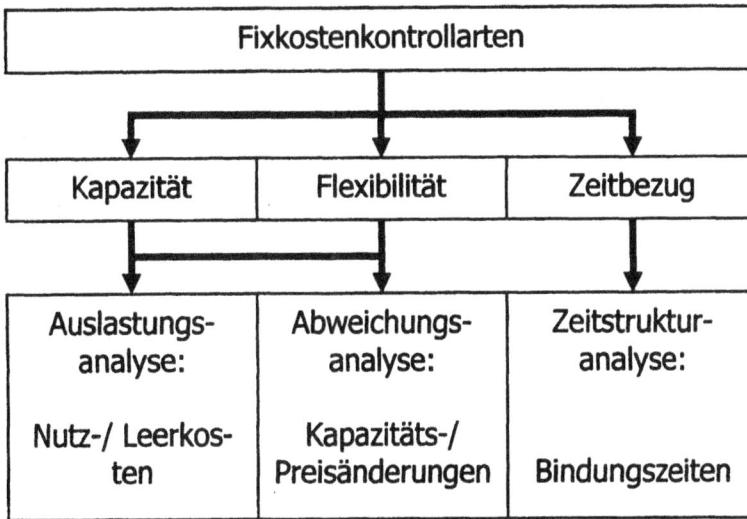

Abb. 1: Fixkostenkontrollarten

6.3.2. Auslastungsanalyse

Zur Auslastungsanalyse der fixen Kosten werden die Fixkosten unterschieden in Leerkosten und Nutzkosten. Die Nutzkosten ergeben sich dabei im System der flexiblen Plankostenrechnung als:

Nutzkosten = Fixkosten • Istbeschäftigung / Planbeschäftigung

Betragsmäßig entsprechen die Leerkosten der in Systemen der Plankostenrechnung auf Vollkostenbasis ermittelten Verrechnungsabweichung. Für die Nutzkosten wird auch der Begriff gedeckte fixe Kosten vorgeschlagen, der aber irreführend ist, da eine Deckung fixer Kosten nach dem Verständnis der Deckungsbeitragsrechnungen durch Erlöse gemeint sein könnte.

Die Differenz dieses Wertes zu den Fixkosten stellt demzufolge die Leerkosten dar. Die Nutzkosten sollen den Teil der fixen Kosten darstellen, der durch die Beanspruchung der Kapazitäten tatsächlich genutzt wurde. Es ist aber zu beachten, dass durch die Umrechnung nicht oder nur eingeschränkt teilbarer Fixkostenpotenziale auf die Istbeschäftigung die Nutzkosten nur eine statistische Kennzahl sind, die als Indikator für Kapazitätsreduktionen bei andauernder geringer Auslastung dienen. Die Verwendung der Auslastungsanalyse ist somit auf längerfristige Überlegungen zur Kapazitätsdimensionierung beschränkt und hat keinen Einfluss auf die operative Kontrolle der Kosten.

Die Auslastungsanalyse dient aber nicht den Zweck der Wirtschaftlichkeitskontrolle des Prozesses der Leistungserstellung, sondern kann nur die Verbindung von kapazitätsbeschreibenden Fixkosten und der tatsächlichen Inanspruchnahme der Kapazitäten einen wertmäßigen Indikator zur Beschreibung des Verhältnisses von aufgebauter Kapazität und genutzter Kapazität liefern. Ob die Monetarisierung dieser Kennzahl eine Aussagefähigkeit besitzt, die die Ermittlung rechtfertigt, hängt von den Zwecken und den individuellen Gegebenheiten des Betriebes ab. So können z.B. solche Kennzahlen bei sehr unterschiedlichem Kostenstellen zur potenzialorientierten Analyse der Kosten im Verhältnis zur jeweiligen Ausnutzung Verwendung finden.

6.3.3. Kostenabweichungsanalyse

Eine Analyse tatsächlicher Kostenabweichungen findet statt, wenn als Kontrollobjekte die Veränderung der Kapazität herangezogen wird. Veränderungen der Kapazität können durch quantitative Anpassungen oder durch eine geänderte Art der Leistungserstellung hervorgerufen werden. Wird z.B. eine quantitative Anpassung durch eine Erhöhung der auf einer Kostenstelle eingesetzten Maschinen vorgenommen, stellen die zusätzlichen Abschreibungen etc. eine Erhöhung der Fixkosten dieser Kostenstelle dar. Untersuchungsobjekt realer Kostenabweichungen ist also nicht der Anteil der genutzten von der geplanten Kapazität, sondern der Vergleich, ob die geplante Kapazität mit der tatsächlich geschaffenen Kapazität übereinstimmt.

Die Möglichkeit, dass die tatsächliche Kapazität von der geplanten Kapazität abweichen kann, bestimmt das Maß der Flexibilität der Kapazität der jeweiligen Kostenstelle. Dabei ist es nicht ausreichend, die Differenz zwischen den geplanten Fixkosten und den tatsächlichen Fixkosten als Fixkostenabweichung infolge geänderter Mengen an Kapazität im Sinne der Kostenkontrolle variabler Kosten als Verbrauchsabweichungen zu bezeichnen. Es kann der Fall auftreten, dass die tatsächlichen Fixkosten von den geplanten Fixkosten abweichen, ohne dass eine Kapazitätsveränderung festzustellen ist. Dieser Fall kann aus divergierenden Plan- und Istpreisen bei den Fixkosten resultieren (z.B. durch falsch geplante Tarifabschlüsse). Insofern ist auch bei der Analyse der Fixkosten zuerst die Preisabweichung zu ermitteln.

Sind die Preisabweichungen einer Fixkostenart auf einen gesamtunternehmensbezogenen Grund zurückzuführen, können sie kostenstellenübergreifend aggregiert werden. Damit stellt man bereichsübergreifend die Auswirkungen dieser Preisabweichungen auf die gesamte Fixkostenstruktur dar.

Für die Analyse der kapazitätsmengenbezogenen Abweichungen muss eine mengenmäßige Struktur der Teilkapazitäten ermittelbar sein. Wenn eine Gesamtkapazität nicht teilbar ist, kann es auch nicht zu Abweichungen kommen, da es keine Flexibilität gibt. Insofern ist für die Analyse echter Fixkostenabweichungen die Kenntnis eines Mengengerüstes für die verschiedenen Fixkostenarten notwendig, um echte Fixkostenabweichungen zu ermitteln, die auf Änderungen der Menge der auf einer Kostenstelle eingesetzten fixkostenverursachenden Produktionsfaktoren oder auf die Änderung der Art dieser Produktionsfaktoren zurückzuführen sind.

6.3.4. Zeitstrukturanalyse

Die Flexibilität von fixkostenverursachenden Kapazitäten kann in Verbindung stehen mit der zeitlichen Struktur. Je kürzer die Bindungszeiträume sind, die als Zeitintervall von einem Zeitpunkt der Beeinflussbarkeit bis zum nächsten Zeitpunkt der Beeinflussbarkeit definiert werden können, desto eher ist die Möglichkeit zur Beeinflussung der Kosten gegeben, die kurzfristig fix sind. Das Bindungsintervall ist die Mindestdauer der Unveränderlichkeit. Neben den Terminen der Beeinflussbarkeit sind Angaben über die Termine notwendig, zu denen die Entscheidungen über die Beeinflussung zukünftiger Fixkosten getroffen werden muss (so genannter Entscheidungsvorlauf). Die Zeitstrukturanalyse fixer Kosten kann insofern der Kostenkontrolle zugerechnet werden, als dass sie bei den tatsächlichen Fixkosten die Bindungsintervalle ermittelt, die schon aufgrund vergangener Entscheidungen festgelegt wurden. Im Rahmen des Managementzyklus können diese Informationen als Ausgangspunkt eines Fixkostenmanagements genutzt werden, dass sich mit der Entwicklung von Konzepten zur Gestaltung zukünftiger fixkostenverursachender Potenziale in nachfolgenden Planungsphasen beschäftigt.

Der Aufwand zur Durchführung einer Zeitstrukturanalyse der Fixkosten ist bei detaillierter Vorgehensweise entsprechend hoch, da für jede fixkostenverursachende Teilkapazität die Daten über die Zeitpunkte ermittelt werden müssen. Als Quellen der Datenermittlung können z.B. die Lohn- und Gehaltsbuchhaltung und die Analyse der der Beschaffung der Kapazitäten zugrunde liegenden vertraglichen Vereinbarungen genutzt werden. Doch bei fehlender Quantifizierung der Zeitpunkte, die insbesondere bei im Eigentum des Betriebes stehenden Kapazitäten oder bei unbefristeten Nutzungsverträgen auftreten kann, wird die Analyse durch die notwendige Schätzung der Bindungsintervalle ungenau.

Durch die Orientierung der Ermittlung der Bindungsintervalle an speziellen vertraglichen Regelungen wird die Aussagefähigkeit einer solchen Analyse insofern eingeschränkt, als dass durch verschiedenartige einzelvertragliche Regelungen unterschiedliche Bindungsintervalle für eigentlich gleichartige Teilkapazitäten ermittelt werden. Außerdem werden gerade bei der Zeitstrukturanalyse fixer Personalkosten arbeitsrechtliche und datenschutzrechtliche Bestimmungen eine konkrete Analyse nicht zulassen, so dass die zeitlichen Bindungsintervalle nicht frei von Schätzfehlern sein werden. Insofern stellt sich natürlich die Frage, ob die Zeitstrukturanalyse aufgrund des hohen Aufwands der Durchführung auf die partielle Untersuchung der betragsmäßig größten Fixkostenarten beschränkt werden sollte.

6.4. Anwendungen

Die Darstellung einer gesamten mehrstufigen Fixkostendeckungsrechnung unter Beachtung zeitlicher und anderer zusätzlicher Faktoren ist so umfangreich, dass sie sicherlich nur individuell aufzubauen ist. Hier sollen aber Vorschläge im Rahmen eines Berichtswesens präsentiert werden, wie möglichst aggregiert der schnelle Überblick bezüglich der Fixkostensituation möglich sein kann. Dieser Aspekt ist insbesondere für die Krisenprophylaxe interessant, denn hier kommt es darauf an, aufgrund der schnellen Analyse weniger Informationen eine Aussage zur Unternehmensentwicklung treffen zu können.

Die Abbildung 2 zeigt eine Möglichkeit der aggregierten unternehmensbezogenen Darstellung der Fixkosten. Es wird beispielhaft auf die Fixkostenanteile nach der zeitlichen Bindung, nach der Art der Produktionsfaktoren und nach der Zurechenbarkeit eingegangen.

Fixkosten Abweichungsanalyse		Plan	Ist	Δ Diff.	(%)
Fixkosten	€	**80.000,00**	**88.000,00**	**8.000,00**	**10,00**
davon: zahlungswirksam	€	64.000,00	72.000,00	8.000,00	12,50
in % zum Gesamt	%	80,00	81,82		
Analyse nach der Zeit der Bindung davon abbaubare:					
Monatsfixkosten	€	8.000,00	7.200,00	-800,00	-10,00
in % zum Gesamt	%	10,00	8,18		
Quartalsfixkosten	€	20.000,00	26.000,00	6.000,00	30,00
in % zum Gesamt	%	25,00	29,55		
Jahresfixkosten	€	32.000,00	34.800,00	2.800,00	8,75
in % zum Gesamt	%	40,00	39,55		
Mehrjahresfixkosten	€	20.000,00	20.000,00	0,00	0,00
in % zum Gesamt	%	25,00	22,73		
Summe	€	**80.000,00**	**88.000,00**		
	%	**100,00**	**100,00**		
Analyse nach der Art der Prod.-faktoren davon:					
Personalfixkosten	€	48.000,00	54.000,00	6.000,00	12,50
in % zum Gesamt	%	60,00	61,36		
Sachanlagefixkosten	€	16.000,00	16.000,00	0,00	0,00
in % zum Gesamt	%	20,00	18,18		
Fremdleistungsfixkosten	€	10.000,00	9.200,00	-800,00	-8,00
in % zum Gesamt	%	12,50	10,45		
Sonstige Fixkosten	€	6.000,00	8.800,00	2.800,00	46,67
in % zum Gesamt	%	7,50	10,00		
Summe	€	**80.000,00**	**88.000,00**		
	%	**100,00**	**100,00**		
Analyse nach der Zurechenbarkeit davon:					
Produktartfixkosten	€	4.000,00	4.000,00	0,00	0,00
in % zum Gesamt	%	5,00	4,55		
Produktgruppenfixkosten	€	20.000,00	23.400,00	3.400,00	17,00
in % zum Gesamt	%	25,00	26,59		
Bereichsfixkosten	€	30.400,00	33.000,00	2.600,00	8,55
in % zum Gesamt	%	38,00	37,50		
Unternehmensfixkosten	€	25.600,00	27.600,00	2.000,00	7,81
in % zum Gesamt	%	32,00	31,36		
Summe	€	**80.000,00**	**88.000,00**		
	%	**100,00**	**100,00**		

Abb. 2: Fixkostenabweichungsanalyse

Die unterschiedlichen Fixkostenschichten lassen sich auch graphisch darstellen. In der Abbildung 3 wird beispielhaft gezeigt, wie die Fixkosten nach der zeitlichen Bindungsdauer geschichtet sind. Besonders anschaulich ist es, wenn man hier nicht nur die Plan- und Istwerte vergleicht, sondern vielleicht auch langfristige Ziele bezüglich der Fixkostenstruktur integriert.

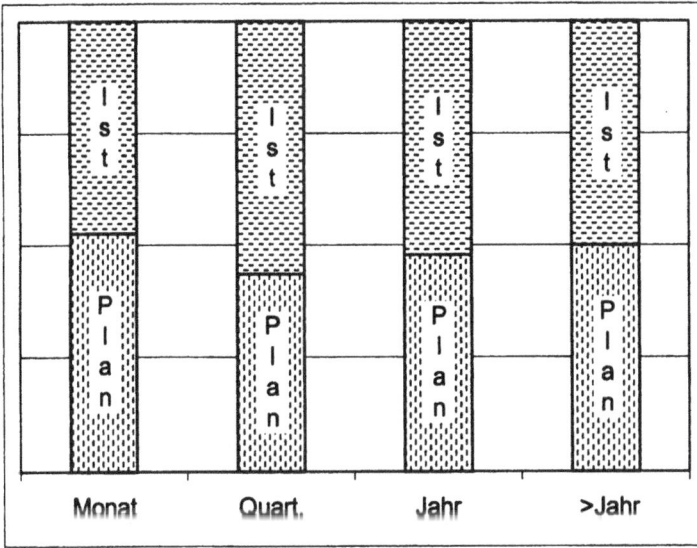

Abb. 3: Zeitliche Struktur der Fixkosten

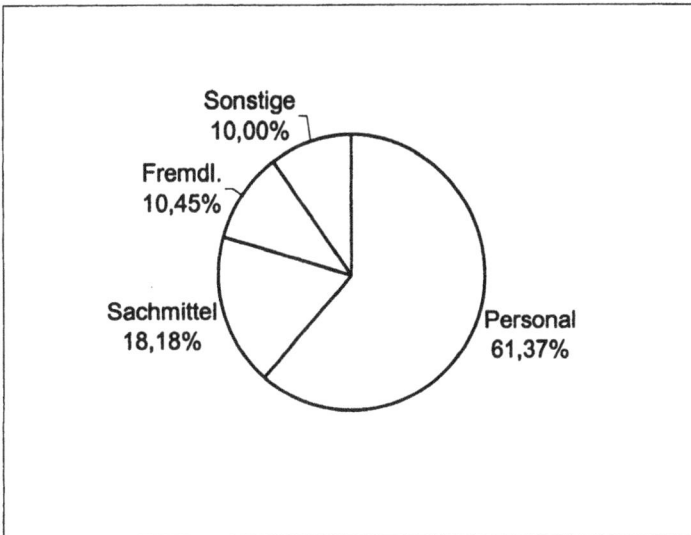

Abb. 4: Ist-Fixkosten nach Produktionsfaktoren in Prozentanteilen

Eine andere Möglichkeit, die Fixkostenstruktur besonders hervorzuheben, bietet sich in der Kombination der verschiedenen Fixkostenmerkmale. In der Abbildung 5 wird ausgehend von den Ist-Daten ein Vorschlag zur Fixkostenstrukturanalyse präsentiert. Grundlegend ist dabei die Matrix aus Produktart-, Produktgruppen-, Bereichs- und Unternehmensfixkosten einerseits und Personal-, Sachanlage-, Fremdleistungs- und sonstige Fixkosten andererseits. Die Produktart-, Produktgruppen-, Bereichs- und Unternehmensfixkosten werden jeweils noch nach der zeitlichen Abbaubarkeit in Monats-, Quartals-, Jahres- und Mehrjahresfixkosten unterteilt. Natürlich kann man diese Darstellung auch für die Plan-Werte benutzen.

Fixkosten	IST	Personal	Sach-anlagen	Fremd-leistungen	Sonstige	Summe
Strukturanalyse						
Fixkosten	€	54.000	16.000	9.200	8.800	88.000
in % zum Gesamt	%	61,36	18,18	10,45	10,00	
Hierarchische Analyse						
Produktartfixkosten	€					
davon						
Monatsfixkosten	€					
Quartalsfixkosten	€					
Jahresfixkosten	€					
Mehrjahresfixkosten	€					
Produktgruppenfixkosten	€					
etc.	€					
Bereichsfixkosten	€					
etc.	€					
Unternehmensfixkosten	€					
etc.	€					

Abb. 5: Fixkostenstrukturanalyse

Literatur

Agthe, K.: Stufenweise Fixkostendeckung im System des Direct Costing, in: Zeitschrift für Betriebswirtschaft, 29. Jg. 1959, S. 404-418

Backhaus, K. / Funke, S.: Auf dem Weg zur fixkostenintensiven Unternehmung?, in: Zeitschrift für betriebswirtschaftliche Forschung 48, 1996, S. 95-129

Haberstock, W.: Kostenrechnung II (Grenz-)Plankostenrechnung, 7. Auflage, Hamburg 1990

Kilger, W: Flexible Plankostenrechnung und Deckungsbeitragsrechnung, 9. Aufl., Wiesbaden, 1988

Layer, M.: Prognose, Planung und Kontrolle fixer Kosten, in: Kostenrechnungspraxis, 2/92, 1992, S. 69-76

Oecking, G.: Strategisches und operatives Fixkostenmanagement, in: Controlling, 5.Jg. 1993, Heft 2 S. 82-90

7. Die Erlöskontrolle als Instrument des Vertriebscontrollings

7.1. Erlöscontrolling

Das Erlöscontrolling bezieht sich auf Koordination der Führungsteilsysteme im operativen Bereich, insbesondere im Rahmen der Planung und Kontrolle der Bestimmungsfaktoren des Erlöses und der Erlöse selbst. Insofern rückt beim Erlöscontrolling die positive Erfolgskomponente in den Vordergrund. Instrumente und Systeme zur Planung und Kontrolle stehen somit im Vordergrund. Obwohl die Erlösplanung zum Standardrepetoir der operativen Unternehmensplanung zählt, ist eine differenzierende Erlöskontrolle weder praktisch weit verbreitet noch theoretisch ausgebaut. Dieser Aspekt führt insbesondere bei den Unternehmen, die auf solchen Märkten agieren, wo der Unternehmenserfolg vom Marketing wesentlich abhängt, nur zu unbefriedigenden Lösungen im Erlöscontrolling. Es besteht die Notwendigkeit, die Integration von Planung und Kontrolle durch das Controlling mit Abweichungsinformationen ergänzt durch Ursachenanalysen im Rahmen der Vertriebscontrollings voranzutreiben.

7.2. Erlösbegriffe

Erlöse stellen im Rahmen des internen Rechnungswesens die positive Komponente des Erfolges dar. In einer einfachen absatztheoretischen Betrachtung ergibt sich in Analogie zur produktionstheoretischen Definition des Kostenbegriffs der Erlös (E) als das Produkt aus der Menge der verkauften Leistungen (m) und dem erzielten Preis (p) für eine Einheit der abgesetzten Leistungen.

In den betriebswirtschaftlichen Erlösbestimmungen lassen sich pagatorische Versionen finden, für die kennzeichnend ist, dass Erlöse grundsätzlich von den einem Betrieb zufließenden Einnahmen abgeleitet werden. In diesem Sinne werden mitunter sämtliche baren und kreditorischen Einnahmen, die aus der Veräußerung irgendwelcher Sach- oder Dienstleistungen (einschließlich der Veräußerung von Grundstücken, Wertpapieren oder ausgedienter Betriebsmittel) resultieren, als Erlös bezeichnet. Dieser rein finanzwirtschaftlich ausgerichtete Begriff enthält auch unter Anderem erfolgsunwirksame Einnahmen, ist somit unzweckmäßig.

Mit wertmäßigen Erlösen ist die ebenfalls auf produzierte Sach- und Dienstleistungen abstellende Definition des Erlöses als bewertete leistungsbedingte Güterentstehung gemeint. Sie legt Erlöse in ihrer Wertkomponente nicht wie der pagatorische Erlösbegriff auf Einnahmen fest. Vielmehr schreibt sie keinen speziellen Wertansatz vor, sondern ist wie der wertmäßige Kostenbegriff durch völlige Offenheit bezüglich der Wertkomponente gekennzeichnet. Ein Problem der Anwendung des wertmäßigen Erlösbegriffes stellt sich allerdings dann, wenn sich Erlöse nicht leistungsbezogen erfassen lassen. So kann z.B. durch den Verkauf von Leistungsbündeln zu einem Komplettpreis ein Angebotsverbund zwischen Erlösen entstehen und damit eine separate leistungsbezogene Erfassung im Sinne von den Leistungen direkt und einzeln zurechenbaren Einzelerlösen erschwert bzw. unmöglich gemacht werden. In solchen Fällen, wo nur eine direkte pagatorische Erfassung der Einnahmen als indirekte Erlösmessung möglich ist, kommt es für die Gestaltung einer auf dem wertmäßigen Erlösbegriff aufbauenden Erlösrechnung auf eine Reduzierung der Unterschiede zu den Einnahmen an.

7.3. Die Erlöskontrolle

7.3.1. Grundlagen der Erlöskontrolle

Es muss im Rahmen einer Analyse des operativen Ergebnisses auch auf die Erlöskomponente abgestellt werden, um die Auswirkungen von Erlösrealisationen auf das Gesamtergebnis erklären zu können. Insofern ist zu prüfen, in welchem Maße die Möglichkeit gegeben ist, eine aussagefähige Erlöskontrolle im Hinblick auf die Beurteilung des Gesamtergebnisses aufzubauen. Die Ursachen für eine geänderte Erlössituation können dabei in der Tatsache begründet sein, dass ein Leistungsangebot vorliegt oder auch, wie ein Leistungsangebot vorliegt. Zum ersten Fall gehören die quantitativen Determinanten, die z.B. aus der veränderten Nachfrage nach den Leistungen bzw. dem veränderten Leistungsangebot resultieren. Zu den qualitativen Determinanten zählen insbesondere die Parameter der Leistungsverwertung, d.h. Einflüsse der Preispolitik oder anderer, präferenzpolitischer Instrumente des Marketings schlagen sich hier nieder. Preisabweichungen kommen zustande, wenn sich Differenzen zwischen tatsächlich erzielten Preisen und geplanten Preisen für die tatsächlich abgesetzte Menge ergeben. Mengenabweichungen geben Auskunft über Änderungen der Quantität der abgesetzten Mengen und über Änderungen in ihrer Struktur. Im Rahmen der Bestimmung der wertmäßigen (Plan-)erlöse wurde die Problematik zwischen der Planung der Einnahmen- und der Erlösplanung deutlich.

Ein besonderes Problem der Abweichungsanalyse liegt vor, wenn mehrere Einflussgrößen multiplikativ miteinander verknüpft sind und sie sich zudem gleichzeitig ändern. In diesen Fällen kommt es zu Abweichungen höherer Ordnung, die bei Veränderung nur einer Einflussgröße nicht aufgetreten wären (z. B. Preis-Absatz-Effekt). Die Simultanitätsbedingung zum Entstehen von Abweichungen höherer Ordnung lässt damit auch keine willkürfreie Zuordnung dieser Abweichungen zu.

7.3.2. Verfahren der Erlöskontrolle

Generell können Erlöskontrollen mit den in der flexiblen Kostenkontrolle entwickelten Verfahren durchgeführt werden. Grundsätzlich muss man dabei festlegen, ob man die Kontrolle auf Plan- oder auf Ist-Bezugsbasis durchführen möchte. Die Abweichungsanalyse kann somit je nach der gesetzten Zwecksetzung eingesetzt werden; entweder als Überprüfung der Planung oder als Untersuchung des tatsächlich realisierten Leistungsangebotes. Der erste Fall ist dann vorzuziehen, wenn die Planung auch weiterhin als für die Zukunft gültig anzusehen ist. Es wird also untersucht, warum es zu Abweichungen gegenüber dem Plan gekommen ist. Ersterer Fall wird in den weiteren Ausführungen diskutiert.

Die verschiedenen Methoden unterscheiden sich in erster Linie durch ihrer Vorgehensweise in der Abspaltung der Teilabweichungen. Es werden kumulative, alternative differenziert-kumulative und symmetrische Verfahren unterschieden.

Die kumulative Abweichungsanalyse ermittelt ausgehend von den Isterlösen die Abweichungen nacheinander. Dieses Vorgehen hat zur Folge, dass in den Abweichungen die Abweichungen höherer Ordnung anteilig mit verrechnet sind, so dass sich keine überschneidungsfreien Abweichungen ergeben. Nur die zuletzt abgespaltete Abweichung wäre eine reine Abweichung, da alle Abweichungen höherer Ordnungen bereits mit den vorhergehenden Abweichungen abgespalten worden sind. Die daraus ableitbare Regel, zuerst alle unwichtigeren Abweichungen abzuspalten, um dann zum Schluss relevante, überschneidungsfrei Abweichungen zu erhalten, scheitert in der Regel an der Unvollständigkeit der Erlösplanung, da unbekannte Einflussgrößen sich in der Restabweichung widerspiegeln können.

Die alternative Abweichungsanalyse ermittelt ausgehend entweder von den Isterlösen oder von den Planerlösen die Teilabweichungen, indem immer nur eine einzelne interessierende Einflussgröße variiert wird, alle anderen bleiben im Ist bzw. Plan. Dieses Verfahren leidet an dem großen Nachteil, dass die Summe der Teilabweichungen aufgrund von Mehrfachverrechnungen der Abweichungen höherer Ordnungen in den Teilabweichungen nicht der Gesamtabweichung zwischen Ist- und Planerlösen entspricht. Insofern ist sie aufgrund der daraus folgenden Akzeptanzprobleme nicht diskutabel.

Als adäquate Methode der Abweichungsanalyse kommt die differenziert-kumulative Abweichungsanalyse in Betracht. Ihr Merkmal ist es, die Abweichungen der jeweiligen Ordnungen differenziert auszuweisen. Es werden keine Abweichungen höherer Ordnungen in Abweichungen niederer Ordnungen verrechnet. Damit ist diese Methode am ehesten für eine verursachungsgerechte Abweichungsanalyse geeignet.

Symmetrische Abweichungsanalysen sind dadurch gekennzeichnet, dass sie die Abweichungen höherer Ordnung auf die reinen Abweichungen aufteilen. Da dieses Vorgehen zur Vermischung von Teilabweichungen führt, sind symmetrische Verfahren in der Erlöskontrolle abzulehnen.

Zur Verdeutlichung der Ausführungen sei im Folgenden von einem einfachen Beispiel ausgegangen. Ein Betrieb hat zwei Leistungsarten 1 und 2. Es wird angenommen, dass sich bis auf einen Faktor (Preis von Produkt 2) alle Preise und Mengen im Ist gegenüber dem Plan geändert haben. Diese Vereinfachung wird gesetzt, um Kompensationseffekte zu reduzieren.

Es sollen folgende Abweichungen berechnet werden:

- Die **Erlöspreisabweichung** ΔP zeigt an, inwieweit die Veränderungen auf Abweichungen der Istpreise zu den Planpreisforderungen zurückzuführen sind.
- Die **Erlösmengenabweichungen** ΔM soll verdeutlichen welche Abweichungen aufgrund von Veränderungen der abgesetzten Mengen beruhen.
- Die **Erlöspreismengenabweichungen** $\Delta P\Delta M$ ist eine Abweichung höherer Ordnung und bezieht sich auf das simultane Zusammenwirken von Absatzpreis und Absatzmenge, die in der Regel multiplikativ miteinander verbunden sind.

Die Erlösmengenabweichung ΔM kann unterteilt werden in eine **Absatzmengenabweichung** ΔAM und in eine **Absatzmixabweichung** ΔAX. Dabei gibt die Absatzmengenabweichung an, welche Zu- oder Abnahme der Absatzmenge bei konstanter Struktur des Leistungsangebotes zur Erlösmengenabweichung beigetragen hat. Die Absatzmixabweichung stellt demzufolge den Teil dar, der aus veränderten Mengenstrukturen zwischen den geplantem und den realisiertem Sortiment resultiert.

Teilweise wird bei der Erlöskontrolle auch auf marktbestimmte Erlösdeterminanten abgestellt. Dabei kann die **Marktanteilabweichung** ΔMA und die **Marktvolumenabweichung** ΔMV genannt werden. Die Marktanteilabweichung soll auf die Erlösänderungen zurückgehen, die auf der Veränderung des realisierten zum geplanten Marktanteil basieren. Die Marktvolumenabweichung hingegen soll die Auswirkungen eines generellen Marktwachstums auf die Erlösrealisation aufzeigen.

Des Weiteren gibt es weitere Ansätze zur Erlöskontrolle, die insbesondere nicht produktbezogene Zurechnungsobjekte wie die Zeit, Kunden und Kundengruppen als primäres Untersuchungsobjekt verwenden oder auf die Überprüfung der Effektivität von Marketing-Aktivitäten abzielen.

7.4. Vergleich auf Planbezugsbasis

7.4.1. Daten der Erlösrechnung auf Planbezugsbasis

Die Abbildung 1 beinhaltet die Erlösrechnung mit Berechnungen auf Planbezugsbasis.

Daten	Einheit	Produkt 1	Produkt 2	Gesamt
Planpreis	€	40,00	75,00	
Planmenge	Stück	1.000	800	1.800,00
Istpreis	€	42,00	72,00	
Istmenge	Stück	1.100	840	1.940,00
Planmarktvolumen	Stück	5.000	1.800	6.800,00
Istmarktvolumen	Stück	5.200	1.900	7.100,00
Berechnung		**Produkt 1**	**Produkt 2**	**Gesamt**
Planerlös	€	40.000,00	60.000,00	100.000,00
Isterlös	€	46.200,00	60.480,00	106.680,00
Preisdifferenz	€	2,00	-3,00	
Mengendifferenz	Stück	100	40	140
Planmarktanteil	%	20,00%	44,44%	26,47%
Istmarktanteil	%	21,15%	44,21%	27,32%
Planmengenanteil am Plan-Gesamt	%	55,56%	44,44%	
Istmengenanteil am Ist-Gesamt	%	56,70%	43,30%	
durchschnittlicher Planpreis in €				55,56

Abb. 1: Erlösrechnung des Fallbeispiels auf Planbezugsbasis

7.4.2. Die kumulative Abweichungsanalyse

In der kumulativen Analyse wird mit der Abspaltung der Preisabweichung begonnen.

Berechnung der globalen Abweichungen a) kumulativ		Produkt 1	Produkt 2	Gesamt
Erlösabweichung	€	6.200,00	480,00	6.680,00
Erlöspreisabw.	€	2.200,00	-2.520,00	-320,00
Erlösmengenabw.	€	4.000,00	3.000,00	7.000,00
* Abw. höherer Ordnung ist in Erlöspreisabw.				

Abb. 2: Auswertung der kumulativen Abweichungsanalyse

Erlöspreisabw. ΔP   = Istpreis • Istmenge   - Planpreis • Istmenge
Erlösmengenabw. ΔM   = Planpreis • Istmenge   - Planpreis • Planmenge

Ein Problem ist die Verrechnung des Preis-Mengen-Effektes in der zuerst abgespaltenen Abweichung, in diesem Falle also in der Preisabweichung.

7.4.3. Die alternative Abweichungsanalyse

Die alternative Methode setzt als Kontrolle auf Plan-Bezugsbasis immer nur einen Wert ins Ist, alle anderen bleiben jeweils im Plan.

Erlöspreisabw. ΔP   = Istpreis • Planmenge - Planpreis • Planmenge
Erlösmengenabw. ΔM   = Planpreis • Istmenge - Planpreis • Planmenge

Berechnung der globalen Abweichungen b) alternativ		Produkt 1	Produkt 2	Gesamt
Erlösabweichung	€	6.200,00	480,00	6.680,00
Erlöspreisabw.	€	2.200,00	-2.520,00	-320,00
Erlösmengenabw.	€	4.200,00	2.880,00	7.080,00
* Teilabw. ergeben nicht die Erlösabweichung				

Abb. 3: Auswertung der alternativen Abweichungsanalyse

Dieses Verfahren berücksichtigt die Abweichungen höherer Ordnung gar nicht, somit entspricht die Summe der Teilabweichungen nicht der Gesamtabweichung. In dem Beispiel wird nämlich die Abweichung höherer Ordnung zweimal verrechnet. In dem Fall der alternativen Abweichungsanalyse auf Ist-Bezugsbasis würde die Summe der Teilabweichungen kleiner als die Gesamtabweichung sein, da es zu keiner Verrechnung der Abweichung höherer Ordnung kommt.

7.4.4. Die differenziert-kumulative Abweichungsanalyse

Die differenziert-kumulative Methode ermittelt überschneidungsfreie Teilabweichungen. Insofern soll sie auf das Beispiel exemplarisch angewendet werden, um auch später die weitergehenden Spezialabweichungen überschneidungsfrei ausweisen zu können. Die Bestimmung der Erlöspreis-, Erlösmengen- und Erlöspreismengenabweichung erfolgt nach der differenziert kumulativen Methode gemäß folgender Formeln:

Berechnung der globalen Abweichungen c) differenziert-kumulativ		Produkt 1	Produkt 2	Gesamt
Erlösabweichung	€	6.200,00	480,00	6.680,00
Erlöspreisabw.	€	2.000,00	-2.400,00	-400,00
Erlösmengenabw.	€	4.000,00	3.000,00	7.000,00
Erlöspreismengenabw.	€	200,00	-120,00	80,00

Abb. 4: Auswertung der differenziert-kumulativen Abweichungsanalyse

Erlöspreisabw. ΔP   = (Istpreis - Planpreis) • Planmenge
Erlösmengenabw. ΔM   = Planpreis • (Istmenge - Planmenge)
Erlöspreismengenabw. $\Delta P\Delta M$ = (Istpreis - Planpreis) • (Istmenge - Planmenge)

Es kommt teilweise vor, dass Produkte erst während der aktuellen Periode in das Sortiment neu aufgenommen werden. Dann kann es passieren, dass es aufgrund des Fehlens eines Planpreises zu ökonomisch unsinnigen Ergebnissen kommt. Wird nämlich versehentlich die Preisdifferenz (Istpreis - Planpreis) mit Planpreis = Null gerechnet, ergibt sich eine Preisdifferenz in der gesamten Höhe vom Istpreis. Das führt mathematisch zu einer Erlöspreisabweichung und zu einer Erlöspreismengenabweichung, aber die Erlösmengenabweichung beträgt Null. Solche ökonomisch unsinnigen Fälle müssen vor der Kontrolle korrigiert werden, da sie sonst die ausgewiesenen Preisabweichungen verfälschen. Dies kann geschehen, indem man z.B. einen Planpreis in Höhe des Istpreises ansetzt. Es würden sich dann bei Übereinstimmung von Plan- und Istpreis keine Erlöspreisabweichungen und keine Erlöspreismengenabweichungen ergeben, sondern die Produkteinführung würde dann folgerichtig in der Erlösmengenabweichung erfasst. Dies ist aber eine ökonomisch zufrieden stellende Vorgehensweise, da ja schließlich zum Zeitpunkt der Planverabschiedung tatsächlich kein Planpreis vorhanden war, der später als Bewertungsmaßstab dienen kann. Dieser Effekt ist aus kontrolltheoretischer Sicht einfach zu begründen; man kann halt nur etwas kontrollieren, was auch zuvor geplant wurde.

7.4.5. Aufspaltung der Erlösmengenabweichung

Absatzmengen- und Absatzmixabweichungen

Die Zerlegung der Erlösmengenabweichung in die Absatzmengen- und Absatzmixabweichung erfolgt in der Literatur und Praxis oft über die Bewertung mit den durchschnittlichen Planpreisen (d. Planpreis), bezogen auf das Gesamtproduktprogramm. Gemäß dieser Vorgehensweise ergeben sich folgende Vorgehensweisen (*Coenenberg*). Zur Berechnung der Absatzmengenabweichung werden die Planpreise pro Produktart durch den durchschnittlichen gewichteten Planpreis des Sortiments ersetzt. Die Absatzmixabweichung ist komplizierter aufgebaut. Sie ergibt sich, indem man die mengenmäßigen Mischungsabweichungen der verschiedenen Produktarten mit den Differenzen der Planpreise pro Produkt zum durchschnittlichen gewichteten Planpreis des Sortiments multipliziert.

Absatzmengenabw. ΔAM = (Istmenge - Planmenge) • d. Planpreis

   mit: d. Planpreis = Plangesamterlös / Plangesamtabsatz

Absatzmixabw. ΔAX   = [(Istmixanteil - Planmixanteil) • Istgesamtabsatz]
                          • (Planpreis - d. Planpreis)
      mit:
      Istmixanteil = Istmenge/Istgesamtabsatz
      Planmixanteil = Planmenge/Plangesamtabsatz

In dem Beispiel wird die Erlösmengenabweichung unter aa) folgendermaßen zerlegt.

Aufspaltung der Erlösmengenabweichung a) nach internen Faktoren aa) über durchschnittliche Planpreise			
	Produkt 1	Produkt 2	Gesamt
Absatzmengenabw. €	5.555,56	2.222,22	7.777,78
Absatzmixabw. €	-345,68	-432,10	-777,78
Summe €	5.209,88	1.790,12	7.000,00
ab) pro Produktart			
	Produkt 1	Produkt 2	Gesamt
Absatzmengenabw. €	3.111,11	4.666,67	7.777,78
Absatzmixabw. €	824,74	-1.546,39	-721,65
Absatzabw. 2.Ordnung €	64,15	-120,27	-56,13
Erlösmengenabw. €	4.000,00	3.000,00	7.000,00

Abb. 5: Aufspaltung der Erlösmengenabw. in Absatzmengen- und Absatzmixabweichung

Diese Vorgehensweise beinhaltet aber einige gravierende Nachteile.

- Wie in dem Beispiel angenommen, sind alle Werte für Produkt 1 im Ist größer als im Plan. Es ist aber nicht erklärbar, warum die Absatzmengenabweichung größer als der gesamte Mengeneffekt ist.
- Die Absatzmixabweichung liefert bei dieser Art der Berechnung nicht das, was sie aussagen soll. Es wird nicht klar, warum die Absatzmixabweichung bei einem Wachstum aller Produktarten nur negative Werte liefert.
- Des Weiteren wird ersichtlich, das nur in der Gesamtsumme die Teilabweichungen die Erlösmengenabweichung ergeben, bezogen auf einzelne Produktarten sind die Teilabweichungen nicht erklärbar.

Das Problem liegt in der Verwendung des durchschnittlichen gewichteten Planpreises zur Bewertung aller Teilabweichungen. Eine Lösung der Probleme kann nur in einer produktartbezogenen Vorgehensweise sein. Damit werden keine Durchschnittspreise, sondern die jeweiligen Planpreise der Produktarten zur Bewertung herangezogen. Dabei kann bezüglich einer Absatzmengenabweichung unter Beachtung der Struktur der Planerlöse abgeleitet werden, dass sich die konstante Struktur in einer gleichartigen Veränderung aller Absatzmengen niederschlagen muss. Steigt der Absatz einer Produktart stärker als bei anderen, so ist die sich ergebende Differenz auf veränderte Strukturen zurückzuführen. Dieser Effekt ist somit der Absatzmixeffekt. Ausgehend von der Ermittlung der tatsächlichen und geplanten Mengen muss zur Berechnung der Absatzmengenabweichung nicht mit dem durchschnittlichen gewichteten Planpreis, sondern mit den Planpreisen pro Produktart bewertet werden. Des Weiteren wird zur Berechnung der Gesamtabsatz im Plan und Ist über alle Produkte benötigt.

Es bietet sich dann an, Erlöse als Produkt aus

Erlös   = Mixanteil • Gesamtabsatz • Preis   darzustellen.

> **mit:**
> **Istmixanteil = Istmenge/Istgesamtabsatz**
> **Planmixanteil = Planmenge/Plangesamtabsatz**

Bei einer differenziert-kumulativen Ermittlung auf Planbezugsbasis ergeben sich folgende Formeln:

Absatzmengenabw. ΔAM   = **(Istgesamtabsatz - Plangesamtabsatz)**
                                 • **Planmixanteil • Planpreis**

Absatzmixabw. ΔAX   = **(Istmixanteil - Planmixanteil)**
                                 • **Plangesamtabsatz • Planpreis**

Absatzabw. 2. Ordnung ΔAMΔAX = **(Istgesamtabsatz - Plangesamtabsatz)**
                                 • **(Istmixanteil - Planmixanteil)**
                                 • **Planpreis**

Die Berechnungen sind unter ab) in der Abbildung 5 ersichtlich.

Die Absatzmengen ΔAM gibt damit den Teil der Erlösänderung an, der auf einer gleichmäßigen Veränderung gegenüber der Veränderung aller Produktarten beruht.

Diese Zahlen der Absatzmixdifferenzen geben den Anteil der nicht strukturgleichen Veränderung zum Plan an. Ihre Multiplikation mit den Planpreisen je Produktart führt dann zur Absatzmixabweichung. Die Absatzmixabweichung lässt sich auch pragmatisch einfacher darstellen als Summe der Differenzen der Absatzmengenabweichungen von den globalen Erlösmengenabweichungen je Produktart. Kommt es zu keinen Verschiebungen in der Struktur der Absatzmengen im Sortiment, ist die Absatzmixabweichung null.

Eine eindeutige Bezeichnung dieser Abweichung als Grad der Substitution von Produkten durch die Nachfrager ist aber nicht grundsätzlich gegeben. Solche Schlüsse sind nur bei einem Sortiment zulässig, wo wirklich alle Produkte gegenseitig substituierbar sind. Aber selbst dann ist die Bezeichnung der Absatzmixabweichung als Indikator von Substitutionsprozessen im eigenen Sortiment nicht unbedingt richtig, da eine Absatzmixabweichung auch z.B. auf der Abwanderung von Altkunden oder Zuwanderung von Neukunden, die ein anderes Nachfrageverhalten besitzen, möglich ist.

Eine Abweichung höherer Ordnung zwischen Absatzmengen- und Absatzmixabweichung wird im Rahmen dieser differenziert-kumulativen Methode auch ausgewiesen. Hier wird also der Interaktionseffekt zwischen den reinen Mengenänderungen und den Strukturänderungen sichtbar.

Marktvolumen- und Marktanteilabweichungen

Als Alternative zur Aufspaltung der Erlösmengenabweichung in die Absatzmengen- und Absatzmixabweichung bietet sich die Untersuchung nach externen Einflüssen an. Hier werden vor allem die Einflüsse untersucht, die einerseits auf das mengenmäßige Wachstum des Marktes und andererseits auf die Veränderung des mengenmäßigen Marktanteils zurückgeführt werden sollen.

Möglich ist hierbei die Vorgehensweise, Erlöse als Produkt aus

Erlös = Marktvolumen • Marktanteil • Preis   darzustellen.

Folgt man dieser Verfahrensweise und benutzt man wiederum durchschnittliche gewichtete Planpreise zur Bewertung, ergeben sich folgende Formeln:

Marktvolumenabw. ΔMV = (Istmarktvolumen - Planmarktvolumen)
  • Planmarktanteil • d. Planpreis

Marktanteilabw. ΔMA = (Istmarktanteil - Planmarktanteil)
  • Planmarktvolumen • d. Planpreis

Da hier wiederum mit durchschnittlichen gewichteten Planpreisen bewertet wird, kann man ebenfalls die oben genannte Kritik anbringen. In dem Beispiel ergeben die Summen der Teilabweichungen weder pro Produktart noch im Gesamt die Erlösmengenabweichung, wie unter Punkt ba) in Abbildung 6 gezeigt wird.

Aufspaltung der Erlösmengenabweichung
b) nach externen Faktoren

ba) über durchschnittliche Planpreise

		Produkt 1	Produkt 2	Gesamt
Marktvolumenabw.	€	2.222,22	2.469,14	4.691,36
Marktanteilabw.	€	3.205,13	-233,92	2.971,21
Summe	€	5.427,35	2.235,22	7.662,57

bb) pro Produktart

		Produkt 1	Produkt 2	Gesamt
Marktvolumenabw.	€	1.600,00	3.333,33	4.933,33
Marktanteilabw.	€	2.307,69	-315,79	1.991,90
Marktabw. 2. Ordnung	€	92,31	-17,54	74,76
Erlösmengenabw.	€	4.000,00	3.000,00	7.000,00

Abb. 6: Aufspaltung der Erlösmengenabw. in Marktvolumen- und Marktanteilabweichung

Doch auch hier kann durch eine differenziert-kumulative Vorgehensweise in Kombination mit der produktartorientierten Bewertung eine korrekte Aufspaltung erreicht werden. Man erhält mit folgenden Formeln:

Marktvolumenabw. ΔMV = (Istmarktvolumen - Planmarktvolumen)
  • Planmarktanteil • Planpreis

Marktanteilabw. ΔMA = (Istmarktanteil - Planmarktanteil)
  • Planmarktvolumen • Planpreis

Marktabw. 2. Ordg. ΔMVΔMA = (Istmarktvolumen - Planmarktvolumen)
  • (Istmarktanteil - Planmarktanteil)
  • Planpreis

drei Teilabweichungen. Dabei sind die Marktvolumenabweichung und die Marktanteilabweichungen jetzt reine Abweichungen; zusätzlich zeigt die Abweichung ΔMVΔMA als Abweichung höherer Ordnung den Interaktionseffekt zwischen Marktwachstum und Marktanteilsveränderung an. Die Ergebnisse sind in der Abbildung 6 unter Punkt bb) dargestellt.

Dem mathematisch korrekten Vorgehen steht allerdings noch die ökonomische Frage gegenüber, worauf denn nun die Gründe für die Erlösmengenabweichung kausal zurückzuführen sind. Schließlich wurde die Erlösmengenabweichung einerseits nach internen Determinanten in die Absatzmengen und Absatzmixabweichung aufgespalten, andererseits nach externen Bestimmungsfaktoren in die Marktvolumenabweichung und in die Marktanteilabweichung.

Die wirklichen Gründe können sowohl im eigenen Marketing-Verhalten als auch in marktbestimmten Faktoren zu finden sein. Die Teilabweichungen stellen somit keine Abweichungen im Sinne monokausaler Zusammenhänge dar, sie sind aber ein wichtiger Indikator im Erlöscontrolling zur Überprüfung der operativen Marketing-Aktivitäten und sich verändernder Marktbedingungen.

7.5. Deckungsbeitragsabweichungen

Natürlich kann man formal die Methoden der Erlöskontrolle auch auf Deckungsbeiträge beziehen (*Kloock*). Dabei werden Deckungsbeiträge als Produkt einer Mengenkomponente (Stück) und einer Wertkomponente (Stückdeckungsbeitrag) definiert. Dieses Zwei-Faktoren-Modell ist aber zu grob, denn man muss dabei beachten, das Deckungsbeiträge immer aus der Zusammenführung von Erlösen und variablen Kosten bestehen, und damit zwei gewinnbestimmende Faktoren mit jeweils einer Mengen- und Wertkomponente in einen Topf geworfen werden. Hier können Kompensationseffekte auftreten, die eine aussagefähige Abweichungsanalyse unmöglich machen. Insofern ist eine differenzierte, separate Analyse von Erlösen und variablen Kosten vorteilhafter. In der Zusammenführung der separat durchgeführten Abweichungsanalysen bezogen auf die variablen Kosten und die Erlöse kann anschließend auch eine konfundierungsfreie Darstellung der Auswirkungen auf die Deckungsbeiträgen vorgenommen werden.

Literatur

Albers, S.: Ein System zur IST-SOLL-Abweichungs-Ursachenanalyse von Erlösen, in: Zeitschrift für Betriebswirtschaft, 59. Jg. 1989, S. 637-654

Brühl, R.: Methoden der Kostenkontrollrechnung, Diskussionspapier 169, hrsg. v. d. Wirtschaftswissenschaftlichen Dokumentation, Technische Universität Berlin, Berlin, 1993

Brühl, R.: Methoden der Kostenkontrollrechnung unter Berücksichtigung von Abweichungen höherer Ordnung, in: Kostenrechnungspraxis, 1993, S. 336-339

Coenenberg, A.: Kostenrechnung und Kostenanalyse, Landsberg am Lech, 1992

Fickert, R.: Analyse von Erlösabweichungen, in: Die Unternehmung, 42. Jg. 1988, Nr. 1, S. 41-61

Kloock, J.: Erfolgskontrolle mit der differenziert-kumulativen Abweichungsanalyse, in: Zeitschrift für Betriebswirtschaft, 58. Jg. 1988, S. 423-434

Krystek, U.: Controlling im Export-Marketing. in: Kostenrechnungspraxis, 2/1985, S. 49-55

Link, J.: Schwachpunkte der kumulativen Abweichungsanalyse in der Erfolgskontrolle, in: Zeitschrift für Betriebswirtschaft, 57. Jg. 1987, S. 780-792

Männel, W.: Zur Gestaltung der Erlösrechnung, in: Entwicklungslinien der Kosten- und Erlösrechnung, hrsg. v. Klaus Chmielewicz, Stuttgart, 1983, S. 119-150

Männel, W.: Besonderheiten der internen Rechnungslegung öffentlicher Unternehmungen und Verwaltungen, in: ZfB, 58. Jg., 1988, S. 839-857

Männel, W.: Leistungs- und Erlösrechnung, Lauf an der Pegnitz, 1994

Meyer, A.: Dienstleistungsmarketing, in: Die Betriebswirtschaft, 51. Jg. 1991, S. 195-209

Powelz, H.: Gewinnung und Nutzung von Erlösinformationen, in: Zeitschrift für Betriebswirtschaft, 54. Jg. 1984, S. 1090-1115

Schweitzer, M. / Küpper, H.: Systeme der Kosten und Erlösrechnung, 6. Auflage, München 1995

Witt, F.: Strategisches und operatives Erlöscontrolling, in: Controlling, Heft 2, März/April 1992, S. 72-83

8. Transformation der Zuschlagskalkulation über die Maschinen-stundensatzrechnung zur Prozesskostenrechnung

8.1. Aufgaben der Kostenrechnung

Die Kosten- und Erfolgsrechnung wird heute neben den klassischen Aufgaben der Produkt-kalkulation und der Kostenkontrolle durch die Aufgabe der Bereitstellung einer Vielzahl von Informationen zur Unterstützung des hauptsächlich operativen Managements herausgefordert. In diesem Zusammenhang bestreiten die unterschiedlichen Entwicklungslinien, die z.B. zu den Systemen der Teilkostenrechnung, der flexiblen Plankostenrechnung, der Prozesskosten-rechnung des Target Costing und zu anderen Ansätzen geführt haben, verschiedene Wege. Der Anwendungsbereich der Prozesskostenrechnung hat sich ausgehend von der industriellen Sachleistungsproduktion auf andere Unternehmen wie Kreditinstitute und Dienstleistungsbe-reiche ausgeweitet. Die kritische Würdigung der Prozesskostenrechnung bezieht sich dabei auf die wesentlichen Anforderungen, die an ein Kostenrechnungssystem gestellt werden. Ne-ben Fragen der Kalkulation interessieren hier z. B. die Einsatzmöglichkeiten zur Ermittlung bilanzieller Herstellungskosten und besonders zur Kostenkontrolle.

Auch wenn die kostenorientierte Preisbildungsfunktion der Kalkulation auf heute oft dominie-renden Käufermärkten eine untergeordnete Rolle spielt, so ist doch die Produktkalkulation weiterhin ein zentraler Bestandteil jedes Kostenrechnungssystems. Die Systeme der Teilkos-ten- und Deckungsbeitragsrechnung versuchen über die Trennung in variable und fixe Kos-tenbestandteile, das Problem der willkürlichen Zuschlüsselung fixer Gemeinkosten zu ver-meiden. Soweit hierbei auch theoretisch befriedigende Ergebnisse herauskommen mögen, in der Kalkulation werden pro Kostenträgereinheit nur variable Kosten berücksichtigt. Diese Informationen haben den Makel, durch die Nichtverrechnung fixer Kosten eine Entschei-dungsrelevanz vorwiegend im operativen Bereich zu besitzen. Die Furcht der Praxis, Kosten in der Kalkulation zu „vergessen", spiegelt sich in der Skepsis gegenüber Teilkosteninforma-tionen gerade in kleinen und mittleren Unternehmen wieder. Als kleine und mittlere Unter-nehmen werden Betriebe angesehen, die in der Regel weniger als 250 Mitarbeiter beschäfti-gen (*Europäische Kommission*).

So ist es auch nicht verwunderlich, dass es nach der Entwicklung der Systeme der Teilkosten-rechnung zu einer Renaissance vollkostenorientierter Ansätze in Form des Activity-Based-Costing bzw. der Prozesskostenrechnung kam. Wenngleich das primäre Anliegen dieser pro-zessorientierten Kostenrechnungssysteme in der Schaffung von Kosten- und Leistungstrans-parenz in den indirekten Bereichen von Unternehmen liegt, so muss die Aufgabe der Kalkula-tion ebenfalls Bestandteil sein. Gerade hier wird konstatiert, dass Produktkalkulationen auf Basis von Prozesskosten die Inanspruchnahme gemeinkostenverursachender Unternehmens-bereiche korrekter wiedergeben als die Verfahren der herkömmlichen Zuschlagskalkulatio-nen. Durch die Verrechnung der Kosten auf der Basis von im Betrieb ablaufender Prozesse soll insbesondere bei variantenreicher Fertigung der Tatsache Rechnung getragen werden, dass die Varianten die Gemeinkostenbereiche teils in sehr unterschiedlicher Art und Weise nutzen. Durch den Aufbau als Vollkostenrechnung soll dem Aspekt einer langfristigen Pro-duktkalkulation berücksichtigt werden, man spricht teilweise von der Prozesskostenkalkulati-on als strategieorientierten Ansatz (*Coenenberg/Fischer*).

Kritiker der Prozesskostenrechnung bezeichnen sie als „alten Wein in neuen Schläuchen", da im Grunde genommen nur ausschließlich Mengenschlüssel verwendet werden und diese als

Cost Driver verpackt kein neues System darstellen (*Kilger, Kloock*). So mag es nicht verwundern, dass die Prozesskostenrechnung durch den Versuch, pragmatische Ergebnisse im Sinne der Praktiker zu liefern, als ein „...Beraterumsätze versprechender Werbebluff..." bezeichnet wird.[1] Die Prozesskostenrechnung ist seit ihrem Aufkommen oft mit der Grenzplankostenrechnung verglichen worden. In diesem Zusammenhang mag die Prozesskostenrechnung Defizite aufweisen, was die Behandlung des Fixkostenproblems angeht. Dieser Vergleich soll hier aber nicht Gegenstand der Betrachtung sein; vielmehr sollen die Unterschiede der Prozesskostenkalkulation zu den herkömmlichen Verfahren der Zuschlagskalkulationen auf Vollkostenbasis herausgestellt werden. Diese Aspekte sind gerade für kleine und mittlere Unternehmen, die bisher auf Grundlage von traditionellen Vollkostenrechnungen kalkulieren, viel interessanter, wenn man sich dort überlegt, ob man zu Verfahren der Prozesskostenrechnung übergehen soll.

Nach der grundlegenden Darstellung von Wirkungsweise und Arten der Zuschlagskalkulationen und Prozesskostenrechnung werden die unterschiedlichen Ansätze an einem Beispiel demonstriert.

8.2. Grundkonzeption der Kalkulationsverfahren

8.2.1. Die traditionelle Zuschlagskalkulation

Die Kostenträgereinzelkosten können den betrieblichen Leistungen direkt zugerechnet werden. Die Kostenträgergemeinkosten lassen sich dagegen nur indirekt mit Hilfe von Kalkulationssätzen verrechnen. Grundsätzlich werden zwei Varianten unterschieden, die summarische und die differenzierende Zuschlagskalkulation. Da die summarischen Zuschlagskalkulationen noch nicht einmal auf einer Kostenstellenrechnung basieren, scheiden sie wegen ihrer Ungenauigkeit aus der Betrachtung aus. Grundlage für die Verfahren der differenzierenden Zuschlagskalkulationen ist eine Kostenstellenrechnung, in der die Kalkulationssätze errechnet werden. Dadurch ergibt sich die Möglichkeit, für die jede Kostenstelle eigene Gemeinkostenzuschlagssätze zu ermitteln.

Die Gemeinkosten werden indirekt zugerechnet. Durch die Auswahl geeigneter Maßgrößen der Kostenverursachung und durch die Ermittlung von Zuschlagssätzen werden die Gemeinkosten den Kostenträgern zugeteilt. Dabei wird zwischen der Bezugsgröße als Maßgröße der Kostenverursachung und den Gemeinkosten Proportionalität bestehen. Das bedeutet, dass ein konstantes Verhältnis zwischen den Änderung der Gemeinkosten und der Änderung der Bezugsgröße für das gesamte Intervall der Beschäftigung (von Null bis zur Kapazitätsgrenze der Kostenstelle) angenommen wird.

Über die Zuschlagssätze ist es nun möglich, den Einfluss eines einzelnen Kostenträgers auf die Höhe der Gemeinkosten zu messen und die vom einzelnen Kostenträger verursachten Kosten unter Berücksichtigung der Kostenträgereinzelkosten sowie der in Anspruch genommenen Bezugsgrößeneinheiten zu bestimmen. Die auf einen Kostenträger verrechneten Gemeinkosten ergeben sich nun durch die Multiplikation des Zuschlagssatzes mit den jeweiligen Bezugsgrößenausprägungen des Kostenträgers.

In der kumulativen Kostenstellenzuschlagskalkulation werden die Gemeinkosten denjenigen Kostenstellen zugeordnet, in denen sie angefallen sind. Zur Verrechnung der Gemeinkosten

---

[1]   Riebel, P. (1994), S. 706.

auf die Kostenträger wird je Kostenstelle ein Gesamtzuschlag gebildet, was für jede Kostenstelle die Ermittlung nur einer geeigneten Bezugsgröße erfordert. Damit wird für die kumulativen Kostenstellenzuschlagskalkulation homogene Kostenverursachung unterstellt. Homogene Kostenverursachung liegt vor, wenn sich alle Kosten einer Kostenstelle proportional zu einer Bezugsgröße verhalten. Selbst in Fertigungskostenstellen wird homogene Kostenverursachung in den seltensten Fällen vorliegen. In der Regel werden die unterschiedlichen Kostenarten, die in einer Kostenstelle anfallen können, nicht nur von einem Kostenbestimmungsfaktor beeinflusst.

Das früher verbreitete Vorgehen, die Fertigungsgemeinkosten auf der Basis der Einzellöhne zu verteilen, scheitert, wenn die Einzellöhnen im Verhältnis zu den Fertigungsgemeinkosten immer mehr abnehmen. Dies ist insbesondere bei zunehmender Automatisierung in der Fertigung der Fall. Auf der einen Seite nehmen dann die Gemeinkostenzuschläge für die Fertigungsgemeinkosten immer mehr zu; es ergeben sich unrealistisch hohe Prozentsätze, die durch eine solch undifferenzierte Vorgehensweise die Gemeinkosten falsch verteilen. Andererseits sind Einzellöhne als Wertschlüssel nicht frei von Preiseinflüssen. Steigt z.B. der Einzellohn aufgrund von Tarifabschlüssen, werden auch entsprechend mehr Gemeinkosten zugerechnet, obwohl sich im Gemeinkostenbereich nichts geändert hat.

Hier wurden die Formen der Lohnzuschlagskalkulationen demzufolge durch die Verfahren der Maschinenstundensatzrechnung abgelöst. Die Maschinenstundensatzrechnung verteilt die Gemeinkosten über Maschinenstundensätze, die als Mengenschlüssel eine proportionale Beziehung der Gemeinkosten zu den Laufzeiten der Maschinen oder maschinellen Anlagen knüpfen. Maschinenstundensätze reagieren nicht auf Preisänderungen und geben bei entsprechend differenzierter Bildung ein genaueres Bild der Inanspruchnahme der Kostenstellen durch die jeweiligen Kostenträger an.

Die größte Kalkulationsgenauigkeit erreicht man bei mehrstufigen Produktionsprozessen mit heterogener Kostenverursachung in den einzelnen Kostenstellen durch Anwendung der elektiven Kostenstellenzuschlagskalkulation. Der Tatsache, dass sich nicht alle Kosten einer Kostenstelle proportional zu nur einer Bezugsgröße verhalten, wird dadurch Rechnung getragen, dass in einer Kostenstelle mehrere Bezugsgrößen und demnach mehrere Zuschlagssätze für die Weiterverrechnung ganz bestimmter Kostenarten gebildet werden. Dadurch wird dem Vorhandensein heterogener Kostenverursachung Rechnung getragen; ein typisches Beispiel für die Berücksichtigung heterogener Kostenverursachung ist die Trennung in Ausführungs- und Rüststundensätze im Rahmen einer elektiven Maschinenstundensatzkalkulation. (*Haberstock*). Sowohl Ausführungszeiten als auch Rüstzeiten sind Nutzzeiten und deshalb keine Leerzeiten. Trotzdem werden die Kostenwirkungen unterschiedlich sein, so werden Ausführungszeiten z.B. energieintensiver sein, während Rüstzeiten personalintensiver sind. Natürlich erhöht sind mit der fortschreitenden Differenziertheit der Kalkulationsverfahren auch ihre Komplexität, wobei dieses Argument mit der zunehmenden Möglichkeit der Informationsverarbeitung an Gewicht abnimmt. Festzuhalten bleibt, dass die Kalkulationsgenauigkeit im Rahmen der traditionellen Zuschlagskalkulationen auf Vollkostenbasis bei den elektiven Kostenstellenzuschlagskalkulationen am höchsten ist. Bei der Verwendung von Mengenschlüsseln ist aber zu beachten, dass durch die Notwendigkeit der Kenntnis der Ausprägungen jeder Bezugsgröße durch jeden Kostenträger ein erhöhter Datenerfassungsaufwand notwendig ist.

8.2.2. Die Prozesskostenrechnung

Zur Lösung des Gemeinkostenproblems hat sich seit 1985 ein Kalkulationsansatz herausgebildet, der vor allem im amerikanischen Raum breiten Niederschlag gefunden hat. Dieser Ansatz wird als "Activity Accounting", "Activity Based Costing" oder "Cost Driver Accounting System" bezeichnet (*Cooper*). In Deutschland wird der Begriff Prozesskostenrechnung verwendet. Die Prozesskostenrechnung in ihrer ursprünglichen Form ist im wesentlichen eine Vollkostenrechnung und basiert auf der Kritik an der Gemeinkostenverteilung der traditionellen Vollkostenrechnungssysteme, insbesondere der Zuschlagskalkulation.

Ausgangspunkt der Prozesskostenrechnung ist die Annahme, dass Produkte Kosten verursachen, indem sie Aktivitäten bzw. Prozesse beanspruchen. Prozesse sind dabei Vorgänge in einer Kostenstelle oder über mehrere Kostenstellen, durch die gemeinkostenverursachende Ressourcen verbraucht werden. Man geht davon aus, dass für jede Kostenstelle mindestens ein Prozess bestimmt werden kann, von deren Niveau die betrachteten Kosten abhängen. Die Maßgröße für das Aktivitätsniveau wird Cost Driver oder Kostentreiber genannt. Der Cost Driver sollte eine hohe Korrelation zwischen der Anzahl der erbrachten Kostentreibereinheiten und der Höhe der Kosten aufweisen.

Zum Teil werden die Begriffe Teilprozess und Hauptprozess unterschieden. Hauptprozesse sind dann logische Zusammenfassungen von Teilprozessen, auch von unterschiedlichen Kostenstellen. Einige Ansätze unterscheiden diesbezüglich noch zwischen Maßgrößen als Anzahlmaßstab von Teilprozessen und Cost Drivern als Anzahlmaßstab von Hauptprozessen. Die Hauptprozesse lassen sich dann weiter zu Prozessbereichen aggregieren. Die Funktionsweise der Prozesskostenrechnung wird wesentlich durch die Auswahl geeigneter Kostentreiber und die darauf aufbauende Ermittlung der Prozesskosten geprägt.

Die Festlegung geeigneter Kostentreiber hängt hauptsächlich von den betriebsspezifischen Bedingungen ab. In der reinen Form der Prozesskostenrechnung sollen für alle Unternehmensbereiche Prozessgrößen gefunden werden. Bis auf die Umlage von Unterbeschäftigungskosten (Leerkosten) sowie von Forschungs- und Entwicklungskosten für neue Produkte sollen alle anderen Kostenarten über die Zuordnung zu Prozessen auf die Kostenträger verrechnet werden. Im Anschluss an die Bestimmung der Art der Prozessgrößen, der Prozessmengen sowie der darauf entfallenden Prozesskosten lassen sich wie in der traditionellen Vollkostenrechnung Verrechnungssätze bilden. Der Prozesskostensatz zeigt damit die Kosten pro erbrachten Prozess an.

Prozesskostensatz   =   Prozesskosten / Prozessmenge

Durch diese Ermittlung der Prozesskostensätze wird unterstellt, dass gleiche Prozesse auch immer zu den gleichen Prozesskosten führen. Wird beispielsweise der Prozesskostensatz für den Prozess „Laborprobe entnehmen" gebildet, wird jede erbrachte Laborprobe mit der gleichen Kostenhöhe bewertet. Dieses Vorgehen gibt aber nur dann die Beanspruchung des Gemeinkostenbereiches richtig wieder, wenn tatsächlich die Entnahme von Laborproben immer gleichartig ist. Sollten Unterschiede vorhanden sein, kann man diese nur durch eine weitergehende Differenzierung sichtbar machen, indem man z.B. jeweils Prozesskostensätze für verschiedene Laborprobenarten bildet. Dazu müssten allerdings dann auch die Prozesskosten auf die verschiedenen Laborprobenarten verteilt werden. Dies kann wiederum zu Schwierigkeiten führen, wenn beispielsweise sämtliche Prozesskosten aus den Personalkosten eines Laboranten bestehen, der alle Laborproben durchführt.

Ist darüber hinaus bekannt, welche Prozessmengen die einzelnen Kostenträger jeweils in Anspruch genommen haben, lassen sich die Gesamtkosten leicht verrechnen. Die Zuteilung erfolgt proportional zu den in Anspruch genommenen Prozessmengen. Steigt die Prozessmenge mit der Produktmenge, werden Produktvarianten mit höheren Ausbringungsmengen tendenziell auch höhere Gemeinkosten zugeteilt.

Stückkosten = [Anzahl Prozesse • Prozesskostensatz] / Produktmenge

Ein Problem stellt sich bei der Prozesskostenrechnung ein, wenn Prozesse identifiziert werden, deren Prozessmenge sich nicht verändert. Neuere Ansätze gehen davon aus, dass bei bestimmten Prozessen im Unternehmen (z.B. Planung, Betriebsleitung) eine prozessorientierte Verrechnung der entstandenen Kosten auf die Produkte nicht möglich ist (*Horváth/Renner*). Hier bietet die Prozesskostenrechnung die Unterscheidung in leistungsmengeninduzierte (lmi) und leistungsmengenunabhängige (lmn) Prozesse an. Die leistungsmengeninduzierten Prozesskosten können ohne weitere Probleme auf die Produkte kalkuliert werden, bei den leistungsmengenunabhängigen Prozesskosten ergeben sich die gleichen Degressionseffekte und Zurechnungsprobleme wie sie nun mal durch fixe Gemeinkosten verursacht werden. So wird vorgeschlagen, die leistungsmengenunabhängigen Kosten einfach proportional zum Verhältnis der leistungsmengeninduzierten Prozesskosten zu verrechnen. Dieses Vorgehen entspricht eher einer gleichmäßigen Umlage im Sinne der Tragfähigkeit als einer verursachungsgerechten Kostenverrechnung. Die Ermittlung des Prozesskostensatzes ergibt sich demzufolge getrennt für die leistungsmengeninduzierten und leistungsmengenneutralen Prozesskosten.

$$\text{Prozesskostensatz}_{(lmi)} = \text{Prozesskosten}_{(lmi)} / \text{Prozessmenge}$$

$$\text{Prozesskostensatz}_{(lmn)} = [\ \text{Prozesskosten}_{(lmn)} / \text{Prozesskosten}_{(lmi)}\ ] \bullet \text{Prozesskostensatz}_{(lmi)}$$

$$\text{Prozesskostensatz} = \text{Prozesskostensatz}_{(lmi)} + \text{Prozesskostensatz}_{(lmn)}$$

Des Weiteren gehen einige Arten der Prozesskostenrechnung von einer Trennung der Prozessmengen in einen produktionsvolumenabhängigen und in einen variantenabhängigen Teil aus (*Horváth et. al.*). Damit soll insbesondere dem Aspekt Rechnung getragen werden, dass gerade die Existenz vieler Varianten sehr prozessintensiv ist. Damit wird ein Unterschied in der Kalkulation gemacht, ob wenig Varianten in großen Losen produziert werden, oder ob es sich um viele Varianten mit nur kleinen Losgrößen handelt, die aber ebenfalls prozessintensiv sind. Die variantenabhängigen Prozesskosten stellen somit die Kosten dar, die in erster Linie von der Existenz der Variante und zwar unabhängig von der Produktmenge determiniert sind. Trotzdem müssen sie im Rahmen der Kalkulation natürlich auf die einzelnen Kostenträgereinheiten verrechnet werden; dies geschieht durch die Division mit den Produktmengen der jeweiligen Variante. Die Trennung der Prozesskosten in produktionsvolumenabhängigen und in einen variantenabhängigen Anteil basieren aber oft nur auf Schätzungen, die ihrerseits wiederum Ungenauigkeiten in die Rechnung tragen. Die Stückkosten ergeben sich dann gemäß folgender Rechnung:

$$\text{Stückkosten}_{(volumenabh.)} = [\ \text{Anzahl Prozesse} \bullet \text{volumenabh. Anteil} \bullet \text{Prozesskostensatz}\ ] / \text{Produktmenge aller Varianten}$$

$$\text{Stückkosten}_{(variantenabh.)} = [\ \text{Anzahl Prozesse} \bullet \text{variantenabh. Anteil} \bullet \text{Prozesskostensatz}\ ] / [\ \text{Variantenanzahl} \bullet \text{Produktmenge der Variante}\ ]$$

$$\text{Stückkosten} = \text{Stückkosten}_{(variantenabh.)} + \text{Stückkosten}_{(variantenabh.)}$$

Allerdings wird auch bei dieser Vorgehensweise unterstellt, dass die Kosten pro Prozessausprägung immer gleich sind. Durch die Division der Prozesskosten mit den Produktmengen
wird eine Proportionalitätsbeziehung nicht nur zwischen den indirekten Gemeinkosten und
den Prozessmengen, sondern auch zwischen den Prozessmengen und den Produktmengen
unterstellt, die in der Realität oft nicht gegeben ist, bzw. gerade bei den variantenabhängigen,
also volumenunabhängigen Prozesskosten ex definitione ausgeschlossen ist. Das Problem des
Auftretens von Disproportionalitäten zwischen Kosteneinflussgrößen und Zurechnungsobjekten ist unabhängig vom verwendeten Kostenrechnungssystem vorhanden und kann letztlich
auch nicht von der Prozesskostenrechnung gelöst werden.

Im Rahmen der Zuschlagskalkulationen kommt der Auswahl der Bezugsgrößen große Bedeutung zu, weil mit der Differenziertheit des Bezugsgrößensystems der Genauigkeitsgrad der
Kalkulation zunimmt. Mengenschlüssel weisen wegen ihrer Unempfindlichkeit gegenüber
Preisschwankungen größere Konstanz im Zeitablauf auf als Wertschlüssel. Im Fertigungsbereich nimmt mit zunehmender Mechanisierung und Automatisierung die Eignung der Einzelkosten (Wertschlüssel) als Schlüsselgröße zugunsten von Mengenschlüssel (z.B. Maschinenstunden) ab. Außerdem wirken sich Fehler der Kostenerfassung umso stärker aus, je größer
der Zuschlag (Gemeinkosten) im Verhältnis zur Basis (Bezugsgröße) ist.

Bei der Prozesskostenrechnung wird die Möglichkeit, nicht produktmengenabhängige Kosten
(leistungsmengenunabhängige Kosten), insbesondere solche Kosten, die von der Komplexität
und dem Variantenreichtum des Produktions- und Absatzprogramms abhängen, anders zu
verrechnen als produktmengenabhängige Kosten (leistungsmengenabhängige Kosten), als
wesentliche Neuerung dieses Kostenrechnungssystems herausgestellt. Es wird die Kritik ge-
übt, dass die Prozesskostenrechnung sich nur unwesentlich von einer Bezugsgrößenkalkulation unterscheidet, wie sie im Rahmen einer traditionellen Vollkostenrechnung möglich ist
(*Kloock*). Ob man von Cost Driver, Kostentreiber, Maßgröße oder Bezugsgröße spricht, ist
dabei gleichgültig. Auch die Form der Produktkalkulation ist in beiden Systemen nicht grundsätzlich verschiedenartig. Nur wenn man die Prozesskostenrechnung mit der Zuschlagskalkulation auf Basis von Wertschlüsseln (Material-, Lohn- oder Herstellkosten) vergleicht, stellt
die Prozesskostenrechnung eine Weiterentwicklung dar.

Unterschiede zur traditionellen Vollkostenrechnung, die mit einer Bezugsgrößenkalkulation
arbeitet, bestehen allenfalls darin, dass das Rechnen mit Bezugsgrößen nicht nur auf den Ma-
terial- und Fertigungsbereich angewendet, sondern konsequent auch auf Verwaltungstätigkei-
ten bzw. alle indirekten Bereiche ausgeweitet wird. Die Bedeutung der Prozesskostenrechnung besteht in erster Linie darin, auf die zunehmende Bedeutung der Verwaltungsbereiche
(indirekten Bereiche) eines Unternehmens als Gemeinkostenfaktor hinzuweisen und keine
verursachungsgerechte, sondern eine beanspruchungsorientierte Verrechnung dieser Gemeinkosten zu gewährleisten. In fixkostenintensiven Unternehmen kann ein sinnvolles Kostenmanagement nicht auf der Erkenntnis basieren, dass nach strenger Auslegung des Verursachungsprinzips kaum nennenswerte Kosten kalkuliert werden können. Es sollte vielmehr der
Versuch unternommen werden, durch die Darstellung der kostenverursachenden Ressourcen-
nutzung eine Transparenz in den indirekten Bereichen zu schaffen. Durch die Aggregation
von Prozessen und Prozesskosten wird insbesondere eine kostenstellen- bzw. bereichsüber-
greifende Kostentransparenz herausgestellt.

8.3. Fallbeispiel

8.3.1. Modellannahmen

Die Darstellung erfolgt an einem Betrieb, der mit sechs Produktarten (A1 bis B3) aus zwei Produktgruppen (PG A, PG B) im Monat einen Erlös in Höhe von 1.711.000,- € erzielt. Die Kosten belaufen sich auf 1.500.000,- €, wobei die Einzelkosten 400.000,- € und die Gemeinkosten 1.100.000,- € betragen. Alle Daten wie Preise, Mengen und Zeiten sowie daraus resultierende Berechnungen sind in den Tabellen 1 und 2 zusammengefasst.

Daten		PG A			PG B			Gesamt
Produkt		A1	A2	A3	B1	B2	B3	
Prod. (Stück)	Menge	1.000	1.600	200	1.200	900	100	5.000
	Fertigungslose	10	4	5	4	3	4	30
Absatz	Verkaufspreis	300	320	425	360	380	400	
Preise in	Rohstoffe	25	20	25	40	45	40	
€/Stück	Verpackung	0,2	0,2	0,4	0,5	0,4	0,4	
Fert.-zeit (min.)	Fertigung 1	0,5	0,6	0,6	0,5	0,6	0,6	40,00
Lohn (€/Std.)	Fertigung 2	0,04	0,04	0,04	0,04	0,04	0,04	30,00
(in Gesamt-	Fertigung 3	0,04	0,04	0,04	0,04	0,04	0,04	30,00
zeile)	Fertigung 4	0,2	0,4	0,4	0,3	0,3	0,3	40,00
Maschinenzeit	Fertigung 1	0	0	0	0	0	0	
(min.)	Fertigung 2	0,05	0,04	0,08	0,12	0,15	0,18	
	Fertigung 3	0,25	0,25	0,28	0,3	0,3	0,36	
	Fertigung 4	0,01	0,01	0,01	0,02	0,02	0,02	
	Endkontrolle	0,05	0,05	0,1	0,05	0,05	0,1	
Prov.(% v.Erlös)	Außendienst	4	3	2	3	4	4,5	

Tabelle 1: Daten

Berechnungen		PG A			PG B			Gesamt
Produkt		A1	A2	A3	B1	B2	B3	
Fert.-zeit (min.)	Fertigung 1	500	960	120	600	540	60	2.780 Std.
	Fertigung 2	40	64	8	48	36	4	200 Std.
	Fertigung 3	40	64	8	48	36	4	200 Std.
	Fertigung 4	200	640	80	360	270	30	1.580 Std.
Fertigungslohn	Fertigung 1	20	24	24	20	24	24	€/Stück
	Fertigung 2	1,2	1,2	1,2	1,2	1,2	1,2	€/Stück
	Fertigung 3	1,2	1,2	1,2	1,2	1,2	1,2	€/Stück
	Fertigung 4	8	16	16	12	12	12	€/Stück
Maschinenzeit	Fertigung 1	0	0	0	0	0	0	0 Std.
	Fertigung 2	50	64	16	144	135	18	427 Std.
	Fertigung 3	250	400	56	360	270	36	1.372 Std.
	Fertigung 4	10	16	2	24	18	2	72 Std.
	Endkontrolle	50	80	20	60	45	10	265 Std.
Prov.(% v.Erlös)	Außendienst	12,00	9,60	8,50	10,80	15,20	18,00	€/Stück

Tabelle 2: Berechnungen

Der Betrieb ist in 14 Kostenstellen, Lager, Materialprüfung, Fertigung 1, Fertigung 2, Fertigung 3, Fertigung 4, Endkontrolle, Einkauf, Rechnungswesen, allgemeine Verwaltung, Marketing, Vertriebsservice, Außendienst und Logistik gegliedert. In der Fertigung 1 und 4 dominiert der Einsatz menschlicher Arbeit, während in den Fertigungsstellen 2 und 3 die Tätigkeiten weitgehend durch automatisierte Abläufe maschineller Art ausgeführt werden. Die dort entstehenden Lohnkosten fallen nur noch für überwachende Tätigkeiten an.

Kosten-arten		PG A			PG B			Gesamt in €
		A1	A2	A3	B1	B2	B3	
MEK	Rohstoffe	25.000	32.000	5.000	48.000	40.500	4.000	154.500
	Verpackung	200	320	80	600	360	40	1.600
FEK	Fertigung 1	20.000	38.400	4.800	24.000	21.600	2.400	111.200
	Fertigung 2	1.200	1.920	240	1.440	1.080	120	6.000
	Fertigung 3	1.200	1.920	240	1.440	1.080	120	6.000
	Fertigung 4	8.000	25.600	3.200	14.400	10.800	1.200	63.200
	Außendienst	12.000	15.360	1.700	12.960	13.680	1.800	57.500
Σ EK		67.600	115.520	15.260	102.840	89.100	9.680	400.000
MGK	Lager							24.979
	Materialprüfung							77.250
FGK	Fertigung 1							50.040
	Fertigung 2							315.000
	Fertigung 3							252.000
	Fertigung 4							113.760
	Endkontrolle							37.276
VerwGK	Einkauf							18.000
	Rechnungswesen							31.195
	Allg. Verwaltung							22.500
VertrGK	Marketing							32.000
	Vertriebsservice							26.000
	Außendienst							25.000
	Logistik							75.000
Σ GmK								1.100.00
Σ Kosten								1.500.00
Erlöse		300.000	512.000	85.000	432.000	342.000	40.000	1.711.00
Gewinn								211.000

Tabelle 3: Kostenarten

Die Kostenartenrechnung enthält alle Kosteninformationen bezüglich der Einzelkosten produktartbezogen und gesamt sowie für die Gemeinkosten bezogen auf die Kostenstellen und gesamt. Die einzelnen Kostenbeträge sind so gewählt, dass zur einfachen Darstellung möglichst glatte Summen ermittelt werden. Bei der gewählten Datenkonstellation ergibt sich ein Gewinn von 211.000,- €, was einer Umsatzrentabilität von 12,33% entspricht. Das Verhältnis von Einzelkosten zu Gemeinkosten entspricht in etwa der Entwicklung dieser Kostenarten in industriellen Produktionsbetrieben (*Miller/Vollmann*). Die Rohstoffeinzelkosten und Verpackungseinzelkosten ergeben sich aus der Multiplikation der einzelnen Mengen und Preise, die

Fertigungslöhne ergeben sich als Produkt der Fertigungs- bzw. Kontrollzeiten und Stundensätze der jeweiligen Fertigungskostenstellen.

8.3.2. Lohnzuschlagskalkulation

Im Rahmen der Lohnzuschlagskalkulation werden zuerst die Bezugsgrößen zur Gemeinkostenzuschlagssatzbildung definiert. Hier dominieren wertmäßige Bezugsgrößen.

Lohnzuschlagskalkulation Zuschlagssätze				
Kostenstelle	GmK	Bezugsgröße	€	Z.-Satz
Lager	24.979	MEK	156.100	16,00%
Materialprüfung	77.250	Rohstoffe	154.500	50,00%
Fertigung 1	50.040	Fertigungslohn 1	111.200	45,00%
Fertigung 2	315.000	Fertigungslohn 2	6.000	5250,00%
Fertigung 3	252.000	Fertigungslohn 3	6.000	4200,00%
Fertigung 4	113.760	Fertigungslohn 4	63.200	180,00%
Endkontrolle	37.276	Fertigungslöhne	186.400	20,00%
Einkauf	18.000	Herstellkosten		
Rechnungswesen	31.195	Herstellkosten		
Allg. Verwaltung	22.500	Herstellkosten		
Marketing	32.000	Herstellkosten	1.212.805	18,94%
Vertriebsservice	26.000	Herstellkosten		
Außendienst	25.000	Herstellkosten		
Logistik	75.000	Herstellkosten		
Summe	1.100.000			

Tabelle 4: Zuschlagssätze der Lohnzuschlagskalkulation

Die Gemeinkosten der Kostenstellen Lager werden auf sämtliches Material (Rohstoffe + Verpackung) bezogen, während als Bezugsgröße zur Verteilung der Materialprüfungsgemeinkosten nur die Rohstoffe in Betracht kommen. In den Fertigungsstellen werden als Bezugsgröße die jeweiligen Fertigungslöhne herangezogen. Die Gemeinkosten der Kostenstelle Endkontrolle werden wertmäßig im Verhältnis der gesamten Fertigungslöhne verteilt. alle weiteren Gemeinkosten des Verwaltungs- und Vertriebsbereiches werden typischerweise auf Basis der Herstellkosten verrechnet. Da hier bei allen Gemeinkostenarten somit dieselbe Bezugsgröße verwendet wird, kann die Verrechnung dieser Gemeinkostenarten mit einem Zuschlagssatz erfolgen. Im Beispiel ergibt sich ein Zuschlagssatz für die Verwaltungs- und Vertriebsgemeinkosten in Höhe von 18,94%.

Die Kalkulation kann nun erfolgen, indem die Einzelkosten direkt und die Gemeinkosten über die Zuschlagssätze auf die Kostenträger verteilt werden.

Lohnzuschlagskalkulation		PG A			PG B	
	A1	A2	A3	B1	B2	B3
Rohstoffe	25,00	20,00	25,00	40,00	45,00	40,00
Verpackung	0,20	0,20	0,40	0,50	0,40	0,40
16,00% Lager	4,03	3,23	4,06	6,48	7,26	6,46
50,00% Materialprüfung	12,50	10,00	12,50	20,00	22,50	20,00
Materialkosten	**41,73**	**33,43**	**41,96**	**66,98**	**75,16**	**66,86**
Fertigungslohn 1	20,00	24,00	24,00	20,00	24,00	24,00
45,00% FGK 1	9,00	10,80	10,80	9,00	10,80	10,80
Fertigungslohn 2	1,20	1,20	1,20	1,20	1,20	1,20
5250,00% FGK 2	63,00	63,00	63,00	63,00	63,00	63,00
Fertigungslohn 3	1,20	1,20	1,20	1,20	1,20	1,20
4200,00% FGK 3	50,40	50,40	50,40	50,40	50,40	50,40
Fertigungslohn 4	8,00	16,00	16,00	12,00	12,00	12,00
180,00% FGK 4	14,40	28,80	28,80	21,60	21,60	21,60
20,00% Endkontrolle	6,08	8,48	8,48	6,88	7,68	7,68
Fertigungskosten	**173,28**	**203,88**	**203,88**	**185,28**	**191,88**	**191,88**
Herstellkosten	**215,01**	**237,31**	**245,84**	**252,26**	**267,04**	**258,74**
18,94% Verwaltungs- und VertriebsGK	40,72	44,94	46,56	47,78	50,58	49,00
Provision	12,00	9,60	8,50	10,80	15,20	18,00
Verw.-u. Vertr.-Kosten	**52,72**	**54,54**	**55,06**	**58,58**	**65,78**	**67,00**
Selbstkosten	**267,73**	**291,86**	**300,90**	**310,84**	**332,82**	**325,75**
Stückgewinn	**32,27**	**28,14**	**124,10**	**49,16**	**47,18**	**74,25**
Umsatzrentabilität	**10,76%**	**8,79%**	**29,20%**	**13,66%**	**12,42%**	**18,56%**
Kontrollsummen (Selbstkosten pro Produktart und Gesamt)	267.733	466.970	60.181	373.003	299.538	32.575
						1.500.000

Tabelle 5: Lohnzuschlagskalkulation

Die Kalkulation ist in dem üblichen Schema aufgebaut, das die Materialkosten, Fertigungs-kosten, Herstellkosten, Verwaltungs- und Vertriebskosten und die vollen Selbstkosten pro Kostenträger ausweist. Darüber hinaus wird der vollkostenorientiert ermittelte Gewinn pro Kostenträger und die sich daraus ergebende Umsatzrentabilität der Produkte ausgewiesen. Die letzte Zeile beinhaltet als Kontrollsummen der rechnerischen Richtigkeit die Selbstkosten der Produktarten, die in ihrer Summe bei allen dargestellten Kalkulationsverfahren natürlich die Gesamtkosten in Höhe von 1.500.000,- € ergeben müssen, da es sich bei allen drei Verfahren um Methoden der Vollkostenrechnung handelt. Deutlich sind die großen Verzerrungen ersichtlich, die sich durch die hohen Fertigungsgemeinkostenzuschlagssätze in den Fertigungsstellen 2 und 3 ergeben. Insgesamt werden jedoch in der Lohnzuschlagskalkulation die Gemeinkosten relativ gleichartig verteilt, so dass sich die Selbstkosten der einzelnen Produkte innerhalb der jeweiligen Produktart nicht großartig unterscheiden. Es werden beispielsweise Unterschiede in den Fertigungslosen (Seriengrößen) nicht beachtet.

8.3.3. Maschinenstundensatzkalkulation

Für die Verrechnung der Fertigungsgemeinkosten wird in der Maschinenstundensatzkalkulation ein anderer Weg beschritten. Es werden mengenmäßige Gemeinkostenzuschläge auf Basis von Zeiten gebildet. Im Beispiel wird von einem identischen Verhältnis von Ausführungs- und Rüstzeiten bei jedem Kostenträger ausgegangen, so dass nach dem Gesetz der Austauschbarkeit der Maßgrößen (*Rummel*) eine separate Ermittlung von ausführungszeit- und rüstzeitabhängigen Gemeinkostenzuschlagssätzen unterbleiben kann. Diese Annahme dient lediglich dazu, die rechnerische Komplexität des Beispiels zu begrenzen. Da in der Fertigungsstelle 1 keine Maschine bzw. maschinelle Anlage vorhanden ist, werden die Fertigungsgemeinkosten 1 auf Basis der manuellen Fertigungszeiten verrechnet. In den Fertigungsstellen 2 bis 4 werden auf Basis der Maschinenzeiten die Maschinenstundensätze berechnet, während sich der Stundensatz in der Kostenstellen Endkontrolle auf die Kontrollzeiten bezieht. Im Materialbereich sowie in den Verwaltungs- und Vertriebsbereichen ändert sich gegenüber der Lohnzuschlagskalkulation nichts; im Materialbereich werden weiterhin die Einzelkosten als Bezugsgröße benutzt, während die Verwaltungs- und Vertriebsbereiche über die Herstellkosten kalkuliert werden.

Maschinenstundensatzkalkulation
Zuschlagssätze

Kostenstelle	GmK	Bezugsgröße	€ bzw. h	Z.-Satz
Lager	24.979	MEK	156.100	16,00%
Materialprüfung	77.250	Rohstoffe	154.500	50,00%
Fertigung 1	50.040	Fertigungszeit 1	2.780	18,00 €/h
Fertigung 2	315.000	Maschinenzeit 2	427	737,70 €/h
Fertigung 3	252.000	Maschinenzeit 3	1.372	183,67 €/h
Fertigung 4	113.760	Maschinenzeit 4	72	1.580,00 €/h
Endkontrolle	37.276	Endkontrollzeit	265	140,66 €/h
Einkauf	18.000	Herstellkosten		
Rechnungswesen	31.195	Herstellkosten		
Allg. Verwaltung	22.500	Herstellkosten		
Marketing	32.000	Herstellkosten	1.212.805	18,94%
Vertriebsservice	26.000	Herstellkosten		
Außendienst	25.000	Herstellkosten		
Logistik	75.000	Herstellkosten		
Summe	1.100.000			

Tabelle 6: Zuschlagssätze der Maschinenstundensatzkalkulation

Die Kalkulation nach der Maschinenstundensatzrechnung erlaubt jetzt eine Verteilung der Fertigungsgemeinkosten ausschließlich auf der Basis von Mengenschlüsseln, deren Unempfindlichkeit gegenüber Preisschwankungen und geringere Verzerrungsanfälligkeit aufgrund sehr hoher Gemeinkostenzuschlagssätze sich günstig auf die Kalkulation auswirken.

Maschinenstunden-satzkalkulation		PG A			PG B		
		A1	A2	A3	B1	B2	B3
	Rohstoffe	25,00	20,00	25,00	40,00	45,00	40,00
	Verpackung	0,20	0,20	0,40	0,50	0,40	0,40
16,00%	Lager	4,03	3,23	4,06	6,48	7,26	6,46
50,00%	Materialprüfung	12,50	10,00	12,50	20,00	22,50	20,00
Materialkosten		**41,73**	**33,43**	**41,96**	**66,98**	**75,16**	**66,86**
	Fertigungslohn 1	20,00	24,00	24,00	20,00	24,00	24,00
18,00 €/h	FGK 1	9,00	10,80	10,80	9,00	10,80	10,80
	Fertigungslohn 2	1,20	1,20	1,20	1,20	1,20	1,20
737,70 €/h	FGK 2	36,89	29,51	59,02	88,52	110,66	132,79
	Fertigungslohn 3	1,20	1,20	1,20	1,20	1,20	1,20
183,67 €/h	FGK 3	45,92	45,92	51,43	55,10	55,10	66,12
	Fertigungslohn 4	8,00	16,00	16,00	12,00	12,00	12,00
1.580 €/h	FGK 4	15,80	15,80	15,80	31,60	31,60	31,60
140,66 €/h	Endkontrolle	7,03	7,03	14,07	7,03	7,03	14,07
Fertigungskosten		**145,04**	**151,46**	**193,51**	**225,66**	**253,59**	**293,78**
Herstellkosten		**186,77**	**184,89**	**235,48**	**292,64**	**328,76**	**360,64**
18,94%	Verwaltungs- und VertriebsGK	35,37	35,02	44,60	55,42	62,26	68,30
	Provision	12,00	9,60	8,50	10,80	15,20	18,00
Verw.-u. Vertr.-Kosten		**47,37**	**44,62**	**53,10**	**66,22**	**77,46**	**86,30**
Selbstkosten		**234,14**	**229,51**	**288,57**	**358,86**	**406,22**	**446,94**
Stückgewinn		**65,86**	**90,49**	**136,43**	**1,14**	**-26,22**	**-46,94**
Umsatzrentabilität		**21,95%**	**28,28%**	**32,10%**	**0,32%**	**-6,90%**	**-11,74%**
Kontrollsummen (Selbstkosten pro Produktart und Gesamt)		234.142	367.215	57.715	430.637	365.597	44.694
							1.500.000

Tabelle 7: Maschinenstundensatzkalkulation

In der Kalkulation ist nun deutlich zu erkennen, dass die Fertigungsgemeinkosten insbesondere in den Fertigungsstellen 2 und 3 im Verhältnis der Beanspruchung der Maschinen durch die jeweiligen Kostenträger verrechnet werden. In der Lohnzuschlagskalkulation wurden diese Kosten gleichmäßig auf die Kostenträger verteilt, da ja nicht die tatsächliche Beanspruchung der jeweiligen Kostenstelle durch den Kostenträger, sondern die für die Entstehung der Fertigungsgemeinkosten völlig unbedeutenden Fertigungslöhne (Überwachungskosten) Zuschlagsgrundlage waren. insofern führt die Maschinenstundensatzkalkulation zu einer weitaus beanspruchungsgerechteren Verrechnung der Fertigungsgemeinkosten.

In den indirekten Bereichen der Materialwirtschaft bzw. der Verwaltungs- und Vertriebsbereiche kommt es aufgrund des Nichtvorhandenseins zeitorientierter Bezugsgrößen mit Kalkulationsfunktion zu keinen großen Änderungen. Die Kalkulation im Bereich Materialwirtschaft ist identisch mit der Lohnzuschlagskalkulation. Die verrechneten Verwaltungs- und Vertriebskosten in der Maschinenstundensatzkalkulation unterscheiden sich von den Verwaltungs- und Vertriebskosten in der Lohnzuschlagskalkulation nur im Ergebnis, weil sich die absoluten Ausprägungen der Fertigungskosten als Bestandteile der Herstellkosten (Zuschlagsbasis) unterscheiden; der Zuschlagssatz bleibt hingegen unverändert.

8.3.4. Prozesskostenkalkulation

Ausgangspunkt zur Kalkulation nach der Prozesskostenrechnung ist die Tätigkeits- bzw. Prozessanalyse. Zuerst müssen die zu untersuchenden Bereiche bzw. Kostenstellen definiert werden. Die Umstellung der Kalkulation nach der Prozesskostenrechnung könnte auch schrittweise pro Bereich vorgenommen werden, was eventuell zu große Turbulenzen bei der Umstellung vermeiden hilft.

Das Beispielunternehmen möchte auf jeden Fall den Materialbereich und den Verwaltungs- und Vertriebsbereich in die Untersuchung mit einbeziehen. Im Fertigungsbereich kommen für die Prozessanalyse nur die Kostenstellen Fertigung 1 und Endkontrolle in Frage, da das Unternehmen mit der Verwendung von Maschinenstundensätzen aus der Maschinenstundensatzkalkulation in den Kostenstellen Fertigung 2, 3 und 4 bereits aktivitätsorientierte Bezugsgrößen verwendet.

Für die ausgewählten Gemeinkostenbereiche ergibt sich ein Gemeinkostenvolumen in Höhe von 419.240,- €.[2] Damit gehen immerhin 27,95% der Gesamtkosten bzw. 38,11% der Gemeinkosten in die Prozessanalyse ein.

Das Unternehmen entscheidet sich für eine einfache Prozessanalyse in den Kostenstellen, so dass Prozesskostensätze für Tätigkeiten gebildet werden, die nicht kostenstellenübergreifend sind. Es wird kein Unterschied in Haupt- und Teilprozesse vorgenommen. Aus Gründen der Übersicht und Vergleichbarkeit wird im Beispiel von den Istdaten ausgegangen. Der Einbezug von Plandaten würde den Vergleich der Kalkulationsverfahren erschweren und bringt überdies auch keine systembedingten Besonderheiten hervor. Die Unterteilung in einen volumenabhängigen- und variantenabhängigen Teil der Prozesskosten innerhalb einer Prozesskostenart soll ebenfalls unterbleiben.

In der folgenden Tabelle sind die identifizierten Prozesse, die Kostentreiber (Cost Driver) und die jeweilige Prozessmenge aufgeführt.

---

[2]   Vgl. Tabelle 8.

Des Weiteren müssen die Gemeinkosten der Kostenstellen auf die einzelnen Prozessarten aufgeteilt werden. Dies geschieht z.B. über Zeitstudien in den jeweiligen Kostenstellen. Die Prozesskosten ergeben sich nun aus der Multiplikation der Kostenstellengemeinkosten mit den jeweiligen Anteilen pro Prozessart an den Gemeinkosten. Dividiert man die Prozesskosten durch die Prozessmenge, erhält man die Prozesskostensätze für die einzelnen Prozesse.

Eine weitere Aufgabe stellt sich mit der Zuordnung der Prozessmengen auf die Produkte bzw. andere Zurechnungsobjekte zur späteren Kalkulation. Bei den leistungsmengeninduzierten Prozessen können die Prozesse gemäß den Leistungsmengen verteilt werden. Sind diese die Produkte selbst, werden die Prozesse im Verhältnis der Produktmengen verteilt. Bei anderen Leistungsmengen (z.B. Fertigungslose) werden die Prozesse gemäß der Anzahl dieser Prozesse pro Produktart verteilt. Sind diese Informationen nicht bekannt (z.B. bei Prozess „Werbung schalten"), dann müssen gesonderte Analysen bzw. Schätzungen eine Aufteilung ermöglichen. In dem Beispiel sind für einige Prozesse („Angebote einholen", „Bestellung aufgeben", Kreditoren buchen", Werbung schalten", Reklamationen bearbeiten") solche Aufteilungen angegeben.[3]

Schwierig wird die Zuordnung bei den leistungsmengenneutralen Prozessen. Es wurde vorgeschlagen, diese Kosten im Verhältnis zu den jeweiligen leistungsmengeninduzierten Kosten zu verteilen. Eine andere Möglichkeit besteht darin, sie gleichmäßig auf die Produkte zu verteilen. Die erste Möglichkeit verstärkt die Verteilungseffekte, die durch die Zuordnung der leistungsmengeninduzierten Prozesse ausgelöst werden. Dieses Vorgehen könnte ein Verstoß gegen das von der Prozesskostenrechnung selbst geforderte Beanspruchungsprinzip sein. Schließlich ist es z.B. beim leistungsmengenneutralen Prozess „Buchhaltung leiten" ziemlich gleichgültig, welche Produktionsstruktur realisiert wird. Der Betrieb entschließt sich, die leistungsmengenneutralen Prozesse gleichmäßig den Produkten anzulasten; somit können die Produktionsmengen als Zuordnungskriterium der leistungsmengenneutralen Kosten benutzt werden. Die Ergebnisse dieser Zuordnung sind in der folgenden Tabelle zusammengestellt.

Zum Zwecke der Kalkulation müssen jedoch sämtliche Prozessmengen den Produkten zugeordnet werden. Dieses Vorgehen kann auch produktartbezogen vorgenommen werden, da kalkulatorisch zwischen den einzelnen Produkten einer Produktart kein Unterschied gemacht wird. Werden die Prozessmengen nun mit den jeweiligen Zuordnungsgrößen aus der vorhergehenden Tabelle bewertet, erhält man die auf jede Produktart entfallenden Prozesse. Die folgende Tabelle zeigt diese Verteilung auf, es ist zudem ersichtlich, dass alle Prozesse auf alle Produktarten verteilt werden. Nach der Ermittlung der Prozessmengen für die Produktarten kann die Berechnung der Kosten für die Produktarten erfolgen, indem die pro Produktart ausgewiesenen Prozessmengen mit den jeweiligen Prozesskostensätzen multipliziert werden. Als Ergebnis erhält man die Kosten der einzelnen Produktarten innerhalb der Produktgruppen, wie aus der folgenden Tabelle ersichtlich. In der Summe werden die gesamten Gemeinkosten der ausgewählten Bereiche in Höhe von 419.240,- € verteilt.[4]

Zur besseren Übersicht werden jetzt die Kosten für die Produkte (Kostenträger) ermittelt, die sich aus der prozessorientierten Verrechnung ergeben. Dazu ist es erforderlich, die im vorangegangenen Schritt berechneten Kosten für die Produktarten durch die jeweiligen Produktionsmengen der Produktarten zu dividieren. Als Ergebnis erhält man die Kosten pro Stück der einzelnen Kostenträger.

---

[3]   Vgl. Tabelle 9.
[4]   Vgl. Tabelle 11.

Tab. 8: Prozessanalyse der Bereiche — A=Anzahl — lmn=leistungsmengenneutral

Kostenstelle	Prozess	Cost Driver	Prozessmenge	Anteil an GmK	GmK	Prozesskosten	Prozesskostensatz
Lager	Waren annehmen	A Lieferungen	240	0,2	24.979	4.996	20,82
	Waren ein/auslagern	A Lose	30	0,8		19.983	666,11
Materialprüfung	Proben entnehmen	A Lose	30	0,1	77.250	7.725	257,50
	Proben prüfen	A Lose	30	0,9		69.525	2.317,50
Fertigung 1	Rohstoff vorbehandeln	A Produkte	5.000	0,6	50.040	30.024	6,00
	Fertigungslos freigeben	A Lose	30	0,4		20.016	667,20
Endkontrolle	Produkte prüfen	A Produkte	5.000	0,65	37.276	24.229	4,85
	Fertigungslos freigeben	A Lose	30	0,35		13.047	434,89
Einkauf	Angebote einholen	A Lieferungen*3	720	0,6	18.000	10.800	15,00
	Bestellung aufgeben	A Bestellungen	250	0,2		3.600	14,40
	Einkauf leiten	lmn	1	0,2		3.600	3.600,00
Rechnungswesen	Debitoren buchen	A Rechnungen	800	0,3	31.195	9.359	11,70
	Kreditoren buchen	A erh.Rechnungen	500	0,3		9.359	18,72
	Kalkulation erstellen	A Produktarten	1	0,1		3.120	3.119,50
	Jahresabschluss erstellen	lmn	1	0,1		3.120	3.119,50
	Analysen erstellen	A Analysen	24	0,1		3.120	129,98
	Buchhaltung leiten	lmn	1	0,1		3.120	3.119,50
Allg. Verwaltung	Haus verwalten	lmn	1	0,2	22.500	4.500	4.500,00
	Versicherung abschließen	A Versicherungen	10	0,1		2.250	225,00
	Postversand durchführen	A Sendungen	4000	0,6		13.500	3,38
	Sonstiges	lmn	1	0,1		2.250	2.250,00
Marketing	Werbung schalten	A Schaltungen	50	0,7	32.000	22.400	448,00
	Reklamationen bearbeiten	A Reklamationen	40	0,1		3.200	80,00
	Analysen erstellen	A Analysen	24	0,1		3.200	133,33
	Marketing leiten	lmn	1	0,1		3.200	3.200,00
Vertriebsservice	Absatzstatistik erstellen	A Statistiken	52	0,5	26.000	13.000	250,00
	Analysen erstellen	A Analysen	24	0,2		5.200	216,67

Bereich	Prozess	Bezugsgröße	Menge			Kosten	Satz
Außendienst	Außendienst informieren	A Außendienst*52	260	0,3		7.800	30,00
	Außendienst leiten	lmn	1		25.000	25.000	25.000,00
Logistik	Aufträge kommissionieren	A Auslieferungen	1000	0,25	75.000	18.750	18,75
	Touren fahren	A Touren	480	0,6		45.000	93,75
	Fuhrpark warten	A Lastkraftwagen	4	0,1		7.500	1.875,00
	Logistik leiten	lmn	1	0,05		3.750	3.750,00
Summe						419.240	419.240

Tab. 9: Zuordnung der Prozessmengen zu Produkten oder anderen Zurechnungsobjekten

Prozess	Zuordnung	PG A			PG B			Gesamt
		A1	A2	A3	B1	B2	B3	
Waren annehmen	Produktionsmenge	1.000	1.600	200	1.200	900	100	5.000 St.
Waren ein/auslagern	Fertigungslose	10	4	5	4	3	4	30 Lose
Proben entnehmen	Fertigungslose	10	4	5	4	3	4	30 Lose
Proben prüfen	Fertigungslose	10	4	5	4	3	4	30 Lose
Rohstoff vorbehandeln	Produktionsmenge	10	4	5	4	3	4	30 Lose
Fertigungslos freigeben	Fertigungslose	10	4	5	4	3	4	30 Lose
Produkte prüfen	Produktionsmenge	1.000	1.600	200	1.200	900	100	5.000 Stück
Fertigungslos freigeben	Fertigungslose	10	4	5	4	3	4	30 Lose
Angebote einholen	40% A / 60% B	13,33%	13,33%	13,33%	20,00%	20,00%	20,00%	100,00%
Bestellung aufgeben	40% A / 60% B	13,33%	13,33%	13,33%	20,00%	20,00%	20,00%	100,00%
Einkauf leiten	40% A / 60% B	13,33%	13,33%	13,33%	20,00%	20,00%	20,00%	100,00%
Debitoren buchen	Produktionsmenge	1.000	1.600	200	1.200	900	100	5.000 Stück
Kreditoren buchen	40% A / 60% B	13,33%	13,33%	13,33%	20,00%	20,00%	20,00%	100,00%
Kalkulation erstellen	Produktarten	1	1	1	1	1	1	6 Arten
Jahresabschluss erstellen	Produktionsmenge	1.000	1.600	200	1.200	900	100	5.000 Stück

Analysen erstellen	Produktionsmenge	1.000	1.600	200	1.200	900	100	5.000 Stück
Buchhaltung leiten	Produktionsmenge	1.000	1.600	200	1.200	900	100	5.000 Stück
Haus verwalten	Produktionsmenge	1.000	1.600	200	1.200	900	100	5.000 Stück
Versicherung abschließen	Produktionsmenge	1.000	1.600	200	1.200	900	100	5.000 Stück
Postversand durchführen	Produktionsmenge	1.000	1.600	200	1.200	900	100	5.000 Stück
Sonstiges	Produktionsmenge	1.000	1.600	200	1.200	900	100	5.000 Stück
Werbung schalten	7/1/0/1/1/0	70,00%	10,00%	0,00%	10,00%	10,00%	0,00%	100,00%
Reklamationen bearbeiten	6,5/1/0/1,5/1/1	65,00%	10,00%	0,00%	15,00%	10,00%	0,00%	100,00%
Analysen erstellen	Produktionsmenge	1.000	1.600	200	1.200	900	100	5.000 Stück
Marketing leiten	Produktionsmenge	1.000	1.600	200	1.200	900	100	5.000 Stück
Absatzstatistik erstellen								
Analysen erstellen	Produktionsmenge	1.000	1.600	200	1.200	900	100	5.000 Stück
Außendienst informieren	Produktionsmenge	1.000	1.600	200	1.200	900	100	5.000 Stück
Außendienst leiten	Produktionsmenge	1.000	1.600	200	1.200	900	100	5.000 Stück
Aufträge kommissionieren	Produktionsmenge	1.000	1.600	200	1.200	900	100	5.000 Stück
Touren fahren	Produktionsmenge	1.000	1.600	200	1.200	900	100	5.000 Stück
Fuhrpark warten	Produktionsmenge	1.000	1.600	200	1.200	900	100	5.000 Stück
Logistik leiten	Produktionsmenge	1.000	1.600	200	1.200	900	100	5.000 Stück

Tab. 10: Ermittlung der Prozessmengen für die Produktarten

Prozess	Prozessmenge	PG A			PG B			Gesamt
		A1	A2	A3	B1	B2	B3	
Waren annehmen	240	48,00	76,80	9,60	57,60	43,20	4,80	240
Waren ein/auslagern	30	10,00	4,00	5,00	4,00	3,00	4,00	30
Proben entnehmen	30	10,00	4,00	5,00	4,00	3,00	4,00	30
Proben prüfen	30	10,00	4,00	5,00	4,00	3,00	4,00	30
Rohstoff vorbehandeln	5.000	1.666,67	666,67	833,33	666,67	500,00	666,67	5.000
Fertigungslos freigeben	30	10,00	4,00	5,00	4,00	3,00	4,00	30
Produkte prüfen	5.000	1.000,00	1.600,00	200,00	1.200,00	900,00	100,00	5.000
Fertigungslos freigeben	30	10,00	4,00	5,00	4,00	3,00	4,00	30
Angebote einholen	720	96,00	96,00	96,00	144,00	144,00	144,00	720
Bestellung aufgeben	250	33,33	33,33	33,33	50,00	50,00	50,00	250
Einkauf leiten	1	0,13	0,13	0,13	0,20	0,20	0,20	1
Debitoren buchen	800	160,00	256,00	32,00	192,00	144,00	16,00	800
Kreditoren buchen	500	66,67	66,67	66,67	100,00	100,00	100,00	500
Kalkulation erstellen	1	0,17	0,17	0,17	0,17	0,17	0,17	1
Jahresabschluss erstellen	1	0,20	0,32	0,04	0,24	0,18	0,02	1
Analysen erstellen	24	4,80	7,68	0,96	5,76	4,32	0,48	24
Buchhaltung leiten	1	0,20	0,32	0,04	0,24	0,18	0,02	1
Haus verwalten	1	0,20	0,32	0,04	0,24	0,18	0,02	1
Versicherung abschließen	10	2,00	3,20	0,40	2,40	1,80	0,20	10
Postversand durchführen	4.000	800,00	1.280,00	160,00	960,00	720,00	80,00	4.000
Sonstiges	1	0,20	0,32	0,04	0,24	0,18	0,02	1
Werbung schalten	50	35,00	5,00	0,00	5,00	5,00	0,00	50
Reklamationen bearbeiten	40	26,00	4,00	0,00	6,00	4,00	0,00	40
Analysen erstellen	24	4,80	7,68	0,96	5,76	4,32	0,48	24
Marketing leiten	1	0,20	0,32	0,04	0,24	0,18	0,02	1

Absatzstatistik erstellen	52	10,40	-6,64	2,08	12,48	9,36	1,04	52
Analysen erstellen	24	4,80	7,68	0,96	5,76	4,32	0,48	24
Außendienst informieren	260	52,00	3,20	10,40	62,40	46,80	5,20	260
Außendienst leiten	1	0,20	0,32	0,04	0,18	0,18	0,02	1
Aufträge kommissionieren	1.000	200,00	320,00	40,00	240,00	180,00	20,00	1.000
Touren fahren	480	96,00	153,60	19,20	115,20	86,40	9,60	480
Fuhrpark warten	4	0,80	1,28	0,16	0,96	0,72	0,08	4
Logistik leiten	1	0,20	0,32	0,04	0,24	0,18	0,02	1

Tab. 11: Ermittlung der Kosten für die Produktarten

Prozess	PKS	PG A				PG B		Gesamt
		A1	A2	A3	B1	B2	B3	
Waren annehmen	20,82	999,16	1.598,66	199,83	1.198,99	899,24	99,92	4.995,80
Waren ein/auslagern	666,11	6.661,07	2.664,43	3.330,53	2.664,43	1.998,32	2.664,43	19.983,20
Proben entnehmen	257,50	2.575,00	1.030,00	1.287,50	1.030,00	772,50	1.030,00	7.725,00
Proben prüfen	2.317,50	23.175,00	9.270,00	11.587,50	9.270,00	6.952,50	9.270,00	69.525,00
Rohstoff vorbehandeln	6,00	10.008,00	4.003,20	5.004,00	4.003,20	3.002,40	4.003,20	30.024,00
Fertigungslos freigeben	667,20	6.672,00	2.668,80	3.336,00	2.668,80	2.001,60	2.668,80	20.016,00
Produkte prüfen	4,85	4.845,88	7.753,41	969,18	5.815,06	4.361,29	484,59	24.229,40
Fertigungslos freigeben	434,89	4.348,87	1.739,55	2.174,43	1.739,55	1.304,66	1.739,55	13.046,60
Angebote einholen	15,00	1.440,00	1.440,00	1.440,00	2.160,00	2.160,00	2.160,00	10.800,00
Bestellung aufgeben	14,40	480,00	480,00	480,00	720,00	720,00	720,00	3.600,00
Einkauf leiten	3.600,00	480,00	480,00	480,00	720,00	720,00	720,00	3.600,00
Debitoren buchen	11,70	1.871,70	2.994,72	374,34	2.246,04	1.684,53	187,17	9.358,50
Kreditoren buchen	18,72	1.247,80	1.247,80	1.247,80	1.871,70	1.871,70	1.871,70	9.358,50
Kalkulation erstellen	3.119,50	519,92	519,92	519,92	519,92	519,92	519,92	3.119,50

Jahresabschluss erstellen	3.119,50	623,90	998,24	124,78	748,68	561,51	62,39	3.119,50
Analysen erstellen	129,98	623,90	998,24	124,78	748,68	561,51	62,39	3.119,50
Buchhaltung leiten	3.119,50	623,90	998,24	124,78	748,68	561,51	62,39	3.119,50
Haus verwalten	4.500,00	900,00	1.440,00	180,00	1.080,00	810,00	90,00	4.500,00
Versicherung abschließen	225,00	450,00	720,00	90,00	540,00	405,00	45,00	2.250,00
Postversand durchführen	3,38	2.700,00	4.320,00	540,00	3.240,00	2.430,00	270,00	13.500,00
Sonstiges	2.250,00	450,00	720,00	90,00	540,00	405,00	45,00	2.250,00
Werbung schalten	448,00	15.680,00	2.240,00	0,00	2.240,00	2.240,00	0,00	22.400,00
Reklamationen bearbeiten	80,00	2.080,00	320,00	0,00	480,00	320,00	0,00	3.200,00
Analysen erstellen	133,33	640,00	1.024,00	128,00	768,00	576,00	64,00	3.200,00
Marketing leiten	3.200,00	640,00	1.024,00	128,00	768,00	576,00	64,00	3.200,00
Absatzstatistik erstellen	250,00	2.600,00	4.160,00	520,00	3.120,00	2.340,00	260,00	13.000,00
Analysen erstellen	216,67	1.040,00	1.664,00	208,00	1.248,00	936,00	104,00	5.200,00
Außendienst informieren	30,00	1.560,00	2.496,00	312,00	1.872,00	1.404,00	156,00	7.800,00
Außendienst leiten	25.000,00	5.000,00	8.000,00	1.000,00	6.000,00	4.500,00	500,00	25.000,00
Aufträge kommissionieren	18,75	3.750,00	6.000,00	750,00	4.500,00	3.375,00	375,00	18.750,00
Touren fahren	93,75	9.000,00	14.400,00	1.800,00	10.800,00	8.100,00	900,00	45.000,00
Fuhrpark warten	1.875,00	1.500,00	2.400,00	300,00	1.800,00	1.350,00	150,00	7.500,00
Logistik leiten	3.750,00	750,00	1.200,00	150,00	900,00	675,00	75,00	3.750,00
Summe		115.936	93.013	39.001	78.770	61.095	31.424	419.240,00

Tab. 12: Ermittlung der Kosten für die Produkte						
	PG A			PG B		
Prozess	A1	A2	A3	B1	B2	B3
Waren annehmen	0,9992	0,9992	0,9992	0,9992	0,9992	0,9992
Waren ein/auslagern	6,6611	1,6653	16,6527	2,2204	2,2204	26,6443
Proben entnehmen	2,5750	0,6438	6,4375	0,8583	0,8583	10,3000
Proben prüfen	23,1750	5,7938	57,9375	7,7250	7,7250	92,7000
Rohstoff vorbehandeln	10,0080	2,5020	25,0200	3,3360	3,3360	40,0320
Fertigungslos freigeben	6,6720	1,6680	16,6800	2,2240	2,2240	26,6880
Produkte prüfen	4,8459	4,8459	4,8459	4,8459	4,8459	4,8459
Fertigungslos freigeben	4,3489	1,0872	10,8722	1,4496	1,4496	17,3955
Angebote einholen	1,4400	0,9000	7,2000	1,8000	2,4000	21,6000
Bestellung aufgeben	0,4800	0,3000	2,4000	0,6000	0,8000	7,2000
Einkauf leiten	0,4800	0,3000	2,4000	0,6000	0,8000	7,2000
Debitoren buchen	1,8717	1,8717	1,8717	1,8717	1,8717	1,8717
Kreditoren buchen	1,2478	0,7799	6,2390	1,5598	2,0797	18,7170
Kalkulation erstellen	0,5199	0,3249	2,5996	0,4333	0,5777	5,1992
Jahresabschluss erstellen	0,6239	0,6239	0,6239	0,6239	0,6239	0,6239
Analysen erstellen	0,6239	0,6239	0,6239	0,6239	0,6239	0,6239
Buchhaltung leiten	0,6239	0,6239	0,6239	0,6239	0,6239	0,6239
Haus verwalten	0,9000	0,9000	0,9000	0,9000	0,9000	0,9000
Versicherung abschließen	0,4500	0,4500	0,4500	0,4500	0,4500	0,4500
Postversand durchführen	2,7000	2,7000	2,7000	2,7000	2,7000	2,7000
Sonstiges	0,4500	0,4500	0,4500	0,4500	0,4500	0,4500
Werbung schalten	15,6800	1,4000	0,0000	1,8667	2,4889	0,0000
Reklamationen bearbeiten	2,0800	0,2000	0,0000	0,4000	0,3556	0,0000
Analysen erstellen	0,6400	0,6400	0,6400	0,6400	0,6400	0,6400
Marketing leiten	0,6400	0,6400	0,6400	0,6400	0,6400	0,6400
Absatzstatistik erstellen	2,6000	2,6000	2,6000	2,6000	2,6000	2,6000
Analysen erstellen	1,0400	1,0400	1,0400	1,0400	1,0400	1,0400
Außendienst informieren	1,5600	1,5600	1,5600	1,5600	1,5600	1,5600
Außendienst leiten	5,0000	5,0000	5,0000	5,0000	5,0000	5,0000
Aufträge kommissionieren	3,7500	3,7500	3,7500	3,7500	3,7500	3,7500
Touren fahren	9,0000	9,0000	9,0000	9,0000	9,0000	9,0000
Fuhrpark warten	1,5000	1,5000	1,5000	1,5000	1,5000	1,5000
Logistik leiten	0,7500	0,7500	0,7500	0,7500	0,7500	0,7500

Die Prozesskostenkalkulation lehnt sich an das gewöhnte Schema an. Zuerst wird der Materialbereich kalkuliert, dann folgen die Fertigungs- und Verwaltungs- bzw. Vertriebsbereiche. Die Einzelkosten (Rohstoffe, Verpackung, Fertigungslöhne, Provisionen) werden direkt dem Kostenträger zugerechnet.

Die Fertigungsgemeinkosten der Fertigungskostenstellen 2, 3 und 4 werden über die bekannten Maschinenstundensätze verrechnet. Alle anderen Gemeinkosten lassen sich nun gemäß der über die Prozesskostensätze ermittelten Kosten pro Produkt[5] auf die Kostenträger zuordnen.

Innerhalb der Kostenstellen existiert jetzt je eine Kalkulationszeile pro Prozess. Damit erhält man bei der Vorgehensweise, Prozesse nur innerhalb der Kostenstelle zu identifizieren und keine kostenstellenübergreifenden Prozesse zuzulassen, genauso viel Zuschlagssätze pro Kostenstelle wie dort verschiedene Prozesse gefunden wurden.

Bei einer Untergliederung in Haupt- und Teilprozesse würden sich die Zuschläge vermehren, wenn sogar auf Basis der Teilprozesse eine prozessorientierte Gemeinkostenverrechnung vollzogen werden soll. Bei einer eventuellen Verdichtung der Teilprozesse zu Hauptprozessen ist aber zu beachten, dass bei kostenstellenübergreifender Aggregation die herkömmliche Kostenstellenstruktur in dem Kalkulationsablauf nicht mehr beibehalten werden kann. Allerdings kann diesem Effekt durch eine möglichst aktivitätsorientierte Kostenstellenbildung entgegengewirkt werden. Werden die Kostenstellen aber auf die durch die Prozessanalyse gefundenen Hauptprozesse angepasst bzw. neu definiert, ist die Vergleichbarkeit mit den Kalkulationsergebnissen aus den traditionellen Verfahren der Lohnzuschlagskalkulation und Maschinenstundensatzrechnung nicht mehr gegeben.

Eine mögliche Unterteilung der Prozesskosten in einen volumenabhängigen und in einen variantenabhängigen Teil würde ebenfalls eine noch differenziertere Kalkulation erforderlich machen.

Prozesskostenkalkulation		PG A			PG B		
		A1	A2	A3	B1	B2	B3
Lager	Rohstoffe	25,00	20,00	25,00	40,00	45,00	40,00
	Verpackung	0,20	0,20	0,40	0,50	0,40	0,40
	Waren annehmen	1,00	1,00	1,00	1,00	1,00	1,00
	Waren ein/auslagern	6,66	1,67	16,65	2,22	2,22	26,64
Mat.-Prüf.	Proben entnehmen	2,58	0,64	6,44	0,86	0,86	10,30
	Proben prüfen	23,18	5,79	57,94	7,73	7,73	92,70
Materialkosten		**58,61**	**29,30**	**107,43**	**52,30**	**57,20**	**171,04**
	Fertigungslohn 1	20,00	24,00	24,00	20,00	24,00	24,00
	Rohstoff vorbehandeln	10,01	2,50	25,02	3,34	3,34	40,03
	Fertigungslos freig.	6,67	1,67	16,68	2,22	2,22	26,69
	Fertigungslohn 2	1,20	1,20	1,20	1,20	1,20	1,20
737,70 €/h	FGK 2	36,89	29,51	59,02	88,52	110,66	132,79
	Fertigungslohn 3	1,20	1,20	1,20	1,20	1,20	1,20
183,67 €/h	FGK 3	45,92	45,92	51,43	55,10	55,10	66,12
	Fertigungslohn 4	8,00	16,00	16,00	12,00	12,00	12,00
1.580 €/h	FGK 4	15,80	15,80	15,80	31,60	31,60	31,60

---

[5]   Vgl. Tabelle 12.

Endkontrolle	Produkte prüfen	4,85	4,85	4,85	4,85	4,85	4,85
	Fertigungslos freig.	4,35	1,09	10,87	1,45	1,45	17,40
Fertigungskosten		**154,88**	**143,73**	**226,06**	**221,48**	**247,61**	**357,87**
Herstellkosten		**213,49**	**173,03**	**333,49**	**273,78**	**304,82**	**528,91**
Einkauf	Angebote einholen	1,44	0,90	7,20	1,80	2,40	21,60
	Bestellung aufgeben	0,48	0,30	2,40	0,60	0,80	7,20
	Einkauf leiten	0,48	0,30	2,40	0,60	0,80	7,20
Rewe	Debitoren buchen	1,87	1,87	1,87	1,87	1,87	1,87
	Kreditoren buchen	1,25	0,78	6,24	1,56	2,08	18,72
	Kalkulation erstellen	0,52	0,32	2,60	0,43	0,58	5,20
	Jahresabschluss erst.	0,62	0,62	0,62	0,62	0,62	0,62
	Analysen erstellen	0,62	0,62	0,62	0,62	0,62	0,62
	Buchhaltung leiten	0,62	0,62	0,62	0,62	0,62	0,62
Allg. Verw.	Haus verwalten	0,90	0,90	0,90	0,90	0,90	0,90
	Versicherung abschl.	0,45	0,45	0,45	0,45	0,45	0,45
	Postversand durchf.	2,70	2,70	2,70	2,70	2,70	2,70
	Sonstiges	0,45	0,45	0,45	0,45	0,45	0,45
Marketing	Werbung schalten	15,68	1,40	0,00	1,87	2,49	0,00
	Reklamationen bearb.	2,08	0,20	0,00	0,40	0,36	0,00
	Analysen erstellen	0,64	0,64	0,64	0,64	0,64	0,64
	Marketing leiten	0,64	0,64	0,64	0,64	0,64	0,64
V.-Service	Absatzstatistik erst.	2,60	2,60	2,60	2,60	2,60	2,60
	Analysen erstellen	1,04	1,04	1,04	1,04	1,04	1,04
	Außendienst inform.	1,56	1,56	1,56	1,56	1,56	1,56
Außendienst	Außendienst leiten	5,00	5,00	5,00	5,00	5,00	5,00
Logistik	Aufträge komm.	3,75	3,75	3,75	3,75	3,75	3,75
	Touren fahren	9,00	9,00	9,00	9,00	9,00	9,00
	Fuhrpark warten	1,50	1,50	1,50	1,50	1,50	1,50
	Logistik leiten	0,75	0,75	0,75	0,75	0,75	0,75
	Provision	12,00	9,60	8,50	10,80	15,20	18,00
Verw.-u. Vertr.-Kosten		**68,65**	**48,53**	**64,06**	**52,78**	**59,43**	**112,64**
Selbstkosten		**282,14**	**221,56**	**397,55**	**326,57**	**364,24**	**641,55**
Stückgewinn		**17,86**	**98,44**	**27,45**	**33,43**	**15,76**	**-241,55**
Umsatzrentabilität		**5,95%**	**30,76%**	**6,46%**	**9,29%**	**4,15%**	**-60,39%**

Tabelle 13: Prozesskostenkalkulation

8.4. Auswertung der Ergebnisse

Zur Gegenüberstellung der drei Kalkulationsverfahren sind die Ergebnisse bezüglich Materialkosten, Fertigungskosten, Herstellkosten, Verwaltungs- und Vertriebskosten, Selbstkosten, Stückgewinn und Umsatzrentabilität in der folgenden Tabellen zusammengefasst dargestellt.

Gegenüberstellung der Kalkulationsverfahren	PG A			PG B		
	A1	A2	A3	B1	B2	B3
Materialkosten						
Lohnzuschlagskalk.	41,73	33,43	41,96	66,98	75,16	66,86
Maschinen-std.-satzkalk.	41,73	33,43	41,96	66,98	75,16	66,86
Prozesskostenkalkulation	58,61	29,30	107,43	52,30	57,20	171,04
Fertigungskosten						
Lohnzuschlagskalk.	173,28	203,88	203,88	185,28	191,88	191,88
Maschinen-std.-satzkalk.	145,04	151,46	193,51	225,66	253,59	293,78
Prozesskostenkalkulation	154,88	143,73	226,06	221,48	247,61	357,87
Herstellkosten						
Lohnzuschlagskalk.	215,01	237,31	245,84	252,26	267,04	258,74
Maschinen-std.-satzkalk.	186,77	184,89	235,48	292,64	328,76	360,64
Prozesskostenkalkulation	213,49	173,03	333,49	273,78	304,82	528,91
Verw.-u. Vertr.-Kosten						
Lohnzuschlagskalk.	52,72	54,54	55,06	58,58	65,78	67,00
Maschinen-std.-satzkalk.	47,37	44,62	53,10	66,22	77,46	86,30
Prozesskostenkalkulation	68,65	48,53	64,06	52,78	59,43	112,64
Selbstkosten						
Lohnzuschlagskalk.	267,73	291,86	300,90	310,84	332,82	325,75
Maschinen-std.-satzkalk.	234,14	229,51	288,57	358,86	406,22	446,94
Prozesskostenkalkulation	282,14	221,56	397,55	326,57	364,24	641,55
Stückgewinn						
Lohnzuschlagskalk.	32,27	28,14	124,10	49,16	47,18	74,25
Maschinen-std.-satzkalk.	65,86	90,49	136,43	1,14	-26,22	-46,94
Prozesskostenkalkulation	17,86	98,44	27,45	33,43	15,76	-241,55
Umsatzrentabilität						
Lohnzuschlagskalk.	10,76%	8,79%	29,20%	13,66%	12,42%	18,56%
Maschinen-std.-satzkalk.	21,95%	28,28%	32,10%	0,32%	-6,90%	-11,74%
Prozesskostenkalkulation	5,95%	30,76%	6,46%	9,29%	4,15%	-60,39%

Tabelle 14: Gegenüberstellung der Kalkulationsverfahren

- **Materialkosten:** Die Materialkosten sind bei der Lohnzuschlagskalkulation und der Maschinenstundensatzkalkulation gleich, da hier dieselben Zuschlagssätze verwendet wurden. In der Prozesskostenkalkulation werden jedoch die Produkte mit höheren Kosten belastet, die bei den fertigungslosabhängigen Prozesskosten nur kleine Losgrößen aufweisen. Dieser Effekt tritt bei den „Exoten" auf, im Beispiel sind es die

Produkte A3 und B3, die nur in kleinen Mengen und dazu noch in sehr kleinen Losgrößen gefertigt werden können.[6]

- **Fertigungskosten:** Die wesentliche Verbesserung bringt im Bereich der Fertigungskosten der Übergang von der Lohnzuschlagskalkulation auf die Maschinenstundensatzrechnung. Durch die Verwendung von Maschinenstundensätzen werden die Verzerrungen der sehr hohen Gemeinkostenzuschlagssätze in der Lohnzuschlagskalkulation vermieden, und ein beanspruchungsorientiert durchaus realistisches Kalkulationsbild gezeigt.[7] Die Prozesskostenrechnung hat in diesen direkten Bereichen keine großen Auswirkungen, da sie ja naturgemäß eher in den indirekten Bereichen wirkt. Der bei den Materialkosten schon beschriebene Effekt tritt bei den Fertigungskosten im Beispiel auch bei den fertigungslosabhängigen Kosten („Fertigungslos freigeben") in den Kostenstellen Fertigung 1 und Endkontrolle auf, so dass dieser Effekt verstärkt wird.[8]

- **Verwaltungs- und Vertriebskosten:** In diesen klassischen indirekten Bereichen wirkt sich die Prozesskostenrechnung naturgemäß sehr stark aus. So schlagen sich beispielsweise die hohen Werbeaufwendungen und die große Reklamationsanfälligkeit von Produkt A1 auch durch die prozessorientierte Verrechnung in den Vertriebskosten nieder.[9] Dass dieser Effekt für das Produkt A1 keine verheerenden Konsequenzen hat, liegt an der relativ großen Produktionsmenge von A1.[10] Trotzdem wird die hohe Beanspruchung der Marketing - Ressourcen durch das Produkt A1 in der Kalkulation berücksichtigt. Solche Relationen sind in den anderen beiden Kalkulationen überhaupt nicht abzubilden, solange hier nur mit wertmäßigen Gemeinkostenzuschlagssätzen bezogen auf die Herstellkosten operiert wird.

- **Selbstkosten, Stückgewinn und Umsatzrentabilität:** Die Selbstkosten sind ein Spiegelbild der bislang erläuterten Effekte. Prozessintensive Produkte (z.B. A1) werden höher kalkuliert, weniger prozessintensive Produkte mit großen Produktionsmengen (z.B. A2) werden durch die Prozesskostenrechnung entlastet. Auf der anderen Seite werden exotische Produkte, die durch kleine Produktionsmengen und/oder kleine Losgrößen gekennzeichnet sind (A3 und B3), ebenfalls durch die Prozesskostenrechnung mit höheren Kosten belastet, als bei den traditionellen Verfahren.

Allerdings muss der Übergang von der in den direkten Bereichen aktivitätsorientierten Maschinenstundensatzrechnung zur auch in den indirekten Bereichen aktivitätsorientierten Prozesskostenrechnung nicht immer eine Fortführung der Kostenentwicklung der einzelnen Positionen bedeuten. So weisen im Beispiel zwei Kostenträger (B1 und B2), die bei der Lohnzuschlagskalkulation Stückgewinne ausweisen, bei der Maschinenstundensatzkalkulation Verluste pro Stück aus.[11] Dies liegt primär an den hohen Fertigungskosten für B1 und B2, die über die Maschinenstundensätze auch beanspruchungsgerecht verrechnet werden. Nur wird dieser Effekt durch die Verrechnung der Verwaltungs- und Vertriebskosten, bezogen auf die Herstellkosten, verstärkt, obwohl dafür keine aktivitätsorientierte Grundlage vorhanden ist.[12]

---

6   Vgl. Tabelle 1.
7   Vgl. Tabelle 6.
8   Vgl. Tabelle 13.
9   Vgl. Tabelle 9.
10   Vgl. Tabelle 1.
11   Vgl. Tabelle 14.
12   Vgl. Tabelle 7.

Im Gegenteil dazu werden die Produkte B1 und B2 in der Prozesskostenrechnung bei der Verrechnung der Verwaltungs- und Vertriebskosten entlastet, weil sie als nicht so prozessintensive Produkte identifiziert wurden, was Verwaltungs- und Vertriebsprozesse anbelangt.[13]

Die Betrachtung der Umsatzrentabilitäten der einzelnen Produktarten zeigt auf, dass die Lohnzuschlagskalkulation zu einer gewissen Gleichmacherei tendiert. Die Umsatzrentabilitäten ändern sich beim Übergang zur Maschinenstundensatzkalkulation erheblich. Die Produktarten aus der Produktgruppe B verliert sehr stark zugunsten der Produktarten aus der Produktgruppe A, was an den hohen Fertigungszeiten der Produktarten aus Produktgruppe B liegt, die in der Maschinenstundensatzkalkulation als Verteilungsgrundlage der Fertigungsgemeinkosten verwendet wurden.[14]

Die Betrachtung der Umsatzrentabilitäten im Vergleich zwischen Maschinenstundensatzkalkulation und Prozesskostenkalkulation komplettieren das bislang Gesagte:

- Produkt A1 als Standardprodukt mit niedrigem Absatzpreis und hoher Prozessintensitivität im Vertriebsbereich weist nach der Prozesskostenkalkulation eine geringere Umsatzrentabilität aus.
- Produkt A2 als Standardprodukt bei geringem Absatzpreis und geringer Prozessintensitivität weist nach der Prozesskostenkalkulation eine noch bessere Umsatzrentabilität aus.
- Produkt A3 als Exotenprodukt mit geringen Mengen und hoher Prozessintensitivität weist nur bei der Prozesskostenkalkulation eine geringe Umsatzrentabilität aus. Nur aufgrund des relativ hohen Absatzpreises kann eine positive Umsatzrentabilität erzielt werden.
- Die Produkte B1 und B2 als fertigungszeitintensive Standardprodukte bei ansonsten geringer Prozessintensitivität weisen nach der Prozesskostenkalkulation bessere Umsatzrentabilitäten als bei der Maschinenstundensatzkalkulation aus. Für Produkt B2 bedeutet die Kalkulation nach der Prozesskostenkalkulation sogar den Wechsel vom Verlustbereich in die Gewinnzone.
- Produkt B3 als Exotenprodukt mit geringen Mengen und hoher Prozessintensitivität weist sowohl bei der Maschinenstundensatzkalkulation als auch bei der Prozesskostenkalkulation eine negative Umsatzrentabilität aus. Die hohe Prozessintensitivität führt zu einer Verstärkung der negative Umsatzrentabilität bei der Prozesskostenkalkulation. Dazu kommt noch, dass diese prozessorientierte Kosteneffekte aufgrund des relativ geringen Absatzpreises nicht von der Erlösseite her kompensiert werden können, wie z.B. bei Produkt A3.

Zusammenfassend lässt sich der Schluss ziehen, dass im Rahmen der Systeme der Vollkostenrechnung die Prozesskostenrechnung für eine beanspruchungsgerechtere Kalkulation der Produkte durch ihre prozessorientierte Vorgehensweise und konsequente Verwendung von mengenmäßigen Bezugsgrößen auch in den indirekten Bereichen gegenüber den traditionellen Verfahren der Lohnzuschlags- und Maschinenstundensatzkalkulation erhebliche Vorteile aufweist. Darüber hinaus kommt noch die Schaffung von zusätzlichen Kosteninformationen über interne betriebliche Prozesse, die im Rahmen eines bereichs- oder prozessbezogenen Kostenmanagements von Interesse sind.

---

[13] Vgl. Tabelle 13.
[14] Vgl. Tabelle 14.

Es darf aber nicht unterschlagen werden, dass der Aufwand zur Durchführung einer Prozesskostenrechnung durch die Prozessanalyse und die folgenden Schritte erheblich größer ist als bei den traditionellen Verfahren. Dazu kommt noch die Frage des Einsatzes der Prozesskostenrechnung als Planungs- und Kontrollinstrument. Hier wird man insbesondere im operativen Management skeptisch sein müssen, da die Prozesskostenrechnung als System der Vollkostenrechnung nicht über die Möglichkeiten verfügt, wie sie im Rahmen der flexiblen Kostenkontrolle bei der Grenzplankostenrechnung möglich sind. Ein Ausweg wäre die Erweiterung der Prozesskostenrechnung als System der Teilkostenrechnung. Fraglich wäre dann allerdings gerade bei fixkostenintensiven Unternehmen, ob es überhaupt gravierende Unterschiede bei den Kalkulationsergebnissen zwischen den Systemen gibt, wenn nur auf Basis variabler Selbstkosten kalkuliert wird. Diese Frage stellt sich aber bei dem Thema des Übergangs von traditionellen Systemen der Vollkostenrechnung zur Prozesskostenrechnung nicht, sondern wird mit der Gegenüberstellung von Systemen der Vollkostenrechnung zu Systemen der Teilkostenrechnung (z.B. Direct Costing und mehrstufige Fixkostendeckungsrechnung) beantwortet.

Literatur

Brühl R.: Informationen der Prozeßkostenrechnung als Grundlage der Kostenkontrolle, in: Kostenrechnungspraxis, 2/95, S. 73-79

Coenenberg, A. / Fischer, T.: Prozeßkostenrechnung - Strategische Neuorientierung in der Kostenrechnung, in: Die Betriebswirtschaft, 51. Jg. 1991, S. 21-38

Coenenberg, A.: Kostenrechnung und Kostenanalyse, Landsberg am Lech, 1992

Cooper, R.: Activity-Based-Costing - Einführung von Systemen des Activity-Based Costing (Teil 3), in: Kostenrechnungspraxis, 6/90, S. 345-351

Cooper, R.: Activity-Based-Costing - Wann brauche ich ein Activity-Based Cost-System und welche Kostentreiber sind notwendig? (Teil 2), in: Kostenrechnungspraxis 5/90, S. 271-279

Cooper, R.: Activity-Based-Costing - Was ist ein Activity-Based Cost-System?, in: Kostenrechnungspraxis 4/90, S. 210-220

Cooper, R.: Activity-Based Costing, in: Handbuch Kostenrechnung, hrsg. v. W. Männel, Wiesbaden 1992, S. 360-383

Cooper, R. / Kaplan, R.: Activity-Based Costing: Ressourcenmanagement at its best, in: Harvard-Manager, 4/91, S. 87-94

Europäische Kommission: Eine einheitliche Definition der europäischen KMU, in: EURO-info, März/1996, S. 1

Eversheim, W. / Kümper, R.: Variantenmanagement durch ressourcen-orientierte Produktbewertung, in: Kostenrechnungspraxis, 4/93, S. 233-238

Fischer, T. / Klein, G.: Einsatz der Prozeßkostenrechnung zur Ermittlung bilanzieller Herstellungskosten, in: Zeitschrift für Betriebswirtschaft, 65. Jg. 1995, S. 1255-1283

Franz, K.: Die Prozeßkostenrechnung, in: Wirtschaftwissenschaftliches Studium, 12/92, S. 605-610

Franz, K.: Die Prozeßkostenrechnung, in: Finanz- und Rechnungswesen als Führungsinstrument, hrsg. v. D. Ahlert, K. Franz, H. Göppl, Wiesbaden 1990, S. 109-135

Franz, K.: Prozeßkostenmanagement: Skeptische Zurückhaltung, in: technologie & management, 42. Jg. 2/93, S. 75-78

Glaser, H.: Prozeßkostenrechnung - Darstellung und Kritik, in: Zeitschrift für betriebswirtschaftliche Forschung, 44. Jg. 1992, S. 275-289

Glaser, H.: Prozeßkostenkalkulation und Kalkulationsgenauigkeit - Zur allgemeinen Erfassung von Kostenverzerrungen, in: Kostenrechnungspraxis, 40. Jg. 1996, S. 28-34

Haberstock, L.: Kostenrechnung II, 4. Aufl., Wiesbaden 1982

Horváth, P. / Gleich, R. / Lamla, J.: Kostenrechnung in flexiblen Montagesystemen bei hoher Variantenvielfalt, in: Das Wirtschaftsstudium, 22. Jg. 1993, S. 206-215

Horváth, P. / Mayer, R.: Prozeßkostenrechnung - Konzeption und Entwicklungen, in: Kostenrechnungspraxis Sonderheft 2/93, S. 15-28

Horváth, P. / Renner, A.: Prozeßkostenrechnung, in: Fortschrittliche Betriebsführung / Industrial Engineering, 39. Jg. 1990, S. 100-107

Kilger, W.: Flexible Plankostenrechnung und Deckungsbeitragsrechnung, 9. Aufl., Wiesbaden, 1988

Kloock, J.: Prozeßkostenrechnung als Rückschritt und Fortschritt der Kostenrechnung (Teil 1), in: Kostenrechnungspraxis 4/92, S. 183-193

Kloock, J.: Prozeßkostenrechnung als Rückschritt und Fortschritt der Kostenrechnung (Teil 2), in: Kostenrechnungspraxis 5/92, S. 237-245

Kloock, J.: Prozeßkostenmanagement zur Sicherung von Erfolgspotentialen, in: Betriebswirtschaftliche Forschung und Praxis, 6/95, S. 582-625

Küting, K. / Lorson, P.: Grenzplankostenrechnung versus Prozeßkostenrechnung, in: Betriebs-Berater, Heft 21, S. 1421-1433

Männel, W.: Prozeßorientiertes Ressourcencontrolling, in: Kostenrechnungspraxis, 41. Jg. 1997, S. 113-115

Mayer, R. / Glaser, H.: Die Prozeßkostenrechnung als Controllinginstrument, in: Controlling, 6/91, S. 296-303

Miller, J. / Vollmann, T.: The hidden factory, in: Harvard Business Review, Vol. 63 1985, S. 142-150

Miller, J. / Vollmann, T.: Die verborgene Fabrik, in: Harvard-Manager, 1/86, S.84-89

Pfarr, B. / Beinhauer, M.: Prozeßorientierte Kostenverrechnung in Banken, in: Controlling, 6/96, S. 394-404

Pfeiffer, W. / Dörrie, U. / Gerharz, A. / Goetze, S.: Variantenkostenrechnung, in: Handbuch Kostenrechnung, hrsg. v. W. Männel, Wiesbaden 1992, S. 861-877

Pfohl, H. / Stölzle, W.: Anwendungsbedingungen, Verfahren und Beurteilung der Prozeßkostenrechnung in industriellen Unternehmen, in: Zeitschrift für Betriebswirtschaft, 61. Jg. 1991, S. 1281-1305

Riebel, P.: Prozeßkostenrechnung - Ein früher Beitrag der Einzelkostenrechnung, in: Einzelkosten- und Deckungsbeitragsrechnung, 7. Auflage, Wiesbaden 1994, S. 704-708

Rogalski, M.: Prozeßkostenrechnung im Rahmen der Einzelkosten- und Deckungsbeitragsrechnung, in: Kostenrechnungspraxis, 40. Jg. 1996, S. 91-97

Rummel, K.: Einheitliche Kostenrechnung, 3. Auflage, Düsseldorf 1949

Schierenbeck, H. / Bohnenkamp, P.: Mehrdimensionale Kostenrechnung in Kreditinstituten, in: Die Betriebswirtschaft, 56. Jg. 1996, S. 475-488

Schiller, U. / Lengsfeld, S.: Strategische und operative Planung mit der Prozeßkostenrechnung, in: Zeitschrift für Betriebswirtschaft, 68. Jg. 1998, S. 525-547

Schneeweiß, C. / Steinbach, J.: Zur Beurteilung der Prozeßkostenrechnung als Planungsinstrument, in: Die Betriebswirtschaft, 56. Jg. 1996, S. 459-473

Schweitzer, M. / Küpper, H.: Systeme der Kosten- und Erlösrechnung, 6. Aufl., München 1995

Seicht, G.: Die Prozeßkostenrechnung, in: Journal für Betriebswirtschaft, 6/92, S. 246-267

Witt, F.: Prozeßkostenmanagement statt Prozeßkostenrechnung, in: technologie & management, 42. Jg. 1993, S. 79-82

9. Aufbau einer Prozesskostenkontrolle zur Bewältigung des Gemeinkostenproblems

9.1. Prozessorientierung

Zur Lösung des Gemeinkostenproblems ist seit der zweiten Hälfte der 80er Jahre vom amerikanischen Raum ausgehend ein neuer Kostenrechnungsansatz vorgeschlagen worden, der als Activity Accounting, Activity Based Costing, oder Cost Driver Accounting bekannt wurde. In Deutschland hat dieser Ansatz unter der Bezeichnung Prozesskostenrechnung eine mittlerweile bemerkenswerte Verbreitung gefunden. Die Prozesskostenrechnung ist dabei im wesentlichen eine Vollkostenrechnung und basiert auf der Kritik an der Gemeinkostenverteilung der traditionellen Vollkostenrechnungssysteme, insbesondere der traditionellen Kostenstellenrechnung und der Zuschlagskalkulation. Die Einführung der Prozesskostenrechnung in der deutschen Unternehmenspraxis hat bislang nicht an Aktualität verloren. Allerdings war der Ausgangspunkt die Problematik der Gemeinkostenkalkulation in der Kostenträgerstückrechnung; die Aspekte einer aussagefähigen Kostenkontrolle wurden bislang nicht sehr stark in der Vordergrund gerückt. Auf der einen Seite gibt es mit der flexiblen Plankostenrechnung hier schon weit entwickelte Systeme. Andererseits ist die flexible Plankostenrechnung gerade in indirekten Fertigungs-, Verwaltungs- oder Logistikbereichen oft nicht aussagefähig, da keine kontrolladäquaten Bezugsgrößen oder Kostenfunktionen ermittelt werden können. Auch der weiter steigende Anteil der Fixkosten macht eine hauptsächlich auf der Basis der Kontrolle der variablen Kosten basierende Kostenkontrolle zweifelhaft.

9.2. Aufbau der Prozesskostenrechnung

9.2.1. Kosten und Prozesse

Grundlegend für die Prozesskostenrechnung ist die Annahme, dass Produkte Kosten verursachen, indem sie Aktivitäten (Prozesse) im Unternehmen beanspruchen. Damit wird der generelle Unterschied zum Verursachungsprinzip der traditionellen Kostenrechnungssysteme deutlich.

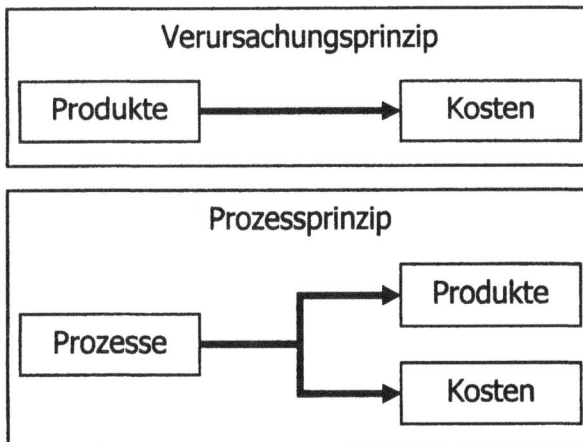

Abb. 1: Verursachungs- und Prozessprinzip

Zur Implementierung der Prozesskostenrechnung sind unterschiedliche Schritte notwendig. Zuerst muss ein Projektteam bestimmt und der Untersuchungsbereich definiert werden. Ein Kernpunkt ist die Prozessanalyse, in der alle im Untersuchungsbereich anfallenden Prozesse ermittelt werden. Danach erfolgt die Festlegung der Cost Driver als Maßgrößen der Prozesse, die Planung der Prozessmengen und Prozesskosten sowie die Bildung von Prozesskostensätzen. Ausgehend von diesen Tätigkeiten kann dann eine prozessorientierte Kostenkontrolle implementiert werden.

9.2.2. Bestimmung von Projektteam und Untersuchungsbereich

Im Projektteam sollten Kostenrechner, Controller und die Mitarbeiter aus den Untersuchungsbereichen den Kern des Teams ausmachen. Inwieweit gegebenenfalls externe Berater hinzugezogen werden sollten, hängt vom Umfang der Einführung, von der Controlling-Kompetenz der eigenen Mitarbeiter und finanziellen Erwägungen ab.

Eine totale, sofortige Umstellung der Kostenrechnung des Betriebes auf die Prozesskostenrechnung scheitert oft an der Komplexität dieses Vorhabens. Günstiger scheint es zu sein, die Einführung der Prozesskostenrechnung auf einige Bereiche, Abteilungen oder Kostenstellen zu beschränken und sie später sukzessive auszudehnen. Die auszuwählenden Untersuchungsbereiche sollten dabei folgenden Merkmalen entsprechen. Der erste Bereich hat eine Pilotfunktion für die weiteren Projekte. Das bedeutet, dass man weder unwesentliche Bereiche noch zu große Bereiche zuerst heranziehen sollte. Des Weiteren sollte es sich um Bereiche mit hohen Einsparungspotenzialen und mit Effizienzsteigerungsmöglichkeiten im Sinne vermuteter, freier Kapazitäten handeln. Außerdem müssen die Bereiche ein hohes Gemeinkostenvolumen aufweisen.

9.2.3. Analytische Suche nach Prozessen

Prozesse (Aktivitäten, Tätigkeiten, Transaktionen) sind Vorgänge in einer Kostenstelle, durch die Ressourcen verbraucht werden. Man geht davon aus, dass für jede Kostenstelle mindestens ein Prozess bestimmt werden kann, von dessen Niveau die betrachteten Kosten abhängen. Die Ermittlung erfolgt z.B. durch Befragung der Abteilungsleiter bzw. Mitarbeiter, eigene Aufzeichnungen der Mitarbeiter, Zeitaufnahmen (Stichproben) oder bereits abgeschlossene Projekte.

Zum Teil werden Teil- und Hauptprozesse unterschieden. Hauptprozesse sind Aggregationen von Teilprozessen, auch aus unterschiedlichen Kostenstellen. Der Hauptprozess „Kalkulation erstellen" könnte sich z.B. aus den Teilprozessen „Produktinformationen beschaffen", „Kostendaten ermitteln", „Kalkulation berechnen" und „Kalkulation drucken / versenden" zusammensetzen. Die Hauptprozesse lassen sich weiter zu Prozessbereichen zusammenfassen.

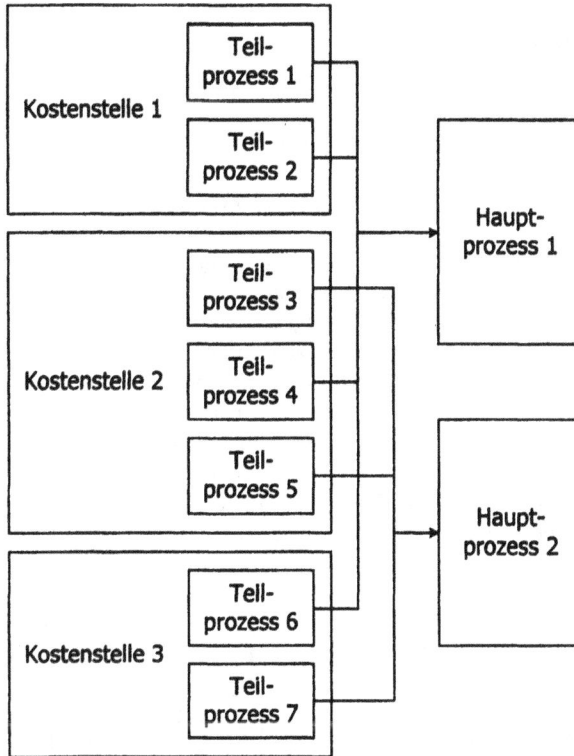

Abb. 2: Prozesshierarchie

9.2.4. Festlegung der Cost Driver und Planung der Prozessmengen

Die Maßgröße für das Aktivitätsniveau der Prozesse wird Cost Driver oder Kostentreiber genannt. Beispiele hierfür sind:

Prozess	Cost Driver
Angebote einholen	Anzahl der Angebote
Maschinen / EDV einrichten	Rüststunden
Kalkulationen erstellen	Anzahl der Kalkulationen
Kostenbericht erstellen	Anzahl Berichte
Lieferungen versenden	Anzahl Lieferungen
Laborproben entnehmen	Anzahl Laborproben
Werbemittel bestellen	Anzahl Bestellungen
Werbemittelanträge bearbeiten	Anzahl Anträge

Die Cost Driver übernehmen die Rolle der Bezugsgrößen und sollten somit die Forderung nach der Doppelfunktion von Bezugsgrößen erfüllen. Das bedeutet, dass sie sowohl zur Kalkulation als auch als Maßstab im Rahmen der Kostenkontrolle einsetzbar sind. Um die Fehler anderer Kostenrechnungssysteme zu vermeiden, haben sich einige Aspekte bei der Wahl der Cost Driver herausgebildet:

- keine Wertschlüssel verwenden (z.B. Einzelkosten)
- wenn möglich Mengengrößen im engen Sinn (Anzahl)
- wenn nötig andere Mengengrößen (Zeit, Gewicht, Fläche, Raum)

Es treten bei der Ermittlung der Cost Driver jedoch etliche Probleme auf, da z.B. nicht jeder Prozess ein Mengengerüst hat. So werden Prozesse mit mengenmäßiger Quantifizierung (repetetiv) als „leistungsmengeninduziert (lmi)" und Prozesse ohne Mengengerüst (qualitativ, nicht repetitiv) als „leistungsmengenneutral (lmn)" bezeichnet. Leistungsmengenneutrale Prozesse fallen unabhängig von der erbrachten Leistung an, wie z. B: „Schulung / Weiterbildung durchführen" oder sind eher qualitative, nicht gleichartige Prozesse, wie „Controlling-Abteilung leiten". Es gibt auch die Überlegung, eventuell den Anteil repetetiver Prozesse, der zur Grundversorgung gehört, z.B. ein Werbesachbearbeiter von Dreien in einer Abteilung, zu den leistungsmengenneutralen Prozessen zu zählen. Hintergrund dieser Sichtweise ist die Überlegung, dass man für Bündel von Prozessen Kapazitäten aufbauen muss, was zu einem sprungfixen Kostenverlauf führt. Da man aber davon ausgeht, dass alle Prozesse, wenn auch auf minimalem Niveau, durchgeführt werden, bleibt z.B. ein Mitarbeiter als unverzichtbare Grundausstattung. Diese Überlegung führen aber nicht zu günstigen Voraussetzungen für die Kostenkontrolle, da hier eine künstliche Spaltung ansonsten gleichartiger Prozesse vorgenommen wird.

Die Ermittlung der Prozessmengen stellt einen wichtigen Punkt im Rahmen der Implementierung der Prozesskostenrechnung dar. Die Prozessmengen können und sollten sich sowohl aus vorhandenen Unterlagen als auch der Aktionsplanung des Unternehmens ergeben, um zukünftige Änderungen zu berücksichtigen. Bei der Bestimmung sollte ein längerer Zeitraum (mindestens 1 Jahr) gewählt werden, um Verzerrungen durch punktuelle oder saisonale Ereignisse zu eliminieren. Die Einheit der Prozessmengen sollte möglichst gleich der Einheit der Cost Driver sein z. B.:

Prozess: „Versandaufträge bearbeiten"

Cost Driver	Prozessmenge
Anzahl Versandaufträge	Gleiche Einheit: „200 Versandaufträge"
	Ungleiche Einheit:
	„75 Mitarbeiterstunden"

9.2.5. Planung der Prozesskosten und Bildung der Prozesskostensätze

Die Planung der Prozesskosten basiert teilweise auf sehr stark vereinfachenden, pragmatischen Annahmen, ohne deren Einhaltung sich die Komplexität der Prozesskostenrechnung allerdings auch wesentlich steigern würde. Die Prozesskosten pro Prozessausprägung werden als konstant angenommen. Es gibt somit keine Unterschiede innerhalb eines Prozesses. Diese Sichtweise ist natürlich fragwürdig; untersucht man z.B. den Prozess „Reklamationen bearbeiten" wird man verschiedene Intensitäten feststellen. Eine Lösung dieses Problems findet sich nur in der Definition unterschiedlicher Prozesse innerhalb eigentlich eines Prozesses wie „normale Reklamationen bearbeiten" und „schwierige Reklamationen bearbeiten". Damit erhöht sich aber die Anzahl definierter Prozesse und es wird auch die spätere Aufteilung der Kosten auf die Prozesse erschwert.

Weiterhin wird wie bei der analytischen Kostenplanung untersucht, welche Kostenarten dem jeweiligen Prozess bei gegebener Kapazität zuzurechnen sind. Bei Dominanz der Personalkosten werden oft nur diese analytisch geplant, die anderen Kostenarten (Raum-, Energie-,

Büromaterialkosten etc.) werden der Einfachheit halber und weil sie nicht so wesentlich sind, proportional zu den Personalkosten verteilt (Peanuts-Prinzip).

Eine weitere Vereinfachung ist gerade in der Einführungsphase günstig. Es werden die normalisierten Kostenstellenkosten über Schlüssel (z.B. Mitarbeiterzahl, Mitarbeiterjahre, Jahresarbeitszeit) auf die Prozesse verteilt. So fallen beispielsweise bei fünf Mitarbeitern in einer Kostenstelle 40% der Kosten auf einen Prozess, wenn für diesen durchschnittlich zwei Mitarbeiter benötigt werden.

Zur Verdeutlichung wird die Vorgehensweise der Prozesskostenkontrolle an einer fiktiven Kostenstelle verdeutlicht. Alle Prozesse laufen innerhalb der Kostenstelle ab. Es werden in der Tätigkeitsanalyse vier leistungsmengeninduzierte Prozesse definiert. Der leistungsmengenneutrale Prozess „Abteilung (Kostenstelle) leiten" wird separat behandelt, da er ja kein Mengengerüst aufweist. Die Aufteilung der Kostenstellenkosten erfolgt über den Zeitschlüssel „Mitarbeiterjahre". Die Personalkosten haben in der Vergangenheit einen Anteil an den Kostenstellenkosten von über 85%, so dass die anderen Kostenarten proportional zu den Personalkosten verteilt werden, bzw. nicht Gegenstand der Kontrolle sind. Die Abteilung besteht aus dem Abteilungsleiter und vier Mitarbeitern. Die Prozessmengenplanung und die Zeitaufnahmen führen zu folgenden Ergebnissen:

Prozessanalyse		ein Mitarb.-Jahr in Std.:		1760
Prozess[lmi]	Prozess-menge[Plan]	Std./ Prozess	Std./Prozess-menge	Mitarb.-Jahre
Nr.1	800	1,25	1.000,00	0,57
Nr.2	1.600	1,75	2.800,00	1,59
Nr.3	3.200	0,50	1.600,00	0,91
Nr.4	2.000	0,75	1.500,00	0,85
Gesamt	7.600		6.900,00	3,92

Tabelle 1

Man sieht deutlich, dass sich die prozentuale Kapazitätsverteilung unterscheidet, je nachdem ob sie auf Basis der Prozessmengen oder der Mitarbeiterjahre vorgenommen wird.

Kapazitätsverteilung				
Prozess[lmi]	Prozess-menge[Plan]	in %	Mitarb.-Jahre	in %
Nr.1	800	10,53	0,57	14,49
Nr.2	1.600	21,05	1,59	40,58
Nr.3	3.200	42,11	0,91	23,19
Nr.4	2.000	26,32	0,85	21,74
Gesamt	7.600	100,00	3,92	100,00

Tabelle 2

Die Plankosten der Kostenstelle ergeben sich aus der Gehaltsplanung zuzüglich der erwarteten Tariferhöhung von 2%. Die Personalkosten des Abteilungsleiters werden als leistungsmengenneutral ausgesondert.

```
Kostenplanung
        Gehaltsplan:      588.235,29
        Plankosten:       600.000,00 (Gehaltsplanung•1,02)
        davon Imn:        160.000,00
        davon Imi:        440.000,00
        Mitarbeiter:              4
        Mitarb.-Std.:          7040 (4•220Tage•8Std.)
        Kosten/Std.:          62,50
```
Tabelle 3

Nach der Bestimmung der Prozessgrößen, der Prozessmengen lassen sich die Prozesskosten nach der Kapazitätsinanspruchnahme im Sinne der Mitarbeiterjahre ermitteln. Danach lassen sich wie in der traditionellen Vollkostenrechnung Verrechnungssätze bilden.

Prozesskostensatz (PKS^{Plan}) = $Prozesskosten^{Plan}$ / $Prozessmenge^{Plan}$

Ermittlung der PKS				
$Prozess^{Iml}$	Prozess-menge^{Plan}	Prozeß-kosten^{Plan}	in %	PKS^{Plan}
Nr.1	800	62.500,00	14,49	78,13
Nr.2	1.600	175.000,00	40,58	109,38
Nr.3	3.200	100.000,00	23,19	31,25
Nr.4	2.000	93.750,00	21,74	46,88
Gesamt	7.600	431.250,00	100,00	
$Leerkosten^{Plan}$:		8.750,00		
$Plankosten^{Iml}$:		440.000,00		

Tabelle 4

Da nicht die Prozesskosten**kalkulation** sondern die Prozesskosten**kontrolle** Gegenstand der Untersuchung ist, wird hier nicht auf die wesentlichen Annahmen und Probleme eingegangen, die bei der Umrechnung der Kosten je Prozess auf produktbezogene Selbstkosten entstehen.

9.3. Prozesskostenkontrolle

9.3.1. Gegenstand der Prozesskostenkontrolle

Für die folgende Kostenkontrolle müssen im Rahmen der Budgetierung bzw. Kostenplanung die Zielvorgaben und Budgets aufgestellt sowie Prozessverantwortliche ("Process Owner") bestimmt werden. Letzteres ist notwendig, wenn die Prozesse bzw. Hauptprozesse nicht mit der Kostenstellenstruktur übereinstimmen.

Die Kostenkontrolle selbst gliedert sich in folgende Phasen:
* Istkosten erfassen (pro Kostenart, Kostenstelle oder Prozessbereich)
* Istprozesskosten ermitteln
* Sollprozesskosten ermitteln
* Abweichungen ermitteln
* Kostenbericht erstellen
* Kostenbericht mit Prozessverantwortlichen durchsprechen

Da nicht nur die Kosten kontrolliert werden sollen, sondern auch Kennzahlen zur effizienten Erstellung der innerbetrieblichen Prozesse von Interesse sind, ergeben sich einige kontrollrelevante Größen aus der Planung. Dabei werden die Kosten wie in der Praxis gerne vorgenommen, in die drei Blöcke Sachkosten, Personalkosten und leistungsmengenneutrale Kosten unterteilt. Neben diesen Kostengrößen können Informationen über Prozessmengenänderungen, Bearbeitungszeiten und die Veränderung der Prozesskostensätze wertvolle Aspekte über die Art der Prozesserstellung in den Bereichen liefern.

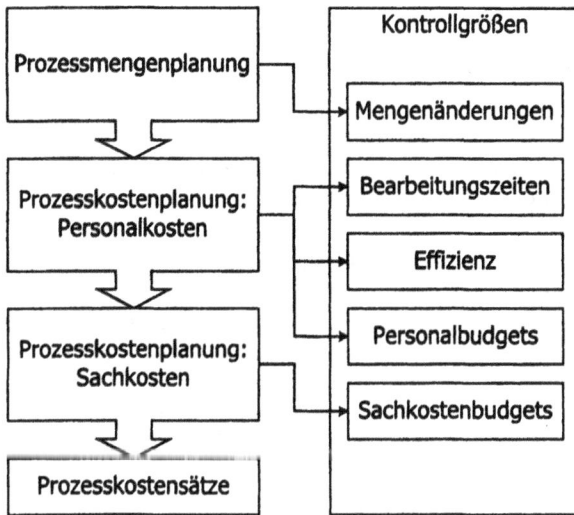

Abb. 3: Kontrollgrößen

Eine Möglichkeit der Kontrolle genutzter bzw. ungenutzter bewerteter Prozesskapazität ist die bekannte Unterteilung in Nutzkosten bzw. Leerkosten. Leerkosten entstehen, wenn die Auslastung der Bereiche durch die tatsächlichen Prozessmengen unter den geplanten und möglichen Prozessmengen liegt. Da Leerkosten aufgrund des Fixkostenanteils keine echten Kostenabweichungen sondern nur eine Kostenkennzahl darstellen, handelt es sich hier nicht um Mehr- oder Minderkosten. Trotzdem zeigen sie als bewertete, nicht ausgenutzte Kapazität mögliche Einsparungspotenziale oder Strukturänderungsmöglichkeiten der Aufgabenverteilung für die Zukunft auf.

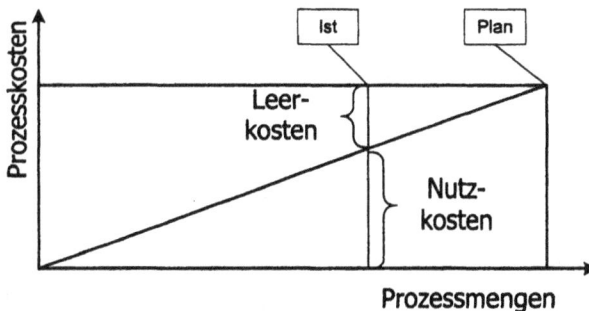

Abb. 4: Nutz- und Leerkosten

Da Leerkosten die Schwankungen der Prozessmengen anzeigen, kommt es wie in Systemen der flexiblen Plankostenrechnung zur Unterscheidung zwischen Plan- und Istbeschäftigung. Dies erfordert für eine aussagefähige Kostenkontrolle auch die Unterscheidung in Plan- und Sollkosten. Die Sollprozesskosten sind somit die auf die Istprozessmenge bezogenen Plankosten. Des Weiteren ist es auch in einer Prozesskostenrechnung möglich, vor der eigentlichen Kostenkontrolle eine Preisabweichung zu bestimmen, soweit in der Kostenplanung ein Planpreisgerüst entwickelt wurde. Die kontrollrelevanten Prozessistkosten ergeben sind dann beispielsweise bei höheren Istpreisen als Planpreisen aus den tatsächlichen Prozessistkosten abzüglich der Preisabweichung.

9.3.2. Die Problematik des Ansatzes der Ist-Prozess-Bezugsgrössen

Problematisch ist die Aufteilung der Istprozesskosten innerhalb der Kostenstelle auf die einzelnen Prozessarten. Generell gibt es zwei Möglichkeiten, die die Aussagefähigkeit der Kontrollinformationen jedoch wesentlich beeinflussen.

- **Variante A**: Die Istkostenstellenkosten werden im gleichen prozentualen Verhältnis wie die Plankostenstellenkosten auf die Prozess**arten** aufgeteilt. Diese Variante kommt der Forderung nach Strukturgleichheit von Plan- und Istwerten nach, um eine Kontrolle überhaupt zu ermöglichen. Das bedeutet, der Plan wird weiterhin als Vorgabe betrachtet, und es werden die Abweichungen im Ist gegenüber dem Plan untersucht. Damit ist es auch möglich, Sollkosten zu ermitteln, eine Auslastungsanalyse auf Prozessebene durchzuführen und prozessorientierte Budgetabweichungen zu berechnen.

- **Variante B**: Die Istprozesskosten werden anhand der tatsächlichen Istzeiten pro Prozessausführung auf die Prozessarten der Kostenstelle aufgeteilt. Diese Variante erfordert die direkte Istwertaufnahme der Zeiten oder die indirekte Berechnung der Istzeiten aus dem Iststundensatz. Allerdings gestaltet sich die Aussagefähigkeit der Kontrolle hier schwieriger, da aufgrund des Abweichens von der Planstruktur eine Auslastungsanalyse nicht mehr ohne weiteres vorgenommen werden kann. Außerdem gibt es keine prozessindividuelle Betrachtung mehr, da bei einer Gesamtkostensteigerung auch alle Prozesskostensätze innerhalb der Kostenstellen proportional gleich steigen. Diese Variante hat mehr den Charakter einer Stundensatzrechnung und nicht einer Prozesskostenrechnung, da hier nicht mehr der einzelne Prozess, sondern der Kostensatz pro Stunde in der Kostenstelle in den Vordergrund gerückt wird.

9.4. Beispiel einer Prozesskosten- und Effizienzkontrolle

Im Folgenden werden beide Varianten an dem Beispiel demonstriert.

Istkosten[m]:	448.352,94
Tariferhöhung:	3%
Preisabweichung ΔP:	4.352,94
relevante Istkosten:	444.000,00
Kosten/Std.:	63,07

Tabelle 5

Die Tariferhöhung ist mit 3% einen Prozentpunkt höher als erwartet ausgefallen. Der Iststundensatz bezogen auf die leistungsmengeninduzierten Istkosten in Höhe von € 444.000,- beträgt nun € 63,07. Die nachstehenden Werte werden wie folgt berechnet:

Variante A

Im Rahmen der Variante A ergeben sich die Istprozesskosten aus den Gesamtistkosten gewichtet mit dem prozentualen Kostenanteil der Prozessart an den Gesamtplankosten (z.B. für Nr. 1: 440.000,- • 14,49%).

Istwerte	Variante A		
Prozess^{lmi}	Prozess-menge^{Ist}	Prozeß-kosten^{Ist}	PKS^{Ist}
Nr.1	800	64.347,83	80,43
Nr.2	1.200	180.173,91	150,14
Nr.3	3.300	102.956,52	31,20
Nr.4	2.200	96.521,74	43,87
Gesamt	7.500	444.000,00	

Tabelle 6

Für die eigentliche Kontrolle benötigt man noch die folgenden Größen:

Sollprozesskosten: Prozessmenge^{Ist} • PKS^{Plan}
Leerkosten: Prozesskosten^{Plan} - Prozesskosten^{Soll}
Budgetabweichung: Prozesskosten^{Ist} - Prozesskosten^{Plan}

Kontrolle	Variante A		
Prozess^{lmi}	Prozess-kosten^{Soll}	Leerkosten	Budget-abweichung
Nr.1	62.500,00	0,00	1.847,83
Nr.2	131.250,00	43.750,00	5.173,91
Nr.3	103.125,00	-3.125,00	2.956,52
Nr.4	103.125,00	-9.375,00	2.771,74
Gesamt	400.000,00	31.250,00	12.750,00

Tabelle 7

Darüber hinaus können einige Kennzahlen gebildet werden:

Kennzahlen	Variante A		
Prozess^{lmi}	Auslastung	ΔPKS	ΔEffizienz
Nr.1	100,00%	2,96%	-2,96%
Nr.2	75,00%	37,28%	-62,28%
Nr.3	103,13%	-0,16%	3,29%
Nr.4	110,00%	-6,40%	16,40%
Gesamt	98,68%		

Tabelle 8

Die Leerkosten entstehen bei rückläufigen Prozessmengen. Dabei sind Budgetabweichungen bei negativen Leerkosten (Ist-Überkapazität) eventuell gerechtfertigt. In die Effizienzkennzahl gehen Veränderungen der Auslastung und Veränderungen der Prozesskostensätze ein. Steigende Auslastungen und sinkende Prozesskostensätze erhöhen die Effizienz. Die Planeffizienz ist gewahrt, solange der Prozesskostensatz nicht steigt. Die Konstanz des Prozesskostensatzes im Zeitvergleich bedeutet das gleiche Verhältnis zwischen den Prozesskosten und Prozessmengen auch bei schwankenden Prozesskosten und Prozessmengen. Steigen die Prozessmengen allerdings prozentual stärker als die Prozesskostensätze, liegt trotzdem eine Effizienzsteigerung vor, da das Prozessmengenwachstum das Kostenwachstum übersteigt. Dieser Fall kann aber nur dann auftreten, wenn die vorherigen Prozessmengen unterhalb der Kapazitätsgrenze lagen.

Variante B

In der Variante B ergeben sich die Istprozesskosten als das Produkt aus:

Istprozessmenge • Istkostensatz/Std. • Std. / Prozess.

Das ergibt beispielsweise für Prozess Nr. 1: 800 • 63,07 • 1,25 = 63.068,18 €.

Istwerte	Variante B		
Prozess^{lmi}	Prozess- menge^{Ist}	Prozeß- kosten^{Ist}	PKS^{Ist}
Nr.1	800	63.068,18	78,84
Nr.2	1.200	132.443,18	110,37
Nr.3	3.300	104.062,50	31,53
Nr.4	2.200	104.062,50	47,30
Gesamt	7.500	403.636,36	
Leerkosten^{Ist}:		40.363,64	
Istkosten^{lmi}:		444.000,00	

Tabelle 9

Bei dieser Variante steigen alle Prozesskostensätze, da die Istkostenstellenkosten höher als die Plankostenstellenkosten sind. So kann eine Effizienzsteigerung bei dieser Variante nicht durch die Veränderung der Prozesskostensätze angezeigt werden. Außerdem werden nur die Istkosten als Prozesskosten auf die Prozesse verrechnet, die unter Annahme des Stundensatzes pro Prozess auf die Prozesse entfallen. Damit werden auf der einen Seite bei sinkenden Prozessmengen zu wenig (fixe) Prozesskosten verrechnet; auf der anderen Seite werden hohe Leerkosten für die Kostenstelle ausgewiesen, die keiner Prozessart zuzurechnen sind. Damit erscheint diese Variante für die Zwecke des Kostenmanagements wenig geeignet. Allerdings könnte diese Variante im Rahmen eines Benchmarkings über Zeitvergleiche zu aussagefähigen Trenderkenntnissen kommen.

9.5. Interpretationen der Prozesskostenkontrolle

Dennoch muss sich die Prozesskostenkontrolle auch einen Kritikpunkten ausgesetzt sehen. So stecken in den Leerkosten mehrere verschiedenen Kostenarten, die oft fixer Natur, in ihrer Beeinflussbarkeit sehr unterschiedlich sein können. Eine Zusammenlegung in einem Leerkostenbetrag sagt deshalb noch nicht über die tatsächliche Abbaubarkeit aus. Es ist auch fraglich, ob ein Prozessverantwortlicher die Prozesse und Prozesskostensätze überhaupt beeinflussen kann. Es kann sicherlich nicht im Unternehmensinteresse sein, dass wenn beispielsweise die Anzahl der Prozesse „Reklamationen bearbeiten" steigt, von einer Effizienzsteigerung gesprochen wird.

Die Darstellung der Prozessstruktur des Unternehmens und die Implementierung der Prozesskostenrechnung und –kontrolle bietet dem Controller aber viele Informationen für ein effektives Kostenmanagement. So ermöglichen Soll-Ist-Vergleiche die laufende, operative Kontrolle indirekter Bereiche. Zeitvergleiche ermöglichen die Aufdeckung von Rationalisierungs- und Effizienzsteigerungspotenzialen. Betriebs-(Niederlassungs-)vergleiche stellen die Grundlage eines übergreifenden Benchmarkings dar. Die Prozessstruktur liefert Ansatzpunkte zur Geschäftsprozessreorganisation (Business Reengineering). Eine Verbesserung des Workflow Managements (Bewältigung arbeitsteiliger, dokumentenintensiver, papiergestützter Geschäftsprozesse) ist möglich. Schließlich lassen sich Prozesskostensätze und weitere Informationen der Prozesskostenrechnung auch zur Zielvereinbarung und Zielerreichungsmessung nutzen. Damit könnten sie auch zur individuellen Vergabe von Incentives bzw. zum Aufbau prozessorientierter Anreiz- und Vergütungssysteme, gerade in indirekten Bereichen, genutzt werden.

Problematisch ist insbesondere die sehr komplexe Aufnahmen von Ist-Kapazitäten, Ist-Mengen und Ist-Zeiten bei der Variante B. Die Annahme einer aquivalenten Prozessintensität innerhalb einer Prozessart ist ebenfalls anzuzweifeln. Darüber hinaus kommt es bei Hauptprozessen zu dem Problem der Zuständigkeit für die Kostenabweichungen. Der Prozesseigner hat somit mehr den Charakter eines Prozesskostenmoderators, während der eigentliche Kostenverantwortliche nach wie vor der Kostenstellenleiter ist. Ein weiteres, bislang noch nicht angesprochenes Problem ist die Wertigkeit der Prozessmengenveränderung. Es wurde bisher angenommen, dass eine Erhöhung der Prozessmengen als positiv zu werten ist. Das kann aber nicht bei allen Prozessen der Fall sein, wie man deutlich an solchen Prozessen wie „Beschwerde bearbeiten" sieht. Insofern müsste jedem Prozess noch eine Wertigkeitsrichtung angehängt werden, je nachdem ob es sich um einen

* Maximierungsprozess,
* Satisfizierungsprozess oder
* Minimierungsprozess

handelt. Das in der Kostenkontrolle auftretende Problem der kompensierenden Abweichungen bzw. der Abweichungen höherer Ordnungen (Interaktionseffekte) tritt hier natürlich ebenfalls auf.

Literatur

Brühl, R.: Informationen der Prozesskostenrechnung als Grundlage der Kosten-Kontrolle, in: Kostenrechnungspraxis, 2/1995, S. 73-79
Franz, K.: Die Prozesskostenrechnung, in: Finanz- und Rechnungswesen als Führungsinstrument, hrsg. v. D. Ahlert, K. Franz, H. Göppl, Wiesbaden 1990, S. 109-135
Horváth, P. / Mayer, R.: Prozesskostenrechnung - Konzeption und Entwicklungen, in: Kostenrechnungspraxis Sonderheft 2/93, S. 15-28
Kagermann H.: Dienstleistungskalkulation und Prozesskostenrechnung, in: Rechnungswesen und EDV, 13. Saarbrücker Arbeitstagung 1992, hrsg. v. A. Scheer, Heidelberg 1992, S. 353-371

10. Die Zielkostenrechnung im produktbezogenen Kostenmanagement

10.1. Das Konzept der Zielkostenrechnung (Target Costing)

Von einem aus dem Markt gewonnenen Preis für ein zu entwickelndes Serienprodukt oder einen zu erfüllenden Auftrag wird eine gewünschte Gewinnmarge abgezogen, um auf die "zulässigen" Kosten zu kommen, die nicht überschritten werden dürfen, ohne dass der erhoffte Markterfolg in Frage gestellt wird. Der Schwerpunkt der Kostenbeeinflussung verlagert sich automatisch von der bei traditionellem Denken im Mittelpunkt stehenden Fertigung auf die frühen Phasen der Produktentwicklung. Damit verändert sich auch der an einem wirkungsvollen Kostenmanagement mitwirkende Personenkreis. Den Konstrukteuren und Entwicklern wird die Hauptaufgabe der Kostensenkung übertragen, während das Kostencontrolling auf der Grundlage von Plankosten im Fertigungsbereich an Bedeutung verliert. Die Produktkosten sollen bereits in den Phasen der Produktentstehung beeinflusst werden und nicht erst dann, wenn das Produkt unter primär technischen Gesichtspunkten fertig entwickelt ist und eventuell schon gefertigt wird *(Franz)*.

Es leuchtet ein, dass eine globale Vorgabe der Kosten für ein Produkt oder einen Auftrag als Ganzes kaum Erfolgschancen besitzt, da Produktentwicklung ein arbeitsteiliger Prozess ist, an dem eine Vielzahl von betrieblichen Mitarbeitern beteiligt ist. So müssen die Zielkosten bis auf einzelne Komponenten herunter gebrochen werden, für die einzelne Personen oder Teams die Kostenverantwortung tragen. Dieser Segmentierungsvorgang stellt sicher eines der schwierigsten Probleme des Target Costing dar. Das Konzept des Target Costing hat gegenüber den traditionellen progressiven Kalkulationen einige wesentliche Vorteile, die nachfolgend aufgeführt sind.

- Es entfällt die von der Verursachungsgerechtigkeit her unerfüllbare Aufgabe, die fixen Gemeinkosten des Betriebes auf die verschiedenen Produkte zu verteilen.
- Es muss keine Wahl eines Beschäftigungsgrades getroffen werden, die maßgeblich über die Höhe der fixen Kosten pro Einheit eines Produkts entscheidet.
- Das Target Costing zwingt im Gegensatz zum Versuch der Kostenüberwälzung in den Preisen zu systematischen Anstrengungen der Kostensenkung, um die Marktforderungen zu erfüllen.

Allerdings bestimmen die Möglichkeiten der Umsetzung die tatsächliche Eignung dieser Methode als praktikables Instrument des Kostenmanagements. Zusammenfassend lassen sich fünf wesentliche Merkmale des Target Costing festhalten *(Franz)*:

- Marktausrichtung des Kostenmanagements bzw. des Unternehmens. Marktanforderungen an Produktqualität und -kosten sind Ausgangspunkt des Kostenmanagements, nicht der Machbarkeitsstand im Unternehmen.
- Strategieunterstützung. Differenzierte Unterstützung des strategischen Managements durch das Kostenmanagement infolge produktfunktionaler statt gesamtproduktbezogener Ausrichtung.
- Betonung und Unterstützung des Kostenmanagements in den frühen Perioden der Produktentstehungsphasen.
- Dynamisierung des Kostenmanagements in der Weise, dass erreichte Kostenstandards ständig wieder in Frage gestellt werden.

• Motivatorische Gesichtspunkte. Es kommt zu einer Unterstützung der Verfolgung der Unternehmensziele durch die Einbindung verhaltenssteuernder, motivatorischer Aspekte.

10.2. Die Funktionsweise der Zielkostenrechnung

Bei der Ermittlung der Zielkosten lassen sich grundsätzlich fünf verschiedene Verfahren unterscheiden, die im Folgenden erläutert werden:

• Market into Company
• Out of Company
• Into and Out of Company
• Out of Competitor
• Out of Standard Costs

Market into Company: Hierbei handelt es sich um die Reinform des Target Costing, in Japan auch "Genka kikaku" genannt. Ausgangspunkt ist hierbei der am Markt erzielbare Preis, aus dem im Rahmen der Gewinnplanung die Zielkosten abgeleitet werden. Da dieses Verfahren als einziges eine konsequente Marktorientierung sicherstellt, wird es hier als Grundlage der Ermittlung der Zielkosten herangezogen.

Out of Company: Das Out of Company entspricht einer analytischen Kostenplanung, bei der unter Beachtung technischer und betriebswirtschaftlicher Fähigkeiten und Potenziale des Unternehmens die Zielkosten abgeleitet werden. Um hier die Marktorientierung sicherstellen zu können, müssen die an der Kostenplanung beteiligten Mitarbeiter über Markttransparenz verfügen und alle Planungen konsequent im Hinblick auf den Markt durchführen. Dabei entsteht die Gefahr, dass die gesetzten Ziele zu anspruchslos sind und somit Kostensenkungsmöglichkeiten brachliegen.

Into and Out of Company: Diese Vorgehensweise stellt eine Verbindung der ersten zwei Verfahren dar, wobei hier ein Zielkonflikt zwischen den vom Markt erlaubten Kosten und den intern als möglich erscheinenden Plankosten entsteht. Hier wird der Spielraum der an der Planung Beteiligten Personen sehr groß, und zudem wird der echte Marktbezug gelockert.

Out of Competitor: Bei diesem Verfahren wird untersucht, die Zielkosten aus den Kosten der Konkurrenz abzuleiten. Ein wichtiges Instrument zur Unterstützung des Out of Competitor ist das Benchmarking. Hierbei wird versucht, durch funktions- und prozessorientierte Kostenvergleiche mit Unternehmen, die für den untersuchten Bereich als führend angesehen werden, Kostensenkungspotenziale aufzudecken. Diese Vorgehen birgt jedoch immer zum einen die Gefahr in sich, immer nur der Zweitbeste zu sein, und garantiert zum anderen nicht die konsequente Ausrichtung am Kundenwunsch, da dieser erst über Konkurrenzunternehmen in das eigene Unternehmen hereingetragen wird.

Out of Standard Costs: Hierbei werden die Zielkosten aus den eigenen Standardkosten unter Beachtung der technischen Potenziale des Unternehmens abgeleitet. Dieses Verfahren eignet sich nur für unterstützende Bereiche ohne direkten Marktbezug. Um in diesen Bereichen trotzdem ein langfristig und an den Unternehmenszielen orientiertes Kostenmanagement implementieren zu können, bietet sich die Kombination des Out of Standard Costs mit der Prozesskostenrechnung an. Dadurch können kostentreibende Faktoren identifiziert, nicht werttreibende Tätigkeiten eliminiert und Kapazitätsplanungen erleichtert werden.

10.3. Die Bestimmung der Zielkosten

Der Prozess der Zielkostenfestlegung soll im Folgenden anhand der Reinform des Target Costing, des Market into Company beschrieben werden. Ausgangspunkt hierbei ist der subjektive Kundenwunsch.

Zur Ermittlung des subjektiven Kundenwunsches sollte auf Instrumente und Methoden des Marketings zurückgegriffen werden. Besonders geeignet erscheint in diesem Zusammenhang das Conjoint Measurement. Dabei wird der Kunde gefragt, was ihm bestimmte Produkteigenschaften wert sind. Es wird die reale Kaufsituation simuliert, bei der der potenzielle Autokäufer ja ebenfalls abwägt, ob ihm z.B. 2.000,- € für eine Klimaanlage adäquat erscheinen oder er sich lieber für ein Schiebedach zum Preis von 1.000,- € entscheidet. Wesentlich ist, dass der Wert des Produkts der subjektiven Wahrnehmung des Kunden unterliegt, da er es nach seinem persönlichen Nutzen beurteilt. Der vom Kunden als „fair" angesehene Preis ergibt sich dann durch die Summierung der Nutzenbeiträge der einzelnen Produktkomponenten. Dieser Preis (Target Price) ist Ausgangspunkt des Target Costing (*Franz*).

Im Rahmen der Conjoint-Marktforschung werden zunächst die Produktfunktionen und ihre Ausprägungen definiert. Allerdings sollte man den Produktfunktionenkatalog und die Anzahl der möglichen Ausprägungen nicht überfrachten, um den Kunden nicht zu überfordern. In der anschließenden Befragung werden verschiedene Konzepte eingesetzt (*Theuerkauf*):

- Statisches Full-Profile-Konzept: Die Befragten müssen sich nacheinander im paarweisen Vergleich immer für ein Produkt entscheiden, wobei alle Produktfunktionen mit je einer Ausprägungen beschrieben sind.
- Dynamisches Full-Profile-Konzept: Paarweiser Vergleich, bei dem jedoch nur zwei bis vier Produktfunktionen mit je einer Ausprägungen beschrieben sind.
- Zwei-Faktor-Konzept: Die Befragten bringen nacheinander die Ausprägungen zweier Funktionen in einer Rangfolge.

Anschließend werden relative Teilnutzenwerte der einzelnen Produktfunktionen aus den ermittelten Daten berechnet. Hier können mathematisch-statistische Verfahren oder Methoden der ordinalen Nutzenmessung zum Einsatz kommen. Beispielsweise geht die Nutzendifferenzanalyse relativ zum Gesamtnutzen vor, indem sie die Differenz zwischen dem höchsten und niedrigsten Nutzwert für jede Produktfunktion berechnet und über alle Befragten den Durchschnitt bildet.

Für den Ansatz des Zielpreises ist es auch relevant, welche preispolitische Marketingstrategie das Unternehmen verfolgt, da der Preis je nach Strategie lebenszyklusorientiert gesetzt wird. Als Beispiele dienen hier die Skimmingstrategie, bei der mit einem hohen Einführungspreis der Snobeffekt abgeschöpft und später mit Preissenkungen eine Marktdurchdringung verfolgt wird. Oder die Penetrationsstrategie, bei der mit niedrigen Einführungspreisen eine rasche Markteroberung bezweckt, und man später aufgrund des hohen Bekanntheitsgrades den Preis stufenweise anhebt.

Im Rahmen der Zielplanung erhält man unter Abzug der von der Unternehmensleitung geforderten Gewinnmarge somit die vom Markt erlaubten Kosten, die Zielkosten für ein bestimmtes Produkt. Die Gewinnmarge (Target Profit) kann sich aus der Umsatzrendite ergeben, die sich wiederum aus einer geplanten Kapitalrentabilität des Unternehmens ableiten lässt, z.B. als:

Umsatzrentabilität = Return on Investment / Kapitalumschlag

Um nun die marktorientierte Kostenvorgabe zu operationalisieren und ein Zielkostenmanagement zu ermöglichen, werden die Gesamtzielkosten in kleinere Einheiten aufgeteilt, man spricht von Kostenspaltung. Dieses Herunterbrechen der Zielkosten kann auf drei Arten erfolgen:

- Aufspaltung in Funktionskosten
- Aufspaltung in Komponentenkosten
- Aufspaltung in Teilekosten

Funktionskosten können sowohl das physische Produkt betreffen als auch Service- und Zusatzleistungen. Komponentenkosten sind Kostenvorgaben für einzelne Baugruppen eines Produkts, während Teilekosten Vorgaben für ein bestimmtes Bauteil eines Produkts darstellen. Komponenten und Bauteile werden für ein Produkt in der Regel in Form einer Hierarchie angeordnet, wobei zu überlegen ist, bis zu welcher Ebene eine Zielkostenspaltung Sinn macht.

Es ist nun zu prüfen, bis zu welcher Ebene vom Kunden zuverlässige Aussagen über den Nutzen eines Bauteils oder einer Baugruppe erwartet werden können. Auch auf Teileebene kann der Kunde unter Umständen noch eine sinnvolle Nutzenbewertung vornehmen. Die konkrete Vorgehensweise kann in acht sinnvolle Arbeitsschritte unterteilt werden (*Franz*):

1. Funktionsstruktur des Produkts bestimmen
2. Produktfunktionen gewichten
3. Grobentwurf für das neue Produkt entwickeln
4. Kostenschätzung der Produktkomponenten vornehmen
5. Produktkomponenten gewichten
6. Zielkostenindex der Produktkomponenten bestimmen
7. Zielkostenindex mit Hilfe des Zielkostenkontrolldiagramms optimieren
8. weitere Kostensenkungen vornehmen

1. Funktionsstruktur des Produkts bestimmen

Ausgehend von dem vom Kunden geforderten Leistungsprofil, das - wie oben gezeigt - durch Produktfunktionen beschrieben wird, sind die ermittelten Funktionen zu definieren und zu strukturieren. Hilfreich ist hierbei die Unterscheidung in „Hard functions", die die technische Ausprägung eines Produkts beschreiben, und „Soft functions", die den subjektiven Wert des Produkts für den Kunden widerspiegeln.

2. Produktfunktionen gewichten

Die ermittelten Produktfunktionen sind nun zu gewichten, um anhand dieser Gewichtung die Zielkosten verteilen zu können. Es empfiehlt sich zunächst eine generelle Gewichtsverteilung zwischen harten und weichen Funktionen. In einem zweiten Schritt sind dann die einzelnen Teilfunktionen zu gewichten. Für die Validität der Ergebnisse spielt die Einbindung des Kunden - am besten mittels Conjoint Measurement - eine entscheidende Rolle. Vor allem für Produkte mit einem breiten Käuferspektrum kann es sinnvoll sein, die Kunden zunächst in Kundengruppen mit in etwa gleicher Merkmalsausprägung zu klassifizieren, um eine zu starke Streuung der Aussagen zu vermeiden.

3. Grobentwurf für das neue Produkt entwickeln

Nach Kenntnis der Funktionen und deren Gewichtung sollte nun ein Grobentwurf des neuen Produkts erarbeitet werden, in dem die Produktkomponenten zur Realisierung der Funktionen beschrieben werden.

4. Kostenschätzung der Produktkomponenten vornehmen

Nun sind die voraussichtlichen Kosten der Produktkomponenten zu bestimmen und deren Kostenanteile festzulegen.

5. Produktkomponenten gewichten

Produktfunktionen und -komponenten werden nun in einer Matrix gegenübergestellt, und es wird geschätzt, mit welchem Gewicht die jeweiligen Produktkomponenten zur Realisierung der einzelnen Funktionen beitragen.

6. Zielkostenindex der Produktkomponenten bestimmen

Eine Produktkomponente sollte im Idealfall genau in dem Maß Kosten verursachen, wie sie auch zur Erfüllung der Produktfunktionen beiträgt. Der Zielkostenindex als Verhältnis zwischen dem funktionsbezogenen Teilgewicht und dem Kostenanteil der Komponente dient zur Überwachung dieser Forderung. Im Ideal beträgt der Zielkostenindex 1,0.

Zielkostenindex = rel. Kostenanteil der Komponente / rel. Bedeutung der Komponente

7. Zielkostenindex mit Hilfe des Zielkostenkontrolldiagramms optimieren

Ein Zielkostenindex von 1,0 kann z.B. aufgrund technischer Gegebenheiten, Sicherheitsbestimmungen etc., die der Kunde bei seiner subjektiven Beurteilung nicht ins Kalkül zieht, nicht immer angestrebt werden. Daher bietet es sich an, eine Zielkostenzone zu definieren, innerhalb derer der Kundenwunsch als erfüllt angesehen werden kann. Eine Darstellung in Diagrammform ermöglicht einen Überblick, inwieweit die Zielkosten bereits erreicht sind und wo Schwerpunkte für Verbesserungsmaßnahmen liegen.

8. weitere Kostensenkungen vornehmen

Zur weiteren Kostensenkung können alle bekannten Instrumente wie z.B. die Prozesskostenrechnung oder Wertanalyse herangezogen werden. Somit kann man zusammenfassend feststellen, dass das Target Costing die Notwendigkeit zur Struktur- und Technologieveränderung aus dem Markt heraus aufzeigt und durch seine durchgängige Betrachtung von der Erhebung des Kundenwunsches über Entwicklung, Konstruktion, Produktion und Auslieferung wiederum zum Kunden einen ganzheitlichen und geschlossenen Ansatz des Kostenmanagements über den gesamten Produktlebenszyklus darstellt.

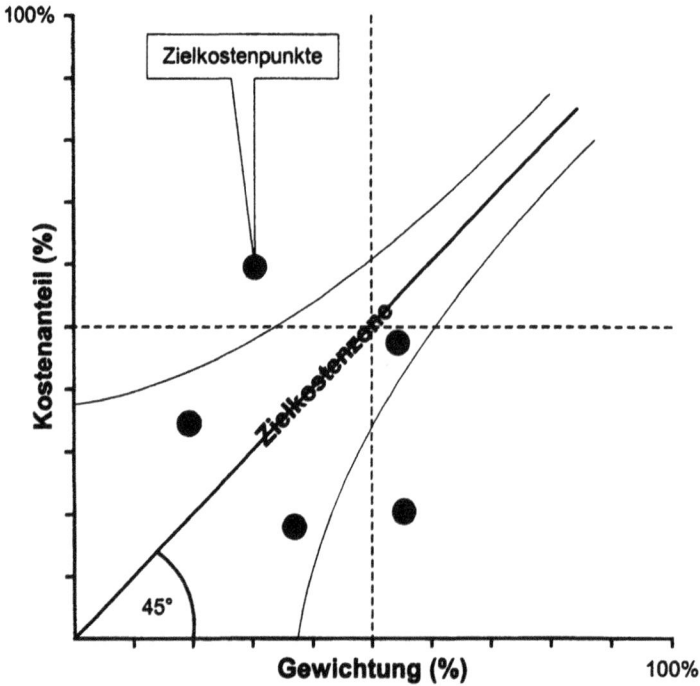

Abb. 1: Zielkostenkontrolldiagramm

Dennoch gibt einige Problembereiche im Target Costing. Da ist die Frage des erlaubten Marktpreises vom angestrebten Marktanteil abhängig, was somit von den Instrumenten zur Preisermittlung berücksichtigt werden muss. Weiterhin ist zu klären, wie hoch die Gewinnmarge anzusetzen ist; damit bestimmt sich auch die Rentabilität des Unternehmens. Die Frage des Einbezugs von Gemeinkosten in die Zielkosten wirft darüber hinaus weitere Probleme auf. Letztlich muss auch eine geeignete organisatorische Einbindung des Target Costing in das Unternehmen gefunden werden.

10.4. Fallbeispiel

Es soll ein neuer Kleinlastkraftwagen nach der Methode der Zielkostenrechnung aus Sicht des Controllings begleitet werden. Tabelle 1 gibt die Produktfunktionen und die entsprechenden Gewichte an.

	Funktionen	Teilgewichte in %
I	Zuladung	20
II	Geschwindigkeit	20
III	Verbrauch	15
IV	Komfort	15
V	Leistung	10
VI	Wartungsfreundlichkeit	20
		100

Tabelle 1: Produktfunktionen und Gewichte

Anschließend wird ein Konstruktionsentwurf vorgelegt, der es ermöglicht, den Produktkomponenten (Baugruppen) ungefähre Kosten zuzuordnen. Die Kosten sind als relative Kostenanteile angegeben.

	Funktionelle Einteilung der Komponenten	Kostenanteil in %
A	Getriebe	10,0
B	Motor	20,0
C	Fahrgestell	22,5
D	Aufbauten	25,0
E	Elektronik/Elektrik	15,0
F	Karosserie	7,5
		100

Tabelle 2: Komponenten und Kostenanteile

In der folgenden Komponenten-Funktionen-Matrix erfolgt die Zuordnung der Funktionsgewichte auf die Anteile der Komponenten, wie sie an der Funktionserfüllung beteiligt sind. Beispielsweise wird die Funktion II (Geschwindigkeit), zu 25% vom Getriebe, zu 50% vom Motor und zu 25% von der Elektronik/Elektrik erfüllt. Zusammen ergeben die Werte wieder eine Funktionserfüllung zu 100%.

Funktionen	I	II	III	IV	V	VI	Summe
Komponenten	0,2	0,2	0,15	0,15	0,1	0,2	1,0
Getriebe	25	25	10		25	30	
Motor		50	50		50	20	
Fahrgestell						25	
Aufbauten	50		10	70			
Elektronik/Elektrik		25	20		25	15	
Karosserie	25		10	30		10	
	100	100	100	100	100	100	

Tabelle 3: Komponenten-Funktionen-Matrix

Nun erfolgt die Berechnung der relativen Gewichtung der Komponenten, indem die Funktionsgewichte je nach Erfüllungsanteil der Komponenten auf die Komponenten transformiert werden. Beispielsweise hat das Getriebe einen Erfüllungsanteil von 25% an der Funktion Zuladung, die ein Funktionengewicht von 20% besitzt. Damit ergibt sich das relative Komponentengewicht:

Funktionen	I	II	III	IV	V	VI	Summe
Komponenten							
Getriebe	5	5	1,5		2,5	6	20,0
Motor		10	7,5		5	4	26,5
Fahrgestell						5	5,0
Aufbauten	10		1,5	10,5			22,0
Elektronik/Elektrik		5	3		2,5	3	13,5
Karosserie	5		1,5	4,5		2	13,0
	20	20	15	15	10	20	100

Tabelle 4: Rel. Bedeutung der Produktkomponenten

Rel. Komponentengewicht = **Funktionengewicht**   • **Erfüllungsanteil**
                             = 0,2   • 25%   = 5%

Da nun die relative Bedeutung der Produktkomponenten bekannt ist, kann der Zielkostenindex jeder Komponente berechnet werden, indem die relative Bedeutung der Produktkomponente durch den relativen Kostenanteil der Komponente geteilt wird:

Zielkostenindex = rel. Kostenanteil der Komponente / rel. Bedeutung der Komponente

Man sieht hier nochmals, dass die Transformation der Funktionengewichte auf die Komponenten das zentrale Problem darstellt. Ohne diese Transformation lassen sich keine Zielkostenindices ermitteln. Der Anteil der Komponenten an der Erfüllung der vom Kunden gewünschten Funktionen ist nur von Betriebsinternen mit Verlässlichkeit anzugeben.

Komponenten	Relative Bedeutung in %	Kostenanteil in %	Zielkostenindex
A	20,0	10	0,50
B	26,5	20	0,75
C	5,0	22,5	4,50
D	22,0	25	1,14
E	13,5	15	1,11
F	13,0	7,5	0,58
	100,0	100	

Tabelle 5: Zielkostenindices

Komponente C ist einfach zu „teuer", da der hohe Kostenanteil in keinem Verhältnis zum Gewicht steht. Dahingegen sind die Komponenten A und F entweder sehr „preiswert" herzustellen oder sie werden „billig" produziert, so dass man hier durch qualitätserhöhende Maßnahmen den Zielkostenindex steigern sollte.

Literatur

Fischer, T. / Schmitz, J.: Informationsgehalt und Interpretation des Zielkostenkontrolldiagramms im Target Costing, in: Kostenrechnungspraxis, 6/94, S. 427-433

Franz, K.: Target Costing, Konzept und kritische Bereiche, in: Controlling, Heft 3 1993, S. 124-130

Horváth, P. / Seidenschwarz, W.: Zielkostenmanagement, in: Controlling, 4. Jg, 1992, Heft 3, S.142-150

Horváth, P. / Seidenschwarz, W.: Die Methodik des Zielkostenmanagements, Controlling-Forschungsbericht Nr. 33, Lehrstuhl für Allgemeine Betriebswirtschaftslehre und Controlling, Universität Stuttgart 1992

Sakurai, M. / Keating, P.: Target Costing und Activity-Based Costing, in: Controlling Heft 2/1994, S. 84-91

Seidenschwarz, W.: Target Costing - Verbindliche Umsetzung marktorientierter Strategien, in: Kostenrechnungspraxis, 1/94

Takeyuki, T. / Horváth, P.: Genka Kikaku und marktorientiertes Zielkostenmanagement, in: Controlling, Heft 2, 1996, S.80-89

Theuerkauf, I.: Kundennutzenmessung mit Conjoint, in: Zeitschrift für Betriebswirtschaft, 59. Jg. 1989, H. 11, S. 1179-1192

11. Konzeptionelle Möglichkeiten einer flexiblen Projektkosten-kontrolle

11.1. Projekte als relevante Erfolgsfaktoren

Die Formen der Leistungserstellung gehen zunehmend in die Richtung der Schaffung komplexer, auf die individuellen Bedürfnisse der Abnehmer gerichtete Produkte. So ist nicht nur im Dienstleistungsbereich, sondern auch in der industriellen Sachleistungsproduktion die Tendenz zur auftragsbezogenen Fertigung zu erkennen bzw. diese ein wesentlicher Erfolgsfaktor im Wettbewerb sich vermehrt globalisierender Unternehmen. Als Projekt sind somit nicht nur die Vorhaben zu bezeichnen, die sich innerbetrieblich auf die Bewältigung komplexer Aufgaben beziehen, sondern auch die eigentlichen Leistungen. Die Forderung nach einer effizienten Anbindung dieser Projekte an das Controlling wird gerade dann besonders deutlich, wenn der Unternehmenserfolg entscheidend vom Gelingen des Projektes abhängt. Somit gelangen betriebswirtschaftliche Instrumentarien zur Planung, Steuerung und Kontrolle von Projekten zu einer immer größeren Relevanz, um Fehlentwicklungen frühzeitig entgegenzutreten: Nach 23 Jahren Bauzeit war 1995 Indiens erste U-Bahn (16 Kilometer in Kalkutta) betriebsbereit. 1972 wurden die Kosten mit 6,3 Millionen Deutsche Mark geplant, 1995 waren es 722 Millionen Deutsche Mark.

Nicht verdenken darf man allerdings, dass viele Ansätze der Kostenrechnung und des Controllings ihre Wurzeln in der industriellen Lagerproduktion unkomplexer Produkte haben. Eine undifferenzierte Übernahme der traditionellen Verfahren auf die völlig unterschiedlichen Strukturen im Rahmen des Projektmanagements bereitet deshalb große Schwierigkeiten bzw. lässt ein aussagefähiges Projektcontrolling erst gar nicht zu. Insbesondere starre Systeme, die zu sehr die auf die gleichmäßige Auslastung der Leistungserstellung mit homogenen Produkten abstellen, versagen bei der Bewältigung heterogener Projekte, die oft ungenau definiert sind und deren Projektstatus zudem meist schwer messbar ist.

Trotzdem sind die wesentlichen Erkenntnisse der flexiblen Plankostenrechnung bzw. der Grenzplankostenrechnung ein geeigneter Ausgangspunkt, um praktikable Lösungen für ein umfassendes Projektcontrolling zu entwickeln. Allerdings muss den speziellen Erfordernissen, die Projekte als komplexes Zurechnungsobjekt mit sich bringen, durch die Anpassung bei den zur Anwendung kommenden Verfahren Rechnung getragen werden.

11.2. Projektarten

Unter einem Projekt wird allgemein eine einmalige, komplexe, zeitliche befristete Aufgabe verstanden. Diese Definition findet sich in der DIN 69901 wieder; die Einmaligkeit des Vorhabens wird durch die

- Definition der Projektziele,
- zeitliche, personelle und finanzielle Restriktionen,
- Seperationsmöglichkeit gegenüber anderen Vorhaben und
- der Notwendigkeit einer spezifischen Organisation

gekennzeichnet. Die Einmaligkeit von Projekten bedingt auch immer eine gewisse Neuartigkeit, die sich in Betrachtungen zum jeweiligen Projektrisiko niederschlagen. Ob und in welcher Intensität die Kriterien der Komplexität, Neuartigkeit und des Risikos ausgeprägt sind, hängt im Wesentlichen von der jeweiligen Projektart ab. So werden sich z.B. unter marktbestimmten Projekten des Anlagenbaus oder der Softwareproduktion größere Ähnlichkeiten feststellen lassen, als zwischen unternehmensinternen Projekten wie z.B. Organisations- und IT-Projekten.

Eine Klassifikation möglicher Projekte an den genannten Kriterien festzumachen, erscheint ungünstig. Vielmehr kann das Projektziel als Ausgangspunkt einer Unterscheidung benutzt werden. Dabei ist von besonderem Interesse, ob es sich bei dem Projekt um eine marktbestimmte Leistung handelt oder ob das Projektziel in der Erfüllung einer Aufgabe für unternehmensinterne Zwecke begründet liegt.

Im Falle unternehmensinterner Projekte liegen die hauptsächlichen Aufgaben des Projektcontrollings in der:

- Zielplanung und –kontrolle
- Kostenplanung und –kontrolle
- Terminplanung und –kontrolle

Bei marktbestimmten Projekten ist das Projektergebnis zugleich Produkt und somit ein marktbestimmter Kostenträger. Damit kommt der Kalkulation eine besondere Stellung im Rahmen der Projektkostenrechnung dieser Projekte zu. Dabei können Projekte durch die Unterteilung in verschiedenen Phasen der Durchführung determiniert werden. In der Vorphase besteht die kostenrechnerische Aufgabe in der Kostenplanung und Angebotskalkulation, während in der Durchführungsphase die Kostenkontrolle an Aktualität gewinnt. Ein Schlusspunkt wird mit der Nachkalkulation gesetzt, die neben der abschließenden Dokumentation auch Erfahrungs- bzw. Lerneffekte auslösen soll.

11.3. Projektmanagement

11.3.1. Projektplanung

Umfangreiche Aufgaben wie Projekte erfordern eine angemessene Planung, um die Komplexität von Projekten und insbesondere projektzielgefährdende Risiken besser bewältigen zu können. Dabei ist es nicht nur notwendig, die gesamtprojektbezogenen Faktoren wie Projektziel bzw. Projektergebnis, Gesamtzeit, Projektträger und –verantwortliche festzulegen.

Im Rahmen der Projektorganisation geht es im aufbauorganisatorischen Teil um die Verteilung von Zuständigkeit und Kompetenz. Der ablauforganisatorische Teil stellt mit den unterschiedlichsten Instrumenten zur Prozessplanung bzw. Projektstrukturplanungen (PSP) verschiedene Informationen zur Verfügung, die für eine aussagefähige Projektkostenplanung und -kontrolle unerlässlich sind. So stellen diverse Projektablaufplanungen wie z.B. die Netzplantechnik Informationen über die geplante zeitliche und sachliche Abfolge bereit.

Diese Projektstrukturplanungen sind für die Möglichkeiten zur Implementierung einer Projektkostenrechnung ausschlaggebend, da im Rahmen der Projektstrukturplanung das Projekt in viele Arbeitspakete, Teilschritte oder Units zerlegt und systematisiert wird, die dann insbesondere in der Projektkostenkontrolle Hilfsweise als Meilensteine zur Messung des Realisierungsgrades herangezogen werden können.

Das große Problem der Projektkostenrechnung liegt in der Tatsache begründet, dass aufgrund oft fehlender Möglichkeiten zur Messung des Realisierungsgrades eine aussagefähige Kostenkontrolle unterbleiben muss. Der Ist-Realisierungsgrad ist dabei der Zeitpunkt zwischen Anfang und Ende des Projektes, an dem sich das Projekt zum Kontrollzeitpunkt befindet. Der Realisierungsgrad ist das Pendant zur Ist-Beschäftigung in Systemen der flexiblen Plankostenrechnung, damit zentraler Bestandteil der Projektkostenrechnung. Aufgrund der Projektstrukturplanung ist es ebenfalls möglich, insbesondere zur Terminsteuerung und zur groben Budgetüberwachung des Projektes Plan-Realisierungsgrade vorzugeben, die einer Plan-Beschäftigung in Systemen der flexiblen Plankostenrechnung gleichkommen.

Die Neuartigkeit und Individualität von Projekten erschweren dabei die Definition des Realisierungsgrades zur Messung der Beschäftigung. Der Beschäftigungsbegriff, der seine Prägung im wesentlichen durch die Industriebetriebslehre erfuhr, ist durch die Messung weitgehend homogener, meist kardinal messbarer Beschäftigungsgradeinheiten gekennzeichnet. So werden zur Messung der Beschäftigung meist zeit- oder ausbringungsabhängige Größen wie Fertigungszeiten, Fertigungsmengen oder Maschinenzeiten der jeweiligen Kostenstellen herangezogen. Damit ist die Vergleichbarkeit der einzelnen Teilleistungen meist gegeben; die einzelnen Arbeitspakte, Teilschritte, Prozesse oder Units als Ergebnis der Projektstrukturplanung sind aber nicht oder nur selten zeitlich und sachlich gleichartig.

11.3.2. Projektkontrolle

Die Projektkontrolle bezweckt wie alle Kontrollen die Erreichung der in der vorangegangenen Planung festgelegten Ziele. Die Vorgehensweise der Kontrolle zur Bewältigung dieser Aufgabe und damit konstitutives Merkmal ist der Vergleich als informationeller Prozess. Es lassen sich funktional drei Merkmale der Kontrolle feststellen, an denen eine Kennzeichnung der Kontrolle erfolgen kann:

- Kontrollprozess
- Kontrollobjekte
- Kontrollarten

Im Kontrollprozess sind alle Verrichtungen enthalten, die zur Durchführung einer Kontrolle notwendig sind. Danach sind die Ausprägungen der Kontrollobjekte als Ist-Größen und gegebenenfalls auch als Soll-Größen zu ermitteln. Als zweiter Schritt geschieht der eigentliche Vergleich der ermittelten Werte, dem eine Analyse der Abweichungen folgt. In diesem traditionellen Kontrollverständnis ist die Kontrolle somit dem Planungs- und Realisationsprozess nachgelagert. Diese Form der Projektkontrolle ist als ex-post-Kontrolle mit dem Nachteil der vergangenheitsorientierten Sicht behaftet, die Kontrollinformationen werden in Bezug auf die Steuerung des Projekts zu spät ermittelt, als dass sie noch Handlungsbedarf zu Anpassungsentscheidungen signalisieren. Dabei kann sich der Nachteil dieser auch als Feedback-Kontrolle bezeichneten Kontrolle sowohl in der zu späten Ermittlung von Ist-Größen als auch in der fehlenden Möglichkeit, die Soll-Größen auf Gültigkeit zu überprüfen, begründen.

Für die Projektkontrolle sind daher auch ex-ante-Kontrollen nützlich, die Kontrollinformationen vor der vollständigen Realisierung des Projekts bereitstellen. Ihre Analyse kann durch Antizipation auf den verbleibenden Planungszeitraum zur zielgerechten Steuerung der Handlungen und Realisationsprozesse benutzt werden, und zwar sowohl auf der Ebene der Realisation (Ist-Größen) als auch in Bezug auf die Überprüfung bzw. Neuformulierung von Soll-

Größen. Soll-Größen haben normativen Charakter und geben das Gewollte an. Sie sind die Konkretisierungen der vorgegebenen Ziele. Ist-Größen dagegen können als Größen der empirischen Realität angesehen werden.

Die Ausprägungen der Kontrollobjekte bestimmen die informationstheoretische Verwendbarkeit der Kontrollergebnisse. Sie bilden zusammen mit der Zwecksetzung als ex-post- bzw. ex-ante-Kontrolle das Gerüst zur Unterscheidung von grundlegenden ergebnisorientierten Kontrollarten.

	Ergebnisorientierte Kontrollarten		
Kontrollarten	Endergebnis-kontrolle	Fortschritts-kontrolle	Prämissen-kontrolle
Zeitbezug	Vergangenheit	Gegenwart	Zukunft
Vergleichsform	Soll-Ist-Vergleich	Soll-Wird-Vergleich	Ist-Wird-Vergleich

Abb. 1: Ergebnisorientierte Kontrollarten

Der Soll-Ist-Vergleich wird auch als Ergebniskontrolle bezeichnet, der Soll-Wird-Vergleich dagegen als Plan- oder Projektfortschrittskontrolle. Dabei wird der Soll-Ist-Vergleich als Endergebniskontrolle auf den Zeitpunkt des Endes eines Ausführungsprozesses bezogen. Aufgrund ihrer Eigenschaft als Endergebniskontrolle sind Anpassungsmaßnahmen in Bezug auf den untersuchten Realisationsprozess nicht mehr möglich. Der Soll-Wird-Vergleich als Projektfortschrittskontrolle kann aber auch bei Vorliegen eines in Teile zerlegbaren, komplexen Projekts als Teilergebniskontrolle angesehen werden. Aus dieser Sicht ist die Fortschrittskontrolle ein Soll-Ist-Vergleich, der Ist-Größen als Kontrollobjekt benutzt, die aufgrund der Planung der Soll-Größen nicht die endgültigen angestrebten Ziele sind, sondern davor liegen. Insofern kann man Fortschrittskontrollen in Bezug auf ihre Zwecksetzung in eine begleitende Kontrolle und in eine vorausschauende Kontrolle zwecks Aufdeckung und Abwehr potenzieller Soll-Ist-Abweichungen nach Abschluss des Projekts unterscheiden.

Die Prämissenkontrolle als Wird-Ist-Vergleich überprüft während der Projektrealisation, inwieweit die ursprünglich der Projektplanung zugrunde gelegten Annahmen und Erwartungen dem aktuellen Kenntnisstand noch genügen oder ob eine Revision notwendig ist. Diese Prämissen beziehen sich auf die Projekt- oder Umweltzustände bzw. deren Entwicklungen, von denen angenommen wird, dass sie die Projektrealisation positiv oder negativ beeinflussen. Die Prämissenkontrolle eine Art übergeordnete Kontrollform wird auch als eine erste Art der strategischen Kontrolle bezeichnet. Sie ist aufgrund der Andersartigkeit und Abstraktheit der Kontrollobjekte in Verständnis und Anwendung problematisch. Im Folgenden soll deswegen auf Möglichkeiten zur Soll-Ist- und Soll-Wird-Kontrolle bei Projekten eingegangen werden.

11.4. Projektkostenrechnung

11.4.1. Projektkostenplanung

Die geplanten Projektkosten bestehen aus den für die einzelnen Arbeitspakete geplanten Einsatzmengen und ihrer Bewertung durch entsprechende Planpreise. Die Planmengen und Planpreise beziehen sich auf das jeweilige Arbeitsergebnis der einzelnen Units bzw. auf die Erreichung der dort gesetzten Meilensteine.

Die gesamten Plankosten des Projektes setzen sich somit aus der Summe der Plankosten der einzelnen Units zuzüglich etwaiger gesamtprojektbezogener Plankosten zusammen. Im Zusammenhang mit der zeitlichen Projektstrukturplanung ist es dann möglich, durch die Kumulation der einzelnen Plankostenbeträge bzw. Budgets die Struktur der Plankosten in Abhängigkeit von der Projektdauer anzugeben.

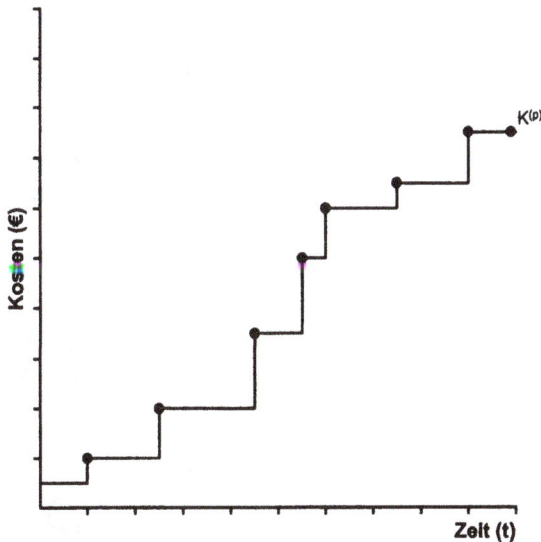

Abb. 2: Projektplankostenverlauf

Beispielhaft ist in der Abbildung 2 ein Plankostenverlauf dargestellt, der als Funktion mit Sprüngen die Erreichung der gesetzten Meilensteine der einzelnen Units kennzeichnet.

11.4.2. Projektkostenkontrolle

Mess- und Zurechnungsproblematik

Sämtliche Kosten, die dem Projekt einwandfrei zugerechnet werden können, sind Projekteinzelkosten. Das Problem der generellen Kostenzurechnung auf Projekte spiegelt sich in den Kosten wieder, die als Projektgemeinkosten meist einen Werteverzehr des Projektes darstellen, der durch die Nutzung gesamtbetriebsbezogener Kapazitäten ausgelöst wird. Eine entsprechend klar abgegrenzte Projektorganisation trägt dazu bei, dass möglichst viele Kosten als Projekteinzelkosten angesehen werden können. Die Definition der Projekte als Zurechnungsobjekte bzw. Kostenstellen sind deshalb sinnvoll, gelangen aber an ihre Grenzen, wenn es zu Überschneidungen zwischen verschiedenen Projekten kommt. Solche Überschneidungen sind beispielsweise personeller Natur, wenn Mitarbeiter gleichzeitig in mehreren Projekten tätig sind. Des Weiteren behindern räumliche Überschneidungen die einwandfreie Zurechnung der einzelnen Kostenbeträge zu verschiedenen Projekten.

Da sich Projekte in der Regel über einen längeren Zeitraum erstrecken, stellt sich das Problem der Periodenabgrenzung. Da die Zeiträume unterschiedlich lang sein können und ein Gleichlauf zwischen der Zeit und der Projektrealisierung meist nicht gegeben ist, spielt neben der periodischen Kostenerfassung und –kontrolle die vollständige, verursachungsgerechte und aperiodische Erfassung der Kosten eine weitere Rolle.

Festlegung von Sollkostenverläufen

Eine wichtige Voraussetzung zur aussagefähigen Kontrolle im Rahmen eines Soll-Ist- oder auch Soll-Wird-Vergleichs ist die Ermittlung der Sollkostenverläufe. Die Sollkosten unterscheiden sich gegenüber den Plankosten bekanntlich in dem Punkt, dass sie nicht für eine geplante Beschäftigung, sondern für die jeweils realisierte Beschäftigung die zugelassenen Kosten angeben. Während sind die Plankosten generell aus den Planmengen und den Planpreisen bezogen auf die Plan-Beschäftigung zusammensetzen, finden sich in den Sollkosten die Sollmengen und Planpreise bezogen auf den Realisierungsstand, also die Ist-Beschäftigung wieder. Ein sehr problematischer Aspekt bei der Sollkostenfestlegung von Projekten ist die Unsicherheit dieser Projekte. Je größer die Einmaligkeit und die Komplexität des Projektes sind, desto stärker werden sich diese Faktoren auf technische und wirtschaftliche Risiken auswirken und damit die Sollkostenfestlegung erschweren.

Neben der Festlegung der Sollkostenverläufe spielt für die Projektkostenkontrolle die Messung des Realisierungsgrades eine entscheidende Rolle. In erster Linie kann man sich hier auf die Meilensteine berufen, die im Rahmen der Projektstrukturplanung festgelegt wurden. Sie sind die sachlich und zeitlich identifizierbaren Elemente, die als Pendant zur periodischen Kostenkontrolle die Rolle der aperiodischen Kontrollzeitpunkte bestimmen. So kann postuliert werden, dass von der Möglichkeit zu bestimmen, wo man sich gerade in der Projektrealisation befindet, letztlich auch die Qualität der gewonnenen Kontrollinformationen abhängt. Insofern ergibt sich die Möglichkeit, im Rahmen der Projektkontrolle periodisch zu kontrollieren, was in starker Anlehnung an die im Rechnungswesen sonst auch übliche Vorgehensweise erfolgt. Andererseits ist bei dieser periodischen Kontrollart die Festlegung des Realisierungsgrades äußerst unsicher, so dass zur Teilergebniskontrolle die aperiodische Kontrolle bei Erreichung der Meilensteine als Indikator des Realisierungsgrades zweckmäßiger erscheint. Man kann auch schlussfolgern, dass zur Prognose im Rahmen der Soll-Wird-Projektfortschittskontrolle die periodische Kontrolle zur Wahrung der Vergleichbarkeit der Ergebnisse sinnvoll ist; eine eindeutige Ergebniskontrolle aber aperiodisch an die Soll-Ist-Kontrolle bei Erreichung von Teilzielen (Meilensteinen) möglich erscheint.

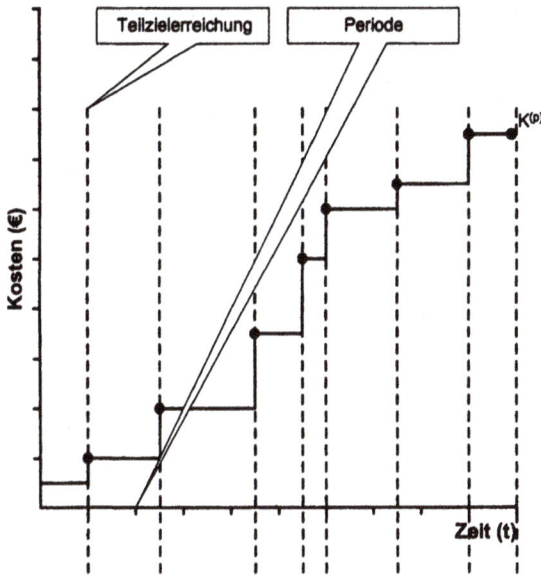

Abb. 3: Kontrollpunkte

Die unterschiedlichen Kontrollpunkte werden in der Abbildung 3 dargestellt, wo der Unterschied zwischen den Perioden und den zeitlich ungleichmäßig erreichten Teilzielen deutlich wird.

11.4.3. Methoden der Projektkostenkontrolle

Die einfachste Möglichkeit der Kostenkontrolle ist der Vergleich der angefallenen Istkosten mit den zu diesem Zeitpunkt geplanten Kosten (Budget). Dabei kann diese Form auf kalenderzeitbezogene Kontrollabschnitte angewendet werden; es erübrigt sich dann entsprechend die Messung der Ist-Beschäftigung. Im Rahmen dieser einfachen, isolierten Budgetanalyse müssen von den Istkosten z.B. die Preisabweichungen abgespalten werden, also die Kostenbestimmungsfaktoren, die der Projektverantwortliche nicht zu verantworten hat. Dies geschieht wie in der flexiblen Plankostenrechnung durch die Bewertung der Istverbrauchsmengen mit den Planpreisen. Auf der anderen Seite sind die Plankosten zu revidieren, falls es z.B. durch Kundenwünsche zu Änderungen des Projektoutputs kommt. Als Ergebnis erhält man Budgetkosten. Dieser Begriff ist insofern zutreffend, als dass sich Budgets meist auf gleiche Zeitabstände beziehen. Damit kommt es zu folgenden Teilabweichungen:

	Istkosten
+/-	Preisabweichung
=	Istkosten zu Planpreisen
+/-	Budgetabweichung
=	Budgetkosten
+/-	Projektänderungsabweichung
=	Plankosten

Inhalt der eigentlichen Kostendurchsprache mit den Verantwortlichen sind somit die Budgetabweichungen. Diese sind je nach der gewünschten Gliederungstiefe für das gesamte Projekt oder auch einzelne Arbeitspakete zu ermitteln. Die Differenziertheit der Projektstruktur- und

Projektkostenplanung bestimmt hier die mögliche Gliederungstiefe. Der gravierende Nachteil ist jedoch die Verwendung von kalenderzeitbezogenen Zeitpunkten als Kontrollzeitpunkte. Eine positive Budgetabweichung kann darin begründet sein, dass der Projektfortschritt wesentlich weiter realisiert wurde als in den Plankosten angenommen. Aufgrund der mangelhaften Interpretierbarkeit der periodischen Budgetabweichungen erscheint auch eine Ableitung prognostizierter Kosten zur Aufstellung eines Soll-Wird-Vergleiches auf Grundlage dieser Informationen als ein äußerst ungenaues Vorgehen.

Ein Verfahren zur Projektkostenkontrolle unter expliziter Betrachtung der jeweiligen Ist-Beschäftigung wird mit der integrierten Kosten- und Leistungsanalyse zur Verfügung gestellt (*Coenenberg*). Zentraler Aspekt ist dabei die Einführung von Sollkosten, die als geplante Kosten bezogen auf den tatsächlich realisierten Projektstand definiert sind. Damit wird der Unterschied zu den Budgetkosten deutlich; die Budgetkosten beziehen sich ja auf die kalenderzeitbezogenen Kontrollzeitpunkte. In einer Gesamtdarstellung möglicher Abweichungen ergibt sich nun folgendes Bild:

	Istkosten
+/-	Preisabweichung
=	Istkosten zu Planpreisen
+/-	globale Verbrauchsabweichung
=	Sollkosten
+/-	korrigierte Budgetabweichung
=	Budgetkosten
+/-	Projektänderungsabweichung
=	Plankosten

Die globale Verbrauchsabweichung stellt das eigentliche Untersuchungsfeld dar. Sowohl die Istkosten zu Planpreisen als auch die Sollkosten beziehen sich auf den Ist-Beschäftigungsgrad; damit ist die Vergleichbarkeit dieser Größen gegeben. Die korrigierte Budgetabweichung stellt die Auswirkungen eines geänderten Projektfortschritts gegenüber dem geplanten Fortschritt dar. Je mehr sich das Projekt dem Ende zuneigt, desto stärker nähern sich die Sollkosten den Budgetkosten an, bis beide im Zeitpunkt der vollständigen Projekterfüllung identisch sind.

Zur Bestimmung der Sollkosten ist somit die Messung der Ist-Beschäftigung notwendig. Eine direkte Bestimmung beispielsweise durch die Projektverantwortlichen ist subjektiv und wird in vielen Fällen eine zu optimistische Einschätzung des Ist-Realisierungsgrades zur Folge haben. Eine andere Möglichkeit ist die Bestimmung des Realisierungsgrades über die Erfüllung der Meilensteine in den einzelnen Arbeitspaketen. Die Sollkosten würden sich dann als Summe der Produkte der realisierten Meilensteine mit den jeweiligen Budgetkosten der Meilensteine ergeben. Ein noch nicht in der Realisierung befindliches Arbeitspaket geht somit nicht in die Berechnung der Sollkosten ein, da sein Realisierungsgrad noch null beträgt.

Das Problem der Ermittlung der Sollkosten ausgehend von den Budgetkosten ergibt sich aber nur für die periodische Kontrolle. Werden die Sollkosten immer zu den Zeitpunkten betrachtet, zu denen bestimmte Meilensteine erreicht sind, ergeben sich die Sollkosten aus der Summe der Budgetkosten der zu diesem Zeitpunkt realisierten Arbeitspakete.

Wenn man also aperiodisch kontrolliert, sollte man in der Kontrolle nur auf die bis zu diesem Zeitpunkt realisierten Arbeitspakete abstellen, weil diese Bestimmung als Ist-Realisierungsgrad eindeutig ist. Begonnene, aber noch nicht abgeschlossene Arbeitspakete sollten weder in den Soll- noch in den Istwert eingehen. Das bedeutet für die Erfassung der Istkosten, dass eine eindeutige und zeitnahe Buchung auf die einzelnen Arbeitspakete gegeben sein muss.

Problematisch sind aber in der periodischen Kontrolle die bereits begonnenen, aber noch nicht abgeschlossenen Arbeitspakete. Soweit sich keine Unterziele ableiten lassen, bzw. die Kosten des Arbeitspakets sich nicht als jeweilige Einzelkosten auf diese Unterziele verteilen lassen, ist die Bestimmung des Realisierungsgrades nur über grob vereinfachende Annahmen möglich. Dabei können folgende Regeln zur Anwendung kommen:

1. Bei Beginn der Arbeiten zu einem Arbeitspaket wird der Realisierungsgrad gleich auf 100% gesetzt. Bei dieser Regel werden die Sollkosten tendenziell zu hoch sein; die gewonnenen Kontrollinformationen wären dann nicht geeignet, tatsächliche Kostenausuferungen anzuzeigen. Durch den zu hohen Ansatz der Sollkosten besteht zudem die Gefahr, dass es den Kostenverantwortlichen während der Vollendung des Arbeitspaketes stets möglich erscheint, die Kostenvorgabe einzuhalten. Erst wenn das Arbeitspaket abgeschlossen ist bzw. kurz vor dem Abschluss steht, werden die tatsächlichen Kostenüberschreitungen sichtbar. Insofern dient diese Regel nicht gerade der kostenbewussten Verhaltenssteuerung der Projektleitung.

2. Bei Beginn der Arbeiten zu einem Arbeitspaket wird der Realisierungsgrad erst auf 50% gesetzt, der Rest wird bei der Beendigung angesetzt. Diese Regel ist ebenso willkürlich, allerdings in abgeschwächter Form.

3. Erst bei Beendigung der Arbeiten zu einem Arbeitspaket wird der Realisierungsgrad auf 100% gesetzt, vorher bleibt er bei 0%. Die Istkosten beinhalten dann auch die Faktorverbräuche der begonnenen Arbeitspakete, die aufgrund dieser Regel noch nicht in den Sollkosten enthalten sind; damit sind die Sollkosten tendenziell zu niedrig angesetzt. Das bedeutet, dass selbst bei völlig wirtschaftlicher und termingetreuer Verhaltensweise die Sollkosten nicht eingehalten werden können. Deshalb widerspricht diese Regel dem Grundsatz der Budgetierung, eine Vorgabe muss zur Wahrung motivatorischer Aspekte auch immer erreichbar sein.

4. Der jeweilige Realisierungsgrad wird durch das Verhältnis von bisheriger Istdauer und geplanter Dauer des Arbeitspakets bestimmt. Diese Regel nimmt an, dass sich die Realisierung proportional zum Zeitablauf verhält.

$$\text{Realisierungsgrad} = \frac{\text{Istdauer}}{\text{geplante Dauer}}$$

Problematisch wird die Anwendung dieser Regel insbesondere dann, wenn die geplante Dauer eines Arbeitspakets durch die Istdauer überschritten wird. Es käme zu Realisierungsgraden von über 100% und den dementsprechenden unsinnigen Ergebnissen bei den Sollkosten.

5. Günstiger ist die Ermittlung des Realisierungsgrades über die prognostizierte Restdauer der Bearbeitung. Dabei wird die Differenz zwischen der geplanten Dauer und der prognostizierten Restdauer durch die geplante Dauer geteilt; die Restdauer ergibt sich unabhängig von der bisher verstrichenen Istdauer unter Berücksichtigung zukunftsorientierter Aspekte:

$$\text{Realisierungsgrad} = \frac{\text{geplante Dauer - Restdauer}}{\text{geplante Dauer}} \quad \text{mit}$$

Restdauer   =   geplante Dauer + zusätzlich dazu benötigte Zeit − Istdauer

Unter Verwendung dieser Regel kann es somit im Falle einer Erweiterung des Zeitrahmens während der Bearbeitung zu einer nachträglichen Absenkung des Realisierungsgrades kommen.

6. Es wird auch vorgeschlagen, den Realisierungsgrad nicht anhand der Restdauer, sondern mit Hilfe prognostizierter Restkosten zu ermitteln (*Coenenberg*). In diesem Fall würde sich der Realisierungsgrad folgendermaßen bestimmen:

$$\text{Realisierungsgrad} = \frac{\text{Budget - Restkosten}}{\text{Budget}}$$

Hier stellt sich aber das Problem, dass dann von den Projektverantwortlichen bzw. den Projektcontrollern zu jedem Kontrollzeitpunkt jeweils die Restkosten der Arbeitspakete geschätzt bzw. ermittelt werden müssen. Damit vergrößert sich der Aufwand der Datenermittlung erheblich und es kommen zusätzliche unsichere Informationen ins Spiel.

11.4.4. Anwendungen der Projektkostenkontrolle

Die einfachen Formen der Projektkostenkontrolle sollen an einem simplen Beispiel verdeutlicht werden. Es werden nur die ersten vier Verfahren zur Bestimmung des Realisierungsgrades herangezogen, um die unterschiedlichen Auswirkungen auf die Höhe der Sollkosten und damit auf die Güte der Kontrolle darzustellen. Tabelle 1 zeigt die unterschiedlichen Sollkosten nach den ersten vier Methoden auf. Die Sollkosten werden für ein Beispielprojekt berechnet, dass aus elf Units M1 bis V3 besteht. Kontrollzeitpunkt ist 150 Tage nach Projektbeginn. Man erkennt deutlich die unterschiedlichen Sollkostenbeträge.

Sollkostenermittlung					Sollkosten Beginn=1	Sollkosten 50/50	Sollkosten Ende=1	Sollkosten Prop.
Units	Plan Dauer Tage	Plan Beginn Tag	Plan Ende Tag	Budget €	nach Tag: 150	nach Tag: 150	nach Tag: 150	nach Tag: 150
M1	30	0	30	12.500	12.500	12.500	12.500	12.500
M2	25	15	40	12.000	12.000	12.000	12.000	12.000
M3	22	30	52	20.000	20.000	20.000	20.000	20.000
F1	85	40	125	35.000	35.000	35.000	35.000	35.000
F2	120	40	160	15.660	15.660	7.830	0	14.355
F3	100	48	148	27.740	27.740	27.740	27.740	27.740
F4	110	148	258	15.000	15.000	7.500	0	273
F5	60	165	225	27.000	0	0	0	0
V1	40	145	185	15.600	15.600	7.800	0	1.950
V2	55	168	223	8.000	0	0	0	0
V3	20	205	225	11.500	0	0	0	0
Gesamt			258	200.000	153.500	130.370	107.240	123.818

Tabelle 1: Sollkostenermittlung

Zur Veranschaulichung der weiteren Möglichkeiten zur Projektkostenkontrolle wird von der letzten Methode zur Sollkostenermittlung ausgegangen. Dieses Verfahren wird unter den dargestellten Methoden noch den höchsten Realitätsbezug aufweisen. Außerdem werden keine Budgetänderungen vorgenommen; die angegebenen Istkosten sind bereits preisbereinigt.

Durch diese Vereinfachungen soll der Blick nur auf die Ermittlung der Budgetabweichungen und echten Verbrauchsabweichungen konzentriert werden. In der Tabelle 2 werden jetzt das Budget, die Sollkosten und die Istkosten miteinander verglichen. Man erhält die entsprechenden Abweichungen der jeweiligen Units.

Zusätzlich lassen sich einige Kennzahlen bilden, die insbesondere im Zeitablauf interessant sind:

- Die Budgetausschöpfung gibt die Belastung der Budgets durch die Istkosten an.
- Die Sollkostenüberschreitung ist das Verhältnis von Verbrauchsabweichung ΔV zu Sollkosten.
- Die Budgeteinsparungen sind negative Verbrauchsabweichungen; sie lassen Einsparungsaktivitäten vermuten.
- Der Mehrverbrauch wird durch die positiven Verbrauchsabweichungen ohne Saldierung mit den negativen Verbrauchsabweichungen (Budgeteinsparungen) wiedergegeben.
- Die Gesamtkostenprognose rechnet die Istkosten vom jetzigen Projektstatus auf das Projektende proportional hoch und gibt damit eine gegenwartsbezogene Abschätzung der wahrscheinlichen Gesamt-Istkosten an.
- Des Weiteren sind Angaben über die Anzahl abgeschlossener, begonnener und noch verbleibender Units angebracht.

Projektkostenkontrolle		Sollkostenbasis:			prop.	Projektstatus nach Tag:	150
Units	Budget	Soll-kosten	Ist-kosten	Budget-abw.	ΔV	Kennzahl	
M1	12.500	12.500	14.000	0	1.500	Budgetausl.:	69,25%
M2	12.000	12.000	12.000	0	0	Sollk.-Überlast:	11,86%
M3	20.000	20.000	25.000	0	5.000	Einsparungen:	-450
F1	35.000	35.000	40.000	0	5.000	in Prozent	-0,36%
F2	15.660	14.355	16.000	-1.305	1.645	Mehrverbrauch:	15.132
F3	27.740	27.740	28.000	0	260	in Prozent	12,22%
F4	15.000	273	2.000	-14.727	1.727	Kostenprognose:	223.716
F5	27.000	0	0	-27.000	0		
V1	15.600	1.950	1.500	-13.650	-450	abgeschl. Units:	5
V2	8.000	0	0	-8.000	0	angefang. Units:	3
V3	11.500	0	0	-11.500	0	verbleibl. Units:	3
Gesamt	200.000	123.818	138.500	-76.182	14.682		

Tabelle 2: Projektkostenkontrolle

Die Tabelle 3 zeigt abschließend den Projektverlauf vom ersten bis zum 150. Tag in Zehntagesschritten an. Dabei wurden die Sollkosten nach der proportionalen Methode ermittelt und beispielhaft Istkosten angegeben.

Projektverlauf			Sollkostenbasis:		prop.	Kosten-index	Leistungs-index	Budget-auslast.
Tag	Budget	Soll-kosten	Ist-kosten	Budget-abw.	ΔV abw.	(Soll/ Ist)	(Soll/ Budget)	(Ist/ Budget)
10	200.000	4.167	5.852	-195.833	1.685	71,21%	2,08%	2,93%
20	200.000	10.733	12.500	-189.267	1.767	85,86%	5,37%	6,25%
30	200.000	19.700	18.500	-180.300	-1.200	106,49%	9,85%	9,25%
40	200.000	33.591	30.500	-166.409	-3.091	110,13%	16,80%	15,25%
50	200.000	48.659	46.000	-151.341	-2.659	105,78%	24,33%	23,00%
60	200.000	58.674	55.056	-141.326	-3.618	106,57%	29,34%	27,53%
70	200.000	66.871	65.800	-133.129	-1.071	101,63%	33,44%	32,90%
80	200.000	75.067	73.600	-124.933	-1.467	101,99%	37,53%	36,80%
90	200.000	83.264	86.060	-116.736	2.796	96,75%	41,63%	43,03%
100	200.000	91.461	99.870	-108.539	8.409	91,58%	45,73%	49,94%
110	200.000	99.657	105.460	-100.343	5.803	94,50%	49,83%	52,73%
120	200.000	107.854	115.640	-92.146	7.786	93,27%	53,93%	57,82%
130	200.000	113.992	121.050	-86.008	7.058	94,17%	57,00%	60,53%
140	200.000	118.071	125.486	-81.929	7.415	94,09%	59,04%	62,74%
150	200.000	123.818	138.500	-76.182	14.682	89,40%	61,91%	69,25%

Tabelle 3: Projektverlauf

Neben dem Ausweis der Budgetabweichung und der Verbrauchsabweichung können zur Darstellung des Projektverlaufs noch zwei weitere Kennzahlen ohne zusätzlichen Datenerhebungsaufwand ermittelt werden.

Der Kostenindex ist das Verhältnis von Istkosten zu Sollkosten. Ein Kostenindex über 100% bedeutet schlicht die Unterschreitung der Sollkosten. Ob es sich um tatsächliche Kosteneinsparungen handelt, oder ob eine schleppende Projektrealisation bzw. verspätete Buchungen der eigentliche Grund sind, lässt sich nicht eindeutig bestimmen. Hier bedarf es dann einer eingehenderen sachlichen Überprüfung.

Der Leistungsindex zeigt den vermuteten Realisierungsgrad an, der durch die Methode der proportionalisierten Sollkosten bestimmt wurde. Er ist damit rechnerisch vorbestimmt und hat isoliert betrachtet keinen großen Informationscharakter. Im Zusammenhang mit der Betrachtung der prozentualen Budgetausschöpfung kann aber die Vermutung angestellt werden, dass wenn der Leistungsindex kleiner als die Budgetausschöpfung ist, die Realisierung tendenziell dem Kostenzuwachs hinterherhinkt. Der umgekehrte Fall indiziert eventuell eine schnellere Realisierung als die (proportional) vermutete Realisierung.

Die dargestellten Schlussfolgerungen kann man auch anhand der Analyse der graphischen Verläufe von Kostenindex, Leistungsindex und Budgetausschöpfung verdeutlichen. Die Absenkung des Kostenindexes im ersten Drittel des Projektverlaufes zeigt die dort ausgewiesenen Sollkostenunterschreitungen durch die Istkosten. Der Vergleich zwischen Leistungsindex und Budgetausschöpfung lässt erkennen, wie ab dem 90. Tag die vermutete Projektrealisation, dargestellt durch den Leistungsindex, der Budgetausschöpfung nicht mehr folgen kann.

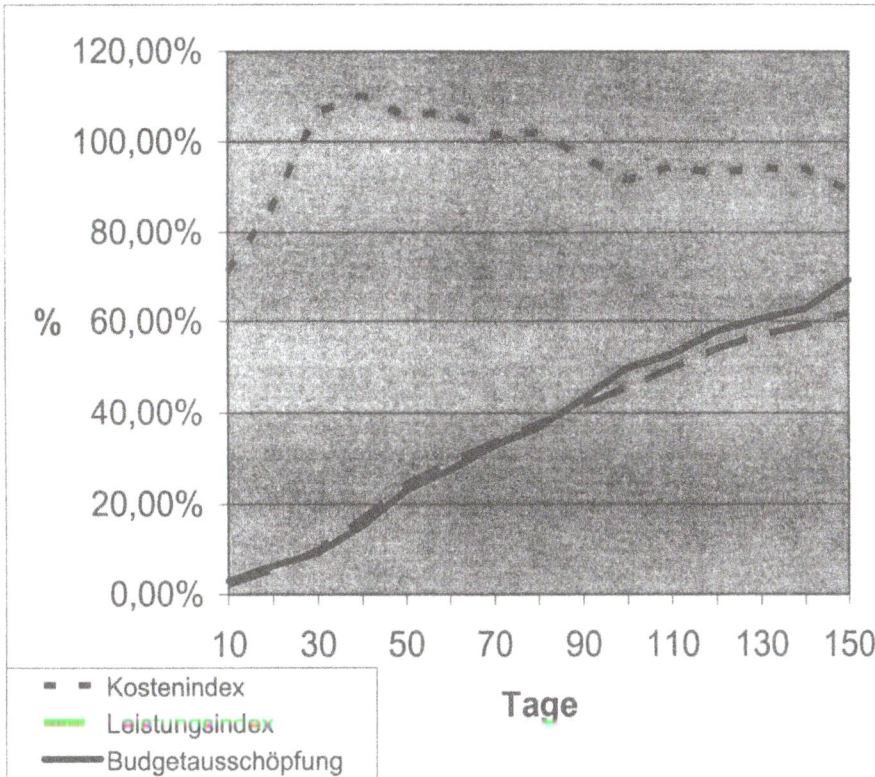

Abb. 7: Projektverlauf in graphischer Darstellung

Trotz der hier aufgezeigten Möglichkeiten der Projektkontrolle bleibt das Problem der Messung des Realisierungsgrades neben der möglichst zeitnahen Buchung der Istkosten bestehen. Sobald sich der tatsächliche Projektverlauf nicht wie hier angenommen proportional verhält, kommt es zur fehlerhaften Abbildung der tatsächlichen Realität. Dieser Effekt wird aber tendenziell umso unbedeutender, je länger ein Projekt läuft und je mehr Units vorhanden sind. Insofern rechtfertigt sich gerade bei großen, komplexen Projekten die Implementierung der Projektkostenplanung und -kontrolle im Rahmen eines wirkungsvollen Projektcontrollings.

Literatur

Coenenberg, A, / Fischer, T. / Raffel, A.: Abweichungsanalyse bei Projekten im F&E Bereich, in: Handbuch Kostenrechnung, hrsg. v. Männel, W., Wiesbaden 1992, S. 767-781

Coenenberg, A.: Kostenrechnung und Kostenanalyse, Landsberg am Lech 1992

Deutsches Institut für Normung e.V.: DIN 69901, Berlin 1987

Kokot, F.: Grundsätze eines professionellen Projektmanagement, in: Rechnungswesen und EDV, 13. Saarbrücker Arbeitstagung 1992, hrsg. v. Scheer, A., Heidelberg 1992, S. 24-57

Krystek, U. / Zur, E.: Projektcontrolling - Frühaufklärung von projektbezogenen Chancen und Bedrohungen, in: Controlling, 6/1992, S. 304-311

Raps, A. / Reinhardt, D.: Projekt-Controlling im System der Grenzplankostenrechnung, in: Kostenrechnungspraxis, 4/93, S. 223-232

Siepert, H.: Projektcontrolling im Großanlagenbau, in: Handbuch Kostenrechnung, hrsg. v. Männel, W., Wiesbaden 1992, S. 995-1007

12. Die Qualitätskostenrechnung als Partialkostenrechnung

12.1. Qualitätsbegriffe

Die Berücksichtigung der Qualität im Rahmen der Kostenrechnung verlangt eine konkrete und möglichst operationale Definition dessen, was unter Qualität verstanden wird. Dabei wird konstatiert, dass eine als allgemeingültig akzeptierte Definition nicht möglich erscheint. Die verschiedenen Definitionsansätze lassen sich folgenden fünf Qualitätsbegriffen zuordnen (*Garvin*):

- Absoluter Qualitätsbegriff
- Produktorientierter Qualitätsbegriff
- Kundenorientierter Qualitätsbegriff
- Herstellungsorientierter Qualitätsbegriff
- Wertorientierter Qualitätsbegriff

Der absolute Qualitätsbegriff versteht Qualität als die Güte einer Leistung und entspricht einem umgangssprachlichen Verständnis von Qualität. Die Ausprägungen der Qualität werden in Superlativen ausgedrückt und bieten somit keine operationalen Kriterien zur Qualitätsbestimmung. Dem gegenüber bestimmt sich der produktorientierte Qualitätsbegriff aus konkreten oder spezifizierten Eigenschaften der Leistungen. Den kundenorientierten Ansätzen ist die Gleichsetzung von Qualität und Qualitätswahrnehmung eigen, sie stellen auf die Eignung einer Leistung zur Erreichung der Verwenderzwecke ab. In herstellungsorientierten Ansätze wird Qualität als die Einhaltung betrieblicher Standards bei der Erstellung der Leistungen definiert. Der wertorientierte Qualitätsbegriff ist als eigenständiger Begriff problematisch, da er sich auf das Preis-Nutzen-Verhältnis von Leistungen stützt. Dadurch wird aber gerade die interdependente Beziehung zwischen Preis einer Leistung und ihrer Qualität als Qualität definiert (*Stauss / Hentschel*). In die Diskussion über die Qualität von Leistungen in Dienstlistungsbetrieben gehen die Konzepte derart ein, dass für Dienstleistungen z. B. ein dreidimensionaler Qualitätsbegriff angenommen wird (*Meyer*):

- Potenzialqualität
- Ergebnisqualität
- Prozessqualität

Als die Potenzialqualität wird die Fähigkeit und Bereitschaft der internen Produktionsfaktoren eines Unternehmens verstanden, Leistungen überhaupt erstellen zu können. In diesem Sinne kann die Qualität des gesamten Unternehmens als strategischer Erfolgsfaktor mit Kennzahlen gekennzeichnet werden. Diese Sichtweise der Qualität steht allerdings der quantitativen leistungswirtschaftlichen Zielsetzung sehr nahe, so dass sie ungenügend ist. Im Rahmen des hier verwendeten Qualitätsverständnisses soll im operativen Bereich auf die Messung der Qualität der in einem Zeitraum tatsächlich angebotenen und nachgefragten Leistungen eingegangen werden. Außerdem kann gegen den potenzialorientierten Qualitätsbegriff eingewendet werden, dass es zu einer Redundanz mit dem prozessorientierten Qualitätsbegriff kommt.

Die Ergebnis- und Prozessqualität sind demnach die weiteren Komponenten, die auch in der Definition der Qualität gemäß der DIN Norm 55350 als „die Beschaffenheit einer Einheit bezüglich ihrer Eignung, festgelegte und vorausgesetzte Erfordernisse zu erfüllen" (*DIN*), zum Ausdruck kommen. Die Ergebnisqualität betrifft dabei die Qualität des Ergebnisses der

Dienstleistung. Dabei ist es aber fraglich, ob das Ergebnis einer Dienstleistung überhaupt eine Qualität besitzt. Qualität entsteht nämlich bei vielen Dienstleistungen im Prozess der Dienstleistungserstellung. Somit nimmt die Prozessqualität bzw. die Gestaltung der Prozesse zur Schaffung von Qualität in Dienstleistungsbetrieben eine vornehmliche Stellung ein. Prozessqualität kann auch als Erfüllung von Anforderungen, Qualität der Ausführung oder Qualität der Übereinstimmung bei der Leistungserstellung bezeichnet werden. Mit dieser technologisch-unternehmensbezogenen Sichtweise ist es dann möglich, operationale Größen wie technische Standards als Qualitätskennzahlen zu bestimmen. Allerdings stellt sich die Frage, inwieweit solche Kennzahlen zur Beschreibung der Qualität von Leistungsprozessen geeignet sind. Denn sie beschreiben nur die Einhaltung der vom Betrieb gesetzten Parameter zur Leistungserstellung. Die Qualität in kundenorientierter Sicht als vom Nachfrager empfundene Qualität wird nicht betrachtet. Es gibt keine Berücksichtigung der Beziehung des Kunden zum anbietenden Unternehmen. Eine kundenorientierte Betrachtung der Qualität ist aber strategisch von hoher Relevanz.

Die Lösung der Betrachtung der Qualität nur aus technologisch-unternehmensorientierter Sicht und die Ausrichtung am Kunden wird auch bei der Implementierung von Qualitätsmanagement und Qualitätssicherungssystemen gemäß den eigentlich für Sachleistungsunternehmen der industriellen Produktion entwickelten ISO-Normen DIN ISO 9000 bis 9004 angestrebt (*Pfeifer*). Insbesondere in der DIN ISO 9004, die auch auf Dienstleistungsunternehmen übertragbar ist, kommt die Beachtung der kundenorientierten Qualitätssicht bei der Erstellung der Prozesse zur Leistungserstellung zum Ausdruck.

12.2. Qualitätskosten

Qualitätskosten werden unterschiedlich definiert. In der DIN 55350 werden die Qualitätskosten in der traditionellen, herstellungsorientierten Sicht untergliedert:

- Prüfkosten (appraisal costs)
- Fehlerkosten (failure costs)
- Fehlerverhütungskosten (prevention costs)

Prüfkosten sind Personal- und Sachmittelkosten, die beispielsweise für Wareneingangsprüfungen, Materialprüfungen, Qualitätsprüfungen in der Fertigung, Laborproben und Abnahmeprüfungen anfallen. Unter Fehlerkosten versteht man in erster Linie die Kosten für Ausschuss und Nacharbeit. Aber auch Wertminderungen durch Qualitätsmängel, Reklamationen, Minderungen und Kosten der Bearbeitung von Gewährleistungs- und Garantieansprüchen gehören hierzu. Als Fehlerverhütungskosten kann man die Kosten des Qualitätscontrollings bzw. Qualitätsmanagements selbst ansehen, also die Kosten der Prüf- und Qualitätsplanung und Qualitätskontrolle, Schulungen und Audits, die Kosten zur Durchführung einer Qualitätskostenrechnung und das Qualitätsreporting. In der deutschen Industrie haben die Prüf- und Fehlerkosten den größten Anteil (*Pfeifer*).

Die Fehlerkosten können weiter unterteilt werden in:

- Interne Fehlerkosten (z.B. Nacharbeit)
- Externe Fehlerkosten (z.B. Beschwerdebearbeitung, Garantieleistungen, Regress)
- Erlösschmälerungen (z.B. Preisnachlässe aufgrund von Qualitätsmängeln)
- Sonstiger qualitätsbedingter Aufwand (z.B. Prozesskosten)

Allerdings stellen die Erlösschmälerungen keine Kosten im pagatorischen Sinne dar, sie sind Kosten im Sinne entgangener Erlöse (Opportunitätskosten). Damit lassen Sie sich nur in Kostenrechnungssystemen erfassen, die auf dem wertmäßigen Kostenbegriff basieren. Eine anschauliche Übersicht über die verschiedenen Qualitätskostenkategorien gibt *Kandaouroff* wieder:

Prüfkosten:
- Eingangsprüfung
- Fertigungsprüfung
- Endprüfung
- Qualitätsprüfung bei Außenmontagen
- Abnahmeprüfung
- Prüfmittel
- Instandhaltung von Prüfmitteln
- Qualitätsgutachten
- Laboruntersuchungen
- Prüfdokumentation
- Sonstige Maßnahmen zur Qualitätsprüfung

Fehlerkosten:
Intern:
- Ausschuss
- Nacharbeit
- Mengenabweichungen
- Wertminderungen
- Sortierprüfung
- Wiederholungsprüfung
- Problemuntersuchung
- Qualitätsbedingte Ausfallzeiten
- Sonstige Kosten interner Fehler

Extern:
- Ausschuss
- Nacharbeit
- Gewährleistung
- Garantie
- Produzentenhaftung
- Sonstige Kosten externer Fehler

Fehlerverhütungskosten:
- Qualitätsplanung
- Qualitätsfähigkeitsuntersuchungen
- Lieferantenbeurteilung und – beratung
- Prüfplanung
- Qualitätsaudit
- Leitung des Qualitätswesens
- Qualitätscontrolling
- Schulung in Qualitätssicherung
- Qualitätsförderungsprogramme
- Qualitätsbenchmarking
- Sonstige Maßnahmen der Fehlerverhütung

Weitere Beispiele lassen sich unternehmensindividuell finden. Da die meisten Qualitätskosten aus den Kategorien Prüfkosten, interne Fehlerkosten und Fehlerverhütungskosten Aktivitäten darstellen, die entsprechende Ressourcen in Anspruch nehmen, kann eine Qualitätskostenrechnung insbesondere nach den Parametern einer Prozesskostenrechnung (Activity-Based-Costing) aufgebaut werden (*Ossadnik*). Neuere Ansätze definieren nur zwei Kategorien von Qualitätskosten, nämlich die:

- Kosten der Übereinstimmung (Kosten der Schaffung von Qualität)
- Kosten der Abweichung (Kosten der Nicht-Qualität)

In die Kosten der Übereinstimmung gehen sowohl Fehlerverhütungskosten als auch ein Teil der Prüfkosten ein. Die Kosten der Abweichung bestimmen sich als Fehlerkosten und der andere Teil der Prüfkosten. Diese Sichtweise kann zu anderen Strategien führen, was unter dem optimalen Qualitätsniveau zu verstehen ist, wenn man sich die gesamten Qualitätskosten pro Produkt veranschaulicht. Insbesondere wenn die Kosten der Abweichung als die vom Kunden wahrgenommene Nicht-Qualität bezeichnet werden, geht dieser Ansatz eher von einer kundenorientierten Qualitätsdimension aus.

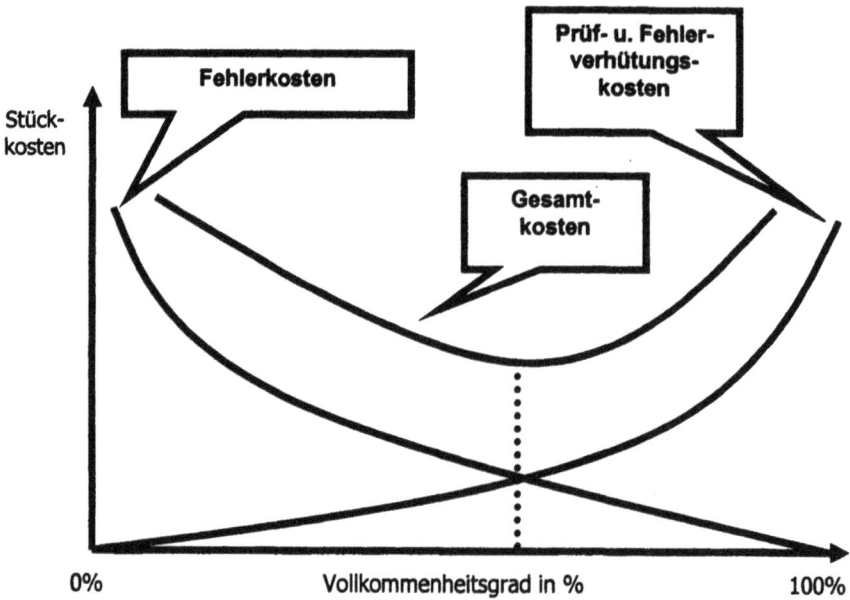

Abb. 1: Herstellungsorientierte Qualitätskosten (*Wildemann*)

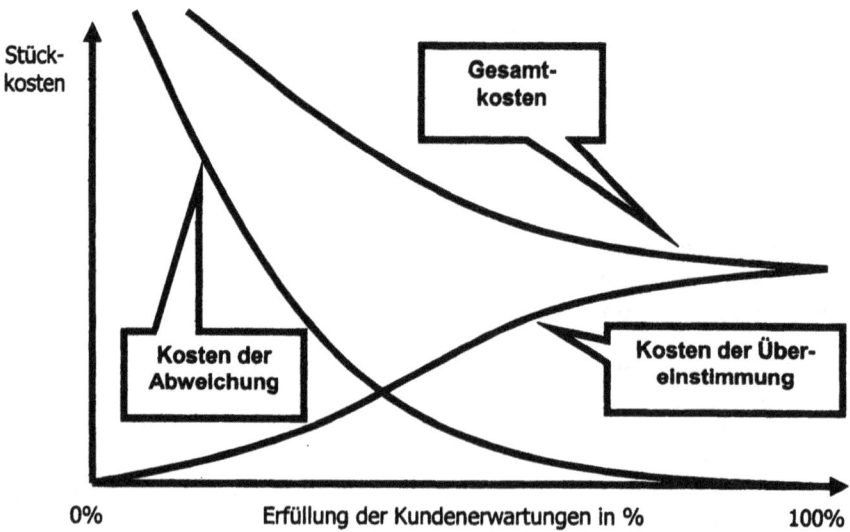

Abb. 2: Kundenorientierte Qualitätskosten (*Wildemann*)

12.3. Qualitätskostenrechnung

Eine Qualitätskostenrechnung basiert auf den Systemen der Kostenrechnung. In der traditionellen Kostenrechnung müssen die qualitätsrelevanten Kostenarten in den Kostenstellen ermittelt werden. In der Prozesskostenrechnung sind entsprechende Prozesse zu definieren, denen man dann nach den Regeln der Prozesskostenrechnung die Prozesskosten zuordnet, um

Prozesskostensätze zu ermitteln. Dabei können die qualitätsrelevanten Prozesse auch in leistungsmengeninduzierte und leistungsmengeneutrale Prozesse unterschieden werden. Bei den Prüfkosten stellt sich das Gemeinkostenproblem, man muss untersuchen, welcher Teil einer Kostenart in einer Kostenstelle für Prüftätigkeiten genutzt wird. Dieses Problem zieht sich durch alle Kostenarten wie Abschreibungen, Zinsen, Personal etc. Hier wird die Querschnittsfunktion der Qualität deutlich. Durch alle Bereiche des Unternehmens zieht sich die Schaffung von Qualität.

Kostenstelle	Material			Fertigung 1		
Kostenart	Gesamt	davon Qualität	keine Qualität	Gesamt	davon Qualität	keine Qualität
Abschreibungen						
Zinsen						
Betriebsstoffe						
Gehälter						
....						
Summe						

Abb. 3: Beispielhalter Aufbau der Kostenstellenrechnung

Günstiger ist es, wenn die Prüftätigkeiten organisatorisch in einer Vorkostenstelle (Service Center, Quality Center) gebündelt sind. Das Erfassungsproblem wäre dann geschmälert, wenn man davon ausgehen kann, dass alle Aktivitäten dieser Vorkostenstelle Prüfzwecken dienen. Darauf folgend könnte man im Rahmen der innerbetrieblichen Leistungsverrechnung die Prüfkosten den empfangenden Kostenstellen belasten, um sie in die Kalkulation zu überführen.

Fehlerkosten lassen sich teilweise produktorientiert ermitteln. Bei dem Ausschuss gelten die bis zum Auftreten des Fehlers angefallenen Herstellkosten als geeigneter Wertmaßstab. Bei den Kosten der Nacharbeit tritt das Gemeinkostenproblem wie bei den Prüfkosten auf, da es sich hier auch um innerbetriebliche Aktivitäten handelt. Fehlmengenkosten sind dagegen in der Regel Einzelkosten. Externe Fehlerkosten lassen sich aus den entgangenen Erlösen bzw. Deckungsbeiträgen ermitteln, wobei hier nur die Nutzenentgänge beachtet werden, die nicht durch eine Versicherung abgedeckt sind. Die Kosten der Versicherung, also Versicherungsbeiträge im Falle der Fremdversicherung bzw. kalkulatorische Wagniskosten im Falle der Selbstversicherung stellen also auch Qualitätskosten (normalisierte Qualitätskosten) dar. Die externen Fehlerkosten stellen einen großen Teil der Qualitätskosten dar, viele Unternehmen bilden kalkulatorische Wagniskosten für Gewährleistungswagnisse (gesetzlicher Anspruch des Kunden) und Garantiewagnisse (vertraglicher Anspruch des Kunden). Insbesondere die Rechtsprechung zur Produzentenhaftung und der vergrößerte Verbraucherschutz im Zivilrecht, wie etwas die Schuldrechtsreform 2001/2002 in Deutschland, werden diese Kosten ansteigen lassen.

Fehlerverhütungskosten im Sinne von Schulungskosten, Leitungskosten oder Qualitätsprojekten lassen sich am besten mit der Prozesskostenrechnung als leistungsmengeneutrale Kosten erfassen. Wenn sich diese Kosten in allgemeinen Kostenstellen wie Verwaltung oder ähnlichen Kostenstellen wieder finden, müssen auch hier geeignete Kontierungen zur Separierung der Qualitätskosten durchgeführt werden. Die Qualitätskosten werden in den Systemen der Vollkostenrechnung natürlich auch den Kostenträgern zugerechnet. Der besondere Wert einer Qualitätskostenrechnung liegt einerseits in der Möglichkeit der Darstellung und Steuerung der Höhe und Art der Qualitätskosten sowie in der Möglichkeit, durch Bildung qualitätsbezogener

Kennzahlen das Controlling zu einem Instrument der Qualitätslenkung zu machen. Diese Kennzahlen können isoliert zur Steuerung der Qualität eingesetzt werden oder im Rahmen eines gesamtunternehmensbezogenen Kennzahlensystems auch Bezüge zu anderen Zielen den Unternehmens herstellen.

Kostenorientierte Qualitätskennzahlen:

- Gesamte Qualitätskosten pro Stück
- Prüfkosten pro Stück
- Fehlerkosten pro Stück
- Fehlervermeidungskosten pro Stück
- Prüfkosten / Qualitätskosten
- Fehlerkosten / Qualitätskosten

- Fehlervermeidungskosten / Qualitätskosten
- Reklamationskosten / Umsatz
- Externe Fehlerkosten / Umsatz
- Qualitätskosten / Herstellkosten
- Qualitätskosten / Selbstkosten
- Qualitätskosten pro Monat (Zeitvergleich)

Hier werden die Berührungspunkte zum Benchmarking und Balanced Scorecard im Sinne eines ganzheitlichen Controllings deutlich, wenn es sich um Qualitätskennzahlen handelt.

Literatur

Bruhn, M.: Qualitätssicherung im Dienstleistungsmarketing - eine Einführung in die theoretischen und praktischen Probleme, in: Dienstleistungsqualität, hrsg. v. M. Bruhn u. B. Stauss, Wiesbaden, 1991, S. 19-47

Deutschen Institut für Normung e.V.: DIN: 55350, Berlin 1987

Garvin, D.A.: What Does "Product Quality" Really Mean? , in: Sloan Management Review, Vol. 25, 1984, S. 25-43

Gaster, D.: Qualitätsaudit, in: Handbuch der Qualitätssicherung, hrsg. v. W. Masing, 2. Aufl., München, 1988, S. 901-921

Haller, S.: Methoden zur Beurteilung der Dienstleistungsqualität, in: Zeitschrift für betriebswirtschaftliche Forschung, 45. Jg., 1993, S. 19-40

Jahn, H.: Zertifizierung von Qualitätssicherungs-Systemen, in: Handbuch der Qualitätssicherung, hrsg. v. W. Masing, 2. Aufl., München, 1988, S. 923-934

Kandaouroff, Anni: Qualitätskosten, in Zeitschrift für Betriebswirtschaft, 64. Jg., S. 765-786, Wiesbaden, 1994

Masing, W.: Planung und Durchsetzung der Qualitätspolitik im Unternehmen: - zentrale Prinzipien und Problembereiche, in: Dienstleistungsqualität, hrsg. v. M. Bruhn u. B. Stauss, Wiesbaden, 1991, S. 183-197

Meyer, A.: Dienstleistungsmarketing, Augsburg, 1983

Ossadnik, W.: Qualitätscontrolling und Kostenrechnung, in: Kostenrechnungspraxis, 40. Jg. 1996, H. 5, S. 273-278, Wiesbaden, 1996

Pfeifer, T.: Qualitätsmanagement, München, 1993

Stauss, B.: Dienstleistungsqualität contra Kostensenkung?, in: Betriebswirtschaftliche Blätter, 41. Jg., 1992, S. 111-116

Stauss, B. / Hentschel, B.: Dienstleistungsqualität, in: Wirtschaftswissenschaftliches Studium, 20. Jg., 1991, S. 238-244

Wildemann, H.: Qualitätscontrolling in Industrieunternehmen, in: Kostenrechnungspraxis Sonderheft 1/2000, Wiesbaden, 2000

Wilken, C.: Strategische Qualitätsplanung und Qualitätskostenanalysen im Rahmen eines Total Qualitiy Management, Heidelberg, 1993

13. Direkte Produkt Rentabilität im Konsumgüterbereich

13.1. Entwicklung der Direkten Produkt Rentabilität

Die derzeitige Entwicklung im Konsumgüterhandel ist geprägt von einem enormen Konzentrationsprozess der Unternehmen. Dabei ist in den letzten Jahren vor allem im Lebensmitteleinzelhandel eine Abkehr von kleinen Handelsunternehmen zu großen, marktbeherrschenden Unternehmen oder Unternehmensgruppen zu verzeichnen.

Als Ursachen werden im Handel insbesondere die verschlechterten wirtschaftlichen Rahmenbedingungen angesehen. Zusätzlich fordert das heutige Konsumentenverhalten vom Handel neue Wege und Anstrengungen, sich den Wettbewerbs- und Kostendruck zu stellen. Neben der zunehmenden Konzentration im Handel sind auch andere Faktoren für diese Entwicklung verantwortlich. Neue Technologien vor allem im Warenhandling, Einführung von Scannerkassen und computergestützten Zahlungsmöglichkeiten setzen eine ständige Investitionsbereitschaft selbst von kleineren Unternehmen voraus. Die hohen Arbeitslosenzahlen sowie stagnierende Einkommen verändern das Konsumverhalten und die Kaufkraft der Nachfrager. Durch die steigende Marktposition des Handels gegenüber der Industrie ist festzustellen, dass die Industriebetriebe teilweise Distributionsaufgaben selbst übernehmen und somit Verdienstmöglichkeiten der Handelsbranche einschränken. Aber hier wird ebenfalls versucht, gemeinsam neue Möglichkeiten durch stufenübergreifende Warenwirtschaftskonzepte zu entwickeln.

Um sich auf dem stark umkämpften Markt zu etablieren, wird ein effizientes und modernes Handlungsmanagement vorausgesetzt. Diese Überlegungen machen eine genaue und aussagefähige Kosten- und Erfolgsrechnung notwendig. Durch die heutige Entwicklung in diesem Bereich werden immer wieder neue Methoden und Modelle zur Informationsgewinnung realisierbar. In der Praxis des Handels war die Kalkulation auf Vollkostenbasis am weitesten verbreitet. Das Hauptziel der Vollkostenrechnung ist es, durch die realisierten Preise am Markt eine vollständige Deckung der angefallenen Kosten in der Periode zu erreichen.

Bei diesem Ansatz werden alle Periodenkosten komplett auf die Summe der Kostenträger verrechnet. Das beinhaltet auch eine Verteilung der angefallenen Gemeinkosten auf die jeweiligen Kostenstellen bzw. Kostenträger. An diesem Kritikpunkt setzt die Teilkostenrechnung an, die in den letzten Jahren auch im Handel durch steigende Gemeinkostenanteile immer mehr an Bedeutung gewinnt. Dabei bleiben alle nicht direkt der Kostenstelle oder dem Kostenträger zurechenbaren Gemeinkosten vorläufig unberücksichtigt.

Die Einführung der Methode der Direkten Produkt-Rentabilität (DPR) ist ein Ansatz zu einem effizienteren Kostenmanagement und zur Unterstützung strategischer Entscheidungen im Handel (*Günther*). Das DPR-Modell wurde von der Praxis für die Praxis entwickelt. Im Folgenden wird die DPR-Methodik näher erläutert und es wird ein Überblick über die Anwendungsmöglichkeiten und Grenzen dieses Modells aufgezeigt. In der betriebswirtschaftlichen Literatur ist bis heute wenig über DPR-Problematik erschienen. Hauptgrund ist neben dem uneinheitlichen Bild der Verfechter und Kritiker vor allem die Einordnung des DPR-Modells in die bereits vorhandenen Ansätze des Rechnungswesens.

13.2. Die Entstehung der Direkten Produkt Rentabilität

Die Grundzüge der DPR wurden in den USA entwickelt. Mitte der 60-ziger Jahre stellte die NAFC (National Association of Food Chains) das erste Handbuch zur Direct Product Profitability (DPP) -Methodik für das Trockensortiment im Lebensmitteleinzelhandel vor, dem weitere für Tiefkühlfrost und Frischprodukte folgten. Nach der ersten modellhaften Implementierung wurden durch den technischen Fortschritt und durch Kooperationsprojekte zwischen Industrie und Handel neue Anwendungsmöglichkeiten erschlossen. Besonders die Entwicklung der Personal Computer und der Einsatz von Scannertechnologien brachten ein vermehrtes Interesse an dem DPP-System. Dadurch wurden vor allem durch Initiative von Unternehmen wie z.B. Procter & Gamble, McKinsey, Safeway und Albert Heijn unterschiedliche DPP-Modelle auf Hersteller- und Handelsseite entwickelt. Um eine Vergleichbarkeit der erhaltenen Daten zu ermöglichen sowie eine einheitliche Diskussionsbasis zu schaffen, wurde unter Führung des FMI (Food Marketing Institute) ein gemeinsames, standardisiertes DPP-Modell geschaffen (*Jediss, Günther*). 1985 begann durch Initiative von Procter & Gamble das ISB (Institut für Selbstbedienung und Warenwirtschaft e. V., später Deutsches Handelsinstitut (DHI)) das US-DPP-Modell nach Deutschland zu übertragen.

Dabei wurde versucht, sofort eine einheitliche Sprache zu definieren. Gleichzeitig entwickelten auch andere Länder wie Großbritannien, Frankreich und Spanien eigene DPR-Modelle, die auf dem US-DPP-Modell basierten, aber länderspezifische Gegebenheiten berücksichtigten. Im Dezember 1987 stellte das ISB die Version 1.0 für die Vertriebsschiene Supermärkte und das Trockensortiment in Deutschland vor. Weitere Versionen bis hin zum Euro-DPR-Modell entwickelte das DHI (Deutsches Handelsinstitut Köln, heute umbenannt in Euro Handelsinstitut Köln (EHI)). Dabei wurden neue Sortimente (Mehrweggetränke, Tiefkühlkost, Obst und Gemüse, etc.) und Vertriebsschienen (Discounter, SB-Warenhäuser, Drogeriemärkte etc.) berücksichtigt. Aufbauend auf dem Basismodell des DHI/EHI gibt es weitere individuelle firmeneigene DPR-Softwarelösungen und kommerzielle DPR-Programme (z.B. DPR-Manager der FulData GmbH, COMPRIS, DPR-Informationssystem D.I.S.). Nachfolgende Ausführungen beziehen sich auf das wohl in Deutschland bekannteste DHI-DPR-Modell.

Bevor die DPR-Methodik genauer vorgestellt wird, ist darauf hinzuweisen, dass in der Fachliteratur viele unterschiedliche Bezeichnungen und Einordnungen in die Systeme der Kostenrechnung vorhanden sind. Der Begriff „Direkte Produkt-Rentabilität" (DPR) stammt von der fehlerhaften Übersetzung der amerikanischen Bezeichnung „Direct Product-Profitabiliy". Die Größe ist kein prozentuales Renditemaß, sondern lediglich eine Differenz zwischen Kosten und Leistungen. Dadurch ist der synonym verwendete Begriff „Direkter Produkt-Profit" (DPP) eigentlich präziser. Somit kann man die Direkte Produkt-Rentabilität als ein umfassendes Konzept definieren, das die gesamte DPR-Methodik mit den Unterbegriffen Direkte Produkt-Kosten (DPK) und des Direkten Produkt-Profits (DPP) beinhaltet (*Jediss*).

Weiterhin wurde die DPR-Methodik in der Literatur verschiedenen Systemen in der Kosten- und Leistungsrechnung zugeordnet. *Schröder* stellte eine Auswahl häufig verwendete Umschreibungen von Autoren in der Literatur zusammen:

- Idee der Kostenverteilung
- Artikelbezogene Vollkostenrechnung
- Kalkulationsmethode, die jedem Produkt die im Handel verursachten direkten Produkt-Kosten zuordnet
- Kostendeckungsbeitragsrechnung auf Basis relativer Einzelkosten
- Teilkosten- bzw. modifizierte Deckungsbeitragrechnung

Zusammenfassend lässt sich feststellen, dass abhängig von der Berechnung der Direkten Produkt-Kosten (DPK), die artikelbezogene Deckungsbeitragsrechnung DPR auf einem Teilkosten- oder Vollkostenrechnungssystem basiert. Dabei ist festzustellen, dass die DPR eine spezielle Form der Deckungsbeitragsrechnung ist, da in den DPK teilweise Fixkosten berücksichtigt werden. Es liegt aber keine Deckungsbeitragsrechnung im Sinne des Direct Costing vor. Weiterhin enthalten die DPK den Ansatz von variablen Gemeinkosten.

13.3. Grundlagen des Modells der Direkten Produkt Rentabilität

Grundgedanke des DPR-Ansatzes ist es, die anfallenden Kosten der physischen Distribution eines Artikels von der Anlieferung bis zum Verkauf im Handel zu erfassen. Dabei liegt ein besonderes Interesse auf den Handlungskosten, die bei den traditionellen Steuergrößen im Handel wenig Berücksichtigung fanden. In der Geschichte der Kostenrechnung im Handel haben sich unterschiedliche Steuerungsgrößen abgelöst, angefangen vom Umsatz über die Handelsspanne, der Umschlagshäufigkeit bis hin zur Bruttonutzungsziffer.

Umschlagshäufigkeit = **Umsatz / durchschnittlichen Lagerbestand**

Handelsspanne = **(Umsatz – Einstandskosten) / Umsatz**

Bruttonutzungsziffer = **Umschlagshäufigkeit • Handelsspanne**
= **(Umsatz – Einstandskosten) / durchschnittl. Lagerbestand**

Als zentrales Bewertungskriterium im Handel ist weiterhin die Handelsspanne anzusehen. Sie gibt den absoluten Betrag an, der zur Abdeckung der nicht näher spezifizierten Handlungskosten dient, der dann noch verbleibende Anteil stellt den Gewinn dar. In der Praxis wird die Handelsspanne prozentual häufig als pauschaler Aufschlag auf die Einstandskosten verwendet. Zur Veranschaulichung für eine nicht verursachungsgerechte Verteilung der Handlungskosten bei der traditionell angewendeten Handelsspannenkalkulation soll nachfolgendes Beispiel mit einem Markenartikel und einer so genannten „weißen Ware" dienen (Tab. 1). Beide Artikel sind in Volumen, Gewicht, Verpackung und Produktgestaltung etc. identisch. Man müsste zu Recht annehmen, dass beide Artikel die gleichen Handlungskosten verursachen.

	Markenartikel	Weiße Ware
Einstandspreis	8,00 €	6,00 €
40% Handelsspanne	3,20 €	2,40 €
Listenpreis	11,20 €	8,40 €

Tab. 1: Handelsspannen

Bei dieser Berechnung geht man davon aus, dass sich die Handlungskosten proportional zum Einstandspreis entwickeln. Die Handlungskosten werden gleichmäßig auf die gesamten Artikel verteilt. Das bedeutet, dass je höher der Einstandspreis eines Produktes ist, desto höher ist sein zu tragender Handlungskostenanteil. Der als „weiße Ware" bezeichnete Artikel hat eine geringere absolute Handelsspanne und damit einen geringeren Kostenanteil zu tragen. Weiterhin muss sich der teuere Markenartikel einen größeren Gewinnanteil verdienen. Wenn man aber die oben genannte Voraussetzung der Gleichartigkeit der Produkte berücksichtigt, müssten die verursachten Handlungskosten identisch sein. Hier ist der Ansatzpunkt der Methode der Direkten Produkt-Rentabilität. Man versucht die Nachteile der traditionellen Steuerungsgrößen durch eine verursachungsgerechtere Aufteilung des Handlungskostenblocks zu erreichen.

13.4. Die Berechnung des Direkten Produkt-Profits (DPP)

Die nachfolgende artikelbezogene Ergebnisrechnung (Tab. 2) dient zur Ermittlung des Direkten Produkt-Profits (DPP). Dabei werden von dem von der Mehrwertsteuer und eventuellen Nachlässen und Erlösschmälerungen bereinigten Verkaufspreis eines Artikels nacheinander der Netto-Netto-Einstandspreis und die Direkten Produkt-Kosten (DPK) abgezogen.

> **Brutto-Verkaufspreis**
> **- <u>Mehrwertsteuer, Nachlässe, Erlösschmälerungen</u>**
> **= Netto-Verkaufspreis**
> **- Netto-Netto-Einstandspreis (um Werbekostenzuschüsse und Vergütungen bereinigt)**
> **- <u>Direkte Produkt Kosten (DPK)</u>**
> **= Direkter Produkt Profit (DPP)**

Der DPP ist damit ein Deckungsbeitrag zur Abdeckung der nicht zurechenbaren Kosten und des Gewinns. Als Beispiel dient folgende Tabelle:

	Markenartikel	Weiße Ware
Verkaufspreis	11,20 €	8,40 €
- Einstandspreis	8,00 €	6,00 €
= Handelsspanne	3,20 €	2,40 €
- Direkte Produkt Kosten	1,20 €	1,20 €
= Direkter Produkt Profit	2,00 €	1,20 €
DPP/Umsatz	17,86%	14,29%

Tab. 2: Direkter Produkt Profit

Die errechneten Werte zeigen, dass der Markenartikel prozentual zum Umsatz einen höheren DPP aufweist, da die Direkten Produkt-Kosten (DPK) beider Artikel identisch sind. Das Ergebnis stellt dadurch im Gegensatz zur traditionellen Handelsspannenkalkulation eine verursachungsgerechtere Verteilung der Kosten dar. Damit erzielt der Markenartikel auch einen höheren prozentualen Gewinn, unter der Voraussetzung, dass der Preis am Markt zu realisieren ist.

Der DPP kann definiert werden als Betrag zur Abdeckung der nicht direkt zugeordneten, artikelübergreifenden Handlungskosten (Restkostenblock) und des Gewinns. Dabei ist zu beachten, dass der DPP weder ein Deckungsbeitrag, verstanden als Differenz zwischen Verkaufspreis und variablen Kosten, noch mit einem Deckungsbeitrag auf Basis von Einzelkosten identisch ist. Durch Beinhaltung des Teils der nicht zurechenbaren Kosten kann er auch nicht als artikelspezifischer Gewinn angesehen werden (*Tietz, Günther*). In den so genannten Restkostenblock gehen die Kosten ein, die dem einzelnen Artikel nicht direkt zugeordnet werden können. Dieser sollte folglich relativ klein gehalten werden.

13.5. Die Ermittlung der Direkten Produkt-Kosten (DPK)

Jedes Produkt durchläuft einen bestimmten Logistikweg von der Warenannahme im Zentrallager bis hin zum Kassiervorgang im Einzelhandelsgeschäft. Dabei wird versucht jedem Artikel die Kosten anzurechnen, die er tatsächlich auf diesem Weg verursacht. Grundlage für die Berechnung der DPK dienen Handelsbasisdaten und produktspezifische Daten. Die nachfolgende Abbildung zeigt einen schematischen Überblick über die Komponenten des DHI-DPR-Modell (*Dammann-Heublein*).

Dateninput:
- Handelsbasisdaten: Produktivitäts- und Kostenfaktoren auf Zentralleger- und Einzelhandels-Stufe.
- Produktspezifische Daten: Volumen, Inhalt pro Versandeinheit, Verkaufsmenge, Netto-Netto-Einstandspreis, Verkaufspreis.

Datenoutput:
- Direkte Produkt Kosten pro Artikel
- Direkter Produkt Profit: pro Artikel, pro Woche, pro Quadratmeter Verkaufsfläche

Das DHI entwickelte zur Identifizierung der Direkten Produkt-Kosten ein Modell auf der Basis von 5 Stufen (*Souren / Schlüter*):

Stufe 1, Prozessidentifikation: Das DHI-Modell unterscheidet zwischen Zentrallager- und Einzelhandelsstufe. Dabei wurden warenbezogene Tätigkeitsbereiche (Prozesse) ermittelt, in denen für die Artikel Handlungskosten anfallen. Sie dienen einer genaueren Differenzierung der durchgeführten Tätigkeiten und Abläufe.

Zentrallager:	Einzelhandel:
Disposition	Disposition
Warenannahme	Warenannahme
Einlagern / Umlagern	Einlagern / Auslagern
Kommissionieren	Transport zum Regal
Lagerraumkosten	Öffnen / Auspreisen
Warenzinsen	Plazieren
Transport	Wegräumen Packmaterial
Leerguthandling	Kassieren
zentrale Entsorgung	Verkaufsraumkosten
	Warenzinsen
	Leerguthandling / Pfandabwicklung
	Dezentrale Entsorgung

Tab. 3: Prozesse

Stufe 2, Prozesskostenermittlung: In dieser Stufe werden den ermittelten Tätigkeitsbereichen, die dort anfallenden Kosten verursachungsgerecht zugeordnet. Dabei werden Kostenarten erfasst wie Personalkosten, Raumkosten, Geräte- und Arbeitsplatzkosten, Einrichtungskosten und Entsorgungskosten.

Stufe 3, Kosteneinflussanalyse: Das DHI ermittelte aufgrund von Einzelerhebungen in repräsentativen Unternehmen die Handelsbasisdaten (*Kempcke*). Diese Durchschnittswerte stellen Produktivitätsfaktoren und Kostenfaktoren auf der Zentrallager- und Einzelhandelsstufe dar.

Ziel ist es, für die einzelnen Tätigkeitsbereiche sachlogisch treffende „Cost Driver" zu finden. Dadurch besitzt man nun die Möglichkeit, artikelspezifische Handlungskosten zu ermitteln. Hier wird die Verwandtschaft zur Prozesskostenrechnung besonders sichtbar.

Stufe 4, artikelbezogene Mengenanalyse: Die Aufteilung der in Stufe 2 ermittelten Prozesskosten erfolgt mit Hilfe produktspezifischer Daten. Diese beinhalten z.B. Artikelstammdaten, Angaben zur Art der Belieferung und des Handlings, Einkaufspreis, Verkaufspreis, Konditionen, Liefermengen sowie Bedingungen für die Platzierung der Artikel. Dabei wurde vom DHI z.B. die Produktdatenbank „SINFOS" aufgebaut, in die die Hersteller die produktspezifischen Daten ihrer Produkte übertragen (*Emons*).

Stufe 5, DPK und DPR-Berechnung: Durch die in den Stufen 1 bis 4 ermittelten Handelsbasisdaten und produktspezifischen Daten ist man nun in der Lage, die Direkten Produkt-Kosten (DPK) der Artikel zu errechnen. Hierzu dient in der Praxis die Berechnung mittels PC-Programm.

Zu beachten ist, dass das hier grob vorgestellte DHI-DPR-Modell nur ein Grundkonzept zur Berechnung der Direkten-Produkt-Rentabilität darstellt. Der Nutzer sollte dieses nach seinen Anforderungen anpassen und verfeinern. Weiterhin ist festzustellen, dass die im DHI-Modell erfassten Handlungskosten sich nur auf die warenbezogenen Prozesse beziehen. Außerdem werden nur Nutzkosten zugeordnet, alle anderen Kosten (z.B. Leerkosten) werden dem Restkostenblock zugeschrieben. Somit sind nicht alle Handlungskosten in den Direkten-Produkt-Kosten enthalten. Die DPR-Methodik wird auch als Prozesskostenrechnung im Handel angesehen, da sie starke Gemeinsamkeiten zu der industriellen Prozesskostenrechnung aufweist. Vor allem bei der Zurechnung der Gemeinkosten lassen sich Parallelen ziehen, da nicht alle Gemeinkosten dem einzelnen Artikel (Kostenträger) zugerechnet werden können. Man unterscheidet prozess- bzw. leistungsmengeninduzierte Kosten, die direkt zurechenbar sind und prozess- bzw. leistungsmengenneutrale Kosten (z.B. Hilfskostenstellen wie Verwaltung etc.), die man nicht aufschlüsseln kann und die dadurch im Restkostenblock enthalten sind.

13.6. Die Restkostenproblematik

Das DPR-Modell konzentriert sich nur auf einen Zweck-Folge-Zusammenhang bei der Betrachtung der Zurechenbarkeit der Handlungskosten. Werden Kosten durch einen warenbezogenen Prozess hervorgerufen, so gelten diese dem einzelnen Artikel als zurechenbar. Hierbei können Kosten durch die effektive Abwicklung des Artikels oder die für den Prozess geschaffene Leistungsbereitschaft entstehen. Alle nicht dem einzelnen Artikel zurechenbaren Kosten werden dem Restkostenblock zugewiesen. *Behrends* unterteilt diesen Restkostenblock in drei Kategorien:

- die Kosten aller betrieblichen Funktionsbereiche, die nicht unmittelbar mit der dispositiven und/oder physischen Steuerung der Warenströme befasst sind, das können sein z.B. Kosten des Rechnungswesens, der Geschäftsleitung, der Personalabteilung etc.
- Kosten die durch bestimmte Warenfunktionen verursacht werden, aber nicht zurechenbar sind, da sie im DPR-Modell nicht berücksichtigt werden, z. B. Kosten der Werbung.
- Leerkosten aller warenbezogener tätigen Funktionsstellen, z.B. Kosten von ungenutzten Kapazitäten.

Durch diese Vorgehensweise werden also nur die Nutzkosten in den Direkten Produkt-Kosten (DPK) berücksichtigt, da nur die Kosten der effektiv genutzten Kapazitäten oder Leistungspotentiale einbezogen werden. Alle anderen Kosten sind Leerkosten. Der Restkostenblock zeigt die monetären Auswirkungen ungenutzter Kapazitäten an, analog den Leerkosten in der flexiblen Plankostenrechnung auf Vollkostenbasis. Ein Beispiel dafür wäre ein Lager auf der Zentralstufe, was auf zukünftige Kapazitäten ausgerichtet ist und zurzeit nur zu 75% ausgelastet ist. Es werden also 25% Lagerfläche nicht beansprucht und als Kosten nicht genutzter Betriebsbereitschaft den Leerkosten (Restkosten) zugerechnet.

Ein Kernpunkt für die Aussagekraft der DPR ist die Größe des Restkostenblocks im Verhältnis zu den Direkten Produkt Kosten (DPK). Es erscheint logisch dass ein Restkostenanteil von über 50% die Aussagekraft des errechneten DPR-Wertes in Frage stellt. Deshalb hat man versucht, diesen Restkostenblock weiter zu differenzieren, um einen größeren Anteil den DPK zuzuweisen. Eine vollkommene Verrechnung der Handlungskosten auf die einzelnen Artikel nach dem Verursachungsprinzip ist aber nicht möglich. *Behrends* schlägt die übliche Notlösung vor vor, die Restkosten nach dem Tragfähigkeitsprinzip aufzuteilen, d.h. entweder in Relation zu den anfallenden Direkten Produkt-Kosten oder in Relation zu den erzielten Verkaufspreisen. Denn jedes Unternehmen muss bestrebt sein, alle anfallenden Kosten auf längere Sicht zu decken (Prinzip der Vollkostenrechnung). Hierbei muss jeder Anwender selbst entscheiden und analysieren, wie er diese Restkostenproblematik löst. Das kostenrechnerische Prinzip der Verursachungsgerechtigkeit kann im DPR-Modell nicht realisiert werden und ist auch kein Bestandteil dieser Berechnungsmethode.

13.7. Möglichkeiten und Grenzen des DPR-Modells

13.7.1. Anwendungen im Konsumgüterhandel

In der Praxis sind die potentiellen Anwendungsfelder der Direkten Produkt-Rentabilität (DPR) im Handel unterschiedlich stark ausgeprägt. In Deutschland wird das DPR-Konzept für nachfolgende Aufgaben eingesetzt (*Hallier, Souren / Schlüter*):

- Analyse der innerbetrieblichen Kostenstruktur
- Sortimentssteuerung und Preisgestaltung
- Regalplatzoptimierung
- Entscheidungen über logistische Bezugsvarianten

So ist es z.B. möglich mit Hilfe der durch die DPR-Methodik ermittelten Basisdaten und Kennzahlen Betriebsvergleiche zwischen den einzelnen Handelsunternehmen darzustellen. Durch die Benutzung einheitlicher Richtlinien bei der Erfassung der Handelsbasisdaten besteht die Möglichkeit die Kosten- und Produktivitätsfaktoren einzelner Filialen sowie der ganzen Branche zu vergleichen und somit Rückschlüsse auf das eigene Unternehmen und seine Kostenstruktur zu erzielen. Eine weitere Steuerungsmöglichkeit ist die Kontrolle des Outputs, d.h. des Direkten Produkt-Profits (DPP) mit Hilfe von DPR-Kennzahlen wie z. B.:

- DPP in € pro Woche/Monat/Jahr
- DPP in € pro Verbrauchereinheit
- DPP in € pro Palette (pro Woche/Monat/Jahr)
- DPP in € pro Regalmeter (pro Woche/Monat/Jahr)
- DPP in % des Netto-Verkaufspreises

Weiterhin wurden Instrumente zur Entscheidungsunterstützung im Bereich der Sortimentssteuerung mit Hilfe der DPR-Methodik erweitert. So basiert die DPR-Merchandising-Matrix
auf der Grundlage von so genannten Renner- und Pennerlisten. Auf der vertikalen Achse wird
anstatt der traditionellen Handelsspanne der DPR-Wert angegeben und auf der horizontalen
Achse der Umsatz oder die Umschlagshäufigkeit. Der Durchschnitt der betrachteten Warengruppe ist der Mittelpunkt des Portfolios. Je nach Position des einzelnen Produktes werden
verschiedene Handlungsempfehlungen abgegeben, die auf die konkreten Situationen des
Handelsbetriebes abzustimmen sind. Somit lässt sich die interne Wettbewerbsposition eines
Artikels oder einer Warengruppe aus der Sicht des Handels ermitteln.

- Gewinner/Renner: Produkte mit Umsatz und DPP über den Warendurchschnitt. Forcieren: Werbung erhöhen aggressiver platzieren, intensivere Regalpflege, Zweitplat-
  zierungen.
- Schläfer/Penner: Produkte mit DPP über, aber Umsatz unter Warendurchschnitt. Akti-
  vieren: Aktionen, Sonderplatzierungen, Verkaufshilfen, Preissenkungen.
- Verlierer: Produkte mit DPP und Umsatz unter dem Warendurchschnitt. Zurückstufen:
  engere Platzierung, Preiserhöhung, Werbung senken, Auslisten.
- Unterforderte: Produkte mit DPP unter, aber Umsatz über dem Warendurchschnitt.
  Kosten senken: Preiserhöhung prüfen, Aktionsartikel, Werbung senken, engere Platzierung.

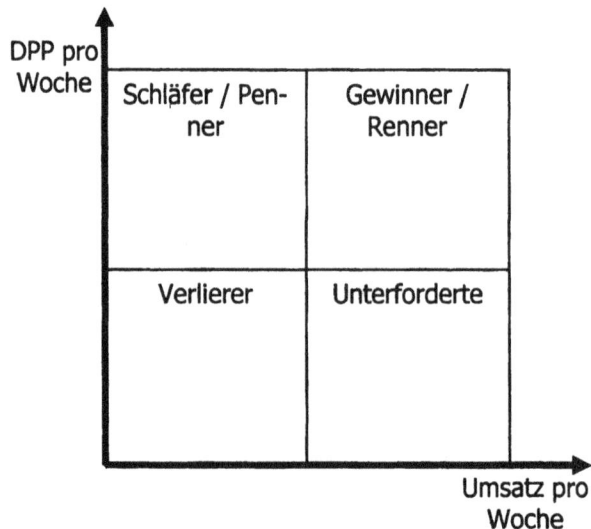

Abb. 1: DPR-Merchandising-Matrix *(Jediss)*

Procter & Gamble hat eine erweiterte DPR-Merchandising-Matrix mit Hilfe von Partnern aus
dem Handel entwickelt. Dabei wurde eine dritte Dimension, die belegte Regalfrontfläche,
abgebildet und somit eine Verbindung zur Regaloptimierung hergestellt. Der Durchmesser der
Kreise zeigt die belegte Regalfrontfläche. Der Schnittpunkt der Referenzlinien entspricht dabei dem Warengruppendurchschnitt.

Neben der DPR-Merchandising-Matrix können die gewonnenen DPR-Werte auch zu einer
spezifischen ABC-Analyse verwendet werden. *Schneider* stellte an einem Beispiel fest, dass
bei einem Vergleich einer ABC-Analyse auf Basis des Deckungsbeitrages und einer ABC-
Analyse auf Basis der DPR unterschiedliche Ergebnisse ermittelt werden. Dabei erzielen nach

Einbezug der DPK 26,8% der Produkte 90,2% des Direkten Produkt-Profits. Weiterhin liefern ca. 66% der Produkte keinen bzw. einen negativen DPP-Betrag. Daraus lässt sich schließen, dass trotz eines positiven Deckungsbeitrages die Handlungskosten nicht abgedeckt werden. Somit ergeben sich unterschiedliche Handlungsempfehlungen für die Sortimentsgestaltung durch die ABC-Analyse auf Basis der DPR. Wie diese Handlungsempfehlungen aussehen muss aber durch andere Methoden der Sortimentsanalyse geprüft werden, da sowohl die DPR-Merchandising-Matrix als auch die ABC-Analyse auf Basis der DPR nur schlechte oder gute Artikel darstellen. Sie sind somit nur ein Hilfsinstrument, da die Ursachen nicht analysiert werden.

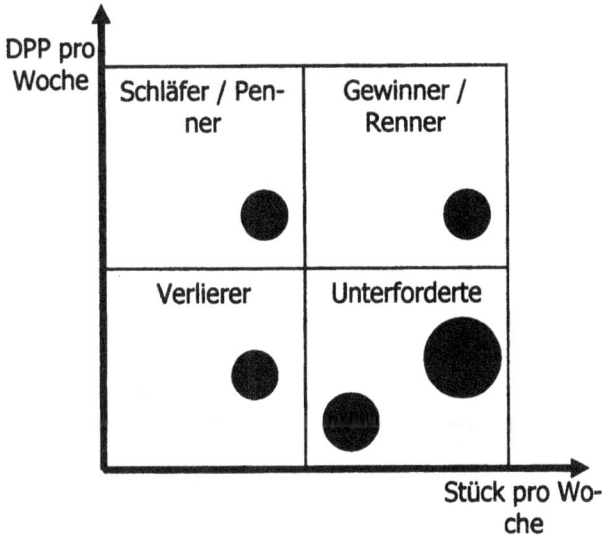

Abb. 2: Die ergänzte DPR-Merchandising-Matrix *(Jediss)*

Mit Hilfe der DPR-Quickanalyse soll dieses Defizit beseitigt werden. Hierbei handelt es sich um ein Kennzahlensystem, das die DPR als Spitzenkennzahl verwendet und diese weiter untergliedert. Die oberen Ebenen lehnen sich stark an das DPR-Berechnungsschema an, auf den unteren Ebenen werden vor allem die Direkten Produkt-Kosten weiter aufgegliedert. Somit können Artikel-, Warengruppen- und Filialgruppenschwächen transparent gemacht werden *(Schneider)*.

Durch den Einsatz von Regaloptimierungsprogrammen ergeben sich weitere Ansatzpunkte zur differenzierteren Warengruppenanalyse. Durch dieses zusätzliche Optimierungskriterium kann eine Steigerung der Flächenproduktivität und des Direkten Produkt-Profits erreicht werden. Weiterhin ergeben sich durch die Möglichkeit der Simulation des Warenhandlingprozesses eine Reihe von Anwendungsfelder der DPR. So wurden Studien durchgeführt, die bestätigten, dass mit Hilfe der DPR zahlreiche dispositive Entscheidungen erleichtert werden können, wie zum Beispiel die Auswahl der logistischen Bezugsvariante (Streckenlieferung / Zentrallagerbelieferung), des Lieferrhythmus, des Ladendesigns, der Preisgestaltung, der Platzierung etc. *(Günther, Ihde / Femerling / Kemmler, Hallier)*.

13.7.2. Anwendungen in der Konsumgüterindustrie

In der Praxis der Konsumgüterindustrie könnte die DPR Methodik vor allem für nachfolgende Aufgaben herangezogen werden:

- Optimierung der Verbraucherpackung pro Versandeinheit
- Produkt- und Verpackungsgestaltung
- Auswahl der Palettentypen (Warenträger)
- Optimierung der Logistik
- Verkaufsgespräche
- ökologische Aspekte

Eine entscheidende Einflussgröße auf die Direkten Produkt-Kosten (DPK) ist das insbesondere das Volumen der Verbraucherpackung. Des Weiteren wurden durch die DPR-Methodik neue Innovationen zur Gestaltung der Art der Verpackung hervorgerufen. Denn auch die Verteilung des Volumens auf Höhe, Breite und Tiefe hat einen Einfluss auf die DPK. So wurde zum Beispiel bei Valensina Fruchtsaft die sechs runden Glasflaschen mit normalen Umkarton durch ein volumenähnlichen Tragepack mit zwölf so genannten Hypa-Packs ersetzt und dadurch eine Senkung der direkten Logistikkosten von fast 50% erreicht (*Günther*).

Auch die optimale Anzahl der Verbraucherpackungen (VP) pro Versandeinheit (VSE) hat einen bestimmten Einfluss auf die Direkten Produkt-Kosten, da bei zunehmender Anzahl der Verbraucherpackungen pro Versandeinheit auf der Großverteilerstufe die Handlungskosten abnehmen (z.B. beim Kommissionieren). Gleichzeitig sinken auf der Einzelhandelsstufe zwar die Handlungskosten auch bei zunehmender Anzahl der Verbraucherpackungen pro Versandeinheit (z.B. Öffnen und Auspreisen), aber es wird auch mehr Kapital gebunden (Warenzinsen) sowie eine größere Regalfläche beansprucht. Diese Faktoren bewirken ein Steigen der DPK auf der Einzelhandelsstufe und somit ist eine Analyse des Optimums mit Hilfe des DPR-Modells hilfreich.

Neben den bisher genannten Anwendungsfeldern gibt es weitere Möglichkeiten mit Hilfe der DPR-Methodik neue Kostensenkungspotentiale auf der Seite der Industrie aufzudecken. Logistikgerechte Versandeinheiten wurden konzipiert um die Direkten Produkt-Kosten auf der Herstellerseite zu senken. Beispielsweise änderte Jacobs Suchard (Bremen) ihre Verpackung von Jacobs Kaffee 500 Gramm, indem sie die Abmaße auf die regalfähigeren Displaykartons mit den Modulmaßen 20x40 cm umstellte. Damit wurde man dem Anspruch des Handels „Frontseite = Schmalseite" gerecht und erreicht eine bessere Ausnutzung des Regalbodens. Dies führt wiederum zu geringern Raumkosten und damit zu Senkung der DPK (*Jediss*).

DPR-Analysen unterstützen die Auswahl von kostengünstigen Warenträgern (Paletten) für die unterschiedlichen Vertriebslinien (Supermärkte, Verbrauchermärkte, Discounter). Weiterhin werden sie zur Optimierung der Logistik (durch Auswahl der Belieferungsart, des Belieferungsrhythmus, der Entscheidung Einweg- oder Mehrwegflasche) sowie zu ökologischen Aspekten (z.B. Verpackungsreduktion) herangezogen.

Neben den zahlreichen Anwendungsfeldern von Handel und Industrie ist darauf hinzuweisen, dass der Konsument an der Kasse für das Produkt den Preis bezahlt, der alle Kosten und Gewinnprognosen im Gesamtsystem beinhaltet. Somit kann ein isoliertes Optimieren zwar zu Kostensenkungen auf der jeweiligen Seite führen, aber die Kosten des Gesamtsystems können steigen. Mit Hilfe der DPR-Methodik ist es möglich, gemeinsam zur Optimierung des Gesamtdistributionssystems beizutragen und dadurch Möglichkeiten zur Kostensenkung aufzeigen.

13.8. Beurteilung des DPR-Modells

Das hier vorgestellte DPR-Konzept erhebt den Anspruch, die Kosten der physischen Distribution eines einzelnen Artikels zu erfassen. Vor allem die Kritiker weisen darauf hin, dass diese Grundidee zwar sinnvoll ist, aber sich oft mit kostentheoretischen Überlegungen nicht vereinbaren lässt. Als Hauptschwachpunkte des DPR-Modells werden die Verteilung von Gemeinkosten und die Einbeziehung von artikelspezifischen Fixkosten angesehen.

Durch die prozesskostenähnliche Verrechnung der Gemeinkosten erhält man zwar eine ressourcenbeanspruchungsgerechtere Aufteilung als bei der traditionellen Zuschlagskalkulation, da der Bezugswert nicht nur der einzelne Artikelpreis ist. Eine absolute Verteilung nach dem Verursachungsprinzip ist nicht möglich, da jede Aufteilung von Gemeinkosten einer Schlüsselung anhand von Cost Driver zugrunde liegt und als problematisch angesehen werden muss. Eine Lösungsalternative wäre eine mehrstufige DPR-Rechnung, um das Gemeinkostenproblem etwas abzuschwächen. Dadurch könnte man Kosten, die für den einzelnen Artikel Gemeinkosten sind, über die Artikelgruppe als Einzelkosten verrechnen (z.B. Beschaffungskosten einer bestimmten Artikelgruppe).

Ein weiteres kostentheoretisches Problem ist die Einbeziehung von Fixkosten in die DPR-Rechnung (z.B. Personal-, Raum-, Gerätekosten). Für kurzfristige Entscheidungen ist die DPR-Methodik ungeeignet, da eventuelle Handlungsempfehlungen, wie Auslistung eines Artikels, zwar zur Senkung der tatsächlich variablen Kosten führt, die einbezogenen Fixkosten aber kurzfristig nicht abbaubar sind und weiterhin anfallen. Hier stellt sich die Frage, ob die DPR-Rechnung entscheidungsrelevante Ergebnisse erzielt. Weiterhin unterliegen die Fixkosten der Fixkostendegression und werden somit mit zunehmender Abverkaufsmenge kleiner (z.B. Bestellkosten verteilen sich auf eine größere Stückzahl). Dadurch sinken die Direkten Produkt-Kosten und der Direkte Produkt-Profit ist vor allem im elastischen Bereich beeinflussbar (Abb. 3).

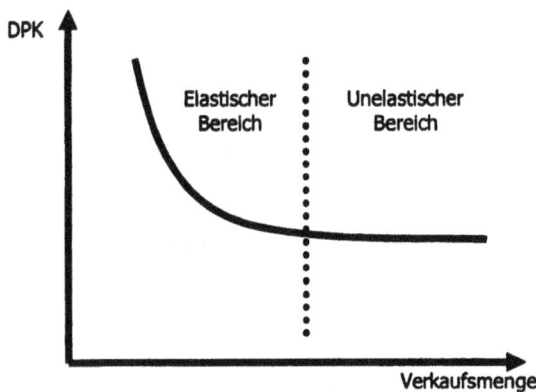

Abb. 3: Einfluss der Abverkaufsmenge auf die DPK, Quelle: *Herstatt*, S. 13

Teilweise kann es bei der Sortimentsgestaltung zu schwerwiegenden Fehlentscheidungen führen, wenn man einen Artikel nur mit Hilfe der DPR-Methodik bewertet. Jegliche Verbundef-

fekte zwischen den Sortimenten sind durch die artikelbezogene Ergebnisrechnung nicht ausreichend berücksichtigt. Beispielsweise könnte ein Artikel A zusammen mit einem Artikel B
gemeinsam bei einem Lieferanten günstiger bezogen werden (Einkaufsrabatte). Schlägt die
DPR-Rechnung eine Elimination des Artikels B vor steigen aber dadurch eventuell auch die
DPK des Artikels A, da eventuelle Einkaufsrabatte bezogen auf die Gesamtabnahmemenge
im Sortiment nicht mehr realisierbar sind. Entsprechendes gilt für Absatz- bzw. Angebotsverbundenheiten.

Weiterhin ist festzustellen, dass die durch die DPR-Rechnung gewonnenen Informationen,
vor allem für die Produkt- und Verpackungsgestaltung, auch mit weniger Aufwand zu lösen
wären. Gleichzeitig ist die Beschaffung und Pflege des umfangreichen Datenpools mit hohen
Kosten verbunden. Somit stellt sich die Frage der Informationseffizenz, d.h. ob die gewonnen
Erkenntnisse im Verhältnis zum Aufwand ökonomisch sinnvoll sind. Henkel entwickelte zum
Beispiel das DPR-Quick-Check-Programm mit nur noch 5 Eingabekriterien statt 50, um dem
Problem der hohen Informationskosten entgegenzuwirken (*Herstatt*). Ein weiterer Aspekt ist
die vollkommene Aufdeckung der Kosten des Handels bei der Zusammenarbeit mit der In-
dustrie. Somit beruht die Bereitstellung der DPR und vor allem der DPK auf Vertrauen, da
Informationen über Einkaufskonditionen aber auch der Handlungskosten, der Industrie einen
gewissen Vorteil erbringen. Teilweise wird die DPR-Methodik als „Trojanisches Pferd" der
Industrie bezeichnet, um Kenntnisse über die Kostenstruktur des Handels zu erlangen (*Schröder*). Weitere Kritikpunkte sind:

- Durch das DHI-Modell werden ausschließlich Durchschnittsgrößen angeboten, eventuelle standort- bzw. unternehmensspezifische Gegebenheiten bleiben unberücksichtigt.
- Das Modell berücksichtigt nur die Handlungskosten auf den jeweiligen Tätigkeitsbereichen, andere bleiben unberücksichtigt. Der zurzeit vorhandene Datenpool ist begrenzt.
- Die DPR-Kennzahlen lassen die Absatzseite unberücksichtigt und konzentrieren sich
  nur auf die Kostenseite.
- Zur Preisfindung ist die DPR-Methode ungeeignet, da der Verkaufspreis selbst Bestandteil der DPR-Berechnung ist. Somit sind DPR-Kennzahlen in diesem Zusammenhang entscheidungsirrelevant.

Das aus der Praxis entwickelte DPR-Konzept kann trotz seiner Schwachpunkte als unterstüt-
zendes Instrument zur Optimierung distributionslogistischer Entscheidungen angesehen werden. Zahlreiche Kritikpunkte aus der Vergangenheit sind heute schon gegenstandslos gewor-
den, da die technologische Entwicklung, aber auch die Kostenrechnung im Handel fortge-
schritten ist. So sind zum Beispiel Komplexität und das immense Datenvolumen des DPR-
Modells zunehmend mit neuer Computertechnik beherrschbar. Natürlich wird diese Tendenz
die methodischen Schwachpunkte des DPR-Modells nicht komplett beseitigen können.
Grundsätzlich ist die DPR der traditionellen Handelsspanne überlegen und sollte vor allem als
ergänzendes Instrument im modernen Handelsmanagement eingesetzt werden. Auch hier
stellt sich für die Zukunft die Frage, ob es sinnvoll ist eine artikelspezifische Ergebnisrechnung aufzustellen, die hauptsächlich der Industrie Vorteile verspricht, da im Handel die Warengruppe oder das gesamte Sortiment traditionell Gegenstand der Disposition ist. Neben dem
DPR-Konzept wurden weitere Modelle entwickelt (z.B. die Methode des „Realen Artikel Er-
trages" (R.A.E.)), die diesen Kritikpunkt abzuschwächen versuchen (*Kirchner*).

Die im vorgestellten DHI-DPR-Modell verwendeten standardisierten Werte sind nur Durchschnittsgrößen, die auf Seiten der Industrie vertretbar sind, da sie nicht nur einen spezifischen

Kunden beliefern. Das Handelsunternehmen sollte diese Daten durch eigene erhobene Werte ersetzen, um ihren standortspezifischen Gegebenheiten gerecht werden zu können. So entwickelten sich viele unternehmensspezifische Modelle, die auf dem Grundmodell des DHI/EHI aufbauen. Besonders für standardisierte Artikel mit hoher Umschlagshäufigkeit und relativer stabiler Nachfrage scheint das DPR-Modell als Hilfsinstrument geeignet zu sein (*Günther*).

Der Anwender des DPR-Konzeptes sollte stets die Schwachpunkte des Modells berücksichtigen und somit eine blinde Anwendung ausschließen. Auf jeden Fall haben die Entwicklung und die anschließende kritische Diskussion um das DPR-Konzept zahlreiche Kostensenkungspotentiale aufgedeckt und ausgeschöpft (*Schröder*). Vor allem die Durchforstung der Kostenstruktur im Handel brachte neue Erkenntnisse, die für die Weiterentwicklung der Kostenrechnung in diesem Bereich von Nutzen sein dürften. Durch die ständigen technologischen Weiterentwicklungen und die Verstärkung des Wettbewerbs wird man in Zukunft noch detailliertere Kostenrechnungssysteme einsetzen können und müssen. Neue Möglichkeiten, wie z.B. Smart Tags zur Feststellung von Bewege- und Ruhezeiten eines Artikels, machen Methoden wie den DPR-Ansatz effizienter (*Barth*). Somit werden auch in Zusammenarbeit mit der Industrie und durch Einbeziehung der Konsumenten (z.B. Effizient Consumer Response (ECR)) neue Möglichkeiten und Verbesserungen zur Reduzierung der Kosten aufgedeckt und gleichzeitig die Defizite im Handelscontrolling abgebaut (*Lerchenmüller; Möhlenbruch / Meier*).

Literatur

Behrends, C.: Hält das DPR-Modell, was es verspricht?, in: Lebensmittel-Zeitung, Nr. 7, 1987, S. 73-78

Behrends, C.: "Direkte Produkt-Kosten ... und wo bleibt der Rest?", in: Lebensmittel-Zeitung, 40. Jg., Nr. 36, 1988, S. F18-F20

Behrends, C.: DPR - Neue Praxis der Direktkostenrechnung im Handel, in: Trommsdorff, V. (Hrsg.): Handelsforschung 1988 - Grundsatzfragen, Wiesbaden 1988, S. 193-211

Behrends, C.: Möglichkeiten und Grenzen - Mehr Wirtschaftlichkeit für alle Distributionsstufen, in: Lebensmittel-Zeitung, Nr. 17, 1988, S. 86

Behrends, C.: Methodische Grundlagen, Streitpunkte und Grenzen des DPR-Modells, in: Deutsches Handelsinstitut (DHI): Auf dem Weg zur Direkten Produkt-Rentabilität, DHI-Verlag, Köln 1992, S. 7-12

Behrends, C.: Direkte Produkt-Rentabilität, in: Diller, H. (Hrsg.): Vahlens großes Marketinglexikon, München 1992, S. 203-205

Bruhn, M.: Zur Akzeptanz des DPR-Modells aus Sicht der Wissenschaft, in: Deutsches Handelsinstitut (DHI): Auf dem Weg zur Direkten Produkt-Rentabilität, DHI-Verlag, Köln 1992, S. 13-16

Damman-Heublin, H.: Produktivitäts- und Kostenfaktoren im DPR-Modell, in: Institut für Selbstbedienung und Warenwirtschaft e.V. (ISB): DPR '88 Direkte Produkt-Rentabilität – Wichtiger Baustein im Gesamtkonzept des Marketings, ISB-Verlag, Köln 1988, S. 18-28

Diehl, H.-U.: Vertriebspraktiker als DPR-Manager, in: Dynamik in Handel, Heft 10, 1989, S. 26-29

Emons, F.: SINFOS eine Artikeldatenbank für DPR, in: Deutsches Handels Institut (DHI): Auf dem Weg zur Direkten Produkt-Rentabilität, DHI-Verlag, Köln 1992, S. 77-81

Günther, T.: „Direkter Produkt-Profit" - Ein besonderer Kostenrechnungsansatz an der Schnittstelle von Handel und Industrie, in: Zeitschrift für betriebswirtschaftliche Forschung, Kontaktstudium, 45. Jg., Heft 5, 1993, S. 460-482

Günther, T.: Operative und strategische Entscheidungsunterstützung im Konsumgüterbereich durch „Direkte Produkt-Rentabilität", in: Controlling, Heft 2, 1993, S. 64-72

Günther, T.: Kostentransparenz an der Schnittstelle von Industrie und Handel – Der Ansatz der Direkten Produkt-Rentabilität (DPR), in: Horváth, P. (Hrsg.): Kunden und Prozesse im Fokus - Controlling und Reengineering, Stuttgart 1994, S. 265-286

Günther, T.: Direkte Produkt-Rentabilität, in: Schulte, Chr. (Hrsg.): Lexikon des Controlling, München 1996, S. 167-171

Hallier, B.: Direkte Produkt-Rentabilität, in: Tietz, B. (Hrsg.): Handwörterbuch des Marketings, 2. Aufl., Stuttgart 1995, Sp. 492-498

Hambuch, P.: Das Missing-Link? - Das DHI-DPR-Modell und seine Anwendungsmöglichkeiten, in: Lebensmittel-Zeitung Journal, Nr. 43, 1989, S. J4-J10

Hambuch, P.: Space-Management – Integrierter Bestandteil des Category Management, in: Deutsches Handelsinstitut (DHI): Auf dem Weg zur Direkten Produkt-Rentabilität, DHI-Verlag, Köln 1992, S. 57-65

Herstatt, J. D.: WPR profitiert von DPR, in: Dynamik in Handel, Heft 5, 1990, S. 13-17

Ihde, G. / Femerling, C. / Kemmler, M.: Das Modell der Direkten Produkt-Rentabilität als Instrument zur Unterstützung von Logistikentscheidungen im Konsumgüterhandel, in: Trommsdorff, V. (Hrsg.): Handelsforschung 1990, Wiesbaden 1990, S. 173-193

Jediss, H.: Ökonomisierung des Gesamtdistributionssystem durch DPR-Analysen, in: Zentes, J. (Hrsg.): Moderne Distributionssysteme in der Konsumgüterwirtschaft, Stuttgart 1991, S. 243-274

Kempcke, T.: Das DHI-DPR-Modell für das Trockensortiment, in: Deutsches Handelsinstitut (DHI): Auf dem Weg zur Direkten Produkt-Rentabilität, DHI-Verlag, Köln 1992, S. 17-20

Kempcke, T.: Die Handelsbasisdaten und Produktdaten im DPR-Modell, in: Deutsches Handelsinstitut (DHI): Auf dem Weg zur Direkten Produkt-Rentabilität, DHI-Verlag, Köln 1992, S. 21-32

Lindner, U.: Möglichkeiten und Grenzen des DPR-Konzeptes, St. Gallen 1992

Möhlenbruch, D. / Meier, C.: Defizite im Handelscontrolling – Ergebnisse einer empirischen Untersuchung im Einzelhandel, in: Controlling, Heft 5, 1997, S. 318-325

Möhlenbruch, D. / Meier, C.: Komponenten eines integrierten Controlling-System im Einzelhandel, in: Controlling, Heft 2, 1998, S. 64-70

Mudrack, R.: Das DPR-Programm COMPRIS, in: Deutsches Handelsinstitut (DHI): Auf dem Weg zur Direkten Produkt-Rentabilität, DHI-Verlag, Köln 1992, S. 95-96

Ruhland, H.-J. / Kastenhuber, D.: DPR-Informationssystem D.I.S.s, in: Deutsches Handelsinstitut (DHI): Auf dem Weg zur Direkten Produkt-Rentabilität, DHI-Verlag, Köln 1992, S. 97-98

Schneider, A.: DPR - Direkte Produkt-Rentabilität - Instrument der Rationalisierung oder des kreativen Merchandising?, in: Thexis, 6. Jg., 1989, Nr. 1, S. 33-37

Schröder, H.: Die DPR-Methode auf dem Prüfstand, in: Absatzwirtschaft, Heft 10, 1990, S. 110-121

Schröder, H.: Neuere Entwicklungen der Kosten- und Leistungsrechnung im Handel und ihre Bedeutung für ein integriertes Warenwirtschafts-Controlling, in: Ahlert, D. / Olbrich, R. (Hrsg.): Integrierte Warenwirtschaftssysteme und Handelscontrolling, 3. Aufl., Stuttgart 1997, S. 331-366

Souren, R. / Schlüter, C.: Direkte Produkt Rentabilität – Artikelspezifisches Kalkulationsobjekt zur Unterscheidungsunterstützung im Handel, in: Das Wirtschafsstudium, 16. Jg., 1999, S. 1624-1630

Zellekens, H.-J.: Was bringt DPR dem Handel?, in: Coorganisation, Heft 3, 1988, S. 22-27

Zellekens, H.-J.: DPR aus der Sicht des Handels (II), in: Coorganisation, Heft 4, 1988, S. 29-33

14. Konzeptionen der Linienerfolgsrechnung im öffentlichen Personennahverkehr

14.1. Kosten- und Erfolgsrechnung

Der für die finanzwirtschaftliche Zielkomponente zu bildende Teilbereich der Unternehmensrechnung wird als Kosten- und Erfolgsrechnung bezeichnet. Der Terminus Erfolg bezieht sich hier allerdings ausschließlich auf den finanzwirtschaftlichen Erfolg, den das Unternehmen innerhalb einer Periode erzielt hat, bzw. der für eine Periode geplant ist. Dieser Erfolgsbegriff ist eine Form des monetären Überschusses und wird in monetären Größen durch die Gegenüberstellung der durch die Erfüllung des Betriebszwecks entstandenen Kosten und Erlöse ermittelt. Damit übernimmt die Kosten- und Erfolgsrechnung eine Bewertung des Betriebsprozesses in monetären Größen. Weiterhin dient die Kosten- und Erfolgsrechnung in der Ausgestaltung als Plan- und Istkostenrechnung ex-post- und ex-ante orientierten Zwecksetzungen. Die unterschiedlichen Wertungsrichtungen der Kosten und Erlöse auf den finanzwirtschaftlichen Erfolgsbegriff führen innerhalb des Subsystems der Kosten- und Erfolgsrechnung zu der Trennung in die Teilsysteme

- Kostenrechnung,
- Erlösrechnung sowie
- Erfolgsrechnung.

Alle Teilrechnungen sind als Periodenrechnungen zu konzipieren und in der Länge ihrer Perioden aufeinander abzustimmen. Den Erfordernissen insbesondere des operativen Managements entsprechend, werden die Rechnungen als kurzfristige Rechnungen zu gestalten sein.

14.2. Für die Erfolgszurechnung relevante Leistungsarten

Zweck einer Leistungsmengenrechnung ist es, die quantitative Gesamtheit des Leistungsangebotes nach betriebswirtschaftlich relevanten Kriterien aufzugliedern und darzustellen. Die Zusammenfassung mehrerer Leistungen mit gleicher Ausprägung auf ein Abgrenzungskriterium kann als Leistungsart bezeichnet werden. Grundsätzlich kommen die Merkmale der Verkehrsleistung, Ursprungsort, Zielort und Leistungsobjekt als Abgrenzungskriterien in Frage. Weiterhin kann ein Informationsbedarf bestehen, Leistungen auch in Bezug auf andere Untersuchungskriterien darzustellen. Diese Kriterien bedingen die Verwendung von Bezugsobjekten, die als Grundlage der Zurechnung oder Zuordnung von Leistungen aufgefasst werden können. Als Bezugsobjekt wird ein sachlich und zeitlich abzugrenzendes Kalkulations- oder Untersuchungsobjekt verstanden, dem Geld- oder Mengengrößen zugerechnet werden. Gelingt es, einem Bezugsobjekt eine Leistung eindeutig zuzuordnen, kann die Leistung als Einzelleistung in Bezug auf dieses Bezugsobjekt bezeichnet werden. Leistungen, die aufgrund von Verbundenheiten oder Untrennbarkeiten einem Bezugsobjekt nicht als Einzelleistungen zugeordnet werden können, sind demnach Gemeinleistungen. Voraussetzung der Rechnung ist, dass diese Gemeinleistungen nicht dem Bezugsobjekt durch Schlüsselung oder anders willkürlich zugerechnet werden. Dieser von *Riebel* im Rahmen der von ihm entwickelten Einzelkosten- und Deckungsbeitragsrechnung geprägte Grundsatz erlangt auch für eine managementorientierte Leistungsrechnung die gleiche Relevanz. Werden den Bezugsobjekten nämlich Leistungen willkürlich zugerechnet, kommt es zu einer Verfälschung der Informationen gegenüber der Realität. Außerdem würde dann eine auf die mengenbezogene Leistungsrechnung aufbauende Kostenrechnung die entsprechenden Mängel übernehmen. Die Zuordnung von Leistungen auf diejenigen Bezugsobjekte, die bei hierarchischer Ordnung der entsprechenden Bezugsobjektkategorie an unterster Stelle stehen und deren Verwendung die Identifikation der zugeordneten Leistung als Einzelleistung noch zulässt, entspricht somit der Forderung nach größtmöglicher Abbildungstreue. Leistungen, die als Gemeinleistungen angesehen werden müssen, können erst bei dem hierarchisch höher stehenden Bezugsobjekt als Einzelleistungen berücksichtigt werden, dem sie zweifelsfrei als solche zugeordnet werden können.

Die Bezugsobjekte stellen die betriebswirtschaftlich relevanten Untersuchungsobjekte dar. Ausgangspunkt zur Kategorisierung der Bezugsobjekte für die Leistungen ist die Definition der Betriebe des öffentlichen Personennahverkehrs (ÖPNV) als zielorientierte Systeme, die Leistungen erstellen und diese am Markt zum Tausch anbieten. Danach kann formalzielorientiert unterschieden werden, welche Zielsystemkomponente im Hinblick auf die Erreichung des Zielsystems der Leistungserstellung und -verwertung zugrunde liegt. Des Weiteren sind die besonderen Ausprägungen der Leistungserstellung und -verwertung selbst Ausgangspunkt der Bildung von Bezugsobjekten. Es können Kategorien von Unterscheidungskriterien genannt werden, die zur Bildung entsprechender Leistungsarten führen.

Kategorien	Bezugsobjekte	Leistungsarten
Zielsystem	Teilziel	erwerbswirtschaftlich gemeinwirtschaftlich
Leistungserstellung	Vollständigkeit des Prozesses	Betriebsleistungen Verkehrsleistungen
	Leistungsobjekte	Normalverkehr Ausbildungsverkehr Schwerbehindertenverkehr
	Motiv	konsumorientierter Verkehr produktionsorientierter Verkehr
	Ort	Teilstrecken Linien Mehrere Linien
	Zeit	Stunde, Tag, Woche, Monat Quartal, Jahr
	Transporteinheit	Bus, Straßenbahn, U-Bahn, S-Bahn, Schiff
Leistungsverwertung	Tarifsystem	Art der Fahrausweise

Abb. 1: Die Klassifikation von Leistungsarten

14.3. Die Linienkostenrechnung

14.3.1. Bestehende Konzeptionen

Die Aufgaben der Linienkostenrechnung liegen außer als Grundlage für die Linienerfolgsrechnung in der Informationsfunktion zur Fundierung von Entscheidungen. Darüber hinaus erfüllt sie eine Beurteilungsfunktion, weil im Rahmen der Linienkostenrechnung die Kontrol-

vorgenommen, da sie die Orte der Kostenentstehung sind. Die Definition von Linien nicht nur als Kostenträger sondern auch als Kostenstellen gestattet damit eine Kostenkontrolle bezogen auf die Linien.

Die in der deutschsprachigen betriebswirtschaftlichen Literatur beschriebenen Systeme von Linienkostenrechnungen gehen im Wesentlichen auf die Werke von *Mroß*, *Hoffstadt*, *Höhn* und *Gut* zurück. Kategorisiert man die Konzeptionen in die Systeme der Kosten- und Erfolgsrechnung, gelangt man zu folgender Übersicht:

Sachumfang der verrechneten Kosten	Zeitbezug der Kosten		
	Istkosten-rechnung	Normalkosten-rechnung	Plankosten-rechnung
Vollkosten-rechnung	**Mroß (1951)** **Hoffstadt (1971)**		
Teilkosten-rechnung	**Höhn (1972)** **Gut (1981)** ──────────────────────→		

Abb. 2: Einteilung von Linienkostenrechnungen
in die Systematik der Kostenrechnung

Die erste von *Mroß* konzipierte und von *Hoffstadt* weiterentwickelte Linienkostenrechnung ist als Vollkostenrechnung, die alle Kosten unter Verwendung von aus der Linienleistungsrechnung entnommenen Schlüsselgrößen den Linien proportional zuordnet. Die Anwendung des Durchschnittsprinzips verhindert eine verursachungsgerechte Zurechnung der Kosten auf die Linien, ignoriert vorhandene Verbundenheiten der Leistungserstellung und kann somit die Zwecksetzungen der Linienkostenrechnung nicht erfüllen. Außerdem ist es aufgrund der Konzeption als reine Istkostenrechnung nicht möglich, die Wirtschaftlichkeit zu ermitteln.

Ausgehend von der Kritik an den vollkostenorientierten Konzeptionen entwickelte *Höhn* eine Linienkostenrechnung auf der Basis der Rechnung mit relativen Einzelkosten nach *Riebel*, in der die konsequente Ablehnung der Schlüsselung nicht direkt zurechenbarer Kosten und die damit einhergehende Beachtung der Leistungsverbundenheiten in der Linienkostenrechnung zur Ausgestaltung als Teilkostenrechnung führt. Die Konzeption der Rechnung bedingt den Verzicht des Ausweises aller Kosten auf den Linien und führt zu einer Bezugsobjekthierarchie, in der auch die Zusammenfassung zweier oder mehrerer Linien als Bezugsobjekt dient, soweit diesem Bezugsobjekt Kosten als relative Einzelkosten direkt zugerechnet werden können. Es werden einer einzelnen Linie nur die Kosten zugerechnet, die bei der Einstellung der Linie wegfallen würden und damit auf die Entscheidung zum Betrieb dieser Linie zurückgeführt werden können. Die Rechnung nach *Höhn* beseitigt die Mängel vollkostenorientierter Systeme. Allerdings ist die Anwendbarkeit aufgrund der Komplexität, die durch die Anzahl der Verbundenheiten, die Vielzahl möglicher Bezugsobjekte und auftretende Messprobleme bestimmt wird, fraglich. Durch die konsequente Übernahme des theoretischen Ansatzes von *Riebel* ist insbesondere in der Verwendung des ausgabenorientierten (pagatorischen) Kostenbegriffs ein Nachteil zu sehen. Des Weiteren ist es problematisch, eine nach *Riebel* aufbauende Kostenrechnung als Plankostenrechnung zu gestalten.

Die Konzeption von *Gut* basiert als Teilkostenrechnung unter Verwendung des wertmäßigen Kostenbegriffes im Wesentlichen auf der Entwicklung der Grenzplankostenrechnung. Sie dient als zweckorientierte Kostenträgerrechnung verschiedenen Aufgaben, die zu einem modulhaften Ausbau der Linienkostenrechnung führen. Diese Aufgaben bedingen, dass die gesamte Konzeption keine reine Teilkostenrechnung ist, sondern auch Elemente einer Vollkostenrechnung besitzt, was unter Beachtung der Nichtausschließlichkeit der Systeme und der Forderung nach unterschiedlichen Rechnungen für unterschiedliche Zwecke zulässig ist. Die benötigten Informationen werden aus der Leistungsrechnung sowie dem externen Rechnungswesen und der Kostenarten- und Kostenstellenrechnung transformiert. Im Folgenden wird der Aufbau der Konzeption von *Gut* kurz dargestellt:

- Linienkostenrechnung I: Erfassung und Kontrolle der laufenden Kosten. Diese Rechnung ist eine kurzfristige, operative Konzeption und basiert auf der Grenzplankostenrechnung.
- Linienkostenrechnung II: Zweck ist die Planung und Kontrolle von Entscheidungen über Änderungen der Leistungserstellung bei gleich bleibender Leistungserstellungsstruktur. Sie basiert auf der Grenzplankostenrechnung (Daten der Linienkostenrechnung I) unter Berücksichtigung sprungfixer Kosten.
- Linienkostenrechnung III: Zweck ist die Planung und Kontrolle von Linien- und Traktionsänderungen, damit hat sie taktischen Charakter. Sie baut auf der Linienkostenrechnung II auf, weist jedoch auch entscheidungsrelevante, d.h. veränderliche Gemeinkosten (z.B. Verwaltungskosten) aus. Sie stellt eine fallweise, entscheidungsbezogene Sonderrechnung dar.
- Linienkostenrechnung IV: Zweck ist die Dokumentation für externe Zwecke. Sie ist eine statische Rechnung in der die Verbundenheiten nicht berücksichtigt werden. Sie ist durch die Schlüsselung von Gemeinkosten auf einzelne Linien vollkostenorientiert.

Von allen bisherigen Konzeptionen kann die von *Gut* vorgeschlagene Rechnung ex-ante orientierte Zwecksetzungen am weitesten erfüllen. Charakteristisches Merkmal bei der Konzeption von *Gut* ist, dass ebenso wie bei der Rechnung von *Höhn* die Kosten nur den Linien bzw. den Aggregationen von Linien (Mehrlinienkosten) als Bezugsobjekte zugerechnet werden, wo sie ohne Schlüsselung gerade noch als Einzelkosten angesehen werden können. Auf ex-post orientierte Zwecksetzungen wie die Kontrolle der Wirtschaftlichkeit wird aber nicht explizit eingegangen.

14.3.2. Parameter einer Linienkostenrechnung

Eine den Systemen der Teilkostenrechnung inhärente Unterteilung ist die Unterscheidung in variable und fixe Kosten. Dabei bildet die Veränderlichkeit der Kostenhöhe bei Variation einer Kosteneinflussgröße das Kriterium zur Unterscheidung. Insbesondere bei kurzfristigen Betrachtungen wird die Beschäftigung als Unterscheidungsmerkmal benutzt. Der Begriff der Beschäftigung ist dabei nicht immer als die erbrachte Leistung zu verstehen, sondern kann je nach Abrechnungsbereich und Produktionsprogramm unterschiedlich und verschieden messbar sein. So lassen sich die Kosten eines Bezugsobjektes gliedern in Leistungs- und Bereitschaftskosten. Unter Leistungskosten werden die Kosten verstanden, die sich mit Art, Menge und Wert der erstellten Leistungen oder Leistungsbündel sowie den Bedingungen des Leistungserstellungs- und -verwertungsprozesses proportional oder nicht proportional ändern (*Riebel*). Somit gilt für die Leistungskosten im ÖPNV-Betrieb, dass sie die Kosten sind, die variabel auf die Mengenkomponente der Leistungserstellungsprozesse reagieren.

Bereitschaftskosten sind demnach auslastungsunabhängige Kosten. Sie lassen sich unterteilen in betriebsabhängige und betriebsunabhängige (anlagebedingte) Bereitschaftskosten, wobei die betriebsabhängigen Kosten weiter in von der Art des Betriebes und in von der Tatsache des Betriebes abhängige Bereitschaftskosten unterteilt werden können (*Peters*).

Die Definitionen der Leistungs- und Bereitschaftskosten sind aber für eine zweckgerechte Kostenrechnung unvorteilhaft. Aufgrund der definitorischen Merkmale der Leistungskosten ist ihr Anteil an den Gesamtkosten im ÖPNV-Betrieb sehr gering und damit der Anteil der Bereitschaftskosten sehr hoch. Außerdem liegt der Definition der Leistungskosten als variable Kosten die missverständliche Deutung zugrunde, sie wären beschäftigungsabhängig. Die Beschäftigung einer Linienkostenstelle als Anzahl der Leistungsobjekte zu definieren, ist aber falsch. Die Beschäftigung ist ein Maß für die Ausbringung einer Kostenstelle. Die Ausbringung kann dabei z.B. nur eine Teilleistung der eigentlichen Leistung sein. Sie ist ein Maß für die geplante und in Anspruch genommene Leistungsfähigkeit einer Kostenstelle, aber kein Maß zur Messung von Verkehrsleistungen. Werden Leistungsobjekte als Beschäftigungsmaßstab herangezogen, wird die Beschäftigung der Kostenstelle mit der Erstellung und Verwertung von Verkehrsleistungen verwechselt, da diese auch auf den Linien als Leistungs- bzw. Erlösstellen geschehen.

Gerade bei der besonderen Art der Leistungserstellung in Betrieben des ÖPNV im Linienverkehr wird ersichtlich, dass nicht die Verkehrsleistungen sondern der Prozess der Leistungserstellung selbst die Kriterien zur Bestimmung der Beschäftigung liefert. Da das kleinste vom ÖPNV-Betrieb beeinflussbare Entscheidungsobjekt nicht die einzelne Beförderung, sondern die Durchführung einer Fahrt ist, handelt es sich um die Erstellung von Leistungsbündeln. Somit sind die Fahrten ein Beschäftigungsmaßstab. Der Unterteilung in Leistungs- und Bereitschaftskosten wird die Differenzierung in beschäftigungsabhängige (variable) und beschäftigungsunabhängige (fixe) Kosten vorgezogen. Die variablen Kosten bestehen dann aus den auslastungsabhängigen Leistungskosten und wesentlichen Teilen der von der Art des Betriebes abhängigen Bereitschaftskosten, da diese Kosten auf Variationen der Anzahl der erstellten, abgrenzbaren Leistungsbündel, also Fahrten (Prozesse), reagieren. Die verbleibenden Kosten stellen Fixkosten dar, da sie nicht auf die kurzfristige Variation der Beschäftigung (Fahrten) reagieren.

Kostenart	Erläuterung	Beispiele
variable Kosten	beschäftigungsabhängige Kosten (Kosten der konkreten Art des Leistungsangebotes)	Energiekosten, evtl. Fahrausweiskosten, Haftpflichtversicherung, Wegeentgelte, evtl. Wartungskosten.
Fixkosten (betriebsabhängig)	Kosten, die von der Tatsache abhängen, dass ein Leistungsangebot angeboten wird, unabhängig von der konkreten Art	Infrastrukturkosten (Wege und Stationen), Reinigungs-, Instandhaltungskosten, Kosten des fahrenden und stationären Personals, evtl. Wartungs-, Ablaufkontrollkosten
Fixkosten (betriebsunabhängig)	Kosten indirekter Bereiche, die unabhängig von der Tatsache, dass Leistungen angeboten werden, anfallen	Verwaltungskosten

Abb. 3: Kostenkategorien im ÖPNV-Betrieb

Variable Kosten sind in der hier verwendeten Definition immer einzelnen Linien, evtl. auch
einzelnen Teilstrecken zurechenbar. Sie wären bei entsprechend genauen Erfassungsmethoden
sogar einer einzelnen Fahrt auf Teilstrecken oder einer Linie zurechenbar. Die Zurechenbarkeit der Fixkosten auf einzelne Linien ist nicht immer gegeben. Sicher ist, dass pro Periode
die betriebsunabhängigen Fixkosten nur dem Unternehmen als Ganzem zugerechnet werden
können. Andere Fixkostenarten müssen darauf hin untersucht werden, inwieweit sie sich je
nach der Art der Verbundenheiten zwischen den Linien auf Teilstrecken, Linien, Linien-
aggregationen (Mehrlinieneinzelkosten) bzw. Betriebszweigen als Einzelkosten einwandfrei
zurechnen lassen.

Eine periodenbezogene Bezugsobjekthierarchie mit möglichen Zurechnungen von variablen
und fixen Kosten kann folgende Gestalt haben:

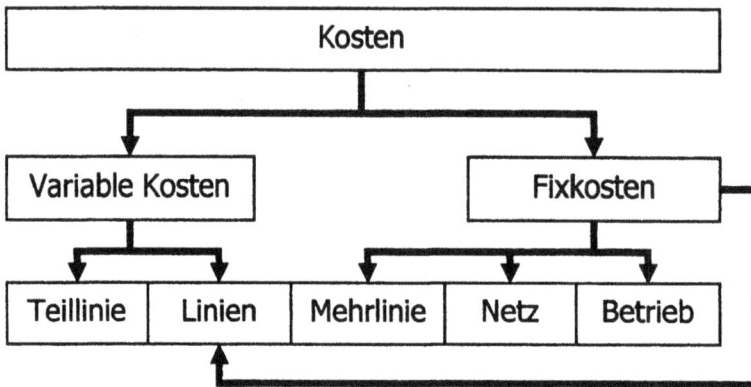

Abb. 4: Die Zurechnung von variablen und fixen Kosten auf Bezugsobjekte

14.3.3. Die Erlösrechnung im Linienverkehr

Die Erlösrechnung im ÖPNV ist aufgrund der möglichen Verbundenheiten und den Erfas-
sungsschwierigkeiten von Erlösen der problembehafteste Teil der Linienerfolgsrechnung.
Insbesondere Nachfrageverbundenheiten sind schlecht zu erfassen, da die Ursachen dieser
Verbundenheiten in den Determinanten der Nachfrage oder bei den Dispositionen der Nachfrager zu suchen sind. Lässt man die zeitraumbezogenen, meist langfristig wirksamen Nachfrageverbundenheiten in einer operativen Erlösrechnung außer Betracht, verbleiben noch die
Angebotsverbundenheiten aufgrund der Verbundenheiten der Leistungen unter mehreren Li-
nien und die Verbundenheiten aufgrund des Tarifsystems und der Abfertigungsverfahren.
Grundsätzlich ist bei der Erlöszurechnung analog zur Kostenzurechnung vorzugehen.

Einem Bezugsobjekt dürfen nur die Erlöse zugerechnet werden, die dort logisch einwandfrei
als Einzelerlös angesehen werden können. Bei Verwendung des wertmäßigen Erlösbegriffes
können für Betriebe des ÖPNV einnahmengleiche und kalkulatorische Erlöse angesetzt werden. Einnahmengleiche Erlöse werden aus der Einnahmenrechnung (Verkaufsstatistik) unter
Beachtung der Tarifarten übernommen. Kalkulatorische Erlöse resultieren aus Erlösschmälerungen, die durch Fahrpreisvergünstigungen an bestimmte Nachfragergruppen im Rahmen der
Erstellung gemeinwirtschaftlicher Leistungen anfallen oder aus Erlösschmälerungen, die
durch Preisauflagen veranlasst wurden. Soweit es Subventionseinnahmen für diese gemein-
wirtschaftlichen Leistungen gibt, sind diese nicht von den kalkulatorischen Erlösen abzuzie-

hen, da sonst nur durch die Zahlung von Subventionen der Wert der erstellten Leistungen sinkt. Dies ist aber mit dem wertmäßigen Erlösbegriff nicht vereinbar.

Unter Verwendung der Bezugsobjekthierarchie der Linienkostenrechnung muss geprüft werden, inwieweit Erlöse den Bezugsobjekten einwandfrei zugerechnet werden können. Dabei sind Erfassungsmethoden wie Verkehrszählungen und andere empirische Verfahren als Grundlage der Zurechnung nur soweit zulässig, als dass eine Identifizierung von Erlösen als Einzelerlöse erfolgt, die sonst nur als unechte Gemeinerlöse zu betrachten wären. Eine Verwendung der Ergebnisse empirischer Verfahren zur Schlüsselung und Zuordnung echter Gemeinkosten auf Bezugsobjekte ist nicht vertretbar.

Die Ableitung der Erlöse aus der Verkaufsstatistik unter Beachtung des Tarifsystems, etwa die Unterscheidung in Einzel-, Mehrfahrten- und Zeitfahrausweise wird als Ausgangspunkt der Zurechnung auf Linien verwendet. Auch diese Ansätze sind aber nur über eine restriktive Prämissensetzung in der Lage, eine Erlösrechnung aufzubauen. Damit ist ihre Anwendbarkeit auf relativ einfache Liniensysteme beschränkt. Die Orte des Verkaufs von Fahrausweisen etwa als Indikator der Zurechnung von Erlösen auf Linien zu wählen, scheitert an der fehlenden Beziehung zwischen Verkauf und den tatsächlichen Orten der Leistungserstellung. Mit der Möglichkeit des Kaufes von Bündeln an Leistungsversprechen zeitlich vor der Leistungserstellung existiert keine Verbindung zwischen Verkaufsort und Linien als Erlösträger. Auch die Annahme, den Wohnort von Nachfragern zur Zurechnung von Erlösen aus Zeitfahrausweisen auf die entsprechenden Linien heranzuziehen, ist aufgrund der Freizügigkeiten in der Wahl der Leistungen durch den Nachfrager nicht haltbar.

Die Schwierigkeiten der Erlöszurechnung im ÖPNV führen zu einer sehr begrenzten Aussagefähigkeit der Erlösrechnung. Das lässt die Frage zu, ob eine zweckneutrale Erlösrechnung, die Erlösarten nur auf die Bezugsobjekte erfasst, zu denen sie sich eindeutig als Einzelerlöse zurechnen lassen, nicht zweckmäßiger ist. Das bedeutet einerseits eine Erhöhung der wirklichkeitstreuen Abbildung der Erlösstrukturen, andererseits aber auch den Verzicht auf die Verwendung strukturgleicher Bezugsobjekthierarchien in der Kosten- und Erlösrechnung.

So wird z.B. der Vorschlag unterbreitet, aufgrund der Unmöglichkeit der Zurechnung von allen Erlösarten auf die Linien eine netzbezogene Erlösverteilung vorzunehmen, in der die Erlöse nach der geographischen Lage der Leistungserstellung (Relation Anfangs- und Endort), Verkehrsarten und Modal Split je Relation und Verkehrsart verteilt werden (*Schmied*). Solche Rechnungen können zur Abschätzung alternativer Leistungsangebote, wie unterschiedliche Linienführungen oder Bedienungshäufigkeiten eingesetzt werden. Da aber sowohl die mengenmäßigen Leistungen als auch die Erlösen über eine Durchschnittsbetrachtung ermittelt werden, sind damit keine wirklichkeitsgetreuen Beziehungszusammenhänge zwischen den Bezugsobjekten und den Erlösen darstellbar.

14.3.4. Die Erfolgsrechnung

Die Linienerfolgsrechnung im internen Rechnungswesen ist durch die Zusammenführung von Kosten und Erlösen eine kurzfristige, operativ ausgerichtete Ergebnisrechnung. Die Aufgaben der Linienerfolgsrechnung liegen in der Ermittlung des Erfolges, in der Darstellung der Herkunft des Erfolges und in der Bereitstellung von Informationen für zukünftige Entscheidungen. Darüber hinaus kann die Erfolgsrechnung genutzt werden, um Informationen für Verhandlungen über Verlustdeckungen mit öffentlichen Trägerschaften zu gewinnen. Die Größe, mit der eine Aussage über die Erfolgsentwicklung einzelner Bereiche getroffen werden soll, wird als Deckungsbeitrag bezeichnet. Als Deckungsbeitrag wird allgemein die Differenz zwischen den zurechenbaren Erlösen und den zurechenbaren Kosten eines Bezugsobjekts verstanden. Allgemein ergibt sich der Periodendeckungsbeitrag für Bezugsobjekte unterhalb des Bezugsobjektes Gesamtnetz wie folgt (*Peters*):

	Einzelerlöse aus Fahrgeldeinnahmen für das Bezugsobjekt
+	entgangene Einzelerlöse (kalkulatorische Erlöse)
-	Einzelkosten des Bezugsobjektes
=	Deckungsbeitrag des Bezugsobjektes

Der Deckungsbeitrag einer Linie ergibt sich somit aus der Zusammenführung von direkt zurechenbaren Erlösen, den variablen Kosten und den fixen, betriebsabhängigen Linieneinzelkosten.

	Linieneinzelerlöse aus Fahrgeldeinnahmen
+	entgangene Linienerlöse (kalkulatorische Erlöse)
-	variable Linienkosten
-	fixe betriebsabhängige Linieneinzelkosten
=	Liniendeckungsbeitrag

Zwischen den variablen Linienkosten und den fixen Linieneinzelkosten ist durchaus der Ausweis einer vorgelagerten Differenz möglich. Diese stellt aber keinen vollständigen Deckungsbeitrag in Bezug auf die Linie dar, da zwischen dieser Größe und dem Liniendeckungsbeitrag kein Wechsel des Bezugsobjektes erfolgt. Die Aggregation der Deckungsbeiträge gemäß der Bezugsobjekthierarchie führt zur Periodenergebnisrechnung für das gesamte Liniennetz. Dem Gesamtnetz kann auch der Block der betriebsabhängigen Fixkosten sowie die Erlöse zugerechnet werden, die in Bezug auf hierarchisch tiefere Bezugsobjekte Gemeinerlöse darstellen. Um einen Informationsverlust in der Gesamterfolgsrechnung durch die Vermischung von Kosten und Erlösen infolge abwechselnder Verrechnung zu vermeiden, ist es zweckmäßig, neben den bereits berechneten Deckungsbeiträgen der einzelnen Bezugsobjekte zusätzlich die entsprechenden Einzelkosten und -erlöse zu übernehmen. Der Gesamtliniendeckungsbeitrag und Gesamtbetriebsergebnis einer Periode ergeben sich vereinfacht als:

	Summe der Deckungsbeiträge von Linien und Mehrlinien
+	Gesamtlinieneinzelerlöse
+	entgangene Gesamtlinieneinzelerlöse (kalkulatorische Erlöse)
-	als Gesamtlinieneinzelkosten zugerechnete betriebsabhängige Fixkosten
=	Gesamtliniendeckungsbeitrag
+	betriebsunabhängige Fixkosten
=	Gesamtbetriebsergebnis

Die größte Schwierigkeit in der Zusammenführung von Kosten und Erlösen besteht darin, dass es bei wirklichkeitsgetreuer Abbildung der Kosten und Erlöse kein homomorphes Bezugsobjektgeflecht dieser beiden Erfolgskomponenten gibt bzw. geben muss. Die Konstruktion der Deckungsbeiträge setzt aber die Identität des jeweiligen Bezugsobjektes voraus. Dies folgt in der Konsequenz, Deckungsbeiträge erst auf einer Ebene bilden zu können, auf der diese Bedingung erfüllt ist. Das heißt, dass spezielle Bezugsobjekte, denen entweder keine Kosten oder keine Erlöse zuzurechnen sind, aus der Erfolgsrechnung herausfallen. Damit wird in der praktischen Anwendung die meist schlechter definierte Bezugsobjekthierarchie der Erlösrechnung zur Gestaltungsdomäne der Erfolgsrechnung. Dieses Herausfallen wichtiger Bezugsobjekte aus der Erfolgsrechnung kann für praktische Entscheidungsprobleme nicht befriedigend sein, weil damit keine vollständigen Informationen über Kosten und Erlöse bezüglich dieser Bezugsobjekte vorliegen.

Insbesondere unter Kalkulationsaspekten sind die Informationen nicht ohne weiteres verwendbar. Die Gefahr falscher Preispolitik aufgrund ungenügender Zurechenbarkeit von Kosten und Erlösen gemäß dem relativen Einzelkosten und -erlösen hat auch *Riebel* erkannt. Deckungsbudgets sollen eingesetzt werden, um die nicht zurechenbaren Kosten im Rahmen der Kalkulation zu berücksichtigen. Ausgehend von der Ermittlung der Linieneinzelkosten und einer untenehmensindividuellen Bestimmung von Deckungsbudgets für anfallende Mehrlinien- und Gesamtbetriebskosten können Kalkulationen erstellt werden, die die inhaltlichen Mängel vollkostenorientierter Kalkulationen und die anwendungsbedingten Gefahren teilkostenorientierter Kalkulationen vermeiden. So könnte die Kalkulation einer Linie unter Verwendung relativer Einzelkosten und Deckungsbudgets beispielsweise folgende Struktur besitzen.

	variable Linienkosten
+	fixe Linieneinzelkosten (betriebsabhängig)
=	Linieneinzelkosten
+	Deckungsbudget der Mehrlinienfixkosten (betriebsabhängig)
+	Deckungsbudget der betriebsunabhängigen Fixkosten
=	kostenorientierte Preisuntergrenze der Linie
+	budgetiertes Soll-Ergebnis
=	Angebotspreis der Linie

In der Bestimmung der Deckungsbudgets findet die Berücksichtigung der Verbundenheit der Leistungserstellung der Verkehrsleistungen im Rahmen der Kalkulation statt. Der Begriff Deckungsbudget ist allerdings nicht als mittelbare Schlüsselung von Gemeinkosten gemeint.

Literatur

Budäus, D.: Prozeßkostenrechnung in öffentlichen Unternehmen, in: Standortbestimmung öffentlicher Unternehmen in der sozialen Marktwirtschaft, hrsg. v. Peter Eichhorn u. Werner Wilhelm Engelhardt, Baden-Baden, 1994, S. 247-258

Gornas, J.: Kostenrechnung für die öffentliche Verwaltung, in: Handbuch Kostenrechnung, hrsg. v. W. Männel, Wiesbaden, 1992, S. 1143-1159

Gut, P.: Die Linienerfolgsrechnung im ÖPNV, in: Der Nahverkehr 5/85, 3. Jg., 1985, S. 62-67

Gut, P.: Linienerfolgsrechnung für öffentliche Personennahverkehrsunternehmungen unter Berücksichtigung der gesamtwirtschaftlichen Wirkungsanalyse, St. Gallen , 1981

Hoffstadt, J.: Die Linienleistungs- und -erfolgsrechnung der öffentlichen Verkehrsbetriebe und ihre Auswirkungen unter Berücksichtigung der elektronischen Datenverarbeitung, in: UITP, 39. Internationaler Kongreß, 6. Internat. Ausschuß für Automation, Brüssel. Jg., 1971

Höhn, G.-J.: Zum Problem der betriebswirtschaftlich richtigen Linienerfolgsrechnung, Schriftenreihe für Verkehr und Technik, Bielefeld, 1972

Kilger, W.: Flexible Plankostenrechnung und Deckungsbeitragsrechnung, 9. Aufl., Wiesbaden, 1988

Männel, W.: Zur Gestaltung der Erlösrechnung, in: Entwicklungslinien der Kosten- und Erlösrechnung, hrsg. v. Klaus Chmielewicz, Stuttgart, 1983, S. 119-150

Mroß, M.: Die Linienleistungs- und -erfolgsrechnung der öffentlichen Verkehrsbetriebe mit einem Anhang über Verkehrszählungen, Hamburg-Stellingen, 1951

Peters, S.: Aufgaben und Möglichkeiten der Kosten- und Leistungsrechnung in kommunalen Verkehrsunternehmen, in: Der Nahverkehr, 3. Jg., 1985, S. 15-22

Peters, S.: Betriebswirtschaftslehre des öffentlichen Personennahverkehrs, Berlin, 1985

Riebel, P.: Einzelkosten- und Deckungsbeitragsrechnung, 6. Aufl., Wiesbaden, 1990

Schmied, V.: Die Linienergebnisrechnung im öffentlichen Personennahverkehr, in: Kosten und Erlöse, hrsg. v. Reiner Steffen u. Rolf Wartmann, Stuttgart, 1990, S. 261-283

Söffker, C.: Entscheidungsorientierte Kosten- und Leistungsrechnung im öffentlichen Personennahverkehr unter besonderer Berücksichtigung gemeinwirtschaftlicher Leistungen und der Verbundproblematik, Göttingen, 1987

15. Verbreitung von Kostenrechnungssystemen in der Praxis

15.1. Ablauf und Gegenstand der Untersuchung

Durch die ständige Zunahme von Umweltdynamik, Entscheidungskomplexität sowie den steigenden Wettbewerbsdruck wird eine Kostenrechnung auch in sächsischen Unternehmen unerlässlich. Die hohe Relevanz, die Kostenrechnungssysteme als Erfolgsfaktor und Wettbewerbsvorteil besitzen, ist unumstritten. Die vorliegende Analyse soll den aktuellen Stand der praktischen Implementation von Kostenrechnungssystemen in sächsischen Unternehmen nach über 10 Jahren Marktwirtschaft dokumentieren. Dabei ist speziell für die sächsische Wirtschaft wichtig, das vorhandene Potenzial, aber auch neue Entwicklungslinien managementorientierter Informationssysteme aufzuzeigen.

Der Erhebungszeitraum dieser Studie erstreckte sich von Januar bis April 2001. Der versandte Fragebogen beinhaltete 23 Fragen, wobei sich davon 20 direkt auf die Implementation von Kostenrechnungssystemen bezogen und somit die Grundlage für nachfolgende Analyse darstellen. Die vorliegende, komprimierte Auswertung der Fragebögen dient hauptsächlich zur Bestandsaufnahme über den aktuellen Stand der Verbreitung von Kostenrechnungssystemen in sächsischen Unternehmen. Weiterhin werden darauf aufbauend Rückschlüsse gezogen und Handlungsempfehlungen gegeben, um Tendenzen in diesem Zusammenhang in der sächsischen Wirtschaft aufzuzeigen. Mehrfachnennungen waren grundsätzlich möglich.

Damit diese Studie auf eine relativ breite Basis gestellt werden konnte, wurden 634 Unternehmen in Sachsen angeschrieben und zur Mitarbeit aufgefordert. Um dabei eine unverfälschte Grundgesamtheit zu gewährleisten, sind diese Unternehmen nach dem Zufallsverfahren ausgewählt worden. Die Ergebnisse der vorliegenden Untersuchung basieren auf den Antworten von 78 Unternehmen. Das entspricht einer Rücklaufquote von 12,3%. Die Beteiligung ist als positiv einzustufen. Alle statistischen Erhebungen der folgenden Seiten beziehen sich auf diese 78 Unternehmen.

Nachfolgende Abbildung liefert einen Überblick über den prozentualen Anteil der Antworten nach der Größe (Anzahl Mitarbeiter [MA]). Ein vermehrtes Interesse mittelständischer Unternehmen an der Kostenrechnung lässt sich an der hohen Beteiligung von kleineren Unternehmen an der Befragung erkennen.

Anzahl der Mitarbeiter (MA)	1-50 MA	50-199 MA	> 200 MA	Gesamt	
Rücklauf	44	20	14	78	12,3%

Abb. 1: Größenverteilung der Unternehmen

Die zweite Abbildung zeigt die Gewichtung der Unternehmen nach Branchen. Insbesondere Unternehmen aus der Investitions- und Konsumgüterindustrie sowie Dienstleistungsunternehmen nehmen den Hauptanteil in der vorliegenden Untersuchung ein.

Abb. 2: Branchenzugehörigkeit der antwortenden Unternehmen

Anzahl der MA Branche	1-50 MA	51-199 MA	> 200 MA	Gesamt
Konsumgüterindustrie	18%	30%	43%	26%
Investitionsgüterindustrie	30%	55%	43%	38%
Großhandel	2%	5%	7%	4%
Einzelhandel	7%	0%	0%	4%
Dienstleistung	30%	10%	14%	22%
Banken/Versicherungen	0%	0%	0%	0%
E-Commerce	2%	0%	0%	1%
Bauunternehmen	5%	10%	14%	8%
Öffentliche Unternehmen	0%	0%	7%	1%
Sonstige	18%	5%	14%	14%

Gleichzeitig wurden die beantwortenden Personen nach ihrer Position im Unternehmen befragt, um eventuelle Rückschlüsse auf die Beurteilung ziehen zu können. Hierbei ist besonders von Bedeutung ob die antwortende Person im Lieferanten- oder im Empfängerkreis von Kostenrechnungsinformationen arbeitet.

Abb. 3: Stellung der antwortenden Person im Unternehmen

Anzahl der MA Stellung im Unt.	1-50 MA	50-199 MA	> 200 MA	Gesamt
Vorstand / Geschäftsführung	67,4%	60,0%	14,3%	55,8%
Controlling / Rechnungswesen	30,2%	40,0%	85,7%	42,9%
Sonstige	2,3%	0,0%	0,0%	1,3%

15.2. Implementation von Kostenrechnungssystemen

15.2.1. Einsatz der Kostenrechnungssysteme

Um einen ersten Überblick über den Stand der Implementation von Kostenrechnungssystemen in sächsischen Unternehmen zu gewinnen, wurden die Unternehmen nach dem Einsatz von verschiedenen Kostenrechnungsmethoden befragt. Hierbei handelte es sich um „traditionelle" Methoden wie die Vollkostenrechnung oder die Deckungsbeitragsrechnung, aber auch um „neuere" Kostenrechnungsmethoden wie die Prozesskostenrechnung oder das Target Costing.

Abb. 4: Einteilung der Kostenrechnungssysteme

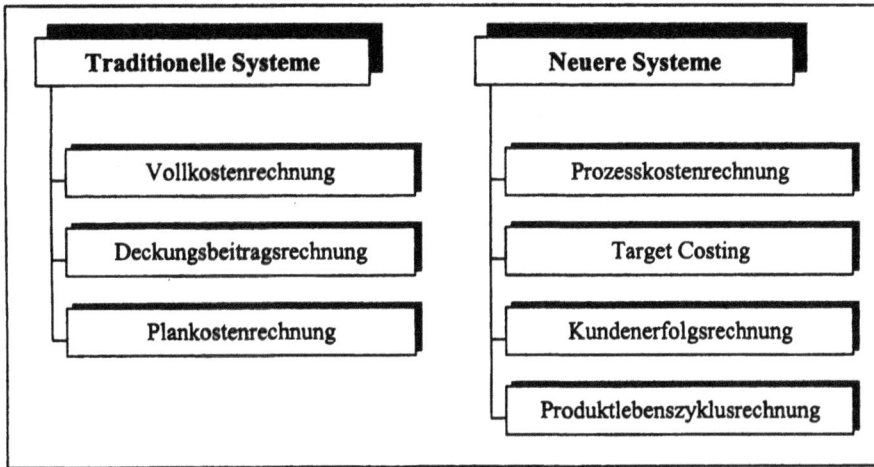

Nachfolgende Auswertung zeigt den Einsatz der jeweiligen Kostenrechnungssysteme auf

Abb. 5: Einsatz von Kostenrechnungssystemen

Anzahl der MA / Kostenrechnungssystem	1-50 MA	51-199 MA	> 200 MA	Gesamt
Vollkostenrechnung	79%	90%	93%	84%
Deckungsbeitragsrechnung	56%	75%	86%	66%
Plankostenrechnung	30%	45%	71%	42%
Prozesskostenrechnung	9%	5%	14%	9%
Target Costing	5%	20%	21%	12%
Kundenerfolgsrechnung	7%	40%	29%	19%
Produktlebenszyklusrechnung	2%	5%	7%	4%

Das Kennzeichen der Vollkostenrechnung besteht darin, dass sämtliche Kosten der Periode erfasst und den einzelnen Leistungen des Unternehmens zugerechnet werden. Sie wird traditionell als erstes in ein Unternehmen eingeführt und später ausgebaut. Interessant ist in diesem Zusammenhang, dass ca. 16% der befragten Unternehmen diese Methode überhaupt nicht einsetzen.

Um eine noch bessere Analysemöglichkeit zu haben, wurden die Unternehmen nach der Häufigkeit der Nutzung der einzelnen Kostenrechnungssysteme befragt. Dabei wurden die 3 Kategorien „monatlich", „halbjährlich" und „fallweise" gebildet. Nachfolgende Zahlen zeigen die Häufigkeit der Nutzung der Vollkostenrechnung, in diesen 3 Kategorien.

Abb. 6: Häufigkeit der Nutzung der Vollkostenrechnung

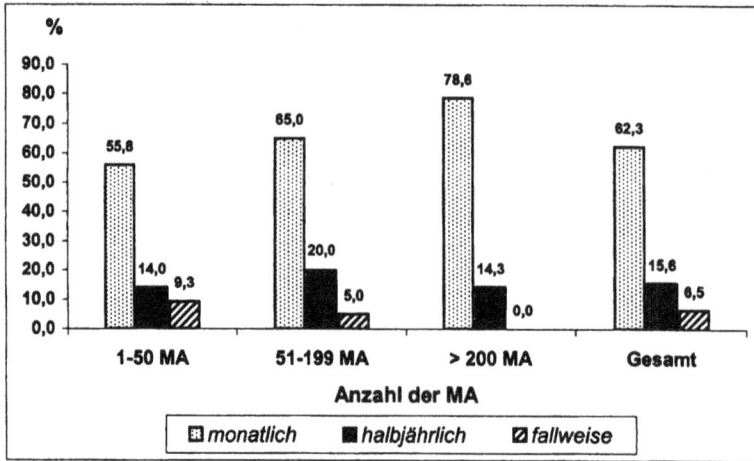

Auch diese Grafik belegt die Dominanz der Vollkostenrechnung. Im Durchschnitt benutzen ~62% der Unternehmen dieses Kostenrechnungssystem permanent monatlich und weitere ~16% halbjährlich. Gleichzeitig ist hier ein tendenzieller Anstieg in Abhängigkeit von der Größe des Unternehmens festzustellen.

Nach der Vollkostenrechnung ist die Deckungsbeitragsrechnung mit 66% das häufigste einge- setzte Kostenrechnungssystem (vgl. Abb. 5). Daraus kann man schlussfolgern, dass sich die Deckungsbeitragsrechnung als zweites bedeutsames System im Controlling der sächsischen Wirtschaft etabliert hat. Diese ist ein Instrument der Teilkostenrechnung, bei der zusätzlich zur Aufspaltung der Kosten in Einzel- und Gemeinkosten eine Trennung der Gesamtkosten in fixe und variable Kosten vorgenommen wird. Analog zur Vollkostenrechnung steigt die Verbreitung mit zunehmender Betriebsgröße an (vgl. Abb. 5).

Nachfolgende Abbildung veranschaulicht zusätzlich die Häufigkeit der Nutzungen der De- ckungsbeitragsrechnung. Dabei ist festzustellen, dass eine permanente (monatliche) Nutzung unter 50 % liegt. Erstaunlich ist, dass die Unternehmen mit 51-199 MA mit ca. 45% den größ- ten Wert erzielen.

Abb. 7: Häufigkeit der Nutzung der Deckungsbeitragsrechnung

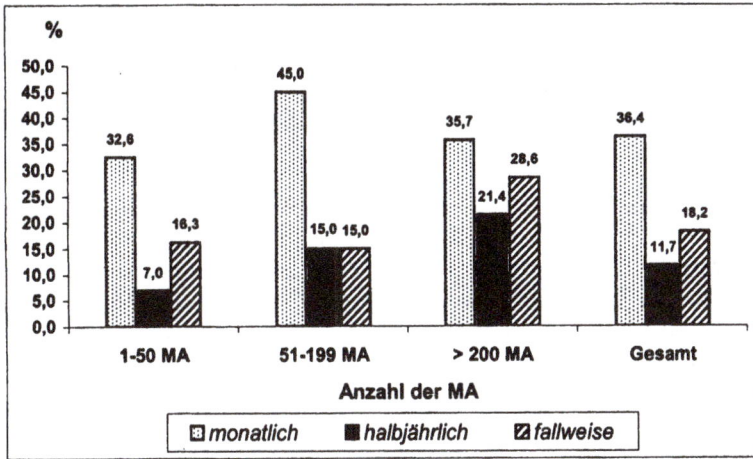

Unternehmen mit über 200 MA setzten die Deckungsbeitragsrechnung zwar insgesamt zu 86% (vgl. Abb. 5) ein, aber nur ~36% monatlich. Dafür verwenden Sie ca. 29% in fallbezogenen Studien und damit hat diese Form fast den doppelten prozentualen Anteil im Vergleich zu den kleineren und mittleren Unternehmen.

Die Plankostenrechnung ist mit 42% das am dritthäufigsten eingesetzte System. Auch hier steigt die Verbreitung mit zunehmender Betriebsgröße an (vgl. Abb. 5). Im Vergleich zur Voll- und Deckungsbeitragsrechnung wird die Plankostenrechnung hauptsächlich von größeren Betrieben angewandt. Diese setzen die Plankostenrechnung zu 43% monatlich ein. Wohingegen sie bei kleineren und mittleren Unternehmen nur zu ca. 15% monatlich verwendet wird (vgl. Abb. 8).

Abb. 8: Häufigkeit der Nutzung der Plankostenrechnung

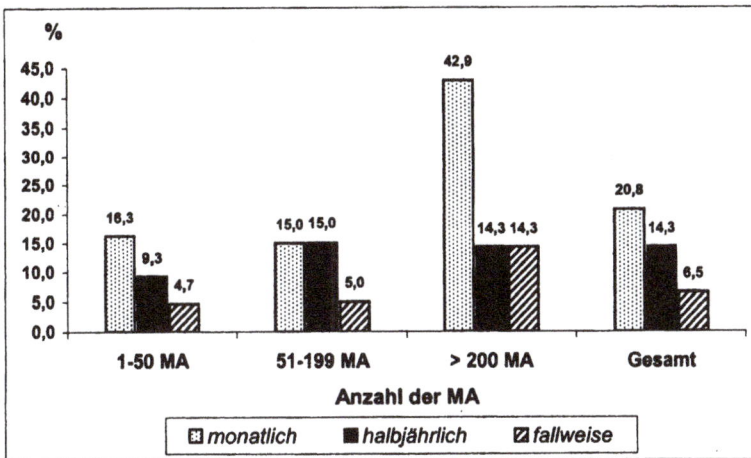

Die Planung von Kosten ist besonders für die Steuerung der Wirtschaftlichkeit und des Geschäftsergebnisses von Relevanz, die aber in kleineren und mittleren Unternehmen hauptsächlich durch persönliche Weisung erfolgen dürfte. Diese Tendenz wurde durch die vorliegende Befragung bestätigt.

Die bisher genannten drei Kostenrechnungssysteme werden in der Regel laufend oder halbjährlich eingesetzt. Bei den übrigen Kostenrechnungsmethoden überwiegt der fallweise Einsatz. Eine detaillierte Auswertung wie bei den vorangegangenen Systemen erscheint nicht sinnvoll, da gerade neuere Systeme wie das Target Costing (TC) oder die Prozesskostenrechnung auch in größeren Unternehmen noch eine untergeordnete Rolle spielen (vgl. Abb. 5).

Der Einsatz der Prozesskostenrechnung kann in diesem Zusammenhang im Vergleich zu anderen Systemen als niedrig eingestuft werden. Nur ca. 9% der befragten Unternehmen setzen diesen moderneren Ansatz überhaupt ein. Gründe liegen wahrscheinlich in dem erheblich erhöhten Aufwand der Durchführung der Prozesskostenrechnung durch die Prozessanalyse als bei den traditionellen Verfahren. Wobei der Wert von 9% durchaus mit Anhaltswerten erhobener Befragungen korrespondiert, die sich auf das ganze Bundesgebiet beziehen (*Stoi, Frank/Reitmeyer*)

Weiterhin wird die Vermutung bestätigt, dass mit zunehmender Betriebsgröße auch die Zahl der eingesetzten Kostenrechnungssysteme tendenziell ansteigt. Hauptsächlich werden neben den traditionellen Systemen häufig nur ein oder zwei zusätzliche Kostenrechnungsmethoden angewendet.

15.2.2. Qualitäts- und Nutzenbewertung der Kostenrechnung

Ein weiterer Punkt bei der vorgestellten Untersuchung war neben dem Verbreitungsgrad von Kostenrechnungssystemen die Bewertung der Qualität und des Nutzen der eingesetzten Systeme. Hier stellt sich insbesondere die Frage, inwieweit die Kostenrechnung zur Entscheidungsunterstützung herangezogen wird.

In diesem Zusammenhang wurden die Unternehmen nach der Intensität der Nutzung von Kostenrechnungsinformationen für Entscheidungen und gleichzeitig nach der Bewertung des Nutzens dieser Informationen befragt. Hierbei konnten die befragten Unternehmen ihre Bewertung bzw. ihren Nutzen auf eine Skala von 1 (niedrig) bis 5 (hoch) angeben.

Abb. 9: Intensität der Nutzung von Kostenrechnungsinformationen

Intensität der Nutzung von Kostenrechnungsinformationen für Entscheidungen				
Anzahl der MA Entscheidung über ...	1-50 MA	51-199 MA	> 200 MA	Gesamt
Preise und Konditionen	4,28	4,30	4,08	4,25
Kunden und Kundenkonditionen	3,44	2,90	3,42	3,28
Investition und Desinvestition	2,72	3,15	3,42	2,96
Lieferanten	2,92	2,55	2,33	2,72
Make-Or-Buy	2,44	2,95	3,17	2,70
Vergütung und Vergütungssysteme	2,87	2,35	2,17	2,61
Organisatorische Veränderungen	2,64	2,40	2,58	2,56
Technologie- u. Fertigungsverfahren	2,51	2,65	2,42	2,54
Produktprogramm	1,97	3,50	2,67	2,52
Rangfolge: 5 (hohe Intensität) bis 1 (niedrige Intensität)				

Abb. 10: Bewertung des Nutzens von Kostenrechnungsinformationen

Bewertung des Nutzen von Kostenrechnungsinformationen für Entscheidungen				
Anzahl der MA Entscheidung über ...	1-50 MA	51-199 MA	> 200 MA	Gesamt
Preise und Konditionen	4,13	4,61	4,25	4,27
Kunden und Kundenkonditionen	3,10	2,89	3,42	3,10
Investition und Desinvestition	2,53	3,44	3,75	2,97
Lieferanten	2,83	2,56	2,25	2,66
Organisatorische Veränderungen	2,55	2,61	2,83	2,61
Make-Or-Buy	2,33	2,89	3,25	2,63
Technologie- u. Fertigungsverfahren	2,40	2,61	2,83	2,53
Produktprogramm	2,05	2,94	3,17	2,47
Vergütung und Vergütungssysteme	2,58	2,28	2,08	2,41
Rangfolge: 5 (hoher Nutzen) bis 1 (kaum Nutzen)				

Die Abbildungen zeigen deutlich, dass die Kostenrechnung in großem Maße für Preis- und Konditionsentscheidungen herangezogen wird.

Hauptsächliches Einsatzspektrum für Kostenrechnungsinformationen sind neben der Unterstützung bei Preis- und Konditionsentscheidungen vor allem Entscheidungen über Kunden und Kundenkonditionen sowie über Investition und Desinvestition. Dies zeigt, dass die Kostenvergleichsrechnung als statisches Verfahren des internen Rechnungswesens immer noch große Bedeutung besitzt. Gleichzeitig steht die Intensität der Nutzung im engen Zusammenhang mit der Bewertung des Nutzens der Informationen für die Unternehmen.

Weiterhin weisen die gewonnenen Daten innerhalb der eingeteilten Größenklassen durchschnittlich nur relativ geringe Unterschiede auf. Auffallend dabei ist, dass kleinere Unternehmen insgesamt geringere Intensitäten aufzeigen. Dies könnte sich auf eine noch nicht vollimplementierte Kostenrechnung zurückführen lassen.

Um einen detaillierteren Überblick über die Eignung von Kostenrechnungsinformationen zu erhalten, wurden die Unternehmen nach der Qualität dieser Informationen befragt. Dabei wurden 3 Qualitätsdimensionen gebildet. In diesem Zusammenhang wurden die Unternehmen aufgefordert, die Ausstattung und Kompetenz der Kostenrechnung (Potenzialqualität), die Beurteilung des Bereitstellungsprozesses (Prozessqualität) sowie letztendlich die Qualität der Kostenrechnungsinformation (Ergebnisqualität) zu bewerten. Auch hier wurden die Unternehmen im Rahmen der vorliegenden Untersuchung um eine Einschätzung auf einer Skala von 1 (geringe Qualität) und 5 (hohe Qualität) gebeten.

Abb. 11: Einschätzung der Qualität der Kostenrechnung

Anzahl der MA Qualitätsdimension	1-50 MA	51-199 MA	> 200 MA	Gesamt
Potenzialqualität	3,43	3,44	4,23	3,58
Prozessqualität	3,15	3,61	3,85	3,39
Ergebnisqualität	3,75	4,00	4,15	3,89
Rangfolge: 5 (hohe Qualität) bis 1 (geringe Qualität)				

Die vorliegenden Resultate verdeutlichen, dass mit zunehmender Unternehmensgröße die Einstufung innerhalb der Qualitätsdimensionen zunimmt und somit die Qualität der Kostenrechnung höher eingestuft wird. Dies kann man auf die bereits schon erwähnte besser ausgebaute Kostenrechnung in größeren Unternehmen zurückführen. Gleichzeitig ist zu berücksichtigen, dass die in dieser Untersuchung antwortenden Personen in größeren Unternehmen hauptsächlich im Bereich Rechnungswesen und Controlling arbeiten (vgl. Abb. 3). Sie sind somit die Lieferanten der Informationen und bewerten dadurch ihre eigene Arbeit eventuell tendenziell höher als die Geschäftsführung, die Empfänger dieser Informationen ist.

Aber auch in kleineren Unternehmen scheint eine gewisse Qualitätsbewertung vorhanden zu sein. Zu beachten bleibt, dass die Kostenrechnung in kleinen Unternehmen stark auf die Informationsbedürfnisse der Geschäftsführer bzw. Inhaber zugeschnitten ist bzw. direkt mitgestaltet wird und somit die Einschätzung der Qualität relativiert werden muss.

15.2.3. EDV-Unterstützung

Kostenrechnung ohne EDV-Unterstützung ist undenkbar und beeinflusst die Qualität und den Nutzen dieser erheblich. Im Rahmen dieser Untersuchung wurden die Unternehmen nach der von ihr eingesetzten Software befragt. Nachfolgende Abbildung zeigt den Verbreitungsgrad der verwendeten Software.

Abb. 12: Eingesetzte Software

Anzahl der MA eingesetzte Software	1-50 MA	51-199 MA	> 200 MA	Gesamt
SAP	2%	10%	71%	17%
Baan	2%	0%	7%	3%
Oracle	0%	0%	14%	3%
Finanzbuchhaltungssoftware	74%	65%	21%	62%
Tabellenkalkulationssoftware	63%	50%	71%	61%
Andere	16%	50%	21%	26%

Wie erwartet setzten über 70% der großen Unternehmen die Standardkostenrechnungssoftware von SAP ein. Interessant in diesem Zusammenhang ist, dass mit der gleichen Prozentzahl von 71% die Tabellenkalkulationssoftware (z.B. Excel) parallel verwendet wird. Kleinere Unternehmen bevorzugen hauptsächlich Finanzbuchhaltungssoftware und Tabellenkalkulationssoftware. Gerade die Tabellenkalkulationen sind für Sonderauswertungen das ideale Werkzeug, da man diesen sehr schnell und flexibel arbeiten kann. Hier liegt wahrscheinlich auch der Hauptgrund, dass insgesamt über 60% der befragten Unternehmen diese zusätzlich oder ausschließlich nutzen.

Zusammenfassend kann man feststellen, dass die Mehrzahl der Unternehmen die keine Standardsoftware einsetzen, für die Kostenrechnung Finanzbuchhaltungssoftware verwenden. Weiterhin wird darüber hinaus Tabellenkalkulationssoftware ergänzend eingesetzt.

15.2.4. Nutzung nichtmonetärer Daten

Nichtmonetäre Daten, wie z.B. Zeit-, Produktions- und Qualitätsinformationen gewinnen immer größere Bedeutung. Insbesondere die Diskussion um Balanced Scorecards verstärkt diesen Trend. Viele Unternehmen versuchen Schwächen in ihren Prozessen mit Hilfe nichtmonetärer Daten aufzudecken und Optimierungspotenziale zu lokalisieren. Im Rahmen dieser Untersuchung wurden die Unternehmen nach der Verwendung von Zeitinformationen (z.B. Durchlaufzeiten), Produktionskennzahlen (z.B. Auslastung) sowie nach Qualitätsinformationen (z.B. Ausschuss, Liefertreue) befragt.

Entscheidungen sollten auf eine breite Informationsbasis gestellt werden und somit auch nichtmonetäre Daten als Grundlage für diese dienen. Nachfolgende drei Abbildungen zeigen aber deutlich einen Nachholbedarf bei der Implementierung auf.

Abb. 13: Verwendung von Zeitinformationen

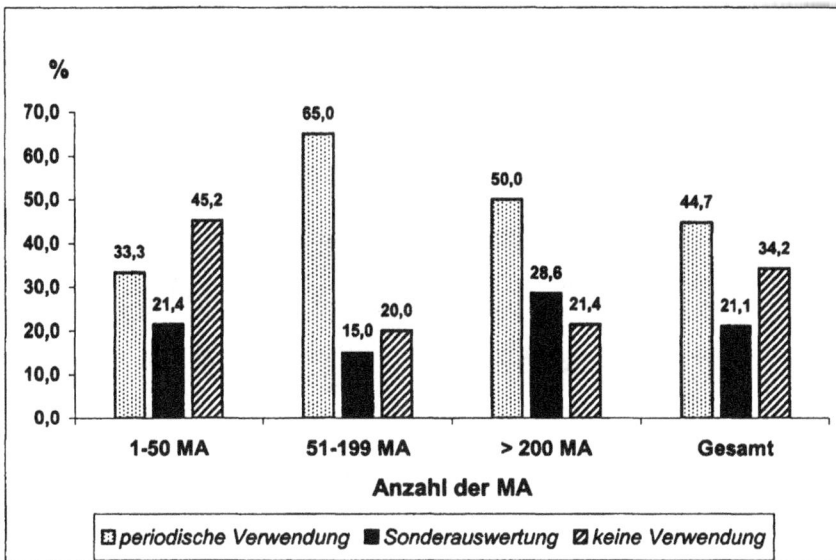

Abb. 14: Verwendung von Produktionskennzahlen

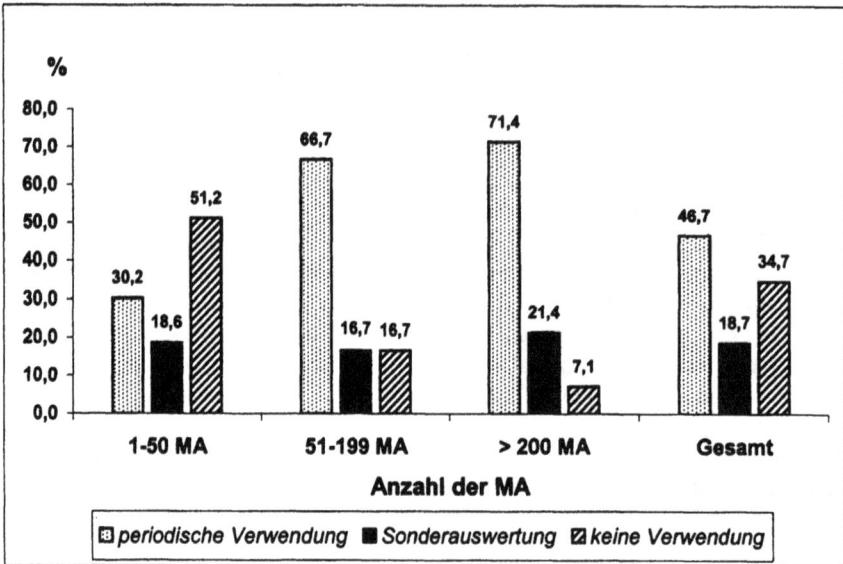

Abb. 15: Verwendung von Qualitätsinformationen

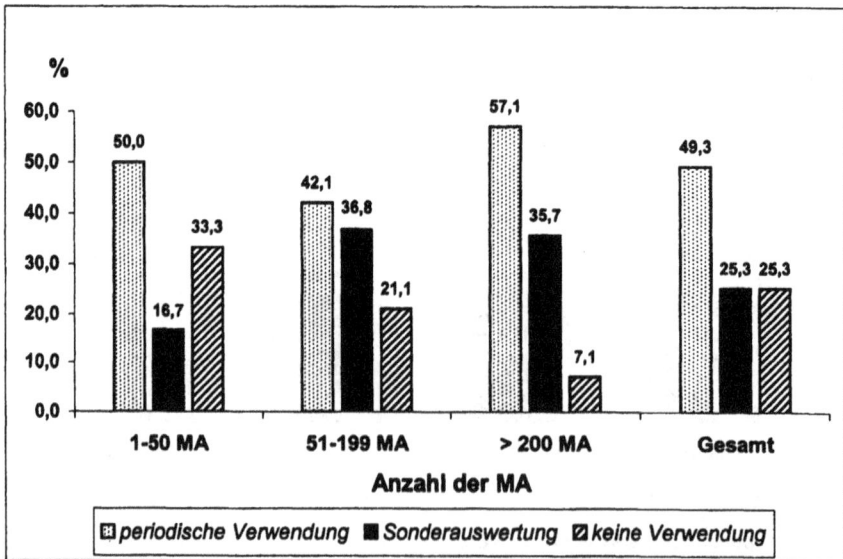

Über ein Drittel der Unternehmen nutzen Zeitinformationen überhaupt nicht und ca. 21% lediglich zu Sonderauswertung. Interessant ist dagegen, dass Unternehmen mit 51-200 MA Zeitinformationen zu fast zwei Drittel periodisch verwenden und somit einen um 15 Prozentpunkte höheren Anteil haben als größere Unternehmen (vgl. Abb. 13).

Produktionskennzahlen werden insgesamt unwesentlich mehr als Zeitinformationen genutzt. Auch hier verwendet über ein Drittel diese Informationsbasis überhaupt nicht. Größere Unternehmen zeigen deutlich, dass diese Kennzahlen eine relative Bedeutung haben, da über 71% sie permanent nutzen (vgl. Abb. 14).

Im Hinblick auf die Qualitätsinformationen ist festzustellen, dass die Hälfte der Unternehmen diese periodisch verwenden und nur ein Viertel diese überhaupt nicht verwenden. Somit ist eine etwas stärkere Nutzung gegenüber den anderen nichtmonetären Daten festzustellen (vgl. Abb. 15).

Abschließend ist festzuhalten, dass die Verwendung von nichtmonetären Daten in sächsischen Unternehmen noch Lücken aufweist und ein gewisser Nachholbedarf besteht. Die Bedeutung dieser Daten wird auch in Zukunft zunehmen.

15.3. Implementationstiefe der Kostenrechnung

Im nachfolgenden Kapitel soll die Implementationstiefe der Kostenrechnung analysiert werden. Die Kostenrechnung wird hauptsächlich in drei aufeinander folgenden Stufen vollzogen (Kostenartenrechnung, Kostenstellenrechnung, Kostenträgerrechnung). Weiterhin wird eine Erlösrechnung benötigt, um eine kurzfristige Erfolgsrechnung aufstellen zu können. Nachfolgende Abbildung gibt einen Überblick über den Ablauf der Kosten- und Erfolgsrechnung.

Abb. 16: Ablauf der Kosten- und Erfolgsrechnung

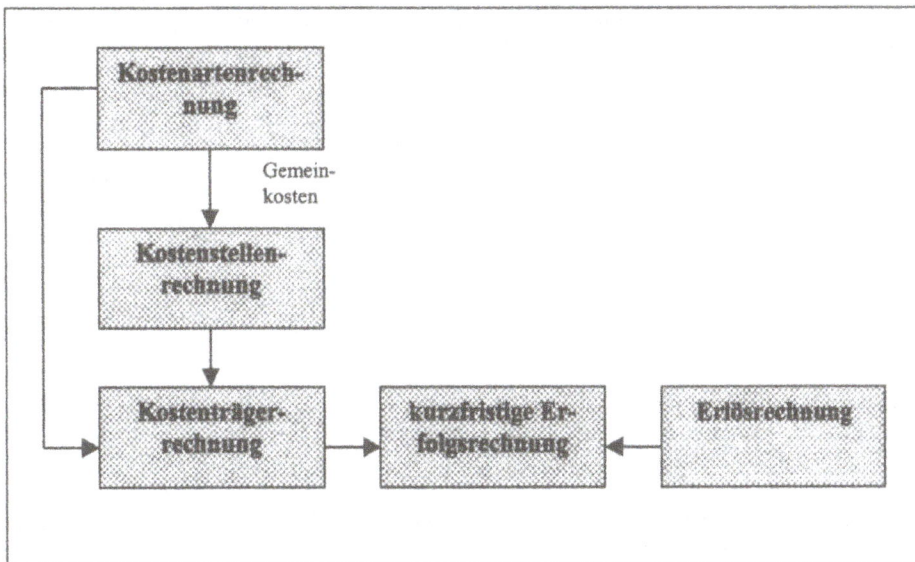

15.3.1. Kostenartenrechnung

Die Kostenartenrechnung (KAR) dient der systematischen und lückenlosen Erfassung und Einteilung der Kosten, die bei der Erstellung und Verwertung der betrieblichen Leistungen (Kostenträger) anfallen. Die KAR beantwortet somit die Frage, welche Kosten in welcher Höhe angefallen sind. Abbildung 17 zeigt die Anzahl der Kostenarten auf, die in den jeweiligen Größenklassen durchschnittlich genannt wurden. Dabei korreliert die Unternehmensgröße mit der Anzahl der eingeteilten Kostenarten.

Abb. 17: Anzahl der Kostenarten

Anzahl der MA Anzahl der Kostenarten	1-50 MA	51-199 MA	> 200 MA	Gesamt
Durchschnitt	43	176	295	132
Minimum	2	23	48	2
Maximum	150	1200	900	1200

Auffallend ist, dass auch schon bei kleineren Unternehmen im Durchschnitt 43 Kostenarten unterschieden werden. Weiterhin kann man in Abhängigkeit der Unternehmensgröße von einer stärkeren Entkopplung gegenüber finanzbuchhalterischen Daten ausgehen und dementsprechend von einer stärkeren Berücksichtigung kalkulatorischer Kosten. Dadurch wird eine genauere und detailliertere KAR erzielt.

15.3.2. Kostenstellenrechnung

Ein weiteres Teilgebiet der Kostenrechnung ist die Kostenstellenrechnung (KSR). Nachdem die gesamten Kosten des Unternehmens in der Kostenartenrechnung in verschiedene Kostenarten unterteilt und erfasst wurden, werden in der KSR die Kostenträgergemeinkosten zu den Orten ihrer Entstehung zugeordnet. Somit beantwortet die KSR die Frage, wo welche Kosten in welcher Höhe angefallen sind.

Abb. 18: Anzahl der Kostenstellen

Anzahl der MA Anzahl der Kostenstellen	1-50 MA	51-199 MA	> 200 MA	Gesamt
Durchschnitt	23	149	208	96
Minimum	2	8	26	2
Maximum	260	1500	863	1500

Wie Abbildung 18 verdeutlich variiert die Zahl der Kostenstellen auch hier mit der Größe der Unternehmen. Dabei ist auffallend, dass Unternehmen mit 51-199 MA den höchsten maximalen Wert mit 1500 Kostenstellen erzielen. Insgesamt ist eine annähernde Verteilung wie in der KAR festzustellen. Im weiteren Verlauf der Untersuchung wurden die Unternehmen nach dem Verfahren zur Durchführung der innerbetrieblichen Leistungsverrechnung (ibL) befragt. Mit Hilfe der ibL werden die (Kostenträger-)Gemeinkosten der Vorkostenstellen auf diejenigen Vor- oder Endkostenstellen verteilt, die diese Leistungen empfangen haben. Die Analyse der Abbildung 19 zeigt einige überraschende Ergebnisse auf.

Abb. 19: Verfahren der innerbetrieblichen Leistungsverrechnung (ibL)

Anzahl der MA / Verfahren der ibL	1-50 MA	51-199 MA	> 200 MA	Gesamt
durchgeführt von:	52%	75%	86%	64%
davon:				
Anbauverfahren	9%	7%	8%	8%
Stufenleiterverfahren	22%	53%	17%	30%
Gleichungsverfahren	30%	20%	17%	24%
Andere	39%	20%	58%	38%

Bereits über die Hälfte der kleineren Unternehmen wenden die ibL an. Interessant ist, dass bei dieser Untersuchung die angewandten Verfahren der ibL unabhängig von den Größenklassen stark differenzieren. Vor allem größere Unternehmen benutzen andere Verrechnungsmethoden als die drei vorgegebenen Verfahren. Weiterhin wenden 75% der Unternehmen mit 51-199 MA die ibL insgesamt an und davon 53% das Stufenleiterverfahren.

15.3.3. Kostenträgerrechnung

Die Kostenträgerstückrechnung (KTR) setzt sich mit der Frage auseinander, wofür welche Kosten in welcher Höhe angefallen sind. In den meisten Unternehmen wird die Kostenträgerrechnung mit der Kostenträgerstückrechnung (auch Kalkulation genannt) gleichgesetzt. Es wird somit nach den Kosten für die Einheit eines Erzeugnisses gefragt.

Abb. 20: Anzahl der Kostenträger

Anzahl der MA / Anzahl der Kostenträger	1-50 MA	51-199 MA	> 200 MA	Gesamt
Durchschnitt	88	177	387	170
Minimum	2	3	5	2
Maximum	500	750	2000	2000

Durchschnittlich werden in sächsischen Unternehmen 170 Kostenträger kalkuliert. Auch auf diesem Teilgebiet der Kostenrechnung variiert die Anzahl der kalkulierten Kostenträger in Abhängigkeit der Betriebsgröße. Kleinere Unternehmen kalkulieren mindestens 2 und maximal 500 Kostenträger. Hierbei ist festzustellen, dass die Unternehmen dieser Betriebsgröße hauptsächlich weniger als 100 Kostenträger kalkulieren. Unternehmen mit einer Mitarbeiteranzahl von über 200 Personen kalkulieren maximal 2000 Kostenträger und erreichen somit erwartungsgemäß den höchsten Wert.

Die Zuschlagskalkulation ist das mit Abstand am häufigsten verwendete Kalkulationsverfahren über alle Betriebsgrößen hinweg (vgl. Abb. 21). Eine mögliche Erklärung für die Dominanz dieses Kalkulationsverfahrens liegt darin, dass wahrscheinlich Einzel- und Serienproduktion die überwiegend angewandten Produktionsverfahren darstellen. Rund 60 % der befragten Unternehmen setzen dabei die differenzierte Zuschlagskalkulation ein. Somit ist das Vorhandensein einer Kostenstellenrechnung notwendig. Die ermittelten Werte korrelieren dabei mit Abbildung 18.

Abb. 21: Verfahren der Kostenträgerstückrechnung

Kalkulationsverfahren \ Anzahl der MA	1-50 MA	51-100 MA	> 200 MA	Gesamt
Divisionskalkulation	9%	5%	7%	8%
Äquivalenzziffernkalkulation	6%	11%	0%	6%
Zuschlagskalkulation / Kostenarten	50%	32%	29%	40%
Zuschlagskalkulation / Kostenstellen	50%	63%	79%	60%

Die anderen genannten Verfahren werden relativ gering angewendet. Vor allem kleinere bzw. mittlere Brauereien benutzen die Äquivalenzziffernkalkulation. Bei diesen Unternehmen stehen die Kosten der Erzeugung der verschiedenen Produkte in einem proportionalen Verhältnis, dadurch ist die Möglichkeit gegeben, bestimmte Bezugsgrößen zu ermitteln. Die Divisionskalkulation wird im Durchschnitt von nur 8% der befragten Unternehmen verwendet.

15.3.4. Kurzfristige Erfolgsrechnung

Die kurzfristige Erfolgsrechnung ist notwendig, um das laufende Betriebsgeschehen eines Unternehmens wirkungsvoll beeinflussen zu können. Mit ihrer Hilfe kann der Periodenerfolg geplant, kontrolliert und analysiert werden, gleichzeitig können die Erfolgsbeiträge der einzelnen Produkte und Produktgruppen ausgewiesen werden.

Abb. 22: Verfahren der kurzfristigen Erfolgsrechnung

Verfahren \ Anzahl der MA	1-50 MA	51-100 MA	> 200 MA	Gesamt
GKV auf Vollkostenbasis	60%	79%	71%	67%
UKV auf Vollkostenbasis	14%	11%	14%	13%
UKV auf Teilkostenbasis	33%	32%	36%	33%

Hinsichtlich der Verfahren der kurzfristigen Erfolgsrechnung (vgl. Abb. 22) bedient sich die Mehrzahl Betriebe (67%) des Gesamtkostenverfahrens (GKV). Dabei ist eine gewisse Homogenität innerhalb der einzelnen Betriebsgrößen festzustellen. Das Umsatzkostenverfahren (UKV) auf Teilkostenbasis wird bei dieser Untersuchung durch alle Unternehmensgrößen hinweg häufiger als das UKV auf Vollkostenbasis angewandt.

15.4. Entwicklungsstadien und Anpassungshäufigkeiten

Um einen besseren Einblick in den Entwicklungsstand der Kostenrechnung zu erhalten, wurde den befragten Unternehmen fünf verschiedene Stufen zur Einschätzung vorgestellt (in Anlehnung an *Frank/Reitmeyer*).

Stufe 1:   Es gibt eine *Finanzbuchhaltung*, aber keine eigenständige Kosten-rechnung. Bei Aufträgen oder der Bestandsbewertung werden einfache Kalkulationen gestellt.

Stufe 2:   Es gibt eine *erste laufende Kostenrechnung*, d.h. Unternehmensberei-che (Verwaltung, Vertrieb, Fertigung usw.) werden getrennt erfasst. Kosten werden (in fix / variabel) gespalten.

Stufe 3:   Es existiert eine *laufende Kostenarten- und -stellenrechnung*. Es gibt einige Kostenstellen, auf denen Kosten getrennt ausgewiesen werden. Die Kosten werden i. d. R. mit dem Vorjahr verglichen.

Stufe 4:   Es existiert eine *Kostenplanung*. Es gibt einen laufenden Soll-Ist-Vergleich. Die Abweichungen (z.B. Verbrauchsabweichungen) werden ausgewiesen und kontrolliert.

Stufe 5:   Es existiert eine *ausgebaute Kostenarten-, -stellen- und -trägerrechnung*. Es gibt zahlreiche Kostenstellen, die das Unterneh-men abdecken.

Abb. 23: Entwicklungsstadium der Kostenrechnung

Anzahl der MA / Entwicklungsstufe	1-30 MA	31-199 MA	> 200 MA	Gesamt
Stufe 1	27%	11%	0%	18%
Stufe 2	14%	0%	0%	8%
Stufe 3	20%	5%	0%	13%
Stufe 4	30%	37%	21%	30%
Stufe 5	9%	47%	79%	31%

Abbildung 23 zeigt die Antworten der untersuchten Unternehmen. Zwei Drittel der befragten Unternehmen schätzen ihre Kostenrechnung mindestens mit Stufe 4 oder höher ein. Bei klei-neren Betrieben ist eine gewisse Homogenität in der Stufenverteilung festzustellen. Immerhin stufen sich 39% in den letzten beiden Stadien ein. Erwartungsgemäß erreichen die größeren Unternehmen mit fast 80% den größten Wert in Stufe 5. Aber auch schon fast 50% der Unter-nehmen mit einer Mitarbeiterzahl von 51-199 stufen ihre Kostenrechnung in diesem Niveau ein. Die hier gezeigten Einschätzungen geben die in den vorherigen Abbildungen getroffenen Erkenntnisse wieder und zeigen gleichzeitig ein bereits relativ hohes Niveau der Kostenrech-nung vor allem in größeren Unternehmen auf.

Ein weiterer Untersuchungsgegenstand des Fragebogens war die Anpassungshäufigkeit der Kostenrechnung. Dabei wurde analysiert, wie zeitnah das Kostenrechnungssystem und die Verrechnungsbeziehungen an geänderte Produkte oder Prozesse angepasst werden. Die An-passungshäufigkeit hat direkten Einfluss auf die Rolle der Kostenrechnung im Entschei-dungsprozess. Es erscheint relativ logisch, dass die Führungsebene als Informationsempfänger korrekte Daten aus der Kostenrechnung erhalten will, um darauf aufbauend für das Unter-nehmen richtige signifikante Entscheidungen treffen zu können.

Die befragten Unternehmen hatten die Möglichkeit ihre Einschätzung anhand von 5 Stufen vorzunehmen (von Stufe 1 „Anpassung selten" bis Stufe 5 „Anpassung laufend").

Abb. 24: Anpassungshäufigkeit des Kostenrechnungssystems

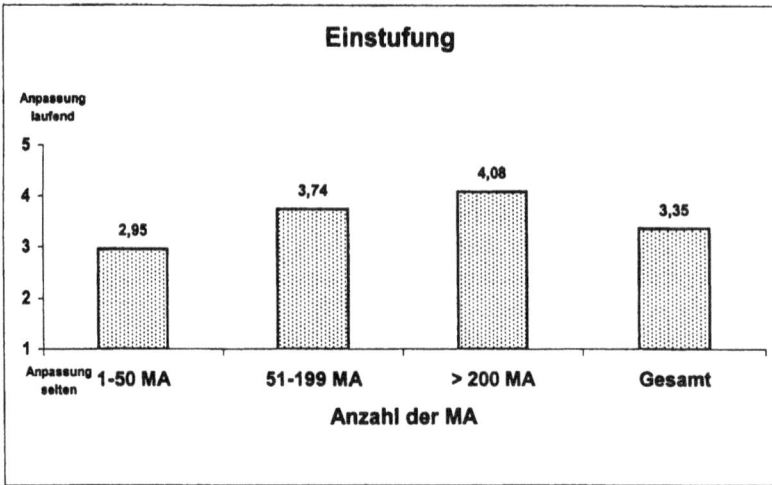

Die in Abbildung 24 dargestellten Durchschnittswerte zeigen, dass auch schon kleinere Unternehmen ihre Kostenrechnung an neuere Bedingungen anpassen. Größere Unternehmen erreichen mit 4,08 erwartungsgemäß den höchsten Wert. Insgesamt schätzen die befragten Unternehmen die Anpassungshäufigkeit ihrer Kostenrechnung im Durchschnitt in Stufe 3 ein. Zusammenfassend kann man davon ausgehen, dass die Unternehmen an korrekten und zeitnahen Informationsdaten aus der Kostenrechnung interessiert sind und deshalb ihre Kostenrechnung einer gewissen regelmäßigen Anpassung unterziehen.

15.5. Kontrolle

15.5.1. Kostenkontrolle

Kostenplanungen können nur dann sinnvoll eingesetzt werden, wenn ihre Informationen ebenso einer laufenden Kontrolle unterzogen werden. Nur eine systematische Gegenüberstellung von Ist- und Planwerten ermöglicht es dem Unternehmen rechtzeitig Gefahren zu erkennen und eventuell Gegensteuerungsmaßnahmen einleiten zu können. In diesem Zusammenhang wurden die Unternehmen nach der Form ihrer Kostenkontrolle befragt. Abbildung 25 zeigt die gegebenen Antworten auf.

Abb. 25: Form der Kostenkontrolle

Anzahl der MA / Form der Kostenkontrolle	1-50 MA	51-199 MA	> 200 MA	Gesamt
Zeitvergleich absoluter Werte	24%	26%	21%	24%
Zeitvergleich von Standard-KZ	5%	26%	21%	13%
Einfacher SIV	60%	47%	43%	53%
SIV mit Abweichungsanalyse	26%	37%	57%	35%

Ein Zeitvergleich absoluter Werte wird im Durchschnitt von 24% der Unternehmen durchgeführt. Hierbei sind nur geringe Unterschiede zwischen den Größenklassen festzustellen. Der einfache Soll-Ist-Vergleich (SIV) wird von 53% der Unternehmen angewandt und erreicht damit einen um 18 Prozentpunkte höheren Wert als der SIV mit Hilfe von Abweichungsanalysen. Insgesamt führen fast 90% der Unternehmen einen Soll-Ist-Vergleich durch, im Gegensatz dazu wird der Zeitvergleich insgesamt von nur durchschnittlich 37% der Unternehmen verwendet.

Die hier ermittelten Anwendungsquoten erscheinen im ersten Blick zufrieden stellend. Die Aussagen werden jedoch durch die Erkenntnis relativiert, dass mehr Unternehmen eine Kontrolle als eine vorausgehende Planung durchführen. (Anwendungsquote z.B. der Plankostenrechnung 42%, vgl. Abb. 4). Eine Kostenkontrolle ohne vorausgegangene systematische Soll-Planung verliert jedoch jeglichen Aussagegehalt. Dadurch werden die Anwendungsquoten von Zeitvergleichen im Verhältnis zu Soll-Ist-Vergleichen wieder relativiert.

15.5.2. Erlöskontrolle

Neben der Kostenkontrolle wurden die Unternehmen auch nach der Planung und Kontrolle ihrer Erlöse befragt.

Anzahl der MA	1-50 MA	51-199 MA	> 200 MA	Gesamt
Produktbezogen	57%	63%	64%	60%
Kundenbezogen	34%	32%	14%	29%
Bereichsbezogen	20%	21%	43%	25%
Vertriebswegebezogen	9%	16%	21%	13%
Sonstige	11%	5%	0%	7%

Abb. 26: Kalkulatorische Planung der Erlöse

Abbildung 26 zeigt, dass 60% der Unternehmen ihre Erlöse produktbezogen, 29% kundenbezogen und 25% bereichsbezogen planen. Weiterhin ist festzustellen, dass größere Unternehmen zu 43% bereichsbezogen planen und somit einen doppelt so hohen prozentualen Anteil haben wie kleinere und mittlere Unternehmen haben. Gleichzeitig erreichen die Unternehmen unter 200 Mitarbeitern mit über 30% kundenbezogener Planung ebenfalls einen doppelten prozentualen Anteil als Unternehmen mit über 200 Mitarbeitern.

Abb. 27: Form der Erlöskontrolle

Anzahl der MA / Form der Erlöskontrolle	1-50 MA	51-199 MA	> 200 MA	Gesamt
Zeitvergleich absoluter Werte	28%	30%	21%	27%
Zeitvergleich von Standard-KZ	5%	20%	7%	9%
Einfacher SIV	58%	55%	50%	56%
SIV mit Abweichungsanalyse	21%	40%	57%	32%

Die Werte der Abbildung 27 weisen Ähnlichkeiten mit den Werten von Abbildung 25 auf. Auch bei der Form der Erlöskontrolle verwenden fast 90% der Unternehmen einen Soll-Ist-Vergleich. Dabei erreicht mit 56% der einfache Soll-Ist-Vergleich den höchsten prozentualen Wert.

Bei dem SIV mit Hilfe von Abweichungsanalysen ist festzustellen, dass dieser Wert sich fast von Unternehmensgröße zu Unternehmensgröße verdoppelt. Gleichzeitig bleibt bei der Erlöskontrolle zu beachten, welche Unternehmen ihre Erlöse ordentlich planen. Nur diese Unternehmen können eine exakte Form der Erlöskontrolle durchführen. Ein Vergleich nur mit Vergangenheitswerten ist mit einer Vielzahl von Gefahren verbunden, da sich neben Umwelteinflüssen auch strukturelle Änderungen innerhalb des Unternehmens ergeben können.

15.6. Fazit

Die hier vorliegende Analyse dokumentiert den aktuellen Stand der praktischen Implementation von Kostenrechnungssystemen in sächsischen Unternehmen. Im Vordergrund stand dabei die Bestandsaufnahme über den aktuellen Stand der Verbreitung von Kostenrechnungssystemen. Es wurden Rückschlüsse gezogen und weiterer Handlungsbedarf aus den gewonnen Daten hergeleitet. In der vorgestellten Studie wurden teilweise noch Mängel in der Kostenrechnung aufgezeigt. Besonders im Bereich der Planungs- und Kontrollaufgaben der Kostenrechnung lassen sich einige Defizite erkennen. Insgesamt kann man aber von einem gesunden Entwicklungsstand der Kostenrechnung in Sachsen ausgehen, der einen gesamtdeutschen Vergleich nicht zu scheuen braucht.

Vor allem größere Unternehmen erreichen schon relativ hohe Anwendungsquoten. Dies ist natürlich auch darauf zurückzuführen, dass sich mit zunehmender Betriebsgröße die Anforderung an die Kostenrechnung erhöht. Mit steigender Anzahl von Kostenstellen und -trägern steigt auch die Notwendigkeit für Wirtschaftlichkeitskontrollen und Analysen des Betriebserfolgs. Weiterhin ist auffallend, dass bei moderneren Systemen der Kostenrechnung ein gewisses Anwendungsdefizit festzustellen ist. Gerade diese fortschrittlichen Systeme sollen den Anforderungen an eine entscheidungsorientiertere Kostenrechnung gerecht werden.

Aber auch kleinere Unternehmen zeigen ein vermehrtes Interesse an einer verbesserten Kostenrechnung. Nicht nur die hohe Rücklaufquote, sondern auch die vorliegenden Analyseergebnisse zeigen, dass der Informationsbedarf an die Kostenrechnung zunimmt. Natürlich ist die Ausgestaltung der Kostenrechnung an den begrenzten Ressourcen der Unternehmen gebunden. Viele Managemententscheidungen sind bei diesen Betriebsgrößen nicht auf Kostenrechnungsinformationen angewiesen. Dies kann man u. a. auf die höhere Markt- bzw. Kundennähe sowie die Überschaubarkeit des Leistungsprogramms zurückführen.

Zusammenfassend lässt sich feststellen, dass sächsische Unternehmen das vorhandene Potenzial ihrer implementierten Kostenrechnungssysteme noch nicht vollständig ausnutzen. In verschiedenen Teilbereichen der Kostenrechnung sollte die Intensität der Nutzung von Kostenrechnungsinformationen ausgeweitet werden. Vor allem modernere Systeme der Kostenrechnung bzw. Kalkulationsverfahren wie die Prozesskostenrechnung, das Target Costing, die Kundenerfolgsrechnung oder die Produktlebenszyklusrechnung müssten in der Praxis stärker ausgebaut werden. Darüber hinaus wäre es wünschenswert, die Wettbewerbsfähigkeit kleinerer Unternehmen zu erweitern, indem die Implementation der traditionellen Systeme, gerade der Deckungsbeitragsrechnung und der Plankostenrechnung vorangetrieben und auf das Niveau der größeren Unternehmen gestellt wird. Die Software hierzu ist heute vorhanden, wie es scheint, die Einsicht in die Notwendigkeit dieser System auch, aber der Marktpreis für das benötigte Humankapital stellt hier sicherlich noch eine Hürde dar.

Literatur

Flassek, D.: Wie sieht die optimale Kostenrechnung für den Mittelstand aus?, in: krp-Kostenrechnungspraxis, 41. Jg., 1997, Heft 4, S. 234-235

Frank, S. / Reitmeyer, T.: Gestaltung und Erfolgsfaktoren der Kostenrechnung im Mittelstand, in: Kostenrechnungspraxis, Sonderheft 2/1999, S. 15-25

Haberstock, L.: Kostenrechnung I – Einführung, 8. Aufl., Hamburg 1987

Homburg, C. / Karlshaus, J.T.: Kostenrechnung in mittelständischen und großen Unternehmen – ein Vergleich, in: Kostenrechnungspraxis, Sonderheft 2/1999, S. 73-80

Lange, J-U. / Schauer, B.D.: Ausgestaltung und Rechenzwecke mittelständiger Kostenrechnung, in: Kostenrechnungspraxis, 40. Jg., Heft 4, 1996, S. 202-208

Stoi, R.: Prozeßkostenmanagement in Deutschland, in: Controlling, Heft 2, 1999, S. 53-60

Währisch, M.: Der Ansatz kalkulatorischer Kostenarten in der industriellen Praxis, in: Zeitschrift für betriebswirtschaftliche Forschung, Jg. 52, 2000, S. 678-694

Weber, J. (Hrsg.): Kostenrechnung im Mittelstand, Stuttgart 1991

16. Outputorientierte Budgetierung in Unternehmen und der öffentlichen Verwaltung

16.1. Budgetierung

Ein Budget ist ein in wertmäßigen Größen formulierten Plan, der einer Entscheidungseinheit für eine bestimmte Periode mit einem bestimmten Verbindlichkeitsgrad vorgegeben wird *(Jung)*. Die Budgetierung als Prozess wird dagegen als besonderer Planungs-, Entscheidungs- und Kontrollprozess verstanden, der in Unternehmen als Controllinginstrument eingesetzt wird. Vergegenwärtigt man sich die zugrunde gelegte Budgetdefinition, so können folgende Elemente festgehalten werden:

- ein wertmäßiger Plan
- für eine Entscheidungseinheit
- für eine bestimmte Periode
- mit einem bestimmten Verbindlichkeitsgrad

Die Kennzeichnung als wertmäßiger Plan rechtfertigt die Budgetierung als eine besondere Form der Planung einerseits und verbietet die Gleichsetzung der Budgetierung mit der allgemeinen Planung. Da Planung generell als die systematische geistige Erfassung zukünftigen Handelns angesehen werden kann, ist sie nicht an eine Dimension gebunden. Hieraus entspringt auch die Unterteilung in die sachzielorientierte Aktionsplanung und die formalzielorientierte Budgetierung. Während die Aktionsplanung auf nichtmonetären Größen basiert, ist die Budgetierung durch die Erstellung von Budgets in Geldeinheiten gekennzeichnet.

Die Unterscheidung zwischen Budget und Finanzplanung kann anhand des differierenden Zielbezugs vorgenommen werden. Die Funktion der Finanzplanung besteht darin, auf der Basis der zukünftigen Unternehmungsaktivitäten über den gesamten Planungszeitraum die Liquidität und die Deckung des Kapitalbedarfs zu sichern. Somit ist die Finanzplanung zwar monetär, richtet sich aber an derivativen Unternehmenszielen wie der Sicherung der Liquidität und der Beschaffung von Kapital aus. Die Zielorientierung der Budgetierung muss dagegen allgemeiner gesehen werden. Da sich jede Planung auf das zugrunde liegende Zielsystem bezieht, ist das Budget als monetäre, verbindliche Festlegung der Ziele für eine zukünftige Periode zu betrachten. Wird also eine vollständige Budgetierung angestrebt, so müssten auch alle Bestandteile des Zielsystems in die Budgetierung einfließen. In primär erwerbswirtschaftlich orientierten Unternehmen wird die Budgetierung in erster Linie als Instrument zur Planung, Steuerung und Kontrolle finanzwirtschaftlicher Zielsetzungen betrachtet.

Um eine sinnvolle Budgetkontrolle zu ermöglichen, sind Budgets auf organisatorische Teilbereiche zu beziehen, um so den Geltungsbereich und die Verantwortungsträger festzulegen. Damit wird eine allgemeine Voraussetzung der Kontrolle in die Budgetierung aufgenommen, die untersuchten Größen dort zu betrachten, wo sie veranlasst werden und wo somit auch die Gelegenheit für erforderliche Korrekturmaßnahmen besteht. Mit dem Bezug von Budgets auf organisatorische Teilbereiche werden Ressourcen den Teilbereichen zugeteilt sowie die Möglichkeit gegeben, bereichsbezogene Ziele individuell zu beachten. Organisatorische Teilbereiche bzw. Entscheidungseinheiten sind dabei nicht immer vertikal strukturierte Ebenen wie Kostenstellen oder Abteilungen, auch die horizontale Strukturierung in Funktions-, Produkt- oder Projektbudgets stellen Entscheidungseinheiten dar.

Ebenfalls ist eine zeitliche Befristung der Budgets für die Planung und Kontrolle der Budgets notwendig. Historisch bedingt sind Budgets zunächst als kurzfristiges Instrument im Rahmen der Jahresplanung eingesetzt worden, in dem unterjährige und Jahresbudgets erstellt werden. Insbesondere im Rahmen einer hierarchischen Unternehmensplanung ist die Begrenzung auf kurzfristige bzw. operative Budgets unzweckmäßig, da dadurch die Koordinationsmöglichkeit der Budgetierung zwischen den hierarchischen Teilplänen ausgeschlossen wird. Insofern ist die Budgetierung auf alle Hierarchieebenen anwendbar, es erfolgt die strategische, taktische und operative Budgetierung mit der Erstellung der entsprechenden Budgetarten. Die Kombination von zeitlicher Geltungsdauer und dem organisatorischen Geltungsbereich führt zu unterschiedlichen Budgetarten, die von der Budgetierung strategischer Programme bis zur taktischen Projektbudgetierung reichen, während auf der operativen Ebene überwiegend Bereichsbudget erstellt werden.

Im Verbindlichkeitsgrad der Budgets kommt der Charakter der Budgets als vorgegebene und einzuhaltende Soll-Größe zum Ausdruck. Nach dem Verbindlichkeitscharakter lassen sich absolut starre, starre und flexible Budgets unterscheiden. Dabei bedingen die Grenzen der Planung den Verbindlichkeitsgrad. Während die operative Planung durch ihre Detailliertheit einen hohen Grad der Verbindlichkeit der Budgets erlaubt, ist es im Rahmen der strategischen Budgetierung ungleich schwerer, verbindliche Vorgabewerte zu formulieren.

Da die Budgetierung als besondere Form der Planung gekennzeichnet wurde, können somit die Funktionen der Planung auf sie übertragen werden. Geht man von der Budgetierung als Planungsprozess aus, können die Koordinations-, Motivations-, Bewilligungs- und Prognosefunktion unterschieden werden. Begreift man die Budgetierung als Führungsprozess, schließt sich die Kontrollfunktion an.

In der Koordinationsfunktion kommt die Ausrichtung aller Teilaktionspläne an dem übergeordneten Zielsystem durch die Budgetierung zum Ausdruck. Andererseits wird durch diese Ausrichtung eine Transparenz des Zielsystems auf allen Hierarchieebenen ermöglicht und die bereichsbezogene Zielplanung unterstützt. Die Koordinationsfunktion wurde schon durch die Notwendigkeit zur strategischen, taktischen und operativen Budgetierung verdeutlicht. Problematisch wird aber die Budgetierung, wenn auf die Interdependenzen zwischen den einzelnen Funktionen abgestellt wird. Insbesondere kann die koordinierende Wirkung der Budgetierung in Konflikt mit der verhaltenswissenschaftlich ausgerichteten Motivationsfunktion stehen. Die Ausrichtung der Budgethöhe an realistischen Werten zur Koordination oder anspruchsvolleren Werten zur Motivation führt somit zu einem Konflikt bei der Festlegung der einzelnen Budgets.

Mit der Bewilligungsfunktion wird der Grad der Verbindlichkeit der Budgets angesprochen und zum Ausdruck gebracht, dass es sich bei der Budgetierung auch um die Zuteilung von Ressourcen oder Verfügungsrechte an dezentrale Entscheidungsträger handelt. Zudem ist sie eine Voraussetzung der Kontrollfunktion, da durch die Bewilligung eines beantragten Budgets eine Aussage über den Übergang von Verantwortung für die bewilligten Ressourcen getroffen wird. Die Prognosefunktion gestattet der Budgetierung als zukunftsorientierte Planung eine Aussage über das zu treffen, was unter Verwendung der verabschiedeten Budgets sein wird. Die Prognosefunktion dient in erster Linie der zukunftsorientierten Bestimmung der Budgets. Damit ist die Technik des Budgetierens angesprochen. Die inkrementale Vorgehensweise, von bestehenden Budgetansätzen auszugehen und diese um Steigerungen und Kürzungen zu verändern, muss ebenso abgelehnt werden wie die Vorgehensweise, aus vergangenheitsorientierten Informationen und globalen Zuschlägen Budgets abzuleiten.

Der Prozess der Budgetierung ist in der Praxis oft verbunden mit gewissen Verhaltensweisen der Beteiligten, die zwar sehr verbreitet sich, aber nicht im Einklang mit der Zielsetzung der Budgetierung als Controlling-Instrument stehen. Bekannt ist das Dezemberfieber wonach noch vorhandene Budgetmittel am Jahresende oft ökonomisch unsinnig verbraucht werden, um nicht Gefahr zu laufen, wegen der Nichtausschöpfung im nächsten Jahr weniger zu bekommen. In der Phase der Budgetvereinbarung werden Budgets oft zusätzlich überhöht beantragt, damit man nach der (unvermeidbaren) Kürzung durch die verantwortlichen Instanzen auf jeden Fall noch genug abbekommt. Hier ist das Controlling in der Pflicht, durch Aufklärung und durch die Festlegung sinnvoller „Spielregeln" im Budgetierungsprozess solche Fehlentwicklungen abzubauen.

Als typische Aufgaben des Controllings bei der Budgetierung können folgende Beispiele genannt werden:

- Ausarbeitung von Budgetverfahrenshandbüchern und dessen Verteilung
- Kontaktpflege mit den Stellen, Investition, Finanzierung, Produktion, Marketing mit dem Ziel der vollständigen Koordinierung von Budget-, Rechnungslegungs-, und Fertigungsmethoden und der Durchsetzung des Budgetprogramms
- Prüfung und Erläuterung der Budgetvoranschläge
- Entwicklung der Budgets für Stabstellen
- Prüfung anpassender Vorschläge zu den Budgetvoranschlägen
- Dokumentation der Vorgänge
- Prognose der zukünftigen Datenkonstellation
- Überwachung des genehmigten Terminplans für die Budgetierung
- Überwachung der Planung der Investitionen
- Prüfung der Einzelbudgets und Erstellung von Budgetbilanz und Budget-Gewinn- und Verlustrechnung
- Feststellung von unterperiodigen Budgetanpassungen (z.B. quartalsweise)
- Vorlage der Kontrollberichte
- Durchsprache der Kontrollberichte

Insbesondere Budget-Verfahrenshandbücher tragen als verbindliche Dokumentation der Budgetierung zur Akzeptanz durch die Mitarbeiter bei. Dabei geht es allgemein um die Festlegung von Pflichten und Verantwortung der jeweiligen Stellen, Beschreibung von Methoden und Systemen, Dokumentationen von Formularen und Berichten. Man kann folgende Zwecksetzungen und Inhalte von Budget-Verfahrenshandbüchern festhalten.

Zwecksetzungen von Budget-Verfahrenshandbüchern:

- Genaue Definition der Pflichten und Verantwortung in Budgetangelegenheiten
- Einheitlichkeit und Einfachheit des Budgetsverfahrens durch Methodenmonismus
- Unterstützung der Koordinierung der Budgets
- Eignung als Nachschlagewerk
- Konfliktregelung in der Zuständigkeit der Budgeterstellung
- Festschreibung der Delegation und Ausbildungsförderung
- Hilfestellung bei Budgeteinführung durch Information

Inhalt von Budget-Verfahrenshandbüchern:

- Erläuterung des Zweckes und der Grundsätze der Budgetierung
- Definition von Autorität und Verantwortung
- Aufzählung der Pflichten der an der Budgeterstellung beteiligten Stellen
- Terminpläne für die Budgetierung
- Das Genehmigungsverfahren
- Form und Art der Kontrollberichte
- Verfahren der Budgetkontrolle

Eine weitere Frage betrifft den institutionalen Ablauf der Budgetierung. Generell kommt hier das Top-Down-Verfahren in Betracht, wobei die Budgetierung bei der Entwicklung eines Gesamtunternehmensbezogenen Budgetziels ansetzt und dann auf die hierarchisch nachfolgenden Einheiten heruntergebrochen wird. Dieses Verfahren hat den Vorteil, dass die Teilbudgets mit dem Gesamtbudget im Einklang sind. Allerdings wird der Nachteil konstatiert, dass durch die stringente Budgetierung „von oben nach unten" keine großen Motivationsaspekte aktiviert werden. Ein höheres Motivationspotenzial besitzt dagegen das Bottum-Up-Verfahren, bei dem die Budgetierung in den untersten organisatorischen Einheiten beginnt und die Teilbudgets letztlich durch Aggregation zu einem Gesamtbudget verdichtet werden. Hier besteht wiederum die Gefahr, dass durch fehlende Koordination der Teilbudgets diese eventuell nicht alle realisierbar sind bzw. unzufriedenstellende Zielerreichungsgrade ausgewiesen werden. Vorteilhaft ist somit eine Kombination im Gegenstromverfahren, wonach meistens beginnend mit einem Top-Down-Vorschlag der Gesamtunternehmensziele abwechselnd Bottom-Up und Top-Down vorgegangen wird, um so eine möglich hohe Koordinationswirkung bei gleichzeitiger Nutzung der Fachkenntnisse und Aktivierung der Motivationspotenziale aller Instanzen zu erhalten.

Zusammenfassend lassen sich die Zehn Gebote der Budgetierung und der Kontrolle als Prinzipien guter Budgetierung zitieren (*Deyhle*):

1. Das Budget muss herausfordern und erreichbar sein
2. Keine Schattenbudgets vereinbaren
3. Die Erreichung gilt als Ziel, nicht eine positive Abweichung (sonst wird sich „warm angezogen")
4. Beteiligung des Verantwortlichen am Budgetierungsprozess
5. Individuelle Zielhöhen vereinbaren und nicht nach dem Gießkannenprinzip verfahren
6. Das Budget ist Kontierungsanleitung (Homomorphie von Plan und Ist)
7. Kontrolle erhält auch der Verantwortliche
8. Grundsätzlich keine unterperiodigen Änderungen
9. Management by Exception (Nachschuss) nur in Ausnahmefällen
10. Abweichungen sind keine Sanktionsgrundlagen sondern Lernanstöße für die Zukunft

16.2. Budgetsysteme

Ein Budgetsystem ist die geordnete Gesamtheit aufeinander abgestimmter Budgets. Die einzelnen Budgets des Budgetsystems sind alle monetär und können sich dabei auf alle Größen des Rechnungswesens beziehen. In primär erwerbswirtschaftlich orientierten Unternehmen stehen die periodisch wiederkehrenden Erfolgsplanungen und -kontrollen, also die ökonomischen Resultate der Leistungserstellungs- und -verwertungsprozesse im Vordergrund, so dass Kosten- und Erlösbudgets dominieren. Für viele Betriebe erlangen insbesondere die Kostenbudgets eine große Bedeutung, da sie vom Betrieb partiell kurz- bis mittelfristig beeinflussbar sind und mit ihnen die Wirtschaftlichkeit gemessen werden kann. Die einzelnen Budgets können nach vielen Zwecken gebildet werden, so sind z.B. für die Verfolgung der Motivations- und Kontrollfunktion kostenartenbezogene und bereichsbezogene Teilbudgets geeignet. Die Koordinationsfunktion der Budgetierung hat die einzelnen Teilbudgets zu übergeordneten Teilbudgets zusammenzufassen, die Interdependenzen zwischen den Teilbudgets dabei zu berücksichtigen und letztlich zu einem Gesamtbudget des Betriebes zu aggregieren. Die Aktionsplanung bestimmt ebenfalls den Aufbau des Budgetsystems. So können sich die Budgets aus der Absatz-, Produktions-, Personal- und Investitionsplanung ableiten.

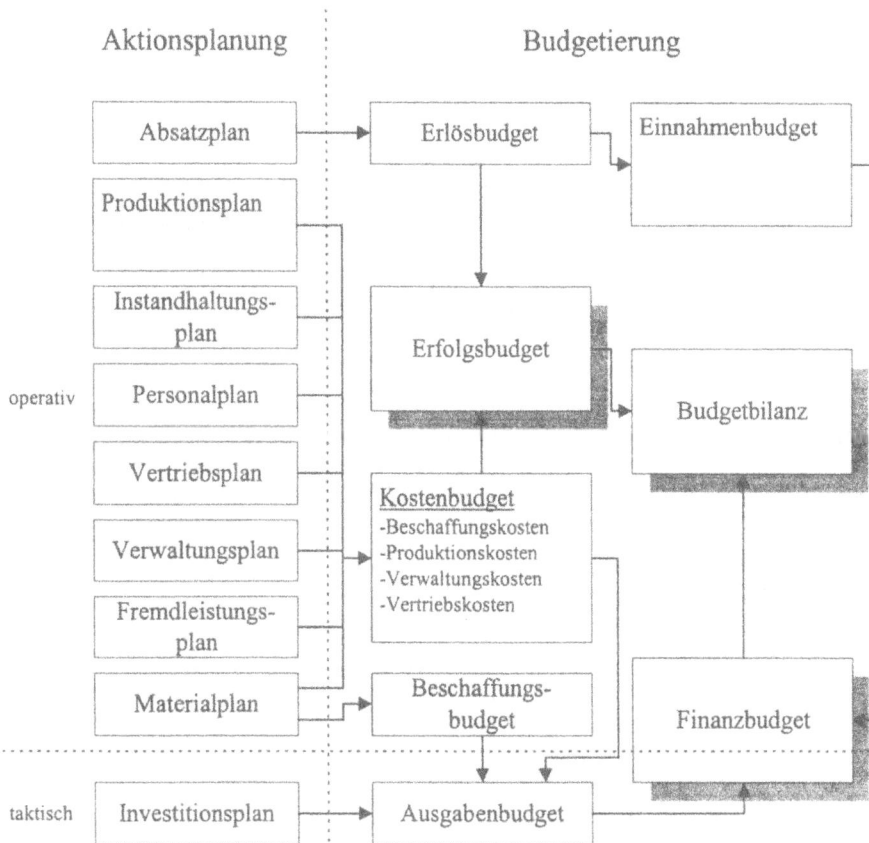

Abb. 1: Budgetsystem

16.3. Outputorientierte Budgetierung insbesondere in der öffentlichen Verwaltung

Das neue Steuerungsmodell beinhaltet die Einführung privatwirtschaftlich erprobter Managementinstrumente im Bereich der öffentlichen Verwaltung. 1991 nannte ein erster Bericht der Kommunalen Gemeinschaftsstelle (KGSt) genauer, wie „Wettbewerb" in der Behördenlandschaft eingeführt werden soll.

Welcher Wettbewerb soll eingeführt werden?

- Verwaltung und private Anbieter um den Kunden
- Verwaltung und private Anbieter bei öffentlichen Leistungen
- Interkommunale Leistungsvergleiche
- Wettbewerb durch behördeninterne „Quasi-Märkte"

Folgende Prinzipien des Neuen Steuerungsmodells gelten als oberste Leitmaximen:

- Verantwortungsabgrenzung zwischen Politik und Verwaltung
- Führung durch Leistungsabsprache
- Dezentrale Gesamtverantwortung in den Fachbereichen
- Zentrale Steuerung durch Ziele und Ergebnisse (Output)
- Einführung betriebswirtschaftlicher Steuerungsinstrumente

Man will eine so genannte Output-Steuerung statt bisheriger Input-Steuerung der Ressourcen, das heißt, die Ergebnisse sollen als Grundlage der Budgetierung herangezogen werden. Hierbei wird unterschieden in:

- Ergebnisse (Outputs)
- Wirkungen (Outcomes)

Unter Leistungen versteht man Prozesse, die wiederum zu Produkten zusammengefasst werden müssen, um so den Output zu kalkulieren. Hier wird eine gewisse Parallele zur Prozesskostenrechnung sichtbar. Alle Elemente des neuen Steuerungsmodells lassen sich wie folgt kurz zusammenfassen:

- Einführung des Controllings
- Definition von Produkten
- Outputorientierte Budgetierung
- Prozessoptimierung
- Implementation der Kosten- und Leistungsrechnung
- Technikunterstützte Informationsverarbeitung
- Veränderung der Aufbauorganisation
- Möglichkeit zur Aufgabenkritik
- Aktive Mitarbeiterbeteiligung
- Schaffung dezentraler Strukturen
- Bürgerbeteiligung
- Wettbewerb
- Qualitätssicherung
- Personalentwicklung
- Verantwortung zwischen Politik und Verwaltung

Bisherige Rahmenbedingungen nach Haushaltsgrundsätzegesetz (HGrG) bzw. Bundes- und Landeshaushaltsordnung (BHO u. LHO) stehen einem effektiven Controlling aber sehr stark im Wege. So gelten bislang die folgenden Prinzipien:

- Grundsatz der Jährlichkeit
- Prinzip der Einheit, Vollständigkeit, Fälligkeit

- Bruttoprinzip, Saldierungsverbot
- Grundsatz der zeitlichen Bindung der Mittel
- Bildung von Einzeltiteln (Einzelbudgets für definierte Ressourcen)
- Verbot der Zweckbindung von Einnahmen (Non-Affektion)
- Wirtschaftlichkeit und Sparsamkeit

Während von der Einhaltung des Prinzips der Wirtschaftlichkeit und Sparsamkeit in der öffentlichen Verwaltung in den letzten Jahrzehnten wohl aufgrund des Fehlens geeigneter System der Plankostenrechnung keine Rede sein kann, führen die anderen Prinzipien im Resultat zu einem ökonomisch nicht fundierten Fortschreibungshaushalt ohne Markt- oder Produktbezug. Das Problem des Rechnungswesens der öffentlichen Verwaltung als Informationssystem geht auf die Verwendung der Kameralistik zurück. Die Kameralistik ist eine Geldverbrauchsrechnung, sie misst ein- und ausgehende Zahlungsströme. Die Kameralistik hat ihren Ursprung in Österreich-Ungarn (18. Jahrhundert). Sie ist eine liquiditätsorientierte Einnahme- / Überschussrechnung, die nur bedingt Aussagen über Ressourcenverzehre zulässt. Es sind auch keine Aussagen über Ergebnisse möglich, da eine Kalkulation nicht existiert. Des Weiteren sind Wirtschaftlichkeitsaussagen aufgrund fehlender Plandaten ebenfalls unmöglich.

Unter einer erweiterten Kameralistik versteht man die Verwaltungskameralistik plus einer angehängten Kostenrechnung um die Mängel der einfachen Kameralistik zu beheben. Aufgrund fehlender Daten der Kameralistik ist der Aufbau einer kalkulatorischen Kostenrechnung in der Regel aber gar nicht möglich. Datengrundlage der Kostenrechnung bleibt nun mal die doppelte Buchhaltung (Doppik). Schon die alten Lehrmeister wussten um ihren Nutzen:

„Sie ist eine der schönsten Erfindungen des menschlichen Geistes, und ein jeder guter Haushalter sollte sie in seiner Wirtschaft einführen" [Goethe in Wilhelm Meisters Lehrjahren, 1. Buch, 10. Kap.]

Die Einführung der doppelten Buchhaltung als substanzorientierte Finanzrechnung (zeitraumbezogen) inklusive zeitpunktbezogener Bestandsrechnung und Ergebnisrechnung (zeitraumbezogen) ist also primären Ziel in der Controlling-Ausrichtung der öffentlichen Verwaltung.

National und international gibt es seit ca. 1980 Bestrebungen, die doppelte Buchhaltung als paralleles oder alleiniges System einzuführen. Dazu sind einige Beispiele aufgeführt:

Nationale Implementationen:
- Beschluss Innenministerkonferenz 10./11.06.1999 für die Einführung der Doppik
- 1994: Modellversuch Große Kreisstadt Wiesloch, seit 1.1.1999 Alleinbetrieb der Doppik
- 2000: Kommunen in Baden-Württemberg können durch §146 Gemeindeordnung die Kameralistik durch die Doppik ablösen
- Hessen will bis 2008 die landesweite Ablösung der Kameralistik vollzogen haben
- Berliner Verwaltungsreform

Internationale Implementationen:
- 1997: Finnland
- 1985: Schweden
- ab ca. 1980: Großbritannien, USA, Kanada (Bottom-Up-Ansatz, initiiert von den Kommunen), Frankreich (Top-Down-Ansatz, vorgegeben von der Staatsregierung)

- 1987: Schweiz auf Kantonsebene
- Österreich hält an der (erweiterten) Kameralistik fest

Was heißt bedeutet nun Wirtschaftlichkeit im Neuen Steuerungsmodell? Es werden verschiedene Begriffe definiert, die zum Einsatz kommen sollen:

- Effektivität: Verhältnis zwischen Ziel (Aufgabe) und Outcome (Wirkung)
- Effizienz: Verhältnis zwischen Input (Ressourceneinsatz) und Output (Leistung)
- Kosteneffizienz: Sollkosten / Istkosten

Die Grundprinzipien traditioneller inputorientierter Budgetierung führten zu einer Abschätzung der geplanten Ressourcenentwicklung. Die negativen Konsequenzen führen zu einer Fehlallokation der Ressourcen und zu unkontrollierbaren Kostenexplosionen. Als Beispiele sind genannt:

- „Warm anziehen": Mehr beantragen als man braucht, weil man Angst vor pauschalen Kürzungen hat („Luft reinpumpen").
- "Dezemberfieber" (Budget Wasting): Wenn am Ende der Periode noch Mittel da sind, müssen sie verbraucht werden, da ja sonst der Eindruck entstehen kann. Man bräuchte im nächsten Jahr gar nicht mehr so viel.
- "Hockey-Schäger-Effekt": Kurzfristig sind die Kosten nicht zu beeinflussen, nur langfristig.
- "Parkinson-Effekt": Behörden (Budgets) wachsen mit naturgegebener Regelmäßigkeit auch bei Wegfall der Aufgaben.
- "Rasenmäher"-Einsparungen: Pauschale Kürzungen nach dem Giesskannenprinzip.
- Demotivation der Leistungsträger bei Abführpflicht von Einsparungen oder Mehreinnahmen

Der zu kalkulierende Output der Verwaltung besteht aus den ständigen Produkten. Darunter fallen quantifizierbare, repetetive Kostenträger. Daneben gibt es noch Projekte, die ebenfalls als Kostenträger definierbar sind, aber einmaligen Charakter haben. Kleinaufgaben sind keine Kostenträger, da hier geringer Umfang und Bedeutung vorliegt.

Um als Produkt zu gelten, muss der Kostenträger folgende Produktmerkmale aufweisen:

- Produktion in Dienststellen bzw. Einrichtungen
- Dienststellen selbst sind keine Produkte
- Existente Nachfrage außerhalb der Dienststelle muss vorhanden sein
- Internen Leistungen innerhalb der Dienststelle gelten nicht als Produkte

Mit diesen Kriterien will man vor allem der Selbstbeschäftigung von Behörden vorbeugen. Die Leistungen werden zu Produkten, Produktgruppen und Produktbereichen aggregiert. Als Faustformel der Kommunalen Gemeinschaftsstelle (KGSt) sollen aus maximal fünf Bereichen • fünf Gruppen • fünf Produkte maximal insgesamt 150 Produkte entstehen. Ob diese Faustformel zur Bildung einer Produkt- und Bereichshierarchie im individuellen Fall immer sinnvoll ist, bleibt dahingestellt.

Als Informationsinstrumente der Outputorientierten Budgetierung kommen eigentlich sämtliche Systeme der Kostenrechnung in Betracht. Die Vollkostenrechnung auf Basis standardisierter Einzelkosten hat aber aufgrund ihrer nicht verursachungsgerechten Behandlung der

Fixkosten große theoretische Mängel. Die Teilkostenrechnung bzw. Deckungsbeitragsrechnung stößt auf das Problem, dass die variablen Kosten oft nur 5-10% der Gesamtkosten der öffentlichen Verwaltung betragen. Damit ist sie praktisch obsolet. Die relative Einzelkostenrechnung nach *Riebel* ist äußerst komplex in ihrer Anwendung und auch nicht praxisnah. Es verbleibt eigentlich nur die Prozesskostenrechnung, die durch die Verrechnung der Ressourceninanspruchnahme auf Prozesse und Produkte die geforderten Aufgaben am besten zu erfüllen scheint. Allerdings muss man beachten, dass auch dieses System sehr komplex ist. Zusätzlich können Balanced Scorecards zur Messung nicht-monetärer Ziele, Objekte und Wirkungen (Outcomes) eingesetzt werden.

Literatur

Beyer, W.: Effizienz in der Kommunalverwaltung – Teil 2, Produkte und Controlling, Berlin 1998

Deyhle, A.: Management- & Controlling Brevier Band 2: Ziele sind Zahlen, 2. Aufl., Gauting, 1982

Gesetz über die Grundsätze des Haushaltsrechts des Bundes und der Länder (HGrG) vom 19.08.1969 in der Fassung vom 26.08.1998

Hahn, Dietger: PuK Controllingkonzepte, Planung und Kontrolle, Planungs- und Kontrollsysteme, Planungs- und Kontrollrechnung, 6. Aufl., Wiesbaden, 2001

Horváth, P.: Controlling, 7. Aufl., München, 1998

Jung, H.: Integration der Budgetierung in die Unternehmensplanung, Darmstadt, 1985

Kommunale Gemeinschaftsstelle: Das Neue Steuerungsmodell – Begründung, Konturen, Umsetzung, Bericht Nr. 5/1993

Kommunale Gemeinschaftsstelle: Budgetierung: Ein neues Verfahren der Steuerung kommunaler Haushalte, Bericht Nr. 6/1993

Kommunale Gemeinschaftsstelle: Das Neue Steuerungsmodell: Definition und Beschreibung von Produkten, Bericht Nr. 8/1994

Kommunale Gemeinschaftsstelle: Verwaltungscontrolling im Neuen Steuerungsmodell, Bericht Nr. 15/1994

Kommunale Gemeinschaftsstelle: Das Neue Steuerungsmodell in kleineren und mittleren gemeinden, Bericht Nr. 8/1995

Kommunale Gemeinschaftsstelle: Steuerung kommunaler Haushalte: Budgetierung und Finanzcontrolling in der Praxis, Bericht Nr. 9/1997

Kommunale Gemeinschaftsstelle: Rahmenregeln bei dezentraler Ressourcen- und Ergebnisverantwortung, Bericht Nr. 4/2000

Knöll, H. / Grunert, G.: Verwaltungsökonomie – Betriebswirtschaftliche Kostenrechnung in der öffentlichen Verwaltung, Baden-Baden 1997

Reichard, C.: Umdenken im Rathaus – neue Steuerungsmodelle in der deutschen Kommunalverwaltung, Berlin 1994

Schmidt, A.: Das Controlling als Instrument zur Koordination der Unternehmungsführung, Frankfurt am Main, 1986

Spies, W.: Das Budget als Führungsinstrument öffentlicher Wirtschaftseinheiten, München, 1979

Streitferdt, L.: Grundlagen der Budgetierung, in: Wirtschaftswissenschaftliches Studium, 17. Jg., 1988, S. 210-215

Wild, J.: Grundlagen der Unternehmungsplanung, Reinbek bei Hamburg, 1974

Witte, E.: Finanzplanung der Unternehmung, Reinbek bei Hamburg 1974

17. Gemeinkostenwertanalyse und Zero Based Budgeting als Instrumente des Gemeinkostenmanagements

17.1. Gemeinkostenwertanalyse

Als aperiodisch, d. h. in größeren Zeitabständen fallweise einzusetzendes Instrument verfolgt die Gemeinkostenwertanalyse das Ziel, die Gemeinkosten in den nicht an der Leistungserstellung und Leistungsverwertung beteiligten indirekten Bereichen unter Beachtung des Nutzens zu optimieren. Nach dem Prinzip der Wertanalyse wird das Verhältnis von Kosten und Nutzen jeder Tätigkeit der Gemeinkostenbereiche analysiert. Die Vorgehensweise der Gemeinkostenwertanalyse gliedert sich in drei Phasen, die Vorbereitungsphase, die eigentliche Analyse und die auf zwei bis drei Jahre festgelegte Realisierungsphase *(Roever)*. Die Vorbereitungsphase umschließt die Auswahl des Untersuchungsobjektes, die Bildung der Projektorganisation und die Bestimmung der für die einzelnen indirekten Bereiche verantwortlichen Leitungspersonen. Den eigentlichen Analyseprozess führen die Leitungspersonen der einzelnen Untersuchungseinheiten durch. Dabei wird er durch die anderen Beteiligten der Projektorganisation und durch die Empfänger der in seinem Bereich erstellten Tätigkeiten unterstützt. Die Analyse vollzieht sich in vier Schritten:

- Erfassung sämtlicher von der Abteilung erstellten Leistungen (Tätigkeiten) und verlässliche Kostenschätzung für jede Leistung.
- Gegenüberstellung der Kosten in Abstimmung mit den Leistungsempfängern mit dem Nutzen der einzelnen Leistungen. Für Leistungen mit schlechtem Kosten- / Nutzen-Verhältnis werden die Führungskräfte aufgefordert, teilweise bewusst unrealistische Einsparungsideen zu finden.
- Die Einsparungsvorschläge werden auf ihre Realisierbarkeit hin bewertet.
- Die realisierbaren Ideen werden als Aktionsprogramme dokumentiert und an den aus Mitgliedern der Unternehmensleitung bestehenden Lenkungsausschuss und den Arbeitnehmervertretungen zur Verabschiedung übermittelt.

Nach der Genehmigung des Aktionsprogramms beginnt die Realisierung. Die Phase der Budgetierung der Bereiche durch die Gemeinkostenwertanalyse ist mit der Genehmigung des Aktionsprogramms beendet. Die Phase der Realisierung kann aufgrund der Tatsache, dass es sich bei dem größten Anteil der Gemeinkosten um Personalkosten handelt, aufgrund rechtlicher Bindungsfristen mehrere Jahre betragen.

Durch die Beteiligung unternehmensinterner Personen wird eine Partizipation der Beteiligten an der Planaufstellung erreicht, was motivatorische Wirkungen zur Folge haben kann. Durch die Analyse der einzelnen Tätigkeiten kommt es zu keiner inkrementalen Budgetierung, sondern es bietet sich die Möglichkeit, überflüssige Tätigkeiten zu finden und die Prozesse zur Erstellung der bereichsbezogenen Leistungen kostengünstiger zu gestalten. Die Analyse verbindet die Aktionsplanung der indirekten Bereiche über die von ihnen zu erstellenden Leistungen mit der Budgetierung. Durch die Genehmigung des verbleibenden Aktionsprogramms werden Ressourcen den einzelnen Bereichen neu zur Verfügung gestellt. Es wird aber von einem bestehenden Zielsystem ausgegangen, in dessen Rahmen die Gemeinkostenwertanalyse zur kurz- bis mittelfristigen Verbesserung des finanzwirtschaftlichen Ergebnisses eingesetzt wird.

Die Gefahren der Gemeinkostenwertanalyse bestehen hauptsächlich in der Verwendung des Instruments zur willkürlichen Kostensenkung, insbesondere bei Unternehmen in wirtschaftlich kritischer Situation. Da meist Personalkosten Gegenstand der Kostensenkung sind, führt die Gemeinkostenwertanalyse häufig zu Akzeptanzproblemen bei Mitarbeitern und deren Vertretungen.

Da die Gemeinkostenwertanalyse primär auf Kostensenkung ausgerichtet ist, findet sich kein Platz zur Integration neuer Tätigkeiten, die eventuell eine Verbesserung der Leistungen oder des Leistungsniveaus der indirekten Bereiche ermöglichen. Insofern ist die Gemeinkostenwertanalyse kein gesamtheitlicher Budgetierungsansatz, da zwar alle indirekten Bereiche einbezogen werden, aber Fragen des strategischen Ressourceneinsatzes ausgeklammert sind. Die Gemeinkostenwertanalyse versucht nicht, Möglichkeiten der Ressourcenfreisetzung zu ermitteln und gleichzeitig zu bestimmen, wo diese Ressourcen langfristig günstig eingesetzt werden können. Wenn nicht Pläne für die strategische Ressourcenallokation bestehen, ist es nicht möglich, aus der Zwecksetzung der kurzfristigen Kosteneinsparung über langfristige Ressourcenzuteilung zu entscheiden.

17.2. Zero-Base-Budgeting

Das Zero-Base-Budgeting ist ein Budgetierungsinstrument, das entwickelt wurde, um die indirekten Bereiche, in denen eine analytische Kostenplanung nicht möglich ist, im Hinblick auf die Unternehmensziele zu budgetieren. Das Zero-Base-Budgeting ist im Gegensatz zur Gemeinkostenwertanalyse ein Planungsinstrument, über Ressourcenumverteilungen zu einer Effizienzsteigerung des Gesamtunternehmens zu gelangen, wobei begleitend auch Kostensenkungen erreicht werden sollen. Dabei soll sich die Umverteilung der Ressourcen an strategischen und operativen Zielen ausrichten.

Zero-Base bedeutet Null-Basis, also sollen ausgehend von der Basis Null alle Gemeinkostenbereiche auf ihre Notwendigkeit, Art und Umfang ihrer Leistungen und die Wirtschaftlichkeit ihrer Erstellung untersucht werden. Dabei soll alles Bestehende skeptisch durchdacht werden, um zu erreichen, dass Kosten nur für solche Tätigkeiten bzw. interne Leistungen entstehen, die für das Unternehmen tatsächlich auch wichtig sind. Die nicht oder nicht mehr benötigten internen Leistungen dagegen sollen abgebaut werden, Leistungen, die bisher nicht oder nicht in hinreichendem Umfang erbracht worden sind, finden Eingang in die Planung *(Meyer-Piening)*. Die Konzeption des Zero-Base-Budgeting gliedert sich in drei Phasen mit folgenden Schritten.

Phase 1: Analyse und Planung
- Abgrenzung der Projektziele, Bestimmung der Untersuchungsbereiche, der Projektorganisation und der Finanzmittel
- Aufteilung in Entscheidungseinheiten und Durchführung der Funktionsanalyse durch die Abteilungsleiter
- Bestimmung von Leistungsniveaus durch die Abteilungsleiter
- Bestimmung alternativer Verfahren durch die Abteilungsleiter
- Erstellung einer Rangordnung der Entscheidungseinheiten durch die Abteilungsleiter
- Aggregation aller Entscheidungseinheiten und Abänderung der Rangordnung durch die Unternehmensleitung
- Entscheidung über den Mitteleinsatz durch den Budgetschnitt

Phase 2: Maßnahmenplanung
- Festlegung der Maßnahmen
- Information der Mitarbeiter und Mitarbeitervertretungen

Phase 3: Gemeinkosten-Controlling
- Kontrolle und Abweichungsanalyse der vorgegebenen Budgets

Das Kernstück der Planung des Zero-Base-Budgeting ist die Funktionsanalyse, wo die festgelegten Entscheidungseinheiten als Teilsummen gleichartiger Aktivitäten untersucht werden. Empfänger der Leistungen und eine möglichst realistische Kostenschätzung werden ebenfalls ermittelt. Die Funktionsanalyse untersucht die wesentlichen funktionalen Aktivitäten quer über das gesamte Unternehmen. Diese Analyse hat den Zweck, Vergleichsgrundlagen zwischen den Bereichen zu schaffen, Doppelarbeiten zu beseitigen und Ansatzpunkte für quantifizierbare Verbesserungsmöglichkeiten zu geben. Gleichzeitig wird damit auch die Voraussetzung geschaffen, im Rahmen eines nachfolgenden Controllings die erreichten Verbesserungen im Gemeinkostenbereich für die Zukunft zu erhalten. Nachfolgend wird jede Aktivität untersucht, ob sie überhaupt notwendig ist, in welchem Umfang sie notwendig ist und ob sie nicht anders, zentral oder dezentral, manuell oder maschinell, intern oder extern, kostengünstiger erstellt werden kann.

Unter Leistungsniveaus wird die Gesamtheit der Arbeitsergebnisse einer Entscheidungseinheit verstanden, die nach Menge und Qualität der Arbeitsergebnisse, Häufigkeit und Pünktlichkeit voneinander unterschieden werden können. Da eine Entscheidungseinheit eine Menge von einzelnen Teilaktivitäten und Leistungen enthält, ist es die wichtigste Aufgabe, die einzelnen Arbeitsergebnisse und Leistungen zu einer entscheidbaren Vorlage zu verdichten. Für jede Entscheidungseinheit werden in der Regel drei Entscheidungsvorlagen gebildet. Das niedrige Leistungsniveau kennzeichnet das absolute Minimum an Arbeitsergebnissen, mit denen die gestellten Aufgaben gerade noch erfüllt werden können. Das mittlere und das hohe Leistungsniveau beinhalten darüber hinausgehend zusätzliche Arbeitsergebnisse, die auch jeweils zusätzliche Mitarbeiter und Mittel erfordern. Damit kann das hohe Leistungsniveau auch mehr Mittel erfordern, als in dem Bereich bisher eingesetzt wurden. Ziel der Bildung alternativer Entscheidungspakete ist es, die Leistungsempfänger und die Unternehmensleitung zu einer Entscheidung zu veranlassen, welches Leistungsniveau unter Abwägung von Kosten und Nutzen für das Unternehmen das zweckmäßigste ist. Der Null-Basis-Gedanke kommt dann besonders zum Ausdruck, wenn wirklich alle Funktionen grundlegend durchdacht worden sind und die Zahl der Beschränkungen klein ist.

Die stufenweise Rangordnung der Entscheidungspakete bedeutet das Setzen von Prioritäten über die gesamte Organisation. Die Rangordnung beginnt auf der untersten Führungsebene in allen Bereichen des Unternehmens weitgehend parallel, indem sämtliche Entscheidungspakete, die einer Abteilung zugeordnet sind, in eine lückenlose Prioritätenliste eingeordnet werden. Danach erfolgt die Aggregation entsprechend der Unternehmenshierarchie bis hin zur Unternehmensleitung, die die letztlich gültige Rangordnung festlegt. Der Unternehmensleitung bleibt es auch vorbehalten, den Budgetschnitt zu ziehen. Damit werden für jeden Bereich und für das Unternehmen die Mittel für die Finanzierung des Gemeinkostenbereiches zur Verfügung gestellt. In die Entscheidung über den Budgetschnitt können auch die Zielsetzungen der Unternehmensleitung über die beabsichtigte Gemeinkostensenkung einfließen.

Phase 2 und 3 des Zero-Base-Budgeting beziehen sich auf die Phase der Durchsetzung und der Kontrolle, so dass der eigentliche Budgetierungsprozess mit dem Budgetschnitt und der damit erfolgten Mittelzuweisung abgeschlossen ist.

Ein Vorteil des Zero-Base-Budgeting ist darin zu sehen, dass alle Ziele berücksichtigt werden und so auch strategische Maßnahmen budgetiert werden können. Weiterhin kann die Analyse auch Ausgangspunkt aufbauorganisatorischer Veränderungen im Unternehmen sein. Durch die völlige Neuverteilung der Ressourcen werden Unwirtschaftlichkeiten eliminiert, die bei traditionellen, Budgetierungstechniken in die Zukunft übertragen werden könnten. Gegenüber der Gemeinkostenwertanalyse kann es auch zu einer Verbesserung der Funktionsfähigkeit der indirekten Bereiche kommen. Die Akzeptanzprobleme aufgrund der generellen Zielsetzung des Instruments bei Mitarbeitern oder ihren Vertretungen sind geringer, da das Zero-Base-Budgeting nicht primär auf die Senkung von Personalkosten abstellt. Dennoch kann es zu Motivationsproblemen kommen, da das Zero-Base-Budgeting große organisatorische und personelle Veränderungen in den Bereichen mit sich bringen kann. Insofern sind dem Einsatz Grenzen gesetzt, die aus persönlichen Widerständen und rechtlichen Beschränkungen der Veränderung der Arbeitsinhalte der Mitarbeiter resultieren. Weiterhin ist eine Reduzierung des Kostenniveaus nicht garantiert, durch eventuell höher geplante Leistungsniveaus, dem hohen Durchführungsaufwand des Zero-Base-Budgeting und durch Folgekosten aufgrund der Veränderungen kann es zu einer Steigerung der gesamten Gemeinkosten, wenn auch verbunden mit einer verbesserten Funktionsfähigkeit der indirekten Bereiche kommen.

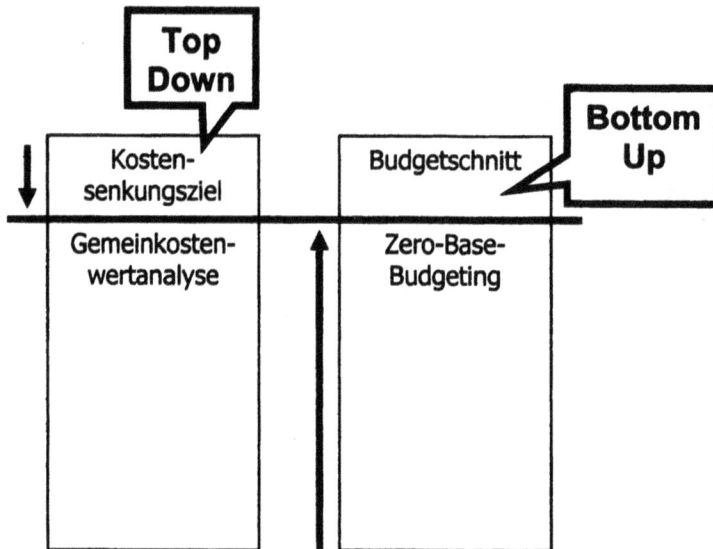

Abb. 1: Unterschiedliche Vorgehensweisen der Verfahren

Literatur

Meyer-Piening, Arnulf: Zero-Base Budgeting, in: Zeitschrift für Organisation, 51. Jg., 1982, S. 257-266

Roever, Michael: Gemeinkosten-Wertanalyse, in: Kostenrechnungspraxis, 1985, S. 19-22

18. Profit Center Controlling und Verrechnungspreise

18.1. Profit Center Management

18.1.1. Divisionalisierungskonzepte

Die Profit Center Organisation hat sich als schlagkräftige und effiziente Form der Unternehmensstrukturierung etabliert. Schon früh erkannten amerikanische Unternehmen, dass ab einer gewissen Unternehmensgröße die klassische funktionale Organisationsform zu unflexibel und schwerfällig wird, was sich beispielsweise in langen Informationswegen, hohen Informationsverlusten und fehlender Kunden- bzw. Absatzmarktorientierung ausdrückt. Dennoch stößt man auch im Profit Center Konzept auf Probleme, insbesondere wenn die selbständig arbeitenden Profit Center Leistungen untereinander austauschen oder sie von Service Centern empfangen. Hier stellt sich die Frage, wie diese innerbetrieblichen Leistungen bewertet werden, um gerade den Profit Center Managern eine gerechte und motivierende Erfolgsbeurteilung zukommen zu lassen.

Das Profit Center Konzept entstammt dem Divisionalisierungsgedanken in der Unternehmensorganisation. Das Divisionalisierungs-, Sparten- oder Geschäftsbereichskonzept verfolgt die Ziele Kundennähe, Flexibilität und Effizienz, indem nach der ersten Führungsebene (z.B. Vorstand einer AG) das Unternehmen nach objektbezogenen Kriterien gegliedert wird. Solche Kriterien sind in erster Linie Produkte und Produktgruppen, aber auch Kombinationen aus Produktgruppen und z.B. Regionen können zur Spartenbildung herangezogen werden. Gerade in Dienstleistungsunternehmen, wo die Leistung des Unternehmens oft am Kunden selbst vollzogen wird, bieten sich unterschiedliche Kundengruppen als Abgrenzungskriterium zur Spartenbildung an. So kann die Einteilung in Privatkunden-, Firmenkunden- und Vermögenskundengeschäft in Kreditinstituten als typisch für die Geschäftsbereichsorganisation in Dienstleistungsunternehmen angesehen werden.

Allerdings wird sich in der Praxis eine Spartenorganisation in Reinform kaum finden lassen, da es auch Argumente für die Zentralisierung einiger Unternehmensfunktionen gibt. Als klassisch sind die Synergieeffekte zu bezeichnen, die z.B. für einen zentralen Einkauf sprechen. Andere Argumente für Zentralabteilungen lassen sich in Vorteilen der Vereinheitlichung in gesamtunternehmensbezogener Sichtweise finden. Man möchte für gewisse Funktionen wie beispielsweise EDV, Rechtsabteilung und Personal einen einheitlichen Tenor bzw. die gesamtunternehmensbezogene Kompatibilität dieser Funktionen wahren. Bei gewissen Stabsfunktionen verschließt sich die Dezentralisierung schon aufgrund der Definition ihrer Funktion, wie beispielsweise das Zentralcontrolling, der strategische Planungsstab, eventuell aber auch Abteilungen der Grundlagenforschung und der Unternehmensfinanzierung. Zentralabteilungen werden als Service Center bezeichnet, wenn sie ihre Leistung an die Sparten abgeben (wie EDV-Leistungen). Daneben können Abteilungen auf zentraler Ebene bestehen, die ihrerseits nur dem Vorstand verpflichtet sind (z.B. Vorstandsstab Finanzierung). Sie haben keinen unmittelbaren Servicecharakter gegenüber den Sparten.

Die Frage nach der optimalen Lösung zwischen der Dezentralisierung und Zentralisierung von Unternehmensfunktionen kann letztlich nur betriebsindividuell unter Beachtung des Unternehmensleitbildes und der gelebten Führungsstile beantwortet werden. Die Vor- und Nachteile der Dezentralisierung bzw. Zentralisierung stehen nun mal partiell in konfliktärer Beziehung zueinander. Je größer jedoch die Unternehmen werden, und umso stärker verhaltensorientierte Aspekte umgesetzt werden, desto eher wird man sich für die Dezentralisierung entscheiden.

Dezentralisation		Zentralisation	
Vorteile	Nachteile	Vorteile	Nachteile
Hohe Motivation der Bereichsmanager, Entlastung der Unternehmensführung	Gefahr der Selbstzerstörung, wenn Sparten auf gleichen Absatzmärkten agieren	Einheitliche Willensbildung im Management	Neigung zur Wucherung und Verselbständigung von Stäben
Möglichkeit der Erfolgsmessung und Erfolgszurechnung	Gefahr der Fehlsteuerung durch Vorgabe einseitiger Profit Ziele	Nutzung von Synergieeffekten	Ineffizienz durch fehlende Möglichkeit der Erfolgsmessung
Bessere Flexibilität und Anpassungsfähigkeit	Anfall von Mehr- oder Doppelarbeiten	Gute Koordination im Top Down Prinzip möglich	Schwerfälligkeit und Unflexibilität
Schnellere und bessere Entscheidungsfindung	Erhöhter Controlling- und Reporting-Aufwand	Einheitlichkeit von Spezialfunktionen wie Planung, Kontrolle und Controlling	Lange Entscheidungswege
Verringerung vertikaler Kommunikation	Horizontale Leistungsbeziehungen	Verringerung horizontaler Kommunikation	Erhöhte Informationsfilterungsgefahr durch lange Instanzenwege
Höhere Marktnähe	Vertikale Leistungsbeziehungen	Spezialisierungsvorteile bei Fachkräften	Fehlende Markt- und Kundennähe

Abb. 1: Dezentralisation und Zentralisation

Das Divisionalisierungs-, Sparten- oder Geschäftsbereichskonzept ist grundsätzlich eine organisationstheoretische Entwicklung, die Fragen der rechtlichen Selbständigkeit der Sparten außer Acht lässt. Natürlich stellt sich die Frage, ob man den Sparten auch eine eigene Rechtspersönlichkeit geben sollte. Diese Frage ist aber unabhängig vom eigentlichen Organisationskonzept, da es hier eher um steuerliche und nicht um führungsorientierte Aspekte geht. Genauso wirft sich die Frage auf, ob man eine Konzernbildung rechtlich selbständig bleibender Unternehmen als Spartenkonzept bezeichnen kann. Auf diese Frage soll an dieser Stelle nicht weiter eingegangen werden; da grundsätzlich die Ziele der Spartenorganisation auch innerhalb einer Konzernorganisation umgesetzt werden können; die Frage der rechtlichen Selbständigkeit der Teilbereiche also nicht von entscheidender Relevanz ist. Die Implementierung des Spartenkonzepts innerhalb einer Konzernorganisation erfährt durch die zunehmende Internationalisierung bzw. Globalisierung von Großunternehmen eine weitere Dimension, die durch die Unterschiedlichkeit der Steuergesetze und Rechnungslegungsvorschriften der einzelnen Nationen gekennzeichnet ist. Wenn eine Spartenbildung durchgeführt werden soll, so kann man die damit verfolgten Ziele folgendermaßen charakterisieren:

- Gesamtunternehmenserfolgsmaximierung
- Flexibilität und Anpassungsfähigkeit
- Motivation des Managements
- Erfolgszurechnung auf betriebliche Teilbereiche
- Steuerminimierung durch Gewinnverlagerung

Natürlich bestehen Interdependenzen zwischen diesen Zielen. Die Aufgabe der Gesamtunternehmenserfolgsmaximierung soll in erster Linie dadurch erreicht werden, dass der Vorstand sich zunehmend nur noch strategischen Aufgaben widmet, während die Sparten sich effizienter den operativen Aufgaben stellen können. Durch die organisatorische Aufteilung in kleine, auf operativer Ebene wirtschaftlich selbständig agierende Bereiche wird die erhöhte Flexibilität und Anpassungsfähigkeit begründet. Das die hiermit verbundene höhere Entscheidungsautonomie die Motivation des Managements der zweiten Linie verstärkt, liegt auf der Hand. Die Führung der Sparten erfolgt also über eine weitreichende Delegation von Aufgaben, verbunden mit der Vorgabe von messbaren und zurechenbaren Zielgrößen und deren Kontrolle im Rahmen einer Spartenerfolgsrechnung. Gerade hier kommt der Kostenrechnung und dem Controlling die überaus wichtige Aufgabe zu, durch die Implementierung der entsprechenden Informationssysteme sowohl die exakten Informationen zu ermitteln als auch das Verhalten bzw. die Motivation der Bereichsleiter zu steuern. Das bedeutet, dass das Controlling eine

- Erfolgsermittlungsfunktion (Motivationsfunktion) und eine
- Verhaltenssteuerungsfunktion (Koordinations-, bzw. Lenkungsfunktion)

im Rahmen der managementunterstützenden Controlling-Aufgabe wahrnimmt. An dieser Stelle ist es angebracht, auf einige grundsätzliche Prinzipien hinzuweisen, damit das Spartenkonzept in der Praxis als umsetzbares Führungskonzept in Frage kommt:

- Der Erfolg muss der Sparte eindeutig **zurechenbar** sein: Hier wird das Problem von Gemeinkosten und Gemeinerlösen zwischen den Sparten angesprochen. Außerdem kann es zu Beziehungen zwischen der Sparte und anderen, z.B. Zentralabteilungen kommen.
- Der Erfolg muss eindeutig vom Spartenmanagement **beeinflussbar** sein: Neben der Zurechenbarkeit aufgrund betriebswirtschaftlicher Prinzipien hat die Zurechnung von Erfolgen auf Sparten nur dann einen Motivationseffekt, wenn sie auch vom Spartenmanagement in eigener Verantwortung realisiert werden.
- Die Erfolgsermittlung muss gerecht und **nachvollziehbar** sein: Ein Manager wird sich kaum positiv von einem Führungskonzept beeindrucken lassen, in dem er die Art und Weise der Erfolgsbeurteilung entweder als ungerecht empfindet, bzw. wird er es nicht akzeptieren können, wenn die Rechnung zu komplex ist. Insbesondere wenn die Vergütung des Spartenmanagements an die Erreichung der Ziele gekoppelt ist, kommt der Transparenz und Akzeptanz der Erfolgsrechnung eine sehr wichtige Rolle im Rahmen der Motivationsfunktion zu.

Die Steuerminimierung durch Gewinnverlagerung bezieht sich auf weitere Möglichkeiten, wenn es sich bei den Sparten auch um rechtlich selbständige Unternehmen handelt. Dann können hier Steuervorteile durch die Verlagerung von Gewinnen zwischen nationalen Unternehmen oder auch durch die Verlagerung von Gewinnen zwischen Unternehmen mit Sitz in unterschiedlichen Ländern realisiert werden. Da die Steuerminimierung aber nicht zu den Kernfunktionen des Controllings gehört und außerdem wenigstens in der betriebswirtschaftlichen Theorie davon ausgegangen wird, dass Unternehmen nicht gegründet werden, um Steuern zu sparen, sondern durch die Erstellung und Verwertung von Gütern einen Erfolg zu erwirtschaften, wird dem Aspekt der Steuerminimierung durch Gewinnverlagerung nur am Rande Aufmerksamkeit gewidmet.

18.1.2. Formen der Divisionalisierung

Mit dem Umfang der auf die Teilbereiche zuzuordnenden Funktionen und der Autonomieausstattung wird die Art der Sparte festgelegt. Während in der Praxis oft unreflektiert die Spartenorganisation mit dem Profit Center Konzept gleichgesetzt wird, existieren doch große Unterschiede. Diese Unterschiede beziehen sich im Kern auf die in der Sparte integrierten Funktionen, der Autonomieausstattung und den verwendeten Erfolgsmaßstäben:

Name	Funktionen	Autonomie	Erfolgsmaßstab
Cost Center Kostenstellen ohne Marktzugang	Zentralbereiche **(Service Center)**, reine Produktionsstellen	Nur für die Effizienz der Leistungserstellung des Centers	Kostenwirtschaftlichkeit (Sollkosten / Istkosten) als Effizienzmaßstab
Expense Center Ausgabenbereiche o. Marktzugang	Zentralbereiche **(Service Center)**	Nur für die Ausgabendisziplin des Centers	Budgeteinhaltung, wenn Messung über Kostenwirtschaftlichkeit unmöglich
Sales Center Umsatzerlösorientierte Bereiche mit Marktzugang	Verkaufsbereiche, Handelsbereiche	Nur für die Erlöse und evtl. Vertriebskosten, Kosten stammen aus anderen Bereichen	Erlöswirtschaftlichkeit (Isterlöse / Sollerlöse) als Effizienzmaßstab, Kontrolle der Vertriebskostenbudgets
Profit Center Erfolgsorientierte Bereiche mit Marktzugang	Kernfunktionen sind Produktion und Vertrieb (im Handel Einkauf und Vertrieb)	Volle Verantwortung für das operative Ergebnis (Kosten und Erlöse)	Profit Center Gewinn, zum Teil auch Rentabilitäten (Return on Investment [ROI], Return on Assets [ROA], Deckungsbeiträge, Cash Flows
Investment Center Erfolgsorientierte Bereiche mit Marktzugang	Wie Profit Center	Zusätzlich zum Profit Center gibt es Investitionsautonomie bezüglich von Investitionen und Desinvestitionen	Rentabilitäten, Residualeinkommen, Shareholder Value-Zielgrößen (z. B. Cash Flow Return on Investment [CFROI], Economic Value Added [EVA])

Abb. 2: Spartenbildung

Im Rahmen des ursprünglichen Divisionalisierungsgedanken kommen eigentlich nur Profit Center und Investment Center als echte Sparten mit Marktzugang und Entscheidungsautonomie in Betracht, da nur hier der gesamte Wertschöpfungsprozess in der Sparte zusammengefasst ist. Im Rahmen eines Spartenkonzepts werden aber gerade die Zentralabteilungen als Service Center in Form der Cost Center oder Expense Center geführt. Diese Formen sind aber schon aus der funktionalen Organisation heraus bekannt.

Die Abbildung 3 zeigt die aufbauorganisatorische Gliederung eines Unternehmens der Nahrungsmittelindustrie mit drei Profit Centern, drei Zentralabteilungen als Service Center für die Profit Center und zwei Abteilungen als dem Vorstand direkt berichtende Stäbe.

Teilweise ist die Zusammenfassung von eigentlich dezentralen Funktionen der Profit Center ratsam. So könnte man in dem Beispiel Überlegungen anstellen, ob nicht etwa die Logistik als zentrale Funktion effizienter wäre, wenn alle Profit Center nämlich denselben Kundenpool (hier: Lebensmittelgroß- und -einzelhandel) besitzen. Um die Autonomie der Profit Center bezüglich logistischer Prozesse aber zu erhalten, wäre eine hierarchische Einbindung unter die Profit Center und nicht direkt unter dem Vorstand überlegenswert. Es ergäbe sich die in der Abbildung 4 dargestellte Struktur.

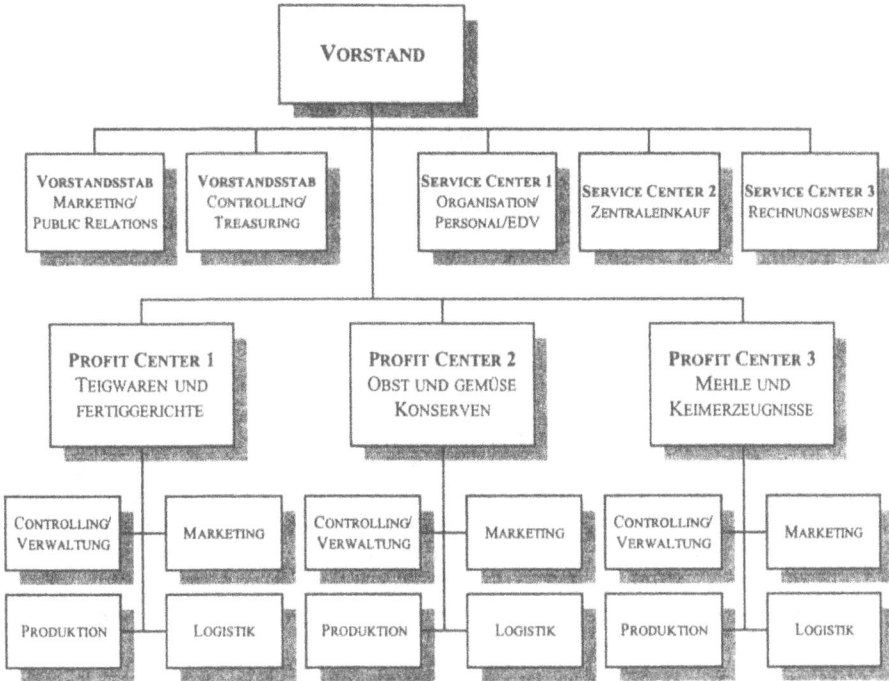

Abb. 3: Profit Center-Konzept

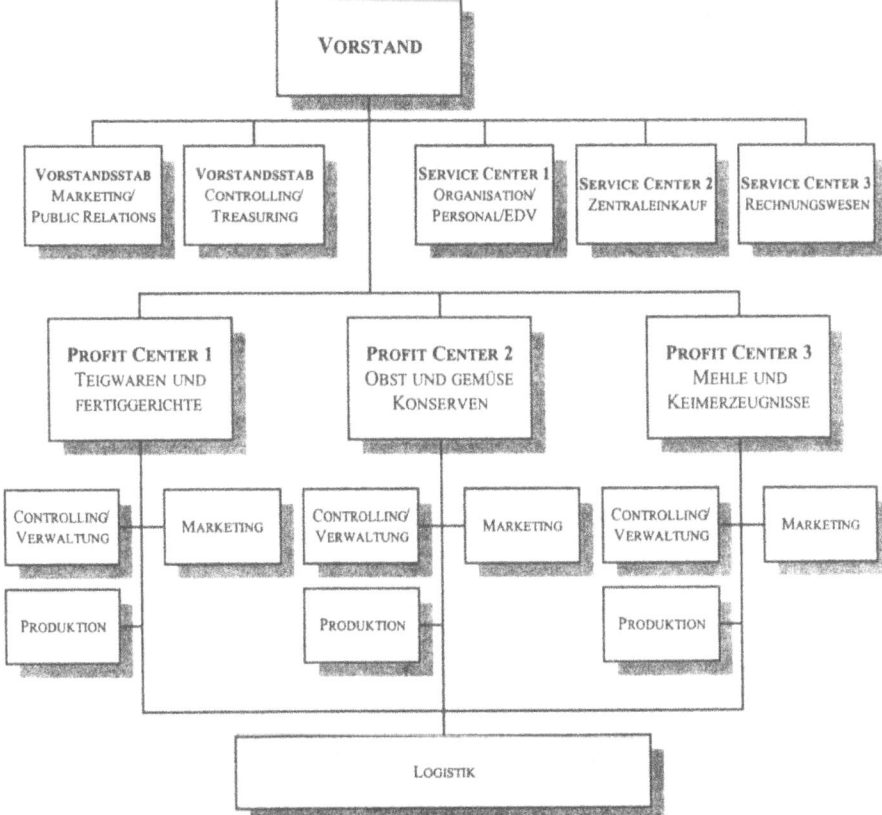

Abb. 4: Profit Center-Konzept mit zusammengefasster Logistikfunktion

Doch auch das Profit Center Management ist nicht problemlos. So führt neben der erhöhten
Komplexität des Systems insbesondere die einseitige Vorgabe von Gewinn- oder Rentabili-
tätszielen zu Konflikten zwischen operativem und strategischem Management. So sind z.B.
Streichungen des Budgets für Mitarbeiterschulungen, Verkauf einer momentan nicht benötigten Maschine oder die Kürzung des Werbeetats für ein junges Produkt typische Beispiele für
operativ rentabilitätssteigernde Maßnahmen, die strategisch zur Aushöhlung des Erfolgspo-
tenzials des Profit Centers führen. Die hier gemachte Erfahrung der zu großen Betonung operativen, kurzfristigen Gewinnstrebens ist sicherlich ein Grund zur Entwicklung unternehmenswertorientierter, langfristig wirkender Shareholder Value-Ansätze.

18.1.3. Die Interdependenzproblematik

In der Spartenorganisation kann es zu Interdependenzen kommen, wenn zwischen den Bereichen Leistungen ausgetauscht werden. Man unterscheidet hier in horizontale und vertikale
Interdependenzen. Eine vertikale Leistungsbeziehung liegt vor, wenn Leistungen (EDV-
Leistungen, Buchungen, Einkaufsleistungen, Materialien, Beratungsleistungen) von Zentralabteilungen bzw. Service Center an die Profit Center geliefert werden. Umgekehrt gibt es de-
finitionsgemäß kaum Leistungen der Profit Center an die Service Center (außer z.B. Reporting). Horizontale Leistungen sind Leistungen meist in Form von Zwischenprodukten, Aus-
gangsmaterialien, Bauteilen oder Handelswaren eines Profit Centers, die von anderen Profit
Centern bezogen werden. Da es sich hier um innerbetriebliche Prozesse handelt, gibt es keinen Markt und somit auch keinen externen Wertansatz im Sinne einer Rechnung für diese
Leistungen. Ein Problem ergibt sich jetzt aber, dass es durch diese Leistungen zu Erfolgsver-
änderungen kommt, die in einer Profit Center Erfolgsrechnung selbstverständlich beachtet
werden müssen. Würde man diese Leistungen nicht bewerten, dann hätte der empfangende
Profit Center den Erlös durch die Weiterverarbeitung bzw. -vermarktung, der liefernde Profit
Center nur die Kosten und damit das Nachsehen. Wertansätze für solche Leistungen werden
als Verrechnungspreise oder Transferpreise bezeichnet.

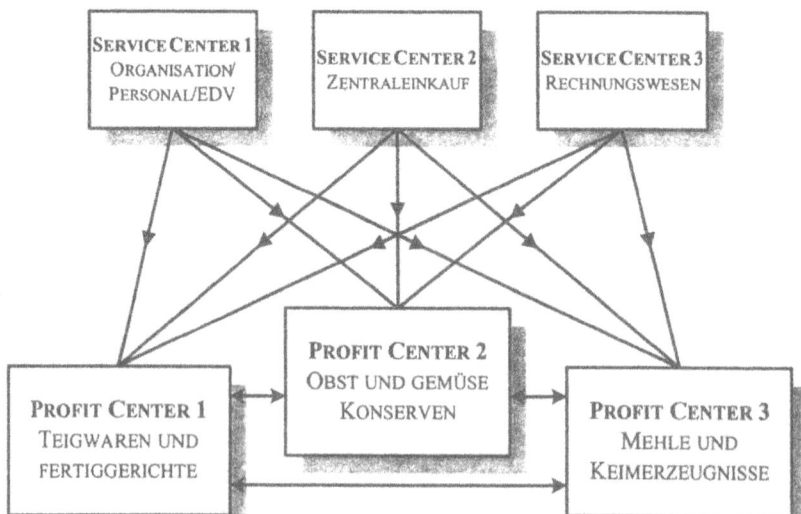

Abb. 5: Innerbetriebliche vertikale und horizontale Leistungsbeziehungen

Die Bewertung der vertikalen Leistungsbeziehungen ist mit der innerbetrieblichen Leistungsverrechnung aus der Kostenrechnung zu vergleichen. Es geht letztlich um die Umlage der
Kosten der Service Center auf die, die Leistung nutzenden Profit Center. Denn die Service
Center haben ja keine volle Gewinnverantwortung, insofern stellt sich das Problem einer Ge-
winnverzerrung nicht. Ein zusätzliches Problem ergibt sich nur dann, wenn die Umlage pro
Leistungseinheit so hoch wäre, dass ein Profit Center diese Leistung extern günstiger beziehen könnte. Dann kommt es zum Konflikt mit der obersten Führung, da der Profit Center au-
tonom die für ihn günstigste Lösung wählt, aus Gesamtunternehmenssicht aber diese Leistungen dann doppelt erstellt und bezahlt werden, nämlich einmal vom Service Center, der jetzt
auf seinen Fixkosten sitzen bleibt, und durch den externen Bezug des Profit Centers. Dieses
Ergebnis ist also nur aus Profit Center Sicht gewinnmaximal, aus Gesamtunternehmenssicht
führen diese Aktionen nur zu einem suboptimalen Ergebnis. Die vertikalen Beziehungen werden hier nicht weiter verfolgt, da sich diese Problematik auch in den horizontalen Leistungsbeziehungen zwischen Profit Centern wieder findet. Dort geht es aber zusätzlich um die richtige Erfolgsermittlung, so dass die Problematik der Verrechnungspreise bei horizontalen Leistungsbeziehungen gravierender ist.

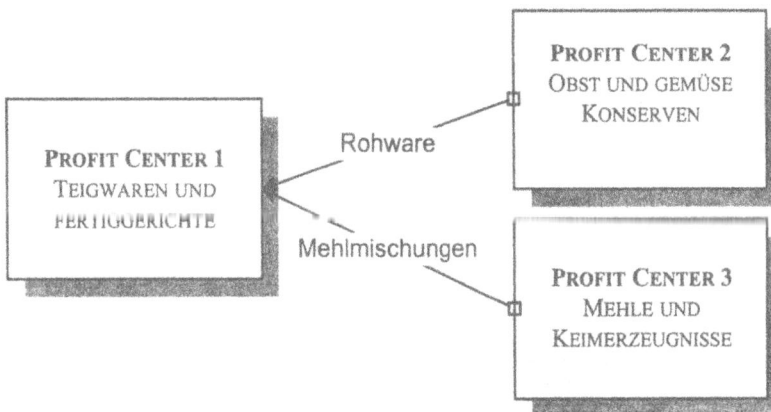

Abb. 6: Beispielhafte horizontale Leistungsbeziehungen

Somit geht darum, Zwecksetzungen zu formulieren, die die Verrechnungspreise zu erfüllen
haben sowie die verschiedenen in Theorie und Praxis diskutierten und verwendeten Verrechnungspreise im Hinblick auf die Erfüllung der an sie gestellten Aufgaben bzw. Zwecksetzungen zu überprüfen.

18.2. Verrechnungspreise

18.2.1. Zwecksetzungen und Arten von Verrechnungspreisen

Die Diskussion über Verrechnungspreise ist nicht neu, schon *Schmalenbach* verband 1908 die
Theorie der Verrechnungspreise mit folgenden Zwecksetzungen:

• Produktionskostenermittlung zu den Zwecken der Bilanzierung, der Preisstellung, der
  Betriebskontrolle (Kostenkontrolle) und der Erfolgskontrolle (finanzielles Ergebnis)
  sowie
• Gewährleistung des Erfolgs der automatischen Organisation (optimale Zuteilung beschränkter Ressourcen).

Mit der optimalen Zuteilung beschränkter Ressourcen wird die Koordinationsfunktion des
Controllings bzw. der Verrechnungspreise als Controlling-Instrument angesprochen: Verrechnungspreise müssen so gewählt sein, dass unökonomische Verhaltensweisen vermieden
werden. Solch ein Verhalten liegt beispielsweise vor, wenn dem liefernden Profit Center
durch die Gewährleistung eines relativ hohen, garantierten Verrechnungspreises kein Anreiz
gegeben wird, seine Kostenwirtschaftlichkeit einzuhalten.

Heute werden üblicherweise zwei Zwecksetzungen an Verrechnungspreise gestellt, die kompatibel mit den Zwecksetzungen des Profit Center Controllings sind:

- Erfolgsermittlungsfunktion (Motivationsfunktion)
- Verhaltenssteuerungsfunktion (Koordinations-, bzw. Lenkungsfunktion)

Daneben kommt den Verrechnungspreisen in komplexen Planungs- und Kontrollsystemen
natürlich noch eine Abrechnungs- und Planungsfunktion zur Durchführung der Gesamtpla-
nung und -kontrolle zu.

Verrechnungspreise können nicht isoliert voneinander betrachtet werden. Es stellt sich beispielsweise die Frage, ob man mehrere Verrechnungspreisarten in einem Unternehmen zulassen will und wie der Prozess der Verrechnungspreisfindung gestaltet werden soll. Diese Aspekte fließen in die controllinggerechte Konstruktion eines Verrechnungspreissystems mit
ein. Wenn man sich dabei fragt, welchen Anforderungen ein Verrechnungspreissystem genügen muss, kann man unterscheiden in:

- Anforderungen an das Ergebnis (die Verrechnungspreise)
- Anforderungen an den Prozess (die Verrechnungspreisvereinbarung)

Bezüglich der **Anforderungen an das Ergebnis** sollte der Verrechnungspreis in der Lage
sein, die Koordinationsfunktion sicherzustellen, das heißt, Anreize zur Schaffung unterneh-
mensgewinnoptimaler Mengen und Preise in den Divisionen bei gegebenen Kapazitäten zu
begründen. Gleichzeitig sollte auch eine langfristig optimale Lenkung bezüglich des Auf- und
Abbaus der Kapazitäten (Investitionen, Verschrottungen, Stilllegungen, Lagerhaltung, langfristige Produktpolitik) in den Profit Centers sichergestellt sein. Der Verrechnungspreis hat
die Aufgabe, eine Motivationswirkung zur Rationalisierung und die Motivation zur Wahl ef-
fizienterer Produktionsprozesse bei den Profit Center Managern auszulösen. Des Weiteren
müssen Verrechnungspreise komplementär zu anderen Unternehmenszielen wie z.B. zu Qualitätszielen und sozialen Zielsetzungen sein.

Eher formale Kriterien sind Überschaubarkeit, Plausibilität und Gerechtigkeit der Verrechnungspreise und des Verrechnungspreissystems. Mit Bezug auf die Erfolgsermittlungsfunktion muss sowohl die

- Erfolgsbewertung der Profit Center durch die Unternehmensleitung als auch die
- Erfolgsbewertung der Profit Center Manager durch die Unternehmensleitung

gewährleistet sein. Gerade die Erfolgsbewertung der Profit Center Manager durch die Unternehmensleitung als Grundlage leistungsorientierter Vergütungs- und Anreizsysteme bedingt
im hohen Maße die Akzeptanz, Motivation und Einsatzbereitschaft des Profit Center Managements.

Die **Anforderungen an den Prozess** der Verrechnungspreisvereinbarung stellen Normen auf, wie sich die Profit Manager untereinander und im Dialog mit der Unternehmensleitung verhalten sollten, um zu optimalen Ergebnissen zu kommen. An dieser Stelle ist aber zu überdenken, was eigentlich unter Optimalität zu verstehen ist. Optimal aus Sicht der Unternehmensleitung ist die Erzielung eines maximalen Gesamt(Gewinn-)zielerreichungsgrades. Aus der Sicht eines Profit Center Managers ist das Ergebnis optimal, das in seinem Center zum höchsten Zielerreichungsgrad führt. Deswegen besteht generell ein Konflikt zwischen der zentralen Verrechnungspreisermittlung und dem Profit Center Konzept, da eine zentrale Lösung immer mit Autonomieeinbußen des Profit Center Managements verbunden ist. Als Grundsatz der Optimalität könnte das Pareto-Optimum dienen, was aus der volkswirtschaftlichen Wohlfahrts-, bzw. Verteilungspolitik stammt. Pareto-optimal bedeutet bezüglich einer divisionalen Organisation aus der Sicht der Zentrale und auch der Profit Center, dass Optimalität vorliegt, wenn sich durch eine Entscheidung mindestens ein Profit Center verbessert und sich keine andere Division dadurch im Ergebnis verschlechtert.

Folgende Maxime können im Rahmen des hier anstehenden Konflikts aufgestellt werden:

- keine Verschleierung zentraler Entscheidungen
- möglichst geringe Anzahl der Restriktionen von der Unternehmensleitung
- Beachtung des geringeren Problemlösungspotenzials (bzw. Informationsversorgung) der Profit Center
- die Profit Center Manager brauchen untereinander nicht Kosten-, Erlös- und andere Informationen austauschen, wenn das nicht in ihrem Interesse ist

Durch die ersten beiden Normen kommt der Autonomiegedanke des Profit Center Konzeptes zum Ausdruck. Dass die Profit Center nicht über den Informationsvorsprung der Zentrale verfügen, liegt ebenfalls auf der Hand. Mit der letzten Norm wird im Grunde ein normales Marktverhältnis zwischen den liefernden und empfangenden Profit Centers simuliert; man würde einem externen Kunden ja auch nicht seine Kalkulation offen legen.

18.2.2. Kostenorientierte Verrechnungspreise

Die Kosten- und Erfolgsrechnung als der hauptsächliche Datenlieferant für managementorientierte Informationen wird hier zur Verrechnungspreisfestsetzung herangezogen. Es haben sich in der Praxis eine Menge von Varianten auf Ist- oder Plankostenbasis entwickelt, von denen einige aufgeführt sind:

- Vollkosten
- Vollkosten plus Gewinnzuschlag
- variable Kosten (Grenzkosten)
- variable Kosten plus Fixkostensprünge
- variable Kosten plus Anteil der Fixkosten
- variable Kosten plus Anteil an den Fixkosten plus Gewinnzuschlag
- variable Kosten plus Anteil am tatsächlichen Gewinn
- variable Kosten und periodische Verrechnung

Die Erfüllung der Erfolgsermittlungs- und Koordinationsfunktion wird an einem kleinen Beispiel demonstriert. Profit Center 3 liefert Mehlmischungen an den Absatzmarkt und an Profit Center 1. Dort dienen sie als Material zur Herstellung von Fertiggerichten (Nudelgerichte,

Pizza etc.). Der Einfachheit halber ist davon auszugehen, dass Profit Center 1 nur eine Sorte Mehlmischungen produziert und Profit Center 3 nur eine Sorte Fertigprodukte:

	Profit Center 1	Profit Center 3
Absatzmenge	100.000 Stück	1.800 Einheiten
Lieferung an andere Profit Center		200 Einheiten
Absatzpreis	2,- €/Stück	100,- €/ Einheit
variable Kosten*	0,50 €/Stück	30,- €/ Einheit
Kosten/Erlöse der Lieferungen	?	?
Periodenerlös auf Absatzmärkten	200.000,- €	180.000,- €
variable Kosten pro Periode	50.000,- €	60.000,- €
fixe Kosten pro Periode	100.000,- €	70.000,- €
Profit Center Ergebnis ohne Bewertung der Lieferungen	50.000,- €	50.000,- €

* Beim empfangenden Profit Center 1 immer ohne die Kosten der Lieferungen

Beide Profit Center weisen ein positives Ergebnis aus; allerdings beinhaltet das Ergebnis von Profit Center 3 noch die Kosten der Lieferungen an Profit Center 1, denen keine Erlöse gegenüberstehen. Auf der anderen Seite bezöge Profit Center 1 das Material zum Nulltarif, wenn es bei der Nichtbewertung bleiben würde. Gesucht wird also der interne Verrechnungspreis, der aus Sicht von Profit Center 1 die Kosten (variable Materialkosten) und aus Sicht von Profit Center 3 die Erlöse für die Lieferungen festsetzt.

Vollkosten: Die vollen Selbstkosten einer Einheit Mehl liegen bei 65,- € (130.000,- € / 2.000 Einheiten). Es ergibt sich folgende Erfolgsrechnung:

Vollkosten:	Profit Center 1	Profit Center 3
Kosten/Erlöse der Lieferungen	13.000,- €	13.000,- €
Periodenerlös auf Absatzmärkten	200.000,- €	180.000,- €
eigene Kosten pro Periode	150.000,- €	130.000,- €
Profit Center Ergebnis	37.000,- €	63.000,- €

Der vollkostenorientierte Verrechnungspreis entspricht einer Kostenerstattung. Aus Sicht des liefernden Profit Centers 3 ist dieses Ergebnis unbefriedigend, da keine Gewinne realisiert werden können. Der äquivalente Erlös auf dem Absatzmarkt liegt bei 20.000,- €, darin sind 7.000,- € Gewinne enthalten, auf die hier verzichtet werden muss. Aus der Sicht des empfangenden Profit Center 1 muss ein vollkostenorientierte Verrechnungspreis auch nicht optimal sein, da in Zeiten der Unterbeschäftigung von Profit Center 3 die vollen Selbstkosten aufgrund der umgekehrten Fixkostendegression steigen, was aus Sicht von Profit Center 1 zur Alimentierung der Unterbeschäftigung von Profit Center 3 führt. Dieser Aspekt lässt sich aber durch die vorherige Abstimmung auf Plan-Selbstkosten abmindern.

Vollkosten plus Gewinnzuschlag: Diese Methode berücksichtigt einen moderaten oder Mindestgewinn, leidet aber unter dem Nachteil, dass eine solche Lösung häufig von der Unternehmensleitung zentral festgelegt werden muss. Man bewegt sich aber mit dieser Vorgehensweise in die Nähe (fiktiver) Marktpreise, die beiden Profit Centern Anreize zu optimalem Verhalten bieten können. Die Höhe des Gewinnzuschlags ist von der Zentrale manipulierbar, damit natürlich auch die ausgewiesenen Profit Center Ergebnisse. Im Beispiel wird mit einem Aufschlag in Höhe von 20% (Verrechnungspreis: 65,- + 13,- = 78,- €) gerechnet:

Vollkosten plus Gewinnzuschlag:	Profit Center 1	Profit Center 3
Kosten/Erlöse der Lieferungen	15.600,- €	15.600 €
Periodenerlös auf Absatzmärkten	200.000,- €	180.000,- €
eigene Kosten pro Periode	150.000,- €	130.000,- €
Profit Center Ergebnis	34.400,- €	65.600,- €

Variable Kosten (Grenzkosten): Die Grenzkosten kommen dann in die Diskussion, wenn für das gelieferte Produkt kein Markt existiert. Grenzkosten erfüllen die Lenkungsfunktion, da nur sie die zusätzlichen Kosten der Produktion der internen Lieferungen darstellen. In mathematischen Gesamtgewinnoptimierungsmodellen sind nur die Grenzkosten des liefernden Profit Centers relevant, da die Fixkosten kurzfristig indisponibel und damit als entscheidungsirrelevant angesehen werden. Kurz zusammengefasst lässt sich folgende Aussage ableiten:

Solange die zusätzlich entstehenden Kosten (Grenzkosten) einer internen Lieferung günstiger sind als ein externer Bezugspreis, verhält man sich mit der internen Lieferung gesamtunternehmensgewinnmaximierend.

Dies setzt aber voraus, dass diese Lieferungen auf externen Märkten nicht abgesetzt werden können und kein Beschäftigungsengpass im liefernden Profit Center vorliegt. Sobald eine dieser Bedingungen wegfällt, entstehen dem liefernden Profit Center Opportunitätskosten entweder durch direkt entgangene Deckungsbeiträge (auf externem Markt) oder durch verdrängte Deckungsbeiträge (bei Beschäftigungsengpass). Außerdem wird die Erfolgsermittlungsfunktion nicht erfüllt, da die liefernden Profit Center immer einen Verlust in Höhe der anteiligen Fixkosten zu tragen haben. Der Ansatz von Grenzkosten könnte also ebenfalls nur zentral bestimmt werden und ist aus diesen Gründen nicht günstig, gerade im Hinblick auf die Motivationsfunktion.

Variable Kosten (Grenzkosten):	Profit Center 1	Profit Center 3
Kosten/Erlöse der Lieferungen	6.000,- €	6.000,- €
Periodenerlös auf Absatzmärkten	200.000,- €	180.000,- €
eigene Kosten pro Periode	150.000,- €	130.000,- €
Profit Center Ergebnis	44.000,- €	56.000,- €

Variable Kosten plus Anteil der Fixkosten, bzw. variable Kosten plus Anteil an den Fixkosten plus Gewinnzuschlag: Aus der Kritik am Ansatz von Grenzkosten haben sich Kompromisse entwickelt, die durch die anteilige Verrechnung von Fixkosten und Gewinnen versuchen, eine Lösung herbeizuführen. Es bleibt aber aufgrund der benötigten zentralen Bestimmung bei der Nichterfüllung der Motivationsfunktion.

Variable Kosten plus Anteil am tatsächlichen Gewinn: Bei dieser Methode bleibt es bei der bekannten Kritik, allerdings ist ein Vorteil zu sehen, wenn es sich um neue bzw. risikoreiche Endprodukte des empfangenden Profit Centers handelt. Es ergäbe sich durch die Lieferung zu Grenzkosten die Abdeckung der zusätzlich entstehenden Kosten und eine Risikoverteilung auf beide Profit Center durch die nachträgliche Gewinnaufteilung. Wie die Gewinnaufteilung vorgenommen wird, ist wiederum manipulierbar bzw. nur seitens der Zentrale festlegbar.

Variable Kosten und periodische Verrechnung: Bei dem so genannten Two-Step-Pricing werden zuerst die Grenzkosten abgerechnet. Dann wird der empfangende Profit Center monatlich mit einer Pauschale für Fixkosten und Gewinn belastet. Dabei bestimmt sich der Fixkostenanteil absatzmengenunabhängig an der in Anspruch zu nehmenden Plan-Kapazität und an den Plan-Fixkosten des liefernden Profit Centers, die vorab verhandelt werden. Für die Gewinnpauschale kommen Mindestkapitalrenditeansprüche in Betracht, die den Kapitalbedarf und damit Selbstfinanzierungsaspekte berücksichtigen sollen. Im Beispiel ergibt sich bei Grenzkosten in Höhe von 30,- €/Einheit ein Kapazitätsanteil von 10% (200 / 2000 Einheiten, Plan = Ist). Die Plan-Fixkosten liegen bei 60.000,- € (Ist: 70.000,- €) für Profit Center 3. Die Gewinnpauschale unter Beachtung einer Mindestkapitalrendite wird auf 2.500,- € festgelegt.

Two-Step-Pricing:	Profit Center 1	Profit Center 3
Kosten/Erlöse der Lieferungen	Grenzkosten: 6.000,- € Fixkostenanteil: 6.000,- € Gewinnpauschale: 2.500,- € Gesamt: 14.500,- €	Grenzkosten: 6.000,- € Fixkostenanteil: 6.000,- € Gewinnpauschale: 2.500,- € Gesamt: 14.500,- €
Periodenerlös auf Absatzmärkten	200.000,- €	180.000,- €
eigene Kosten pro Periode	150.000,- €	130.000,- €
Profit Center Ergebnis	35.500,- €	64.500,- €

Hätte sich in dem Beispiel Profit Center 3 kostenoptimal verhalten, lägen die Ist-Fixkosten nicht 10.000,- € über den Plan-Fixkosten. Auf der Differenz zwischen Ist- und Plan-Fixkosten, bezogen auf die anteilige Kapazitätsauslastung der internen Lieferung (10%), bleibt Profit Center 3 nun sitzen; er kann seine Kostenunwirtschaftlichkeiten nicht an Profit Center 1 weitergeben (70.000,- - 60.000,- = 10.000,- • 10% = 1.000,- €). Andererseits werden beiden Profit Center durch die Partizipation am Gewinn entsprechende Anreize vorgegeben.

18.2.3. Marktpreisorientierte Verrechnungspreise

Es liegt nahe, für die Bewertung der internen Lieferungen die Marktpreise anzusetzen, die auf den jeweiligen Märkten gelten. Marktpreise erfüllen die Anforderungen an Verrechnungspreise insbesondere dann sehr gut, wenn folgende Voraussetzungen des vollkommenen Marktes erfüllt sind:

- Alle Profit Center haben Marktzugang
- Es gilt auf dem Markt ein einheitlicher Preis
- Es gibt nur homogene Güter (keine Qualitätsunterschiede oder andere Präferenzen)
- Keine Kapazitätsbeschränkungen
- Der Verrechnungspreis muss sich Marktpreisschwankungen sofort anpassen

Spezielle Probleme ergeben sich, wenn das Endprodukt, das der empfangende Profit Center herstellt, auch vom liefernden Profit Center hergestellt und auch abgesetzt werden könnte. In diesen Fällen kommen zusätzlich Marktinterdependenzen ins Spiel. Dass zwei Profit Center denselben Markt bedienen, spricht für eine unsaubere Profit Center Bildung nach dem Objektprinzip, kann aber gerade bei Konzernkonglomeraten nicht immer ausgeschlossen werden. Diese Fälle werden nicht weiter verfolgt, da die Profit Center Bildung im Grunde Marktinterdependenzen vermeiden sollte, damit es nicht zu Konkurrenzbeziehungen innerhalb des Unternehmens kommt.

Im Beispiel würde sich unter der Annahme der Gültigkeit obenstehender Voraussetzungen folgendes Ergebnis präsentieren, wenn man die internen Lieferungen mit dem regulären Absatzpreis des Profit Center 3 bewertet. Die Erlöse bzw. Kosten der internen Lieferungen belaufen sich auf 20.000,- € (200 Einheiten • 100,- €/Einheit):

Marktverkaufspreis:	Profit Center 1	Profit Center 3
Kosten/Erlöse der Lieferungen	20.000,- €	20.000,- €
Periodenerlös auf Absatzmärkten	200.000,- €	180.000,- €
eigene Kosten pro Periode	150.000,- €	130.000,- €
Profit Center Ergebnis	30.000,- €	70.000,- €

Mit dem Ansatz von Marktpreisen werden gleiche Spielregeln für internen und externen Absatz geschaffen. Die Lenkungsfunktion ist erfüllt, solange es keinen günstigeren externen Bezug der Güter aus der Sicht von Profit Center 1 gibt und Profit Center 3 die Güter extern nicht zu höheren Preisen verkaufen könnte. Alle Profit Center verhalten sich zudem gesamtunternehmensgewinnoptimal. Probleme ergeben sich aber aus der Tatsache, dass oft keine vollkommenen Märkte existieren. Aus diesem Grund kommen unterschiedliche Marktpreisansätze zur Anwendung, die folgend kurz beleuchtet werden:

Marktverkaufspreis des liefernden Profit Centers: Dieser Ansatz entspricht dem allgemeinen Ansatz von Marktpreisen bei Annahme eines vollkommenen Marktes. Auf unvollkommenen Märkten sind diese Marktpreise nur günstig, solange es sich bei dem liefernden Profit Center auch um den preisgünstigsten Anbieter auf dem externen Markt handelt.

Markteinkaufspreis für beschaffenden Profit Center: Dieser Preis ist anzusetzen, wenn ein Markteinkaufspreis auf dem externen Beschaffungsmarkt günstiger ist als der Marktverkaufspreis des liefernden Profit Center. Dann verhält sich der empfangende Profit Center kostenoptimal, der liefernde Profit Center hat aber Opportunitätskosten in Höhe der Differenz seines Absatzpreises und dem des günstiger anbietenden Konkurrenten. Im Beispiel sei der günstigste Preis für Mehlmischungen 90,- €/Einheit. Profit Center 3 erleidet beim Ansatz dieses Markteinkaufspreises Erlösschmälerungen in Höhe von 2.000,- € (100,- - 90,- = 10,- € • 200 Einheiten), die als Kosteneinsparung den Gewinn von Profit Center 1 erhöhen.

Markteinkaufspreis:	Profit Center 1	Profit Center 3
Kosten/Erlöse der Lieferungen	18.000,- €	18.000,- €
Periodenerlös auf Absatzmärkten	200.000,- €	180.000,- €
eigene Kosten pro Periode	150.000,- €	130.000,- €
Profit Center Ergebnis	32.000,- €	68.000,- €

Variationen von Marktverkaufs- und -einkaufspreisen: Einigt man sich auf Marktverkaufspreise des liefernden Profit Centers, so gibt es einen Verhandlungsspielraum bezüglich der Rabatte und einiger Kostenarten, die bei interner Lieferung nicht anfallen. So wird der empfangende Profit Center versuchen, hohe Rabatte herauszuschlagen, da man schließlich zum gleichen Unternehmen bzw. Konzern gehört. Neben der Ausnutzung dieses Solidaritätsarguments seitens der empfangenden Profit Center könnte man versuchen, den Preis um solche Kostenarten zu bereinigen, die bei interner Lieferung tatsächlich nicht anfallen. Beispiele für solche Marktpreise sind:

- Marktverkaufspreis des liefernden Profit Centers an den meist begünstigten Kunden
- Marktverkaufspreis des liefernden Profit Centers abzüglich höchstmöglichem Rabatt
- Marktverkaufspreis oder Markteinkaufspreis abzüglich der Kosten, die bei interner Lieferung nicht anfallen (insbesondere verschiedene Vertriebskosten wie Werbung, Wagniskosten, Provisionen evtl. Transportkosten, Außenverpackung etc.)

Konkurrenzpreis: Damit der liefernde Profit Center bei guten internen Absatzmöglichkeiten sich nicht zu sicher fühlt und wettbewerbsfähig bleibt, könnte man generell beispielsweise den Angebotspreis des stärksten Konkurrenten wählen. Man passt den Verrechnungspreis im Grunde damit an die Marktentwicklung an. Senkt der Konkurrent den Preis, schwinden die Erfolge des liefernden Profit Centers zugunsten des empfangenden Profit Centers; der liefernde Profit Center muss versuchen, durch Kosteneinsparungen und/oder Effizienzsteigerungen wettbewerbsfähig zu bleiben. Es liegt auf der Hand, dass die Gefahr, „Speck anzusetzen", für liefernde Profit Center besonders hoch ist, wenn der Anteil der internen Lieferungen an der Gesamtleistung relativ groß ist. Dieser Gefahr kann durch den Ansatz von Konkurrenzpreisen entgegengewirkt werden. Ist der Konkurrenzpreis allerdings höher als der Marktverkaufspreis des liefernden Profit Centers, erzielt der liefernde Profit Center zusätzliche Erlöse. Diesem Vorgehen wird der empfangende Profit Center nicht zustimmen und versuchen, seine Güter extern zu beziehen. Falls hier die Unternehmenszentrale eingreift, begeht sie wiederum den Fehler der Autonomiebeschränkung des empfangenden Profit Centers.

Fiktiver Marktpreis: Diese Ansätze kommen zur Anwendung, wenn es keinen Markt für das intern gehandelte Gut gibt. Man wird den Verrechnungspreis nach den üblichen Methoden der Preisfindung kostenorientiert, nachfrageorientiert oder konkurrenzorientiert im Rahmen einer Simulation eines externen Marktes ermitteln müssen.

Unternehmensinterner Marktpreis: In großen Profit Center Strukturen bzw. Konzernen mit mehreren empfangenden und mehreren liefernden Profit Centers für ein Gut könnte man einen eigenen, unternehmensinternen Markt etablieren. Die einzige Restriktion der obersten Führung besteht in dem Zwang, bei irgendeinem liefernden Profit Center zu beziehen, solange es ein positives Angebot gibt. Da es aber mehrere Anbieter und Nachfrager gibt, könnten sich Wettbewerbsvoraussetzungen einstellen und diese Lieferungen über eine unternehmensinterne Börse abgewickelt werden. Jeder liefernde Profit Center (Anbieter) entscheidet, ob er auf dieser Börse verkauft oder lieber am externen Markt anbietet. So werden Angebotsüberschüsse und der damit verbundene Preisverfall auf dem internen Markt abgebaut. Die empfangenden Profit Center hingegen entscheiden, bei welchem internen Anbieter sie am günstigsten beziehen können. Bei zu geringem Angebot (Nachfrageüberhang) werden die empfangenden Profit Center auf dem externen Markt zum dort gültigen Marktpreis zukaufen müssen. Diese Zahlungsbereitschaft fördert wiederum das Angebot auf den internen Märkten, da man hier als Anbieter einige Kosten nicht zu tragen hat. Es kommt zum Abbau des Nachfrageüberhanges.

So günstig Marktpreise aus theoretischer Sicht zu beurteilen sind, in der Praxis werfen sie etliche Probleme auf. So enthalten Marktpreise bei Unterbeschäftigung nicht realisierte Gewinnbestandteile, was eine Verletzung des Imparitätsprinzips der externen Rechnungslegung darstellt. Der Ansatz von Marktpreisen bei unvollkommenen Märkten ist wie dargestellt komplizierter. Außerdem weist ein Marktpreissystem, in das auch Marktinformationen eingehen, einen wesentlich erhöhten Informationsbedarf durch die Erfassung unternehmensexterner Daten auf. Diese Informationskosten können gerade bei beabsichtigter hoher Aktualität des Systems nicht unbeträchtlich sein.

18.2.4. Weitere Verrechnungspreise

Hierunter fallen Verrechnungspreise, die sich nicht eindeutig den kosten- oder marktpreisorientierten Verrechnungspreisen zuordnen lassen.

Gewinnorientierte Preise: Es handelt sich um Ansätze, bei denen primär die Norm zur Aufteilung des Gewinns des Endproduktes die Höhe des Verrechnungspreises beeinflusst. Gewinnorientierte Ansätze haben den Nachteil, dass entschieden werden muss, welchen Gewinnanteil welcher Profit Center bekommt. Auch paritätische Ansätze führen oft nicht zu gerechten Ergebnissen, da die Profit Center unterschiedlich stark an der Produktion bzw. am Absatz beteiligt sein können. Die Fifty-Fifty-Regel (z.B. Vollkosten plus 50% vom Gewinn für den liefernden Profit Center) benachteiligt den empfangenden Profit Center dann, wenn sich z.B. die Leistung des liefernden Profit Centers wie im Beispiel nur auf die Lieferung eines Rohstoffes bezieht und führt zu unsinnigen Ergebnissen:

Fifty-Fifty-Regel:	Profit Center 1	Profit Center 3
Kosten/Erlöse der Lieferungen	Vollkosten: 13.000,- € 50% v. Gewinn: 25.000,- € Gesamt: 38.000,- €	Vollkosten: 13.000,- € 50% v. Gewinn: 25.000,- € Gesamt: 38.000,- €
Periodenerlös auf Absatzmärkten	200.000,- €	180.000,- €
variable Kosten pro Periode	50.000,- €	60.000,- €
fixe Kosten pro Periode	100.000,- €	70.000,- €
Profit Center Ergebnis ohne Bewertung der Lieferungen	50.000,- €	50.000,- €
Profit Center Ergebnis mit Bewertung	12.000,- €	88.000,- €

Ein anderer Vorschlag ist die Aufteilung des Gewinns gemäß gleichen prozentualen Gewinns bezogen auf die Erlöse (gleiche Umsatzrentabilität von lieferndem und empfangendem Profit Center). Aus der Sicht des liefernden Profit Center (L) bewertet der Verrechnungspreis seine Erlöse für diese Lieferung, während aus der Sicht des empfangenden Profit Centers (E) der Verrechnungspreis die Kosten bestimmt. Es gilt bei

Umsatzrentabilität = Gewinn / Erlöse $\Leftrightarrow$ [Erlöse – Kosten] / Erlöse

Umsatzrentabilität der Lieferung$_{(L)}$ = [Verrechnungspreis – volle Stückkosten$_{(L)}$] / Verrechnungspreis

Umsatzrentabilität$_{(E)}$ = [Stückerlös$_{(E)}$ – Verrechnungspreis] / Stückerlös$_{(E)}$

Durch Gleichsetzen und Auflösen nach dem gesuchten Verrechnungspreis ergibt sich:

Verrechnungspreis = $\sqrt{[\text{volle Stückkosten}_{(L)} \cdot \text{Stückerlöse}_{(E)}]}$

Nicht berücksichtigt wird in diesem einfachen Modell, dass der empfangende Profit Center (E) auch noch eigene Kosten zu tragen hat und dass die Lieferungen Handelswaren darstellen müssen, also nicht im Produktionsprozess des empfangenden Profit Centers in andere Produkte eingehen. Würde man dies berücksichtigen, ergäben sich folgende Formeln:

Umsatzrentabilität$_{(L)}$ = [Verrechnungspreis pro Liefereinheit$_{(L)}$ – volle Stückkosten$_{(L)}$] / Verrechnungspreis pro Liefereinheit$_{(L)}$

Umsatzrentabilität$_{(E)}$ = [Stückerlös$_{(E)}$ – eigene volle Stückkosten$_{(E)}$ - Verrechnungspreis pro Produkteinheit$_{(E)}$] / Stückerlös$_{(E)}$

Durch Gleichsetzen und Auflösen nach dem gesuchten Verrechnungspreis ergibt sich der Verrechnungspreis als einer der beiden Lösungswerte einer quadratischen Gleichung in Normalform ($x^2 + px + q = 0$). Im Zahlenbeispiel würde sich ein Verrechnungspreis von 78,4589 € für eine Einheit Mehl ergeben. (das entspricht $x = 0,1569178$ € pro Fertiggericht bei Profit Center 1). Multipliziert mit den 200 Einheiten Mehl ergeben sich Kosten/Erlöse von 15.691,78 €.

Gleiche Umsatzrendite:	Profit Center 1	Profit Center 3
Kosten/Erlöse der Lieferungen	15.691,78,- €	15.691,78 €
Periodenerlös auf Absatzmärkten	200.000,- €	
volle Kosten pro Periode	150.000,- €	
volle Kosten der Lieferung für L		13.000,- €
Ergebnis	34.308,22 €	2.691,78 €

Profit Center 1 weist jetzt eine Umsatzrendite von 17,541% (34.308,22 / 200.000,-) aus. Die Lieferung von Profit Center 3 hat ebenfalls eine Umsatzrendite von 17,541% (2.691,78 / 15.691,78). Das bedeutet, dass Profit Center 3 solange Gewinne vom empfangenden Profit Center 1 abzieht, bis die Umsatzrendite seiner Lieferung gleich der Umsatzrendite des empfangenden Profit Centers ist.

Dieses Modell funktioniert nur, wenn keine weiteren Lieferbeziehungen bestehen. Außerdem wird die Erfolgsermittlungsfunktion nicht erfüllt, da immer gleiche Rentabilitäten angesetzt werden und außerdem als Oberziele Kapitalrentabilitäten fungieren. Die Lenkungsfunktion muss auch nicht erfüllt sein, da der Verrechnungspreis über externen Marktpreisen liegen kann, es ergibt sich dann kein Gesamtunternehmensgewinnmaximum. Solche Modelle gaukeln eine mathematische Pseudokorrektheit vor, die keinen betriebswirtschaftlichen Nutzen haben.

Frei vereinbarte Preise: Dieser Ansatz beschreibt mehr den Prozess der Verrechnungspreisfindung als das Ergebnis. Als Leitmaxime gilt hier, dass es egal ist, ob man sich an Kosten oder Marktpreisen orientiert; wichtig ist nur, dass die beiden Profit Center das ausgehandelte Ergebnis akzeptieren. Hier wird dem Autonomieprinzip der Profit Center und der Motivationsfunktion ein sehr hohes Gewicht eingeräumt.

Knappheitspreise: Unter Knappheitspreisen fasst man die Preise zusammen, die situationsbezogen die jeweils herrschende Knappheit aufzeigen. Das Grundprinzip besagt, dass man je nach Knappheitssituation unterschiedliche Verrechnungspreise ansetzen muss. Dabei kommen in der Regel kosten- und marktpreisorientierte Preisansätze in Betracht.

Die Knappheitssituationen werden durch Marktzugänge und Beschäftigungsengpässe bestimmt, so dass folgende Knappheitspreise (aus der Sicht des liefernden Profit Centers dargestellt) für das Gesamtunternehmen optimal sind: Wenn die Lieferung auch an externe Kunden möglich ist, sind **Marktpreise** optimal. Ist die externe Lieferung nicht möglich und liegen keine Beschäftigungsengpässe vor, reicht die Bewertung zu **Grenzkosten** aus, da keine Opportunitätskosten entstehen. Liegt aber ein Engpass vor, bestimmen sich die Verrechnungspreise als **Grenzkosten plus verdrängte Deckungsbeiträge** der anstelle der internen Lieferung nicht produzierten Erzeugnisse.

Die Vor- und Nachteile der verschiedenen Verrechnungspreise lassen sich nochmals übersichtlich in folgender Gegenüberstellung veranschaulichen (*Coenenberg*).

	Koordinationsfunktion	Motivationsfunktion (Erfolgsermittlung)	Probleme
Marktpreise	erfüllt	erfüllt	oft kein vollkommener Markt vorhanden
Vollkosten	nicht erfüllt	nicht erfüllt	Fixkostenproblem, Lieferdivision hat keinen Gewinn
Vollkosten Plus	nicht erfüllt	eventuell erfüllt	zentrale Festlegung
Grenzkosten	erfüllt (solange kein Engpass, dann Knappheitspreise)	nicht erfüllt	Lieferdivision hat immer Verlust
Gewinnorientiert	nicht erfüllt	nicht erfüllt (da immer gleich)	zentrale Festlegung

Abb. 7: Vor- und Nachteile von Verrechnungspreisen

Im Konflikt zwischen der Motivations- und Koordinationsfunktion muss sich das Management entscheiden, ob man den dezentralen Weg konsequent durchsetzt oder doch lieber auf zentral kontrollierte Mechanismen zurückgreift. Langfristig erscheint aber gerade in Profit Center Strukturen die Erfüllung der Motivationsfunktion als der sinnvollere Weg, zukünftige Erfolgspotenziale in den Profit Centern zu schaffen (*Coenenberg*).

Lösung Funktion	Zentral festgelegt	Dezentral bestimmt
Koordinationsfunktion	Erreichung des operativen Gesamtoptimums möglich	Erreichung der Bereichsoptima, jedoch nicht unbedingt des Gesamtoptimums
Motivationsfunktion (Erfolgsermittlung)	Bereichserfolg nicht verursachungsgerecht messbar (geringe Motivation)	Bereichserfolg messbar (hohe Motivation)

Abb. 8: Konsequenzen zentraler und dezentraler Lösungen

18.3. Verbreitung von Verrechnungspreissystemen in der Praxis

Das Problem der Verrechnungspreise ist nicht optimal zu lösen. Alle zentralen Lösungen versprechen zwar die Ausrichtung auf die Gesamtunternehmensgewinnoptimierung, verkennen jedoch das Autonomieprinzip des Profit Center Konzeptes und haben deshalb nur eine geringe oder sogar negative Motivationswirkung. Diese sollte aber im Rahmen eines längerfristig ausgerichteten, unternehmenwachstumsorientierten Managements den Ausschlag geben. Empirische Untersuchungen zum Einsatz von Verrechnungspreisen in der Praxis von 1968 bis 1990 zeigen je nach Untersuchung zusammengefasst folgende Verbreitung (*Coenenberg*):

- Kostenorientierte Verrechnungspreise: zwischen 20% und 66%
- Marktpreisorientierte Verrechnungspreise: zwischen 17% und 57%
- Verhandlungsorientierte Verrechnungspreise: zwischen 9% und 75%

Beispielhaft sind die Ergebnisse der Untersuchungen von *Mautz* (USA, 1968), *Drumm* (Deutschland, 1971) und *Weilenmann* (Schweiz, 1988) wiedergegeben:

Verwendeter Verrechnungspreis	Anzahl
Zwischen Divisionen ausgehandelter Preis	160
Kosten plus festem oder kostenproportionalem Aufschlag	143
Kosten der liefernden Division	134
Echter Marktpreis (von außen gekauft bzw. nach außen verkauft)	128
Sonstige Verrechnungspreise	60
Echter Marktpreis ohne Geschäfte der Gesellschaft zu diesem Preis	53
Summe Nennungen (bei 341 Unternehmen)	**678**

Abb. 9: Verbreitung von Verrechnungspreisen nach *Mautz* (USA, 1968)

Verwendeter Verrechnungspreis	Anzahl
Marktpreise	13
Vollkosten	7
Grenzkosten	3
Knappheitspreise	2
Summe Nennungen (bei 20 Unternehmen)	**25**

Abb. 10: Verbreitung von Verrechnungspreisen nach *Drumm* (Deutschland, 1971)

Verwendeter Verrechnungspreis	Anzahl
Ausgehandelte Preise	41
Zuschläge	24
Marktpreise	21
Abschläge	7
Volle Standard-Herstellkosten	6
Volle Ist-Selbstkosten	6
Variable Ist-Herstellkosten	5
Volle Standard-Selbstkosten	3
Variable Ist-Selbstkosten	3
Volle Ist-Herstellkosten oder Grenzkosten	2
Summe Nennungen (bei 71 Unternehmen)	**118**

Abb. 11: Verbreitung von Verrechnungspreisen nach *Weilenmann* (Schweiz, 1988)

18.4. Verrechnungspreise in Konzernstrukturen

Die Führung der Profit Center als rechtlich selbständige Tochterunternehmen wurde als Spielart des Profit Center Konzeptes gekennzeichnet, die gerade international aktive Unternehmen betrifft. Bei diesen „Global Playern" spielen weitere Aspekte eine Rolle, die sich mit Gewinnverlagerung, Steuerminimierung und Risikobegrenzung befassen, von denen hier nur einige beispielhaft genannt werden:

- Verschiebung von Gewinnen in Niedrigsteuer-Länder
- Senkung wertabhängiger Zölle
- Umgehung von staatlichen oder vertraglichen Kontrollen und Beschränkungen der Dividendenzahlung an die Muttergesellschaft
- Verschiebung von Geldern in politisch stabilere Länder
- Übertragung von Geldern an Länder mit niedriger Inflationsrate
- Erhöhung des Gewinns ausländischer Töchter, um z.B. die Kreditwürdigkeit zu erhöhen

Auch bei der **Bestimmung der Konzernverrechnungspreise** gilt der Ansatz von **Marktpreisen** als optimal. Schließlich darf nicht vergessen werden, dass die Verrechnungspreise zwischen Konzernmitgliedern in erster Linie die Höhe echter Zahlungen bzw. Schulden bestimmen. Marktpreise sind zudem kompatibel mit der Koordinations- und Motivationsfunktion. Existieren keine Marktpreise, kann man mit der **Kosten-plus-Methode** einen Transferpreis festsetzen, indem auf die Grenz-, Herstell- oder Selbstkosten übliche kalkulatorische Zuschläge aufgesetzt werden. Eine zweite Variante ist die **Marktpreis-minus-Methode**, bei der von externen Marktpreisen ein Abschlag für das empfangende Konzernmitglied angesetzt wird.

Steuerrechtlich müssen Konzernverrechnungspreise gemäß OECD-Empfehlungen (Committee on Fiscal Affairs) mit konzernfremden Preisen vergleichbar sein. Schließlich will man den Möglichkeiten der willkürlichen Manipulation steuerlich relevanter Sachverhalte eine Grenze setzen. Die Unternehmen fürchten bei den zunehmenden Betriebsprüfungen neben strafrechtlichen Konsequenzen insbesondere eine Doppelbesteuerung.

Unter Advance Pricing Agreements (APA) versteht man fortschrittliche Verrechnungspreisvereinbarungen zwischen Behörden und Unternehmen. Diese beruhen in der Regel auf den genannten Methoden:

- Comparable Uncontrolled Price (CUP): Preisvergleichs-Methode
- Resale Price Method (RPM): Wiederverkaufspreis-Methode
- Resale Price Minus Method (RPM): Wiederverkaufspreis-minus-Methode
- Cost Plus Method (CPM): Kosten-plus-Methode

Unter einem Mutual Agreement Process (MAP) ist eine einvernehmliche Lösung mit Steuerbehörden zu verstehen, um Probleme zu vermeiden und die Auswirkungen von Doppelbesteuerungen zu lindern.

Die Doppelbesteuerung ist ein länderspezifisch ein wichtiges Thema. In Kanada besteht z.B. eine hohe Rate von Anordnungen der Behörden, die in 47% der Fälle zu Doppelbesteuerung führt. Dadurch überrascht es nicht, dass in Kanada 42% der Unternehmen eine einvernehmliche Lösung (MAP) zur Klärung mit den Behörden suchen. In den Vereinigten Staaten und in Großbritannien ist die Rate der Doppelbesteuerungsfälle ebenfalls hoch (22% und 19%). Deswegen sind auch 27% der amerikanischen und 25% der britischen Global Player daran interessiert, eine MAP zu finden (*Ernst & Young*).

untersuchtes Land	Anpassungen, die zu Doppelbesteuerungen führen in %	%-Satz der Unternehmen, die nach MAP suchen, um Doppelbesteuerung zu verhindern
Australien	7	14
Kanada	47	42
Frankreich	15	24
Deutschland	13	24
Italien	7	14
Japan	14	22
Korea	7	29
Niederlande	9	31
Schweden	-	47
Schweiz	13	63
Großbritannien	19	25
USA	22	27

Abb. 12: Ergebnis der Doppelbesteuerungsuntersuchung *(Ernst & Young)*

Verrechnungspreise führen weiterhin die internationalen Streitpunkte in Steuerfragen von Multinationalen Unternehmen an. Mit Fragen der Verrechnungspreise müssen sie sich heute und auch in der Zukunft beschäftigen. Fortschrittliche Unternehmen beginnen zu verstehen, wie sehr praktikable Verrechnungspreissysteme jeden Bereich ihrer Geschäfte voran bringen können. Ein gutes Verrechnungspreissystem kann in Verbindung mit einem positiven Wachstum, Kostenminimierungen, effizienter Nutzung des freien und eingesetzten Kapitals und natürlich Steuerminimierung, den Shareholder Value erheblich beeinflussen. Empfanden im Rahmen einer Befragung von Ernst & Young 1999 noch 78% der Befragten das Thema Verrechnungspreise (Transferpreise) als den wichtigsten Bereich ihrer täglichen Arbeit, so waren es 2001 nunmehr 85%. Das Thema Verrechnungspreise ist für 61% der befragten Verantwortlichen von Muttergesellschaften das wichtigste internationale Steuerthema, mit welchem sie sich in den kommenden Jahren beschäftigen müssen. Von den Verantwortlichen der Tochtergesellschaften meinten sogar 94%, dass Verrechnungspreissysteme in Zukunft der wichtigste Themenbereich ihrer Arbeit sein werden *(Ernst & Young)*.

Nach § 1 Außensteuergesetz (AStG) müssen die verwendeten Konzernverrechnungspreise mit Preisen gegenüber Konzernfremden vergleichbar sein (sog. „dealing at arm's length principle [maximal bei der Gründung verbundene Unternehmen, die danach keine Einflussnahme mehr erfahren]").

Methode	Vorgehensweise
Preisvergleichsmethode	Verrechnungspreisermittlung durch Marktnotierungen von in qualitativer und quantitativer Sicht gleichartigen Gütern oder intern durch Vergleiche mit ähnlichen Verträgen des Unternehmens mit Dritten.
Wiederverkaufsmethode	Verkaufpreis der Empfängerdivision im Ausland – Gewinnaufschlag der Empfängerdivision – zusätzlich entstehende Kosten der Empfängerdivision = Verrechnungspreis
Kostenaufschlagsmethode	Selbstkosten + angemessener Gewinnaufschlag = Verrechnungspreis

Abb. 13: Methoden zur Bestimmung steuerrechtlich relevanter Konzernverrechnungspreise

Die Vergleiche können erfolgen über **hypothetische Preisvergleiche** gleichartiger Güter unter ähnlichen Konditionen. Wenn keine Märkte existieren, kommen auch alternativ Methoden zum Einsatz, die durch **Kostenaufschläge** gekennzeichnet sind. Oder man geht von dem **Wiederverkaufspreis** aus, den das empfangende Unternehmen auf seinen Absatzmärkten erhält, und zieht von diesem die bei dem empfangenden Unternehmen zusätzlich entstehenden Kosten und einen Gewinnaufschlag ab.

Unternehmen gehen davon aus, von den Fiskalbehörden zunehmend in speziellen Transaktionsgebieten angegriffen zu werden. In allen Transaktionsbereichen bemerkten die Unternehmen in 2001 angreifbarer als in 1999 zu sein. Verwaltungs- und Managementtransaktionen werden von 50% der Unternehmen als weltweit empfindlich eingeschätzt. Noch 1999 waren sich die Unternehmen in diesem Bereich sicherer, denn nur 39% der Unternehmen vermuteten in diesem Punkt verwundbar zu sein. Dies bestätigt, dass Dienstleistungstransaktionen die höchste Anpassungsrate und auch Doppelbesteuerungswahrscheinlichkeit besitzen (*Ernst & Young*).

	Weltweit 2001 in %	Im Heimatland 2001 in %
Verwaltungs-/ Managementservices	50	35
Verkauf von Fertigprodukten	47	32
Technische Services	35	27
Immaterielle Transaktionen	40	28
Finanzierungen	36	28
Verkauf von Rohstoffen	29	22
Kommission für den Verkauf von Gütern	30	21
Vereinbarung Technologiekosten zu teilen	27	19

Abb. 14: Steuerrechtlich sensible Transferleistungen *(Ernst & Young)*

Literatur

Albach, H.: Innerbetriebliche Lenkpreise als Instrument dezentraler Unternehmensführung, in: Zeitschrift für betriebswirtschaftliche Forschung 1974, S. 216-242

Coenenberg, A. G.: Kostenrechnung und Kostenanalyse, Landsberg am Lech 1992

Drumm, H. J.: Theorie und Praxis der Lenkung durch Preise, in: Zeitschrift für betriebswirtschaftliche Forschung 1972, S. 253-267

Drumm, H. J.: Zustand und Problematik der Verrechnungspreisbildung in deutschen Industrieunternehmungen, in: Zeitschrift für betriebswirtschaftliche Forschung, Sonderheft 2/1973, S. 91-107

Ernst & Young: Transfer Pricing 2001 Global Survey, www.ey.com, 2001

Frese, E.: Grundlagen der Organisation, 4. Auflage, Wiesbaden 1988

Poensgen, O. H.: Geschäftsbereichsorganisation, Köln und Opladen 1973

Popkes, W.B.J.: Internationale Prüfung der Angemessenheit steuerlicher Verrechnungspreise, Bielefeld 1989

Schmalenbach, E.: Über Verrechnungspreise, in: Zeitschrift für handelswissenschaftliche Forschung 1908/09, S. 165-185

Treyer, O.: Verrechnungspreise für dezentrale Organisationen, in: Die Unternehmung, Nr. 4/1990, S. 247-272

Weilenmann, P.: Dezentrale Führung: Leistungsbeurteilung und Verrechnungspreise, in: Zeitschrift für Betriebswirtschaft, Heft 9/1989, S. 932-956

19. Kennzahlensysteme, Benchmarking und Frühaufklärung

19.1. Kennzahlensysteme

Ein klassisches Controlling-Instrument stellen Kennzahlen bzw. Kennzahlensysteme dar. Durch ihre Bildung wird bezweckt, ex-post und ex-ante orientierte Aussagen zur Beurteilung und zur Führung von Betrieben abzuleiten. Unter Kennzahlen können Zahlen verstanden werden, die sich auf wichtige betriebswirtschaftliche Sachverhalte beziehen, diese in konzentrierter Form widerspiegeln und dadurch die Lage und Entwicklung von Betrieben erkennen lassen sollen. Durch ihren numerischen Charakter sind Kennzahlen anzusehen als die Abbildungen quantitativer bzw. quantifizierbarer betrieblicher Sachverhalte, Objektbereiche bzw. Ziele. Dabei weisen sie einen hohen Aggregationsgrad der verwendeten Informationen auf, der sie zur Nutzung als aussagekräftige, schnell übermittelbare Informationen Bewältigung komplexer Führungsprobleme befähigen soll *(Schmidt)*.

Die Aufgaben von Kennzahlensystemen können übersichtlich dargestellt werden in vier Gruppen:

- Abbildungsaufgaben: tatsächliches und zukünftigen Geschehen
- Informationsaufgaben: schnelle Übermittlung, problembezogene Lenkung der Informationsbeschaffung
- Planungsaufgaben: Simulationsmodelle ermöglichen Bewertung möglicher Handlungskonsequenzen
- Kontrollaufgaben: Suchschema für die Ursachen- und Schwachstellenanalyse

Grundsätzlich kommt die Verwendung von Kennzahlen als Absolut- oder Relativkennzahlen in Betracht. Dabei kann die Bewertung absoluter Zahlen im Zusammenhang ebenso einen Erkenntniswert bedingen, wie die Verhältnisbildung bei Relativkennzahlen. Absolutzahlen können mengen-, wertmäßige oder dimensionslose Einzelzahlen, Summen, Differenzen oder Mittelwerte sein. Da Absolutzahlen nur Informationen liefern, über deren Zustandekommen sie aber nichts aussagen, wird mit der Verhältnisbildung versucht, einen vermuteten oder empirisch belegten Zusammenhang zwischen verschiedenen Sachverhalten auszudrücken. Generell kommen als Relativzahlen Gliederungs-, Beziehungs-, und Indexzahlen in Betracht. Gliederungszahlen bilden die Beziehung eines Teils von dem gesamten Sachverhalt ab. Dabei wird der Teil im Zähler auf den gesamten Sachverhalt als Maß im Nenner bezogen. Bei Beziehungszahlen werden artverschiedene Sachverhalte in ihrer Teil- oder Gesamtausprägung in Beziehung gesetzt. Dabei wird von Verursachungszahlen gesprochen, wenn ein kausaler Zusammenhang zwischen dem Zähler als Wirkung und der Nennergröße als Ursache unterstellt wird. Werden normative Überlegungen oder andere Verbundenheiten bei der Bildung der Beziehungszahlen angenommen, erhält man Entsprechungszahlen. Indexzahlen beinhalten Informationen über die zeitliche Entwicklung von Sachverhalten durch die Verwendung von zeitlich fixierten Basisgrößen.

Relativzahlen sollen einen höheren Erkenntniswert als Absolutzahlen erlauben; sie weisen jedoch mit der Möglichkeit der Kompensation von Veränderungen der Größen im Zähler und Nenner eine Interpretationsgefahr auf, die die Gewährleistung der frühzeitigen Erkennung sich verändernder Sachverhalte ausschließt. Die Verwendung von Kennzahlen zur Führung des Betriebes ist abhängig von der Beherrschbarkeit der abgebildeten Sachverhalte. So kann zwischen direkt und indirekt kontrollierbaren Kennzahlen unterschieden werden, von denen die indirekt kontrollierbaren Kennzahlen dadurch charakterisiert sind, dass sie von den betrieblichen Entscheidungsträgern nicht vollständig beherrschbar, sondern nur in unterschiedlichem Grad beeinflussbar sind. In diesen Kennzahlen finden sich somit Einflüsse der Unternehmensumwelt wieder.

Diese Kritik der Benutzung einzelner Kennzahlen führt zur Forderung nach der Bildung von Kennzahlensystemen, die als geordnete Gesamtheit von Kennzahlen in sachlich sinnvoller Beziehung zueinander stehen, sich gegenseitig ergänzen und als Gesamtheit dazu dienen, die betrachteten Sachverhalte und ihre Interdependenzen möglichst ausgewogen und genau zu erfassen. Kennzahlensysteme können als Beschreibungsmodelle übersichtlich Aufschluss über die abgebildeten Sachverhalte liefern; darüber hinaus werden durch die Art der Beziehungen zwischen den Kennzahlen und die Wahl der verwendeten Kennzahlen andere Kennzahlen, die Spitzenkennzahlen erklärt. Die Art der Beziehung zwischen den Kennzahlen gibt Aufschluss über das Erklärungspotenzial von Kennzahlensystemen. Der Aufbau der Beziehungen kann mathematisch oder sachlogisch vorgenommen werden. Dabei kann nicht nur von einem Kennzahlensystem gesprochen werden, wenn sich mathematische Verknüpfungen aufstellen lassen; gerade betriebswirtschaftliche Sachverhalte können sich sachlogisch in Elemente aufspalten lassen, deren Beziehungen untereinander nicht quantifizierbar sind, die aber schon allein durch die sachlogische Aufspaltung transparenter werden.

Durch die Bildung von Beziehungen zwischen den Kennzahlen wird eine Struktur hergestellt, die bei Verwendung von Spitzenkennzahlen als Hierarchie bezeichnet werden kann. Es kann nach der Ableitungsrichtung in zerlegende (analytische) und in zusammenfassende (synthetische) Kennzahlensysteme unterschieden werden. Zerlegende Kennzahlensysteme gliedern retrograd die Spitzenkennzahl in untergeordnete Kennzahlen auf, die Aufschluss über die Bestimmungsfaktoren der Spitzenkennzahl geben sollen, während das progressive Vorgehen zusammenfassender Kennzahlensysteme mehr die detaillierte Darstellung der Entstehungszusammenhänge des gesamten Sachverhalts und die Bestimmung der Auswirkungen von Variationen untergeordneter Kennzahlen auf die Spitzenkennzahl liefern soll. Zusammenfassend lassen sich folgende Aspekte mathematisch und sachlogisch verknüpfter Kennzahlensysteme festhalten.

- **Mathematische Verknüpfung:** Sachliche Interdependenzen zwischen den quantitativen Systemelementen werden über Rechenoperationen quantitativ beschrieben. Vorteile sind Programmierbarkeit, intersubjektive Überprüfbarkeit, formale Überprüfbarkeit, Möglichkeit zu Simulationen und leichte Analyse der Unternehmensvorgänge. Die Nachteile schlagen sich in Kompensationseffekten nieder, wenn Änderungen in Zähler und Nenner sich aufheben; außerdem sind nicht alle Vorgänge operationalisierbar und damit mathematisch auszudrücken.
- **Sachlogisch verknüpfte Kennzahlensysteme:** Elementverbindungen lassen sich nicht oder nur teilweise quantifizieren, es gibt oft keine Spitzenkennzahl. Darstellung in Wenn-Dann-Relationen oder qualitativen Relationen. Vorteile sind hier der hohe Freiheitsgrad, da keine Rechenoperationen benötigt werden, sie können bei schlecht strukturierten Problemen zum Einsatz kommen. Als Nachteile seien die Gefahren der unsystematischen Überfrachtung mit Kennzahlen, der subjektive Aufbau und die fehlende Möglichkeit, Auswirkungen von Kennzahlenänderungen darzustellen, genannt.

Auch die Verwendung von Kennzahlensystemen stößt durch Beschränkungen in der Messbarkeit, Mängeln in den Informationsversorgungssystemen und durch etliche andere Gründe an ihre Grenzen. So besteht etwa die Gefahr einer Kennzahleninflation durch die Überfrachtung der Systeme. Andererseits sagt eine Kennzahl allein wenig aus. Besonders problematisch sind die Gefahren der Fehlinterpretation durch falsch vermutete Zusammenhänge oder des

Verfalles der Aktualität. Man muss sich auch immer vor Augen halten, dass nur Aussagen über quantitative bzw. quantifizierbare Sachverhalte möglich sind. Insofern täuschen manche Kennzahlen eine scheinbare Exaktheit vor, die nicht im Zusammenhang mit den eigentlich gewollten betriebswirtschaftlichen Aussagen steht. Aufgrund der Komplexität, die ein Kennzahlensystem hätte, was alle betrieblichen Ziele und Sachverhalte differenziert beinhaltet, ist bei den praktisch angewendeten Kenzahlensystemen auch die Komplementarität zum gesamten Zielsystem fraglich.

19.2. Ausgewählte Kennzahlen und Kennzahlensysteme

Das DuPont-System of Financial Control wurde von dem Chemiekonzern DuPont 1919 als mathematisches, zerlegendes Kennzahlensystem mit Absolut- und Relativzahlen entwickelt. Die Spitzenkennzahl bildet der Return on Investment (ROI). Der Return on Investment kann in einer ersten Zerlegung auch dargestellt werden als Produkt aus Umsatzrentabilität (UR) und Kapitalumschlag (KU).

ROI =   UR   •   KU
ROI = Gewinn / Umsatz • Umsatz / Kapital

Als Vorteile können die einfache Erstellung aus dem Rechnungswesen und die Anwendbarkeit in dezentralen Unternehmen (Profit Center Organisationen) genannt werden. Der Kapitaleinsatz wird über das jeweils gebundene Vermögen ermittelt, so dass auch nichtbilanzierende Betriebsteile über den Return on Investment gesteuert werden können. Den Bereichsleitern wird durch die Vereinbarung rentabilitätsorientierter Zielgrößen viel Handlungsfreiheit im Sinne des Management by Objectives (Führung durch Zielvorgabe) eingeräumt. Es bietet eine Grundlage für weitergehende Systeme.

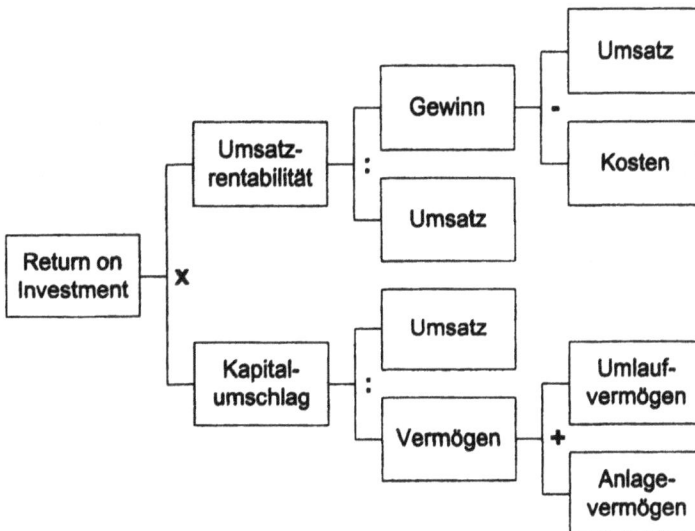

Abb. 1: Die Spitze des DuPont-Systems of Financial Control

Insbesondere das Verhältnis zwischen Umsatzrentabilität und Kapitalumschlag kann genutzt werden, um Strategien zur Steigerung des ROI aufzuzeigen. Die Darstellung erfolgt in Isoquanten.

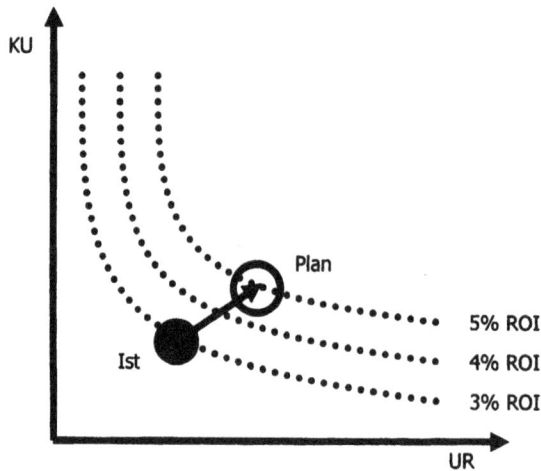

Abb. 2: ROI-Isoquanten

Zusätzlich kann eine Verbindung zur Eigenkapitalrentabilität (EKR, Return on Equity) zusammen mit der Eigenkapitalquote (EKQ) hergestellt werden, da gilt:

ROI =   EKR   •   EKQ
ROI = Gewinn / Eigenkapital   • Eigenkapital / Kapital

Insofern ist auch die eigentümerbezogene Sichtweise mit darzustellen.

Dem stehen aber einige Nachteile gegenüber. So wird die Rentabilität als singuläres Oberziel angesehen, andere wichtige Aspekte wie z.B. die Liquidität fehlen. Es gibt keine Kennzahlen, die eine besondere Eignung als Frühwarnindikatoren besitzen. Das System ist innovationshemmend durch die einseitige Vorgabe von Rentabilitäten. So wird z.B. ein Bereichsleiter, der in seinem Bereich eine bisherige Rentabilität von 8% erreicht hat, eine Projekt mit einer Rentabilität von 5% nicht realisieren, weil diese zumindest kurzfristig die gesamte Rentabilität drückt, obwohl das Projekt Gewinn verspricht. Die im Return on Investment angenommene Beziehung zwischen Gewinn und eingesetztem Kapital ist unrealistisch. Es finden sich auch keine Aussagen über nicht-rentabilitätsbezogene Sachverhalte wie z.B. Wirtschaftlichkeiten.

Ein weiteres Kennzahlensystem ist das ZVEI-Kennzahlensystem vom Zentralverband der Elektrotechnischen Industrie als kombiniertes Ordnungs- und Rechensystem. Dieses Kennzahlensystem beinhaltet zwei Teile, die Wachstumsanalyse und die Strukturanalyse.

In der Wachstumsanalyse ermöglichen Absolutzahlen die rasche Beurteilung der Unternehmensentwicklung im Zeitablauf. Es werden unterschiedliche Kennzahlen dargestellt:

- Vertriebstätigkeit: Auftragsbestand, Umsatz
- Ergebnis: Betriebsergebnis, Jahresüberschuss, Cash Flow
- Kapitalbindung: Vermögenspositionen des Anlage- und Umlaufvermögens
- Wertschöpfungskennzahlen
- Beschäftigung: z.B. Fluktuationskennzahlen

Die **Strukturanalyse** stellt das eigentliche mathematisch zerlegende Kennzahlensystem dar. Spitzenkennzahl ist die Eigenkapitalrentabilität (EKR), die Gesamtkapitalrentabilität (GKR) und der Return on Investment befinden sich auf der nachgelagerten Ebene. Dabei sind diese Größen wie folgt definiert:

EKR =   Gewinn / Eigenkapital
GKR =   (Gewinn + Fremdkapitalzinsen) / Gesamtkapital

Es erfolgt eine Abgrenzung der Kennzahlen auf den aktienrechtlichen Jahresabschluss und die Kosten- und Erfolgsrechnung. Damit gehen Daten des externen und des internen betrieblichen Rechnungswesens ein.

Es werden zwei inhaltlich verschiedene Kennzahlenarten definiert. Die Hauptkennzahlen sind die eigentlichen Planungs- und Analyseobjekte, während die Hilfskennzahlen zur Erklärung der Hauptkennzahlen und Wahrung des formalen Zusammenhangs dienen. Weiterhin existieren zwei unterschiedlich konstruierte Kennzahlenarten, bei dem Typ A sind Zähler und Nenner gleichartig, bei dem Typ B sind Zähler und Nenner verschiedenartig. Aus der Kombination dieser Kennzahlenarten und Gruppierung zu Ertragskraft- bzw. Risiko-Kennzahlen, lassen sich die vier verschiedenen Module des ZVEI-Kennzahlensystems erklären:

Module des ZVEI-Kennzahlensystems:

- Sektor I: Ertragskraft-Kennzahlen vom Typ B (z.B. Rentabilität, ROI),
- Sektor II: Ertragskraft-Kennzahlen, vom Typ A (Kennzahlen der Ergebnisbildung, Umsatzrentabilität),
- Sektor III: Risiko-Kennzahlen vom Typ A (Kapitalstrukturen, Eigenkapitalanteil),
- Sektor IV: Risiko-Kennzahlen vom Typ B (Kapitalbindung, z.B. pro Kopf oder in Tagen).

Da das ZVEI-Kennzahlensystem sehr komplex ausgebildet werden kann, kann nur eine knappe Würdigung unter Controlling-Aspekten vorgenommen werden. Es können aber folgende Vor- und Nachteile festgehalten werden:

Vorteile:
- Erweiterung des DuPont-Systems (z.B. um Liquiditätskennzahlen)
- Einige Kennzahlen haben Frühwarncharakter (z.B. Auftragseingang/Umsatz)
- Eine differenzierte Analyse der Gesamttätigkeit ist möglich
- Auch horizontale Interdependenzen werden beachtet
- Leichte rechentechnische Durchführbarkeit
- Möglichkeit der Kontrolle durch Zeit- und Betriebsvergleich

Nachteile:
- Das System ist groß und unflexibel (über 140 Kennzahlen)
- Keine Abbildung stellenspezifischer Probleme
- Keine Abbildung strategischer Probleme

- Schlecht anwendbar in dezentralen Unternehmen
- Die Hilfskennzahlen sind oft nicht aussagekräftig (z.B. Vorräte pro Standard-Beschäftigter)

Des Weiteren gibt es gesamtunternehmensbezogene Kennzahlensysteme wie z.B. das ergebnis- und liquiditätswirksames Planungs- und Kontrollsystem (PuK) als erweitertes Return on Investment / Cash Flow-System und das RL-Kennzahlsystem, das als Spitzenkennzahlen Erfolg und Liquidität beinhaltet (*Hahn, Reichmann*). Für spezielle betriebliche Funktionen wie z.B. die Materialwirtschaft, die Logistik und das Qualitätswesen haben sich neben den gesamtunternehmensbezogenen Kennzahlensystemen spezielle Kennzahlensysteme herausgebildet, die jeweils differenzierter auf diese partiellen Analysefelder eingehen können.

Bilanzierungsspielräume und Bewertungskonventionen erschweren die Aussagefähigkeit von Gewinngrößen. Dadurch gibt es eine stärkere Hinwendung zu zahlungsorientierten Größen wie Cash Flows, die als Liquiditätsmaßstab, als Beurteilungsgröße des Innenfinanzierungsspielraums und als längerfristiger Erfolgsmaßstab geeigneter als externe oder interne Gewinngrößen sind: Der Bilanzgewinn sei ein nebulöses Buchhaltungskonzept; der Cash Flow ist etwas Klares und Eiskaltes, entweder man hat Cash oder eben nicht (*Hohenstein*). Der Cash Flow lässt sich direkt oder indirekt ermitteln. In der Praxis kommen oft Näherungsformeln zur Anwendung.

$\quad$ **zahlungswirksame Erträge**
− zahlungswirksame Aufwendungen
= Cash Flow(direkt)

$\quad$ **Gewinn**
+ nichtzahlungswirksame Aufwendungen
− nichtzahlungswirksame Erträge
= Cash Flow(Indirekt)

$\quad$ **Jahresüberschuss/-fehlbetrag**
+ Abschreibungen (- Zuschreibungen)
+ Erhöhung (- Verminderungen) von langfristigen Rückstellungen
= Cash Flow (näherungsweise)

$\quad$ **Cash Flow**
+ Steuern (Einkommen, Ertrag, Vermögen)
= Brutto Cash Flow

So werden zunehmend Kennzahlen auf Cash Flow Basis entwickelt, wie etwa Cash Flow bezogene Rentabilitäten (CFROI). Zusammenfassend sind folgend die wichtigsten Rentabilitätsbegriffe und einige verbreitetete Kennzahlen dargestellt:

Intensitätskennzahlen:

- **Anlagevermögen / Gesamtvermögen** bzw. **Umlaufvermögen / Gesamtvermögen**

Interpretation:
- Je größer der Anteil des Umlaufvermögens, desto größer die Flexibilität und damit die finanz- und erfolgswirtschaftliche Stabilität.

- Dispositionselastizität: Je kurzfristiger das Vermögen gebunden ist, umso höher ist das Liquiditätspotenzial.
- Erfolgselastizität: Je kurzfristiger das Vermögen gebunden ist, umso geringer ist ceteris paribus der Fixkostenanteil, das Break-Even-Risiko sinkt.
- Je kleiner der Anteil des Anlagevermögens, desto besser ist die Kapazitätsauslastung, weil steigende Kapazitätsausnutzungen zu steigendem Umsatz und der wiederum zu steigendem Vorrats- und Forderungsbestand führen.
- Problem: Mehrdeutigkeiten. So kann z.B. eine steigende Relation Anlagevermögen/Umlaufvermögen zurückzuführen sein auf: größere Investitionen in der Vergangenheit oder langfristige Verschlechterung der Beschäftigung oder Lagerhaltungsrationalisierungen.

Umsatzrelationen

- **Vorräte / Umsatz** bzw. **Fertigerzeugnisse / Umsatz**

Umsatzrelationen lassen erkennen, inwieweit eine Änderung einzelner Vermögenspositionen auf wachsende oder schrumpfende Geschäftätigkeit zurückzuführen ist.

Umschlagshäufigkeiten

- **Kapitalumschlag = Umsatz / Kapital**

- **Kundenziel = Durchschnittlicher Bestand an Warenforderungen • 365 / Umsatz**

Investitions- und Abschreibungskennzahlen

- **Anlagenabnutzungsgrad =**
  kum. Abschreibungen auf Sachanlagen / Sachanlagen zu historischen Anschaffungskosten

- **Investitionsquote =**
  Nettoinvestitionen bei Sachanlagen / Sachanlagen zu hist. Anschaffungskosten

- **Investitionsdeckung =**
  Abschreibungen des Geschäftsjahres auf das Anlagevermögen / Nettoinvestitionen bei Sachanlagen

- **Abschreibungsquote =**
  Abschreibungen des Geschäftsjahres auf das Anlagevermögen / Sachanlagen zu historischen Anschaffungskosten

Je höher der Anlagenabnutzungsgrad, desto älter sind tendenziell die Sachanlagen und umso größer ist der künftige Investitionsbedarf. Wachstum ist gegeben, wenn die Investitionen über die Abschreibungen hinausgehen. Bei Bildung stiller Reserven steigt ceteris paribus die Abschreibungsquote.

Finanzierungskennzahlen

- **Eigenkapitalquote = Eigenkapital / Gesamtkapital**

- **Verschuldensgrad I (II) =**
  Eigenkapital / Fremdkapital (+sonstige finanzielle Verpflichtungen)

- **Anspannungsgrad I (II) =**
  Fremdkapital (+sonstige finanzielle Verpflichtungen) / Gesamtkapital

- **Durchschnittlicher Fremdkapitalzinsaufwand =**
  Zinsen und ähnliche Aufwendungen / Fremdkapital

- **Lieferantenziel =**
  Durchschnittlicher Bestand an Warenschulden • 365 / Wareneingang

Liquiditätskennzahlen

- **Deckungsgrad A (Goldene Bilanzregel) = Eigenkapital / Anlagevermögen**

- **Deckungsgrad B:**
  (Eigenkapital + langfristiges Fremdkapital) / (Anlagevermögen + langfristiges Umlaufvermögen)

- **Working Capital = Umlaufvermögen – kurzfristiges Fremdkapital**

- **Liquidität 1. Grades: = liquide Mittel / kurzfristige Verbindlichkeiten**

- **Liquidität 2. Grades: =**
  (liquide Mittel + Wertpapiere des Umlaufvermögens) / kurzfristige Verbindlichkeiten

- **Liquidität 3. Grades: =**
  (liquide Mittel + Wertpapiere des Umlaufvermögens + Vorräte) / kurzfristige Verbindlichkeiten

- **Liquidität 4. Grades: =**
  (liquide Mittel + Wertpapiere des Umlaufvermögens + Vorräte + Forderungen) / kurzfristige Verbindlichkeiten

Erfolgskennzahlen

- **Return on Investment (ROI, allgemein) = Gewinn / Kapital**

- **Return on Investment (ROI, intern) =**
  kalkulatorisches Betriebsergebnis / betriebsnotwendiges Kapital

- **Return on Equity (ROE, Eigenkapitalrentabilität) = Gewinn / Eigenkapital**

- **Return on Assets (ROA, Gesamtkapitalrentabilität) =**
  (Gewinn + Fremdkapitalzinsen) / Gesamtkapital

- betriebsbedingter Cash Flow =
  kalkulatorisches Betriebsergebnis + Abschreibungen auf Sach- und immaterielle
  Anlagen + Erhöhung(-Verminderungen) von langfristige Rückstellungen

- Return on Capital Employed (ROCE) =
  Operating Profit / Capital Employed =
  Betriebsergebnis ohne Steuern und Zinsergebnis / investiertes Kapital

- Cash Flow Return on Investment (CFROI) =
  (Cash Flow – ökonomische Abschreibung)/ investiertes Kapital

  Ökon. Abschreibung: zukünftiger Ersatzinvestitionsbedarf =
  (WACC / (1 + WACC^n -1)) • abnutzbare Aktiva

  WACC = gewichteter Gesamtkapitalkostensatz

- Return on Sales (ROS, Umsatzrentabilität) = Gewinn / Umsatz

Die dargestellten Kennzahlen stellen nur einen Bruchteil der Kennzahlen dar, die einerseits zum Zwecke der externen Bilanzanalyse und andererseits im Rahmen des kennzahlengestützten Controllings Verwendung finden. Insbesondere zur Feinsteuerung haben sich Kennzahlensysteme als Partialmodelle herausgebildet, die z.B. nur spezielle Bereiche (Materialbereich, Vertriebsbereich, Logistik) analysieren oder auf spezielle Zielsetzungen abstellen, wie beispielsweise im Qualitätsmanagement oder auf einzelne Branchen, Spartenanteile und Exportquoten. Andere Kennzahlen, wie z. B. die Wertschöpfung, gehen auf die Zusammensetzung des wirtschaftlichen Erfolges bzw. auf die Verteilung des Erfolges an verschiedene Interessengruppen (Stakeholder) des Unternehmens ein.

Wertschöpfung als Entstehungsrechnung:

    Produktionswert (Gesamtleistung)
-   Vorleistungen (Roh-, Hilfs-, und Betriebsstoffe, Abschreibungen,
    sonstige Aufwendungen und Steuern)
=   Wertschöpfung

Wertschöpfung als Verteilungsrechnung I:

    Arbeitserträge (Personalaufwand: Mitarbeiter)
+   Gemeinerträge (Steuern und Sozialabgaben: Staat)
+   Fremdkapitalerträge (Zinsen: Fremdkapitalgeber)
+   Eigenkapitalerträge (Gewinn: Eigentümer (Shareholder))
=   Wertschöpfung

Die Verteilungsrechnung kann weiter differenziert werde, wenn man z. B. die Bezüge des Vorstands und des Aufsichtsrates als Managementerträge von den restlichen Personalkosten separieren möchte. Entsprechende Angaben sind dem Anhang des Jahresabschlusses zu entnehmen.

Wertschöpfung als Verteilungsrechnung II:

>   Arbeitserträge (Personalaufwand ohne Vorstand und Aufsichtsrat: Mitarbeiter)
> \+ Managementerträge (Vorstands- u Aufsichtsratsbezüge: Top-Management)
> \+ Gemeinerträge (Steuern und Sozialabgaben: Staat)
> \+ Fremdkapitalerträge (Zinsen: Fremdkapitalgeber)
> <u>\+ Eigenkapitalerträge (Gewinn: Eigentümer (Shareholder))</u>
> \= Wertschöpfung

Insbesondere im Zusammenhang mit der Verbreitung des Shareholder Value Managements werden neue Anforderungen an Kennzahlensysteme gestellt. Der Shareholder Value als Marktwert des Unternehmens aus der Sicht der Anteilseigner bedingt eine unternehmenswert-orientierte Ausrichtung von Controlling-Instrumenten gegenüber der klassischen gewinnorientierten Sicht *(Günther)*. Beim Shareholder Value Konzept geht es nicht darum, einen möglichst hohen (ausschüttbaren) Gewinn zu erzielen, sondern den Unternehmenswert als Zukunftserfolgswert zu vergrößern. Der Shareholder Value wird allgemein als die Summe zukünftiger diskontierter Freier Cash Flows eines Unternehmens definiert. Freie Cash Flow sind die von Reinvestitionen in das Anlage- und Netto-Umlaufvermögen befreiten, ausschüttbaren Cash Flows.

>   Cash Flow
> \- Investitionen in das Anlagevermögen
> <u>\- Investitionen in das Netto-Umlaufvermögen (Working Capital)</u>
> \= Freier Cash Flow

$$\text{Shareholder Value} = \sum_{t=1}^{\infty} \frac{\text{Freier Cash Flow}_t}{(1+\text{Kapitalkosten})^t}$$

Der Shareholder Value basiert auf dem Konzept der Erfolgskapitalerhaltung bzw. der Substanzerhaltung des Unternehmens. Das Grundprinzip der Substanzerhaltung findet ebenfalls im Rahmen der kalkulatorischen Kosten in der Kostenrechnung eine gewisse Beachtung. Die Freien Cash Flows stellen den Teil des ökonomischen Gewinns dar, die entnommen werden können, da notwendige Investitionen in Anlage- und Umlaufvermögen bereits abgezogen wurden.

Aufgrund der Zukunftsorientierung des Shareholder Value Konzeptes existieren erhebliche Datenunsicherheiten in Abhängigkeit von der Länge des zukünftigen Betrachtungshorizontes. Zur konkreten Bestimmung des Shareholder Value unter Beachtung betrieblicher, kapitalmarktbedingter, steuerlicher und weiterer Aspekte hat sich eine Vielzahl von Berechnungsmethoden herausgebildet.

Die Problematik der Anwendung traditioneller finanzwirtschaftlich orientierter Kennzahlen, wird am Beispiel des Return on Investments verdeutlicht. Es werden die Auswirkungen dezentral getroffener Entscheidungen des Managements von Profit Centern untersucht. So steigt beispielsweise der ROI durch die Streichung von Mitarbeiterschulungen und er sinkt durch die Aufnahme eines jungen, noch ertragsschwachen aber zukunftsträchtigen Produkts.

Der Shareholder Value Ansatz nach *Rappaport* ist der Wert (Value) für den Anteilseigner (Shareholder). Ursprünglich als Inbegriff des Kapitalismus (USA) verschmäht, setzt sich die Orientierung am Shareholder Value als Controlling-Konzept weiter fort.

Einfache Formel: Shareholder Value = Unternehmenswert - Fremdkapital

Das Problem besteht darin, den Unternehmenswert zu quantifizieren. Insofern wird nach Faktoren gesucht, die in der Zukunft in der Lage sind, den Unternehmenswert nachhaltig zu beeinflussen (Werttreiber, Value Driver).

Folgende wertschaffende Faktoren (Value Driver) gehen in das Berechnungsmodell nach *Rappaport* ein:

- Umsatzwachstum
- Umsatzrentabilität
- Steuerquote
- Nettoinvestitionen ins Anlagevermögen
- Nettoinvestitionen ins Umlaufvermögen
- Kapitalkosten
- Dauer der Wettbewerbsvorteile

Die Ermittlung des Shareholder Value wird als Fortführungswert durchgeführt, d. h. unter der Annahme, dass das Unternehmen zukünftig gerade in der Lage ist, mit den Cash Flows die Kapitalkosten zu decken:

Shareholder Value = Freier Cash Flow / Kapitalkostensatz

> **Freier Cash Flow =**
> **[Umsatz des Vorjahres**
> - **(1-Wachstumsrate des Umsatzes)**
> - **(betriebliche Gewinnmarge)**
> - **(1-Gewinnsteuersatz)]**
> - **Zusatzinvestitionen ins Anlage- und Umlaufvermögen**

Fremdkapitalkostensatz = Fremdkapitalzinssatz • (1-Steuersatz)

Eigenkapitalkostensatz = risikofreier Zins + Beta-Faktor • Marktrisikoprämie

risikofreier Zins = Zinssatz für risikofreie Staatsanleihen

Beta-Faktor = Von Investmentbanken ermittelter Faktor des Risikos der Geldanlage in das untersuchte Unternehmen im Verhältnis zum Risiko des gesamten Aktienmarktes

Marktrisikoprämie = Differenz zwischen risikofreier Anlage und der erwarteten Aktienmarktrendite

> **Kapitalkostensatz =**
> **Eigenkapitalkostensatz • Eigenkapitalquote**
> + **Fremdkapitalkostensatz • (1-Eigenkapitalquote)**

Im folgenden Beispiel wird der interne Shareholder Value nach den genannten Formeln berechnet. Zu beachten ist, das es sich hier um eine interne Bewertung handelt und nicht um eine externe Bewertung durch die Aktionäre. Die Turbulenzen an den Aktienmärkten haben wohl dargelegt, dass eine externe Unternehmensbewertung durch die Aktionäre sehr zweifelhaft und somit auch nicht als Grundlage eines Controlling-Konzeptes geeignet ist.

Shareholder Value nach Rappaport		
a Umsatz d. Vorjahres	8.000.000	
b Umsatzwachstumsrate	10,00%	
c Gewinnmarge	5,00%	
d Gewinnsteuersatz	45,00%	
e Investitionen ins AV	100.000	
f Investitionen ins UV	62.000	
g Eigenkapitalquote	15,00%	
h Fremdkapitalzinssatz	10,91%	
i Risikofreier Zinssatz	6,00%	
j Erwartete Aktienmarktrendite	11,00%	
k Beta-Faktor des Unternehmens	1,2	
l Erwarteter Umsatz	8.800.000	a*(1+b)
m Erwarteter Gewinn	440.000	l*c
n Gewinn nach Steuern	242.000	m*(1-d)
o Gewinn nach Inv. ins AV	142.000	n-e
p Gewinn nach Inv. ins UV	80.000	o-f
q **Freier Cash Flow**	**80.000**	p
r Fremdkapitalkosten	6,00%	h*(1-d)
s Eigenkapitalkosten	12,00%	i+(k*(j-i))
t **Kapitalkostensatz**	**6,90%**	(s*g)-(r*(1-g))
u **Shareholder Value**	**1.159.420**	q/t

Tab. 1: Shareholder Value

Es gibt verwandte, unternehmenswertorientierte Kennzahlen wie z. B. Return on Net Assets (RONA), den Economic Value Added (EVA) oder den Cash Flow Return on Investment (CFROI). Zur Steuerung von Finanzdienstleistungen etwa in Kreditinstituten haben sich Renditegrößen herausgebildet, die zusätzlich die speziellen Risiken der Geschäftsfelder mittels Quantifizierung der Volatilität und des Sicherheitsniveaus (Varianz, Standardabweichung) berücksichtigen, wie der Return on Risk adjusted Capital (RORAC). Zusätzlich kann man auch solche Kennzahlen unter Beachtung einer geforderten Ziel- oder Mindestverzinsung konstruieren, wie etwas der Risk adjusted Return on Capital (RAROC).

19.3. Benchmarking

Ausgehend von klassischen Finanzanalysen über Konkurrenzanalysen führte das Unternehmen Xerox 1983 das Performance Benchmarking ein, was sich zunehmend als Best Practice Benchmarking als ein Vergleich zwischen den Besten der Branche entwickelte (*Coopers and*

Lybrand International / AFSM International). Unter einer Benchmark versteht man einen Maßstab. Diese Maßstäbe, die als Vorbild dienen, kommen von Konkurrenten oder Branchenfremden. Auch interne Bereiche können verglichen werden. Im Grunde handelt es sich um die Bildung von Kennzahlen aus dem Betriebsvergleich bzw. Betriebsteilvergleich.

Internes Benchmarking:
- Unternehmens(teil)bezogen
- Konzernbezogen

Externes Benchmarking:
- Marktbezogen
- Branchenbezogen
- Branchenunabhängig

Dabei werden als Benchmarking-Objekte Strategien, Prozesse, Funktionen, Methoden oder Verfahren ausgewählt, je nachdem, was man optimieren möchte. Im internen Benchmarking sollen Schwachstellen im Unternehmen bzw. in einzelnen Teilen entdeckt werden. Es eignet sich insofern gut bei Filial- und Profit Center Strukturen. Günstig erweist sich hier der vorhandene Datenzugriff, schwierig wird es, wenn die verglichenen Unternehmenseinheiten aus unterschiedlichen Ländern oder Regionen stammen, da man dann auf sozio-kulturelle Besonderheiten Acht geben sollte. Im konkurrenzorientierten Benchmarking besteht die größte Schwierigkeit demnach auch in der Datenbeschaffung, da der durchführende Betrieb schließlich seine Wettbewerbsposition verbessern möchte. Außerdem gibt es die Probleme der Strukturungleichheit der Betriebe, die eine Analyse ebenfalls erschweren. Insofern sind dem Benchmarking hier Grenzen gesetzt, wenn die Datenermittlung sich nur auf allgemein zugängliches Material bezieht. Das funktionale Benchmarking untersucht Vorgänge in Unternehmen, die keine direkten Konkurrenten sind. Da hier die Probleme des Datenaustausches geringer sein dürften, weil alle Unternehmen einen Lerneffekt erzielen können, ohne diesen gegeneinander einsetzen zu müssen, können bessere Ergebnisse zu erwarten sein als im konkurrenzorientierten Benchmarking. Allerdings leidet auch hier die Vergleichbarkeit, je heterogener die Branchen der Unternehmen sind. Die Messung der Benchmarking-Objekte erfolgt über Kennzahlen, wie z. B. Zeit-, Kosten-, Qualitäts-, und Produktivitätskennzahlen. Als einer der ersten Benchmarking-Methode gilt das Fünf-Phasen Modell von *Camp*, das kurz dargestellt werden soll.

Planung:
- Wahl der Benchmarking-Objekte
- Festlegung der Vergleichsunternehmen
- Festlegung der Methode der Datenermittlung

Analyse:
- Festlegung gegenwärtiger Leistungsdefizite
- Planung zukünftiger Leistungsniveaus

Integration:
- Diskussion der Benchmarking-Ergebnisse und Schaffung von Akzeptanz
- Vorgabe operationalisierter Ziele

Aktion:
- Entwicklung von Aktionsplänen
- Implementierung und Fortschrittsüberwachung
- Anpassungen der Benchmarks

Reife:
- Führungsposition ist erreicht, neue Methoden sind vollständig integriert

Im Rahmen der Durchführung eines Benchmarking-Projektes hängt der Erfolg oft von der Beteiligung und der Akzeptanz der Manager ab. Deshalb sollten folgende Regeln beachtet werden:

- Die beteiligten Manager müssen sachlich überzeugt werden
- Die betroffenen Mitarbeiter müssen informiert werden
- Die Vorgehensweise soll einfach, logisch und durchschaubar sein
- Permanente Projekt-Dokumentation durch das Controlling

Es gibt noch weitere, ethische Grundregeln, die als Verhaltenskodex vom International Benchmarking Clearinghouse (IBC) des American Productivity & Quality Center (APQC) entwickelt wurden (*Watson*):

- Prinzip der Rechtmäßigkeit: Wahrung von Geheimhaltungspflichten, keine Anstrengungen zur Beschränkung des Wettbewerbs.
- Austauschprinzip: Der Benchmarking-Partner sollte im Datenaustausch das gleiche Vertrauen bekommen, dass man auch selbst von ihm fordert.
- Vertrauensprinzip: Alle Daten werden vertraulich behandelt und nicht ohne Zustimmung des Benchmarking-Partners weitergegeben.
- Nutzungsprinzip: Nutzung der gewonnenen Informationen nur zur Verbesserung interner Methoden und Verfahren, nicht als Marketing-Konzept.
- Prinzip des unmittelbaren Kontakts: Direkte Kommunikation mit dem Benchmarking-Partner.
- Prinzip des Kontakts zu Dritten: Auch Dritte sollten bei Veröffentlichungen um Zustimmung gebeten werden.
- Vorbereitungsprinzip: Vorbereitung auf den Benchmarking-Partner vor der eigentlichen Kontaktaufnahme. Eventuell Zusendung von Vorabinformationen über das eigene Unternehmen und das eigene Benchmarking-Interesse.
- Vollständigkeitsprinzip: Vollständige Termin- und Vereinbarungserfüllung.
- Handlungs- und Verständnisprinzip: Eingehen auf individuelle Wünsche der Benchmarking-Partner.

Die Möglichkeiten der Kennzahlenbildung im Benchmarking-Prozess sind so umfangreich, dass es unmöglich ist, einen standardisierten und vollständigen Katalog aller in Frage kommenden Kennzahlen aufzustellen. Als beispielhafte Kennzahlen im internen Benchmarking z.B. zwischen verschiedenen Produktions- und Vertriebsstandorten eines Konzerns können folgende exemplarisch genannt werden (je pro Standort):

- Fertigungszeit / Stück
- Fertigungskosten / Stück
- Verkaufspreis / Stück
- Aufträge / Standort
- Termingerecht ausgeführte Aufträge / Aufträge
- Kundenreklamationen / Aufträge
- Wert der Kundenreklamationen / Aufträge
- Beschaffungskosten / Umsatz
- Beschaffungszeit / Beschaffungsposten
- Ausschusskosten / Stück
- Garantieaufwendungen / Aufträge
- Garantieaufwendungen / Umsatz

- Akademiker / Mitarbeiter
- Außendienstkontakte / Aufträge
- Vertriebskosten / Umsatz
- Lieferzeiten / Aufträge

Benchmarking ist somit eine Weiterentwicklung betriebsvergleichender Kennzahlensysteme auf Basis von Ist-Werten. Die langwierige Phase der Planung optimaler Vorgabewerte entfällt, da man einfach die Ist-Werte des Benchmark-Partners nimmt. Damit sind Trends zu erkennen und Optimierungspotenziale aufzudecken. Methodisch hat das als Projekt eingesetzte Benchmarking Berührungspunkte auch zu anderen Controlling-Instrumenten, wie etwa dem Zero Based Budgeting oder die Prozessorientierung bei der Prozesskostenrechnung. Durch die Vielfalt und Dimensionsverschiedenheit der Benchmarks kommt es einem sachlogischen Kennzahlensystem sehr nahe, auch wenn sich die einzelnen Kennzahlen mathematisch berechnen lassen. Eine vollständige mathematische Verknüpfung der Kennzahlen zu einem Kennzahlensystem wird in der Regel nicht möglich sein. Eine ähnliche Entwicklung wird auch mit dem Konzept der Balanced Scorecard verfolgt, dieses ist jedoch ein permanent einzusetzendes Controlling-Instrument.

19.4. Frühaufklärung

19.4.1. Strategisches Controlling

Das strategische Management bezieht sich sachlich auf große Entscheidungsobjekte wie strategische Geschäftsfelder sowie meist auf einen zeitlich langen Planungshorizont. Im Rahmen der strategischen Ausrichtung sind vom Top-Management zunehmend stark umweltorientierte, komplexe und schlecht strukturierte Probleme zu lösen.

Strategisches Controlling ist die Koordination von strategischer Planung und Kontrolle mit der strategischen Informationsversorgung (*Horváth*). Strategisches Controlling hat weiterhin die Aufgaben der Verbesserung der strategischen Planung durch den Aufbau einer strategischen Kontrolle sowie die Koordination von strategischer und operativer Planung und Kontrolle.

Merkmale	Operat. Controlling	Strat. Controlling
Zielgröße	Gewinn	Unternehmenswert
Orientierung	Intern	Extern
Zeithorizont	Kurzfristig	Langfristig
Informationen	Quantitativ	Qualitativ
Sicherheit	Hoch	Niedrig
Aufgaben	Repetetiv	Innovativ

Tab. 2: Merkmale operativen und strategischen Controllings

19.4.2. Frühaufklärungssysteme

Aus einem weiterentwickelten, zukunftsbezogenen Kontrollverständnis ergeben sich neue Kontrollarten, die ihren Schwerpunkt nicht in der vergangenheitsorientierten Dokumentation, sondern in der Steuerung zukünftigen Verhaltens haben. Als gerichtete Kontrollarten kann man die Meilensteinkontrolle und die Prämissenkontrolle ansehen. Hier sind die Kontrollobjekte bekannt. Meilensteine sind strategische Teilzielerreichungen (Soll-Ist-Vergleich), während bei der Prämissenkontrolle nicht das Ergebnis, sondern die Annahmen strategischer Pläne auf ihre Gültigkeit hin überprüft werden (Ist-Wird-Vergleich). Bei der ungerichteten strategischen Überwachung ist kein spezielles Kontrollobjekt definiert, da solche Festlegungen, was kontrolliert wird, schon den Focus der Erkennung möglicher Gefahren und Chancen einengen. Dabei kann die Phase der Kontrolle auf strategischer Ebene schon während der Planung einsetzen (strategische Überwachung, Prämissenkontrolle). Das Problem der strategischen Informationsversorgung liegt in dem qualitativen und unsicheren Charakter strategischer Informationen begründet.

Historisch kann man die ersten Ansätze als Frühwarnung bezeichnen. Diese Systeme basierten meist auf Prognoserechnungen auf Basis hochgerechneter Kennzahlen aus dem Jahresabschluss. Ihnen liegt der Mangel der ausschließlichen Verwendung interner und nicht umweltbezogener Informationen zugrunde. Beispiele für Kennzahlen mit Frühwarncharakter sind der Verschuldensgrad oder die Investitionsquote.

Unter Früherkennung versteht man eine indikatorbezogene Lokalisation von Gefahren und Chancen, wobei sich diese Indikatoren auch und verstärkt auf das Unternehmensumfeld beziehen. Indikatoren sind ein Mittel, die als Hilfsmaßgrößen komplexe bzw. nicht operationalisierbare Messobjekte teilweise bzw. stellvertretend abbilden. Damit sind Indikatoren ein Instrument des indirekten Messens. Somit können einige Kennzahlen, insbesondere in der Eigenschaft als untergeordnete Kennzahlen, als Indikatoren angesehen werden. Indikatoren sind empirische Größen, da sie eine Maßstabsfunktion beinhalten, und demzufolge zahlenmäßig auszudrücken. Da sie zur Messung betriebswirtschaftlicher Sachverhalte eingesetzt werden, haben sie auch einen Informationsgehalt. Für die Verwendung von Indikatoren wird ein ordinales und auch nominales Messen als ausreichend angesehen. Typische Indikatoren sind Auftragsbestand um das Geschäftsklima, wie es in regelmäßigen Zeitabständen von Instituten durch Befragung von Managern ermittelt wird (*Strigl*).

Frühaufklärung beinhaltet demgegenüber auch noch das aktive Einleiten von Gegenmaßnahmen nach der Erkennung von Gefahren bzw. von Nutzungsstrategien bei der Identifizierung von Chancen.

Generation	Charakter	Informationen
Frühwarnung	Operatives passives Risiko	Jahresabschlüsse Kennzahlen Hochrechnungen
Früherkennung	Taktisch/strategisches Risiko bzw. Chance	Interne/externe Indikatoren
Frühaufklärung	Strategisches Risiko bzw. Chance	Strategisches Radar;Trenddatenbanken

Tab. 3: Entwicklung der Frühaufklärung

Das Problem der Frühaufklärung ist eine geeignete Informationsbeschaffung. Bekannt ist das Konzept der schwachen Signale (weak signals) von *Ansoff*. Schwache Signale sind unscharf definierte Informationen oder Informationsrudimente, die auf strategische Veränderungen der Umwelt hinweisen. Solche schwachen Signale können resultieren aus:

- Neue bzw. unorthodoxe Rechtsprechung
- Pressemitteilungen von Verbänden, Organisationen und Parteien
- Meinungsdiffusionen in den Massenmedien
- Auffällige Häufung gleichartiger Ereignisse („Duplizität der Zufälle")
- Öffentlicher Meinungsaustausch prominenter Personen

Die Diffusionstheorie beschäftigt sich als Teil der Kommunikationsforschung mit der Verbreitung und den Verbreitungswegen von Informationen, Trends, schwachen Signalen, Gerüchten usw. Insbesondere bei der Informationsgewinnung im Rahmen der Frühaufklärung, bei der Schaffung eines strategischen Radars oder beim Aufbau von Trenddatenbanken unterscheidet man die Begriffe „Scanning" und „Monitoring". Unter Scanning versteht man das Abtasten des Umfeldes auf schwache Signale. Das Monitoring ist die genauere Untersuchung des Signals nach der Erfassung durch das Scanning (*Krystek / Müller-Stewens*). Diese Vorgehensweise ist vergleichbar mit der Entwicklung des Asdic/Sonar zur U-Boot-Abwehr im zweiten Weltkrieg. Der Geleitzug wurde geschützt, indem Korvetten am Rande des Geleitzuges den Ozean abtasteten. Bei Rückkehr des Signals (Kontakt) wurde dieses Signal von einem leistungsfähigeren Zerstörer untersucht und bei Identifikation als Gefahr zu eliminieren versucht. Die Erfassung schwacher Signale kann z.B. durch Trendmeldungen erfolgen, bei denen jeder Mitarbeiter als Scanner fungiert. Diese Trendmeldungen lassen sich zu Trenddatenbanken bzw. Trendlandschaften aggregieren (*Krystek / Müller-Stewens*).

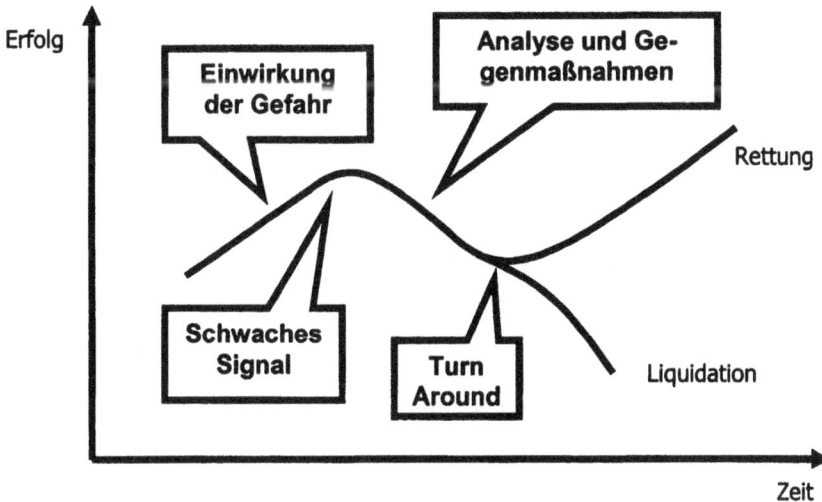

Abb. 3: Verlauf von Unternehmenskrisen

Durch die aktive Ausgestaltung der Frühaufklärung liegt hier ein wesentlicher Ansatzpunkt für ein rechtzeitiges und wirkungsvolles Krisenmanagement begründet. Je eher die Gefahr erkannt wird, desto früher kann die Analyse und die Ableitung von Gegenmaßnahmen erfolgen. Damit erhöht sich die Wahrscheinlichkeit eines Turn Around zur Rettung des Unternehmens deutlich.

Literatur

Ansoff, I.: Managing Surprise and Diskontinuity – Strategic Response to Weak Signals, in Zeitschrift für betriebswirtschaftliche Forschung, 1976

Bramsemann, R.: Handbuch Controlling, 2. Aufl., München, 1990

Böhnert, A.: Benchmarking: Charakteristik eines aktuellen Managementinstruments, Hamburg 1999

Camp, R.: Benchmarking, München 1994

Coenenberg, A.: Jahresabschluss und Jahresabschlussanalyse, 17. Auflage Landberg am Lech 2000

Coopers and Lybrand International / AFSM International: Benchmarking „Impacting the Bottom Line", Fort Myers, USA / Uxbridge, England, 1994

Günther, T.: Unternehmenswertorientiertes Controlling, München 1997

Hahn, D.: PuK Controllingkonzepte, Planung und Kontrolle, Planungs- und Kontrollsysteme, Planungs- und Kontrollrechnung, 6. Aufl., Wiesbaden, 2001

Hahn, D. / Klausmann, W.: Frühwarnsysteme und strategische Unternehmungsplanung, in: Strategische Unternehmungsplanung, Stand und Entwicklungstendenzen, 4. Aufl., Heidelberg 1986, S. 264-280

Hohenstein, G.: Cash Flow Management, 2. Aufl. Wiesbaden 1990

Horváth, P.: Controlling, 7. Aufl., München, 1998

Krystek, U. / Müller-Stewens, G.: Frühaufklärung für Unternehmen. Identifikation und Handhabung zukünftiger Chancen und Bedrohungen, Stuttgart, 1993

Lachnit, L.: Zur Weiterentwicklung betriebswirtschaftlicher Kennzahlensysteme, in: Zeitschrift für betriebswirtschaftliche Forschung, 28. Jg., 1976, S. 216-230

Mensch, G.: ZVEI-Kennzahlensystem, in: Betrieb und Wirtschaft, 50. Jg. 3/1996, S. 77-80

Mertens K. / Siebert, G. / Kempf, S.: Benchmarking: Praxis in dt. Unternehmen, Berlin 1995

Meyer, J.: Benchmarking: Spitzenleistungen durch Lernen von dem Besten, Stuttgart, 1996

Rappaport, A.: Shareholder Value - Wertsteigerung als Mass-Stab für die Unternehmensführung, Stuttgart, 1994

Reichmann, T.: Controlling mit Kennzahlen, München, 1985

Schmidt, A.: Das Controlling als Instrument zur Koordination der Unternehmungsführung, Frankfurt am Main, 1986

Strigl, W.: Qualitative Konjunkturindikatoren, in: ifo-Schnelldienst Nr. 35/36 VO1, hrsg. vom ifo-Institut für Wirtschaftsforschung, München, 1979

Watson, G.: Benchmarking: Vom Besten lernen, Landsberg am Lech, 1993

20. Balanced Scorecard als Verbindung strategischen Controllings und operativer Steuerung

20.1. Entwicklung der Balanced Scorecard

Als sachlogisch aufgebautes Kennzahlensystem hat sich das System der Balanced Scorecard einen Namen gemacht. Die Balanced Scorecard sollen ein strategisches Instrument für das Management zur Problemlösung sein. Die Balanced Scorecard wurden zu Beginn der neunziger Jahre entwickelt. Sie basieren auf der Erkenntnis, dass trotz eines sich in monetären Größen niederschlagenden unternehmerischen Erfolges in erster Linie nichtfinanzielle Größen als Treiber des finanziellen Ergebnisses in einem leistungsregelnden Berichtssystem in den Mittelpunkt gestellt werden sollten. Kennzahlen werden in der Unternehmenspraxis bereits sehr lange verwendet (Das Dupont System of Financial Control etwa seit 1919). Traditionelle Ansätze sind in der Regel auf finanzielle und vergangenheitsbezogene Größen fixiert. An dieser Stelle setzen die Balanced Scorecard an, indem Sie durch den Plansatz und die strategische Ausrichtung zukunftsorientierter wirken sollen.

Die strategische Unternehmensführung ist die Reaktion auf die sich immer schneller verändernden Umgebungsbedingungen, denen nicht nur Großunternehmen ausgesetzt sind. Vor allem der internationale Druck wirkt sich auf eine Vielzahl von Unternehmen aller Größen aus. Ein weiterer Aspekt ist die zunehmende Globalisierung. Unterstützt wird dies durch den immer schnelleren Datenaustausch weltweit und die rasante Entwicklung neuartiger Produkte und Dienstleistungen. Die strategische Unternehmensführung muss sich ständig neu den verändernden Bedingungen anpassen, die Schwerpunkte aktualisieren und neuartige Instrumente verwenden.

Typische Aufgaben des strategischen Managements sind:

- Pflege der Unternehmenskultur
- Planung von Strategien
- Ableitung von Zielen aus den Strategien
- Planung der strategischen Maßnahmen
- strategische Kontrolle

Die Unternehmensstrategien sind den meisten Mitarbeitern unbekannt, da es die Einstellung gibt, strategisches Management sei nicht delegierbar und damit auch nicht zu kommunizieren.

Typische Mängel, die aus dieser Elfenbeinturm-Stellung des strategischen Managements resultieren sind (*Ehrmann*):

- Es gibt gar keine konkreten Strategien.
- Es sind zwar Strategien entwickelt, diese werden nicht genutzt.
- Aus den Strategien wurden keine Ziele abgeleitet.
- Zwischen Strategie und operativer Umsetzung bestehen Differenzen.
- Die Mitarbeiter werden nicht oder nur ungenügend in die Strategie- und Zielbestimmung einbezogen.
- Die Unternehmenskommunikation fehlt.
- Der Planungsprozess ist kompliziert, unverständlich, nicht akzeptiert.

Ausgehend von den Problemen der Unternehmensführung ist es ratsam, sich nach neuen Methoden der Unternehmensführung umzusehen. Die Balanced Scorecard unterstützen den strategischen Führungsprozess eines Unternehmens, indem Sie als Handlungsrahmen für den Unternehmensprozess fungieren und fördern eine langfristige ausgerichtete Unternehmensplanung.

Das Konzept der Balanced Scorecard geht davon aus, dass ein Unternehmen eine visionäre Zielvorstellung hat, eine Mission erarbeitet und daraus seine Unternehmensstrategie ableitet. Diese erarbeitete Strategie wird in Ziele übersetzt und in Aktionen umgesetzt. Um eine Einbeziehung des gesamten Personals zu gewährleisten, erfolgt eine interne Kommunikation über die erstellten Ziele. Nun liegt es an den Mitarbeitern, Unterziele abzuleiten, um eine vollständige Strategieausrichtung zu ermöglichen. Ein Vorteil der Balanced Scorecard ist sicherlich die Einbeziehung sämtlicher Unternehmensbereiche. Bevor eine Balanced Scorecard entwickelt werden kann, muss klar die Strategie und Vision geklärt oder besser definiert werden. Aus der Grundidee dieser Aussage muss die strategische Richtung herausgebildet werden. Es werden kurze und eindeutige Aussagen über den gewünschten Kurs oder das gesetzte Ziel abgegeben. Aus diesen Statements wird ein einheitlicher Rahmen ausgearbeitet, der sich dann in der Vision widerspiegelt. Eine Ergebnisidentifizierung des Managements ist Voraussetzung für das Gelingen. Der strategische Rahmen wird im zweiten Schritt in eine überschaubare Anzahl von strategischen Zielen überführt. Sie sollten aktionsplanbestimmt und konkret formuliert sein. Die strategischen Ziele werden in den Perspektiven der Balanced Scorecard festgelegt und verbunden. Die üblichen und wichtigsten Perspektiven der Balanced Scorecard sind:

- Finanzielle Perspektive
- Kundenperspektive
- Perspektive der internen Geschäftsprozesse
- Innovationsperspektive (Lern- und Entwicklungsperspektive)

Diese vier Perspektiven können ergänzt werden. Die Anzahl hängt allein vom Management und der Notwendigkeit ab. Wie man sieht, ist die finanzielle Perspektive nur eine unter vielen. Daneben wird die Anknüpfung an das Quality Management, Prozesscontrolling und den F&E-Bereich sichtbar.

20.2. Die Perspektiven der Balanced Scorecard

Die finanzwirtschaftliche Perspektive wird in der Mehrzahl der Unternehmen als wichtigste herausgestellt. In einigen wird leider nur Diese berücksichtigt und mit ihr gearbeitet. Sie ermöglicht die Einsicht, ob die Realisierung der Unternehmensstrategie eine Ergebnisverbesserung bedeutet. Im Rahmen der finanziellen Perspektive spricht man über das magische Dreieck der Finanzen - Liquidität, Stabilität und die Rentabilität. Die finanzwirtschaftlichen Kennzahlen erfüllen eine Doppelrolle. Sie definieren die von einer Strategie erwartete finanzielle Leistung, zum anderen sind sie das Ziel für die übrigen Perspektiven der Balanced Scorecard. Die Kennzahlen der anderen Perspektiven sollten über Ursache - Wirkung - Beziehungen mit den finanziellen Zielen in Verbindung stehen. Finanzielle Kennzahlen messen bislang üblicherweise vergangene Leistungen, sind also vergangenheitsorientierte Spätindikatoren (*Friedag / Schmidt*). Insofern sucht das Management nach zusätzlichen Möglichkeiten, um möglichst einen aktuelleren Zeitbezug zur wirtschaftlichen Lage eines Unternehmens zu haben.

Die Kundenperspektive ist auf die Kunden- und Marktsegmente, in denen das Unternehmen tätig ist oder sein wird, gerichtet. Für diese Segmente werden Ziele und Kennzahlen entwickelt sowie Maßnahmen vorbereitet. Hauptziel ist es, das Unternehmen auf dem Markt konkurrenzfähig zu machen und es mit den erforderlichen Ressourcen für ein erfolgreiches Bestehen auszustatten. Die Kundenperspektive der Balanced Scorecard setzt die Unternehmensmission und -strategie in spezifische Ziele in Bezug auf Kunden und Marktsegmente um, die dann dem ganzen Unternehmen vermittelt werden. Wichtige Hauptaussagen sind Kundenzufriedenheit, Kundentreue, Kundenerhaltung, Kundenakquisition und Kundenrentabilität, die jeweils den Zielkunden und den Marktsegmenten zugeordnet werden. Die unterschiedlichen Märkte und divergierende, kundenorientierte Qualitätsdefinitionen erschweren den Prozess der Aufstellung der Kundenperspektive.

Die interne Prozessperspektive identifiziert die kritischen Prozesse, in denen die Organisation ihre Verbesserungsvorschläge setzen muss (Benchmarks). Diese Prozesse versetzen die Unternehmen in die Lage, die Ziele der finanzwirtschaftlichen Perspektive und der Kundenperspektive zu erfüllen. Es stellt sich also die Frage, wie die Prozesse zu gestalten sind, damit die berechtigten Wünsche der Kunden und Kapitalanleger erfüllt werden. In dieser Perspektive erfolgt keine Kontrolle oder Verbesserung der bestehenden Prozesse, vielmehr werden Prozesse identifiziert, die sich als am erfolgreichsten für die Durchsetzung und Verwirklichung der Unternehmensstrategie erwiesen haben. In diesem Zusammenhang spielt der Einsatz von Innovationsprozessen eine entscheidende Rolle. Um hier eine erfolgreiche Integration zu gewährleisten, bedient sich das Management einer Wertschöpfungskette mit drei Hauptgeschäftsprozessen: Innovation, betriebliche Prozesse und Kundendienst. Im Innovationsprozess erforscht das Unternehmen die Wünsche der Kunden und schafft sodann Produkte und Dienstleistungen, die diesen Wünschen entsprechen. In der zweiten Stufe der betrieblichen Prozesse werden diese Produkte und Dienstleistungen den Kunden verkauft. Der Kundendienst umfasst Serviceleistungen für den Kunden nach dem eigentlichen Kauf eines Produktes oder der Inanspruchnahme einer Dienstleistung (*Kaplan / Norton*).

Die vierte Perspektive der Balanced Scorecard entwickelt Ziele und Kennzahlen zur Förderung einer lernenden und wachsenden Organisation. Sie soll die Ziele der finanzwirtschaftlichen, internen und der Kundenperspektive identifizieren, wo die Organisation besondere Leistungen erbringen muss, um einen Erfolg zu erreichen. Die Lern- und Entwicklungsperspektive schafft die zur Erreichung der hohen Ziele der drei anderen Perspektiven notwendige Infrastruktur. Die Ziele sind die treibenden Faktoren für hervorragende Ergebnisse der ersten drei Scorecard Perspektiven.

Die Balanced Scorecard erweitern die Ziele einer Geschäftseinheit über finanzielle Kennzahlen weit hinaus. Aufgrund des Fortschritts und der hohen Entwicklungsgeschwindigkeit neuer Sach- und Dienstleistungen ist es von Vorteil, Werttreiber für wichtige, langfristige und wettbewerbsfähige Leistungen zu identifizieren und danach zu steuern.

20.3. Ursache - Wirkungsketten und Kennzahlen

Grundlegende Zusammenhänge zwischen den strategischen Zielen werden im dritten Schritt über so genannte Ursache-Wirkungs-Beziehungen verdeutlicht. Diese Beziehungen sind ein

Bündel von Hypothesen (Prämissen). Ein Kennzahlensystem sollte die Beziehungen zwischen den Zielen aus den verschiedenen Perspektiven deutlich machen, damit sie gesteuert und bewertet werden können. Diese Kette von Ursache und Wirkung sollte sich durch die ganzen Balanced Scorecard ziehen. Es müssen die nichtfinanziellen Perspektiven auf die finanziellen Perspektiven ausgerichtet werden und in einem logischen Zusammenhang verknüpft werden. Zweck dieser Strukturierung ist es, die Auswirkungen der vornehmlich sachzielbezogenen Maßnahmen der nichtfinanziellen Sichten auf Formalziele eines Unternehmens transparent zu machen.

Im Folgenden wird dieses Vorgehen der Ursache-Wirkungs-Kette dargestellt:

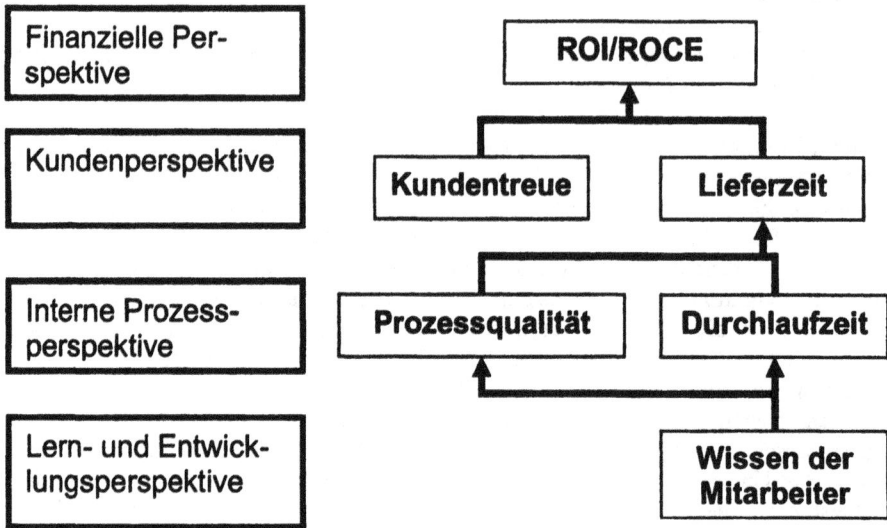

Abb. 1: Ursache-Wirkungs-Beziehung (*Kaplan / Norton*)

Ausgangspunkt bildet die Lern- und Entwicklungsperspektive. Das Fachwissen der Mitarbeiter sei eine Ursache des Unternehmenserfolges. Durch diese Voraussetzung steigt die Prozessqualität und es verringern sich die Durchlaufzeiten. Dies hat zur Folge, dass in der Kundenperspektive eine Verringerung der Lieferzeit ermöglicht wird und somit die Kunden zufrieden sind. Die Kunden werden an das Unternehmen gebunden und der Gewinn des Unternehmens steigt. Durch dieses Vorgehen können Unterschiede in den strategischen Gedankengängen aufgedeckt und der vermeintliche Konsens über die strategischen Ziele und damit die Strategie des Unternehmens überprüft werden. Aus dieser Verknüpfung der strategischen Ziele ergeben sich häufig Veränderungen dieser Ziele selbst.

Deshalb sollte ein gut konstruiertes Balanced Scorecard System etwas über die Globalstrategie aussagen. Sie sollte die Aufeinanderfolge der Hypothesen über den Zusammenhang von Ursache und Wirkung zwischen Ergebniskennzahlen und Leistungstreibern für die Ergebnisse identifizieren und deutlich machen. Jede für eine Balanced Scorecard ausgewählte Maßgröße sollte ein Element der Kette von Ursache-Wirkungs-Beziehungen sein und die Bedeutung der Globalstrategie für das Unternehmen kommunizieren.

Aus dieser dargestellten Ursache-Wirkungs-Beziehung, in der die strategischen Ziele jeder aufgestellten Perspektive in einen logischen Zusammenhang gebracht werden, werden an die-

ser Stelle die Kennzahlen gebildet. Mit deren Hilfe kann der Grad des Erreichens von strategischen Zielen festgestellt werden. Sie operationalisieren somit die strategischen Ziele auf
kardinalem oder ordinalem Niveau.

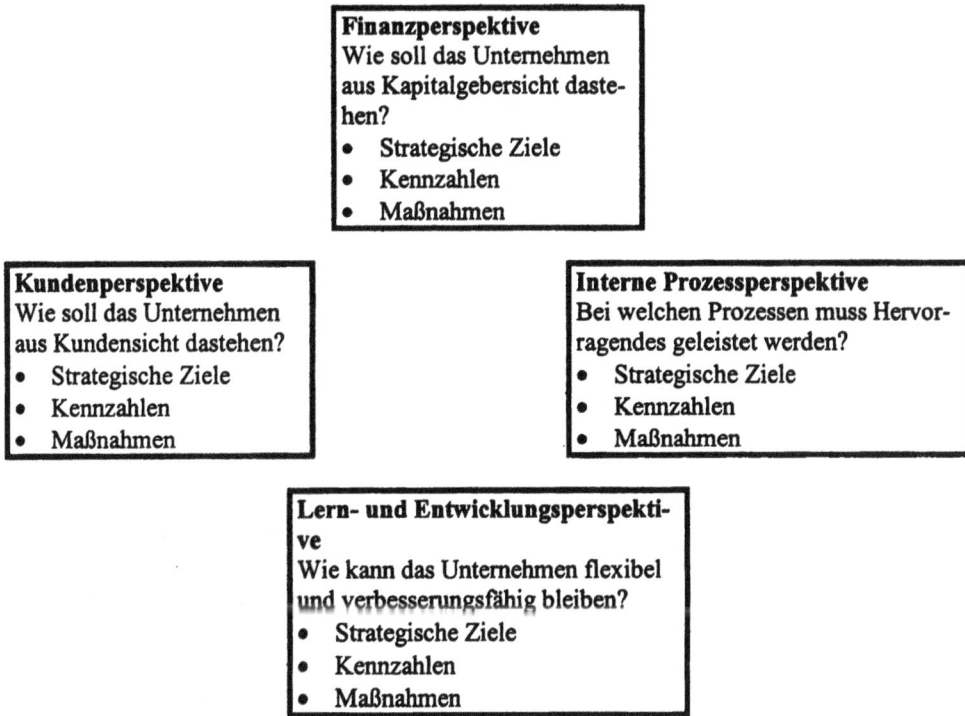

Finanzperspektive
Wie soll das Unternehmen
aus Kapitalgebersicht daste-
hen?
- Strategische Ziele
- Kennzahlen
- Maßnahmen

Kundenperspektive
Wie soll das Unternehmen
aus Kundensicht dastehen?
- Strategische Ziele
- Kennzahlen
- Maßnahmen

Interne Prozessperspektive
Bei welchen Prozessen muss Hervor-
ragendes geleistet werden?
- Strategische Ziele
- Kennzahlen
- Maßnahmen

**Lern- und Entwicklungsperspekti-
ve**
Wie kann das Unternehmen flexibel
und verbesserungsfähig bleiben?
- Strategische Ziele
- Kennzahlen
- Maßnahmen

Abb. 2: Komponenten eines Balanced Scorecard Systems (*Müller*)

Teilweise wird der Aufbau eines Unternehmenscockpits vorgeschlagen, in dem die wichtigen
Zielgrößen aus den vier Perspektiven mit Ihren jeweiligen Zielerreichungsgraden und insgesamt angegeben werden (*Eigenbrodt / Kornmesser*).

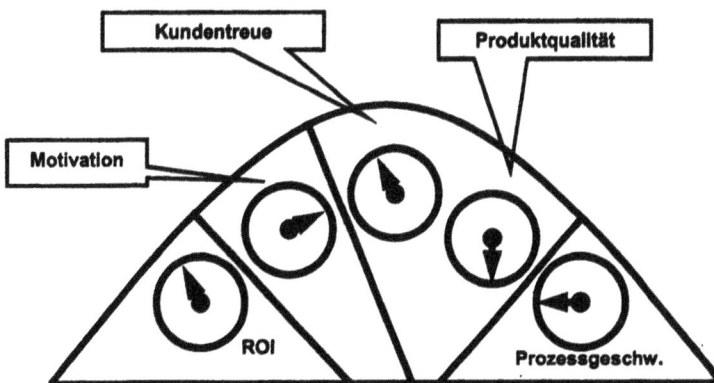

Abb. 3: Steuerungs-Cockpit *(Eigenbrodt / Kornmesser)*

Die Schwierigkeit besteht hier einerseits in der Notwendigkeit der permanenten Datenaktuali-
sierung, wenn man dieses Steuerungs-Cockpit zur operativen Steuerung betrieblicher Prozesse benutzen will. Andererseits müssen die Informationen in geeigneter Weise quantifiziert
werden, um einer kardinalen Darstellung in Prozentwerten zu genügen.

Die Akzeptanz eines Balanced Scorecard Systems ist insbesondere dann ein wesentlicher
Faktor, wenn auch die Vergabe von Incentives oder Gehaltsbestandteilen an die Erreichung
der gemessenen Ziele gebunden ist. So hatte Audi 1998 eine zielorientierte Erfolgsbeteiligung
der Mitarbeiter, deren Basis lediglich vier Kennzahlen umfasst (*Schleef*):

- Umsatzrendite vor Steuern in %
- Produktivität in Fahrzeuge pro Mitarbeiter
- Qualität in Noten (Mängelerhebung per Stichproben-Audit)
- Gesundheitsstand in %

Auch hier wurde Wert auf Schaffung von Akzeptanz durch umfassende und permanente Information der Mitarbeiter durch Aushänge und im Intranet gelegt (*Schleef*).

Das System der Balanced Scorecard kann bietet sich auch zur Steuerung von Non-Profit-
Unternehmen an, da hier die finanzwirtschaftlichen Zielgrößen nicht vorherrschen, allerdings
eine Steuerung des Unternehmens nur über nichtfinanzwirtschaftliche Größen oft zur Zielver-
fehlung, Unwirtschaftlichkeit und Ineffizienz neigt. Im Folgenden werden exemplarisch die
Perspektiven, die vermuteten Ursache-Wirkungs-Beziehungen und das daraus entwickelte
Balanced Scorecard System einer Sozialstation zur Betreuung pflegebedürftiger Menschen
dargestellt (*Lassek*).

Lern- und Entwicklungsperspektive
„Wie kann das Pflegepersonal die gestellten Aufgaben zu 100% erfüllen?"

1. Ziel: Motivationen des Personals seitens des Managements
2. Ziel: Training von Problemlösungen im Pflegefall
3. Ziel: Anreicherung von Kenntnissen durch Seminare
4. Ziel: Befähigung der Schwestern zur optimalen Dienstleistungsnutzung
5. Ziel: Vervollkommnung der Sozialkompetenz Dienstleistungsnutzung

Finanzperspektive
„Wie muss der finanzielle Mitteleinsatz werden, um das Pflegeniveau langfristig zu sichern und fortzuführen?"

1. Ziel: Bereitstellung von ausreichender Liquidität für die Sozialstation
2. Ziel: Investitionen in die Pflegeausstattung
3. Ziel: Sicherung ausreichender Kostendeckung für die Sozialstation

Mission der Sozialstation

„Wir garantieren die bestmöglichste Betreuung aller pflegebedürftiger Menschen "

Kundenperspektive

Leistungserbringung:

Welche Vorteile sollten zur Sicherung des Pflegebestandes genutzt werden?

1. Ziel: Flexibles Reagieren auf zusätzliche Qualitätsanforderung
2. Ziel: Erhaltung und Sicherung der Pflegequalität
3. Ziel: Gewährleistung der Pflegequalität während des gesamten Pflegezeitraumes

Leistungswirkung:

Wie kann die Sozialstation den Pflegebestand ausbauen und verbessern?

1. Ziel: Erkennen von Kundenforderungen and des Grads der Bedürfnisbefriedigung
2. Ziel: Erschließung von Marktpotentialen auf dem Pflegemarkt
3. Ziel: Analyse von Bestlösungen zur Bedürfnisbefriedigung
4. Ziel: Erarbeitung eines Marketingkonzeptes für die „public relation"

Interne Prozessperspektive
„Wie kann der Pflegeablauf optimiert werden, um einen hohen Grad an Qualität zu garantieren und zu sichern?"

1. Ziel: Abbau von fehlerhaften Dienstleistungen
2. Ziel: interne Korrekturmaßnahmen bezogen auf die Dienstleistungen
3. Ziel: eindeutige Vertragsgestaltung
4. Ziel: schnellerer Informationsfluss seitens des Managements
5. Ziel: Erhaltung und Verbesserung der materiellen und personellen Ressourcen

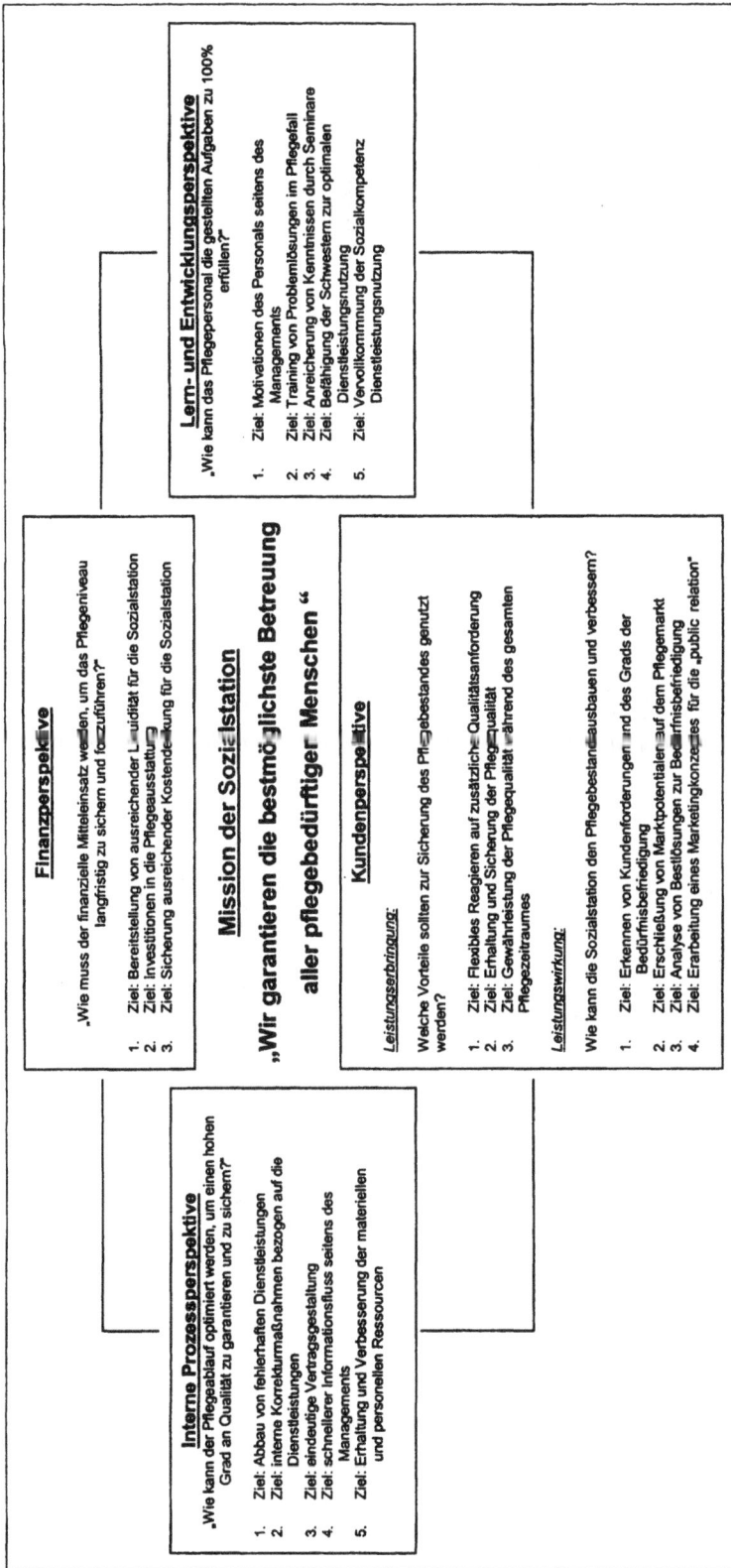

Abb. 4: Perspektiven für eine Sozialstation (*Lassek*)

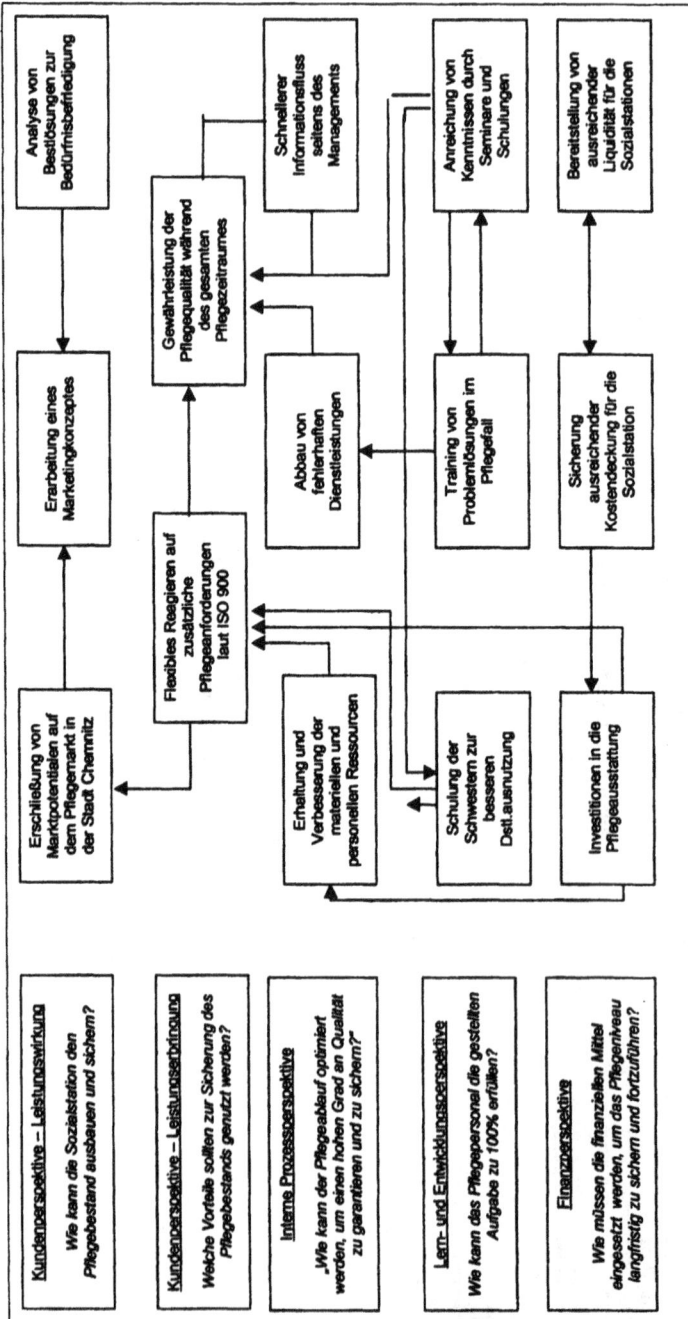

Abb. 5: Ursache- und Wirkungsbeziehung für die Sozialstation (*Lassek*)

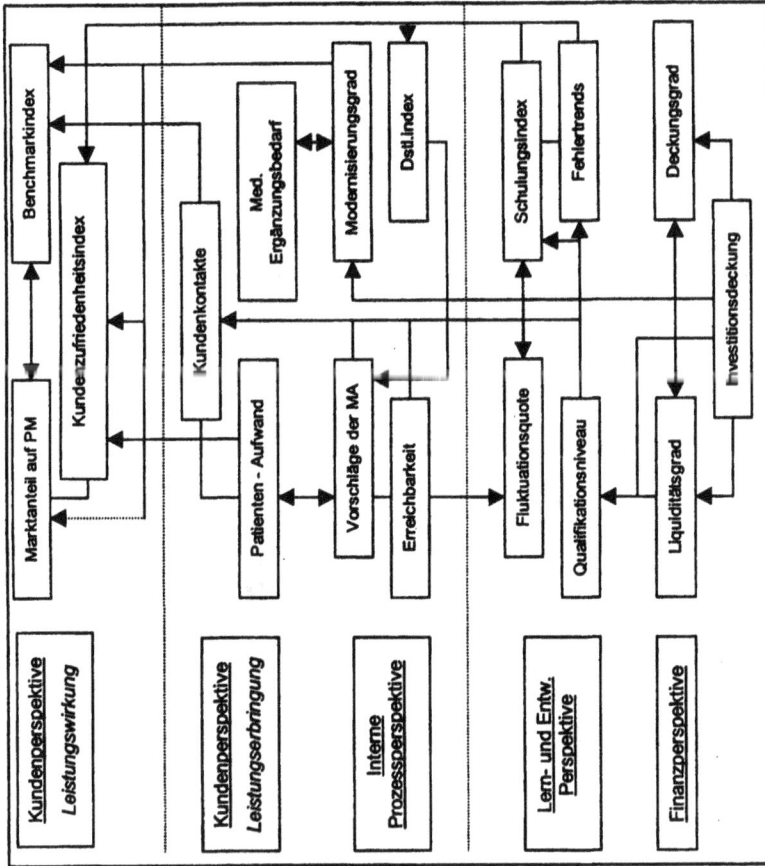

Abb. 6: Ursache- Wirkungszusammenhang der Kennzahlen (*Lassek*)

MISSION:
„Wir garantieren die bestmöglichste Betreuung aller pflegebedürftigen Menschen"

Kundenperspektive – Leistungswirkung
„Wie kann die Sst. den Pflegebestand ausbauen und verbessern?"

Ziel	Kennzahl	Maßnahmen
Erkennen von Kundenforderungen	Kundenzufriedenheitsindex	Rhetorik und Sozialschulungen
Erschließung von Marktpotentialen	Marktanteil auf dem Pflegemarkt	Patientenwünsche Analysieren und Umsetzen
Analyse von Bestlösungen	Benchmarking	Kommunikation mit der Konkurrenz
Marketingkonzept	-	-

Leistungserbringung
Kundenperspektive –
„Welche Vorteile sollten zur Sicherung des Pflegebestandes genutzt werden?"

Ziele	Kennzahlen	Maßnahmen
Qualitätsanforderungen sichern und ausbauen	Medizinischer Ergänzungsbedarf	Kontakt zu Behörden und med. Organisationen
Erhaltung und Sicherung der Pflegequalität	Patienten – Aufwand pro Kopf	Intensive Kundenkommunikation
Gewährleitung der Qualität während des Pflegezeitraums	Anzahl der Kundenkontakte	Anlegen einer Kundendatei „Kundennetz"

Lern- und Entwicklungsperspektive
„Wie kann das Pflegepersonal die gestellten Aufgabe zu 100 % erfüllen?"

Ziele	Kennzahlen	Maßnahmen
Personalmotivation	Fluktuationsquote senken	Geeignete Personalführung
Training von Problemlösungen	Fehlertrends vermeiden	Training on job Problemlösungsgruppen
Anreicherung von Kenntnissen durch Seminare	Schulungsindex	Ausbildungs- und Weiterbildungsmaßnahmen
Befähigung zur optimalen Dienstleistungsausnutzung	Qualifikationsniveau steigern	Qualitätszirkel
Vervollkommnung der Sozialkompetenz		Schulungen Sozialtraining

Interne Prozessperspektive
„Wie kann der Pflegeablauf optimiert werden, um einen hohen Grad an Qualität zu garantieren und zu sichern?"

Ziele	Kennzahlen	Maßnahmen
Abbau fehlerhafter Dstl.	Dienstleistungsindex	Gruppengespräche
Interne Korrekturmaßnahmen	Verbesserungsvorschläge der Mitarbeiter messen	Prämien und Vergütungen
Eindeutige Vertragsgestaltung		-
Schnellerer Informationsfluss	Erreichbarkeit	Telefonzentrale – Notruf
Erhaltung und Verbesserung der Ressourcen	Modernisierungsgrad erhöhen	Konsortium von Schwestern und Sachverständigen bilden

Finanzperspektive
„Wie muss der finanzielle Mitteleinsatz koordiniert werden, um das Pflegeniveau langfristig zu sichern und fortzuführen?"

Ziele	Kennzahlen	Maßnahmen
Ausreichende Liquidität	Liquiditätsgrad	Aufbau einer Controllingabteilung
Investitionen in die Pflegeausstattung	Investitionsgrad	Aufbau einer Controllingabteilung
Sicherung der Kostendeckung	Deckungsgrad	Aufbau einer Controllingabteilung

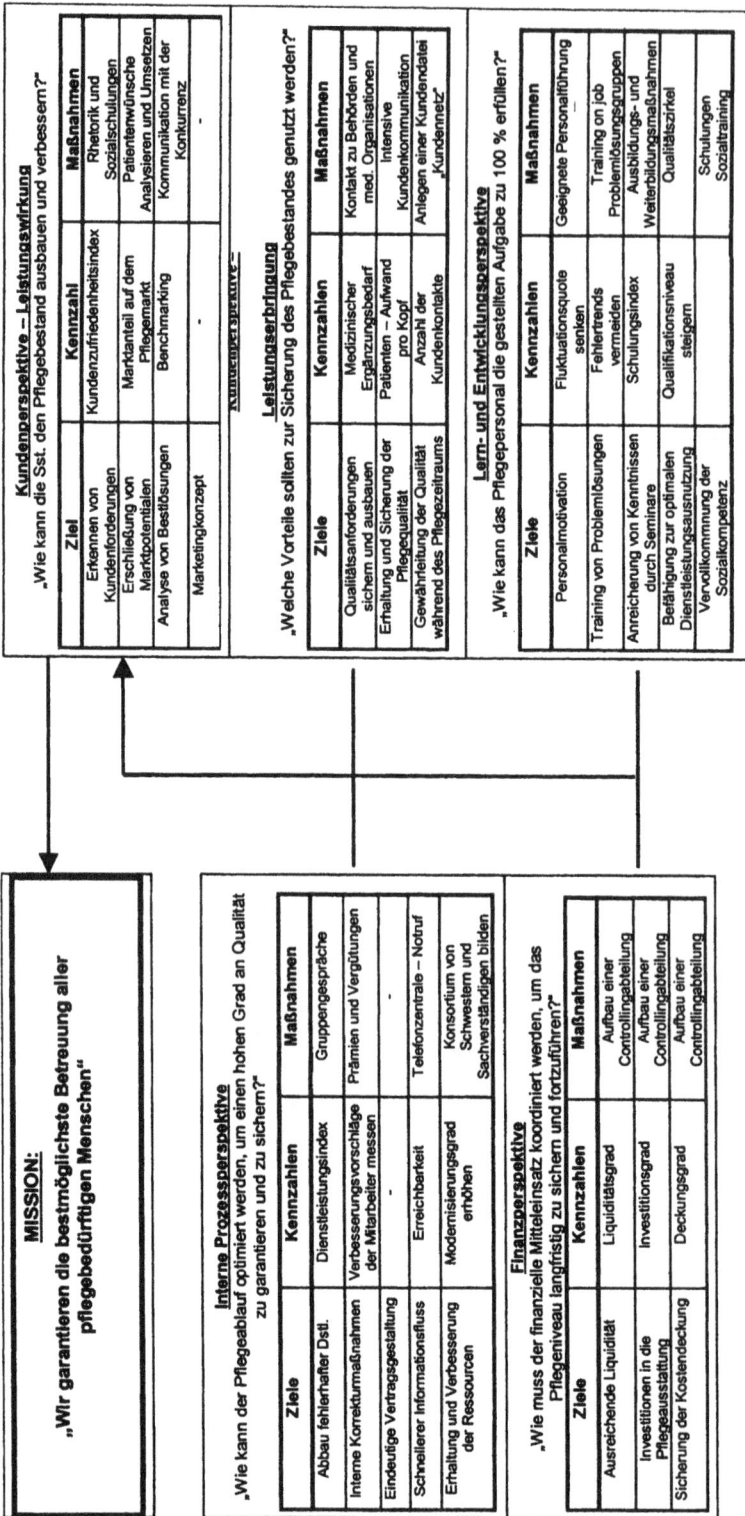

Abb. 7: Balanced Scorecard System der Sozialstation (*Lassek*)

Literatur

Bruhn, M.: Balanced Scorecard – Ein ganzheitliches Konzept der Wertorientierten Unternehmensführung?, in: Bruhn / Lusti / Müller (Hrsg.): Wertorientierte Unternehmensführung, Wiesbaden, 1998

Ehrmann, H.: Kompakt Training Balanced Scorecard, Ludwigshafen 2000

Eigenbrodt, J. / Kornmesser, C.: Das Konzept der selbststeuernden Organisationseinheiten im Deutschen Herold, in: Balanced Scorecard Branchenlösungen – Balanced Scorecard für interne Dienstleister – IT-Implementierung, Kostenrechnungspraxis Sonderheft 2/2000, Wiesbaden , 2000, S. 33-41

Eschenbach, R.: Führungsinstrumente für die Nonprofit Organisation, Stuttgart 1998

Friedag, H. / Schmidt, W.: Balanced Scorecard, Freiburg im Breisgau 1999

Georg, S.: Die Balanced Scorecard als Controlling- bzw. Managementinstrument, Aachen 1999

Horvath & Partner: Balanced Scorecard umsetzen, Stuttgart 2000

Horvath, P.: Strategieunterstützung durch das Controlling, Stuttgart 1990

Kaplan, R. / Norton, D.: Balanced Scorecard, Stuttgart 1997

Lassek, R.: Einführung eines Balanced Scorecard in eine Non Profit Organisation am Beispiel des Volkssolidarität Chemnitz e.V. in dem Geschäftsbereich einer Sozialstation, Mittweida, 2001

Müller, A.: Strategisches Management mit der Balanced Scorecard, Stuttgart 2000

Schleef, A.: Mitarbeiter Erfolgsbeteiligung bei Audi – ein innovativer Ansatz, in: Unternehmenssteuerung und Anreizsysteme, Kongress-Dokumentation 52. Deutscher Betriebswirtschaftler-Tag 1998, Stuttgart, 1999, S. 243-254

Toepfer, A.: Das Management für Werttreiber, Frankfurt am Main 2000

Toepfer, A.: Kundenzufriedenheit und Wirtschaftlichkeit, in: Controlling des Strukturwandels, hrsg. v. Horváth, P., Stuttgart, 1996

Weber, J. / Schaeffer, U.: Balanced Scorecard & Controlling, 2. Auflage, Wiesbaden 2000

Weber, J / Männel W. (Hrsg.): Balanced Scorecard Branchenlösungen – Balanced Scorecard für interne Dienstleister – IT-Implementierung, Kostenrechnungspraxis Sonderheft 2/2000, Wiesbaden, 2000

21. Gestaltungsprinzipien controllinggerechter Anreizsysteme

21.1. Anforderungen des Controllings an Anreizsysteme

Anreizsysteme stellen eine Verbindung zwischen der Verfolgung betrieblicher Ziele und persönlicher Ziele der Mitarbeiter, insbesondere der Entscheidungsträger dar. Durch die Kopplung von Teilen der Vergütung an die Erreichung betrieblicher Ziele sollen die Mitarbeiter zur Identifizierung mit den betrieblichen Zielen veranlasst werden. Während bei Mitarbeitern des Lower-Managements eher operative Zielgrößen im Vordergrund stehen, sind es im Top-Management bzw. auf Bereichs- oder Divisionsebene eher strategische Ziele. Um strategisches Denken und Handeln auf höheren Managementebenen zu übertragen, reicht es nicht aus, nur strategische Zielgrößen zu entwickeln, es müssen auch geeignete Instrumente gefunden werden, das Management zur Verfolgung strategischer Ziele zu veranlassen.

Bei Anreiz- bzw. Belohnungssystemen wird grundsätzlich von dem Ansatz ausgegangen. Dass Anreize, die als Stimuli bereitgestellt werden, Einfluss auf das Verhalten und Handeln von Mitarbeitern haben (*Bleicher*). Anreize als Elemente eines Anreizsystems sind zu definieren und zu erfassen. Sie sind zu überprüfen im Hinblick auf ihre Fähigkeit, eine Motivationskraft zu erzeugen. Die Anreize haben in der Regel nur dann eine Motivationskraft, wenn die betroffenen Personen ihnen den Charakter einer Belohnung beimessen. Anreize müssen, um dem Controlling gerecht zu werden, folgende Anforderungen erfüllen:

- Belohnungscharakter
- Kongruenz mit dem betrieblichen Zielsystem
- Konsistenz innerhalb der Anreize

Anreize lassen sind grundsätzlich in zwei verschiedene Gruppen unterteilen *(Becker)*:

- Intrinsisch motivierte Anreize
- Extrinsisch motivierte Anreize

Intrinsisch motivierte Anreize leiten sich aus Handlungen ab, die um ihrer selbst Willen angestrebt werden und auch Befriedigung bieten. Sie spiegeln sich in persönlichen Erfolgs- und Misserfolgserlebnissen wider. Ein extrinsisch motivierter Anreiz liegt dann vor, wenn eine äußere Belohnung materieller oder immaterieller Art für eine Handlung gewährt wird. Als Beispiele seien genannt:

Intrinsisch motivierte Anreize
- Streben nach Leistung
- Streben nach Macht
- Streben nach sozialen Kontakten
- Sinn der Tätigkeiten
- Selbstverwirklichung

Extrinsisch motivierte Anreize
- Einkommen
- Finanzielle Zusatzleistungen
- Pensionszusagen
- Dienstwagen, Dienstwohnung
- Weiterbildungsveranstaltung

Die finanziellen Anreize haben ein besonderes Gewicht. In dem Entgelt wird nicht nur eine Bedeutung bei der Befriedigung physiologischer und sicherheitsorientierter Bedürfnisse zugemessen, sondern es ist darüber hinaus ein Maßstab, wie die eigene Leistung von Anderen bewertet wird. Besonders in Zeiten, die gesamtwirtschaftlich durch Rezessionen gekennzeichnet sind, haben monetäre Anreize ein noch höheres Gewicht. Somit stehen monetäre Anreize meist im Vordergrund bei der Bildung von Anreizsystemen.

Entgeltsysteme stellen somit einen wichtigen Teil von Anreizsystemen dar. Anreizsysteme müssen sich ebenfalls gewissen Anforderungen durch das Controlling stellen:

- Ausrichtung auf die geplanten bzw. vorgegebenen Ziele
- Strategische und operative (evtl. auch taktische) Ausrichtung
- Situationsbezogene Flexibilität (Anpassungsfähigkeit auf Unternehmensänderungen)
- Flexibilität bezogen auf Änderungen der Motive der Mitarbeiter
- Gewährleistung anforderungsgerechter Vergütung
- Gewährleistung marktgerechter Vergütung
- Transparenz (Nachvollziehbarkeit durch die Mitarbeiter)
- Nutzen des Anreizsystems muss größer sein als der Aufwand

21.2. Gestaltung von Vergütungssystemen

Das Vergütungssystem regelt alle Arten der monetären Belohnung seiner Partizipanten. Die Ausgestaltung macht dabei an zwei Hauptkriterien fest, der fixen und der variablen Vergütung. Der fixe Teil ist obligatorisch, in ihm finden sich das Grundgehalt, Sozialleistungen und eventuelle fixe Nebenleistungen wieder. Das Fixum dient in erster Linie dem Streben nach finanzieller Sicherheit. Die Höhe der fixen Vergütung erfolgt nach Kriterien wie:

- Art der Tätigkeit
- Größe des Verantwortungsbereiches
- Engagement und Anforderungsprofil des Mitarbeiters
- Arbeitsmarktbedingungen
- Branchenbedingungen
- Regionale Bedingungen

Die variable Vergütung (Tantieme, Bonus) ist fakultativ und ihre Zahlung ist an die Erfüllung bestimmter Kriterien (Ziele) geknüpft. Mit ihr können die Partizipanten am Erfolg des Unternehmens beteiligt werden. Das Spektrum der möglichen Maßgrößen ist allerdings sehr weit. Denkbar ist z.B. eine einfache Beteiligung am Gesamterfolg oder ein variable Vergütung aufgrund globaler oder differenzierter Beurteilungen der Leistungen der jeweiligen Partizipanten. Um ihre Anreizwirkung nicht zu verlieren, darf die variable Vergütung nicht als „Zubrot" angesehen werden; sie muss einen bedeutenden Teil des Einkommens ausmachen *(Hahn / Willers)*.

Ebenfalls eine wichtige Bedingung für erfolgreiche Anreizsysteme ist in der Beeinflussbarkeit der Zielgrößen durch die jeweiligen Partizipanten zu sehen. Nach dem Grad der Beeinflussbarkeit unterscheiden sich auch die möglichen Zielgrößen. Im unteren Management oder auf der ausführenden Ebene kommen eher aus den Oberzielen abgeleitete Unterziele zur Anwendung, während man in höheren Hierarchiestufen auf Oberziele abstellen kann. Darüber hinaus ist festzulegen, ob ein oder mehrere Maßstäbe für die variable Vergütung festgelegt werden sollen. Als Beispiel für eine singuläre Erfolgsbeteiligung wäre eine schlichte Beteiligung der Mitarbeiter am Umsatz zu nennen. Man könnte aber auch mehrere Ziele parallel ansetzen, wie z.B.:

- Umsatzerlöse
- Kostenwirtschaftlichkeit
- Ausschussquote

Darüber hinaus ist festzulegen, ob man jeden Mitarbeiter isoliert bewertet, oder seine Gratifikation auch von der Zielerreichung anderer Mitarbeiter abhängig macht. In diesem Zusammenhang kann man auf die bestehende aufbauorganisatorische Struktur Bezug nehmen. Es
werden somit zusätzlich Kollektivziele angesetzt, die auch ein entsprechendes soziales Verhalten unter den Mitarbeitern auslösen können. Ein solches System könnte beispielsweise
folgende Gestalt haben:

- Erreichung persönlicher Ziele: 40% der variablen Vergütung
- Erreichung der Gruppenziele: 20% der variablen Vergütung
- Erreichung Abteilungsziele: 20% der variablen Vergütung
- Erreichung der Unternehmensziele: 20% der variablen Vergütung

Der Erfolg von Anreizsystemen wird dann zweifelhaft, wenn ein zu großer Teil der variablen
Vergütung nicht mehr im Einflussbereich der Partizipanten liegt, bzw. er die Zusammensetzung als ungerecht empfindet. Andererseits fördert eine hohe Vergütung bei der Erreichung
persönlicher Ziele eher ein auf kurzfristige Erfolge abstellendes und damit nicht nachhaltig
Erfolg versprechendes Verhalten. Teilweise kann auch beobachtet werden, dass sich die Mitarbeiter, weil sie schließlich Menschen sind, ökonomisch unrational verhalten. So sinkt oft
nach der Zahlung einer Gratifikation die Leistungsbereitschaft vieler Mitarbeiter signifikant
und erhöht sicher erst nach einigen Wochen oder Monaten wieder. Solchen Effekten kann
man mit der zeitlichen Verlagerung der Gratifikation begegnen, z.B. in saisonal „flaue" Monate. Eine Stückelung der Gratifikation (z.B. Aufteilung der Zahlung auf Zwei-Monats-
Abstände) ist gefährlich, da der Partizipant aufgrund der geringeren Beträge und wiederkehrenden Zahlungen nicht mehr von einem belohnenden Bonus ausgeht, sondern die Zahlung als
feste Größe missverstehen könnte. Dem Effekt sinkender Leistungsbereitschaft nach erfolgter
Zahlung kann auch durch ein relativ kurzfristiges Reporting der Zielerrechungsgrade entgegengewirkt werden.

21.3. Zielgrößen in Vergütungssystemen

Die Definition der Ziele als Maßstab der Leistungsmessung und der damit verbundenen Grati-
fikationszahlung bleibt neben den angesprochenen Anforderungen der Hauptteil beim Aufbau
von Vergütungssystemen. Insbesondere sind ihre Auswirkungen auf das Verhalten der Mitarbeiter zu beleuchten. Folgende Zielgrößen sollen exemplarisch angesprochen werden:

- Individuelle Zielvereinbarungen
- Umsatzerlöse
- Deckungsbeiträge
- Cash Flow
- Bereichsgewinne
- Kapitalrentabilitäten
- Zwei-Faktoren-Modell: Return on Assets und Umsatzwachstum
- Aktienkurse (Stock Option Plans)

Die Aufzählung hat nicht den Anspruch auf Vollständigkeit, sondern soll zur beispielhaften Verdeutlichung der Probleme des Aufbaus von Vergütungssystemen anhand in der Praxis üblicher Zielgrößen dienen. Dabei werden ausgehen von der Definition der Zielgrößen die Anwendungsbereiche (Personen) der Zielgröße dargestellt und ihre möglichen Verhaltenswirkungen diskutiert.

Individuelle Zielvereinbarungen

Individuelle Zielvereinbarungen, wie sie etwa im Führungsstil des Management by Objectives angesetzt werden, können sich auf sämtliche messbaren Ziele beziehen. Damit sind sie für jeden Mitarbeiter zu definieren, er sollte sie jeweils immer beeinflussen können. Die Zielvereinbarungen können sich auf finanzwirtschaftliche Ziele wie Umsatz, Kosteneinsparungen, auf leistungswirtschaftliche Ziele wie Produktionsmengen, Absatzmengen, Fehlmengensenkungen, Terminziele oder auf die Einhaltung von Qualitätsstandards beziehen. Auch soziale Zielsetzungen wie etwa der Abbau des Krankenstandes kann berücksichtigt werden. Da hier nicht nur pauschale Ziele aus dem betrieblichen Rechnungswesen zur Anwendung kommen, ist die Pflege eines solchen Vergütungssystems sehr aufwändig. Außerdem existiert bei der individuellen Zielvereinbarung oft ein Akzeptanzproblem, wenn die Zielerreichungsmessung in der (subjektiven) Beurteilung des Vorgesetzten besteht, bzw. die Ziele nicht vereinbart (Management by Objectives), sondern Top-Down vorgegeben wurden (Management by Results).

Umsatzerlöse

Summe der Verkaufserlöse einer Periode (Summe der Absatzmenge • Abatzpreise über alle Produkte eines Bereiches innerhalb einer Periode). Anwendbar auf alle Mitarbeiter, beeinflussbar durch Verkaufspersonal, Außendienstler, Handelsvertreter, Reisende, Leiter von Sales Centern (Verkaufsniederlassungen). Kostensteigerungen werden nicht erfasst; bei höheren Kostensteigerungen als Umsatzsteigerungen kann es zu Gewinneinbußen kommen. Es werden nur umsatzstarke Produkte gefördert, nicht aber Produkte mit hoher Gewinnspanne.

Deckungsbeiträge

Differenz von Umsatzerlösen und variablen Kosten eines Bezugsobjektes (Produkt, Produktgruppe etc.). Anwendbar auf Vertriebsmitarbeiter Manager von Sales Centern, eventuell auch bei Profit Centern anwendbar. Neben den Umsatzerlösen werden auch die variablen (in der Regel beeinflussbaren) Kosten betrachtet. Problematisch ist hier die Aufteilung der variablen Gemeinkosten, die Nichtbeachtung strategisch relevanter Potenziale, Ignorierung der Fixkostenstrukturen. Darüber hinaus existiert die Gefahr, durch eine Kommunikation der Deckungsbeiträge gerade an Vertriebsmitarbeiter ein „Aufweichen" der preispolitischen Verhandlungspositionen gegenüber dem Kunden zu initiieren. Dieses Problem kann durch eine „verschleierte" Kommunikation der Deckungsbeiträge über Punktbewertungsverfahren (Scoring-Modelle) vermieden werden. Deckungsbeiträge kommen in der Praxis nicht so häufig vor, wie Umsatzerlöse als Zielgrößen, obwohl sie ökonomisch gesehen Vorteile gegenüber dem Umsatz aufweisen (*Weilenmann*).

Cash Flow

Der Cash Flow ist eine Form des Umsatzüberschusses. Anwendbar auf Vertriebsmanager und Bereichsmanager. Er wird direkt gemessen:

zahlungswirksame Erträge
– zahlungswirksame Aufwendungen
= Cash Flow(direkt)

Da in diesem Cash Flow auch erfolgsneutrale Bestandsänderungen einfließen (z.B. Vorratsbeschaffung und -bezahlung), müsste der Cash Flow als Erfolgsbeurteilungsmaßstab noch bereinigt werden (*Harrmann*):

Cash Flow(direkt)
+ einzahlungswirksame, erfolgsneutrale Bestandsänderungen
– auszahlungswirksame, erfolgsneutrale Bestandsänderungen
= Bereinigter Cash Flow(direkt)

Aber auch dieser bereinigte Cash Flow beinhaltet nicht alle Erfolgsgrößen, dafür aber möglicherweise Mittelzu- und –abflüsse, die mit Erfolg nichts zu tun haben. Investitionszahlungen wirken sich z.B. mindernd auf den bereinigten Cash Flow aus, werden aber in der Regel von der Unternehmensleitung verursacht und nicht von Bereichsleitern. Die Überlegungen führen zum Free Cash Flow nach *Rappaport*, der um alle Investitionsauszahlungen ins Anlage- und Umlaufvermögen bereinigt ist.

Cash Flow
– Investitionen in das Anlagevermögen
– Investitionen in das Netto-Umlaufvermögen (Working Capital)
= Freier Cash Flow

Trotzdem können sich auszahlungswirksame, strategisch aber positiv zu beurteilende Maßnahmen negativ auf den Cash Flow auswirken (z.B. Kosten für Mitarbeiterschulungen).

Bereichsgewinne

Ein Bereichsgewinn ist ein operativer Wertzuwachs, der durch das betriebliche Rechnungswesen zu ermitteln ist, und zwar entweder pagatorisch auf Basis der Buchhaltung oder kalkulatorisch auf Basis der Kosten- und Erfolgsrechnung:

Pagatorisch:	**Kalkulatorisch:**
Gewinn =	Gewinn (Betriebsergebnis) =
Ertrag - Aufwand	Erlöse - Kosten

Beeinflussbarkeit von Gewinngrößen in der Regel durch Bereichsleiter (Profit Center, Investment Center, Leiter strategischer Geschäftsbereiche). Die Probleme bei der Leistungsmessung über Bereichsgewinne liegen im Wesentlichen in zwei Komplexen:

Einbezug von Erfolgsbestandteilen in die Gewinnberechnung:
- Bewertungsspielräume bei Halb- und Fertigerzeugnissen
- Methodenwahloptionen z.B. bei Abschreibungen und Rückstellungen
- Falsche Verrechnungspreise bei internen Leistungen
- Fehlerhafte Gemeinkostenverteilungen
- Willkürliche Festlegungen z.B. bei Kapitalbindungskosten (kalkulatorische Zinsen)

Nichtbeachtung strategischer Ziele:

- Förderung der kurzfristigen Ausbeutung der anvertrauten Bereiche durch das Management
- Kostensenkungen mit der „Sense" und damit verbundene Aushöhlung bereits geschaffener strategischer Potenziale
- Budgetkürzungen für Ausbildung, Forschung & Entwicklung
- Innovationsfeindlichkeit gegenüber Neuprodukten mit geringer anfänglicher Gewinnspanne

Die diversen Problemfelder bei der Gewinnermittlung und die nur auf den operativen Bereich fokussierende Verhaltenssteuerung führt bei der Leistungsbeurteilung von Managern mit zuordenbaren Vermögensteilen zur Diskussion über den Ansatz von Rentabilitäten.

Kapitalrentabilitäten

Es kommen hauptsächlich modifizierte Konzepte zum Einsatz, die sich aus dem Return on Investment (ROI) oder der Gesamtkapitalrentabilität (Return on Assets, ROA) entwickelt haben, z.B.:

Return on Investment = Betriebsergebnis / betriebsnotwendiges Vermögen

Return on Assets = (Betriebsergebnis + Kapitalkosten) / betriebsnotwendiges Vermögen

Die Kritik an den Gewinngrößen lässt sich auch bei den Rentabilitäten anbringen, da ihr Zähler schließlich aus einer Gewinngröße besteht. Darüber hinaus hat ein Manager, er nur an kurzfristigen Erfolgen interessiert ist, bei der Leistungsmessung über Rentabilitäten noch die Möglichkeit, seinen „Erfolg" bei stagnierenden Umsatz und starren Kostenstrukturen durch eine „Verschleuderung" des gebundenen Vermögens, durch Verkauf, Verschrottung oder Stilllegung zu erhöhen. „Under certain conditions, division managers can increase their rate of return by scrapping perfectly good assets" (*Dearden*).

Zwei-Faktoren-Modell: Return on Assets und Umsatzwachstum

Eine verstärkte Ausrichtung auf den langfristigen Bereich unter Beibehaltung der Leistungsmessung über Größen aus dem Rechnungswesen stellen z.B. Zwei-Faktoren-Modelle dar. Es werden zwei Leistungsgrößen definiert, die als Vergütungsbasis mathematisch verknüpft werden. Als Beispiel dient das System zur Vergütung von Divisionsmanagern von *Stata / Maidique*:

- Operative Leistung: Return on Assets (ROA), gemessen als durchschnittlicher Return on Assets der jeweils letzten drei Quartale
- Strategische Leistung: Umsatzwachstum (UW), gemessen als durchschnittliches Umsatzwachstum der jeweils letzten zwölf Monate

Zusätzlich können bei der mathematischen Verknüpfung folgende Faktoren Eingang finden:

- Gewichtung der beiden Leistungsgrößen untereinander
- Leistungen von Konkurrenten (Benchmarks) oder Zielvereinbarungen als Basis
- Berücksichtigung außergewöhnlicher Umstände (Bias-Faktor)

- Nichtlineare Berechnungen, die im Falle einer progressiven Berechnung eine progressive Steigerung der Tantieme bei überdurchschnittlich guten Leistungen erlauben. Im Fall der degressiven Berechnung würden die Tantieme bei höheren Leistungen zwar insgesamt zunehmen, aber mit fallenden Steigerungsraten

Zur Veranschaulichung sei ein Beispiel mit linearer Berechnung angeben:

Der ROA als Zielvereinbarung:	3%
Umsatzwachstum als Zielvereinbarung:	5%
Gewichtung ROA:	100%
Gewichtung Umsatzwachstum (UW):	40%
Bias-Faktor:	0
Benchmark (als Basis der Zielerfüllung):	ROA • Gewicht$_{(ROA)}$ + UW • Gewicht$_{(UW)}$ = 5

Die jeweiligen Zielerreichungsrade ergeben sich jetzt nach der Formel:

(Ist-ROA • Gewicht$_{(ROA)}$ + Ist-UW • Gewicht$_{(UW)}$ + Bias-Faktor) / Benchmark

		ROA							
		1%	2%	3%	4%	5%	6%	7%	8%
	1%	28%	48%	68%	88%	108%	128%	148%	168%
	2%	36%	56%	76%	96%	116%	136%	156%	176%
	3%	44%	64%	84%	104%	124%	144%	164%	184%
	4%	52%	72%	92%	112%	132%	152%	172%	192%
UW	5%	60%	80%	100%	120%	140%	160%	180%	200%
	6%	68%	88%	108%	128%	148%	168%	188%	208%
	7%	76%	96%	116%	136%	156%	176%	196%	216%
	8%	84%	104%	124%	144%	164%	184%	204%	224%

Abb. 1: Leistungsmessung über Return on Assets und Umsatzwachstum

Wie man sieht, bekommt der Partizipant bei Erreichung der vereinbarten Ziele (ROA = 3%, UW = 5%) genau 100% seiner Gratifikation:

(3 • 1 + 5 • 0,4 + 0) / 5 = 1 (100%)

Bei anderen Kombinationen bekommt er entsprechend mehr Bonus oder weniger als die normale Gratifikation ausgezahlt.

Darüber hinaus könnte man ab der Ebene der Profit Center Manager aufwärts noch situationsbezogen auf die jeweilige strategische Position abstellen, indem man z.B. bei der Bemessung der Zielhöhen auf strategisch relevante Faktoren eingeht wie z.B.

- Stellung im Produktlebenszyklus
- Stellung im Produktportfolio
- Erreichung strategischer Meilensteine

Aktienkurse (Stock Option Plans)

Insbesondere das Top-Management soll die langfristige Verfolgung strategischer, unternehmenswertorientierter Ziele forcieren, indem die Manager durch Kauf von Aktienoptionen, die

sie nach einer längeren Frist (z.B. fünf Jahre) einlösen können, an der börsennotierten Wertsteigerung des Unternehmens partizipieren. Damit soll auch eine Harmonisierung des Verhaltens von Management und Anteilseignern (Shareholder) erreicht werden. Es treten allerdings
etliche Probleme auf, die hier nur angerissen werden können, z.B.:

- Wegfall der Motivationsfunktion bei schlechter Börsenlage
- Kein Sanktionsmechanismus wegen fehlendem Eigenkapitaleinsatz der Manager
- „Unmoralisch" große Einkommenshöhen bei sehr guter Börsenentwicklung
- Zweifelhaftigkeit der Unternehmensbewertung durch die Börse durch den Einfluss ex-
  terner Ereignisse wie Krisen oder Kriege
- Bilanzielle und steuerrechtliche Probleme

So führt beispielsweise die Ausgabe neuer Aktien bei Einlösung der Aktienoptionen zu einer
Kapitalverwässerung, die von bisherigen Eigentümern in der Regel nicht akzeptiert wird. Die
Eigentümer stehen eher für die steuerliche Geltendmachung der aus dem Aktienoptionspro-
gramm entstehenden Kosten, was teilweise zum Einsatz von fiktiven Aktienoptionen geführt
hat.

Literatur

Bamberg, G. / Locarek, H.: Anreizkompatible Allokationsmechanismen für divisionalisierte
Unternehmungen, in: Wirtschaftswissenschaftliches Studium, Heft 1 Januar 1994, S. 10-14
Becker, F: Anreizsysteme für Führungskräfte, Stuttgart 1990
Bleicher, K.: Zur strategischen Ausgestaltung von Anreizsystemen für die Führungsgruppe
von Unternehmungen, in: Zeitschrift Führung + Organisation, 54. Jg. 1985, Heft 1, 5.21-27
Dearden, J.: Measuring profit center managers, in: Harvard Business Review, Vol. 65 1987,
No.5, S. 84-88
Hahn, D.: Integrierte Organisations- und Führungskräfteplanung im Rahmen der strategischen
Unternehmungsplanung, in: Strategische Unternehmungsplanung/Strategische Unternehmens-
führung, 5. Aufl. hrsg. V. D. Hahn und B. Taylor, Heidelberg 1990, S. 485-493
Hahn, D. / Willers, H.: Unternehmensplanung und Führungskräftevergütung, in: Strategische
Unternehmungsplanung, in: Strategische Unternehmungsplanung/Strategische Unternehmens-
führung, 5. Aufl. hrsg. V. D. Hahn und B. Taylor, Heidelberg 1990, S. 401-423
Harrmann, A.: Cash-flow - Ermittlung, Bedeutung und Aussagefähigkeit, in: Der Betrieb,
39.Jg. 1986, Heft 51/52, S. 2612-2616
Hochmeister, J.: Erfolgsbeteiligung des Managements auf Grundlage strategischer Leistun-
gen, Wien 1985
Rappaport, A.: Executive incentives vs. corporate growth, in: Harvard Business Review, Vol.
56 1978, No. 4, S. 81-88
Salter, M.: Tailor incentive compensation to strategy, in: Harvard Business Review, Vol. 51
1973, No. 2, S. 94-102.
Stata, R. / Maidique, M.: Bonus system for balanced strategy, in: Harvard Business Review,
Vol. 58 1980, No.6, S. 156-163
Vancil, R.: What kind of management control do you need? , in: Harvard Business Review,
Vol. 51 1973, No. 1, S, 75-86
Weilenmann, P.: Dezentrale Führung: Leistungsbeurteilung und Verrechnungspreise, in: Zeit-
schrift für Betriebswirtschaft, 59. Jg. 1989, Heft 9, S. 932-956
Willers, H.: Vergütungssysteme für Führungskräfte in der Wirtschaft, in: Strategische Unter-
nehmungsplanung/Strategische Unternehmungsführung, 5. Auflage, hrsg. Von D. Hahn und
B. Taylor, Heidelberg 1990, S. 485-493

22. Entscheidungsregeln und Nutzwertanalysen im Controlling

22.1. Entscheidungstheorie

Entscheidungstechniken sind mathematisch-heuristische Verfahren, dem Management bei der Entscheidungsfindung unterstützend zur Seite zu stehen. Sie können sicherlich den Entscheidungsprozess nicht vollständig übernehmen, sind aber eine große Hilfe, da durch den Versuch der vollständigen Berücksichtigung der relevanten Möglichkeiten und ihrer Auswirkungen das Risiko von Fehlentscheidungen gemindert wird. Insbesondere bei grundlegenden bzw. konstitutiven Entscheidungen spielen sie eine große Rolle, da der Planungszeitraum hier oft lang, die Informationsbasis oft unvollständig und die Gefahr hoher sunk costs groß ist. Beispiele für Anwendungsgebiete der Entscheidungstheorie sind:

- Auswahl der Rechtsform
- Standortwahl
- Investitionsplanung
- Beurteilung alternativer Vertriebssysteme
- Portfolio-Management bei Finanzanlagen

Werden menschliche Wahlhandlungen vollzogen, so spricht man von Entscheidungen. Aus Zielen lassen sich Kriterien zur Bewertung der Entscheidungsalternativen und zur Messung der Konsequenzen der durch die Entscheidung herbeigeführten Verhaltensweisen ableiten. Dabei lassen sich drei betriebswirtschaftlich bedeutsame Charakteristika herausstellen. Das Setzen von Zielen ist Voraussetzung betrieblichen Entscheidens; mit der Funktion als Entscheidungskriterium ist die Funktion als Kontrollmaßstab verbunden und Ziele haben bei dezentralen Entscheidungen die Aufgabe, diese Entscheidungen aufeinander abzustimmen und damit eine Koordinationsfunktion.

Die Aufgaben der Entscheidungstheorie liegen dabei in der

- Analyse von Entscheidungsprozessen und in der
- Entwicklung von Instrumenten zur Entscheidungsfindung.

Die Entscheidungstheorie bewegt sich auf zwei Gebieten, die normative Entscheidungstheorie versucht, Handlungsempfehlungen zur rationalen Entscheidungsfindung zu entwickeln (präskriptive Entscheidungslogik), während die deskriptive Entscheidungstheorie eine Beschreibung darstellt, warum sich Entscheidungsträger in der Realität so und nicht anders entscheiden (empirisch realistische Entscheidungstheorie). Die deskriptive Entscheidungstheorie stellt sich die Aufgabe, Entscheidungen in der Realität zu analysieren. Sie ist einem Wissenschaftsideal verpflichtet, wie es z.B. in der Psychologie oder verwandten Sozialwissenschaften verfolgt wird. Diese Orientierung, die gleichzeitig eine Öffnung der BWL zu den Verhaltenswissenschaften bedeutet, wurde in Deutschland maßgeblich durch den entscheidungsorientierten Ansatz von *Heinen* beeinflusst.

Die Phasen-Konzepte der deskriptiven Entscheidungstheorie beschreiben somit den Entscheidungsprozeß, der innerhalb der Planung, also im Rahmen der Willensbildung des Managements abläuft. Die Kontrolle hat neben der Überprüfung der Entscheidung mit der Realität die Aufgabe der Zielkorrektur bzw. neuen Zielbestimmung, um zukünftige Entscheidungsprozesse zu verbessern. Während die Zielbestimmung bzw. Zielplanung notwendig ist, um einen operationalen Ausgangspunkt zum Entscheiden zu finden, kommt es dann in der normativen Entscheidungstheorie zur Konkretisierung der als optimal angesehenen Entscheidung in der Such- und Bewertungsphase. Die normative Entscheidungstheorie gibt dabei Handlungsempfehlungen, die eigentliche Auswahl ist ein weiterer (noch) menschlicher Prozess. Die normative Entscheidungstheorie erfährt gerade bei der Existenz eines Zielsystems mit mehreren Zielen eine entsprechende Bedeutung, da hier die Herbeiführung einer Entscheidungsregel nicht zwingender Weise möglich ist. Dies ist dann der Fall, wenn es zu Widersprüchen zwischen den Möglichkeiten und den sich daraus ergebenden Zielerreichungsgraden bezogen auf mindestens zwei Ziele kommt.

22.2. Ziele als Grundlage des Managements

Unter einem Ziel ist ein angestrebter Zustand zu verstehen, der sich auf das Verhalten des Systems selbst oder auf Zustände irgendwelcher Outputgrößen bezieht. Da Unternehmen künstliche, vom Menschen geschaffene Systeme sind, werden die Ziele des Unternehmens von den angestrebten Zuständen der am Betrieb beteiligten Menschen bestimmt. Als Zielbildungsbeteiligte sind auf der einen Seite Systemmitglieder, also Eigentümer als Unternehmer, das Management und die Mitarbeiter des Unternehmens, Lieferanten von Ressourcen (z.B. Eigentümer als Kapitalgeber), Abnehmer von Leistungen (z.B. Kunden) und regulatorische Gruppen wie staatliche Institutionen als Vertreter öffentlicher Interessen zu nennen. Es liegt also eine mehrzentrige Zielbildung in Unternehmen vor.

Die Bedeutung von Zielen ergibt sich aus ihrem Charakter als Beurteilungsmaßstab. Wirtschaftliches Handeln ist Wählen zwischen verschiedenen Möglichkeiten. Wirtschaftliches Handeln kann bei Vorliegen objektiver Rationalität als das ökonomische Prinzip in den Formulierungen - mit gegebenen Mitteln den maximalen Nutzen erzielen oder mit minimalen Mitteln einen gegebenen Nutzen erzielen - ausgedrückt werden. Das ökonomische Prinzip kann aufgrund der Knappheit der Mittel als Leitmaxime wirtschaftlicher Betätigung jedes Unternehmens angesehen werden. Weil diese Knappheit für jedes soziale System Gültigkeit besitzt, ist das ökonomische Prinzip auch für jede institutionell abgrenzbare Einheit anwendbar, die durch Kombination produktiver Faktoren ihre Leistungen hervorbringt, unabhängig vom Wirtschaftssystem, von der Eigentümerstruktur und vom Grad des staatlichen Interesses an dem Unternehmen.

Als eine Möglichkeit der Kategorisierung von Zielen existiert die Unterscheidung in Sach- und Formalziele. Diese Einteilung wird von *Kosiol* nach dem Gesichtspunkt der gesamt- und einzelwirtschaftlichen Aufgabenerfüllung getroffen. Das Sachziel legt die Leistungen des Unternehmens fest. Sie kennzeichnen damit die Leistungen, Leistungsprogramm und die Märkte für die Leistungen. Sachziele geben an, was Aufgabe des Unternehmens ist und gelten juristisch als Bezeichnung des Unternehmensgegenstandes. Sie dienen damit der gesamtwirtschaftlichen Aufgabe der Bedarfsdeckung als Befriedigung menschlicher Bedürfnisse. Allerdings ist die Erstellung von Leistungen zur Bedarfsdeckung ein Effekt, der sich aus der Befolgung anderer Ziele ergibt. Sachziele beschreiben somit das konkrete Handlungsprogramm des Unternehmens. Formalziele beziehen sich auf Anforderungen an den jeweils inhaltlich spezifizierten Leistungserstellungs- und -verwertungsprozess. Im Formalziel konkretisiert sich der ökonomische Aspekt. Formalziele stellen somit sachungebundene Imperative dar, die als Entscheidungskriterien beeinflussen, wie und für wen gewirtschaftet werden soll.

Wichtige Dimension betrieblicher Ziele ist die Festlegung des Zielinhalts, also dessen, was anzustreben ist. Ziele können hinsichtlich des angestrebten Ausmaßes der Zielerreichung als

Maximierungs- oder Satisfizierungsziele formuliert werden (*Kubicek*). Dem Streben nach Maximierungszielen liegt das ökonomische Prinzip rationalen Handelns zugrunde, d.h. Entscheiden für einen Extremwert der relevanten Zielgröße bei gegebenen Daten oder Erreichen eines vorgegebenen Ziels unter Auflagen, die eine Extremwertforderung enthalten. Sowohl das mögliche gewollte Verhalten der Entscheidungsträger als auch das Vorhandensein objektiver Rationalität im Sinne vollkommener Informationen sprechen allerdings gegen diese Maximierungshypothese. Somit kommt dem Satisfizierungsgedanken eine größere Relevanz zu. Es wird eine befriedigende Zielerreichung angestrebt. Damit lässt sich für eine Zielgröße ein Anspruchsniveau festlegen, das sich z.B. in einer Mindestforderung ausdrückt.

Auch der zeitliche Bezug stellt eine Dimension betrieblicher Zielsetzung dar. Hier geht es darum, Zeitpunkte festzulegen, wann ein Ziel, bzw. Zeiträume festzulegen, innerhalb derer ein Ziel erreicht werden soll. Die Bestimmung des zeitlichen Bezugs kann zu Problemen hinsichtlich der Eindeutigkeit des Ziels als Handlungsvorschrift führen. Der zeitliche Zielhorizont wird durch die Möglichkeit begrenzt, zukunftsorientierte Informationen mit vertretbarer Sicherheit zu erlangen. Dadurch wird sich in der Regel der Zielhorizont auf kürzere Zeiträume als auf die Totalperiode beziehen, was eine Periodisierung der Zeithorizonte zur Bestimmung des Anzustrebenden und zur Überprüfung des Erreichten zur Folge hat. Unbestimmtheit bezüglich der Ziele kann nun auftreten, da eine kurzfristige, periodisierte Zielvorschrift andere Verhaltensnormen vorschreiben kann als die langfristige Ausprägung desselben Ziels. Als weitere Dimension ist der Raum als Ort der Zielerreichung zu beachten, sofern dieser nicht schon in den anderen Dimensionen spezifiziert wurde.

Zieldimensionen:
- Zielinhalt: finanzwirtschaftlich, leistungswirtschaftlich, sozial
- Zielausmaß: Maximierung, Satisfizierung
- Zielzeitbezug: lang- mittel-, kurzfristig
- Zielraum: regional, national, global

Für die Beurteilung von Handlungsalternativen sind für Ziele Zielmaßstäbe zu benennen. Zielmaßstäbe bestimmen den Grad der Messbarkeit von Zielen. Es müssen Größen gefunden werden, mit deren Hilfe die Konsequenzen der Alternativen beurteilt werden. Können für Ziele solche Messvorschriften ermittelt werden, handelt es sich um operationale Ziele (*Heinen*). Diese entscheidungstheoretische Definition der Operationalität bekommt durch die organisationstheoretische, entscheidungsträgerorientierte Sichtweise eine andere Betonung. Danach muss für ein operationales Ziel gelten, dass der Entscheidungsträger aus der Zielvorschrift direkt Handlungen abzuleiten imstande ist, das Ziel also für ihn befolgbar ist. *Andrä* unterscheidet hier, indem er diese Zielanforderung als Operabilität bezeichnet.

Ein weiterer Unterschied zwischen entscheidungstheoretischer und entscheidungsträgerorientierter Sicht begründet sich aus der Nichtidentität der Operationalität mit dem Begriff der Quantifizierbarkeit von Zielen. Quantifizierbare Ziele sind entweder quantitative Ziele, denen sich eindeutige Zahlenwerte zuordnen lassen oder auch qualitative, artmäßige Ziele, die mit Bewertungsverfahren in quantitative Ziele transformiert werden können.

Existieren mehrere Ziele, liegt ein Zielsystem mit mehrfacher Zielsetzung vor. Die Charakterisierung der Beziehungen zwischen den Zielen erfolgt durch die Ordnung nach Beziehungstypen. Die Bestimmung des Zielausmaßes spielt eine Rolle für die Unterteilung der Ziele bei mehrfacher Zielsetzung in Haupt- und Nebenziele. Nebenziele stellen auch anzustrebende Zustände dar, sie sind aber in der Regel in ihrem Ausmaß limitiert. Die Abhängigkeit vom Entscheidungsträger kommt im relativen Gewicht der Ziele zur Geltung. Hauptziele besitzen für die Wahl der optimalen Alternative ein vergleichsweise höheres Gewicht als Nebenziele. Deswegen bezeichnet *Heinen* Hauptziele auch als Primärziele und Nebenziele als Sekundärziele. Nebenziele sind aber keine Restriktionen, da Restriktionen nicht etwas Anzustrebendes fordern.

Eine andere Einteilung der Ziele nach Beziehungstypen baut auf der Mittel-Zweck-Beziehung von Zielen auf. Ist ein Ziel Mittel zum Zweck der Erreichung eines anderen Ziels, dann stellt das erste Ziel ein Unterziel, das zweite ein Oberziel dar. Als Oberziele werden die Haupt- und Nebenziele angesehen, die der Betrieb insgesamt als ranghöchste Einheit erreichen soll. Die Oberziele besitzen Formalzielcharakter und werden in der Regel von den Zielbildungsbeteiligten festgelegt. Unterziele sind aus den Oberzielen abgeleitete Verhaltensnormen, die für einzelne Teilbereiche Gültigkeit besitzen (*Frese*). Sie ersetzen dort die Oberziele als Handlungsanweisungen, um dem Adressaten eine operabile Vorschrift zu geben. Gilt ein Ziel in bezug auf ein anderes als Unterziel und stellt es selber ein Oberziel gegenüber einem dritten Ziel dar, kann es auch als Zwischenziel bezeichnet werden. Mit der Unterscheidung in Ober-, Zwischen- und Unterziele lässt sich das betriebliche Zielsystem als eine Zielhierarchie darstellen; das Vorliegen von Mittel-Zweck-Beziehungen zwischen vertikal angeordneten Zielen ist eine Voraussetzung für Konsistenz des Zielsystems.

Bei der Vorgabe von derivativen Unterzielen besteht die Gefahr, dass aufgrund der Komplexität und Interdependenz realer Entscheidungsprobleme die Mittel-Zweck-Beziehung zwischen Unter- und Oberziel verloren geht. Dieses Phänomen wird auch organisationstheoretisch als Suboptimierung oder Verselbständigung der Unterziele bezeichnet. Hier ist mit Suboptimierung die Optimierung von Unterzielen gemeint, die auch als Subziele bezeichnet werden können. Andererseits kann auch von Suboptimierung (des Oberziels) gesprochen werden, wenn Suboptimierung bezogen auf das Oberziel als Nichtoptimierung dessen durch das Unterziel verstanden wird.

Eine dritte Möglichkeit zur Ordnung von Zielen ist die Unterscheidung der Ziele nach den Beziehungen des Zielerreichungsgrades unter den Zielen. Diese Betrachtungsweise liegt der Forderung nach Konsistenz des Zielsystems zugrunde. Dabei geht es um die Verträglichkeit der Ziele miteinander. Sind Sie es nicht, treten Zielkonflikte auf. Die Arten der Zielbeziehungen wie folgt dargestellt werden.

Zielbeziehungen:
* Zielkompatibilität: Zielidentität, Zielkomplementarität, Zielneutralität
* Zielkonflikt: Zielkonkurrenz, Zielantinomie

Bei komplementären Zielen führt die Auswahl einer Handlungsalternative, die positive Zielerreichungsbeiträge für ein Ziel liefert, auch zu einem positiven Zielerreichungsbeitrag bei einem anderen Ziel. Zielidentität stellt den Sonderfall der totalen Zielkomplementarität dar. Die Ziele ersetzen sich gegenseitig. Bei Zielneutralität wird ein Ziel weder positiv noch negativ durch Zielerreichungsbeiträge anderer Ziele beeinflusst, während bei Zielkonkurrenz eine negative Beeinflussung weiterer Ziele bei positiven Zielereichungsbeiträgen eines Ziels die Folge ist. Zu beachten ist, das bei der Untersuchung der Zielbeziehungen zwischen partiellen und totalen, sowie zwischen symmetrischen und asymmetrischen Beziehungen unterschieden werden kann. So ist der Grenzfall der totalen symmetrischen Zielkonkurrenz die Zielantinomie, wo die Zielerreichung eines Ziels zur Nichterreichung eines anderen Ziels führen. Die Ziele schließen sich gegenseitig aus.

Die Untersuchung des Zielsystems nach Zielbeziehungen ist wichtig, da bei Auftreten von konfliktären Zielbeziehungen Widersprüchlichkeiten im Zielsystem auftreten, die eine eindeutige und damit konsistente Beurteilung von Handlungsalternativen erschweren. Dabei können diese Zielbeziehungen zwischen Zielen auf gleicher Hierarchieebene auftreten. In dieser horizontalen Struktur auftretende Konflikte müssen durch die Vorgabe einer Präferenzordnung gelöst werden, um dem Anspruch nach Konsistenz zu genügen. Treten Konflikte zwischen Ober- und Unterzielen auf, können diese Konflikte auf die fehlende Mittel-Zweck-Beziehung zwischen Unter- und Oberziel zurückgeführt werden. Denn die Existenz einer Mittel-Zweck-Beziehung setzt grundsätzlich Komplementarität zwischen den Zielen voraus. Zielkonflikte können auch zwischen den Zielen des Unternehmens und denen des Umsystems entstehen. Diese Beziehung erfährt eine besondere Bedeutung, wenn gesamtwirtschaftliche Ziele als Ziele des Umsystems in das Zielsystem des Betriebes einfließen.

Für jeden Betrieb können folgende Grundsätze aufgestellt werden, aus denen Haupt- und Nebenziele abzuleiten sind wie z.B. die Beachtung des ökonomischen Prinzips und die Beachtung des Prinzips der Zahlungsfähigkeit.

Als dominierendes Ziel privater Betriebe wird das Erwerbsstreben angesehen. Es ist das Streben nach Einkommen der Personen, die dem Betrieb Eigenkapital und eventuell auch Eigentümer-Unternehmerleistungen zur Verfügung stellen. Das Erwerbsstreben kommt im Gewinnstreben, absolut oder relativ als Rentabilität formuliert, zum Ausdruck. Daraus darf aber nicht der Schluss gezogen werden, das Gewinnstreben diene nur dem Einkommensmotiv der Eigentümer. Gewinne können dazu verwendet werden, das Unternehmen zu erhalten. Sie dienen zur Finanzierung von Investitionen, damit der Substanzerhaltung des Unternehmens, was Grundlage der Verwirklichung weiterer Ziele sein kann. Dominiert ein solches Ziel, wird auch von Eigenwirtschaftlichkeit gesprochen. Es ist aber zu beachten, dass das Erwerbsstreben über die Eigenwirtschaftlichkeit bzw. Substanzerhaltung hinausgeht und die Begriffe somit nicht gleichzusetzen sind. Diese Ziele werden als finanzwirtschaftliche Ziele bezeichnet. Das gesamte Zielsystem lässt sich darstellen als System mit einer leistungswirtschaftlichen, finanzwirtschaftlichen und sozialen Komponente.

Finanzwirtschaftliche Ziele sind entweder erwerbswirtschaftlich motiviert oder sie sind Sicherungsziele. Die erwerbswirtschaftliche Zielsetzung ist in bezug auf das Zielausmaß nur die Erhöhung der geforderten Zielerreichung über die finanzwirtschaftliche Sicherung des Unternehmensvermögens hinaus. Finanzwirtschaftliche Zielgröße ist u. a. der Erfolg als Gewinn oder Verlust bzw. als Rentabilität.

Das leistungswirtschaftliche Oberziel ist die Deckung eines Bedarfs. Die leistungswirtschaftliche Komponente muss so präzise formuliert sein, dass sie zweifelsfrei als Grundlage des Managements gelten und dass die zu erstellenden Leistungen dadurch eindeutig determiniert werden. Außerdem muss festgelegt werden, welches anzustrebende Niveau als optimal angesehen wird. Diese Konkretisierung der leistungswirtschaftlichen Zielkomponente setzt voraus, dass die Leistungen des hinreichend genau definiert werden können. Leistungswirtschaftliche Ziele sind grundsätzlich in Markt- und Produktziele teilbar, die anhand ihrer Merkmale präzisiert werden. In bezug auf die Marktziele sind die Festlegung der Märkte, Marktanteile und Marktsegmente, die bearbeitet werden sollen, und die Bestimmung einer anzustrebenden Marktstellung relevant. Als Merkmale der Leistungen können

- der Leistungspreis,
- die Leistungsmenge,
- die Leistungsart,

- das Leistungsprogramm sowie
- die Leistungsqualität

angesehen werden.

Ein Unternehmen ist ein soziales System und gleichzeitig Bestandteil des gesellschaftlichen Umsystems. Insofern kann man einem Unternehmen auch eine soziale Verantwortung zuerkennen, die sich in sozialen Zielen ausdrückt. Soziale Ziele können in zwei Gruppen aufgeteilt werden. Die internen sozialen Ziele beziehen sich auf die Mitarbeiter als Elemente des Betriebes, während die externen sozialen Ziele die Befriedigung von gesellschaftlichen, aber weder bereits in leistungs- noch in finanzwirtschaftlichen Zielen erfassten Bedürfnissen bezwecken. Diese Ziele sind oft nicht monetär und damit schwer direkt zu operationalisieren. Als Beispiele für interne soziale Ziele können gelten

- die Zufriedenheit der Mitarbeiter,
- die Möglichkeit der Fortbildung und Selbstverwirklichung der Mitarbeiter,
- die Sicherung der Gesundheit der Mitarbeiter sowie
- die Sicherung der Arbeitsplätze der Mitarbeiter.

Die ersten beiden Ziele kann man als Darbietungsziele ansehen, während die letzten beiden Sicherungsziele sind. Auf der einen Seite ist die Messung problematisch und die Vergleichbarkeit oft nicht gegeben, andererseits lassen sie auch keine Schlüsse zu, welchen Nutzen sie im Hinblick auf andere Zielsystemkomponenten stiften.

Bei den externen sozialen Zielen kommt der Beitrag des Unternehmens zur Lösung gesellschaftlicher Anliegen zum Ausdruck. Hier fließen andere, sozial-, bildungs-, kultur-, raumordnungs-, konjunktur-, branchen-, energie-, und umweltpolitische Aspekte ein.

22.3. Das Grundmodell der Entscheidungstheorie

Eine Entscheidung ist die Auswahl einer von mehreren Alternativen. Die normative Entscheidungstheorie kann nach verschiedenen Kriterien unterteilt werden:

- Anzahl nachfolgender Entscheidungen: einstufig, mehrstufig
- Anzahl Ziele bzw. Zustände: einfache, mehrfache Zielsetzung
- Umweltsituationen: Sicherheit, Unsicherheit

Zum Verständnis des formalen Aufbaus eines entscheidungstheoretischen Modells ist die Klärung bzw. Einführung einiger Grundbegriffe notwendig.

Grundbegriffe der Entscheidungstheorie:

- Alternativen = Handlungsmöglichkeiten (Aktionen, Strategien)
- Aktionsparameter = Ausprägung von Teilaspekten einer Aktion
- Aktionsraum = Menge aller verfügbaren Aktionen (Entscheidungsraum)
- Ergebnis = Resultat einer Aktion
- Umwelt = Umfeld das Aktionsraumes, der Einfluss auf die Aktionen und ihre Ergebnisse hat (Welt, Natur, Universum, Umfeld, Umsystem, Realität)
- Zustände = Ausprägung der Beschaffenheit der Umwelt

Ein Problem der Entscheidungstheorie ist die Unkenntnis der relevanten Umwelt. dabei können folgende Umweltsituationen auftreten (*Schneeweiß*):

Umweltsituationen:

- Sicherheit: Die Eintrittswahrscheinlichkeit der Zustände ist 100%
- Ungewissheit: Die Eintrittswahrscheinlichkeit der Zustände ist unbekannt oder objektiv nicht vorhanden
- Risiko: Die Eintrittswahrscheinlichkeit der Zustände ist bekannt (der Begriff „Risiko" umfasst die Verlustmöglichkeit (Risiko im engen Sinn) und die Gewinnmöglichkeit (Chance))
- Spielsituation: Die Zustände der Welt sind die Handlungsmöglichkeiten rationaler Gegenspieler (Die Spielsituation ist die Grundlage der Spieltheorie, deren Grundlage demzufolge die normative Entscheidungstheorie ist)

Neben den Umweltsituationen sind Wahrscheinlichkeitsbegriffe voneinander abzugrenzen:

Wahrscheinlichkeiten:

- Klassische Wahrscheinlichkeit: Verhältnis der im Entscheidungsraum enthaltenen gleich möglichen Elementarereignisse zur Gesamtzahl gleich möglicher Elementarereignisse. Dieser Wahrscheinlichkeitsbegriff geht auf *Laplace* zurück, und wird durch die vorherige Annahme der Gleichwahrscheinlichkeit auch als A-priori- Wahrscheinlichkeit bezeichnet.
- Grenzwerte relativer Häufigkeiten wie z.B. beim Würfelspielen eine Sechs zu würfeln ($p=1/6$) oder beim Münzwerfen „Zahl" zu werfen ($p=1/2$).
- Subjektive Wahrscheinlichkeiten als Ergebnis menschlicher Beobachtung, Intuition etc. Diese Wahrscheinlichkeiten sind häufig im Wirtschaftsleben anzutreffen. Dem Vorwurf der Subjektivität entgegnet man die Forderung nach intersubjektiver Überprüfbarkeit: intersubjektiv überprüfbare Wahrscheinlichkeiten soweit möglich, subjektive Wahrscheinlichkeiten wenn nötig (*Hax*).

Das Grundmodell der normativen Entscheidungstheorie ist grundsätzlich die Erstellung einer Ergebnismatrix, die aus folgenden Elementen besteht:

Ergebnismatrix:

Zeilen:	Aktionen (actions):	$a_1, a_2, \ldots a_n$
Spalten:	Zustände (situations):	$s_1, s_2, \ldots s_m$
	Wahrscheinlichkeiten (probabilities):	$p_1, p_2, \ldots p_m$
Zellen:	Ergebnisse (events):	$e_{11}, \ldots e_{nm}$

Die Herbeiführung einer Entscheidung erfolgt über die Transformation der Ergebnismatrix in die Entscheidungsmatrix. In der Entscheidungsmatrix sind durch die Transformation der Ergebnisse bzw. Vereinheitlichung der Einheiten eine Vergleichbarkeit und damit die Aufstellung einer Präferenzordnung möglich.

Entscheidungsmatrix:

Ein Mindesterfordernis zur Entscheidung ist das Vorhandensein einer Präferenzordnung innerhalb aller möglichen Ergebnisse (Rationalität).

- Von je zwei Ergebnissen weiß der Entscheidende, ob sie ihm indifferent sind oder nicht, und wenn nicht, welches er vorzieht.
- Wird e_1 dem e_2 nicht vorgezogen und e_2 dem e_3 nicht vorgezogen, dann wird auch e_1 dem e_3 nicht vorgezogen. (Ordinalität des Nutzens).

Die Ergebnisse lassen sich in Nutzen (ordinal oder kardinal) darstellen.

Die Entscheidungsmatrix wird je nach Anwendungsfeld auch als Spiel-, Auszahlungs-, Verlust-, Gewinnmatrix bezeichnet:

Entscheidungsmatrix (Spiel-, Auszahlungs-, Verlust-, Gewinnmatrix):

Zeilen:	Aktionen (actions):	$a_1, a_2, \ldots a_n$
Spalten:	Zustände (situations):	$s_1, s_2, \ldots s_m$
	Wahrscheinlichkeiten (probabilities):	$p_1, p_2, \ldots p_m$
Zellen:	Nutzen (uses):	$u_{11}, \ldots u_{nm}$

Eine Entscheidung wird in der normativen Entscheidungstheorie nun über die Anwendung einer Entscheidungsregel herbeigeführt. Dabei wird der erste Schritt durch die Anwendung allgemeiner Entscheidungsregeln bestimmt. Allgemeine Entscheidungsregel (Dominanzprinzipien) erlauben eine Vorauswahl (Vorprüfung, Screening, Spreu vom Weizen trennen), da hier geprüft wird, ob eine Aktion einer andere in jedem Zustand bzw. Ziel mindestens ebenbürtig oder sogar überlegen ist. Ist dies nicht der Fall, werden weitere spezielle Entscheidungsregel benötigt, in denen meist die Einstellung des Entscheidungsträgers zum Ausdruck kommt und die dann eine eindeutige Wahl zulassen. Die Darstellung der allgemeinen und speziellen Entscheidungsregeln erfolgt in den folgenden Ausführungen in programmierter Form anhand von Kurzbeschreibungen und entsprechenden Beispielen. Dabei wird konkreter auf einstufige Entscheidungen eingegangen, mehrstufige Entscheidungen, die durch die Betrachtung zeitlicher Entwicklungen und / oder Folgeentscheidungen gekennzeichnet sind, werden allgemein erklärt.

Anhand von Dominanzprinzipien können Entscheidungen ohne große Annahmen über die Risikoeinstellung des Entscheidungsträgers herbeigeführt werden, bzw. es lässt sich die Menge der relevanten Aktionen verringern. Es werden drei Dominanzprinzipien unterschieden (*Kruschwitz*):

- **Absolute Dominanz**: Eine Aktion dominiert eine andere Aktion absolut, wenn der minimale Nutzen der ersten Aktion nicht kleiner ist als der maximale Nutzen der zweiten Aktion (Wahrscheinlichkeiten werden nicht benötigt).

	s_1	s_2	s_3
a_1	40	90	20
a_2	20	10	20

a_1 dominiert a_2 absolut

- **Zustandsdominanz**: Eine Aktion dominiert eine andere Aktion, wenn bei paarweisem Vergleich die Nutzen der ersten Aktion in keinem Zustand kleiner sind als die Nutzen der zweiten Aktion und bei mindestens einem Zustand die erste Aktion zu einem besseren Nutzen führt (Wahrscheinlichkeiten werden nicht benötigt).

	s_1	s_2	s_3
a_1	40	90	10
a_2	40	85	10

Zustandsdominanz von a_1 über a_2

- **Wahrscheinlichkeitsdominanz**: Eine Aktion dominiert eine andere Aktion, wenn für jeden Nutzen die Wahrscheinlichkeit, diesen Nutzen mit der ersten Aktion zu erzielen, in keinem Zustand kleiner ist als bei der zweiten Aktion und wenn es mindestens einen Nutzen gibt, der von der ersten Aktion mit größerer Wahrscheinlichkeit als von der zweiten Aktion erzielt wird.

	$s_1, p_1 =$ 0,2	$s_2, p_2 =$ 0,6	$s_3, p_3 =$ 0,2
a_1	40	90	10
a_2	40	85	10

a_1 dominiert a_2 in der Wahrscheinlichkeit, einen Nutzen von 90 zu erzielen.

22.4. Einstufige Entscheidungen unter Sicherheit

Die Nutzwertanalyse ist die Analyse einer Menge komplexer Aktionen im Hinblick auf die Ordnung der Elemente entsprechend den Präferenzen des Entscheidungsträgers bezüglich eines multidimensionalen Zielsystems. Die Abbildung dieser Ordnung erfolgt durch die Angabe von Nutzwerten $N_{(i)}$ als Gesamtwerte der Aktionen $A_{(i)}$.

Grundmodell der Nutzwertanalyse:

a) Aufstellung des Zielsystems

Zielertragsmatrix (Ergebnismatrix)

Aktion/Zielerträge	z_1	z_2	$z_{...}$	z_m
a_1	e_{11}	e_{12}	$e_{1...}$	e_{1m}
$a_{...}$	$e_{...1}$	$e_{...2}$	$e_{......}$	$e_{...m}$
a_n	e_{n1}	e_{n2}	$e_{n...}$	e_{nm}

b) Bewertung (Gewichtung)

Zielwertmatrix (Entscheidungsmatrix)

Aktion/Zielwerte	g_1	g_2	$g_{...}$	g_m
a_1	n_{11}	n_{12}	$n_{1...}$	n_{1m}
$a_{...}$	$n_{...1}$	$n_{...2}$	$n_{......}$	$n_{...m}$
a_n	n_{n1}	n_{n2}	$n_{n...}$	n_{nm}

c) Wertsynthese mit Hilfe einer Entscheidungsregel

Nutzwertmatrix

Aktion	Nutzwerte
a_1	N_1
$a_{...}$	$N_{...}$
a_n	N_n

Als Entscheidungsregeln für die Wertsynthese kommen u. a. folgenden spezielle Entscheidungsregeln in Betracht:

Entscheidungsregeln unter Sicherheit:

- **Lexikographische Ordnung**: Absolute Dominanz. Ein nachfolgendes Ziel wird erst dann relevant, wenn die Ausprägungen zweier Aktionen im Hinblick auf das vorhergehende Ziel gleich sind (Zielunterdrückung).
  a) Zielordnung festlegen
  b) Aktion mit größter Ausprägung auf wichtigstes Ziel bestimmen
  c) wenn zwei Ausprägungen gleich sind, Routine mit nächst wichtigstem Ziel wiederholen, bis eindeutige Lösung vorliegt.

- **Zielgewichtung** (Maximierungsregel): Optimale Aktion ist die mit der größten gewichteten Nutzensumme.
  a) Gewichte g festlegen
  b) Nutzen gewichten
  c) zeilenweise Nutzensumme bilden
  d) Nutzensummenmaximum bestimmen

- **Goal-Programming** (Satifizierungsregel): Optimale Aktion ist die mit der minimalen absoluten Abweichungssumme von den Vorgabewerten (fiktive Aktion).
  a) Vorgabewerte v festlegen
  b) absolute Abweichungen zu den Nutzen bilden
  c) Zeilensumme bilden
  d) Zeilenminimum bestimmen

- **Maximierung des minimalen Zielerreichungsgrades**: Optimal ist die Aktion, die bezüglich des ungünstigsten Zielerreichungsgrades unter allen Aktionen ein Maximum aufweist (Pessimisten-Regel).
  a) Spaltenmaxima bestimmen
  b) Nutzenwerte durch Spaltenmaxima teilen
  c) Zeilenminima bestimmen
  d) Maximum der Zeilenminima bestimmen

Die Entscheidungsregel sollen an einem Beispiel verdeutlicht werden. Für eine Standortuntersuchung eines neuen Fertigungswerkes wurde folgende Entscheidungsmatrix ermittelt:

Aktion/Zielwerte	Lohnkosten	Steuern	Logistik	Bodenkosten
X-Stadt	80	50	30	40
Y-Dorf	60	60	60	50
Z-Tal	40	50	40	80

Es liegen keine absoluten oder Zustandsdominanzen vor. Hohe Werte bedeuten günstige Ausprägungen. Folgende Entscheidungsregeln sollen angewendet werden:

a) Lexikographisch: $z_1 > z_2 > z_3 > z_4$: X-Stadt ist das Optimum ($z_1 = 80$)

b) Gewichtung: $g_1 = 0,1$, $g_2 = 0,2$, $g_3 = 0,5$, $g_4 = 0,2$

Aktion/Zielwerte	Lohnkosten	Steuern	Logistik	Bodenkosten	Nutzwert
X-Stadt	8	10	15	8	41
Y-Dorf	6	12	30	10	58
Z-Tal	4	10	20	16	50

Y-Dorf ist das Optimum mit einer gewichteten Nutzensumme (Nutzwert) von 58.

c) Goal-Programming: $v_1 = 50$, $v_2 = 50$, $v_3 = 50$, $v_4 = 50$

Aktion/Zielwerte	Lohnkosten	Steuern	Logistik	Bodenkosten	Nutzwert
X-Stadt	30	0	20	10	60
Y-Dorf	10	10	10	0	30
Z-Tal	10	0	10	30	50

Y-Dorf ist das Optimum mit einer absoluten Differenzensumme (Nutzwert) von 30.

d) Maximierung des minimalen Zielerreichungsgrades

Aktion/Zielwerte	Lohnkosten	Steuern	Logistik	Bodenkosten	Nutzwert
X-Stadt	1	5/6	1/2	1/2	1/2
Y-Dorf	3/4	1	1	5/8	5/8
Z-Tal	1/2	5/6	2/3	1	1/2
Maximum	80	60	60	80	

Y-Dorf ist das Optimum mit einem Maximum der minimalen Zielerreichungsgrade von 5/8.

Besonders die Anwendung mehrerer Entscheidungsregeln auf ein Entscheidungsproblem kann hilfreich sein, wenn sich dann wie im Beispiel eine Priorität einer Alternative auch unter Anwendung verschiedener Entscheidungsregeln herausstellt. Möglich ist auch die Ermittlung von kritischen Übergangskonstellationen von einer Alternative auf eine andere durch Vorgabe verschiedener Gewichte bzw. Vorgabewerte.

Kosten-Wirksamkeits-Analyse:

Neben der Nutzwertanalyse kommen ähnliche Verfahren wie z.B. die Kosten-Wirksamkeits-Analyse in unzähligen Variationen zur Anwendung. Die Vorgehensweisen ähneln der der Nutzwertanalyse. Eine Variante kennzeichnet sich dadurch, dass zuerst finanzwirtschaftliche (Kosten) und leistungswirtschaftliche Zielgrößen (Leistungsmerkmale, Leistungsnutzwerte) separat aggregiert bzw. gewichtet werden, um in einem zweiten Schritt die Kosten durch die Wirksamkeitsgrößen zu dividieren, um so als Entscheidungskriterium (Gesamtnutzwert) die Kosten pro Wirksamkeitseinheit (Leistungseinheit) heranzuziehen.

Beispiel zur Kosten-Wirksamkeits-Analyse: Entscheidung über eine Produktionsanlage:

Kosten	Personalkosten + Personalneben- kosten	Anlagenkosten (Abschreibungen + Zinsen)	Energie + Instand- haltung + sonstige Gemeinkosten	Summe
a_1	150.000	280.000	150.000	580.000
a_2	180.000	300.000	180.000	660.000
a_3	140.000	260.000	220.000	620.000

Leistungs- merkmale (bewertet)	Einheiten/std.	Umrüstbarkeit	Bedienungs- freundlichkeit	Leistungs- nutzwert
Gewichte	0,6	0,2	0,2	
a_1	7	5	10	7,2
a_2	10	3	10	8,6
a_3	8	10	6	8,0

Kosten pro Leistungs- nutzwerteinheit	a_1	a_2 = Optimum	a_3
GE/LE	80.555,56	76.744,19	77.500,00

22.5. Einstufige Entscheidungen unter Ungewissheit

Ungewissheit:

In der Ungewissheitssituation ist nur bekannt, dass die

- unbekannten Wahrscheinlichkeiten > 0 sind (keine unmöglichen Zustände),
- und die Summe der Wahrscheinlichkeiten 1 ist (alle Zustände werden berücksichtigt).

Es liegen keine objektiven, intersubjektiv überprüfbaren oder subjektiven Wahrscheinlichkeiten vor, bzw. es ist nicht möglich, solche zu finden.

Entscheidungsregeln unter Ungewissheit:

- **Maximin-(Wald-)Regel**: Die Aktion mit dem maximalen Minimum bringt den größten Nutzen (Pessimismus-Regel), (Minimax-Regel).

- **Maximax-Regel**: Die Aktion mit dem maximalen Maximum bringt den größten Nutzen (Optimismus-Regel).

- **Hurwicz-Regel**: Kombination aus Maximin- und Maximax-Regel mit λ als Optimismus- ($\lambda > 0{,}5$) oder Pessimismusparameter ($\lambda < 0{,}5$).
  Nutzwert $H = \lambda \cdot \text{Maximum} + (1-\lambda) \cdot \text{Minimum}$ (Maximum von H über alle Aktionen)

- **Laplace-Regel**: Nutzenmaximum als Erwartungswertsumme auf Basis der Gleichwahrscheinlichkeit (=Prinzip des unzureichenden Grundes).
  Nutzwert $L = \Sigma[\text{Nutzen} \cdot (1/\text{Anzahl Zustände})]$ (Maximum von L über alle Aktionen)

- **Savage-Niehans-Regel**: Regel des kleinsten Bedauerns. Differenzen der Nutzwerte vom jeweiligen Spaltenmaximum (erreichbarer Wert) sind das Maß des „Bedauerns". das maximale Bedauern soll minimal gehalten werden (Minimax-Risiko-Regel). Das Maximum der so ermittelten Opportunitätskosten soll minimiert werden. Die Savage-Niehans-Regel findet auch insbesondere dann Anwendung, wenn es bei dem Entscheidungsproblem nicht darum geht, einen Nutzen zu maximieren, sondern einen möglichen Schaden abzuwenden.

- **Krelle-Regel**: Die Krelle-Regel umgeht die starre, schematische Gewichtung der Handlungskonsequenzen, indem eine individuelle Unsicherheitspräferenzfunktion ω eingeführt wird, mit der alle Nutzwerte u_{ij} einer Aktion in individuelle Nutzwerte $\omega(u_{ij})$ transformiert werden. Die Summe dieser individuellen Nutzwerte $\omega(u_{ij})$ einer Aktion ergibt dann den Gesamtnutzwert der Aktion. Die Unsicherheitspräferenzfunktion impliziert die Risikoscheue bzw. Risikofreude des Entscheidungsträgers.

22.6. Einstufige Entscheidungen unter Risiko

Risiko:

Es ist bekannt, dass
- einer von mehreren möglichen Zuständen eintreten wird,
- objektive, intersubjektiv überprüfbare oder subjektive Wahrscheinlichkeiten vorliegen.

Entscheidungsregeln unter Risiko:

- **Erwartungswert als Nutzenmaß**: Summe der mit Wahrscheinlichkeiten multiplizieren Nutzen über alle Aktionen ($_{1...i}$).

- $\mu_i = \sum_j p_i \bullet u_{ij}$

- **Erwartungswert und Streuung als Nutzenmaß**: Die Standardabweichung (σ) bzw. Varianz (σ^2) informiert über die Bandbreite möglicher Chancen und Risiken, was der Erwartungswert nicht berücksichtigt. Die Varianz ist dabei als Summe aller mit den Wahrscheinlichkeiten gewichteten quadrierten Abweichungen der nutzen zum Erwartungswert der jeweiligen Aktion definiert. Die Standardabweichung (σ) ergibt sich aus der Wurzel der Varianz.

- $\sigma^2_i = \sum_j p_i \bullet [\, u_{ij} - \mu_i \,]^2$

- $\sigma_i = \sqrt{\sigma^2_i}$

Risikoscheue Entscheidungsträger sind nur bereit, ein höheres Risiko (σ) einzugehen, wenn dies durch einen höheren Nutzenerwartungswert (μ) honoriert wird.

- Risikofreudige Entscheidungsträger sind auch bereit, eine höhere Chance (σ) mit einem gewissen Verzicht auf den Nutzenerwartungswert (μ) einzugehen.

- Bestimmung von Präferenzwerten nach dem μ-σ-Prinzip kann vorgenommen werden durch Präferenzfunktionen, z.B.:

$\Phi(\mu,\sigma)$	$= \mu + \alpha\sigma$	**oder:**
$\Phi(\mu,\sigma)$	$= \mu + \alpha\sigma^2$	**seltener:**
$\Phi(\mu,\sigma)$	$= \mu + \alpha(\mu^2 + \sigma^2)$	

α = Risikoparameter ($\alpha < 0$ = Risikoscheue, $\alpha > 0$ = Risikofreude)

Bernoulli-Prinzip (*Bernoulli* [1738], *Neumann / Morgenstern* [1944])

Das Bernoulli-Prinzip kann plastisch am Petersburger Spiel dargestellt werden:

Petersburger Spiel: Eine Münze wird solange geworfen (n-mal), bis zum ersten Mal „Zahl" erscheint. Der Spieler bekommt 2^n GE als Gewinn ausgezahlt.

Bsp.:   „Zahl" beim ersten Wurf: 2 GE
          „Zahl" beim fünften Wurf: $2^5 = 32$ GE

Es stellt sich folgendes Problem: Wie hoch ist der Einsatz, um an dem Spiel teilnehmen zu dürfen? Bei einem risikoneutralen Spieler müsste sich der Einsatz am Erwartungswert orientieren.

Ergebnisse (u) und Wahrscheinlichkeiten (p)

u	2	4	8	....	2^n	....
p(u)	$2^{-1}=1/2n =0,5$	$2^{-2} =0,25$	$2^{-3} =0,125$		2^{-n}	

$$\mu = 2\bullet2^{-1}+4\bullet2^{-2}+8\bullet2^{-3} + \dots\dots + \qquad \sum\nolimits_{j=1}^{\infty} 1 = \infty$$

Da der Erwartungswert unendlich ist, müsste man bei Akzeptanz des Erwartungswertprinzips bereit sein, auch z.B. 1 Million € zu setzen, was wohl niemand ernsthaft machen würde. Deshalb schlägt Bernoulli vor, das Petersburger Paradoxon zu lösen,

- indem man nicht vom Erwartungswert der Gewinne ausgeht, sondern
- sich am erwarteten Nutzen orientiert.

Dazu sind zwei Schritte notwendig:

- Transformation der Ergebnisse jeder Aktion mit Hilfe einer Risikonutzenfunktion (RNF) in Nutzwerte,
- Berechnung des Erwartungswertes der Nutzwerte.

Bestimmung der Risikonutzenfunktion (RNF)

Risikonutzenfunktion (RNF) = Abbild der individuellen Risikoeinstellung.

Vorbedingungen:
- Nutzenfunktion ist positiv-linear transformierbar.

$$u(e) = \alpha + \beta \cdot e \qquad\qquad mit\ \beta > 0$$

- einfache Chance: für die Ergebnisse e_1 und e_2 mit $e_1 > e_2$ gilt:
  Wahrscheinlichkeit von $e_1 = p$
  Wahrscheinlichkeit von $e_2 = (1-p)$
    Bsp.: Mit einem Los 1.000,- € zu gewinnen, ist zu 1% möglich,
    die Niete ist dann zu 99% wahrscheinlich. Kurzform: [1000;0:0,01]

Bernoulli-Befragung:

- **Normierung der RNF**: Es werden zwei Ergebniswerte (e_1, e_2 mit $e_1 > e_2$) ausgewählt, denen die Nutzwerte $u(e_1)$ und $u(e_2)$ zugeordnet werden. Günstig sind Maximum und Minimum aller e_{ij}. Es werden folgende Nutzwerte zugeordnet:
    $u(e_1) = 1$
    $u(e_2) = 0$

- **Hypothetischer Wahlakt**: Wahl zwischen einfacher Chance und Aktion mit sicherem Nutzen (Einkommen, Sicherheitsäquivalent(SÄ)), z.B.:
    [150;60:0,4] > 70   risikofreudig (Erwartungswert < SÄ)
    [150;60:0,4] = 70   risikoneutral (indifferent)
    [150;60:0,4] < 70   risikoscheu   (Erwartungswert > SÄ)

- **Bestimmung der Präferenzwahrscheinlichkeit**: Bestimmung der Wahrscheinlichkeiten so, dass der Entscheidungsträger indifferent wird, z.B.:
    Entscheidungsträger teilt mit:
    [150;60:0,1] < 70
    [150;60:0,2] > 70
    also gibt es ein indifferentes p zwischen 0,1 und 0,2 z.B.:
    [150;60:0,1,5] = 70

- **Ermittlung der Nutzenwerte**: Erwartungswert der transformierten Ergebniswerte (Nutzwerte) ergibt den Gesamtnutzwert der Aktionen; Zeilenmaxima der so ermittelten Nutzenwerte ergibt die optimale Aktion.

Folgende Regeln sind als Axiomatik des Bernoulli-Prinzips bekannt und müssen beachtet werden, um sich als Entscheidungsträger bzw. Bernoulli-Befragter widerspruchsfrei zu verhalten (*Kruschwitz*):

Axiome des Bernoulli-Prinzips:

- **Ordinalprinzip**: gibt es a_1 und a_2, dann gilt entweder
  $a_1 > a_2$ oder
  $a_1 < a_2$ oder
  $a_1 = a_2$ (Unvergleichbarkeit ist ausgeschlossen).

- **Transitivitätsprinzip**: gibt es a_1 und a_2 und a_3, und gilt sowohl
  $a_1 > a_2$ als auch
  $a_2 > a_3$ dann gilt auch
  $a_1 > a_3$.

- **Stetigkeitsprinzip**: Es gibt eine kritische Wahrscheinlichkeit zwischen der sicheren Aktion und der unsicheren Aktion (einfache Chance).

- **Dominanzprinzip**: Gibt es:

$[e_1;e_2{:}p_1]$	und
$[e_1;e_2{:}p_2]$	und ist
$p_1 > p_2$	dann gilt auch
$a_1 > a_2$.	

- **Substitutionsprinzip**:

Die sichere Aktion a_1 führt zu	e_1	und
die sichere Aktion a_2 führt zu	e_2	und
es gilt	$a_1 > a_2$	dann ist

  die unsichere Aktion $a_3 = [e_1;e^{"}{:}p]$ auch besser als
  die unsichere Aktion $a_4 = [e_2;e^{"}{:}p]$.

Zusammenhang von μ-Prinzip, μ-σ-Prinzip und Bernoulli-Prinzip

- Bei linearer Risikonutzenfunktion (RNF):

  $$u(e) = \alpha + \beta \cdot e$$

  ist das Bernoulli-Prinzip mit dem μ-Prinzip identisch (Risikoneutralität).
  Die Addition mit einer Konstanten (α) und die Multiplikation mit der Konstanten (β) hat keinen Einfluss auf die Risikoeinstellung und damit auf die Rangfolge der Aktionen.

- Bei quadratischer Risikonutzenfunktion (RNF):

  $$u(e) = \alpha + \beta \cdot e + \gamma \cdot e^2$$

  ist das Bernoulli-Prinzip mit dem μ-σ-Prinzip identisch.

22.7. Mehrstufige Entscheidungen

Die Berücksichtigung der zeitlichen Abfolge von Aktionen erweitert das bisherige Grundmodell. Die Darstellung der Zeitperioden erfolgt mit Hilfe eines Entscheidungsbaumes.

Bestandteile des Zustandsbaum:

- Knoten (Kreise) = Zustände
- Linien (Kanten) = mögliche Konstellationen
- Übergangswahrscheinlichkeiten = Wahrscheinlichkeit des Eintretens eines Zustands ausgehend von einem anderem, vorher eingetretenen Zustand

Bsp.: Die Nachfrage für ein Neuprodukt ist in der ersten Periode entweder groß (p=50%) oder klein(1-p=50%). Die Wahrscheinlichkeit, dass die Nachfrage in der zweiten Periode groß oder klein bleibt, nachdem sie in der ersten Periode groß bzw. klein gewesen ist, beträgt 0,8 (*Hax*).

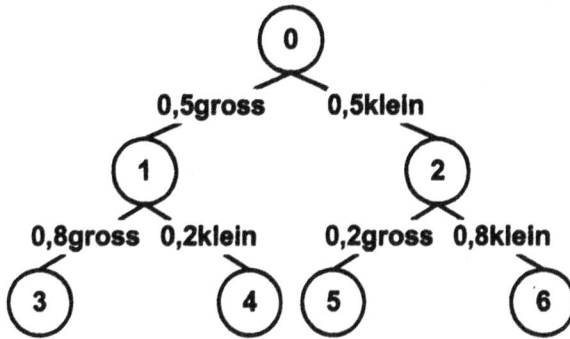

Eine Erweiterung erfährt das Grundmodell durch den Entscheidungsbaum:

Entscheidungsmodell als System bedingter Entscheidungen für alle möglichen Zustände.

- Doppelknotenpunkt = Knotenpunkt, von dem Aktionsmöglichkeiten (Entscheidungsmöglichkeiten) ausgehen (Kasten, Raute etc.)
- einfacher Knotenpunkt = Übergänge zu anderen Zuständen (keine Wahlmöglichkeiten)

22.8. Grundzüge der Spieltheorie

Grundsätzlich besteht in der Spieltheorie der Aktionsraum aus den Reaktionen (Gegenaktionen $(s_1, s_2, ..., s_n)$) der rational handelnden Gegenspieler auf die eigene Entscheidung (Aktion $(a_1, a_2, ..., a_n)$). Die Aktionen werden in der Spieltheorie als Strategien bezeichnet. Der Spieltheorie wird einige praktische Relevanz zugeschrieben, so etwa bei Tarifverhandlungen, bei der Erlangung von Marktmacht auf oligopolistischen Märkten oder im Vorfeld von Unternehmensübernahmen.

Es können einige unterschiedliche Spielsituationen unterschieden werden:

- **Nach der Anzahl der Spieler:**
  - Zwei-Personen-Spiele
  - N-Personen-Spiele
- **Nach der Anzahl der Züge pro Spielpartie:**
  - Spiele in Normalform (ein Zug)
  - Spiele in extensiver Form (mehrere Züge)
- **Nach der Gleichheit von oberem und unterem Spielwert:**
  - determinierte Spiele (Spielwerte gleich, Spiele mit Sattelpunkt)
  - indeterminierte Spiele (Spielwerte ungleich)
- **Nach der Summe der Ergebnisse für alle Spieler:**
  - Konstantsummen-Spiel (für jede Kombination von Aktionen ist die Summe der Ergebnisse immer gleich)
  - Nullsummen-Spiel (Spezialfall des Konstantsummen-Spiels, indem die Gewinne des einen Spielers die Verluste des anderen Spielers darstellen)
  - Spiele mit variabler Summe

- **Nach dem Informationsstand der Spieler:**
  - Spiele mit vollständiger Information (alle bisherigen Züge sind bekannt)
  - Spiele mit unvollständiger Information

Die Ausführungen zu den verschiedenen Modellen der Spieltheorie sind umfangreich. Zur Begriffsklärung und kurzen Einstimmung wird auf einige Zwei-Personen-Spiele beispielhaft eingegangen.

Zwei-Personen-Spiel in Normalform

In einem Angebots-Duopol können die beiden Unternehmen ihre Preise herabsetzen oder nicht. Im Falle, dass einer den Preis herabsetzt und der andere nicht, hat der Preis herabsetzende Anbieter aufgrund des Marktanteilszuwachses einen Gewinnzuwachs. Setzt der andere Anbieter den Preis als Reaktion auch herunter, haben beide den Preisverfall bei gleich bleibenden Marktanteilen hinzunehmen und damit Umsatzeinbußen. Belassen beide den Preis, bleibt alles beim alten Zustand.

Zwei-Personen-Spiel in extensiver Form

Das „Nimm"-Spiel (*Bamberg / Coenenberg*): Von 20 Streichhölzern nehmen die zwei Spieler abwechselnd minimal ein Hölzchen und maximal 5 Hölzchen pro Zug. Sieger ist der Spieler, der das letzte Streichholz aufnimmt. Kann der erste Spieler eine Strategie formulieren, die den Sieg erzwingt, bzw. kann der Gegenspieler den Sieg vereiteln?

Sieg-Strategie von Spieler 1:
Zug 1: 2 Hölzchen,
Zug 2: 6 – Anzahl Hölzchen Gegenzug 1 (minimal 1; maximal 5)
Zug 3: 6 – Anzahl Hölzchen Gegenzug 2, (minimal 1; maximal 5)
Zug 4: 6 – Anzahl Hölzchen Gegenzug 3 (minimal 1; maximal 5)

In Zug 4 enthalten ist das letzte Hölzchen und damit der Sieg.

Zwei-Personen-Nullsummen-Spiel in determinierter Form

Unterer Spielwert: Maximaler Gewinn, den der erste Spieler aus eigener Entscheidung (also ohne Reaktion) gemäß einer Maximin-Strategie bezüglich der Gewinne (Maximierung der Minima) erwirtschaften kann (Mindestgewinn von Spieler 1).
Oberer Spielwert: Verlust (Die Verluste von Spieler 2 sind die Gewinne von Spieler 1), der für den zweiten Spieler aus eigener Entscheidung gemäß einer Minimax-Strategie bezüglich der Verluste im ungünstigsten Fall möglich ist. (Minimierung der maximalen Verluste)

	Aktion 1 von Spieler 2	Aktion 2 von Spieler 2	Aktion 3 von Spieler 2	Minimaler Gewinn von Spieler 1
Aktion 1 von Spieler 1	8	3	2	2
Aktion 2 von Spieler 1	2	6	1	1
Aktion 3 von Spieler 1	7	4	4	**4** **= Maximum**
Maximaler Verlust von Spieler 2	8	6	**4** **Minimum**	

Das Maximum der Gewinnminima von Spieler 1 (4 = unterer Spielwert) ist gleich dem Minimum der Verlustmaxima von Spieler 2 (4 = oberer Spielwert). Das Spiel ist damit determiniert. Solche gleichen unteren und oberen Spielwerte werden auch als Sattelpunkte bezeichnet (*Schildbach*). Das Besondere an den Zwei-Personen-Nullsummen-Spielen mit Sattelpunkt ist, dass ein Ergebnis (der Sattelpunkt) in dem Sinne optimal ist, dass keine Partei allein eine Verbesserung durchsetzen kann. Außerdem stimmt dann ja bei Einsatz der Maximin- bzw. Minimax-Strategien das erwartete Ergebnis des Spielers 1 mit dem erwarteten Ergebnis des Spielers 2 überein.

Zwei-Personen-Nullsummen-Spiel in indeterminierter Form

Sie liegen vor, wenn der unterer Spielwert ungleich dem oberem Spielwert ist. Ein gutes Beispiel für solche Spiele ist das „Papier-Stein-Schere"-Spiel (*Neumann / Morgenstern*). Die zwei Spieler haben folgende Strategien zur Wahl:

Spieler 1:		Spieler 2:	
a_1:	Papier	s_1:	Papier
a_2:	Stein	s_2:	Stein
a_3:	Schere	s_3:	Schere

Es gilt:
* Papier ist besser als Stein (Papier umhüllt den Stein),
* Stein ist besser als Schere (Stein zertrümmert Schere),
* Schere ist besser als Papier (Schere zerschneidet Papier),
* bei gleichen Symbolen ist das Ergebnis unentschieden,
* der Gewinner bekommt +1, der Verlierer –1.

Es kommt zu folgender Spielmatrix:

	s_1: Papier	s_2: Stein	s_3: Schere	Minimum
a_1: Papier	0	+1	-1	-1
a_2: Stein	-1	0	+1	-1
a_3: Schere	+1	-1	0	-1
Maximum	+1	+1	+1	

Das Maximum der Gewinnminima von Spieler 1 (-1 = unterer Spielwert) ist ungleich dem Minimum der Verlustmaxima von Spieler 2 (+1 = oberer Spielwert). Das Spiel ist indeterminiert bzw. hat keinen Sattelpunkt.

Anhand des „Papier-Stein-Schere"-Spiels kann man den Unterschied zwischen reinen Strategien und gemischten Strategien zur Lösung des Entscheidungsproblems deutlich machen. Reine Strategien sind Entscheidungsregeln in der Spieltheorie wie Minimax- und Maximim-Regeln, die ohne Beachtung von Wahrscheinlichkeitsverteilungen auskommen. Bei gemischten Strategien werden Wahrscheinlichkeiten bestimmt, mit denen die Aktionen (a_1, a_2,....,a_n) und Gegenaktionen (s_1, s_2,....,s_n) eintreten.

Wird z.B. das Erwartungswert-Prinzip angewendet und ist die Wahrscheinlichkeit, jedes Symbol zu wählen 1/3, ergibt sich folgendes Bild:

	s_1: Papier, $p_{21}=1/3$	s_2: Stein, $p_{22}=1/3$	s_3: Schere, $p_{23}=1/3$	μ_2
a_1: Papier, $p_{11}=1/3$	0	+1/3	-1/3	0
a_2: Stein, $p_{12}=1/3$	-1/3	0	+1/3	0
a_3: Schere, $p_{13}=1/3$	+1/3	-1/3	0	0
μ_1	0	0	0	

Bei Gültigkeit der Wahrscheinlichkeiten kann kein Spieler auf Dauer einen Gewinn erzielen bzw. einen Verlust dem anderen Spieler aufzwingen.

Wie sieht aber die gemischte Strategie nur für Spieler 1 aus, wenn er von folgender Wahrscheinlichkeitsverteilung bei Spieler 2 ausgeht:

	s_1: Papier, $p_{21}=0,2$	s_2: Stein, $p_{22}=0,5$	s_3: Schere, $p_{23}=0,3$	μ
a_1: Papier	0	+0,5	-0,3	+0,2
a_2: Stein	-0,2	0	+0,3	+0,1
a_3: Schere	+0,2	-0,5	0	-0,3

Da Spieler 2 offensichtlich das Symbol „Stein" favorisiert, wird Spieler 1 zu a_1: Papier tendieren, da hier die erwarteten Gewinne am höchsten sind. Natürlich darf nicht vergessen werden, dass nach mehreren Spielzügen Spieler 2 seine Strategie aufgrund der Informationen über die bisherigen Spielzüge (und der damit verbundenen Verluste) ändern wird. In dieser Spielsituation in extensiver Form müssten dann die unterschiedlichen Wahrscheinlichkeitsverteilungen entsprechend berücksichtigt werden.

22.9. Berechnungsbeispiele

Die Entscheidungsregeln lassen sich an folgender Entscheidungsmatrix verdeutlichen:

	s_1	s_2	s_3
a_1	16	12	18
a_2	8	14	10
a_3	10	18	6
a_4	12	14	16

Folgende Entscheidungsregeln sollen angewendet werden:
a) Lexikographisch: $s_1 > s_2 > s_3$
b) Gewichtung: $g_1 = 0,4$, $g_2 = 0,5$, $g_3 = 0,1$
c) Goal-Programming: $v_1 = 20$, $v_2 = 20$, $v_3 = 20$
d) Maximierung des minimalen Zielerreichungsgrades
e) Wald-Regel
f) Maximax-Regel
g) Hurwicz-Regel mit $\lambda = 0,7$
h) Savage-Niehans-Regel
i) Krelle-Regel mit $\omega(u_{ij}) = (-1/10)u^2 + 2u$
j) Erwartungswert-Regel (μ-Regel): $p_1 = 0,3$, $p_2 = 0,3$, $p_3 = 0,4$
k) μ-σ-Regel mit $\Phi(\mu,\sigma) = \mu + \alpha\sigma$; mit $\alpha = 0,2$
l) μ-σ-Regel mit $\Phi(\mu,\sigma) = \mu + \alpha\sigma^2$, mit $\alpha = 0,2$

a) Lexikographisch: $s_1 > s_2 > s_3$

	s_1	s_2	s_3	Maximum s_1
a_1	16	12	18	**16**
a_2	8	14	10	14
a_3	10	18	6	18
a_4	12	14	16	16

Beste Aktion: a_1 (Spaltenmaximum s_1)

b) Gewichtung: $g_1 = 0,4$, $g_2 = 0,5$, $g_3 = 0,1$

	s_1	s_2	s_3	Summe
a_1	6,4	6,0	1,8	**14,2**
a_2	3,2	7,0	1,0	11,2
a_3	4,0	9,0	0,6	13,6
a_4	4,8	7,0	1,6	13,4

Beste Aktion: a_1 (gewichtete Nutzwertsumme)

c) Goal-Programming: $v_1 = 20$, $v_2 = 20$, $v_3 = 20$

	s_1	s_2	s_3	Summe
a_1	4	8	2	14
a_2	12	6	10	28
a_3	10	2	14	26
a_4	8	6	4	18

Beste Aktion: a_1 (minimale absolute Differenzensumme)

d) Maximierung des minimalen Zielerreichungsgrades

	s_1	s_2	s_3	Minimum
a_1	1,00	0,67	1,00	0,67
a_2	0,50	0,78	0,56	0,50
a_3	0,63	1,00	0,33	0,33
a_4	0,75	0,78	0,89	**0,75**
Maximum	16	18	18	

Beste Aktion: a_4 (maximaler minimaler Zielerreichungsgrad)

e) Wald-Regel

	s_1	s_2	s_3	Minimum
a_1	16	12	18	**12**
a_2	8	14	10	8
a_3	10	18	6	6
a_4	12	14	16	**12**

Beste Aktion: a_1 und a_4 (Maximum der Minima)

f) Maximax-Regel

	s_1	s_2	s_3	Maximum
a_1	16	12	18	**18**
a_2	8	14	10	14
a_3	10	18	6	**18**
a_4	12	14	16	16

Beste Aktion: a_1 und a_3 (Maximum der Maxima)

g) Hurwicz-Regel mit $\lambda = 0,7$

	Maximum	Minimum	$\lambda \cdot$Maximum	$(1-\lambda) \cdot$Minimum	Hurwicz-Maß
a_1	18	12	12,6	3,6	**16,2**
a_2	14	8	9,8	2,4	12,2
a_3	18	6	12,6	1,8	14,4
a_4	16	12	11,2	3,6	14,8

Beste Aktion: a_1 (Maximum des Hurwicz-Maß)

h) Savage-Niehans-Regel

	s_1	s_2	s_3	Maximum
a_1	0	6	0	6
a_2	8	4	8	8
a_3	6	0	12	12
a_4	4	4	2	**4**
Maximum	16	18	18	

Beste Aktion: a_4 (Minimum der Opportunitätskosten)

i) Krelle-Regel mit $\omega(u_{ij}) = (-1/10)u^2 + 2u$

	s_1	s_2	s_3	Summe
a_1	6,4	9,6	3,6	19,6
a_2	9,6	8,4	10,0	**28,0**
a_3	10,0	3,6	8,4	22,0
a_4	9,6	8,4	6,4	24,4

Beste Aktion: a_2 (maximaler Krelle-Nutzwert)

j) Erwartungswert-Regel (μ-Regel): $p_1 = 0,3$, $p_2 = 0,3$, $p_3 = 0,4$

	s_1	s_2	s_3	Summe = Erwartungswert
a_1	4,8	3,6	7,2	**15,6**
a_2	2,4	4,2	4,0	10,6
a_3	3,0	5,4	2,4	10,8
a_4	3,6	4,2	6,4	14,2

Beste Aktion: a_1 (maximaler Erwartungswert)

k) μ-σ-Regel mit $\Phi(\mu,\sigma) = \mu + \alpha\sigma$, mit $\alpha = 0,2$

	s_1	s_2	s_3	Summe $= \sigma^2$	σ
a_1	0,048	3,888	2,304	6,240	2,498
a_2	2,028	3,468	0,144	5,640	2,375
a_3	0,192	15,552	9,216	24,960	4,996
a_4	1,452	0,012	1,296	2,760	1,661

	$\mu + 0,2\sigma$
a_1	**16,100**
a_2	11,075
a_3	11,799
a_4	14,532

Beste Aktion: a_1 (Maximum der Präferenzfunktion)

l) μ-σ-Regel mit $\Phi(\mu,\sigma) = \mu + \alpha\sigma^2$, mit $\alpha = 0,2$

	$\mu + 0,2\sigma^2$
a_1	**16,848**
a_2	11,728
a_3	15,792
a_4	14,752

Beste Aktion: a_1 (Maximum der Präferenzfunktion)

Literatur

Andrä, B.: Die Zielhierarchie des Betriebes, Frankfurt am Main, 1975

Bamberg, G. / Coenenberg, A.: Betriebswirtschaftliche Entscheidungslehre, 7. Auflage, München 1992

Bidlingsmaier, J.: Unternehmerziele und Unternehmerstrategien, Wiesbaden, 1964

Bidlingsmaier, J.: Zur Zielbildung in Unternehmungsorganisationen, in: Zeitschrift für betriebswirtschaftliche Forschung, 19. Jg., 1967, S. 246-256

Bidlingsmaier, J.: Zielkonflikte und Zielkompromisse im unternehmerischen Entscheidungsprozess, Wiesbaden, 1968

Bircher, B.: Langfristige Unternehmungsplanung, Bern, 1976

Bitz, M.: Übungen in Betriebswirtschaftslehre, 3. Aufl., München 1990

Chmielewicz, K.: Unternehmungsziele und Rechnungswesen, in: Handwörterbuch des Rechnungswesens, hrsg. v. E. Kosiol, K. Chmielewicz, M. Schweitzer, 2. Auflage, Stuttgart, 1981, Sp. 1606-1616

Engels, W.: Betriebswirtschaftliche Bewertungslehre im Licht der Entscheidungstheorie, Köln, 1962

Frese, E.: Ziele als Führungsinstrumente, in: Zeitschrift für Organisation, 40. Jg., 1971, S. 227-238

Gäfgen, G.: Theorie der wirtschaftlichen Entscheidung, 3. Auflage, Tübingen, 1963

Grochla, E.: Unternehmungsorganisation, Reinbek bei Hamburg, 1972

Hauschildt, J.: Entscheidungsziele, Tübingen, 1977

Hax, H.: Entscheidungsmodelle in der Unternehmung. Einführung in Operations Research, Reinbek bei Hamburg 1974

Heinen, E.: Das Zielsystem der Unternehmung, Wiesbaden, 1966

Heinen, E.: Der entscheidungsorientierte Ansatz in der Betriebswirtschaftslehre, in: Wissenschaftsprogramm und Ausbildungsziele der Betriebswirtschaftslehre, hrsg. v. G. Kortzfleisch, Berlin, 1971, S. 21-37

Kahle, E. Betriebliche Entscheidungen, München Wien, 1981

Kirsch, W.: Die Unternehmungsziele in organisationstheoretischer Sicht, in: Zeitschrift für betriebswirtschaftliche Forschung, 21. Jg., 1969, S. 665-675

Kosiol, E.: Die Unternehmung als wirtschaftliches Aktionszentrum, Reinbek bei Hamburg, 1972

Kruschwitz, L.: Investitionsrechnung, 2. Auflage, Berlin New York 1985

Kubicek, H.: Unternehmungsziele, Zielkonflikte und Zielbildungsprozesse, in: Wirtschaftswissenschaftliches Studium, 10. Jg., 1981, S. 458-466

Kupsch, P.: Unternehmungsziele, Stuttgart, 1979

Neumann, J. von / Morgenstern, O.: Spieltheorie und wirtschaftliches verhalten, 3. Auflage, Würzburg 1973

Pfohl, H.: Planung und Kontrolle, Stuttgart, 1981

Raffée, H.: Grundprobleme der Betriebswirtschaftslehre, Göttingen, 1974

Rühli, E.: Unternehmungsführung und Unternehmungspolitik 3, Bern, 1993

Schierenbeck, H.: Übungsbuch zu Grundzüge der Betriebswirtschaftslehre, 3. Auflage, München 1987

Schildbach, T.: Entscheidung, in: Vahlens Kompendium der Betriebswirtschaftslehre, Band 2, hrsg. v. M. Bitz, K. Dellmann, M. Domsch u. H. Egner, 2. Auflage, München 1990, S. 57-97.

Schmidt-Sudhoff, U.: Unternehmerziele und unternehmerisches Zielsystem, Wiesbaden, 1966

Schneeweiß, H.: Entscheidungskriterien bei Risiko, Berlin Heidelberg New York 1967

Staehle, W.: Management, 6. Auflage, München, 1991

Steinmann, H. / Schreyögg, G.: Management, 2. Auflage, Wiesbaden, 1991

Ulrich, H. / Fluri, E.: Management, 6. Auflage, Bern, 1992

Ulrich, H.: Die Unternehmung als produktives soziales System, 2. Auflage, Bern, 1970

Wild, J.: Grundlagen der Unternehmungsplanung, Reinbek bei Hamburg, 1974

Zelewski, S.: Grundlagen, in: Betriebswirtschaftslehre, hrsg. v. H. Corsten u. M. Reiß, München, 1994, S. 1-140

Stichwortverzeichnis